D1722002

Folgen Sie uns!

Wir informieren Sie gerne und regelmäßig über Neuigkeiten aus der Welt des CONBOOK Verlags. Folgen Sie uns für News, Specials und Informationen zu unseren Büchern, Themen und Autoren.

 **www.conbook-verlag.de/newsletter**

 **www.facebook.com/conbook**

www.twitter.com/conbook

 **www.pinterest.com/conbook**

Bei **CONBOOK** sind außerdem die folgenden Nordamerika-Reiseführer erschienen:

Nationalparkroute USA – Südwest	ISBN 978-3-943176-23-0
Nationalparkroute USA – Kalifornien	ISBN 978-3-934918-83-2
Nationalparkroute USA – Florida	ISBN 978-3-943176-39-1
Pacific Coast Highway USA	ISBN 978-3-943176-37-7
Route 66	ISBN 978-3-943176-13-1
Nationalparkroute Kanada	ISBN 978-3-943176-36-0
Vancouver Island	ISBN 978-3-943176-17-9

Impressum

1. Auflage 2015

www.conbook-verlag.de

Autorin: Marion Landwehr
Einbandgestaltung und Satz: David Janik
Druck und Verarbeitung: Belvédère Print & Packaging B.V.

Printed in Spain

ISBN 978-3-943176-72-8

Bildnachweis: Alle Fotos stammen von der Autorin mit Ausnahme von: S. 13, 14, 18, 24, 30, 33, 34, 56, 57, 58, 65, 66, 68, 70, 73, 74, 79, 80, 178, 221, 222, 225, 232, 237, 238, 240, 241, 242, 249, 257, 258, 262, 264, 266, 268, 294, 295, 296, 297, 304, 307, 352, 375, 376: Christin Wagner; S. 18, 58, 197, 198, 203, 208, 220, 243, 244, 256, 270, 275, 278, 282, 287, 288, 293, 389: Matthias Kautt; S. 76, 77, 206, 361: Marie Kautt; S. 146: Viktoria Landwehr; S. 333: Robin Landwehr

Kartografie: CONBOOK Verlag, wenn nicht anderweitig angegeben; Hauptkarte der Route basierend auf Kartenmaterial © Stepmap, 123map, Daten: Natural Earth / OpenStreetMap, Lizenz ODbL 1.0

Lizenzkarten: S. 60: Copyright and Courtesy of City of Seattle; S. 88, 89, 114, 153, 156, 184, 185, 186, 187, 192, 218, 219, 228, 233, 239, 245, 252, 255, 255, 261, 272, 273: Copyright and Courtesy of National Park Service; S. 147: Copyright and Coutesy of Washington State Department of Transportation; S. 302, 303: Copyright and Courtesy of Visit Salt Lake; S. 313: Copyright and Courtesy of U.S. Geological Survey; S. 327: Copyright and Courtesy of City of Boise; S. 340, 341, 344: Copyright and Courtesy of City of Portland

 Die Autorin und der Verlag haben alle Daten und Fakten mit größtmöglicher Sorgfalt recherchiert und überprüft, können aber im Einzelfall für die Richtigkeit und Vollständigkeit des Inhalts und der aufgeführten Fakten keine Garantie übernehmen. Sollten Sie auf Ihrer eigenen Reise aktuelle Änderungen entdecken, teilen Sie uns diese gerne mit. Zuschriften am besten per E-Mail an: feedback@conbook.de

Inhalt

EINLEITUNG

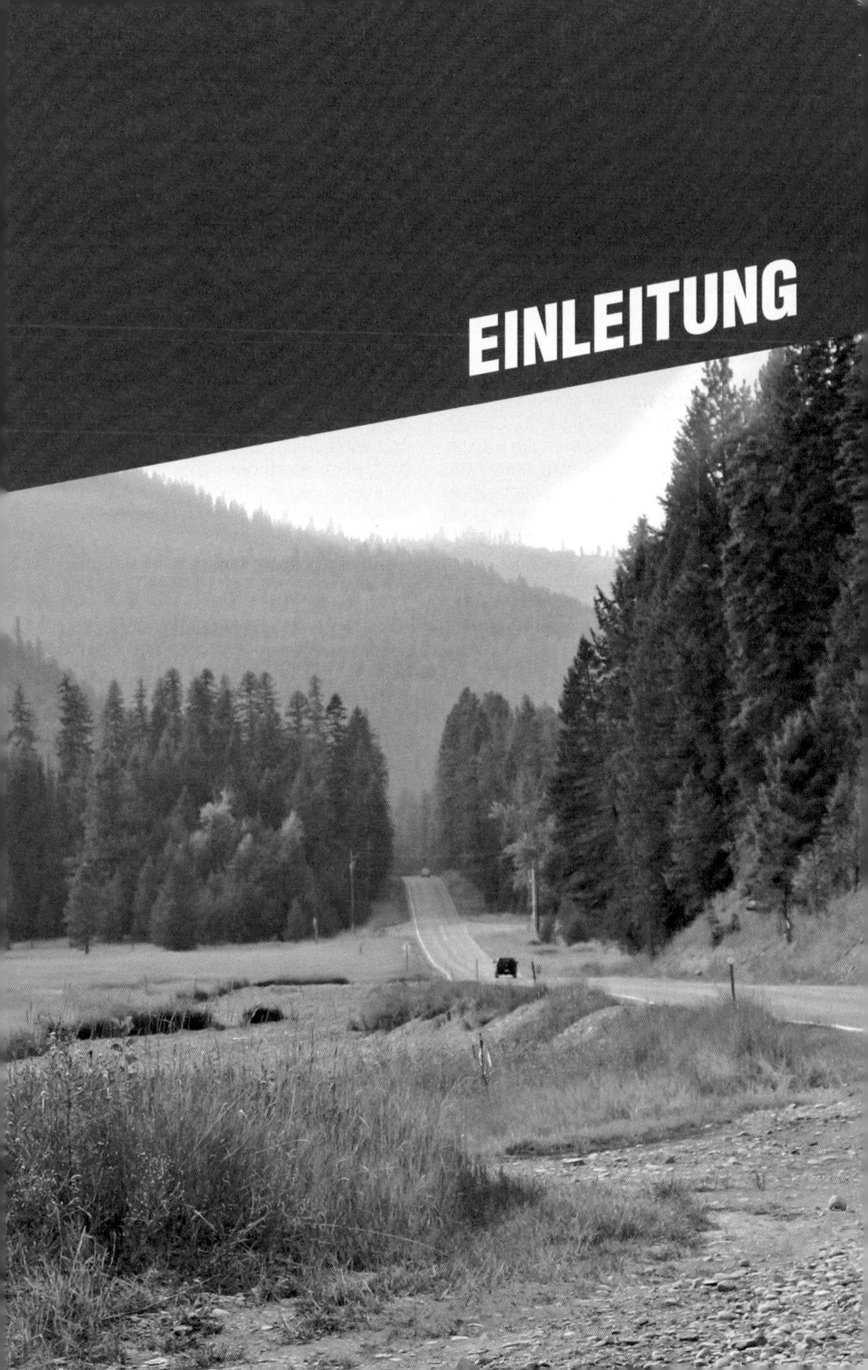

Der Nordwesten der USA

Der **Nordwesten der USA** – ein weiter Begriff. Die Stichworte, die am häufigsten zu dieser Region fallen, sind Yellowstone National Park, Pazifikküste oder die Nähe zu Kanada – diese Schlagwörter kennzeichnen das große und vor allem vielfältige Gebiet aber nur unzureichend. Geografisch umfasst der Nordwesten die Küstenregion des Pazifiks, die Rocky Mountains und die dazwischenliegenden gebirgigen Plateaus. Das entspricht auch in etwa der Geschichte der Region. Am einfachsten ist es, den Nordwesten demografisch zu definieren: Dann zählen die Bundesstaaten **Washington**, **Oregon**, **Idaho**, **Montana** und **Wyoming** dazu. Für diesen Routenreiseführer wurde zusätzlich als nicht ganz typischer Nordweststaat auch **Utah** für einen kleinen Abstecher hinzugenommen.

Insgesamt sechs Bundesstaaten mit ebenso vielen Nationalparks – das ist ein Wort. Und so vielversprechend das klingt, ist es dann auch. Die Landschaft ist vielfältig, abwechslungsreich und geprägt von Extremen, die Region ist reich an Kulturschätzen, es gibt eine wilde, raue Küste, Kaskadengebirge und Plateaus. Lavaströme wetteifern mit dampfenden Geysiren und blubbernden Schlammtöpfen, Steppenlandschaft mit Regenwald. In vielen Fällen beinhaltet eine Region gleich mehrere außergewöhnliche Naturspektakel. So präsentiert die Olympic Peninsula auf der einen Seite die felsige Pazifikküste mit den von Treibholz übersäten Stränden, auf der anderen Seite die Vegetation eines gemäßigten Regenwaldes – eine dritte Region zeigt sich alpin mit Gletschern und Gebirgsblumenwiesen. Ähnlich verhält es sich mit dem Yellowstone National Park: In ein- und demselben Park befinden sich sowohl hohe Berge, große Seen, wilde Flüsse, ein beeindruckender Canyon und eine hohe Konzentration an geothermischen Erscheinungsformen. Und nicht nur in den Nationalparks herrscht ein solches Wechselspiel von unterschiedlichen Impressionen. Auf einer überschaubar langen Fahrstrecke kann man eben noch durch grüne, alpine Kaskadengebirge gefahren sein, im nächsten Moment findet man sich in Steppenlandschaft, Prärie und Wildnis wieder. Vulkane pflastern den Weg, allen voran der imposante, schneebedeckte Mount Rainier. Und als Ausgleich zu all der Naturgewalt die charmante Stadt Seattle mit ihrer futuristischen Space Needle, dem europäischen Flair und der Lage am Puget Sound. Und nicht zu vergessen die Mormonenstadt Salt Lake City mit märchenhaft anmutenden Tempeln und dem Great Salt Lake mit einem Salzgehalt, der direkt hinter dem des Toten Meeres rangiert.

Der Nordwesten ist nicht einfach nur ein Reiseziel. Er ist Abenteuer, Herausforderung und ein Schmaus für alle Sinne. Von der salzigen Seeluft über die reine Luft in den Rocky Mountains bis hin zum schwefeligen Geruch der Quellen im Yellowstone ist alles vertreten. Man hört sowohl Meeresrauschen als auch die gespenstische Stille des Regenwaldes. Das samtene, kristallklare Wasser der Gebirgsflüsse fühlt sich weich an, wohingegen der Great Salt Lake eine Salzkruste auf der Haut hinterlässt. Kaum zu verdauen sind all die Sinneseindrücke, an denen man auch nach der Reise noch lange zehren kann. Amerika ist ein vielseitiges Land, doch diese Region »hat es richtig in sich«.

Will man möglichst viele Nationalparks in die Route aufnehmen, klappert man damit dennoch bei weitem nicht alle Sehenswürdigkeiten und wunderbaren Orte ab. Das ist im Rahmen eines normalen Urlaubes auch nicht möglich. Deshalb sollte man sich bei einer ersten und möglicherweise auch noch zweiten und dritten

Reise in den Nordwesten zunächst auf die Highlights konzentrieren, denn selbst diese füllen schon einen vierwöchigen Urlaub aus. Und diese Highlights sind die Nationalparks, in sich bereits vielseitig und jeder mit ganz eigenem Charakter. Man sollte pro Ziel mindestens zwei Übernachtungen, bei den absoluten Höhepunkten auch drei bis vier Übernachtungen einplanen. Auch wenn man bei einem Blick auf die Karte unzählige weitere Ziele rechts und links der Route erspäht, sollte man sich nicht zu viel vornehmen. Die bereisten Sehenswürdigkeiten sollte man genießen können und das ist nur bei einer angepassten und nicht ausufernden Reiseplanung möglich. Dieser Routenreiseführer hat in erster Linie die Aufgabe, eine machbare Route mit vielen Highlights – auch solche außerhalb der Nationalparks und der Städte auf der Route – vorzugeben, damit man sich nicht verzettelt. Das ist in einer solchen Region schnell passiert und würde dem unglaublichen Reiz des gesamten Landstrichs nicht gerecht werden.

Ich habe mich bemüht, die Ziele so auszuwählen und zusammenzufassen, dass jeder das Gefühl hat, den Nordwesten in all seiner Vielfalt gesehen und vor allem erlebt zu haben, dass gleichzeitig die Reise aber keinesfalls in Stress ausartet. Innerhalb des individuellen Zeitbudgets kann man trotzdem festlegen, welche der angebotenen Alternativrouten, Ausflüge und Abstecher man einbauen kann beziehungsweise welche Abkürzungsoptionen man wählen möchte. Auf diese Weise erhält jeder Reisende die maximal mögliche Unterstützung bei der in einer solchen Region diffizilen Reiseplanung, hat aber auf der anderen Seite dennoch die Möglichkeit, jederzeit nach eigenem Geschmack und Zeitplan innerhalb der Route zu variieren.

Man sollte auch einplanen, dass es hin und wieder regnen kann. Der Nordwesten hat diesbezüglich einen schlechten Ruf. Schaut man sich die Niederschlagsmengen der Städte – vor allem im Jahresmittel – an, sieht es jedoch nicht ganz so schlimm aus. Aber es besteht prinzipiell die Möglichkeit, dass ein Ziel auch mal ins Wasser fallen kann. Um eine größtmögliche Wettersicherheit zu haben, sollte man die Reise in den Sommermonaten unternehmen – am besten geeignet sind Juli und August. Dann kann es auch mal vorkommen, dass man mehrere Wochen strahlenden Sonnenschein ohne nennenswerten Regen (lediglich ein paar unerhebliche Nieselschauer) erlebt, das gibt es wirklich! Wenn das Wetter mitspielt, erhöht dies den Reiz der Region natürlich ungemein – was gibt es Schöneres als schneebedeckte Vulkangipfel vor einem strahlendblauen Himmel, einen sonnigen Strandspaziergang auf der Suche nach Sanddollars, Krebsen und anderen Meereskostbarkeiten oder den trockenen Besuch eines Regenwaldes, bei dem man sich nicht wie unter der Dusche fühlt?

DIE ROUTE

Wie kann nun aus einer Anhäufung so vieler Ziele eine runde Sache werden? Eigentlich gibt sich die Route fast von selbst vor. Wenn man die beiden essentiellen Fixpunkte Westküste als westlichsten und den Yellowstone National Park als östlichsten Punkt festlegt, reist man über den Mount Rainier National Park an die Küste und in den Olympic National Park, dann in östliche Richtung über das Kaskadengebirge und den North Cascades National Park durch Washington, Idaho und Montana immer nah an der kanadischen Grenze entlang zum sagenhaften Glacier National Park und mitten hinein in die Rocky Mountains. Danach geht es in südliche Richtung weiter zum Highlight der Reise, dem Yellowstone National Park, der nach Süden nahtlos in den nicht minder traumhaften Grand Teton National Park übergeht. Es folgt ein weiterer Schwenk gen Süden in den Bundesstaat Utah nach Salt Lake City, wo man die Reise beenden kann. Wer zurück nach Seattle fährt, durchquert Idaho und Oregon bis fast an die Westküste, erreicht Portland und fährt von dort zurück zum Ausgangspunkt. Das macht alles in allem – inklusive aller potenzieller Zusatzstrecken – etwa 3.300 mi/5.200 km. Das ist eine ganze Menge!

Und genau deshalb konzentrieren wir uns auf die bedeutsamen Ziele. Wer keine drei bis vier Wochen Zeit hat, dem gibt dieser Routenreiseführer die Möglichkeit, von Salt Lake City nach Hause zu fliegen. Für diese Reisenden ist der Mount Rainier als Ausflug von Seattle aus in die Route eingebunden – denn der gehört zu der Kategorie Ziele, die man auf gar keinen Fall verpassen darf. Wer die Reise in Salt Lake City beendet, dem »entgeht« eine zugegebenermaßen langwierige Fahrt durch Idaho und Oregon – bei der vor allem Strecke zurückgelegt werden muss – aber auch Portland steht dann nicht auf dem Reiseplan. Portland ist eine nette Stadt mit vielen Grünanlagen und kann herrlich zum Shoppen genutzt werden, vor allem weil es in Oregon keine Umsatzsteuer gibt. Portland gehört jedoch nicht zu den Weltstädten, die man unbedingt gesehen haben muss. Und es ist das Einzige, worauf man bei einem Reiseende in Salt Lake City wirklich verzichten muss. Wer aufgrund der günstigen Direktflugoption mit Condor wieder von Seattle abfliegen möchte beziehungsweise genug Zeit im Urlaubsbudget hat, fährt von Salt Lake City aus über Portland und den Mount Rainier (der dann aus praktischen Gründen an die Stelle zwischen Portland und Seattle rücken sollte, da er hier auf dem Weg liegt) ca. 1.100 mi/1.760 km. Diese Strecke ist ausführlich beschrieben, allerdings fehlen, von wenigen Ausnahmen abgesehen, weitere Ziele an der Strecke, weil man zu diesem Zeitpunkt der Reise schon sehr lange unterwegs ist, viel erlebt hat und die Route nur noch »rund« machen möchte. Wer sich auf die Naturhighlights konzentrieren möchte, kann ruhigen Gewissens in Salt Lake City die Reise beenden.

Die Reise hat auch eine hohe geschichtliche Bedeutung: In diesen Gefilden waren die **Indianer** als Ureinwohner dominant. Sie hatten das Gebiet in verschiedenen Etappen besiedelt, woraus unterschiedliche Kulturen entstanden, so zum Beispiel die Küstenindianer oder die Plateauindianer. Die Einflüsse sind auch heute noch spürbar, wenn auch die verschiedenen Stammesverbände bei der Zuwanderung europäischer Siedler zerbrochen sind. Mit den Siedlertrecks Anfang des 19. Jahrhunderts wurden die Indianer völlig verdrängt. Zwischen 1830 und 1870 zogen auf dem sogenannten **Oregon Trail** etwa 350.000 Siedler in den Nordwesten und wurden dort sesshaft. Der Begriff Oregon Trail ist im ganzen Nordwesten präsent und bezieht sich nicht ausschließlich auf den einen Bundesstaat.

Die Nordweststaaten sind junge Staaten, denn obwohl bereits 1776 die ersten 13 Staaten die USA gegründet haben, wurden die westlichen Staaten noch nicht aufgenommen, da per Gesetz eine Mindestbevölkerung von 60.000 Einwohnern nachgewiesen werden musste. Anhand des an dieser Stelle nur kurzen historischen Abrisses soll deutlich werden, dass die Region ursprünglich Indianerland war und man sich dessen unterwegs auch immer wieder bewusst wird – jedoch hauptsächlich in Form von Reservationen wie der Colville Indian Reservation östlich des North Cascades National Park oder von den Stämmen verwalteten Touristendörfer, von denen es einige auf der Olympic Peninsula gibt.

Die Natur des Nordwestens ist einzigartig und steht deshalb klar im Fokus. Die Gebirgslandschaft der Rocky Mountains wird Sie ebenso in Ihren Bann ziehen wie die bizarren Felsnadeln, die aus dem Pazifik ragen oder die Geysire, die meterhoch in die Luft speien und in denen sich ein unter der Erde brodelnder Vulkan entlädt. Die freundliche Touristenstadt Seattle mit dem Mount Rainier als Hintergrundkulisse wird Sie ebenso mit Eindrücken verzaubern wie die sechs Nationalparks, die Unendlichkeit der Natur und die liebenswürdigen Menschen, die Sie unterwegs treffen werden.

Die Reise ist geprägt von einer einzigartigen Atmosphäre – sie wird unvergesslich sein, welche Eindrücke man auch immer davon mit nach Hause nimmt. Auf jeden Fall ist es ein Urlaub, wie kein anderer.

Dass Sie diese Erfahrung machen, wünsche ich Ihnen von Herzen!

Marion Landwehr

Aufbau und Nutzung des Routenreiseführers

ÜBERBLICK

Nach dem Inhaltsverzeichnis und der **Einleitung** folgt ein Exkurs »**Land & Leute**«. Danach erhalten Sie einen optischen Überblick über die **Highlights** der Route. Es folgt die **SmartRoute** mit einer Skizzierung der kompletten Route, bevor es schließlich losgeht.

Die **Reise startet in Seattle** und endet mit dem Hauptteil der Route in **Salt Lake City** – optional kann zu einer Rundreise bis zurück nach Seattle verlängert werden, wohin es mit Condor eine Nonstop-Flugverbindung gibt. Von Salt Lake City aus gibt es allerdings keine Direktflüge. Der Salt Lake City International Airport liegt recht günstig nordwestlich der Downtown von Salt Lake City, so hat man eine gute Infrastruktur, um weiterzukommen. Alternativ kann die Route über Portland erweitert werden und endet dann wieder in Seattle.

Im Anschluss an die Reisebeschreibung folgt das Kapitel **Wissenswertes**. Dieses Kapitel sollte unbedingt vor Reiseantritt gelesen werden, da es sowohl für die Planung als auch für die Durchführung der Reise selbst wichtige und relevante Informationen enthält. Das Kapitel ist unterteilt in **Allgemeine Reiseinformationen**, eine **Sprachhilfe**, die die Kommunikation im Reiseland erleichtern soll, in diverse **Checklisten für die Urlaubsvorbereitung** und eine **Medienliste** mit zusätzlicher Lektüre. Nach einem ausführlichen **Stichwortregister** folgt die **Orientierungskarte** für die gesamte Route. Eine **Übersichtskarte** finden Sie in den Innenklappe des Einbandes. In der hinteren Innenklappe sind die wichtigsten Verkehrszeichen der USA abgebildet. Legenden zu den Karten sowie die Erklärungen der Textsymbole finden Sie ebenfalls dort.

ALLGEMEINES

Innerhalb der Routenbeschreibung erhalten Sie zu jeder Sehenswürdigkeit alle relevanten Informationen wie Adresse, Öffnungszeiten und Eintrittspreise. Sie bekommen Freizeitaktivitäten und Wandermöglichkeiten angeboten. Dies kann jedoch jeweils nur eine Auswahl sein und erhebt keinen Anspruch auf Vollständigkeit. Gerade in den Nationalparks gibt es viele Wanderungen in allen Längen und Schwierigkeitsgraden. In diesem Routenreiseführer finden Sie eine Selektion, die für jeden Anspruch einen Vorschlag anbietet und Ihnen die Entscheidung vor Ort erleichtern soll. Auch bei den vorgestellten Sehenswürdigkeiten handelt es sich um eine Auswahl, die gut in die Gesamtreise integrierbar ist und für jeden Geschmack etwas bereithält. Hier handelt es sich ebenfalls um eine Selektion, die keinen Anspruch auf Vollständigkeit erhebt.

WANDERUNGEN

An jede Wanderung schließt ein Informationsteil an, der die Fakten enthält. Bei der Wegeslänge handelt es sich generell um den Hin- und Rückweg, wenn es sich um einen Rundweg oder eine einfache Strecke handelt, ist dies angegeben. Der Zeitbedarf entspricht der angegebenen Wegeslänge und beinhaltet kleinere Pausen und das Verweilen bei Aussichtspunkten. Er bezieht sich auf eine durchschnittliche Konstitution des Wanderers, Ungeübte sollten etwas mehr, Sportliche etwas weniger Zeit einplanen. Bei der Angabe der Höhenmeter handelt es sich um die Gesamthöhenmeter, die auf einer Wanderung zu überwinden sind, also der Höhenunterschied zwischen Start- und Endpunkt.

Wandern ist die beste Möglichkeit, den Nordwesten der USA intensiv zu erleben.

CAMPING/ÜBERNACHTUNGEN

Sie finden ebenfalls eine umfangreiche Auswahl an Unterkunftsmöglichkeiten für jede Region (sowohl für Campgrounds als auch für Hotels, Motels und Lodges). Hierzu eine wichtige Anmerkung: Aufgrund saisonaler Schwankungen sind für die Übernachtungen keine konkreten Preise angegeben. Stattdessen finden Sie eine Kategorisierung der Kosten, die neben den Saisonzeiten auch der Tatsache Rechnung trägt, dass es auf den Campgrounds Stellplätze in unterschiedlichen Preiskategorien gibt. Es wurden gemäß der Empfehlung, den Nordwesten im Sommer zu bereisen, die Saisonzeiten von Juli und August zugrunde gelegt. Wenn im Informationsteil eines Campgrounds die Anzahl der Stellplätze für Wohnmobile der Anzahl der Stellplätze für Zelte entspricht, können Sie davon ausgehen, dass auf diesem Campground die Stellplätze variabel mit Zelten oder Wohnmobilen belegt werden können. Für Motelzimmer gilt ebenfalls, dass sie je nach Größe, Lage und Ausstattung unterschiedlich teuer sind und Sie auch hier die Hochsaisonpreise angezeigt bekommen. Für Campgrounds und Hotels beziehungsweise Motels gibt es zwei verschiedene Kategorisierungen:

Wohnmobile/Wohnwagen

Bis $ 25:	$
$ 25–40:	$$
Ab $ 40:	$$$

Hotels/Motels

Bis $ 120:	*
$ 120–200:	**
Ab $ 200:	***

Staatliche Campgrounds innerhalb der National und State Parks unterliegen solchen Schwankungen in der Regel nicht und haben ganzjährig gültige Fixpreise (konkrete Preise siehe Wissenswertes). Die Anzahl der Zeltplätze wird zwar ebenfalls im Informationsteil angegeben, allerdings ohne gesonderten Preis. Die aufgeführten Preise der Campgrounds beziehen sich auf die RV-Stellplätze – welche jedoch zumindest in den Nationalparks oft dieselben sind wie für Zelte. Die Plätze in den Nationalparks verfügen im Gegensatz zu den privaten Campgrounds meist nicht über W-LAN. KOA-Plätze haben prinzipiell gut funktionierendes Internet, andere private Plätze ebenfalls, wenn sie nicht zu sehr abgelegen sind und sich im »Funkloch« befinden. Dasselbe gilt für Hotels – in den Nationalparks ist es eine Ausnahme, wenn drahtloses Internet zur Verfügung steht. Ist das WiFi-Symbol bei der Beschreibung angegeben, bedeutet das für den jeweiligen Campground beziehungsweise das Hotel nur die grundsätzliche Verfügbarkeit. Bei Hotels funktioniert es nicht zwingend in allen Zimmern, sondern unter Umständen nur in der Lobby. Auch auf den Campingplätzen kann es in der Nähe des Office einen besseren Empfang geben als auf dem Stellplatz. Auf dieser Route ist das W-LAN meist kostenfrei, nur in Ausnahmefällen wird eine Gebühr erhoben.

Sind für die Campgrounds die Anschlussarten angegeben, bedeutet dies nicht, dass jeder Stellplatz über alle Anschlüsse verfügt, sondern die angegebenen Anschlussarten weisen die maximale Ausstattung eines Platzes aus. Reservierungsempfehlungen gelten für die Hauptsaison und Wochenenden, vor allem die beiden um Labor Day und Memorial Day.

Für die beschriebene Rundreise ist das Wohnmobil das Fahrzeug der Wahl. Jedes besuchte Ziel bietet einen Campground – in den Städten zwar nicht immer zentral gelegen, aber dennoch vorhanden. Außerhalb der Saison kann man drauflosfahren und sich der Freiheit hingeben, dort zu übernachten, wo man an dem entsprechenden Tag eben ankommt. Das Wohnmobil ist als Individual-Reisemittel das flexibelste. Man kann jederzeit anhalten, Essen kochen, kalte Getränke aus dem Kühlschrank genießen und sich nach dem Wandern umziehen. Die amerikanischen Straßen sind breit, und auch wenn man als Europäer ungeübt ist im Umgang mit einem so monströsen Fahrzeug, machen es einem die Straßenverhältnisse doch relativ einfach. In manchen Nationalparks im Nordwesten gibt es keine Hotels oder Lodges, Campgrounds sind dann die einzigen Übernachtungsmöglichkeiten im Park. Diese sind im Allgemeinen deutlich günstiger als eine Übernachtung in einem Hotel oder einer Lodge – vor allem, wenn es sich um eine Unterkunft in einem Nationalpark handelt, die für gewöhnlich extrem teuer ist. Rechnet man hinzu, dass man bei einer Mietwagen-Reise deutlich öfter essen gehen muss, kommt man trotz einer auch nicht ganz günstigen Grundmiete für das Wohnmobil unter dem Strich günstiger weg als mit dem Mietwagen.

Aber auch ein Mietwagen kann Vorteile haben. In einigen Nationalparks auf dieser Route sind Straßen für Wohnmobile gesperrt. Nicht immer sind diese alternativ mit einem Shuttleservice abgedeckt, sodass man in manchen Fällen das entsprechende Erlebnis verpasst. Größere Pkw oder SUVs verbrauchen außerdem bei weitem nicht so große Mengen Benzin wie ein Wohnmobil. Außerdem sind die Lodges in den Nationalparks teilweise im historischen Design mit rustikalgeschmackvollem Ambiente, eine Übernachtung ist stilvoll. Wer mit einem Auto oder Motorrad unterwegs ist, wird in diesem Routenreiseführer bei den einzelnen Etappen ebenso mit der Angabe von Motels, Hotels und Lodges versorgt wie die Wohnmobilreisenden.

Die Reise im Wohnmobil vermittelt ein Gefühl von Freiheit.

SMARTROUTE

Ein wichtiges Instrument des Routenreiseführers ist die sogenannte SmartRoute. Sie liefert eine kompakte Übersicht über alle wichtigen Stationen der kompletten Route und stellt strukturiert und komprimiert die relevanten Fixpunkte dar. Der Leser kann sich mit schnellem Blick orientieren, Entfernungen ablesen und persönliche Entscheidungen bezüglich der weiteren Streckenplanung treffen. Zudem kann man anhand der Übernachtungsmöglichkeiten außerhalb der Städte strukturiert Tagesrouten festlegen (Wohnmobilreisende finden sämtliche Übernachtungsmöglichkeiten innerhalb der Route aufgeführt). Es gibt die Möglichkeit des Downloads der SmartRoute in DIN A4-Größe fürs Reisegepäck unter www **www.seitnotiz.de/NPRNW1**.

Die vorliegende Rundreise greift alle attraktiven Ziele auf, die mehr oder weniger am Wegesrand liegen. Wenn jedoch ein größerer Umweg oder Abstecher nötig ist, sehen Sie in der SmartRoute auf einen Blick, wie viele Meilen/Kilometer ein Umweg konkret bedeutet. Die Beschreibungen der abseits gelegenen Attraktionen sind genauso detailliert wie die der Hauptroute, sodass Sie von Fall zu Fall entscheiden können, ob Sie einen Umweg fahren wollen und können oder nicht. Diese Nebenstrecken sind zur besseren Orientierung farblich unterlegt.

In der SmartRoute sind Übernachtungsmöglichkeiten für Auto- und Motorradfahrer nur dann separat aufgeführt, wenn sie außerhalb von Städten liegen. Alle Hotels und Motels in den Städten sind kein Bestandteil der SmartRoute. Für Wohnmobilfahrer ist eine Selektion der im Routenreiseführer vorgestellten Übernachtungsmöglichkeiten aufgeführt, wenn es bei einem Fixpunkt sehr viele Campgrounds gibt. Die auf der Fahrstrecke liegenden Campgrounds sind alle Bestandteil der SmartRoute, ebenso die stadtnahen Plätze.

ROUTENABSCHNITTE

Die gesamte Rundreise ab/bis Seattle ist in vier Abschnitte unterteilt. Der vierte Abschnitt beinhaltet die Rückreise von Salt Lake City über Portland und den Mount Rainier National Park nach Seattle.

KARTOGRAFIE

Dieser Reiseführer beinhaltet Karten der wichtigsten Städte und eine Großkarte für das gesamte Reisegebiet, mit der eine lückenlose Orientierung und einfache Navigation gewährleistet ist. Wer sich z.B. in den größeren Städten längere Zeit aufhalten möchte, findet im Medienanhang (▶Seite 403) Empfehlungen für detaillierte Karten.

LAND & LEUTE

USA

Offizielle Bezeichnung	Vereinigte Staaten von Amerika (United States of America)
Staatsform	Präsidialrepublik mit bundesstaatlicher Verfassung
Staatsoberhaupt	Präsident
Bevölkerung	317.238.626
Sprachen	Auf Bundesebene ist keine Amtssprache festgesetzt, de facto: Englisch. Ansonsten: Spanisch und regionale Sprachen
Nationalfeiertag	4. Juli (Independence Day)
Zeitzonen	Eastern Standard Time: MEZ - 6 Std. Central Standard Time: MEZ - 7 Std. Mountain Standard Time: MEZ - 8 Std. Pacific Standard Time: MEZ - 9 Std. Alaska: MEZ - 10 Std. Hawaii: MEZ - 11 Std.
Hauptstadt	Washington, D. C.
Größte Städte	New York City (20,7 Mio. Einwohner) Los Angeles (13,1 Mio. Einwohner) Chicago (9,5 Mio. Einwohner) Washington, D. C. (8,1 Mio. Einwohner) Dallas (6,7 Mio. Einwohner) Houston (6,2 Mio. Einwohner) Philadelphia (6,0 Mio. Einwohner) Miami (5,8 Mio. Einwohner) Atlanta (5,5 Mio. Einwohner) Boston (4,6 Mio. Einwohner)
Kenndaten	Gesamtfläche: 9.629.091 km² (28 mal größer als Deutschland) davon Wasserfläche 664.706 km²
Größter See	Michigansee: 58.016 km²
Größte Insel	Hawaii
Längste Flüsse	Mississippi (mit Missouri): 7.808 km/4.880 mi Yukon River (mit Teslin River): 3.185 km/1.991 mi (davon 1.149 km/718 mi in Kanada) Rio Grande; 3.040 km/1.900 mi
Höchste Erhebungen	Mount Mc Kinley/Denali (Alaska): 6.194 m Mount Foraker (Alaska): 5.304 m Mount Whitney (Sierra Nevada): 4.418 m
Tiefster Punkt	Badwater Basin im Death Valley (85,95 m u. NHN)
Nationalparks	58 National Parks
Strom	110 Volt, 60 Hz Wechselstrom
Top-Level-Domains	.us, .gov, .mil, .edu

Mit einer Fläche von insgesamt 9.629.091 Quadratkilometern sind die **Vereinigten Staaten von Amerika** (United States of America, USA) das drittgrößte Land der Erde (nach Russland und Kanada). Die USA erstrecken sich auf dem nordamerikanischen Kontinent vom Atlantischen Ozean im Osten bis zum Pazifischen Ozean im Westen (Ost-West-Ausdehnung: 4.500 km/2.813 mi). Im Norden bildet Kanada die Grenze, im Süden ist es Mexiko (Nord-Süd-Ausdehnung: 2.500 km/1.563 mi).

Die USA bestehen aus insgesamt 50 teilsouveränen **Bundesstaaten**. Die ersten Bundesstaaten gingen aus den 13 Kolonien mit Inkrafttreten der Verfassung hervor. Hinzu kamen weitere Staaten durch die Erweiterung nach Westen, das Louisiana-Gebiet, den Beitritt von Texas und die Aufnahme Hawaiis und Alaskas als Bundesstaaten. Das Staatsgebiet wird von den verschiedenen Außengebieten ergänzt. Auf der Landesflagge »Stars & Stripes« stehen die weißen und roten Streifen für die 13 Gründungsstaaten, die 50 Sterne im blauen Feld für die 50 Bundesstaaten.

Bund und Bundesstaaten haben jeweils strikt getrennte **Machtbefugnisse**: Der Bund übt die von der Verfassung übertragenen, gesetzgebenden Kompetenzen aus, für alle anderen Kompetenzen sind die einzelnen Staaten zuständig. So hat wiederum jeder einzelne Bundesstaat sein eigenes, autarkes politisches System mit jeweils eigener Verfassung und Verwaltung. Auch die Polizei ist Angelegenheit der jeweiligen Bundesstaaten. Jeder Bundesstaat ist noch einmal unterteilt in Countys.

Auf Bundesebene übt der in zwei Kammern geteilte Kongress die legislative Macht aus. Die eine der beiden Kammern ist der Senat, in dem je zwei Mitglieder aus jedem Bundesstaat vertreten sind. Die Sitze in der zweiten Kammer, dem Repräsentantenhaus, orientieren sich an der Bevölkerungszahl der einzelnen Bundesstaaten. Der Kongress hat die Gesetzgebungskompetenz und beaufsichtigt den exekutiven Zweig der Regierung.

Die Exekutive wiederum besteht aus dem Präsidenten und seiner Delegation. Der Präsident bekleidet eines der machtvollsten Ämter der Welt. Er ist in den USA Staatsoberhaupt, Regierungschef und Oberbefehlshaber der Streitkräfte in Personalunion. Er beaufsichtigt die Ausführung der Gesetze und hat Vetorecht über die Gesetze, hat judikative Machtbefugnisse und ist innerhalb der Exekutive mit umfangreichen Befugnissen ausgestattet, nationale Angelegenheiten zu verwalten.

Am 4. März 1789 ist nach dem Verfassungskonvent in Philadelphia die Verfassung der Vereinigten Staaten von Amerika in Kraft getreten. In sieben Artikeln definiert sie den Rahmen des amerikanischen Regierungssystems.

Aufgrund der hohen Zahl von Einwanderern wird die USA oft als **»Melting Pot«** bezeichnet – als Schmelztiegel der Völker. Die Indianer sind die Ureinwohner der USA, auf sie trafen die ersten kolonialen Einwanderer aus Europa, zunächst vorwiegend aus Spanien, Frankreich und England, später waren es auch deutsche, irische, italienische, skandinavische und osteuropäische Einwanderer. Die Afroamerikaner als Nachfahren der afrikanischen Sklaven stellen mit etwas mehr als 14 Prozent einen nicht geringen Bevölkerungsanteil.

Viel Zuwanderung kann auch zu viel Unruhe führen und dazu, dass man Fremden gegenüber nicht gerade aufgeschlossen ist. Nicht so die Amerikaner, wenn es um ihre **Urlaubsgäste** geht, denn ihnen gegenüber zeigen sie sich sehr offen: Stets wird man herzlich behandelt, das Interesse an der Herkunft der Gäste ist groß. Man sagt den Amerikanern eine gewisse Oberflächlichkeit nach, dennoch ist es bereichernd, mit Amerikanern ins Gespräch zu kommen. Bei diesen Gelegenheiten lernt man viel darüber, wie die Leute auf der anderen Seite des großen Teichs so »ticken«. Sie stellen ihren Gästen viele Fragen und erzählen dabei, wenn man es geschickt anstellt, auch ein bisschen über sich und das Leben in den USA. Der Tourismus spielt in allen Regionen des Landes eine große Rolle. Es gibt mehr oder weniger populäre Ziele und Bundesstaaten, aber prinzipiell sind die USA ein **Tourismusland** wie kaum ein anderes: Laut dem State Department für Handel, Tourismus und Industrie machen jährlich etwa 60 Millionen Menschen Urlaub in den Vereinigten Staaten – damit ist es das am zweithäufigsten besuchte Land der Welt (nach Frankreich). Der Anteil europäischer Touristen beträgt dabei 12,6 Millionen. Auf Platz 1 stehen die USA sogar, wenn es um die am meisten besuchten Orte und Plätze geht: 19 der 50 ersten Plätze liegen auf dem Staatsgebiet der Vereinigten Staaten.

Ein so großes Land wie die USA zeichnet sich durch **maximale Uneinheitlichkeit** aus. Das fängt bei den sechs verschiedenen Zeitzonen an, die bis zu fünf Stunden voneinander abweichen können, reicht über die komplett unterschiedliche Infrastruktur verschiedener Regionen bis hin zu den klimatischen Diskrepanzen. Denn innerhalb der USA kann man aufgrund der immensen Ausdehnung alle Klimazonen der Welt erleben. Arktisches Klima in Alaska, Tropenklima in Florida mit Trockenzeit im Winter und Regenfällen im Sommer, alpines Klima mit viel Schnee im Bereich der Rocky Mountains, Wüsten in Texas, Kalifornien und Nevada und zu guter Letzt auch kontinentales Klima mit einer gleichmäßigen Verteilung der Niederschläge über das ganze Jahr und kühleren Bereichen zur Grenze nach Kanada hin. Die diversen klimatischen Erscheinungsbilder bringen es aber auch mit sich, dass die USA oft von Naturkatastrophen wie Hurrikans, Tornados und Blizzards heimgesucht werden. Während manche Gebiete über hunderte von Kilometern unbesiedelt sind und sich lediglich eine endlos lange, geradeaus verlaufende Straße hindurchzieht, gibt es Metropolregionen mit Millionen von Einwohnern, einem aus allen Nähten platzenden Verkehrsaufkommen und einem bestens ausgebauten Netz an Öffentlichen Verkehrsmitteln.

Eine ebenso große Bandbreite decken Flora und Fauna aufgrund der unterschiedlichen **Vegetationszonen** ab: In den nördlichen Bundesstaaten und in den nordwestlichen Pazifikstaaten ist die Vegetation üppig und grün, in südlichen Gefilden dominieren Mangrovensümpfe und Sumpfzypressen (in Florida). An der Golfküste ist die Vegetation tropisch, an der Ostküste wächst Mischwald. In den höheren Gebieten wie den Rocky Mountains gedeihen Sitkafichten, Douglastannen und Mammutbäume – Letztere findet man auch in der Sierra Nevada. Im vom Westen zum Süden verlaufenden Innenland folgen reine Wüsten mit Sanddünen und Salzkrusten (beispielsweise die Great Salt Lake Desert und das Death Valley). Den Westen prägt vor allem baumarme Prärie und in Texas findet man Dornstrauchsavanne. Hawaii wiederum zeigt tropische Regenwaldvegetation, in den höheren Lagen Buschwald. Alaska, der nördlichste Bundesstaat, ist von borealem Nadelwald (Taiga) bestimmt, die in die Tundra (Polarzone) übergeht. Zwergsträucher, Moose, Flechten und Gräser wachsen hier.

Eine nicht minder spektakuläre Mischung stellt die amerikanische **Tierwelt** dar. Da etwa zehn Prozent der Gesamtfläche des Landes als Schutzgebiete ausgewiesen sind, konnte eine große Artenvielfalt erhalten werden. Der Weißkopfseeadler als Wappentier der USA hat einen gesicherten Bestand (vor allem in den Gebirgsregionen), ebenso Waschbären und Opossums. Schwarzbären trifft man in Kalifornien, Braun- und Grizzlybären sowie Dickhornschafe und Elche in den nordwestlichen Bundesstaaten. Bisons, Kojoten und Gabelantilopen sind die typischen Präriebewohner der USA, Reptilien finden sich in den Wüsten und Halbwüsten im Südwesten. Im Südosten ist der Mississippi-Alligator dominant, an den Flüssen und Seen kann man auch auf Biber, Fischottern und Bisamratten treffen. Das Krokodil ist selten, man bekommt es, wenn überhaupt, nur in Südflorida zu Gesicht. Selten und gefährdet sind in diesen Regionen die Manatis, die sogenannten Seekühe. Auf Haie kann man prinzipiell an allen Meeresstränden treffen.

Welchen Aspekt man auch immer betrachtet – »**Vielfalt**« scheint einfach ein Markenzeichen zu sein, dem man in den USA immer und immer wieder begegnet. In allen Bereichen des gesellschaftlichen, wirtschaftlichen und kulturellen Lebens und vor allem des Tourismus.

Der Nordwesten

Staat	Kürzel	Hauptstadt	Nationalparks	Fläche (km²)	Einwohner	Zeitzone
Washington	WA	Olympia	Mount Rainier National Park, Olympic National Park und North Cascades National Park	185.000	7.000.000	PST
Idaho	ID	Boise		217.000	1.600.000	Nord: PST Süd: MST
Montana	MT	Helena	Glacier National Park	381.000	1.000.000	MST
Wyoming	WY	Cheyenne	Yellowstone National Park und Grand Teton National Park	253.000	583.000	MST
Utah	UT	Salt Lake City	Arches National Park, Bryce Canyon National Park, Capitol Reef National Park, Canyonlands National Park, Zion National Park	220.000	2.901.000	MST
Oregon	OR	Salem	Crater Lake National Park	255.000	4.000.000	PST

Das **US Census Bureau**, das in etwa einer Volkszählungsbehörde entspricht, hat die Bundesstaaten **Washington**, **Idaho**, **Montana**, **Wyoming** und **Oregon** gemeinsam als »Nordwesten« kategorisiert. Washington ist der Evergreen State, Idaho der Gem State, als Treasure State bezeichnet man Montana und als Equality State Wyoming, Oregon trägt den Beinamen Beaver State. Wegen des Abstechers nach Salt Lake City wurde die vorliegende Reiseroute um **Utah**, den Beehive State, ergänzt. Nähert man sich dem Begriff Nordwesten geografisch, umfasst er die Pazifikregion und die Rocky Mountains sowie die dazwischen liegenden gebirgigen Plateaus. Hier ist die Hochebene **Columbia Plateau** dominant, die sich vom Westen Washingtons und Oregons bis in den Süden Idahos erstreckt und vom Columbia River und dem Snake River begrenzt wird. Die **Rocky Mountains** verlaufen auf einer Länge von 2.250 Kilometern vom Nordwesten der USA in den Südosten und durchqueren die beiden auf der Reiseroute liegenden Nationalparks Glacier und Yellowstone. Weitere Gebirgszüge, die sich durch den Nordwesten ziehen, sind die von Nord nach Süd verlaufende Coastal Range und die von West nach Ost

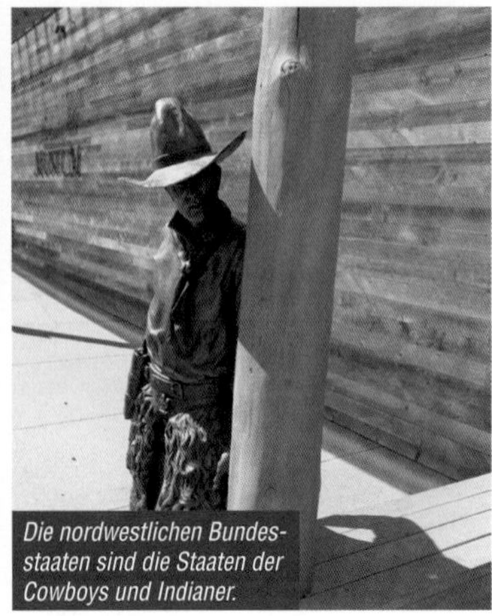

Die nordwestlichen Bundesstaaten sind die Staaten der Cowboys und Indianer.

verlaufende Cascade Range an der kanadischen Grenze.

So einfach die Region damit zu fassen scheint, so wenig gradlinig ist ihre historische Entwicklung verlaufen. Bereits die **Indianer** als Ureinwohner haben das Gebiet in Wellen besiedelt, angefangen hat die Zuwanderung vor mehr als 10.000 Jahren. Als Anfang des 19. Jahrhunderts die **Siedlertrecks** im Nordwesten ankamen, wurden die Ureinwohner verdrängt. Sie erlitten ein ähnliches Schicksal der Unterdrückung und Einweisung in Reservate wie ihre Nachbarn im Süden und im Osten. Im Rahmen der vorliegenden Reiseroute trifft man auf drei Gruppen von Indianern, die von den unterschiedlichen Lebensräumen und Kulturen geprägt waren und noch sind: Die **Küstenindianer**, die den Küstenstreifen zwischen der Cascade Range, der Sierra Nevada und der Pazifikküste besiedelten und die **Prärie- und Plateau-Indianer**, die in den kargen Hochebenen zwischen den Gebirgen an der Küste und den Rocky Mountains bis hin zum Tal des Mississippis lebten.

Mit der Erschließung und Besiedelung des Westens wurden die Ureinwohner zunehmend zurückgedrängt. Aus den östlichen, stark besiedelten Bundesstaaten kamen ebenso viele Einwanderer wie aus Europa. Das Indianerland wurde in mehreren Etappen eingenommen: Zunächst machten sich Forscher, Händler und Trapper das Land untertan, es folgten Holzfäller, Landvermesser, Viehzüchter und Bergleute – zuletzt kamen Farmer. Das gesamte fruchtbare Land wurde eingenommen und das Großwild geschossen. Die Indianer waren zunehmend geschwächt von den eingeschleppten Krankheiten und dem erbitterten Widerstand, den sie leisteten. Mit der Ausrottung der großen Büffelherden waren sie zudem ihrer Lebensgrundlage beraubt.

Von besonderer historischer Bedeutung ist in diesem Zusammenhang der sogenannte **Oregon Trail**, die erste Siedlerroute über die Rocky Mountains mit dem Ziel, den Nordwesten der USA zu besiedeln. Die Pioniere kamen mit Planwagen durch Steppe, Wüsten und über Berge aus den stark besiedelten Teilen des Ostens und der Mitte der Vereinigten Staaten, um sich im Pazifischen Nordwesten niederzulassen. Zwischen 1830 und 1870 kamen etwa 350.000 Siedler über den Oregon Trail in den Nordwesten. Es gab jedoch auch weitere Siedlerbewegungen in diese Region der USA, beispielsweise den **Mormon Trail** 1847 unter der Führung von Brigham Young; diese frühen Pioniere kamen nach einer 2.200 Kilometer langen Wanderung nach Utah, um ihre Religion (Mormonentum) frei von Verfol-

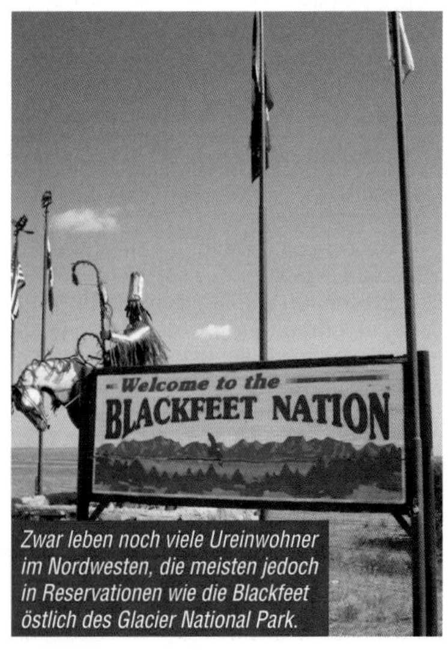

Zwar leben noch viele Ureinwohner im Nordwesten, die meisten jedoch in Reservationen wie die Blackfeet östlich des Glacier National Park.

Das Bison ist das größte Landsäugetier Nordamerikas!

gung ausüben zu können. Sie ließen sich am Großen Salzsee nieder, wo sie das Land fruchtbar machten und das heutige Salt Lake City gründeten.

Noch heute ist die **Landwirtschaft**, vor allem die Viehzucht, der wichtigste Einnahmefaktor im Nordwesten der USA. In Washington und Oregon spielt auch die **Holzindustrie** eine nicht unerhebliche Rolle. Vor allem die Einkünfte im touristischen Bereich steigen kontinuierlich an, immer mehr in- und ausländische **Touristen** bereisen den Nordwesten. Nach eher zurückhaltenden Anfängen zu Beginn des 19. Jahrhunderts wurde in den 1930er-Jahren auf den infrastrukturellen Ausbau vor allem der Nationalparks gesetzt, was den Tourismus heute zu einem florierenden Wirtschaftsfaktor des Nordwestens macht. In kaum einer anderen Region der USA trifft man so geballt auf so viele Nationalparks. Im Großraum Seattle sind mit Boeing, Microsoft, Amazon und Starbucks große **Wirtschaftsunternehmen** ansässig, Portland als Hafenstadt ist Umschlagplatz für Waren aus Asien und Firmensitz des Sportwarenherstellers Nike.

Trotz der aufstrebenden Tendenz in allen Bereichen ist der Nordwesten eine sehr dünn besiedelte Region. Auf einer Fläche von ungefähr 1,5 Millionen Quadratkilometern leben etwa 17 Millionen Menschen – das ergibt eine Bevölkerungsdichte von elf Einwohnern pro Quadratkilometer. Dabei leben in den Ballungsgebieten von Seattle (3,5 Millionen) und Portland (2,3 Millionen) die meisten Menschen. Den größten Bevölkerungsanteil stellen Weiße, Nachfahren der nord- und mitteleuropäischen Einwanderer, während Lateinamerikaner nur wenige Prozent der Gesamtbevölkerung ausmachen; allerdings ist die Tendenz steigend, was erstaunen kann, da bislang eher die Südweststaaten als ehemalige spanische Kolonien einen hohen Anteil an spanisch-mexikanischen Einwanderern verzeichneten. Eher gering ist der Anteil asiatischer Einwohner, die vorwiegend in Washington leben. Ureinwohner sind noch zahlreich vertreten, leben aber meist in Reservationen (insgesamt etwa ein Viertel aller Indianer Nordamerikas!).

Die Bewohner des Nordwestens sind ein offenes, umgängliches Volk – vor allem europäischen Touristen gegenüber. Kaum vernehmen sie fremdsprachliche Klänge, sprechen sie die Gäste an. Sie sind zudem geprägt von einem starken Freiheitsdrang, weswegen sie staatliche Eingriffe ablehnend gegenüberstehen. Dieses Streben nach Individualität hat den Westen der USA vor einigen Jahrzehnten zum Wallfahrtsort für Hippies und Alternative gemacht. Noch heute macht sich ein Anteil von Freigeistern in der Region bemerkbar, die unkonventionell leben und dies in vermeintlich schrulligem Benehmen zur Schau tragen (geballt tritt dieses Phänomen in Seattle auf).

Im Gegensatz zur dünnen Besiedelung des Nordwestens steht ein vielfältiger Artenreichtum in der Tierwelt. Dank umfangreicher Schutzmaßnahmen wird man heute reichlich verwöhnt mit dem Zusammentreffen auf Wildlife aller Art. Allen voran der **Bison** (amerikanisch »Buffalo«), das auf einer Reise durch den Nordwesten zuverlässig die Landschaftskulisse bereichert, ist das charakteristischste Tier des Kontinents.

Vor allem in den Nationalparks werden die Tiere ebenso wie die Natur streng geschützt. Für den Bereich Nordwesten ist ein ebenso majestätischer wie gefürchteter Vertreter typisch: der **Grizzlybär**. Er gehört zur Gattung der Braunbären und hat vereinzelte graue Haare, sodass das Fell an manchen Stellen grau glitzert (amerikanisch »grizzled« = gräulich). Er wird bis zu 2,30 Meter groß und 400 Kilogramm schwer. Er ist leicht reizbar und wird magisch von menschlichen Abfällen angezogen, was ihn gefährlich machen kann. Häufig trifft man im Nordwesten auch auf **Schwarzbären**, die prinzipiell für den Menschen eher ungefährlich sind. Als Moose bekannt sind in Nordamerika Elche. **Moose** sind die größten Hirsche der Welt. Ähnlich unserem deutschen Wort »Elch« klingt »Elk«, gemeint ist damit aber der **Wapitihirsch** mit einem schaufelartigen Geweih.

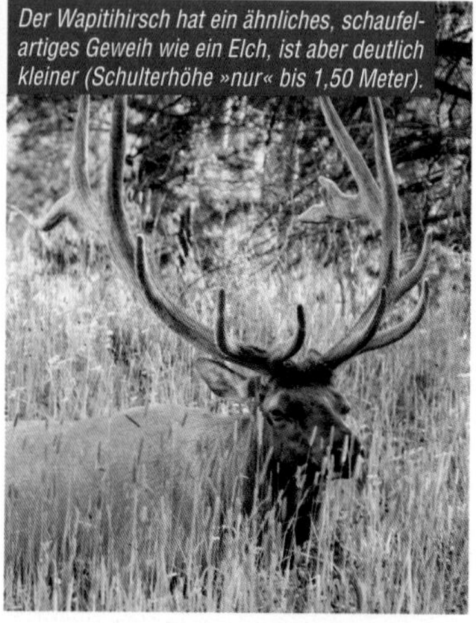

Der Wapitihirsch hat ein ähnliches, schaufelartiges Geweih wie ein Elch, ist aber deutlich kleiner (Schulterhöhe »nur« bis 1,50 Meter).

Vor allem im Yellowstone National Park trifft man auf den **Yellowstone Elk**, der einem Hirsch sehr ähnlich sieht, jedoch deutlich größer ist (bis 1,50 Meter Schulterhöhe).

Weniger oft zu Gesicht bekommt man den eigentlich häufig am nordwestlichen Himmel gleitenden **Weißkopfseeadler**, das amerikanische Wappentier, **Kojoten** und **Wölfe**. Im Pazifikraum kann man mit Glück bei einer Walbeobachtungsfahrt **Orkas** und **Grauwale** sehen. In den Küstengewässern leben Lachse, Robben und Seeottern.

Was das **Klima** anbelangt, ist die **Pazifikküste** bekannt für häufigen **Regen**, im Frühjahr versinkt die Küste außerdem oft im **Nebel**. Die Klimaschwankungen zwischen Sommer und Winter sind gering. Richtung **Osten** werden die Niederschläge deutlich seltener, die östlich des North Cascades National Park gelegenen Gebiete liegen im **Regenschatten** der Rocky Mountains und bekommen daher selten Niederschläge ab. Zieht im Winter Kaltluft aus dem Norden gen Süden, kann es zu **Blizzards** (Schnee- und Eisstürme) kommen.

Die **Wassertemperaturen des Pazifischen Ozeans** sind an der nordwestlichen Küste ganzjährig kühl, sodass man an ein entspanntes Bad im Pazifik zu keiner Jahreszeit denken kann. Je weiter weg man sich **landeinwärts** außerhalb des Einflusses des Pazifiks befindet, desto heißer kann es im Sommer werden – zumindest tagsüber, nachts wird es mitunter sehr kalt, da die Speicherwirkung eines großen Gewässers (des Pazifiks) fehlt. Temperaturen bis unter 10 Grad Celsius sind normal, ebenso ergiebige Schneefälle im Winter.

Durch das eher feuchte Pazifikklima weisen die Küstenstaaten eine vielseitige **Vegetation** auf. Auf ein besonderes Phänomen trifft man auf der Olympic Peninsula im Olympic National Park: Hier befindet sich ein **Temporate Rain Forest**, ein **gemäßigter Regenwald**. Durch die abgeschiedene Lage auf einer Halbinsel konnte sich die für diese Gefilde ungewöhnliche Vegetation entwickeln. Hohe Niederschläge und eine gemäßigte Temperatur sind verantwortlich für den Regenwald mit Sitkafichten und Western-Hemlocktannen, der außerdem mit Moosen und Flechten bedeckt ist. Der Nati-

Ein Bienenkorb befindet sich in der Staatsflagge von Utah, dem »Beehive State«.

Im Bundesstaat Wyoming befindet sich der Yellowstone National Park mit einem hohen Aufkommen an Bisons.

Washington trägt seinen Beinamen »Evergreen State« auch im Nummernschild.

Berühmt für Kartoffeln?

Der Beiname »Schatzstaat« bezieht sich auf die reichen Mineralvorkommen Montanas.

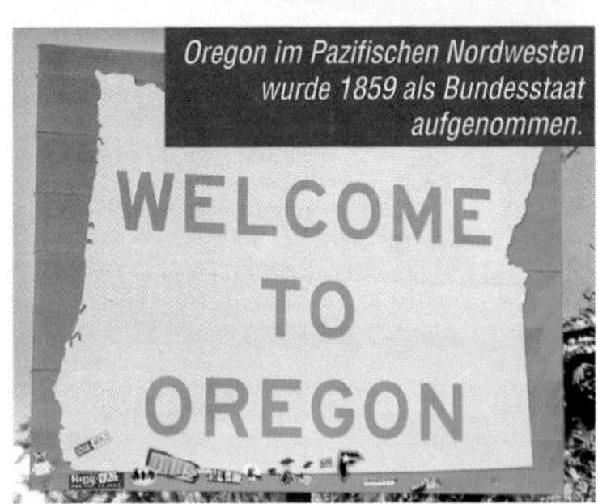

Oregon im Pazifischen Nordwesten wurde 1859 als Bundesstaat aufgenommen.

onalpark ist ein **Biosphärenreservat** der UNESCO sowie ein **Weltnaturerbe**.

Die geothermischen Erscheinungsformen (Geysire, Schlammtöpfe und heiße Quellen) im Yellowstone National Park, die von der Aktivität eines unterirdisch brodelnden Vulkans rühren, und die Vulkane der Kaskadenkette, von denen manche noch aktiv sind, gehören zu den besonderen geologischen Erscheinungsformen der Region. Der nach seinem ehemals hohen Aufkommen an Gletschern benannte Glacier National Park indes verfügt heute wegen der Erderwärmung nur noch über eine geringe Anzahl von Gletschern, die Tendenz ist, dass es in absehbarer Zeit gar keine mehr im Park geben wird.

Zusammenfassend lässt sich sagen: Der Nordwesten der USA ist ein vielseitiges Reisegebiet mit Gebirgszügen, Vulkanen und Gletschern, einem Regenwald, einem Salzsee und einem Nationalpark, in dem es blubbert und brodelt. Das Tierreich ist so vielfältig wie die diversen Wetterzonen, die Geschichte des Landstrichs ist turbulent. Der Nordwesten ist aber vor allem eines: ein spannendes und abwechslungsreiches Reiseziel, das innerhalb eines Urlaubes alles bietet, was man sich nur vorstellen kann.

HIGHLIGHTS

Seattle
Die nördlichste Großstadt an der Westküste besticht durch einen ungeheuren Charme und begeistert Besucher mit der bezaubernden Lage an einer Bucht, vielen Grünflächen, einer attraktiven Innenstadt und den Markenzeichen Space Needle im Vordergrund und Mount Rainier im Hintergrund.

Mount Rainier National Park
Ist der Vulkan schon imposant, so ist es seine Umgebung erst recht: Wildblumengetränkte Wiesen und eine paradiesische Bergwelt umgeben den schneeüberzogenen Vulkan.

Die raue Westküste
Felsnadeln ragen aus dem Pazifischen Ozean. Die Küste ist zerklüftet, der Regenwald reicht bis an die Strände, die übersät sind mit Treibholz.

Hurricane Ridge/ Olympic National Park
Der atemberaubend schöne Bergrücken auf 1.600 Metern Höhe hat ein alpines Panorama, das von Wildblumen und den Gletschern des Mount Olympus eingerahmt wird.

Glacier National Park
Auf dem Hauptkamm der sagenhaften Rocky Mountains liegt dieser Nationalpark an der Grenze zu Kanada als US-amerikanischer Teil eines grenzübergreifenden Parks. Eine spektakuläre Berglandschaft mit vielen Gebirgsseen bildet die Kulisse.

Montana
»Der Weg ist das Ziel« lautet das Motto der landschaftlich abwechslungsreichen Fahrt durch Montana. Auf der Strecke zwischen dem Glacier National Park und dem Yellowstone National Park wechselt die Landschaft zwischen zerklüfteten Bergen und weiten Ebenen mit malerischen Flüssen am Wegesrand.

Yellowstone National Park

Es ist das Highlight des Nordwestens: der Yellowstone National Park in Wyoming. Dampfende Geysire, blubbernde Matschtöpfe und farbenprächtige heiße Quellen sowie der malerische Grand Canyon of the Yellowstone sind die Attraktionen des ältesten Nationalparks der Welt.

Grand Teton

Keinesfalls im Schatten des berühmten Nachbarn im Norden steht der Grand Teton National Park mit der Teton-Bergkette und den zahlreichen Gletschern im Zentrum. Der höchste Gipfel erhebt sich auf über 4.000 Metern über die ursprüngliche Natur.

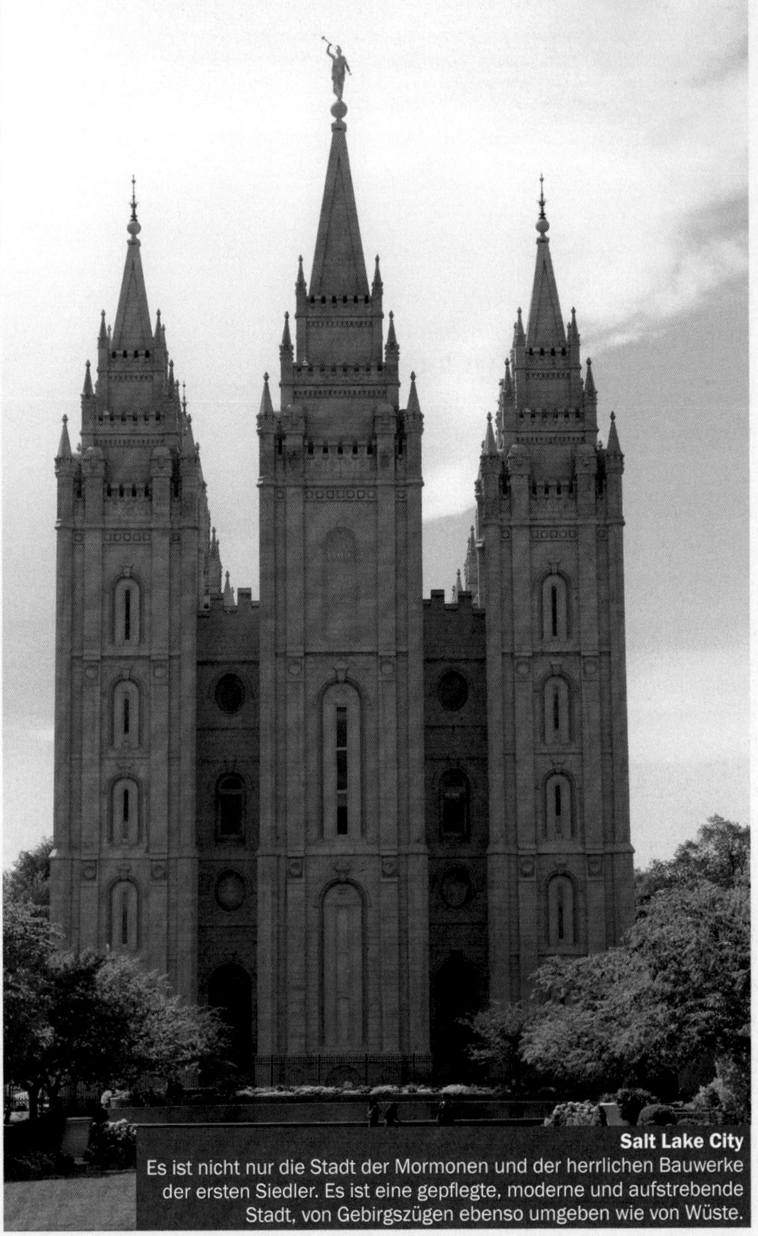

Salt Lake City
Es ist nicht nur die Stadt der Mormonen und der herrlichen Bauwerke der ersten Siedler. Es ist eine gepflegte, moderne und aufstrebende Stadt, von Gebirgszügen ebenso umgeben wie von Wüste.

Salt Lake
Vor den Toren der Stadt Salt Lake City liegt der gleichnamige See mit einem Salzgehalt, der nur vom Toten Meer übertroffen wird. Er ist eingebettet in eine prärieartige Landschaft.

Idaho
So vielfältig der Staat ist, so reizvoll ist er auch: Im Idaho Panhandle präsentiert er sich wenig besiedelt und bergig, zwischen Utah und Oregon beschaulich mit vielen Seen und Feriendörfern direkt am Wasser.

Tiere
Grizzlys, Schwarzbären und Kojoten, Murmeltiere und Schneeziegen, Antilopen, Elche und Wapitis – es ist unvorstellbar, durch den Nordwesten zu reisen, ohne auf eine der beeindruckenden Tierarten zu stoßen.

Westernstädte
Eigentlich fehlt nur der Cowboy, der sein Pferd vor dem Saloon anbindet – ansonsten überzeugen die zahlreichen Westernstädte auf der Reise mit einer liebevoll aufgemachten, authentischen Kulisse.

Der Wilde Westen
Idaho, Montana, Wyoming und Utah sind die Staaten der Wildnis, charakterisiert von Prärie und einsamer Natur, es sind die Staaten der Cowboys und Indianer, der Pioniere sowie der Büffel-, Rinder- und Pferdeherden.

SMARTROUTE

SmartRoute

Die nachfolgende SmartRoute zeigt Ihnen den kompletten Routenverlauf mit Entfernungsangaben, allen wichtigen Stationen und außerstädtischen Übernachtungsmöglichkeiten für Wohnmobilfahrer. Sie finden die komplette SmartRoute zum Mitnehmen im DIN A4-Format als Download unter **www.seitnotiz.de/NPRNW1**.

mi/km Haupt	mi/km Neben	Hwy	Station	Übernachtungsmöglichkeit
0		4th Ave (Startpunkt Downtown an Space Needle, Abzweig von I-5)	**Seattle** charmante Stadt am Puget Sound, reichhaltiges Kultur- und Freizeitangebot (►S. 56)	**Seattle/Tacoma KOA**, zwischen Downtown und Flughafen, am Fluss, gute Ausstattung über die I-5 Ausfahrt Orillia Rd und über die S 212th St ganzj. $$$ ja ja ja Strom, Wasser, Abwasser (►S. 83)
	0	I-5 Express Lane	Beginn **Alternativroute Richtung Norden zum Highway WA-20**, Abzweig WA-20 (►S. 84)	
	5/8	I-5	Ship Canal Bridge, überspannt die Portage Bay zwischen Capitol Hill und dem University District	
	22/35	I-5	Abfahrt zu den Boeing-Werken bei Everett (Ausfahrt Seaway Blvd, auf WA-526 W Richtung Westen fahren)	
	66/105	WA-20	**Burlington**, Kreuzung I-5 und WA-20 (Ausfahrt 230) und Ende Alternativroute (►S. 84)	
25/40		I-5	Ausfahrt 142A von der I-5 Richtung WA-18/East/Auburn	
	0	WA-18	Beginn **Ausflug zum Mount Rainier National Park**, Abzweig WA-18 nach Osten (►S. 85)	
	4/6,5	WA-18	Kreuzung WA-18 und WA164	
	19/30	WA-164	**Enumclaw** letzter größerer Ort vor dem Nationalpark (►S. 85)	
			Kreuzung WA-164 und WA-410	
	58/93	WA-410	Kreuzung WA-410 und Sunrise Rd	
	59/94	Sunrise Rd	**Mount Rainier National Park**, White River Entrance (►S. 86)	
	63/101	Sunrise Rd	Abzweig Zufahrt zum White River CG	**White River CG**, naturnah, am Fluss, gute Ausgangslage von der Sunrise Rd 1 mi/2 km nach Westen fahren Ende Juni–Ende Sep. $ nein nein nein keine (►S. 91)
	73/117	Sunrise Rd (Juli–Okt.)	**Sunrise** Mount Rainier National Park (►S. 92)	

mi/km Haupt	mi/km Neben	Hwy	Station	Übernachtungsmöglichkeit
	88/141	Sunrise Rd	Zurück zur Kreuzung Sunrise Rd und WA-410 und weiter Richtung Süden	
	91/146	WA-410	Kreuzung WA-410 und SR-123	
	104/166	SR-123 (Mai-Okt.)	**Ohanapecosh** Mount Rainier National Park, mit großem Campground & Visitor Information (▶S. 96)	**Ohanapecosh**, größter CG im Mount Rainier NP, schattige Plätze 2 mi/3 km südl. Stevens Canyon Entrance Ende Mai–Mitte Okt. $ nein nein nein keine (▶S. 98)
	106/170	SR-123	Zurück zum Abzweig Stevens Canyon Rd	
	106/170	WA-706/ Stevens Canyon Rd	Mount Rainier National Park, **Stevens Canyon Entrance** (▶S. 98)	
		WA-706/ Stevens Canyon Rd	**Grove of the Patriarchs**, einfacher Naturlehrpfad durch eine Gruppe alter Bäume (▶S. 98)	
	129/206	WA-706/ Stevens Canyon Rd	**Paradise** Zentrum des Mount Rainier National Park, paradiesische Bergwelt mit Wildblumenwiesen und Blick auf den Vulkan (▶S. 100)	**Paradise Inn** neben der Visitor Info 1-360-569-2275 Mitte Mai-Anf. Okt. *-** ja nein (▶S. 103)
	138/221	WA-706	Cougar Rock, Richtung Nisqually Entrance (im Südwesten des Parks)	**Cougar Rock CG** 9 mi/15 km südwestl. von Paradise Ende Mai–Ende Sep. $ ja nein nein keine (▶S. 104)
	141/225	WA-706	**Longmire** Mount Rainier National Park, historisches Parkzentrum, mit Lodge und Laden (▶S. 105)	**National Park Inn** im Historic District Longmire 1-360-569-3375 ganzj. *-** ja nein (▶S. 106)
	147/235	WA-706	Mount Rainier National Park, Nisqually Entrance	
	161/258	WA-706	Elbe, Übergang WA-706 in WA-7	
	181/290	WA-7	Abzweig WA-702	
	190/304	WA-702	Kreuzung WA-702 und WA-507	
	194/310	WA-507	Übergang WA-507 in WA-510	
			Ende Ausflug zum Mount Rainier National Park	
56/90	207/331	WA-510	Auffahrt auf die I-5 Richtung Westen und Treffen auf die Hauptroute	
62/99		I-5	Ausfahrt 105 von der I-5, 14th Ave SE Richtung City Center	
63/101		14th Ave SE	**Olympia** Hauptstadt Washingtons, Attraktion ist der State Park Capitol Campus (▶S. 108)	**Olympia CG**, südl. d. Stadt in einem Nadelwald gelegen Ausfahrt 101 von der I-5 ganzj. $-$$ ja ja ja Strom, Wasser, Abwasser (▶S. 110)
64/102		14th Ave SE	Zurück auf die I-5	
65/104		I-5	Bei Tumwater Abfahrt von der I-5 auf den US-101	
71/114		US-101	Abzweig WA-8 (später US-12) vom US-101	
112/179		WA-8/ US-12	**Aberdeen**, umfangreiche Versorgungsmöglichkeiten vor der Olympic Peninsula, Übergang US-12 in US-101 (▶S. 111)	

mi/km Haupt	mi/km Neben	Hwy	Station	Übernachtungsmöglichkeit
154/246		US-101	Abzweig South Shore Rd zum Lake Quinault	
155/248		South Shore Rd	Olympic National Park/**Lake Quinault** beliebter See im Quinault Valley, Schwimmen, Wandern, Wassersport (►S. 117)	**Willaby Creek CG**, am Seeufer, im National Forest 1,5 mi/ 2,5 km nach dem Abzweig der South Shore Rd vom US-101 ganzj. $ nein nein nein keine (►S. 120) **Lake Quinault Lodge**, 2 mi/ 3 km nach dem Abzweig der South Shore Rd vom US-101 1-360-288-2900 ganzj. *** ja nein (►S. 119)
156/250		South Shore Rd	Zurück auf den US-101	
185/296		US-101	Olympic National Park/**Kalaloch** wilde Küste, Wanderungen, Regenwald (►S. 121)	**Kalaloch CG**, waldig, zwischen Hwy und Ozean direkt am US-101 (westl.) ganzj. $ ja nein nein keine (►S. 123) **South Beach CG**, am Pazifik und am Fluss direkt am US-101 (westl.) Mitte Mai–Mitte Sep. $ nein nein nein keine (►S. 123) **Kalaloch Lodge** 1-360-962-2271 ganzj. **–*** ja nein (►S. 123)
193/309		US-101	**Ruby Beach**, Regenwald grenzt ans Meer, Strand mit Felsformationen und Treibholz (►S. 124)	
207/331		US-101	Abzweig Upper Hoh Rd Richtung Hoh Rain Forest	
225/360		Upper Hoh Rd	Olympic National Park/**Hoh Rain Forest** wilder, feuchter Regenwald, malerischer Hoh River (►S. 125)	**Hoh CG**, idyllisch, abgeschieden, RV-Beschränkung 21 ft neben der VI ganzj. $ ja nein nein keine (►S. 126)
243/389		Upper Hoh Rd	Zurück auf den US-101	
256/410		US-101	**Forks** Holzfällergemeinde, bekannt durch „Twilight"-Verfilmungen (►S. 127)	**Forks 101 RV Park** 901 South Forks Ave, gute Ausstattung, nicht besonders idyllisch gelegen (►S. 129) **Bear Creek Motel & RV Park**, gute Ausstattung, nördlich von Forks (►S. 129)
258/413		US-101	Abzweig WA-110/La Push Rd	

mi/km Haupt	mi/km Neben	Hwy	Station	Übernachtungsmöglichkeit
273/437		WA-110	Olympic National Park/**La Push** von Quileute-Indianern bewirtschaftet, Strand, Treibholz, Klippen und rauer Ozean (▶S. 129)	**Oceanside Resort RV-Park**, gut ausgestattet, mehr zweckmäßig als naturnah vom Ocean Front Dr auf den Ocean Dr abbiegen ganzj. $–$$ ja ja ja Strom, Wasser, Abwasser (▶S. 132) **Mora CG**, naturnah, schattig, Plätze am Fluss Mora Rd Richtung Küste, von dieser links zum CG (2 mi/3 km vor der Küste) ganzj. $ ja nein nein keine (▶S. 132) **Oceanside Resort** wie RV-Resort Park 1-360-374-5267 ganzj. *–*** ja nein (▶S. 132)
287/459		WA-110	Zurück auf den US-101	
294/470		US-101	**Lake Pleasant**, Badestopp (▶S. 132)	
313/501		US-101	Abzweig Sol Duc Hot Springs Rd	
327/523		Sol Duc Hot Springs Rd	Olympic National Park/**Sol Duc Hot Springs** heiße Quellen, Tal mit altem Wald und Wasserfällen (▶S. 133)	**Sol Duc Hot Springs CG**, friedvoller Platz, gehört zum Resort nach der Zufahrt zum Resort ganzj. ** ja nein nein Strom, Wasser (▶S. 135) **Sol Duc Hot Springs Resort** Stichstraße von der Sol Duc Hot Springs Rd 1-360-327-3583 Anf. Mai–Ende Okt. *** ja nein (▶S. 135)
341/546		Sol Duc Hot Springs Rd	Zurück auf den US-101	
343/549		US-101	**Lake Crescent** Möglichkeiten zum Baden, Picknicken und Wandern (▶S. 135)	**Fairholme CG**, nahe dem See, idyllisch, in Wald gebettet links vor Lake Crescent Anf. Apr.–Ende Okt. $ ja nein nein keine (▶S. 137) **Lake Crescent Lodge** über die Lake Crescent Rd 1-360-928-3211 Anf. Mai–Anf. Okt. *** ja nein (▶S. 137)
354/566		US-101	Abzweig Olympic Hot Springs Rd	

mi/km Haupt	mi/km Neben	Hwy	Station	Übernachtungsmöglichkeit
363/581		Olympic Hot Springs Rd	Olympic National Park/**Elwha**, niedrig gelegenes Tal und Wald, Staudamm-Renaturierungen (►S. 138)	**Elwha CG**, gute Lage für versch. Ausgangspunkte links nach Park Entrance Station ganzj. $ nein nein nein keine (►S. 139) **Altair CG**, eher Zeltplatz, RVs aber erlaubt 8 mi/13 km südl. des US-101 Juli–Sep. $ nein nein nein keine (►S. 139)
374/598		Olympic Hot Springs Rd	Zurück auf den US-101	
382/611		US-101	Kreuzung US-101 und E Lauridson Blvd	
383/613		E Lauridson Blvd	Abzweig Mt Angeles Rd/Hurricane Ridge Rd	
383/613		Mt Angeles Rd	Olympic National Park **Visitor Center**, Hauptbesucherzentrum des Parks, Wilderness Information (►S. 140)	
389/622		Hurricane Ridge Rd		**Heart O' the Hills CG**, einfacher, im Wald gelegener Platz zw. Port Angeles und Hurricane Ridge ganzj. $ nein nein nein keine (►S. 143)
401/642		Hurricane Ridge Rd	Olympic National Park/**Hurricane Ridge** unberührte, subalpine Gebirgsregion, Blick auf Mount Olympus	
420/672		Hurricane Ridge Rd	Zurück auf den US-101	
421/674		US-101	**Port Angeles** größte Stadt auf der Halbinsel, Freizeitaktivitäten und Versorgung (►S. 144)	**Olympic Peninsula/Port Angeles KOA**, gut ausgestatteter Platz mit allen Anschlussmöglichkeiten 7 mi/11 km östl. von Port Angeles links in die O'Brien Rd Mitte Mrz–Ende Okt. $$$ ja ja ja Strom, Wasser, Abwasser (►S. 146)
455/728		US-101	Fairmont, Abzweig WA-20	
468/749		WA-20/ SR-20	**Port Townsend**, charmante Hafenstadt, Fähre nach Whidbey Island (►S. 148)	
468/749		Fähre	Whidbey Island	
510/816			**Burlington** Kreuzung WA-20/I-5, Alternativroute **Seattle nach Norden** trifft auf die Hauptroute	
556/890		WA-20/ SR-20	**North Cascades Wilderness Information Center, Marblemount**, erster Überblick über den Nationalpark und die Wilderness (►S. 150)	
562/899		WA-20/ SR-20	North Cascades National Park/**Ross Lake National Recreation Area** wenig besucht, ursprünglich, alpin (►S. 154)	

mi/km Haupt	mi/km Neben	Hwy	Station	Übernachtungsmöglichkeit
570/912		WA-20/ SR-20	**Newhalem** kleine Infrastruktur, Firmensitz von Seattle City Light, schöne Wanderungen (▶S. 157)	**Newhalem Creek CG**, idyllisch, geräumige, private Stellplätze in Waldstücken südl. des WA-20 am Milepost 120 Ende Mai–Anf. Sep. $ ja nein nein keine (▶S. 160) **Goodell Creek CG**, Zelte und kleine RVs, am Ufer des Skagit Rivers südl. des WA-20 am Milepost 119 ganzj. $ nein nein nein keine (▶S. 160)
573/917		WA-20/ SR-20	**Gorge Overlook Trail**, Weg zum Aussichtspunkt auf den Gorge Dam (▶S. 161)	
576/922		WA-20/ SR-20	**Diablo**, Camp am Skagit River, schöne Wanderungen (▶S. 161)	**Colonial Creek CG**, beliebte Lage am See und am Fuße des Gletschers am WA-20 ganzj. $ ja nein nein keine (▶S. 164)
584/934		WA-20/ SR-20	**Ross Lake**, abgeschieden, idyllisch, erreichbar nur zu Fuß oder per Boot ab Diablo (▶S. 164)	**Ross Lake Resort**, nur per Boot oder zu Fuß erreichbar, abenteuerlich 1-206-386-4437 Juni–Okt. ** nein (▶S. 165)
588/941		WA-20/ SR-20	**Ruby Creek Trail**, einsame Wanderung mit Historie (▶S. 166)	
628/ 1.005		WA-20/ SR-20	**Mazama** beschaulicher Ort am Methow River (▶S. 168)	**Mazama Country Inn** vom WA-20 auf die Lost River Rd und die 4. links in die Country Rd 1-509-996-2681 ganzj. *-** ja nein (▶S. 168)
642/ 1.027		WA-20/ SR-20	**Winthrop** liebevoll aufgemachte Westernstadt (▶S. 169)	**Pine Near RV Park**, zentral in der Stadt vom WA-20 rechts in Castle Ave ganzj. $$ ja ja ja Strom, Wasser, Abwasser (▶S. 171) **Winthrop/North Cascades NP KOA**, gute Ausstattung, Shuttle nach Winthrop 1 mi/ 1,5 km nach Winthrop rechts Mitte Apr.–Ende Okt. $$$ ja ja ja Strom, Wasser, Abwasser (▶S. 171)
678/ 1.085		WA-20/ SR-20	Kreuzung WA-20/SR-20 und US-97	
		WA-20/SR-20/US-97	Weiter auf dem WA-20/SR-20/US-97 nach Norden	

mi/km Haupt	mi/km Neben	Hwy	Station	Übernachtungsmöglichkeit
707/ 1.131		WA-20/SR-20/US-97	Abzweig WA-20/SR-20 Richtung Osten in **Tonasket** (Einkaufs- und Tankmöglichkeit) (►S. 173)	
			Weiter auf dem WA-20/SR-20 nach Osten	
789/ 1.262		WA-20/ SR-20	Kreuzung WA-20 und US-395 nahe Kettle Falls	
793/ 1.269		US-395	**North Lake RV Park & CG**, ruhig gelegen, gepflegt, gute Ausstattung 4 mi/7 km nördl. der Kreuzung WA-20/US-395 rechts abbiegen ganzj. $-$$ ja ja ja Strom, Wasser, Abwasser (►S. 174)	
797/ 1.275		US-395	Zurück zur Kreuzung WA-20/US-395	
			Weiter auf dem US-395 nach Süden	
832/ 1.331		US-395	**Chewelah**, Abzweig Flowery Trail Rd (►S. 174)	
	0		Beginn **Alternativroute zum Yellowstone National Park**, sie trifft nach 512 mi/819 km wieder auf die Hauptroute (►S. 175)	
	49/78	US-395	**Spokane** quirlige, große Stadt mit allen Versorgungsmöglichkeiten (►S. 175)	**Nine Mile Recreation Area Campground**, innerhalb des Riverside State Park 12 mi/19 km außerhalb von Spokane über den W Northwest Blvd und die N Assembly St Mitte Mai–Mitte Sep. $-$$$ ja ja nein Strom, Wasser, Abwasser (►S. 178) **The Davenport Hotel**, Stil eines ehemaligen Grand Hotels von der N Division St rechts auf den US-2 und rechts auf die W Sprague Ave, bis links die S Post St abzweigt 1-800-899-1482 ganzj. **-*** ja ja (►S. 178)
	49/78	US-395/ US-2	Kreuzung US-2/I-90	
	68/109	I-90	**Idaho** (Zeitzonenwechsel!) (►S. 178)	
	87/139	I-90	**Coeur D'Alene** mit gleichnamigem See, Verkehrsknotenpunkt (►S. 179)	
	106/170	I-90	**Montana** (►S. 179)	
	181/290	I-90	**St. Regis** (►S. 179)	
	254/406	I-90	**Missoula**, Einkaufsstadt (►S. 179)	
	406/650	I-90	**Cardwell**, Abzweig des MT-359 von der I-90, diesem folgen (►S. 179)	
	420/672	MT-359	Kreuzung MT-359/US-287, diesem folgen	
	512/819	US-287	Kreuzung US-287/US-191	
			Ende Alternativroute	
832/ 1.331		Flowery Trail Rd	Ab Chewelah weiter auf der Flowery Trail Rd nach Osten	

mi/km Haupt	mi/km Neben	Hwy	Station	Übernachtungsmöglichkeit
858/ 1.373		Flowery Trail Rd	Kreuzung Flowery Trail Rd und WA-20/SR-20	
			Weiter auf der WA-20/SR-20 nach Süden	
874/ 1.398		WA-20/ SR-20	Newport, Übergang WA-20/SR-20 in US-2	
875/ 1.400		US-2	**Idaho** (▶S. 180)	
			Weiter auf dem US-2 nach Osten	
955/ 1.528		US-2	**Montana** (Zeitzonenwechsel!) (▶S. 180)	
1.086/ 1.738		US-2	**Kalispell**, alle Versorgungseinrichtungen (▶S. 181)	
1.116/ 1.786		US-2	**West Glacier KOA**, gepflegt, direkt vor Nationalpark, gute Ausgangslage 1,5 mi/2,5 km vor dem West Entrance Anf. Mai–Ende Sep. $$$ ja ja ja Strom, Wasser, Abwasser (▶S. 181)	
1.118/ 1.789		US-2	**West Glacier**, Ausgangspunkt **Glacier National Park**, letzte Versorgungsmöglichkeit vor Nationalpark, Beginn Going-to-the-Sun-Rd (▶S. 182)	
1.119/ 1.790		Going-to-the-Sun-Road	Glacier National Park/**West Entrance** grenzübergreifender Park USA/Kanada, alpine Kulisse inmitten der Rocky Mountains, spektakuläre Landschaft (▶S. 182)	
1.121/ 1.794		Going-to-the-Sun-Road	**Apgar Village** touristische Village mit Infrastruktur (▶S. 191)	**Fish Creek CG**, idyllisch, am Westufer des Lake McDonald, reservierbar 4 mi/6,5 km nordwestl. des West Entrances Anf. Juni–Anf. Sep. $ ja ja nein keine (▶S. 195) **Apgar CG**, größter CG im Park, große, schattige Plätze im Süden des Lake McDonalds 1. Kreuzung im Park rechts, dann links zum CG ganzj. $ ja nein keine (▶S. 195)
1.131/ 1.810		Going-to-the-Sun-Road	**Lake McDonald** größter Gebirgssee im Park, fast 1.000 m hoch gelegen, Wander- und Reitwege (▶S. 196)	**Sprague Creek CG**, klein und übersichtlich, an Shuttle-Haltestelle und nahe der Lodge links an der Going-to-the-Sun-Road Anf. Mai–Mitte Sep. $ nein nein keine (▶S. 199) **Avalanche CG**, an Shuttle-Haltestelle, schattige Plätze in der Nähe von Trailheads rechts an der Going-to-the-Sun-Road Mitte Juni–Anf. Sep. $ nein nein nein keine (▶S. 200) **Lake McDonald Lodge**, am Seeufer, rustikal, ehemalige Jagdhütte 1-303-265-7010 ganzj. *–*** (▶S. 199)

mi/km Haupt	mi/km Neben	Hwy	Station	Übernachtungsmöglichkeit
1.154/ 1.846		Going-to-the-Sun-Road	**Logan Pass** Passhöhe auf über 2.000 m Höhe, sensationelle Gebirgslandschaft, viele Wanderwege, Wildtiere, v.a. Schneeziegen (►S. 200)	
1.161/ 1.858		Going-to-the-Sun-Road	**Saint Mary Lake** Wanderungen zu Wasserfällen, Aktivitäten auf dem See (►S. 203)	**Rising Sun CG**, am See, schöne Sonnenaufgänge Nordseite des Sees Mitte Juni–Mitte Sep. $ ja ja nein keine (►S. 205) **Rising Sun Motor Inn** Nordseite des Sees an der Going-to-the-Sun-Road 1-303-265-7010 Mitte Juni–Mitte Sep. ** ja nein (►S. 205)
1.171/ 1.874		Going-to-the-Sun-Road	**Saint Mary** , östl. Parkzugang, Ausgangspunkt für die unerschlossenen Regionen (►S. 205)	**St. Mary CG**, am nordwestl. Seeufer, beschaulich 0,5 mi/ 0,8 km westl. der St. Mary Entrance Station Ende Mai–Ende Okt. $ ja ja nein keine (►S. 207) **St. Mary Lodge & Resort** außerh. des Glacier NP an Kreuzung Going-to-the-Sun-Road und US-89 1-406-732-4431 ganzj. *–*** ja nein (►S. 207)
		Going-to-the-Sun-Road/ US-89	**Ausgang Glacier National Park**, Beginn Alternativroute (siehe unten) (►S. 208)	
1.223/ 1.957		Going-to-the-Sun-Road	Zurück zum West Entrance, Übergang Going-to-the-Sun-Road in US-2	
	0	US-89	**Saint Mary,** Beginn Alternativroute **Vom East Entrance des Glacier National Park zum Yellowstone National Park**, sie trifft nach 266 mi/426 km in Cardwell wieder auf die Hauptroute (►S. 208)	
	32/51	US-89	**Browning**, Sitz der Blackfeet Indian Reservation (►S. 208)	
	104/166	US-89/US-287	Abzweig US-287 nach Südwesten, diesem folgen	
	169/270	US-287 wird später zur I-15	**Wolf Creek** (►S. 208)	
	203/325	I-15	**Helena**, Hauptstadt Montanas, gute Versorgungsmöglichkeiten (►S. 208)	
	234/374	I-15	**Boulder** (►S. 208)	
		I-15/MT-69	Weiter auf dem MT-69 nach Süden	
	266/426	MT-69/I-90	**Cardwell**, Ende Alternativroute (►S. 208)	

mi/km Haupt	mi/km Neben	Hwy	Station	Übernachtungsmöglichkeit
1.223/ 1.957		Going-to-the-Sun-Road	**West Entrance**, Übergang Going-to-the-Sun-Road in US-2 (►S. 210)	
1.238/ 1.981		US-2	Abzweig MT-206	
1.248/ 1.996		MT-206	MT-206 trifft auf den MT-35, auf diesem weiter nach Süden	
1.259/ 2.014		MT-35/ MT-83	MT-35 trifft auf den MT-83, auf diesem weiter nach Süden	
1.338/ 2.141		MT-83	**Seeley Lake** malerisch liegender kleiner Ort am gleichnamigen See (►S. 211)	**Seeley Lake CG**, am Westufer des Sees 4 mi/6,5 km nordwestlich des Ortes auf die Bay Scout Rd Mem. Day–Labour Day $ nein nein keine (►S. 211)
1.352/ 2.163		MT-83	Kreuzung MT-83 und MT-200	
1.376/ 2.202		MT-200	Weiter auf dem MT-200 nach Osten bis Abzweig MT-141	
		MT-141	Weiter auf dem MT-141 nach Süden	
1.407/ 2.251		MT-141	**Avon**, Kreuzung MT-141 und US-12	
		US-12	Weiter auf dem US-12 nach Westen	
1.421/ 2.274		US-12	**Garrison**, Kreuzung US-12 und I-90 (►S. 211)	
		I-90	Weiter auf der I-90 nach Süden	
1.457/ 2.331		I-90	**Fairmont RV Park**, im Western-Look, gute Ausstattung Ausfahrt 211 von der I-90 Mitte Apr.–Mitte Okt. $$$ ja ja nein Strom, Wasser, Abwasser (►S. 212)	
1.472/ 2.355		I-90	**Butte** historische Silberminenstadt, Kupferabbau, gute Grundversorgungsmöglichkeiten (►S. 212)	**Butte KOA**, stadtnah, gute Ausstattung Abfahrt 126 von der I-90 Richtung Montana St Mitte Apr.–Ende Okt. $$$ ja ja ja Strom, Wasser, Abwasser (►S. 214)
1.504/ 2.406		I-90	**Cardwell**, Abzweig MT-359, hier trifft die Alternativroute **Vom East Entrance des Glacier National Park zum Yellowstone National Park** auf die Hauptroute (►S. 214)	
1.520/ 2.432		MT-359	Kreuzung MT-359 und US-287 N	
		US-287 N	Übergang US-287 N in US-287 S	
		US-287 S	Weiter auf dem US-287 S nach Süden	
1.611/ 2.578		US-287 S	US-287 S trifft auf den US-191	
1.620/ 2.592		US-287/ US-20	**West Yellowstone** Ausgangspunkt zum Yellowstone National Park, Abzweig Zufahrtsstraße US-20/West Entrance Rd (►S. 215)	**West Yellowstone Visitor Information Center**, erste Anlaufstelle noch außerhalb des Parks (►S. 215)

mi/km Haupt	mi/km Neben	Hwy	Station	Übernachtungsmöglichkeit
1.621/ 2.594		US-20	Yellowstone National Park/**West Entrance** ältester Nationalpark der USA, Quellen, Geysire und andere geothermische Aktivitäten, einzigartige Vielfalt (▶S. 215)	
1.624/ 2.598		US-20	**Wyoming**	
1.637/ 2.619		West Entrance Rd	Kreuzung West Entrance Rd und Grand Loop Rd	
1.650/ 2.640		Grand Loop Rd	**Norris**, Abzweig North Loop (▶S. 226)	
1.662/ 2.659			**Indian Creek CG**, klein, ruhig, naturnah 9 mi/14,5 km südl. von Mammoth Mitte Juni–Anf. Sep. $ nein nein nein keine (▶S. 227)	
1.667/ 2.667			**Bunsen Peak Trail**, anstrengende, steile Wanderung auf einen Lavastiel (▶S. 227)	
1.671/ 2.674		Grand Loop Rd	Yellowstone National Park/ **Mammoth Country** herrliche Sinterterrassen, geschaffen von heißen Quellen, gleißend helle Kalkablagerungen (▶S. 227)	**Mammoth CG**, nahe nördl. Parkzugang, auch für große RVs über US-89 Richtung Norden ganzj. $ nein nein nein keine (▶S. 231) **Mammoth Hot Springs Hotel** in Mammoth bei Xanterra-Verwaltung links 1-307-344-7311 Anf. Mai–Anf. Okt. & Mitte Dez.–Anf. Mrz. *–*** ja ja (Sommer) (▶S. 230)
1.676/ 2.682			**Wraith Falls**, schöne Wanderung zu einem Aussichtspunkt mit Blick auf die in die Tiefe stürzenden Wasserfälle (▶S. 231)	
1.689/ 2.702		Grand Loop Rd	Yellowstone Nat. Park/**Roosevelt Country** ursprüngliche Region, malerische Landschaft (▶S. 232)	**Tower Fall CG**, klein, beschaulich, auf über 2.000 m Höhe 2,5 mi/4 km nach der Tower-Roosevelt-Jct Mitte Mai–Ende Sep. $ nein nein nein keine (▶S. 234) **Roosevelt Lodge & Cabins** direkt an der Tower-Roosevelt Jct. 1-307-344-7311 Anf. Juni–Anf. Sep. *–** ja ja (▶S. 234)
	0	Grand Loop Rd/ Northeast Entrance Rd	Abzweig Northeast Entrance Rd, Beginn **Nebenstrecke durchs Lamar Valley** (▶S. 235)	**Slough Creek CG**, beliebt, ruhig, in unberührter Natur 2,2 mi/3,5 km abseits der Northeast Entrance Rd Mitte Juni–Okt. $ nein nein nein keine (▶S. 236) **Pebble Creek CG**, enge Plätze, Grizzlygebiet, abgeschieden direkt an der Northeast Entrance Rd Anf. Juni–Ende Sep. $ nein nein nein keine (▶S. 237)

mi/km Haupt	mi/km Neben	Hwy	Station	Übernachtungsmöglichkeit
	5/8	Northeast Entrance Rd	**Buffalo Ranch** mit dem Lamar Buffalo Ranch Historic District (ehem. Zucht von Büffelherden) und dem Yellowstone Association Institute (Offizieller Partner, der den Schutz des Parks als Ziel hat) (►S. 236)	**Fossil Forest Trail**, interessanter Trail für alle Geologie-Interessierte (►S. 235)
	6/9,5	Northeast Entrance Rd	**Slough Creek CG**, ruhig gelegener CG, für Zelte und kleinere RVs 2,2 mi/3,5 km nördl. der Northeast Entrance Rd, Zufahrt nicht asphaltiert Mitte Juni–Okt. $ nein nein keine (►S. 236)	
	10/16	Northeast Entrance Rd	Beginn Tal, Bisonherden	
	11/18	Northeast Entrance Rd	**Trout Lake**, Spaziergang z. malerischen See, f. Familien mit kleinen Kindern geeignet (►S. 237)	
	13/21	Northeast Entrance Rd	**Pebble Creek CG**, einsam gelegen, umgeben von der Absaroka Range Anf. Juni–Ende Sep. $ nein nein keine (►S. 237)	
	29/46	Northeast Entrance Rd	Northeast Entrance	
	58/93	Northeast Entrance Rd	Zurück auf die Grand Loop Rd zur Tower-Roosevelt-Jct, Ende der Nebenstrecke	
1.689/ 2.702		Grand Loop Rd	**Roosevelt Country**	
1.703/ 2.725		Grand Loop Rd	**Mount Washburn Trail**, anstrengender Weg auf den 3.000 m hohen Mount Washburn mit toller Aussicht (►S. 238)	
1.708/ 2.733		Grand Loop Rd	Yellowstone Nat. Park/**Canyon Country** traumhafter Grand Canyon of the Yellowstone, Scenic Drives mit Viewpoints, Abzweig Norris Canyon Rd (►S. 239)	**Canyon CG**, zentraler Platz, einf. Ausstattung nahe der Kreuzung Grand Loop Rd/Norris Canyon Rd Ende Mai–Mitte Sep. $$ ja ja nein keine (►S. 244) **Canyon Lodge & Cabins** nahe der Kreuzung Grand Loop Rd/Norris Canyon Rd 1-307-344-7311 Ende Mai–Ende Sep. *–** ja nein (►S. 243)
1.720/ 2.752		Norris Canyon Rd	Yellowstone National Park/**Geyser Country**, Hauptattraktion: Geysire, berühmter Old Faithful, versch. Gebiete mit geothermischen Aktivitäten, der touristischste Teil des Parks (►S. 244)	
1.720/ 2.752		Norris Canyon Rd	**Norris**, Kreuzung Norris Canyon Rd und Grand Loop Rd, Norris Geyser Basin, Museum in denkmalgeschütztem Gebäude (►S. 246)	**Norris CG**, schöne Stellplätze, beliebter, früh ausgebuchter Platz nach dem Norris Museum Mitte Mai–Ende Sep. $ nein nein nein keine (►S. 247)

mi/km Haupt	mi/km Neben	Hwy	Station	Übernachtungsmöglichkeit
1.724/ 2.758		Grand Loop Rd	**Artists Paintpots**, kurzer Rundweg durch ein Konglomerat aller geothermischen Erscheinungsformen des Yellowstone National Park (►S. 248)	
1.727/ 2.763		Grand Loop Rd	**Madison** Wanderungen (►S. 248)	**Madison CG**, beliebter, gut gelegener Platz, reservierbar an der Kreuzung Grand Loop Rd/West Entrance Rd Ende Mai–Mitte Sep. $$ ja nein nein keine (►S. 249)
1.733/ 2.773			**Lower Geyser Basin**, zahlreiche Wege zu brodelnden Geysire (►S. 251)	
1.736/ 2.778			**Midway Geyser Basin**, beinhaltet die beiden größten heißen Quellen der Welt, zahlreiche Wege zu brodelnden Geysire (►S. 253)	
1.744/ 2.790		Grand Loop Rd	**Old Faithful & Upper Geyser Basin** weltberühmter Geysir, bricht zuverlässig alle 90 Min. aus (►S. 254)	**Old Faithful Inn** über die Old Faithful Rd bis zum 2. Parkplatz 1-307-344-7311 Anf. Mai–Mitte Okt. *–*** ja nein (►S. 258)
1.761/ 2.818		Grand Loop Rd	Yellowstone National Park/**Lake Country** Yellowstone Lake als Herzstück, Wandern und Wasseraktivitäten, West Thumb Jct/Abzweig US-89 (►S. 260)	
1.763/ 2.821		West Thumb Jct/ US-89	West Thumb Jct/US-89	
1.765/ 2.824		US-89	**West Thumb Geyser Basin & Grant Village** (►S. 261)	**Grant Village CG**, großer, reservierbarer Platz, Stellplätze teilweise beengt 2 mi/3 km südl. der West Thumb Jct Mitte Juni–Mitte Sep. $$ ja ja nein keine (►S. 263) **Grant Village Lodge** 2 mi/3 km südl. der West Thumb Jct 1-307-344-7311 Ende Mai–Ende Sep. ** ja nein (►S. 263)
1.767/ 2.827		US-89	Zurück zur Kreuzung US-89 und Grand Loop Rd	
		Grand Loop Rd	**Bridge Bay, Lake Village & Fishing Bridge** Zentrum für Wassersportaktivitäten auf dem Yellowstone Lake (►S. 263)	
1.786/ 2.858		Grand Loop Rd	**Bridge Bay**	**Bridge Bay CG**, an Seeufer und Marina, idyllisch 17 mi/27 km nach der West Thumb Jct Ende Mai–Anf. Sep. $ ja nein nein keine (►S. 267) **Lake Yellowstone Hotel & Cabins** in Lake Village 1. rechts 1-307-344-7311 Mitte Mai–Anf. Okt. **–*** ja ja (►S. 266)

mi/km Haupt	mi/km Neben	Hwy	Station	Übernachtungsmöglichkeit
1.790/ 2.864		Grand Loop Rd	**Fishing Bridge & Lake Village**	**Fishing Bridge RV Park**, nur RVs, asphaltierte Plätze, nah aneinander 1 mi/1,6 km östl. der Grand Loop Rd an East Entrance Rd Anf. Mai–Mitte Sep. $$$ ja ja nein Strom, Wasser (▶S. 267)
		Gr. Loop Rd	Weiter auf der Grand Loop Rd nach Norden, vorbei an Mud Vucano	
1.806/ 2.890		Grand Loop Rd	Canyon Village	
1.821/ 2.914		Grand Loop Rd	Zurück nach Süden; Lake Village	
1.842/ 2.947		Grand Loop Rd	West Thumb Jct, Abzweig US-89/South Entrance Rd Richtung Grand Teton National Park	
1.864/ 2.982		S Entrance Rd/US-89	**South Entrance**, Ausfahrt aus dem Yellowstone National Park und Einfahrt in den Grand Teton National Park (▶S. 268)	
1.864/ 2.982		US-89	**Grand Teton National Park** fantastische Bergwelt mit der Teton-Range und dem Jackson Lake im Zentrum (▶S. 269)	
1.864/ 2.982		US-89	**John D. Rockefeller Jr. Mem. Pwy**, Schutzgebiet, Verbindungsstück Yellowstone NP & Grand Teton NP, nördl. Ausläufer der Rockies (▶S. 275)	
1.866/ 2.986		US-89	Abzweig Ashton-Flagg Ranch Rd	
1.867/ 2.987		Ashton-Flagg Ranch Rd	**Flagg Ranch** Reiten, Wandern, Wildwasser Rafting, Lodge & CG (▶S. 275)	**Headwaters CG and RV Sites at Flagg Ranch**, idyllischer Platz in schöner Lage, Camper Cabins 2 mi/3 km nach Einfahrt in den Grand Teton NP rechts abbiegen Anf. Juni–Ende Sep. $$$ ja ja nein Strom, Wasser, Abwasser (▶S. 277) **Headwaters Lodge & Cabins at Flagg Ranch** 2 mi/3 km nach Einfahrt in den Grand Teton NP rechts abbiegen 1-307-543-2861 Anf. Juni–Ende Sep. **–*** ja ja (▶S. 276)
1.868/ 2.989		Ashton Flagg Rd	Zurück zum US-89	
1.884/ 3.014		US-89	**Colter Bay Region** Jackson Lake als Zentrum, zahlreiche Wasser- und Freizeitaktivitäten, Wandern (▶S. 277)	**Colter Bay Village CG**, direkt am See, geräumig, schattig in der Colter Bay Village rechts in die Colter Bay CG Rd abbiegen und am Colter Bay Village RV Park vorbei Ende Mai–Mitte Sep. $ ja ja nein keine (▶S. 283)

mi/km Haupt	mi/km Neben	Hwy	Station	Übernachtungsmöglichkeit
				Colter Bay Village RV Park, reiner RV-Park, gute Ausstattung, See fußläufig erreichbar in Colter Bay Village rechts in die Colter Bay CG Rd abbiegen Ende Mai–Ende Sep. $$$ ja ja nein Strom, Wasser, Abwasser (►S. 284) **Colter Bay Village** in Colter Bay Village links in Cabin Rd 1-800-628-9988 Ende Mai–Ende Sep. *–*** ja nein (►S. 283)
1.890/ 3.024		US-89	Jackson Lake Jct	**Jackson Lake Lodge** 1 mi/1,6 km vor der Jackson Lake Jct rechts abbiegen 1-800-628-9988 Mitte Mai–Anf. Okt. *** ja ja (►S. 283)
	0	US-89/ Jackson Lake Jct & Abzweig US-26/-287	Beginn **Alternativroute durch den östlichen Grand Teton National Park** (►S. 284)	
			Östlicher Grand Teton National Park, zwei große Seen, berühmte Scheunen in der Mormon Row (Moulton Barns), Blick auf die Tetons (►S. 284)	
	3/5	US-26/-287	Abzweig Pacific Creek Rd nach Norden	
	4/6	Jct US-26/-287 & US-26/-89/-191 nach Süden	Moran Jct	
		US-26/-89/-191	Weiter auf dem US-26/-89/-191	
	10/16	US-26/-89/-191	**Cunningham Cabin** (►S. 286)	
	21/34	US-26/-89/-191	Abzweig Antelope Flats Loop Rd nach Westen	
	23/37	Antelope Flats Loop Rd	Abzweig Mormon Row nach Süden	
	24/39	Mormon Row	**Moulton Ranch Cabins** Antelope Flats Rd re auf die Mormon Row 1-307-733-3749 Memorial Day–Sep. *–*** ja nein (►S. 286)	
	26/42	Mormon Row	Abzweig Gros Ventre Rd nach Westen zur Gros Ventre Jct	
	27/43		**Gros Ventre CG**, in Flussnähe, Plätze zuverlässig verfügbar 8 mi/13 km östl. von Gros Ventre Jct Anf. Mai–Anf. Okt. $–$$ nein nein nein Strom (►S. 287)	

mi/km Haupt	mi/km Neben	Hwy	Station	Übernachtungsmöglichkeit
	32/51	Jct Gros Ventre Jct/ US-26/-89/-191	Ende Alternativroute **Östlicher Grand Teton National Park**	
1.890/ 3.024		US-89/Teton Park Rd	Abzweig Teton Park Rd	
1.890/ 3.024		Teton Park Rd	**Teton Range** zentraler Bereich mit 3–4.000 m hoher Bergkette Teton Range, mit malerischem Jenny Lake, Wassersportaktivitäten, Wandern (▶S. 287)	
1.893/ 3.029		Teton Park Rd	Abzweig Signal Mountain Rd	**Signal Mountain CG**, beliebter Platz direkt am See, große schattige Plätze mit viel Privatsphäre 3 mi/5 km nach Abzweig der Teton Park Rd rechts Anf. Mai–Mitte Okt. $-$$$ ja nein nein Strom (▶S. 284) **Signal Mountain Lodge** 3 mi/5 km nach Abzweig Teton Park Rd rechts 1-307-543-2831 Anf. Mai–Mitte Okt. **–*** ja nein (▶S. 283)
1.902/ 3.043		Teton Park Rd	**Jenny Lake**, Bootstouren, Wandern (▶S. 288)	**Jenny Lake CG**, reiner Zeltplatz, beliebt, sehr grün vom Abzweig der Teton Park Rd 13 mi/21 km fahren, dann rechts zum CG Anf. Mai–Ende Sep. $ nein nein nein keine (▶S. 290) **Jenny Lake Lodge** vom Abzweig der Teton Park Rd 10 mi/16 km bis Jenny Lake Rd fahren, dann 2 mi/3 km bis Lodge 1-307-733-4647 Anf. Juni–Anf. Okt. *** ja nein (▶S. 289)
1.912/ 3.059		Teton Park Rd	**Menors Ferry Historic District**, historischer Ort, der das frühe Farmerleben zeigt Mai–Sep. 9–16 h (▶S. 292)	
1.912/ 3.059		Teton Park Rd	**Craig Thomas Discovery and Visitor Center**	
		Teton Park Rd	Abzweig Moose-Wilson- Rd, nicht asphaltiert, keine Wohnmobile	
1.912/ 3.059		Moose-Wilson- Rd	**Laurance S. Rockefeller Preserve**, Naturschutzgebiet, Wanderwege, Ausstellungs-Center 4 mi /6,5 km südl. Moose Jct Ende Mai–Anf. Juni tägl. 9–18 h, Anf. Juni–Anf. Sep. tägl. 8–18 h (▶S. 293)	
1.913/ 3.061		Teton Park Rd	Moose Jct, US-89	**Spur Ranch Cabins**, Ferienanlage, Vermietung von Kanus, Kajaks und Fahrrädern, deftige Westernküche wird serviert ganzj. $$$ (▶S. 292)

mi/km Haupt	mi/km Neben	Hwy	Station	Übernachtungsmöglichkeit
		US-89	Weiter auf dem US-89 nach Süden	
1.919/ 3.070		US-89/Gros Ventre Jct	Alternativroute durch den östlichen Grand Teton National Park trifft auf die Hauptroute	
1.921/ 3.074		US-89	Grand Teton National Park, Park Entrance Süd	
1.925/ 3.080		US-89	**Jackson** Stadt im Westernlook, gute Grundversorgungsmöglichkeiten, touristisch (►S. 294)	**Jackson Hole/Snake River KOA**, südl. der Stadt, schattige RV- und Zeltplätze ab Jackson 12 mi/19 km über US-89 Richtung Süden, CG rechterhand Mitte Apr.–Mitte Okt. $$$ ja ja ja Strom, Wasser, Abwasser (►S. 296) **Cowboy Village Resort** US-89 im Rechtsknick nicht folgen, sondern geradeaus, nächste rechts und 4. links 1-307-733-3121 ganzj. *–*** ja ja (►S. 296)
1.962/ 3.139		US-89	**Alpine** (►S. 297)	
1.995/ 3.192		US-89	**Afton** (►S. 297)	
2.024/ 3.238		US-89	**Idaho** (►S. 298)	
2.042/ 3.267		US-89	**Montpelier** (►S. 298)	**Montpelier Creek KOA**, alle Services vorhanden Mai–Okt. (►S. 298)
2.068/ 3.309		US-89	**Utah** (►S. 298)	
2.071/ 3.314		US-89	Bear Lake State Park	Camping, Wassersportaktivitäten
2.072/ 3.315		US-89	**Garden City** (►S. 298)	**Bear Lake KOA** Mai–Mitte Okt. $$$ ja ja Wasser, Strom, Abwasser (►S. 298)
2.111/ 3.378		US-89	**Logan**, gepflegter Ort, Versorgungsmöglichkeit (►S. 299)	
2.111/ 3.378		US-89/ US-91	US-89 & US-91 führen zusammen	
2.136/ 3.418		US-89/ US-91	**Brigham City**, Abzweig I-15 (►S. 299)	
2.196/ 3.514		I-15	**Salt Lake City** Hauptstadt Utahs, von Mormonen gegründet, attraktiver Temple District mit wunderschönen Bauwerken im modernen Stadtbild, gepflegt und freundlich (►S. 300)	**Salt Lake City KOA**, stadtnah, an Straßenbahnhaltestelle, mit Shuttleservice zum Temple Square, sehr gut ausgestattet vom US-89 auf N 400 West, den UT-268 & den N 100 West in die W North Temple ganzj. $$$ ja ja ja Strom, Wasser, Abwasser (►S. 310)

mi/km Haupt	mi/km Neben	Hwy	Station	Übernachtungsmöglichkeit
2.222/ 3.555		I-15	Nach Stadtbesuch auf der I-15 nach Norden bis zum Abzweig UT-108/Davis County Cswy	
		UT-108/Davis County Cswy	**Great Salt Lake** (▶S. 311)	
2.228/ 3.565		UT-108/Davis County Cswy	**Antelope Island State Park** unberührte, prärieartige Natur am Großen Salzsee, frei lebende Bisons und Antilopen (▶S. 312)	**Bridger Bay CG**, abgeschieden in ursprünglichster Natur, herrliche Lage oberhalb des Salzsees, Abenteuer pur ganzj. $ nein nein nein keine (▶S. 316)
2.234/ 3.574		UT-108/Davis County Cswy	Zurück zur I-15	
2.253/ 3.605		I-15	Zum Salt Lake City International Airport; Abzweig I-215	
2.259/ 3.614		I-215	Abzweig I-80	
2.260/ 3.616		I-80	Abzweig **SLC International Airport** (▶S. 317) *Ende der Reise für alle, die nicht nach Seattle zurückfahren.*	

Ende der Hauptroute

Rückfahrt ab Salt Lake City nach Seattle über Portland

mi/km Haupt	mi/km Neben	Hwy	Station
2.294/ 3.670		I-15	Übergang I-15 in I-84
2.402/ 3.843		I-84	**Idaho** (▶S. 321)
			I-84 Abfahrt 182 nahe Twin Falls
2.494/ 3.990	0	I-84	Beginn **Ausflug zu den Shoshone Falls**, Abzweig ID-50 von der I-84 (▶S. 321)
	7/11	ID-50	Abzweig N 3300 E
	9/15	N 3300 E	**Shoshone Falls Park** 65 m hohe Wasserfälle des Snake Rivers, innerhalb gepflegter Parkanlage (▶S. 321)
	11/17	N 3300 E	Abzweig E 4000 N
	13/21	E 4000 N	Abzweig Eastland Dr N
	15/24	Eastland Dr N	Abzweig Bridgeview Blvd
2.502/ 4.003	18/29	Bridgeview Blvd	Zurück zur I-84
2.502/ 4.003			**Twin Falls/Jerome KOA**, gute Ausstattung gegenüber der Auffahrt auf die I-84 (▶S. 322)
			Weiter auf der I-84 nach Westen
2.560/ 4.096	0	I-84	I-84 Abfahrt 114, Beginn **Ausflug zum Bruneau Sand Dunes State Park**, Abzweig I-84-BL (▶S. 323)
	2/3	I-84-BL	Kreuzung I-84-BL und ID-78
	18/29	ID-78	Abzweig Sand Dunes Rd

mi/km Haupt	mi/km Neben	Hwy	Station	Übernachtungsmöglichkeit
	20/32	Sand Dunes Rd	**Bruneau Dunes State Park** Wüste, Sanddünen und Prärie und einzigartige Übernachtungsmöglichkeit (►S. 323)	**Broken Wheel CG**, absolute Einsamkeit der Natur, Abenteuer in der Prärie ab Abzweig der Sand Dunes Rd 4 mi/6 km in den Park hinein ganzj. $ ja ja ja Strom, Wasser
	22/35	Sand Dunes Rd	Kreuzung mit dem ID-78	
	24/38	ID-78	Kreuzung mit dem ID-51	
	39/62	ID-51	Mountain Home, Abzweig I-84-BL	
2.582/ 4.131	43/68	I-84-BL	Ende Ausflug zum Bruneau Dunes State Park, zurück auf die I-84	
2.582/ 4.131			**Mountain Home**, Versorgungsmöglichkeit, weiter auf der I-84 Richtung Westen (►S. 324)	
2.626/ 4.202		I-84	**Boise** Hauptstadt Idahos, bevölkerungsreiche Metropolregion, großes Freizeit- und Kulturangebot (►S. 324)	**Mountain View RV Park**, mit Grün, aber typischer Stadtplatz, gute Ausgangslage Ausfahrt 5 von der I-84 ganzj. $$ ja ja ja Strom, Wasser, Abwasser (►S. 328)
2.689/ 4.302		I-84	**Oregon** (►S. 329)	
2.707/ 4.331		I-84	Zeitzonenwechsel!	
2.757/ 4.411		I-84	**Baker City**, Abzweig OR-86 nach Osten (►S. 330)	
2.757/ 4.411	0	OR-86	Beginn **Ausflug zum Oregon Trail Interpretive Center** (►S. 330)	
	5/8	OR-86	**Oregon Trail Interpretive Center** geschichtliches Juwel über die Pioniere der Region, aufwändige Präsentation (►S. 330)	
2.757/ 4.411	10/16	OR-86	Zurück zur I-84	
		I-84	Weiter auf der I-84 nach Westen	
2.811/ 4.498		I-84	La Grande	
2.838/ 4.541		I-84	**Emigrant Springs State Heritage Area CG**, idyllisch gelegen nahe der Blue Mountains Abfahrt 234 von der I-84 ganzj. (teilweise) $ ja (in der Nähe) ja Strom, Wasser, Abwasser (►S. 332)	
2.862/ 4.579		I-84	**Pendleton KOA**, ruhiger, erhaben gelegener Platz, wenig Privatsphäre, aber gute Ausstattung Ausfahrt 210 von der I-84 ganzj. $$-$$$ ja ja ja Strom, Wasser, Abwasser (►S. 332)	
3.010/ 4.816		I-84	Touristenort **Hood River** (►S. 334)	
3.038/ 4.861		I-84	**Dodson**, Ausfahrt 35 von der I-84, Auffahrt auf den US-30 (►S. 334)	
3.038/ 4.861	0	US-30	Beginn **Alternativroute durch die Columbia Gorge** auf dem Historic Columbia River Hwy (US-30) (►S. 334)	

mi/km Haupt	mi/km Neben	Hwy	Station	Übernachtungsmöglichkeit
	2/3	US-30	Horsetail Falls, Wanderung mit Ausblick über den Columbia River	
	5/8	US-30	Multnomah Falls, Wasserfälle stürzen sich aus 190 Metern in die Tiefe, Volksfest-Charakter	
3.054/ 4.886	17/27	US-30	Ende der Alternativroute, zurück auf die I-84 über die Auffahrt 22 in Corbett	
3.054/ 4.886			**Corbett**, weiter auf der I-84 nach Westen (▶S. 336)	
3.074/ 4.918		I-84	**Portland** Stadt am Fluss mit hoher Lebensqualität, Mikrobrauerein und Rosen, deshalb Beiname »City of Books, Beers and Blooms«, Shoppen ohne Umsatzsteuer, Abzweig I-5 von der I-84 (▶S. 336)	**Portland Fairview RV Park**, gute Ausgangslage und Stadtanbindung (Park & Ride) Ausfahrt 14 von der I-84 Richtung Fairview Pwy ganzj. $$$ ja ja ja Strom, Wasser, Abwasser (▶S. 346)
3.074/ 4.918		I-84/I-5	Abzweig I-5 von der I-84 in Portland, dem I-5 nach Norden folgen	
3.082/ 4.931		I-5	**Washington** (▶S. 346)	
			Hauptroute folgt weiter der I-5 nach Seattle zurück in Richtung Norden	
3.149/ 5.038		I-5/US-12	Abzweig US-12 von der I-5, dem US-12 nach Osten folgen, Hauptroute folgt weiter der I-5 nach Seattle nach Norden	
3.149/ 5.038	0	I-5	Beginn **Alternativroute über den Mount Rainier National Park** (▶S. 346)	
	31/50	US-12	**Morton**, Abzweig WA-7 (▶S. 347)	
		WA-7	Weiter auf der WA-7 nach Norden	
	48/77	WA-7	**Elbe**, Kreuzung WA-7 und WA-706/Stevens Canyon Rd (▶S. 347)	
		WA-706	Weiter auf der WA-706 nach Osten	
	51/82	WA-706	**Recycled Spirits of Iron Sculpture Park**, Skulpturen aus ausrangierten Materialien als Open-Air-Ausstellung (▶S. 347)	
	56/90	WA-706	**Ashford**, letzte Tankmöglichkeit vor dem Nationalpark (▶S. 348)	
	62/99	WA-706	Mount Rainier National Park/**Nisqually Entrance**, Beschreibung siehe oben	
		WA-706	Durch den Mount Rainier National Park bis zum White River Entrance/WA-410	
	68/109	WA-706	**Longmire** (▶S. 105)	**National Park Inn** im Historic District Longmire 1-360-569-3375 ganzj. *–** ja nein (▶S. 106)
	79/126	WA-706	**Paradise** (▶S. 100)	**Paradise Inn** neben der Visitor Info 1-360-569-2275 Mitte Mai-Anf. Okt. *–** ja nein (▶S. 103)
	100/160	WA-706/ Stevens Canyon Rd	WA-706/Stevens Canyon Rd trifft auf den WA-123	

mi/km Haupt	mi/km Neben	Hwy	Station	Übernachtungsmöglichkeit
	102/163	WA-123	**Ohanapecosh** (►S. 96)	**Ohanapecosh CG** 2 mi/3 km südl. Stevens Canyon Entrance Ende Mai–Mitte Okt. $ nein nein nein keine (►S. 98)
		WA-123	Weiter auf dem WA-123 nach Norden	
	114/182	WA-123	WA-123 trifft auf den WA-410	
	118/189	WA-410	WA-410 trifft auf die Sunrise Rd	
	134/214	Sunrise Rd	**Sunrise** (►S. 92)	
	150/240	Sunrise Rd	Zurück auf den WA-410	
			Weiter auf dem WA-410 nach Norden	
	188/301	WA-410	**Enumclaw**, Abzweig WA-164 (►S. 85)	
			Weiter auf dem WA-164 nach Westen	
	203/325	WA-164	**Auburn**, Übergang WA-164 in WA-18, Ende der Alternativroute	
3.224/ 5.158	207/331	WA-18	Zurück auf die I-5 und weiter auf der Hauptroute nach Norden	
3.242/ 5.187		I-5	Abzweig WA-518	
3.243/ 5.189		WA-518	Abzweig WA-99/International Blvd	
3.246/ 5.194		WA-99	Flughafen Seattle-Tacoma Int.	

Ende der Route

VON SEATTLE ÜBER DIE OLYMPIC PENINSULA

SEATTLE

Von Seattle über die Olympic Peninsula

Es ist die **nördlichste Stadt der kontinentalen USA**, weiter nördlich stößt man bereits auf Kanada: Seattle, die europäisch anmutende Stadt im Bundesstaat Washington, auf einer Landenge gelegen, ist der Startpunkt der abwechslungsreichen Route durch den einzigartigen Nordwesten der USA, vorbei an überwältigenden Bergen, Gletschern, Vulkanen, Geysiren und einer Vielzahl von Nationalparks, wie man sie nur selten so geballt findet. Von Seattle aus geht es gleich zum ersten Vertreter, dem **Olympic National Park**, der die Olympic-Halbinsel im Nordwesten des Bundesstaates Washington definiert. Weiter führt der Streckenverlauf immer nahe der kanadischen Grenze entlang zum **North Cascades National Park**, über malerische **Scenic Byways**, die dieser Bezeichnung alle Ehre machen, bis zum **Glacier National Park**. So bilden gleich drei der insgesamt sechs Nationalparks den Auftakt dieser Reise durch die reinste und ursprünglichste Natur in ihren verschiedensten Facetten.

Ist die Route als Rundreise angelegt (▶Seite 7), endet sie auch wieder in Seattle. Dann kann man die Stadt mit ihren zahlreichen Attraktionen und bezaubernden Plätzen auf zwei Aufenthalte verteilen und sowohl zu Beginn als auch vor dem Rückflug auf Entdeckungsreise gehen. Beenden Sie die Route in Salt Lake City, sollten Sie sich die Sehenswürdigkeiten Seattles zu Beginn anschauen und entsprechend Zeit für die Stadtbesichtigung einplanen.

In Seattle kommt man sehr gut mit **Öffentlichen Verkehrsmitteln** zurecht. Da die Stadt zudem etwas hügelig ist und teilweise starke Steigungen und enge Passagen bereithält, ist sie für Wohnmobile ohnehin nicht geeignet, man sollte sein Fahrzeug für die spätere Reise also erst nach dem Aufenthalt in Seattle übernehmen und sich den Fahrstress in der großen, verkehrsreichen Stadt ersparen. Geht es dann auf die Olympic Halbinsel, ist der Einstieg ins Fahren wesentlich »sanfter«.

SEATTLE

		Seattle	Frankfurt/ Main
	Stadt	635.000	688.000
	Metropol-region	3.552.000	5.500.000
	pro km²	1.716	2.770
	km²	370	250
	über NN	54 m	112 m
	mm	857	556
	°C	20	21
	°C	6	7,8
	Olympia		63 mi/ 100 km

Seattle ist eine Mischung aus vielem: Mit den auf Hügeln gelegenen historischen Stadtvierteln erinnert die Stadt an San Francisco, ist jedoch im Gegensatz zu dem kalifornischen Touristenmagneten hinterlegt mit einer atemberaubenden Bergkulisse. Nachdem bei einem Brand 1889 große Teile des erst 20 Jahre zuvor gegründeten Ortes zerstört wurden, mischen sich heute Moderne und Historisches in der Stadtansicht. Seattle ist für eine amerikanische Großstadt unge-

Der Waterfront Park mit der Skyline von Downtown im Hintergrund

wöhnlich grün (und deshalb ein würdiger Vertreter des Evergreen State) – das wiederum steht im Kontrast zu der Präsenz von Wasser, denn Seattle liegt in einer geschützten Meeresbucht und wartet darüber hinaus mit vielen Seen und Flüssen im Stadtgebiet auf. Die Meeresbucht wird **Puget Sound** (▶Seite 75) genannt, das ist eine 94 mi/150 km lange, inselreiche Bucht, die das Festland von der Olympic-Halbinsel trennt.

Die Stadt selbst ist zwischen diesem Meeresarm und dem fast 19 mi/30 km langen Binnensee **Lake Washington** platziert. Der See ist über Kanäle mit dem **Lake Union** verbunden – das verleiht der Stadt einen Hauch von Venedig. Die Traumstrände der Inselwelt wiederum mischen sich mit den Vulkanbergen der **Cascade Range**. Nicht zuletzt macht der Gegensatz zwischen moderner Metropole mit einer entsprechenden Skyline zur unberührt wirkenden Bergwelt einen großen Teil des Reizes aus. Um den Gegensätzen und dem exotischen Erscheinungsbild Seattles im wahrsten Sinne des Wortes die Krone aufzusetzen, wird die Stadtkulisse vom südöstlich gelegenen, 4.392 Meter hohen Vulkangipfel des **Mount Rainier** beherrscht, der charakteristisch schneebedeckt und nicht weniger oft auch im Nebel versunken ist. Am meisten Glück hat man in den Abendstunden, kurz bevor die Sonne untergeht – dann lässt sich der imposante Gipfel meist kurz und hoheitsvoll blicken.

Der Reisende findet in Seattle ein Kontrastprogramm sondergleichen, weshalb die Stadt nicht nur bei Touristen sehr beliebt ist. Auch die Einheimischen wissen ihre charmante Heimatstadt zu schätzen, die in den letzten Jahren bereits mehrfach zum »beliebtesten Wohnort« gekürt oder als »liebenswerteste Stadt« ausgezeichnet wurde. Der hohe **Freizeitwert** allein durch das große Wassersportangebot sowie die nahen Nationalparks lockt Besucher aus aller Welt –vorwiegend verbringen allerdings Amerikaner aus anderen Teilen der USA hier ihren Urlaub.

Seattle hat mehrere Spitznamen, manche mehr, manche weniger schmeichelhaft. Die milden Winter mit starken Regenfällen haben Seattle den Beinamen »**Rain Capital**« der Vereinigten Staaten eingebracht. Das ist insofern ein wenig ungerecht, weil Seattle »nur« auf Platz 45 der offiziellen Regenstatistik der USA rangiert und auf das ganze Jahr verteilt so viel Niederschlag aufweist wie beispielsweise München. Die gute Nachricht ist: Im Sommer herrschen angenehme Temperaturen, die selten über 25 Grad Celsius steigen. Außerdem heißt die Stadt auch »**Emerald City**«, was schon freundlicher klingt und darauf abzielt, dass Seattle in smaragdgrünem Licht leuchtet, wenn die Sonne auf die von Bergen, Wäldern und dem Meer umrahmte Stadt scheint.

Das ist so zauberhaft, wie es klingt, und auch ansonsten ist die große Stadt gemütlich geblieben und deshalb sogar bei Fahrradfahrern und Fußgängern beliebt. Die Caféhaus-Kultur manifestiert sich darin, dass in Seattle 1971 die erste Filiale der mittlerweile global agierenden

Es ist wie ein Sechser im Lotto, den Mount Rainier so klar sehen zu können.

Kette **Starbucks** gegründet wurde. Der Name des Unternehmens wurde in Anlehnung an den Steuermann »Starbuck« aus dem Roman Moby Dick gewählt. Die erste Filiale gibt es immer noch, seinen »historischen« Kaffee kann man am ✉ 1912 Pike Place, Seattle, WA 981011013, 🕓 täglich von 6 bis 21 Uhr trinken. Die Firmen **Boeing**, **Microsoft** und **Amazon** sind weitere Beispiele für erfolgreiche Existenzgründungen in und um Seattle. Auch was Museen betrifft, hat die Stadt einiges zu bieten. 13 große Exemplare sind es an der Zahl, darunter das berühmte **Seattle Art Museum** (▶Seite 73). Musikalisch betrachtet ist Seattle ebenfalls eine traditionelle Stadt. Berühmte Musiker wie Jimmy Hendrix, Quincy Jones oder Ray Charles wurden hier geboren oder lebten in Seattle. Die Stilrichtung »Grunge« mit Bands wie Nirvana oder Pearl Jam wurde hier groß.

Die Bewohner Seattles gelten als etwas »schrullig«, sodass es für die Einheimischen ganz offenbar nicht befremdlich ist, wenn eine Dame mitten auf der Straße mit einer Pappkrone von Burger King auf dem Kopf lauthals Arien schmettert.

Oder wo sonst findet man Wände »verziert« mit Kunstwerken aus tausenden von ausgekauten, bunten Kaugummis, wie es an der **Market Theater Gum Wall** in der Post Alley neben dem Pike Place Market der Fall ist?

Jedoch geht die eigentümliche Art mit einer sehr sozialen Gesinnung einher, denn die **Seattlites** gelten als tolerant und politisch engagiert. Fremde werden bei jeder Gelegenheit freundlich angesprochen und mit Ratschlägen und Tipps versorgt. Dieser etwas andere Menschenschlag ergänzt das oben gezeichnete Stadtbild

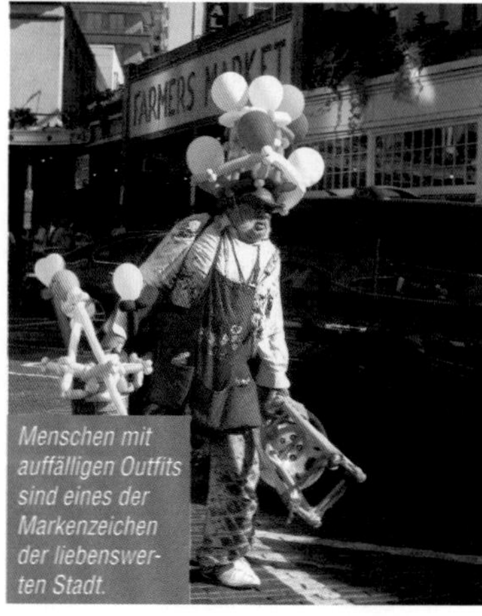

Menschen mit auffälligen Outfits sind eines der Markenzeichen der liebenswerten Stadt.

mit den bunten Mischungen, sodass nachvollziehbar wird, warum sich Seattle zunehmender Beliebtheit erfreut, was sich in einem entsprechenden Zuwanderungsstrom ausdrückt. Erstaunlicherweise ist die Stadt nicht die Hauptstadt des Bundesstaates Washington – das ist der knapp 63 mi/100 km südwestlich gelegene Ort **Olympia** (▶Seite 108) mit nur etwa 50.000 Einwohnern.

Angefangen hat die heutige Boomregion 1851 als Versorgungsstation für vorbeifahrende Seefahrer. Der Ort wurde nach dem lokalen Indianerhäuptling **Sealth** benannt. Die frühe Siedlung hatte mit massiven Problemen durch Überschwemmungen und unzureichende Kanalisation zu kämpfen, 1889 brannte der Versorgungsort schließlich bis auf die Grundmauern nieder. Im Anschluss wurden die Häuser neu gebaut, diesmal aus Stein, und um zehn Meter höhergelegt. Heute gibt es aus diesem Grund sogenannte »**Underground Touren**«, die am ehemaligen Saloon Doc Maynard's Public House am **Pioneer Square Park** starten und 75 Minuten später drei Blocks weiter an der Rogues Gallery wieder ans Tageslicht kommen. Sie führen durch die erhalten gebliebenen »Untergründe der Stadt unter der Stadt« und finden mehrmals täglich statt.

1-206-682-4646 www.undergroundtour.com April–Sep. tägl. von 10–19 h, Okt.–März 10–18 h jeweils zur vollen Stunde Erw. $ 18, Kinder (7–12 J.) $ 9, Jugendl. (13–17 J.) & Sen. (ab 60 J.) $ 15

Die erste große Blütezeit erreichte die junge, wiederaufgebaute Stadt mit der Entdeckung von **Gold am Klondike River** und mit dem Dampfer *Portland*, der 1887 mit einer Tonne Gold an Bord aus Alaska kommend im Hafen von Seattle anlegte. 1893 wurde Seattle ans Eisenbahnnetz angeschlossen, so wurde die Hafenstadt Ausgangspunkt für die Goldschürfer. Zuerst florierte der Schiffsbau, später auch der Luftverkehr (in den 50er-Jahren des 20. Jahrhunderts war die Hälfte aller Erwerbstätigen bei Boeing beschäftigt!). Die Stadt wurde zum Wirtschafts- und Handelszentrum des Nordwestens. Zwischen 1880 und 1910 verzehnfachte sich die Bevölkerungszahl und die Stadt wuchs bis an den im Osten liegenden Lake Washington heran. 1962 fand in Seattle die **Weltausstellung** statt. Wichtige infrastrukturelle Impulse wirken sich noch heute auf das Stadtbild aus, beispielsweise sind in diesem Zuge der schmale, futuristische Aussichtsturm **Space Needle** (»Weltraumnadel«) (▶Seite 67) und der Entertainment-Komplex **Seattle Center** erbaut worden (▶Seite 68). Die heute für die Stadt markante Skyline entstand schließlich in den 1980er-Jahren, als Bank-, Hotel- und Bürohochhäuser aus dem Boden schossen. Dieser Bauboom legte einen letzten großen Akzent auf die aufstrebende Stadt.

Man erreicht die nordwestlichste Stadt der USA von Europa aus über den **Seattle-Tacoma International Airport** (kurz »**Sea-Tac**« genannt). Dieser Flughafen bedient die beiden Städte Seattle, von dessen Downtown er 14 mi/23 km entfernt ist, und Tacoma, 23 mi/37 km südwestlich vom Flughafen gelegen. Auf drei Start- und Landebahnen wird der Flugverkehr abgewickelt, 20 Fluglinien fliegen den Airport an, fast 35 Millionen Passagiere werden jährlich abgefertigt – damit gehört Sea-Tac zu den 15 größten Flughäfen der USA. Von Deutschland aus fliegen Lufthansa und Condor nonstop nach Seattle.

SEATTLE VISITORS BUREAU

Die zentrale Tourist Information ist im Erdgeschoss des **Convention Centers** untergebracht. Empfehlenswert für eine erste Orientierung ist die Gratisbroschüre *Where – Quick Guide Seattle.*

Von der Space Needle über die Broad St bis zur 2nd Ave, nach knapp 1 mi/1,6 km links auf die Pike St fahren 701 Pike St, Seattle, WA 98101 Aus Richtung Downtown mit den Buslinien 301, 306 und 312 bis zur Haltestelle Convention Place & Union Street, nächstgelegene Straßenbahnhaltestelle ist Westlake Station. 1-866-732-2695 www.visitseattle.org Tägl. 9–17 h

Für Nutzer von Smartphones und Tablets ist es wichtig zu wissen, dass im gesamten Stadtgebiet von Seattle freies W-LAN verfügbar ist. Die Geräte schlagen das freie Netz automatisch vor und man muss sich einmalig kostenfrei registrieren. Ein Password ist nicht nötig.

Orientieren

Zum Verständnis der Straßenbezeichnungen Seattles ist es wichtig zu wissen, dass anders als in anderen amerikanischen Großstädten die Bezeichnungen SW (Southwest) oder N (North) nicht die Himmelsrichtung bezeichnen, sondern die Position der Straße im Verhältnis zur Innenstadt. Downtown bildet dabei das Zentrum, das heißt, ein Straßenname mit dem Zusatz »N« weist darauf hin, dass diese Straße nördlich von Downtown liegt. Die Straßen auf der Ost-West-Achse heißen in der Regel »Streets«, die von Nord nach Süd verlaufenden sind die »Avenues«.

Bei einer Wegbeschreibung sollte man immer genau nachfragen, da die Einheimischen den Zusatz gelegentlich vergessen und man dann womöglich an einer ganz falschen Stelle landet.

Grob eingeteilt liegt das Zentrum der Stadt eingebettet zwischen dem **Pioneer Square/International District** im Süden, dem **Seattle Center** im Norden, der **I-5** im Osten und dem **Puget Sound** mit der **Elliot Bay** im Westen. Nordöstlich der **Waterfront** am Puget Sound schließen sich der **Pike Place Market** und das nette Viertel **Belltown** an. Östlich des Pioneer Square folgen das **International District** (Chinatown) und **Capitol Hill** in den Hügeln. Letzteres ist ein quirliges Viertel der Alternativszene mit alteingesessenen Seattlites, es ähnelt dem Nachbarviertel im Nordwesten Downtowns, dem **Queen Anne District**, das sich besonders gut zum Shoppen und Bummeln eignet. Nördlich des Lake Union liegt der Stadtteil **Fremont** mit originellen Kneipen, Cafés und Läden. Am **Lake Union** im Norden Seattles findet man die berühmte Hausboot-Szenerie, die man aus Filmen wie *Schlaflos in Seattle* kennt. Im Norden der Stadt schließlich befindet sich der **University District** mit der University of Washington im Zentrum. Die altehrwürdigen Gebäude der Universität sind beeindruckend und schmiegen sich elegant in das umliegende, wunderschöne Parkgelände ein.

Da Downtown der erste Anlaufpunkt ist, wenn man Seattle erkunden möchte, nähert man sich dem Stadtkern vom Flughafen Sea-Tac aus südlicher Richtung. Dies geschieht nach Verlassen des Flughafengeländes über die I-5, der man knapp 10 mi/16 km folgt, bis man nach Downtown die Abfahrt 164A Richtung James Street nimmt. Dieser wiederum 1 mi/1,6 km folgen, dann geht es rechterhand über die 4th Avenue mitten ins Zentrum. Folgt man der 4th Avenue weitere 0,6 mi/1 km, ist die Space Needle im nördlichen Downtown erreicht. Dies soll im Folgenden der zentrale Ausgangspunkt für alle Unternehmungen innerhalb Seattles sein. In direkter Nachbarschaft befindet sich das Seattle Center, ebenso gut erreichbar sind der Pike Place Market und die Waterfront im Westen, der Washington Park im Nordosten oder das Seattle Art Museum (direkt in Downtown). Auch das Seattle Visitors Bureau (siehe oben) befindet sich zentral in Downtown. Da es viele Bus- und Bahnstationen gibt, ist Downtown umso mehr der optimale Ausgangspunkt für das Sightseeing in Seattle.

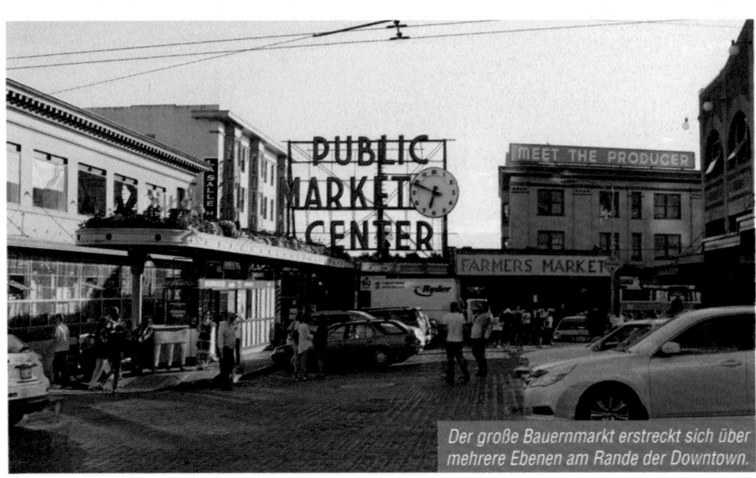

Der große Bauernmarkt erstreckt sich über mehrere Ebenen am Rande der Downtown.

Am Seattle Center und nahe der Space Needle fahren die lustigen Amphibienfahrzeuge »**Ride the Duck**« los, mit denen man zur ersten Orientierung eine Stadterkundung sowohl zu Land als auch zu Wasser unternehmen kann. Abfahrtsort ist Ecke 5th Street und Broad Street, wo es einen Ticketschalter gibt. Die Enten fahren im Juli und August montags bis donnerstags von 9.20 bis 19 Uhr und im September von 10 bis 18 Uhr. Erwachsene bezahlen $ 29, Kinder (bis 2 J.) $ 1 und von 3–12 J. $ 18. Weitere Informationen erhält man telefonisch unter 1-206-441-3825 oder unter www.ridetheducksofseattle.com.

Auch Übernachten ist im Zentrum kein Problem – zumindest nicht vom Angebot her. Die Preise sind allerdings infolge der guten Lage zu den Sehenswürdigkeiten meist recht gesalzen. Preisgünstiger wird es im Bereich nördlich des Seattle Centers. Vom Flughafen Sea-Tac aus verkehrt die neue Bahn **Link Light Rail**, die den Airport mit der Westlake Center Station in Downtown verbindet (4th Ave/ Pine St). Eine Alternative zu den teuren Innenstadthotels ist die Übernachtung in den **Flughafenhotels**, zu denen es ab dem Flughafen auch fast ausnahmslos Shuttleverbindungen gibt. Wenn man nach der Stadtbesichtigung die Rundreise startet und den Mietwagen am Flughafen aufnimmt, hat man wiederum eine kurze, mit Shuttleservice überbrückbare Strecke. Geht es mit dem Wohnmobil auf Tour, findet man den Anbieter **Moturis** im 25 mi/40 km südlich des Flughafens gelegenen **Tacoma**, im Flughafenhotel ist man also bereits auf halber Strecke zum Vermieter (der allerdings keine Vermietstation in Salt Lake City hat, wo die Hauptroute dieses Routenreiseführers endet!). Moturis bietet für ausgewählte Flughafenhotels einen Abholservice an; bei der Buchung des Campers sollte man sich erkundigen, welche Hotels das aktuell sind. Der Anbieter **Cruise America** befindet sich ebenfalls in Tacoma, es sind vom Flughafen aus 26 mi/41 km bis zur Vermietstation. Unter der Option »Early Bird« kann man ein Hotel auswählen, von dem aus ein Transfer zur Abholstation angeboten wird. **El Monte** befindet sich zwischen dem Flughafen und Seattle, zu der Vermietstation sind es 8 mi/13 km. Ein Shuttleservice wird nicht angeboten.

Wer schon in Seattle mit dem Camper unterwegs ist, muss zum Übernachten in Citynähe auf private Campgrounds (▶Seite 82) ausweichen oder wählt einen Platz in einem der beiden stadtnahen State Parks **Saltwater State Park** (▶Seite 83) oder **Dash Point State Park** (▶Seite 83).

Ob Mietwagen oder Camper – **Parken** ist wie in den meisten amerikanischen Großstädten zumindest während der Büro-Öffnungszeiten nicht einfach. Schon alleine deshalb sollte man in Seattle auf einen eigenen fahrbaren Untersatz ver-

Die lustigen Amphibienfahrzeuge »Ride the Duck« trifft man überall in Seattle.

zichten und die Stadt mit öffentlichen Verkehrsmitteln beziehungsweise zu Fuß erkunden. Hat man für kurze Besichtigungen ein Fahrzeug unterzubringen, sollte man es südlich beziehungsweise östlich des Pioneer Square oder nördlich von Downtown probieren. In Downtown selbst stehen für Pkw-Fahrer zwar viele, aber sehr teure Parkgaragen zur Verfügung. Die Preise sind meist gestaffelt, bis zu einer Stunde bezahlt man ungefähr $ 9, bis zu zwei Stunden $ 13, vier bis sechs Stunden kosten $ 22. Kommt man morgens vor 10 Uhr an, wird es günstiger: Ein sogenannter »Early Bird« kostet $ 13 für bis zu acht Stunden, abends ab 17 Uhr kann man auch schon für $ 5 unbegrenzt parken. Rund um das Seattle Center ist das Fahrzeug gut untergebracht, wenn es für einen längeren Besuch sein soll. Von hier aus kann man dann mit der Monorail nach Downtown fahren.

Parken am Straßenrand mit Parkuhr (bei einer entsprechend großen Parklücke auch für ein Wohnmobil geeignet) kostet etwa $ 2 bis 2,50 pro Stunde.

Im Visitors Bureau gibt es eine Broschüre *How to park in Seattle*. Darin findet man die Parkmöglichkeiten in Downtown aufgelistet. Vor dem Besuch der Stadt kann man sich im Internet unter www.seattle.gov/transportation/parking einen umfangreichen Überblick über Parkmöglichkeiten verschaffen.

Wohnmobilfahrer haben es allerdings tendenziell noch schwerer, im Innenstadtbereich zu parken, und sollten diesen meiden – auch im Hinblick auf die oben beschriebene, hügelige Straßenführung.

► Öffentlicher Personennahverkehr

Für eine amerikanische Großstadt positiv untypisch ist das Netz von öffentlichen Verkehrsmitteln in Seattle, das unter dem Betreibernamen **Sound Transit** läuft. Ab dem Flughafen Sea-Tac bringt die oben bereits genannte **Link Light Rail** die Reisenden in knapp mehr als einer halben Stunde in die City zur Westlake Station. Die einfache Fahrt kostet für Erwachsene $ 2,75, für Kinder $ 1,25 (Informationen unter www.soundtransit.org). Zwischen der Westlake Station und dem

Aus den Außenbezirken und vom Flughafen aus gelangt man mit Zügen des Sound Transits in die City von Seattle.

Seattle Center pendelt im Zehnminutentakt eine **Monorail** entlang der 5th Avenue. Hier bezahlen Erwachsene für eine einfache Fahrt $ 2,25, Kinder (5–12 J.) $ 1 (www.seattlemonorail.com). Zu ausgewählten Downtown-Hotels bringt frisch angekommene Gäste der **Downtown Airporter** für $ 18 einfache Fahrt (Kinder unter 17 Jahren in Begleitung eines erwachsenen Mitfahrers kostenlos). Auf der Seite http://shuttleexpress.com/seattle/airport/scheduled-hotel-service-to-seatac sind die Hotels aufgeführt, die angefahren werden.

Weiter gibt es im Innenstadtbereich **City-** beziehungsweise **Metro-Busse**, die tagsüber zwischen 6 und 19 Uhr sogar kostenlos verkehren und ansonsten $ 2,25 bis 3 für Erwachsene und $ 1,25 für Kinder (6–18 J.) kosten. Besonders ist, dass die Busse werktags von Süd nach Nord durch den Tunnel fahren, in den auch die Link Light Rail abtaucht und der unter der 3rd Avenue verläuft. Eine Auflistung aller Haltestellen findet man unter http://kingcounty.gov/schedules.

Schließlich hat Seattle sogar die Straßenbahn **Seattle Streetcar** im Einsatz. Neben der bereits länger existierenden Linie, die den Lake Union im Norden der

Vor allem frisch gefangener Fisch und Meerestiere werden auf dem Pike Place Market angeboten.

Stadt über elf Haltestellen an die Westlake Station in Downtown anbindet und Anschluss an die City-Busse und die Monorail bietet, sind weitere Linien und Erweiterungen in Planung. Einfacher Fahrpreis für Erwachsene ist $ 2,50, für Kinder (6–17 J.) $ 1,25 (weitere Informationen unter www.seattlestreetcar.org).

Versorgen und einkaufen

Erste und vor allem attraktivste Anlaufstelle innerhalb Downtowns ist der **Pike Place Market** (▶Seite 71), ein traditioneller Bauernmarkt, auf dem Farmer und Fischer aus dem Umland frisches Obst, Gemüse, Fisch und Fleisch anbieten.

Der Markt befindet sich zwischen First und Western Avenue mitten in Downtown und etwa 1 mi/1,6 km südlich der Space Needle. Im Marktgebäude kann man fein essen, und für all diejenigen, die auf der Suche nach Souvenirs sind, ist der Pike Place Market ebenfalls eine Empfehlung.

Wer eine ausgezeichnete Bäckerei sucht, wird bei der **Grand Central Bakery** fündig, die sich in der 214 First Avenue am Pioneer Square in der **Grand Central Mall** befindet. In dem Ziegelsteingemäuer wird leckeres Brot gebacken, berühmt ist die Bäckerei aber hauptsächlich für die Mandelhörnchen. Auch andere süße Teilchen, eine Suppe oder ein Sandwich sind hier zu haben. Die Mall ist von der Space Needle aus über die 2nd Avenue und den Highway 99 innerhalb 2 mi/3 km in südliche Richtung erreichbar und liegt in Downtown.

Wem der Sinn nach »Merkwürdigem« steht, sollte unbedingt dem **Ye olde Curiosity** einen Besuch abstatten. Neben Teufelsmasken, getrockneten Schmetterlingen, lustig gefalteten Dollarnoten und allerhand Tieren unter Glasglocken heißt die selbstgemachte Spezialität des Hauses, die so gar nicht zum Rest des Sortiments passen will, *»Fudge«* – eine sündhaft süße, karamellähnliche Leckerei aus Butter, Zucker und Milch. Ständig werden dem kuriosen Sortiment neue Dinge hinzugefügt, die den Besucher staunen lassen. Online kann man sich einen ersten Eindruck verschaffen.

1001 Alaskan Way direkt an der Water Front und 1,5 mi/2,5 km nördlich der Space Needle
Die nächste Haltestelle ist 3rd Ave & Pike.
www.yeoldecuriosityshop.com 10–18 h

Soll es eine größere Mall sein, in der man kaufen kann, wonach einem der Sinn steht, ist das **Westlake Center** in Downtown eine gute Adresse. Die Mall liegt mitten in Downtown, nordöstlich der Space Needle. Man findet sie im selben Gebäudekomplex wie die Monorail-Haltestelle Westlake Station. Neben 80 Läden gibt es auch ein umfassendes Angebot an Restaurants und Cafés. Das Westlake Center ist sowohl mit allen öffentlichen Verkehrsmitteln als auch per Pkw gut er-

reichbar, da man im center-eigenen Parkhaus **Westlake Tower Parking Garage** (✉ zwischen der 4th und 5th Ave auf dem Olive Way) gut parken kann.
1,5 mi/2,5 km über die 2nd Ave, die Pike St, die 6th Ave und die Pine St ✉ 400 Pine St Westlake Station www.westlakecenter.com Mo.–Sa. 10–20 h, So. 11–18 h

Noch eine Nummer größer, aber nicht mehr in Downtown gelegen, ist die **Southcenter Mall** 13 mi/21 km nördlich der Space Needle beziehungsweise Downtown Seattle an der Kreuzung der I-5 und der I-405. Man kann die Mall sehr gut mit dem Auto über die I-5 erreichen oder mit dem Bus in etwas mehr als einer Stunde Fahrzeit (inklusive zweimal Umsteigen). Die Southcenter Mall ist das größte Einkaufszentrum Seattles und bietet insgesamt rund 180 Läden.
✉ 633 Southcenter Blvd www.westfield.com/southcenter Mo.–Sa. 10–21 h, So. 11–19 h

Vor allem für Wohnmobilreisende ist der **Ersteinkauf** ein wichtiger Punkt, da man, egal in welche der möglichen Richtungen der Routenauftakt führt, in allen Fällen mit einem gut gefüllten Kühlschrank und den für die weitere Reise wichtigen Utensilien ausgestattet sein sollte. Nimmt man das Wohnmobil (Moturis) bei Campingworld in Fife bei Tacoma oder bei Cruise America direkt in Tacoma auf, empfiehlt sich besonders der sehr große und preislich äußerst günstige Supermarkt **WinCo** in Tacoma. Dort gibt es nicht nur alles, was man braucht, sondern auch in größeren Verpackungseinheiten, was hinsichtlich versorgungstechnisch schwächerer Gebiete (zum Beispiel in den Nationalparks) wichtig ist. Es gibt außerdem eine erfreulich große Obst- und Gemüseabteilung. WinCo befindet sich in der ✉ 1913 South 72nd Street in Tacoma, WA 98408. (Achtung: In diesem Markt kann man nur mit Kreditkarte mit einer Pin, bar oder mit Maestro-Karte bezahlen!) Von Campingworld auf die I-5 in westliche Richtung bis Abfahrt 129 auf den Tacoma Mall Boulevard, dann rechts auf die South 74th Street, die in die South 72nd Street übergeht. Von Cruise America zurück auf den US-16 und östlich halten, danach wechseln auf die I-5 Richtung Süden bis Abfahrt 129, weiter wie Anfahrt von Campingworld. Eine Nummer kleiner aber mit nicht minder großer Auswahl ist das **Walmart Supercenter** in Lacey am ✉ 1401 Galaxy Drive Northeast, Lacey, WA 98516. Von Campingworld auf die I-5 in westliche Richtung bis Abfahrt 111 auf den WA-510 E. Rechts auf den Quinault Drive NE und zweite Ausfahrt aus dem Kreisverkehr auf den Galaxy Drive NE. Von Cruise America zurück auf den US-16 und östlich halten, danach wechseln auf die I-5 Richtung Süden, weiter wie Anfahrt Campingworld.

Essen und trinken

Amerika ist das Land der Donuts. Aber es gilt: Donut ist nicht gleich Donut. **Top Pot Doughnuts** heißt der Geheimtipp mitten in Downtown, nur etwa 0,6 mi/1 km südöstlich der Space Needle gelegen und von dieser zu Fuß über die 5th Avenue in zehn Minuten erreichbar. Selbstgemachte Donuts in allen Variationen warten hier auf Schleckermäuler. Mit Heidelbeerglasur, Schokoüberzug, mit Zimtzucker oder Ahornsirup – es gibt keine Geschmacksrichtung, die es nicht gibt. Dazu einen frisch gerösteten Kaffee und man ist gestärkt für das Sightseeing-Programm in Seattle. Mehrmals ist Top Pot Doughnuts

Köstliche Donuts in originellem Ambiente gibt's bei Top Pot Doughnuts.

in Seattle vertreten, die Filiale im Zentrum der Stadt beeindruckt mit einem Ambiente aus raumhohen Bücherregalen, die mit antiken Wälzern bestückt sind.

2124 5th Ave, Seattle WA 98121 Mit den Metro-Buslinien 40, 26 & 28 bis Haltestelle Blanchard St & 4th Ave, dann 3 Min. Fußweg www.toppotdoughnuts.com Mo.-Fr. 6-19 h, Sa. & So. 7-19 h

Ebenso legendär wie Top Pot ist **The Crab Pot Restaurant & Bar**, ein absolutes Muss für alle Freunde von Meeresfrüchten. Direkt am Pier gelegen wird hier mit Papierlätzchen und Holzhämmerchen hantiert, um den Scheren der Krebse zu Leibe zu rücken, die aus einem Eimer auf der Mitte des Tisches ausgeschüttet werden - zusammen mit Scampi, Kartoffeln, Gemüse und weiteren Meeresfrüchten. Das allein ist den Besuch des Restaurants schon wert, das alles andere als ein Geheimtipp und entsprechend gut besucht ist.

Für Meeresfrüchte-Fans ist das Restaurant The Crab Pot ein absolutes Muss.

1301 Alaskan Way, WA 98101 1,5 mi/2,5 km von der Space Needle entfernt. Man folgt von ihr aus der Broad St bis zur Waterfront und biegt dann links in den Alaskan Way ein, das Restaurant ist auf der rechten Seite. Nächste Haltestelle ist 1st Ave & University St. www.thecrabpotseattle.com So.-Do. 11-21 h, Fr. $ Sa. 11-21.30 h Niedrig

Aber auch sonst ist die Waterfront gepflastert mit **Seafood-Restaurants**. Weitere Viertel, in denen es sich gut essen gehen lässt, ist der Pioneer Square District (▶Seite 72), wo man eine große Auswahl an verschiedenen Restaurants vorfindet. Neben dem umfangreichen Angebot verschiedener Küchen des Pike Place Market (▶Seite 71) lohnt sich auch ein abendlicher Spaziergang von der Space Needle aus über die 3rd Avenue in den südöstlichen Stadtteil Belltown, wo es ein riesiges Angebot an Restaurants, Bars und Pubs gibt.

Rustikal und dem kuriosen Umfeld der kaugummigepflasterten Post Alley angepasst ist das von der italienischen Küche angehauchte Restaurant **Alibi Room** in der Pike Street direkt neben dem Pike Place Market. Steinofen-Pizza ist die Spezialität des Hauses; sie wird auf Holzbrettchen serviert, wofür dem zunächst verwunderten Gast eine Zehn-Kilogramm-Olivenkonservendose als Unterlage auf den Tisch gestellt wird.

85 Pike St, Seattle, WA 98101 Die nächste Haltestelle ist 3rd Ave & Pike. http://seattlealibi.com Tägl. 12-2 h Mittel

Wer es eher edel mag, bleibt einfach gleich auf der **Spitze der Space Needle** und genießt ein Dinner der gehobeneren Art inklusive fantastischer Aussicht auf die Stadt und den Puget Sound. Hierfür sollte man jedoch einen Tisch reservieren. Appetit kann man sich auf der Webseite unter dem Menüpunkt »SkyCity Restaurant« holen (nicht zu verwechseln mit der Snackbar auf der obersten Besucherebene!).

1-206-905-2100 www.spaceneedle.com Mittagstisch: Mo.-Fr. 11.30-14 h, Abendessen: So.-Do. 17-20.45 h, Fr. & Sa. 17-21.45 h, Brunch: Sa. & So. 10-14.45 h Hoch

Dieser Routenreiseführer erhebt keinen Anspruch auf Vollständigkeit, was die Attraktionen innerhalb Seattles betrifft. Im Folgenden soll lediglich eine Auswahl der Highlights vorgestellt werden. Für einen längeren, intensiveren Besuch der Stadt empfehlen sich eine separaten Städtereiseführer und eine detaillierte Straßenkarte.

Wer in Seattle viel unternehmen und mehrere Sehenswürdigkeiten anschauen möchte, kauft sich am besten den **Seattle City Pass**. Dieser umfasst fünf Attraktionen und bietet vergünstigte Eintrittspreise: die Space Needle, das Seattle Aquarium, die Argosy Cruises Harbor Tour, das EMP Museum oder der Woodland Park Zoo und das Pacific Science Museum oder The Museum of Flight. Der Pass kostet ⊛ $ 69 für Erwachsene und $ 49 für Kinder (4–12 J.). Die Tickets ersparen zusätzlich das Warten in der Schlange beim Eingang der Sehenswürdigkeit. Den Pass kann man beispielsweise an einer der genannten Sehenswürdigkeiten erwerben. Er ist ab der ersten Nutzung neun Tage lang gültig.

Highlights Downtown

► Space Needle

Es ist das Wahrzeichen der Stadt und Besuchermagnet Nummer eins in Seattle: der futuristische, 210 Meter hohe Turm aus Stahl, der aussieht wie eine Frisbeescheibe auf Stäben. Die Space Needle ist ein Relikt der Weltausstellung von 1962 und bietet von der Plattform auf 159 Metern Höhe einen sagenhaften Panoramablick auf die Stadt und den Puget Sound. Bei guter Sicht blickt man auch auf die Kaskadenkette und den Mount Rainier. Fähren und Boote schippern durch die Bucht, Flugzeuge fliegen darüber hinweg und die Menschen in der Stadt sehen vom Observation Deck aus wie Ameisen.

Die Space Needle ist längst nicht mehr das höchste Gebäude in Seattle, aber ihren Charakter als zentrale Anlaufstelle hat sich die UFO-Konstruktion bewahrt. Ein Aufzug befördert die Besucher in rasanter Geschwindigkeit bis in die späten Abendstunden auf die Aussichtsplattform, sodass auch ein romantischer Blick auf die nächtlich beleuchtete Stadt möglich ist (und zudem sogar günstiger als tagsüber). Die Fahrt mit dem gläsernen Außenaufzug ist nichts für schwache Nerven! Doch der Blick auf die wunderschöne Stadt ist es wert. Damit die Plattform nicht überquillt, wird die Ausgabe der Eintrittskarten begrenzt – die Warteschlangen können dadurch schon einmal länger werden, es geht aber eigentlich immer recht zügig voran. Ist die Warteschlange allzu lang, bieten Mitarbeiter die Möglichkeit an, Eintrittskarten mit der Kreditkarte über ein mobiles Kartengerät zu kaufen. Nach dem Erwerb des Tickets kann man jedoch meist nicht sofort nach oben fahren, sondern bekommt eine feste Uhrzeit genannt, die auch mehrere Stunden nach dem Kaufzeitpunkt liegen kann. Hat man vorab übers Internet bereits (günstigere!) Tickets ausgedruckt, gibt es keine Wartezeit, da man dann zu einem festen Termin kommen kann.

Wenn man tagsüber ansteht, sollte man eine Karte für die Abenddämmerung kaufen. Diese ist zum einen günstiger (⊛ $ 20 pro Erwachsener), zum anderen kann man dann von der Plattform aus den Sonnenuntergang betrachten und danach das illuminierte Seattle bewundern.

Die spacige Space Needle ist für die Weltausstellung 1962 erbaut worden.

Die Gebäude auf dem Gelände des Seattle Centers sind schon von außen ganz besonders ausgefallen.

Wer in der schwindelerregenden Höhenlage speisen will, kann dies im SkyCity-Restaurant tun.

Reservierung: 1-206-905-2100
www.spaceneedle.com/information Tägl. 11.30–14 h Mittagessen, 17–20.45 h (Fr. & Sa. bis 21.45 h) Abendessen, Sa. & So. 10–14.45 h Brunch

Man kann direkt mit dem eigenen Pkw zur Space Needle fahren und dort teuer, aber bequem Valet Parking in Anspruch nehmen. Drei Stunden kosten $ 24. Für Wohnmobile wird dieser Service nicht angeboten, hier ist man auf einen Parkplatz am Straßenrand in der Umgebung der Space Needle angewiesen.

Von der I-5 (aus Richtung Nord und Süd) die Ausfahrt Nr. 167 Richtung Mercer St/Seattle Center nehmen, auf der Mercer St fahren, bis sie zur Broad St wird, dann 0,5 mi/0,8 km folgen, bis die 4th Ave N kreuzt. Auf diese rechts abbiegen. 400 Broad St, Seattle, WA 98109 Seattle Center, Monorail 1-206-905-2100 info@spaceneedle.com www.spaceneedle.com Mo.-Do. 9–23 h, Fr. & Sa. 9.30–23.30 h, So. 9.30–23 h Erw. $ 21, Kinder (4–12 J.) $ 13, Sen. $ 19, zu einer vorab im Internet ausgewählten Zeit: Erw. $ 19, Kinder (4–12 J.) $ 12, Sen. $ 17

► Seattle Center

Wie auch die unmittelbar benachbarte Space Needle wurde der Komplex Seattle Center ebenfalls zur Weltausstellung 1962 gebaut. Einst vor allem als Konglomerat von Messehallen genutzt, dient es heute als Entertainment Center, das nicht nur ständige Attraktionen und Institutionen beinhaltet, sondern auch als Veranstaltungsort für Events fungiert. Besonders erwähnenswert ist hier das **Bumbershoot Arts Festival**, das immer am ersten Wochenende im September (Labor-Day-Wochenende) auf dem gesamten Gelände stattfindet und ein dreitägiges Musik- und Theaterprogramm auf allen Bühnen, Straßen und Plätzen des Centers bietet. Weitere Informationen zu diesem bunten Trubel findet man im Internet unter http://bumbershoot.org. Eine für alle drei Tage gültige Eintrittskarte für sämtliche Veranstaltungen kostet ab $ 169,50 für Erwachsene, Kinder sind in Begleitung eines Erwachsenen bis inklusive zehn Jahre frei.

Auch außerhalb von Festivals ist das Seattle Center vor allem eine kulturelle Anlaufstelle: Mehrere Theater und Kinos wetteifern um Besucher, ebenso familienfreundliche Museen wie das Pacific Science Center (unter anderem mit Lasershows und Riesenrobotern) oder das Seattle Children's Museum. Herausragend ist das **Experience Music Project (EMP)**, ein poppiges Gebäude, in dem man zum Erleben von Musik animiert wird. Für Musikliebhaber ein absolutes Muss! Aber auch Freunde der Science Fiction sind hier richtig, denn unter dem Dach des EMP kann man Raumschiffe an virtuellen »Spacedocks« landen sehen und Requisiten aus berühmten Filmen wie *E.T.* oder *Star Wars* bestaunen.

Das gesamte Gelände ist 30 Hektar groß und war für Verhältnisse der 60er-Jahre ausgesprochen avantgardistisch gestaltet. Heute wirkt es eher ein wenig retro, aber genau das macht den Reiz des Seattle Centers aus. Die Space Needle ist ebenso Bestandteil des Komplexes wie die Monorail, die auch im Zuge der Weltausstellung das Licht der Welt erblickte und zwischen hier und der Westlake Station pendelt. Natürlich kann man im Seattle Center auch speisen, wonach einem gerade der Sinn steht, Galerien und schöne Gartenanlagen und witzig in alle Himmelsrichtungen sprudelnde Springbrunnen bewundern. Und man kann shoppen, vom Souvenirladen in der Space Needle bis zur Töpferware sind es vor allem touristische Waren, die angeboten werden.

An einem schönen Sommertag herrscht Volksfesttrubel auf dem Gelände und man sollte am frühen Vormittag oder in den Abendstunden kommen, wenn deutlich weniger Menschen unterwegs sind.

Das Seattle Center verfügt über mehrere Parkplätze und Parkhäuser, die man unter www.seattlecenter.com/transportation/parking aufgelistet findet. Bis zu einer Stunde kostet das Parken $ 5, $ 10 für bis zu zwei Stunden.

Selbe Anfahrt wie zur Space Needle 305 Harrison St, Seattle, WA 98109 Haltestelle der Monorail 1-206-684-7200 www.seattlecenter.com Je nach Einrichtung Gesamteintritt bei Festivals, ansonsten Einzeleintritt der jeweiligen Attraktion

► Columbia Tower ★

Der Columbia Tower ist das höchste Gebäude der Stadt und deshalb prädestiniert für den besten Blick – der unschlagbare Vorteil, Seattle von der Aussichtsplattform dieses Turms statt von der Space Needle aus zu bewundern, ist: Hier integriert sich die Stahlkonstruktion des 1,2 mi/2 km entfernten berühmten Turms auch noch in den Panoramablick! Die Aussichtsplattform **Sky View Observatory** befindet sich im 73. Stockwerk, um auf diese spektakuläre Höhe zu gelangen, muss man zwei Aufzüge überstehen: Der erste bringt die Besucher in die 40. Etage, dann heißt es »umsteigen« und die Reise bis in den 73. Stock antreten. Oben angekommen bezahlt man die Eintrittsgebühr und kann durch Glasfronten bis in den Boden einen spektakulären Blick genießen, der nicht umsonst den Namen »Sky View« trägt. Bei einer Höhe von fast 300 Metern sieht sogar die Space Needle winzig aus. Es heißt sogar, dies sei die höchstgelegene, öffentlich zugängliche Aussichtsplattform westlich des Mississippi. Wenn man bedenkt, dass der 360-Grad-Blick auch noch etwas günstiger ist als der Zugang zum Observation Deck der Space Needle, kann man den Blick auf die Stadt aus der Vogelperspektive durchaus ausschließlich von diesem Gebäude aus genießen. Noch ist es ein Geheimtipp in Seattle ...

Der einzige Nachteil für alle, die den Ausblick fotografisch festhalten möchten: Die Aussichtsplattform ist rundum verglast und nicht offen wie die der Space Needle. Aber das muss die Qualität des Fotos nicht zwangsläufig beeinträchtigen.

Das Columbia Center hat ein eigenes Parkhaus, wofür man für 20 Minuten Parken $ 6,50 bezahlt, 20 bis 40 Minuten kosten $ 9,50 und 40 bis 60 Minuten $ 11,50.

701 5th Ave, Seattle, WA 98104 Eigene Haltestelle Columbia Center, City-Bus 1-206-386-5564 @ CCSkyView@gmail.com www.skyviewobservatory.com Tägl. 10–20 h (außer bei privaten Veranstaltungen und an Feiertagen) Erw. $ 14,25, Kinder (6–12 J.), Stud. & Sen. (über 55 J.) $ 9

Ohne Höhenangst überwinden und einen Turm besteigen zu müssen, kann man die Sykline von Seattle auch vom **Kerry Park Viewpoint** im 211 Highland Drive (Stadtteil Queen Anne) aus ganz bodenständig genießen (Von der Space Needle auf die 5th Ave N fahren, bis es links in die Ward Street geht; diese durchfahren, rechts zweigt die Queen Anne Avenue N ab, dieser bis zur Abzweigung des W Highland Drive folgen). Die Space Needle und das Zentrum der Stadt stellen sich hier ebenso gut dar wie der Hintergrund mit dem Gipfel des Mount Rainier, wenn er denn sichtbar ist. Der Park liegt 1,2 mi/2 km nordwestlich

Blick vom Columbia Tower auf die – viel kleinere! – Space Needle

der Space Needle und ist kostenlos und rund um die Uhr geöffnet – ein besonders empfehlenswerter Ausflug also zur Abenddämmerung oder bei Nacht. (Eine Grünanlage darf man jedoch nicht erwarten, es handelt sich lediglich um schmale Grünstreifen auf zwei Ebenen).

► Waterfront Park

Der Waterfront Park gehört zu Seattle wie die Space Needle. Man bezeichnet damit einen etwa 1,3 mi/2 km langen Abschnitt am **Alaskan Way** direkt an der Pazifikküste, der sich zwischen Pier 59 und Pier 51 erstreckt. Frühere Piers wurden hier umfunktioniert zu Restaurants, Boutiquen und Souvenirläden. Zum Bummeln laden besonders die Piers 70 und 57 bis 54 ein. Vom Pier 56/57 legen die Ausflugsboote und Fähren ab, ab Pier 54 starten die Hafenrundfahrten und an Pier 66 legen die Kreuzfahrtschiffe an. Der Waterfront Park ist aus der etwas höher liegenden Downtown über einen Treppenzugang namens **Pike Place Hillclimb Walk** beziehungsweise einen Aufzug vom Pike Place Market aus erreichbar. An schönen Tagen ist an der Waterfront einiges los, hinzu gesellt sich außerdem der unvermeidliche Lärm des viel befahrenen Alaskan Way und der direkt daneben auf Stelzen gebauten Stadtautobahn Highway 99. Im Kernbereich des Waterfront Parks gibt es zwei besonders dominante Attraktionen, ein Aquarium und ein Riesenrad (siehe unten).

Von der Space Needle aus folgt man der Broad St in südwestliche Richtung, bis man auf den Alaskan Way stößt. Auf diesen nach links einbiegen 1301 Alaskan Way, Seattle, WA 98101 Die Metro-Buslinie 99 verkehrt in südliche Richtung auf dem Alaskan Way, auf dem es mehrere Haltestellen gibt 1-206-684-4075 www.seattle.gov/parks/park_detail.asp?ID=3973 Tägl. 6–22 h

Seattle Aquarium

Da ist zum einen das Seattle Aquarium am **Pier 59**, ein Erlebnisaquarium, in dem man auf vielerlei Arten einen Blick nicht nur in die Unterwasserwelt des Puget Sound werfen kann. Tauchshows, Streichelbecken und ein Unterwasser-Dom sorgen für hautnahe Begegnungen. Neben einem Korallenriff und Haien gehören auch niedliche Seeottern und Seepferdchen zu den vor allem bei Kindern beliebten Bewohnern des Aquariums. Das Meeresmuseum wurde 2014 umfangreich renoviert und bietet nun im Innenbereich ein modernes Ambiente für die fischigen Bewohner und ihre Besucher – beispielsweise einen Tunneldurchgang mit dem magisch illuminierten *»Life Cycle of the Moon Jelly«*.

1483 Alaskan Way, Pier 59, Seattle, WA 98101 Die Metro-Buslinie 99 hält direkt vor dem Aquarium 1-206-386-4300 info@seattleaquarium.org www.seattleaquarium.org Tägl. 9.30–17 h Erw. $ 21,95 Kinder (4–12 J.) $ 14,95 & Sen. (über 65 J.) $ 20

Seattle Great Wheel ★

Der zweite, von Fotos und aus Filmen berühmt gewordene Besuchermagnet ist das Riesenrad, das Seattle Great Wheel, das es zwar erst seit 2012 am Waterfront Park gibt, das aber trotzdem bereits zu einem Symbol der Stadt geworden ist. Das Riesenrad am **Pier 57** ist über 53 Meter hoch und damit das größte Riesenrad der US-amerikanischen Westküste. Man kann sich in einer der 42 Gondeln über die Elliot Bay schwingen lassen und den Blick auf die Stadt und die Bucht genießen. Wer es besonders nervenkitzelig haben möchte, nimmt die VIP-Gondel mit Glasboden (und Lederbank!). Durch die langen Öffnungszeiten ist ein Blick auf das nächtlich illuminierte Seattle immer gewährleistet.

Das Great Wheel ist stark präsent in Seattle und eine der Attraktionen des Waterfront Parks.

✉ 1301 Alaskan Way, Pier 57, Seattle, WA 98101 Ⓗ Haltestelle der Metro-Buslinie 99 vor dem Aquarium ☎ 1-206-623-8607 @ GreatWheel@pier57seattle.com www www.seattlegreatwheel.com ◷ Mo.–Do. 11–22 h, Fr. bis 24 h, Sa. 10–24 h & So. 10–22 h Erw. $ 13, Kinder (4–11 J.) $ 8,50, Sen. $ 11; VIP-Gondel $ 50 (inkl. T-Shirt als Souvenir)

► Pike Place Market

Der Markt ist nicht als Einkaufsstätte einen Besuch wert, er ist vielmehr eine Institution in Seattle. Die besondere Stimmung macht sich bemerkbar, wenn sich gut gelaunte Fischhändler gegenseitig die größten Fische (Kabeljau, Rotbarben oder Lachse) zuwerfen, die von den Kunden ausgewählt und gekauft wurden und von den Mitarbeitern hinter dem Stand eingepackt werden sollen. Auch die Touristen dürfen es mal probieren – und lassen die Fische prompt fallen. Ein solcher Schabernack will eben geübt sein!

Der Markt befindet sich oberhalb der Waterfront zwischen der First und der Western Avenue am Alaskan Way. Es ist einer der ältesten Bauernmärkte der USA – seit 1907 werden hier frische Waren feilgeboten, aber auch Blumen, Kleidung und Souvenirs. Der Markt ist sowohl in Hallen als auch im Freien untergebracht und erstreckt sich über mehrere Ebenen. Auch Buden, Restaurants, Galerien und Shops befinden sich innerhalb des Pike Place Market, und da hier auch Veranstaltungen (beispielsweise das **Pike Place Market Street Festival** Ende Mai) stattfinden, führt der Markt schon ein wahrhaftiges Eigenleben. Das macht sich vor allem an den Wochenenden bemerkbar, wenn richtiggehend Volksfeststimmung herrscht, untermalt von Live-Musik in allen Ecken. Für Besucher am eindrucksvollsten sind die Haupt- und Nordarkaden mit kunstvoll angerichteten Obst- und Gemüseständen, Ständen mit frischem Fisch und Schalentieren. Die Lebensmittel sind nicht gerade günstig, aber sehr frisch und sehr appetitlich drapiert.

Den großen Komplex mit seinen vielen Arkaden, Stockwerken und Innenhöfen betritt man am besten über den Haupteingang bei der großen Uhr am Ende Pike Street/Western Avenue (oberhalb des Highway 99, denn der Markt ist in Stufen in die Anhöhe oberhalb der Waterfront eingebettet). Dort kann man sich an einem Informationsstand einen ersten Überblick verschaffen. In direkter Nachbarschaft befindet sich übrigens die bereits erwähnte, älteste Starbucks-Filiale der USA (✉ 1912 Pike Place). Der Markt hat ein eigenes Parkhaus, die **Public Market Parking Garage** in der ✉ 1531 Western Avenue. Parken kostet pro Stunde $ 3, ab vier bis zehn Stunden $ 20. Wohnmobile können im Parkhaus nicht abgestellt werden, hierfür sollte man einen Parkplatz in einer Parkbucht gegenüber des Aquariums, östlich des Alaskan Way suchen.

Von der Space Needle über die Broad St bis zur 2nd Ave fahren, auf diese links einbiegen und nach knapp 1 mi/1,6 km rechts auf die Pine St, links auf die 1st Ave und gleich wieder rechts auf die Pike St 85 Pike St, Seattle, WA 98101 Metro-Busse halten auf der First Ave oder Pine St, Haltestelle der Link Light Rail ist Westlake Center 1-206-682-7453 @ info@pikeplacemarket.org www.pikeplacemarket.org Bauernmarkt: tägl. 9–16 h, Kunsthandwerk: tägl. 10–16 h, Fischmarkt: tägl. 7–18 h, Shops: tägl. 10–18 h, Restaurants: tägl. 6–13.30 h bzw. je nach Restaurant zu unterschiedlichen Zeiten

► Pioneer Square Historic District

Der Stadtteil Pioneer Square im Süden Downtowns ist deshalb von Bedeutung, weil er sozusagen den Geburtsort Seattles bezeichnet, der Grundstein wurde hier 1851 gelegt. Begrenzt wird das Viertel von der Waterfront im Westen, der King Street im Süden, dem International District im Osten und der Cherry Street im Norden. Hier befinden sich die ältesten Gebäude der Stadt, die Straßenlaternen stammen aus dem Jahr 1908. Von hier aus geht es auch in den »**Untergrund der Stadt unter der Stadt**«, der beim großen Brand von 1889 weitgehend zerstört wurde (►Seite 59). Damals fielen dem Feuer 25 Häuserblocks in Holzbauweise zum Opfer, heute erstrahlen die aufgepäppelten Gebäude in restauriertem Glanz und in Backsteinoptik im sogenannten Richardson-Romanesque-Stil, darunter auch das älteste Gebäude der Stadt, das **Pioneer Building**. Es wurde originalgetreu im viktorianisch-italienischen Backsteinstil errichtet mit einer Pergola in Metall-Glaskonstruktion, die unter Denkmalschutz steht (600 First Ave). Die ehemalige Hauptstraße wurde Yesler Way genannt, da sich die Sägemühle von Henry Yesler an dieser Straße befand. Später wurde sie wegen der vielen Holzstämme, die wie auf einer riesengroßen Rutschbahn zur Sägemühle am Pier gerollt wurden, umbenannt in **Skid Row**. Neben den authentischen Backsteingebäuden gibt es heute in diesem Viertel vor allem Läden, Restaurants, Galerien und Souvenirläden. Erstaunlich viele Obdachlose halten sich in diesem Viertel auf.

Eines der Highlights des historischen Distrikts ist der **Waterfall Garden Park** auf der 2nd Avenue zwischen South Washington Street und South Main Street. Kernstück ist ein fast sieben Meter hoher, mehrstufiger, künstlicher Wasserfall (219 2nd Ave South). Wer es weniger romantisch möchte und stattdessen shoppen gehen will, kann dies in der **Grand Central Arcade** tun, wo es unter anderem eine feine Bäckerei gibt. Am Pioneer Place Park schließlich wird das Geheimnis gelüftet, wie Seattle zu seinem Namen kam. Dort nämlich steht eine Bronzebüste des **Chief Sealth**, Häuptling der Suquamish- und Duwamish-Indianer. Seine Strategie war die Anpassung an die weißen Siedler, weshalb er eine enge Beziehung zu David Swinson Maynard pflegte, einem US-amerikanischen Pionier, Arzt und Indianervermittler. Auf diese beiden Männer geht die Gründung der Stadt Seattle zurück. Die Büste ist recht unscheinbar und trägt zwei Inschriften.

In einem Informationskiosk der Pioneer Square Community Association kann man MP3-Player leihen und damit einen angeleiteten Spaziergang durch das historische Viertel, vorbei an den wichtigsten Sehenswürdigkeiten, unternehmen. Das Kiosk befindet sich an der Ecke Main Street und Occidential Avenue.

100 Yesler Way, Seattle, WA 98104 (Pioneer Square) Pioneer Square ist Haltestelle der Metro-Buslinie 99 www.pioneersquare.org

► Klondike Gold Rush Historic Park ★

Im Pioneer Square Historic District befindet sich dieser vom National Park Service verwaltete Park, der den Goldsuchern im Norden der USA gewidmet ist, die sich auf die beschwerliche Reise nach Kanada und Alaska gemacht haben. Im **Visitor Center & Museum** des Parks werden Fotos und ein Film gezeigt, anhand dessen man sich ein Bild über den Goldrausch machen kann, der 1897 seinen Anfang nahm. Seattle als Hafenstadt spielte dabei eine entscheidende Rolle, denn die Goldsucher schifften sich hier ein, um die Abenteuerreise nach Norden zu starten. Und vor allem versorgten sie sich in Seattle mit Proviant und Ausrüstung. Weitere

Exponate und Dokumentationen erläutern den anschließenden Ansturm auf die **Yukon-Goldfelder** in den Jahren 1897/98. Im Sommer kann man sich zweimal täglich Demonstrationen zum Goldwaschen und Bergbau ansehen. Das Besucherzentrum befindet sich an der Ecke Jackson Street und 2nd Avenue South im historischen Hotel Cadillac.

319 2nd Ave, Seattle, WA 98104 Haltestelle S Jackson St & Occidential Ave S der Buslinien 16, 66 und 99 1-206-220-4240 www.nps.gov/klse Tägl. 10–17 h

Seattle Art Museum (SAM)

Genau genommen ist das SAM ein Konglomerat aus mehreren Museen: dem **Seattle Art Museum** im Pioneer Square Historic District an der Ecke First Avenue und University Street, dem **Asian Art Museum** im Volunteer Park im nördlich gelegenen Stadtteil Capitol Hill und dem **Olympic Sculpture Park** in Belltown. Hier soll jedoch ausschließlich das Seattle Art Museum in Downtown vorgestellt werden.

Schon allein der Zugang zum Museum ist einen Besuch wert: Er wird »bewacht« von einer 15 Meter hohen Stahlfigur, die einen Hammer schwingt – dem »**Hammering Man**«.

Die Skulptur von Jonathan Borofsky stellt eine Würdigung aller Arbeiter dar, es gibt sie mehrmals in verschiedenen Städten der Welt (zum Beispiel auch in Frankfurt am Main vor dem Messeturm). Im Museum selbst kann man wechselnde Ausstellungen verschiedener Künstler und Epochen anschauen. Berühmt ist das Art Museum hauptsächlich wegen der Sammlung afrikanischer und indianischer Kunst (vor allem in Form von Totempfählen und Masken). Darüber hinaus beinhaltet das Museum antike römische Reliefskulpturen ebenso wie Werke sowohl alter als auch moderner Meister, die Stilepoche Renaissance ist ebenso vertreten wie die impressionistischen Maler. Und all das wird ansprechend präsentiert in großzügigen Raumverhältnissen im postmodernen Museumsbau mit einer Prachttreppe, die an Marmorfiguren vorbeiführt.

Im Eintrittspreis inbegriffen sind verschiedene Museumsführungen, aus denen man wählen kann, manche davon betreffen die wechselnden Ausstellungen.

Vor dem Seattle Art Museum steht überdimensional groß der »Hammering Man«.

Wer sich vorab informieren möchte, findet die Angebote im Internet.

1300 First Ave, Seattle, WA 98101 Mit mehreren Linien des Metro-Busses bis Haltestelle First Ave & Union St 1-206-654-3100 www.seattleartmuseum.org/visit/seattle-art-museum Di., Mi. & Fr.–So. 10–17 h, Do. 10–21 h Erw. $ 19,50, Kinder (bis 12 J.) frei, Jugendl. (13–19 J.) $ 12,50, Sen. (über 62 J.) $ 17,50

Highlights außerhalb Downtowns

Schifffahrten

Hafenrundfahrt Seattle

Agosy Cruises bietet Hafenrundfahrten durch die Elliot Bay an, die etwa eine Stunde dauern und bei denen man über Lautsprecher Interessantes und Lustiges erfährt. Man sieht natürlich vom Schiff aus die markanten Bauwerke Seattles, so zum Beispiel den **Smith Tower** mit seinen 42 Stockwerken, den man für einen tollen Panoramablick besteigen kann. Die Fahrt bietet eine ganz andere Perspektive auf Seattle und die Skyline der Stadt – von keinem Turm aus ist die Szene so eindrucksvoll: Die Space Needle rückt ebenso ins Blickfeld wie Mount Rainier, der bei guter Sicht präsente Schichtvul-

Die Stadt vom Wasser des Puget Sound aus ergibt ganz andere Blickwinkel.

kan im Südosten von Seattle. Die bunte Waterfront mit dem Riesenrad ist vom Wasser aus ebenfalls besonders schön zu betrachten, während die Fahrt vorbeigeht an großen Container- und Kreuzfahrtschiffen. Die Schiffe legen von **Pier 56** ab.
1101 Alaskan Way, Pier 56, Seattle, WA 98101 Metro-Buslinie 99 verkehrt in südliche Richtung auf dem Alaskan Way, auf dem es mehrere Haltestellen gibt 1-206-623-1445 1-888-623-1445 sales@argosycruises.com www.argosycruises.com ganzj., während der Hauptreisezeit Anf. Juli–Ende Aug. Mo.–Fr. 11, 12.15, 13.30, 14.45, 17.15 & 18.30 h, Sa. & So. zusätzlich 9.45 h Erw. $ 23, Kinder (4–12 J.) $ 11,50, Sen. (über 65 J.) $ 20 (Frühbucherrabatt bis 30 Tage im Voraus)

Washington State Ferries

Etwa 30 Fähren der staatlichen Fährgesellschaft sind im Einsatz, um rund 20 Anlegestellen innerhalb des Puget Sound anzusteuern. Sie verkehren zwischen Seattle, den Inseln und der Olympic-Halbinsel und fahren zum Teil sogar nach Sidney auf Vancouver Island in Kanada. Die Fähren legen von **Pier 52** ab und fahren nach **Bainbridge Island** (mit herrlichem Blick auf die Skyline von Seattle und die Parklandschaft Bloedel Reserve, Fahrzeit etwa 35 Minuten) und **Bremerton** (mit hübsch restaurierten Häusern aus dem 19. Jahrhundert, durch eine Brücke mit der Olympic-Halbinsel verbunden; Fahrzeit etwa eine Stunde). Nach Bremerton geht es täglich etwa 15-mal, nach Bainbridge Island sogar etwa 20-mal. Egal, welches Ziel man ansteuert – die Skyline von Seattle ist bei allen Fährfahrten inbegriffen!

Auch Autos werden von der Fähre befördert, man sollte dann mindestens 20 Minuten (besser eine Stunde bei großem Andrang) vor der Abfahrtszeit da sein. Fahrzeuge über 22 Feet werden separat verladen und kosten einen Aufpreis. Für Fußgänger und Radfahrer ist immer Platz an Bord, ohne Fahrzeug ist es nicht nötig, frühzeitig am Terminal einzutreffen.
801 Alaskan Way, Pier 52, Seattle, WA 98104 Die Metro-Buslinie 99 verkehrt in südliche Richtung auf dem Alaskan Way, auf dem es mehrere Haltestellen gibt 1-206-464-6400 wsfinfo@wsdot.wa.gov www.wsdot.wa.gov/ferries Fußgänger: Erw. $ 8, Kinder (6–18 J.) & Sen. (über 65 J.) $ 4; Fahrzeuge und Fahrer $ 13,90, Fahrzeuge über 22 ft $ 21,40, Hauptsaison höhere Preise

Fähre nach Vancouver Island (Victoria)

Es ist nur ein Katzensprung nach Kanada – also warum nicht die Gelegenheit nutzen, wenn man schon mal in der Nähe ist? Am schnellsten, allerdings nur ohne Auto, geht es mit dem Katamaran **Victoria Clipper**, diese Fahrt wird je nach Saison zwei- bis dreimal täglich angeboten. Das Schiff legt an **Pier 69** ab, die einfache Fahrzeit beträgt zweidreiviertel bis drei Stunden. Der Katamaran legt an **Victoria's Inner Harbour** an, damit ist man mittendrin in **Downtown Victoria**, der Hauptstadt der westkanadischen Provinz British Columbia. Die Innenstadt ist recht kompakt und überschaubar, sodass sie sich sehr gut für einen Ein-Tages-Trip

eignet (vor allem, wenn man die recht lange Anfahrtszeit bedenkt).

Um einen guten Überblick über die kanadische Stadt zu erhalten, empfiehlt sich eine **The Butchart Gardens & City Highlights Tour**, während der man neben den herrlichen Gartenanlagen sowohl geschichtliche als auch besonders schöne Sehenswürdigkeiten zu Gesicht bekommt. Sie dauert insgesamt dreieinhalb Stunden, zwei davon in The Butchart Gardens. Die Besucher werden vom Schiff abgeholt. Man kann die Tour zusammen mit der Fähre beim Fährunternehmen buchen (www.clippervacations.com/victoria-activities/butchart-gardens-city-highlights-tour). Tour (ohne Fährpreis): Erw. $ 55, Kinder (5–12 J.) $ 27, Jugendliche (13–17 J.) $ 37

In Seattle gibt es in der Nähe des Abfahrterminals nach Kanada zwei Parkhäuser, in denen man recht günstig das Fahrzeug abstellen kann: Die Bell Street Garage in der 2401 Elliott Avenue und das Seattle Trade & Technology Center in der 2600 Elliot Avenue. In beiden kann man von 6.30 bis 23 Uhr parken und zahlt pro Kalendertag $ 10.

2701 Alaskan Way, Pier 69, Seattle, WA 98121
Die Metro-Buslinie 99 verkehrt in südliche Richtung auf dem Alaskan Way, auf dem es mehrere Haltestellen gibt. 1-206-448-5000
1-800-888-2535 www.clippervacations.com
Einfache Fahrt: Erw. $ 96–102, Kinder (1–11 J.) $ 43–51 (je nach Jahreszeit); Hin- und Rückfahrt: Erw. $ 140–173, Kinder $ 70–86,50 (je nach Jahreszeit).Vorausbuchung per Internet günstiger!

► Puget Sound

Als »**Puget Sound**« bezeichnet man einen **Fjord im Pazifik** ganz im Nordwesten des Staates Washington. Die gestreckte Bucht ist 94 mi/150 km lang und inselreich. Sie reicht von der Meerenge **Strait of Juan de Fuca** (►Seite 76) an der amerikanisch-kanadischen Grenze im Norden bis nach Olympia auf der gleichnamigen Halbinsel im Süden. Die Begrenzung im Osten stellt die Metropolregion von Seattle dar, im Westen ist es die Kitsap-Halbinsel (ebenfalls Teil der Olympic-Halbinsel). Die Inseln im Puget Sound, vor allem die der **San Juan Islands**, würden für sich genommen einen eigenen Reiseführer füllen. Insofern soll im Folgenden nur ein grober Überblick über die Hauptinseln, die San Juan Islands, gegeben werden. Die weiter südlich gelegenen Inseln sind von Seattle aus per Fähre erreichbar (►Seite 74) und kein Bestandteil in diesem Kapitel.

San Juan Islands

Im Puget Sound liegen unzählige Inseln, alleine der Archipel San Juan Islands besteht aus mehreren hundert Inseln (die Zahl hängt davon ab, was man als »Insel« definiert), davon sind jedoch nur knapp 200 namentlich benannt und wiederum nur etwa 60 sind bewohnt. 1592 erwähnte der für die Meeresenge namensgebende Seefahrer Juan de Fuca einige dieser Inseln. Heute sind für Besucher besonders die vier größten Inseln relevant: **San Juan Island** (die einzige mit einer Stadt, nämlich **Friday Harbor**), **Orcas Island** (sehr felsig und gebirgig), **Shaw Island** und **Lopez Island** (die ländlichste der vier Inseln mit vielen Feldern und Wiesen). Sie sind bewohnt von Fischern und Bauern und im Sommer bevölkert von Heerscharen von Touristen. Von diesen vier Inseln aus wird Whale Watching angeboten, da sich Wale gerne in der Meeresenge aufhalten. Die Insulaner und deren Besucher dürfen sich ganzjährig über schönes Wetter freuen, da sie durch die Olympic Mountains geschützt sind – allerdings laden die Wassertemperaturen nicht zum Baden ein (um die 7 Grad Celsius ...), da hier eine sehr kalte Tiefseeströmung des Pazifiks die nordamerikanische Küste erreicht. Die Inseln sind wegen ihrer Abgeschiedenheit eher zum Genießen, Kajakfahren oder Tauchen in dicken Neoprenanzügen ein beliebtes Ziel. Aber auch Radfahren und Wandern durch die Wälder oder entlang des Wassers sind besonders schöne Aktivitäten auf den verwunschenen Robinson-Inseln. Herrliche Strände, Klippen und Höhlen, kleine Urwälder und Binnenseen bieten – allerdings nur außerhalb der Hafenstädte – ein Naturidyll.

Die Insel **Whidbey Island** gehört ebenfalls zu den San Juan Islands, liegt jedoch südlicher als die vier großen und damit näher am Festland. Auf Whidbey Island warten mehrere State Parks auf Besucher, die Küstenlandschaft mit bizarren Felsformationen und schönen Stränden ist ein Traum. Informationen findet man unter www.whidbeycamanoislands.com.

SAN JUAN ISLANDS VISITOR BUREAU

640 Mullis St, Suites 210 & 215, Friday Harbor, San Juan Island, WA 98250 1-360-378-9551 1-888-468-3701 @ info@visitsanjuans.com www.visitsanjuans.com

! Wer gemäß dem Vorschlag dieses Routenreiseführers von Seattle aus die Olympic-Halbinsel im Uhrzeigersinn befährt, stößt am Ende der Inselumrundung fast automatisch auf den Ort **Anacortes**, der 80 mi/128 km nördlich von Seattle liegt. In diesem Fall ist es sinnvoller, das Whale Watching an dieser Stelle der Reise einzubauen.

Whale Watching

Für Whale Watching, also einen Bootausausflug mit Walbeobachtung, wirbt eigentlich die gesamte Nordwestküste der USA. Weil die nördliche Pazifikküste zu den Regionen gehört, in denen man verlässlich mit dem Auftauchen von Walen rechnen kann, gibt es unzählige Touren von diversen Anbietern und ab den verschiedensten Startpunkten. Die Veranstalter haben

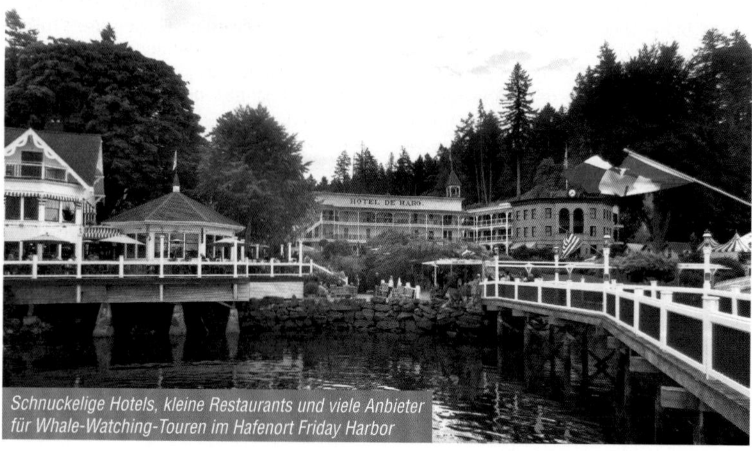

Schnuckelige Hotels, kleine Restaurants und viele Anbieter für Whale-Watching-Touren im Hafenort Friday Harbor

Majestätisch gleitet ein Orca durch das Wasser.

sich zu der **Pacific Whale Watching Association (PWWA)** (Informationen zu dieser Organisation unter www.pacificwhalewatchassociation.org) zusammengeschlossen, die sich aktiv um den Erhalt des Walbestandes in diesen Gewässern bemüht. Vor allem von Mai bis Juli ist die Wahrscheinlichkeit groß, einen **Grau- oder Buckelwal** oder mit viel Glück einen schwarz-weißen **Orca** während der Bootsfahrt auftauchen oder aus dem Wasser springen zu sehen.

Die Touren werden begleitet von Meeresbiologen, die unterwegs Interessantes über Wale, besonders die hier häufig vertretenen Orcas, in den hiesigen Gewässern erzählen. Dabei erfährt man, dass die Wahrscheinlichkeit, Wale in der Nähe der Küstenzone zu sichten, deshalb so hoch ist, weil die Wale sich dauerhaft in Gruppen in diesem Gewässer aufhalten. Die Wale werden deshalb »**Residents**« genannt, die Nachkommen bleiben in der Regel ein Leben lang bei der Familie. Manchmal kommen aber auch Gruppen von »**Transients**«, das sind vorüberziehende Wale, in die Nähe der Küste und vertreiben die Residents kurzfristig. Dann müssen die Walbeobachter ein wenig weiter aufs offene Gewässer rausfahren. Die Anbieter kennen die Spots, an denen sich die Walfamilien aufhalten. Ändern sich diese, verständigen sich die Kapitäne untereinander, sodass sich oft mehrere Boote bei den Spots treffen. Jeder versucht dann, sein Boot in eine gute Stellung zu bringen, damit die Fahrgäste einen möglichst optimalen Blick auf auftauchende Tiere erhalten. Eine Garantie gibt es nicht, tatsächlich einen der gigantischen Meeressäuger zu erblicken. Wenn man aber einen sichtet, ist es sicherlich eines der beeindruckendsten Erlebnisse der ganzen Reise.

! Auf den Booten kann es oft frisch werden, warme Kleidung sollte zumindest vorsorglich mitgenommen werden. Auch eine Kopfbedeckung, eine wasserfeste Jacke, zudem Sonnencreme und natürlich den Fotoapparat und ein Fernglas nicht vergessen!

Direkt ab der Waterfront Seattle starten fast keine Bootstouren zur Walbeobachtung. Bei den meisten Anbietern erfolgt zuerst ein Transfer auf eine der Inseln im Puget Sound, bevor die eigentliche Walbeobachtungstour startet. Zur Fähre gelangt man meist nur mit eigenem Fahrzeug, da sich die Fähranlegestellen alle weit im Norden von Seattle und fast an der kanadischen Grenze befinden. Hauptausgangspunkt für die Walbeobachtung ist **San Juan Island**, wohin man ab **Anacortes** mit der Fähre gelangt. Die Walbeobachtung findet dann in der Strait of **Juan de Fuca** statt, der Meeresstraße zwischen Victoria auf Vancouver Island im Westen und den nördlichen Inseln des Puget Sound im Osten. Der Anbieter **San Juan Safaris** wirbt damit, dass kein anderes Unternehmen mehr Wale sichtet.

Für dieses Abenteuer fährt man mit dem Auto nach Anacortes, danach geht es mit der Fähre auf die Insel San Juan Island. Wer es bequemer von Seattle aus angehen möchte, kann auf das Unternehmen **Clipper Vacations** zurückgreifen (▶Seite 74). Im Frühjahr kann man zu bestimmten Zeiten starten, um Grauwale zu beobachten. Die Fahrt dauert sieben Stunden und das Schiff legt in dieser Zeit für zwei Stunden in Coupeville auf Whidbey Island (▶Seite 76) an. Um Orcas zu sehen zu bekommen, starten die Überfahrten an der Waterfront von Seattle und fahren durch den Puget Sound direkt nach San Juan Island. Das ist dann ein kompletter Tagesausflug inklusive zwei Stunden Aufenthalt im Ort Friday Harbor auf San Juan Island.

Ein Trost vorweg für alle, die unterwegs keinen Wal erblicken: Die Wahrscheinlichkeit ist groß, dass man zumindest seltene Zugvögel, einen Weißkopf-Seeadler, Seeottern oder Robben vor die Kameralinse bekommt.

San Juan Safaris

Ab Downtown Seattle über die I-5 in nördliche Richtung bis Ausfahrt 230 (Burlington) fahren. Links auf den Hwy 20 abbiegen, bis Anacortes erreicht ist. Ab Downtown der Beschilderung »San Juan Islands Ferries« folgen. Fahrzeit insgesamt 1,5 bis 2 Stunden. Von hier die Fähre nach Friday Harbor nehmen ($ 13 pro Passagier ohne Auto – Mitnahme Auto nicht nötig). 2 Spring St, Landing Suite 6, Friday Harbor, WA 98250 (Anlegestelle) 1-360-378-1323 1-800-450-6858 @ reservations@sanjuansafaris.com www.seattleorcawhalewatching.com www.sanjuansafaris.com/friday_harbor.html Die Abfahrtzeiten sind sehr unterschiedlich – hier im Vorfeld informieren unter Ab Seattle: http://seattleorcawhalewatching.com/seattlewhalewatchingschedule.html oder ab Friday Harbor: www.sanjuansafaris.com/whale_departure.html Ab Friday Harbor: Erw. $ 89, Kinder (2–12 J.) $ 59, jew. zuzügl. $ 1 Hafengebühr

Clipper Vacations

2701 Alaskan Way, Pier 69, Seattle, WA 98121 Die Metro-Buslinie 99 verkehrt in südliche Richtung auf dem Alaskan Way, auf dem es mehrere Haltestellen gibt. 1-206-448-5000 1-800-888-2535 www.clippervacations.com Je nach Saison/Monat und Angebot wechselnde Fahrzeiten, Informationen unter www.clippervacations.com/packages/whale-watching Grauwalbeobachtung im Frühjahr: Erw. $ 69, Kinder (1–11 J.) $ 34,50; Ticketkauf drei Tage im Voraus erforderlich; Orca-Beobachtung im Sommer: Erw. ab $ 126, Kinder (1–11 J.) ab $ 25 (für Kinder unter 6 J. nicht empfohlen); Ticketkauf ein Tag im Voraus erforderlich

Tillicum Village auf Blake Island

Von Seattle aus sind es mit dem Schiff ca. 8 mi/13 km bis zur **Blake Island**. Das indianische Fischerdorf **Tillicum Village**, in dem Chief Sealth geboren worden sein soll, ist die Attraktion der Insel. Der komplette Ausflug, inklusive Anfahrt mit dem Schiff, dauert vier Stunden. Unterwegs auf dem Wasser erfährt man bereits einiges über die Insel Blake Island. Dort angekommen, gibt es im traditionellen Langhaus ein Lachsbuffet (die Fische werden zuvor über offenem Feuer zubereitet) und eine Tanzvorführung. Ein Ureinwohner vom Stamm der **Lower Elwha Klallam** entführt die Gäste mit Erzählungen in die Vergangenheit. Danach kann man die Insel auf eigene Faust erkunden.

Wenn man einen Eindruck vom Erbe der Ureinwohner erhalten möchte, sollte man diesen Ausflug unbedingt unternehmen. Denn kaum irgendwo sonst kann man die Geschichte, die Kultur und die Kunstfertigkeiten der **Coast-Salish**-Stämme so gut erleben wie hier. Deshalb sollte man sich bei einem Besuch der Insel unbedingt den **Heritage Room** anschauen, in dem sowohl antike Masken und Kunstwerke gezeigt werden als auch Beispiele von Korbflechtereien oder anderen alltäglichen Gebrauchsgegenständen. Vor allem aber einige außergewöhnliche Exemplare von Totempfählen kann man hier bewundern, die zum Teil sehr spannende Geschichten erzählen.

Wer nicht nur auf Kultur aus ist, kann die Insel auf Wanderwegen durch Laubwälder kennenlernen und den Blick vom feinen Sandstrand aus auf den Mount Rainier genießen.

Das Unternehmen **Argosy Cruises** startet die Fahrten zur Insel ab **Pier 56** im Juli und August täglich von 11.30 bis 15.30 Uhr und von 16.30 bis 20.30 Uhr, samstagsmorgens zusätzlich auch von 6.30 bis 10.30 Uhr. Die Fahrpreise sind unterschiedlich, da man die Schifffahrt mit einem Dinner oder einer kleinen Weinprobe kombinieren kann.

www.tillicumvillage.com Überfahrt: Erw. $ 40, Kinder (4-12 J.) $ 15, inkl. Buffet & Vorführung: Erw. $ 79, Kinder $ 30, Senioren (über 65 J.) $ 72, Frühbucherrabatt: bis 30 Tage im Voraus

▶ Lake Union

Wer den Film *Schlaflos in Seattle* mit Meg Ryan und Tom Hanks in den Hauptrollen gesehen hat (▶Seite 403), erkennt die

Hausbootsiedlung am Lake Union

Szenerie sofort wieder: Richtige Häuser schwimmen auf dem Lake Union und zwar nicht nur vereinzelt – es ist eine ganze Wohnsiedlung. Von der supermodernen Villa mit Parkplatz bis zu fröhlichen Hippie-Unterkünften sind alle Häusertypen vertreten, die man sich nur vorstellen kann. Die Siedlung befindet sich am östlichen Ufer des Sees, der eine Ausbuchtung des **Lake Washington Ship Canals** ist. Dieser 8 mi/13 km lange Kanal wiederum trennt die Innenstadt Seattles von den nördlichen Stadtteilen und verbindet außerdem die Elliot Bay mit dem östlich des Lake Union gelegenen Lake Washington. Neben einem schönen Blick auf Downtown Seattle kann man außerdem den ständig startenden und landenden Wasserflugzeugen zuschauen.

Die Hausboote sind an der **Fairview Avenue** vertäut. Der Lake Union wirkt fast schon überbevölkert, denn gerade an schönen Tagen sind es nicht nur die Hausboote, die hier vor sich hin dümpeln, sondern es sind Boote aller Art unterwegs und die Leute üben sich in Stand-up-Paddling oder betreiben anderen Wassersport. Am kurzen südlichen Ufer befindet sich der **Lake Union Park** in der 860 Terry Avenue North, einer Grünanlage mit einer historischen Schiffswerft, bei der Besucher einiges über die Geschichte der Schifffahrt im Nordwesten der USA erfahren.

Immer sonntags startet eine Ausflugsfähre zu einer Tour namens »**Sunday Ice Cream Cruises**« ab South Lake Union. Sie schippert an der Hausbootsiedlung vorbei und passiert unter anderem das Hausboot, in dem Filmvater Tom Hanks mit seinem Sohn wohnt. Die Tour wird unterhaltsam kommentiert und dauert etwa 45 Minuten. Die Fähren legen stündlich zwischen 11 und 17 Uhr ab, Erwachsene bezahlen $ 11, Kinder (bis 5 J.) $ 2, (5–13 J.) $ 7 und Senioren $ 10. Weitere Informationen findet man unter www.seattleferryservice.com. Nordöstlich der Space Needle auf die 5th Ave N abbiegen, dieser kurz folgen, bis rechterhand die Mercer St abzweigt. Etwa 0,4 mi/0,6 km fahren, dann links in die 9th Ave N einbiegen. Diese führt zum Lake Union Park. Lake Union, Seattle, WA Vom Bahnhof Westlake Center startet der Lake Union Trolley, der bis zum South Lake Union Park fährt.

► University of Washington

Man fühlt sich ein bisschen wie nach Hogwarts versetzt, der geheimnisvollen Zaubereischule von Harry Potter: Der Campus strahlt eine einzigartige Stimmung aus. Altehrwürdige Gebäude schmiegen sich elegant in ein wunderschönes Parkgelände. Wenn man dann noch einen Tag mit klarer Sicht erwischt, ist es perfekt – dann nämlich hat man im Vordergrund blühende Azaleen und im Hintergrund den schneebedeckten Gipfel des Schichtvulkans Mount Rainier. Von der Hauptplaza hat man dann einen spektakulären Panoramablick.

17 Schulen und Colleges befinden sich auf dem Campus der Universität am Nordwestufer des Lake Washington, damit ist sie eine der größten Ausbildungsstätten im Nordwesten der USA. Studenten bieten während der Semesterzeiten kostenlose

Führungen über das Gelände an, die am Visitor Information Center (Odegaard Library 022 Odegaard, 1-206-543-9198, admit.washington.edu/Visit/FroshInfoSessionTour) starten. Das Universitätsgelände befindet sich am Rande des Stadtteils **University District** (kurz »U-District« genannt) östlich der 15th Avenue und südlich der 45th Street. In den beiden Hauptstraßen des Viertels (University Way und NE 45th St) geht es studentisch zu mit Kneipen, Kinos und Cafés.

Wer mehrere Tage in Seattle verbringt und die Zeit erübrigen kann, dem sei der Besuch der University mit dem beschaulichen Universitätsgelände als Kontrastprogramm zur quirligen Stadt auf jeden Fall empfohlen. Wer schon einmal hier ist, kann dem **Burke Museum of Natural History and Culture** einen Besuch abstatten und sowohl Dinosaurierskelette als auch indianische Kulturgüter bestaunen (www.burkemuseum.org, UW Campus at 17th Ave, NE and NE 45th St, Seattle, WA 98105, tägl. 10–17 h, Erw. $ 10, Kinder ab 5 J. $ 7,50, Sen. $ 8). Außerdem befindet sich innerhalb des Campus das Kunstmuseum **Henry Art Gallery** mit lokalen Kunstwerken des 20. Jahrhunderts (www.henryart.org, 15th Ave NE and NE 41st St, Seattle, WA 98195, Mi., Sa. & So. 11–16 h, Do. & Fr. 11–21 h, $ 10). Schließlich lohnt das **Washington Park Arboretum** im 2300 Arboretum Drive East einen Besuch (http://depts.washington.edu/uwbg/gardens/wpa.shtml, tägl. von Sonnenauf- bis Sonnenuntergang, Eintritt frei), das zwar ebenfalls zur Universität gehört, aber südlich des Lake Washington Canals liegt. Auf dem 80 Hektar großen Gelände kann man an 5.500 verschiedenen Pflanzenarten, schönen Gärten und einem alten Baumbestand vorbeiflanieren. Highlight ist der Japanische Garten mit Karpfenteichen, Wasserfällen und exotisch arrangierten Pflanzen (http://depts.washington.edu/uwbg/gardens/wpa.shtml).

Ab Downtown über die I-5 in nördliche Richtung bis Ausfahrt 169 fahren und rechts auf die NE 45th St abbiegen. Danach rechts auf die 15th Ave NE bis zur NE 41st St fahren, das Verwaltungsgebäude (Schmitz Hall) folgt rechterhand. Parken ist in der Central Plaza Parking Garage auf der NE 41st St möglich ($ 15). University of Washington, 1410 NE Campus Pwy, Seattle, WA 98195
60 Buslinien fahren den U-District an
www.washington.edu

► Boeing und Future of Flight Aviation Center

Nicht nur für Technikfans ein besonderes Erlebnis: Verschiedene Typen des Flugzeugherstellers Boeing werden in Everett montiert. Der Ort liegt 31 mi/50 km nördlich von Downtown Seattle, der Aus-

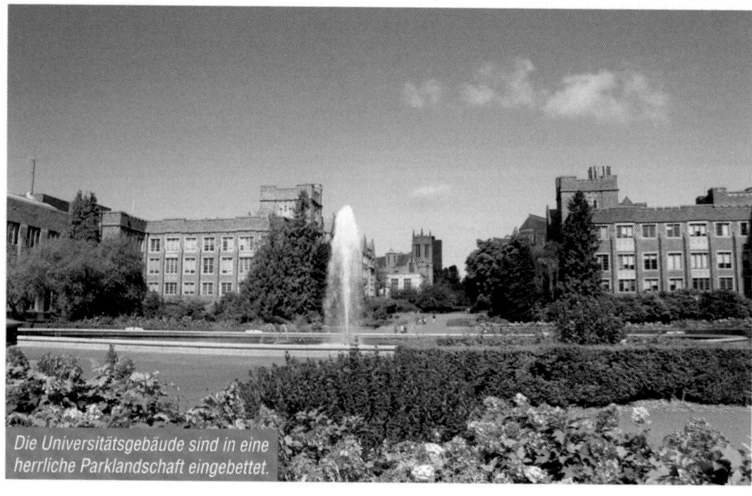

Die Universitätsgebäude sind in eine herrliche Parklandschaft eingebettet.

flug ist also kein Katzensprung – aber dennoch lohnenswert. Durch eine riesige Montagehalle, in der ja schließlich ganze Flugzeuge Platz finden müssen, wird die **Aviation Center & Boeing Tour** täglich von 9 bis 15 Uhr mindestens zu jeder vollen Stunde angeboten und dauert etwa 90 Minuten. Eine Reservierung wird empfohlen und reduziert zudem die Ticketpreise. Die Fertigungshalle ist eines der größten Gebäude Nordamerikas. Die Tour führt unter anderem über steile Treppen und durch einen Tunnel. In Everett werden die Typen Boeing 747, 767, 777 und 787 montiert.

Auf dem Gelände befindet sich auch das **Future of Flight Aviation Center**, eine Art Museum der zivilen Luftfahrt. Neben interaktiven Ausstellungsstationen kann man sich in einem Flugsimulator erproben, selbst am Computer ein Flugzeug designen oder einen Film im großen Kinosaal anschauen. Thema des modernen Museums sind sowohl die Geschichte der Luftfahrt als auch deren Zukunft.

! Bei der Tour darf weder fotografiert noch gefilmt werden. Babys und Kinder unter einer Größe von 122 cm dürfen nicht an der Führung teilnehmen. Die Führungen finden ausschließlich auf Englisch statt.

Von der I-5 die Ausfahrt 189 nehmen und Richtung Westen fahren. An der Fertigungshalle vorbeifahren und an der Kreuzung Hwy 526 und 84th St SW/Paine Field Blvd links abbiegen. Die Zufahrt erfolgt linkerhand. 8415 Paine Field Blvd, Mukilteo, WA 98275 1-425-438-810 1-800-464-1476 @ info@futureofflight.org www.futureofflight.org Tägl. 8.30–17.30 h Hochsaison (1. Apr.–30. Sep.) Erw. $ 20 ($ 18 mit Vorreservierung), Jugendl. $ 14 (mit Vorreservierung $ 12), sonst Erw. $ 18 ($16 mit Vorreservierung), Jugendl. $10 ($ 9 mit Vorreservierung)

! Wer nach der Stadtbesichtigung Seattles den Schlenker über den Olympic National Park nicht fährt und stattdessen der Alternativroute direkt gen Norden und zum Abzweig des Highway 20 folgt, kommt fast direkt an den Boeing-Werken vorbei und sollte den Besuch für die weitere Reise einplanen, nicht als Ziel ab Seattle (▶Seite 84).

Übernachten – Flughafenhotels

Quality Inn Sea-Tac Airport

Für eine reine Übernachtung während der Stadtbesichtigung Seattles ist das Hotel akzeptabel, vor allem wegen des Preis-Leistungs-Verhältnisses. Es befindet sich in Flughafennähe (auch bei starkem Verkehr nur etwa fünf Minuten Fahrzeit) und wird von einem kostenlosen Flughafenshuttle bedient. Vorteil dieses Hotels: In den letzten Jahren war es eines der Hotels, zu dem der Wohnmobil-Vermieter Moturis ebenfalls einen Shuttleservice zur Vermietstation unterhält. Da Moturis 17 mi/27 km vom Flughafen Sea-Tac entfernt ist, bedeutet dieser Service eine deutliche Kostenersparnis, wenn man ansonsten mit dem Taxi zur Vermietstation in Fife (bei Tacoma) fahren würde. Das Frühstück entspricht amerikanischen Verhältnissen (allerdings gibt es auch Obst und Joghurt), die Zimmer sind geräumig, aber deutlich älteren Datums.

Vom Flughafen auf den Hwy 99 Richtung Süden fahren und dem Highway etwa 1 mi/0,6 km folgen. Dann rechts auf die S 192nd St abbiegen, das Hotel folgt rechterhand. 2900 S 192nd St, Seattle, WA 98188 1-206-241-9292 www.qualityinn.com/hotel-seattle-washington-WA153 Ja Ja *–**

Hampton Inn & Suites Seattle-Airport/28th Ave

Dieses noch recht neue Hotel nahe dem Flughafen bietet ein bisschen mehr Komfort als ein reines Übernachtungshotel wie beispielsweise einen Innenpool und einen Fitnessbereich. Waschmaschine und Trockner befinden sich in den Zimmern. Es grenzt außerdem auch nicht wie viele andere Flughafenhotels direkt ans Flughafengelände an. Ein Shuttleservice von und zum Flughafen wird angeboten, darüber hinaus auch Transfermöglichkeiten in die Umgebung (jeweils kostenlos). Für Familien mit älteren Kindern könnte relevant sein, dass es – je nach Verfügbarkeit – nebeneinanderliegende Zimmer mit Verbindungstüren gibt. Zum Frühstück erhält man frisches Obst.

Vom Flughafen auf den Hwy 99 in südliche Richtung fahren. Die erste Möglichkeit links auf die

S 188th St abbiegen und gleich wieder links auf die 28th Ave. 18850 28th Ave S, Sea-Tac, WA 98188 1-206-244-5044 www.hotelsone.com/seatac-hotels-us/hampton-inn-suites-seattle-airport-28th-ave.html Ja Ja **

Übernachten – Stadthotels

Quality Inn & Suites Hotel Seattle Center

Das Hotel ist abgesehen von seiner Lage am Seattle Center und nahe der Space Needle und Downtown zwar nichts Besonderes, hat aber ein gutes Preis-Leistungs-Verhältnis. Die Zimmer sind sauber und mit allem ausgestattet, was man für einen Städtetrip braucht (Kaffeemaschine, Mikrowelle, Kühlschrank). Mit etwas Glück ergattert man ein Zimmer mit Blick auf die Space Needle. Das Hotel hat ein Hallenbad. Man kann für $ 15 pro Tag auf dem hoteleigenen Parkplatz parken und bekommt auf Wunsch auch für ein größeres Fahrzeug einen Parkplatz – hierfür muss man sich rechtzeitig beim Hotel melden und die Gebühren erfragen. Ein kostenpflichtiger Shuttleservice zu verschiedenen Zielen steht zur Verfügung.

Von der I-5 aus Richtung Süden die Ausfahrt Mercer St nehmen und links auf die Fairview Ave abbiegen, dann rechts auf die 6th Ave. Anschließend rechts in die John St einfahren. 618 John St, Seattle, WA 98109 Bushaltestelle der Metro-Busse fast direkt vor dem Haus 1-206-728-7666 1-866-460-7440 www.qualityinn.com/hotel-seattle-washington-WA155 Ja Ja **-***

The Belltown Inn

Das Hotel liegt im angesagten Stadtteil Belltown im Herzen Seattles und ist jeweils nur wenige hundert Meter von Downtown und den Attraktionen Space Needle und Pike Place Market entfernt. Im Haus gibt es eine Wäscherei und einen PC-Arbeitsplatz. Von der Dachterrasse im fünften Stock kann man den Blick über das Wasser und die Stadtmitte von Seattle schweifen lassen, was das Hotel empfehlenswert macht. Ein Auto braucht man nicht, wenn man im Belltown Inn übernachtet, zumal man im Hotel kostenlos Fahrräder leihen kann (Helmpflicht! Helme und Fahrradschlösser werden ebenfalls gestellt). In der Nähe stehen öffentliche Parkplätze für $ 18 pro Tag zur Verfügung (Reservierung nicht möglich).

Von der I-5 aus Richtung Süden die Ausfahrt Seneca St nehmen und dieser bis zum Wasser folgen, dann rechts auf die 3rd Ave abbiegen. Das Hotel befindet sich an der Ecke Bell St/3rd Ave. 2301 3rd Ave, Seattle, WA 98121 Zwei Haltestellen der Metro-Buslinien befinden sich jeweils nur wenige Meter vom Hotel entfernt. 1-206-529-3700 1-866-524-4704 info@belltown-inn.com www.belltown-inn.com Ja, $ 20 pro Nacht Ja, kostenpflichtig ***

Travelodge Seattle Center

Das Hotel inmitten von Downtown und damit in bester Ausgangslage für alle Attraktionen der Innenstadt bietet den Gästen ein Fitnesscenter, einen Außenpool und einen Whirlpool. Auch wenn das Gebäude von außen etwas schmucklos wirkt, sind die Zimmer groß, sauber und gepflegt – die meisten wurden vor kurzem renoviert. Das Hotel bietet einen kostenpflichtigen Shuttleservice zum Flughafen Sea-Tac an (ab $ 39 für zwei Passagiere inklusive Kinder unter 17 Jahren). Dieser Service muss vorab im Hotel reserviert werden.

Aus Richtung Süden über die I-5 bis Ausfahrt Seneca St fahren, dann rechts auf die 6th Ave abbiegen 200 6th Ave, Seattle, WA 98109 Direkt an der Haltestelle der Monorail (Seattle Center) 1-206-441-7878 1-866-446-4151 GuestServices@TravelodgeSeattleCenter.com www.travelodgeseattlecenter.com Ja, $ 15 pro Tag Ja ***

Wer à la *Schlaflos in Seattle* in einer Unterkunft der Hausbootsiedlung am Lake Union übernachten möchte, findet ein umfangreiches Angebot in allen Preiskategorien von Privatvermietern unter www.seattlebedandbreakfast.com/properties/lake-union-floating-home.

Übernachten – Campgrounds

Campingplätze in der Innenstadt von Seattle gibt es keine. Das ist einer der Gründe, warum man den Camper bei Routenstart in Seattle erst nach der Stadtbesichtigung aufnehmen sollte. Wer die Reise wieder in Seattle enden lässt, kann für die letzte Übernachtung vor Abgabe des Campers beziehungsweise Rückflug auf einen der beiden unten aufgeführten staatlichen Campgrounds oder auf den KOA-Platz in der Nähe des Flughafens und aller drei Wohnmobilanbieter zurückgreifen. Man sollte jedoch beachten, dass die ganze Region zwischen Tacoma und Seattle vom Fluglärm von Sea-Tac betroffen ist, der bis spät nachts andauert und morgens bereits früh wieder losgeht.

Seattle/Tacoma KOA

Der Campground liegt sowohl in der Nähe des Flughafens Sea-Tac als auch nahe der Wohnmobilanbieter. Bis zum Zentrum von Seattle fährt man etwa 15 mi/24 km. Das Umfeld ist für die Nähe zur Stadt recht ländlich und grün, manche Plätze liegen am Green River (allerdings mit Straße dazwischen). Es gibt einen Pool und schattenspendende Bäume, wenn die Stellplätze auch parkplatzartig gehalten sind (die Zeltplätze haben Rasen als Untergrund).

Aus Richtung Flughafen oder von der I-5 aus die Orillia Rd Richtung Süden fahren, bis sie in einer Linkskurve zur S 212th St wird. Dieser etwa 2 mi/3,2 km folgen, der Campground folgt rechterhand. 5801 S 212th St, Kent, WA 98032 Mit der Buslinie 180 bis Haltestelle S 212th St & 59th Pl S fahren (direkt vor dem Campingplatz) 1-253-872-8652 1-800-562-1892 seattlekoa@koa.com www.seattlekoa.com Ganzj. Ja 146, 130 full hook-up 25 Ja Ja Ja Strom (20/30/50 Amp.), Wasser, Abwasser Ja $$$

Saltwater State Park Campground

Innerhalb des Saltwater State Park südlich von Seattle und am Puget Sound gibt es einen Campingplatz mit Strand in idyllischer und sehr schöner, grüner Umgebung. Manche Plätze liegen an einem kleinen Bach. Allerdings befindet sich dieser Campground in der Einflugschneise des Flughafens Sea-Tac. Für eine reine Übernachtung bei der Stadterkundung oder für die Nacht nach Aufnahme oder vor Abgabe des Campers allemal ausreichend und vor allem eine preiswerte Übernachtungsoption in Stadtnähe.

Aus Richtung Flughafen/Norden über die I-5 bis Ausfahrt 149 fahren. Der WA-516 W/S Kent Des Moines Rd folgen, S 240th St und Marine View Dr S bis 8th Pl S nehmen. 25205 8th Pl S, Des Moines, WA 98198 Es gibt keine nahegelegene Anbindung an öffentliche Verkehrsmittel. 1-360-902-8844 1-888-226-7688 infocent@parks.wa.gov www.parks.wa.gov/578/Saltwater Mitte Mai–Mitte Sep. Ja 50 50 Ja, kostenpflichtig Ja, kostenpflichtig Nein Nein Nein $-$$

Dash Point State Park Campground

In der Nähe von Tacoma und damit noch etwas südlicher also oben genannter Saltwater State Park Campground liegt dieser zweite staatliche Platz in Stadtnähe zu Seattle. Der State Park ist aber auch für sich genommen ein schönes Ziel zum Wandern, Relaxen und Baden. Denn ebenfalls an der Kante des Puget Sound gelegen hat auch dieser State Park Wasserzugang und einen Sandstrand. Wohnmobilreisende brauchen eine Genehmigung und sollten den Campground mindestens 30 Tage vor Ankunft unter 1-253-661-4955 kontaktieren.

Vom Flughafen Sea-Tac bzw. aus Richtung Norden kommend über die I-5 fahren bis Ausfahrt 143. Dann über die SW 320th St bis Dash Point Park Rd fahren. 5700 SW Dash Point Rd, Federal Way, WA 98023 Mit dem Metro-Bus A Line vom Flughafen bis Haltestelle Federal Way TC fahren, dort in die Buslinie 187 umsteigen und bis Haltestelle SW 320th St & 47th Ave SW fahren. Danach kurzer Fußweg. 1-360-902-8844 1-888-226-7688 www.parks.wa.gov/496/Dash-Point Ganzj. Ja 114, 27 full hook-up 114 Ja, kostenpflichtig Ja, kostenpflichtig Nein Strom, Wasser, Abwasser Nein $-$$

Die charmante Stadt Seattle war eine wunderbare Einstimmung für eine abwechslungsreiche Reise. Aber jetzt wird es Zeit für das Naturabenteuer Nordwesten. Wohnmobilfahrer sollten den Großeinkauf gleich nach Aufnahme des Campers erledigen, dann kann es losgehen. Es folgt bereits auf dem ersten Streckenabschnitt eine große Dichte von Nationalparks, der erste unmittelbar nach Verlassen von Seattle – und zwar unabhängig davon, ob man den unten beschriebenen Ausflug unternimmt oder nicht oder ob man der Hauptroute folgend zum Olympic National Park auf der Halbinsel oder direkt über die Alternativroute Richtung Norden fährt und dann bald über den ***WA-20 (North Cascades Highway, Hwy 20)*** *zum North Casca-*

Seattle by night ...

des National Park gelangt – Nationalparks warten in fast allen Himmelsrichtungen!

Die Hauptroute richtet sich von Seattle aus gen Süden und nimmt den Mount Rainier als Ausflug mit auf – das ist für alle die Reisenden interessant, die die Rundreise in Salt Lake City beenden und nicht mehr zurück in diese Gefilde kommen. Wer auch wieder von Seattle aus nach Hause fliegt, kann auf dem Rückweg den Ausflug zum Mount Rainier National Park unternehmen.

Alternativ zu diesem Vorschlag kann man Seattle Richtung Norden verlassen und unternimmt dabei weder die Umrundung der Olympic Halbinsel, noch den Ausflug zum Mount Rainier (es sei denn, man kehrt nach Seattle zurück, siehe oben).

! Wenn man nicht in den Sommermonaten unterwegs ist, sollte man sich vorab erkundigen, ob der WA-20 frei ist. Wegen seiner gebirgigen Straßenführung durch die **Cascade Mountains** ist er vom frühen Herbst bis in den späten Frühling »schneeanfällig«. Informationen über den Straßenzustand erhält man unter www.wsdot.wa.gov/traffic/passes/northcascades. Im Falle von Unwettern im Sommer und bei Wintersperrungen kann man über den **US-2 East** und den **US-97 North** ausweichen.

Alternativroute Richtung Norden zum Highway WA-20

Wer die Olympic Peninsula nicht umrunden und den Ausflug zum Mount Rainier National Park an dieser Stelle nicht unternehmen möchte, verlässt Seattle Richtung Norden, um auf den WA-20 zu stoßen, der die Reisenden dann zuerst zum North Cascades National Park und im weiteren Verlauf in östliche Richtung immer nahe entlang der kanadischen Grenze bis zum Glacier National Park führt.

Hierzu befährt man in Downtown Seattle die **I-5 Express Lane** in nördliche Richtung. Man erreicht die Interstate von der Space Needle aus über die Mercer Street. Die Autobahnfahrt gestaltet sich unspektakulär, es geht durch städtische Peripherie. Eindrucksvoll ist einzig die Überquerung der doppelstöckigen Stahl-Fachwerkbrücke **Ship Canal Bridge**, die die Portage Bay zwischen Capitol Hill und dem University District überspannt (die Portage Bay verbindet den Lake Union mit der Union Bay).

Nach **Everett** wird der Großraum Seattle verlassen. So folgt man also der I-5 relativ eintönig 66 mi/105 km bis **Burlington**, wo man die Autobahn verlässt und auf den WA-20 Richtung Osten abbiegt, es ist die Ausfahrt 230 Richtung Burlington/Anacortes (Rio Vista Ave).

Wer die Boeing-Werke besichtigen möchte (▶Seite 80), folgt der I-5 ab Downtown Seattle nur 16 mi/25 km und verlässt die Autobahn an der Abfahrt 182 in Richtung WA-525 N/WA-99. Dem WA-525 folgen, bis rechterhand das Gelände von Boeing erscheint.

Wer an dieser Stelle eine Whalewatching-Tour ab Anacortes einflechten möchte, befährt in Burlington den WA-20 Richtung Westen und erreicht nach 17 mi/27 km den Ort.

In Burlington, am Abzweig des WA-20

... ebenso faszinierend wie am Tag!

von der Interstate, vereinigt sich die Alternativroute wieder mit der Hauptroute, die über den WA-20 aus südwestlicher Richtung (Coupeville) auf diese Abzweigung trifft.

Ende der Alternativroute

Wer die Olympic Peninsula und/oder den Mount Rainier besuchen möchte, wendet sich in Seattle in südliche Richtung. Die Routenempfehlung sieht vor, die Rundreise in Salt Lake City zu beenden. Dann sollte man den Mount Rainier National Park jetzt als Abstecher auf dem Weg zum Olympic National Park einbinden. Alternativ wird vorgeschlagen, von Salt Lake City aus über Portland wieder zurück nach Seattle zu fahren. In diesem Fall ist es geschickter, den Mount Rainier National Park auf dem Rückweg zu besuchen, da er dann sowieso mehr oder weniger auf dem Weg zwischen Portland und Seattle liegt.

Zunächst verlassen alle Reisenden auf der Hauptroute Seattle auf dieselbe Art, nämlich von Downtown aus über die I-5 in Richtung Süden. Der Interstate folgt man 25 mi/40 km, es geht vorbei am Flughafen Sea-Tac, kurz darauf zweigt bereits der Ausflug von der Hauptroute ab. Wer an dieser Stelle den Ausflug zum Mount Rainier National Park auslässt und direkt bis zur Olympic Peninsula weiterfährt, bleibt auf der I-5.

Ausflug zum Mount Rainier National Park

Die I-5 wird an der Abfahrt 142A in Richtung **WA-18** East/Auburn verlassen. Dem WA-18 etwa 4 mi/6,5 km folgen, bis der **WA-164**/Auburn Way South Richtung Südosten abzweigt. Kurz vor dieser Abzweigung befindet sich rechts des Highways das sehr große Einkaufszentrum **The Outlet Collection Seattle** (✉ 1101 Outlet Collection Way, Auburn, WA 98001, www www.outletcollectionseattle.com, 🕓 Mo.-Sa. 10-21 h, So. 11-18 h). In der Mall gibt es über 100 Shops aller bekannter Markenhersteller, Restaurants, Fast Food und Unterhaltungsangebote, ein kleiner Abstecher lohnt sich vor allem wegen der Outlet-Shops.

Mit Abbiegen auf den WA-164 verlassen die Reisenden allmählich die Zivilisation. Nach etwa 15 mi/24 km ist der Ort **Enumclaw** erreicht. Es ist die letzte größere Stadt (ca. 11.000 Einwohner) vor dem Mount Rainier National Park, deshalb sollte man sich, wenn nicht bereits geschehen, noch einmal rundum versorgen. Auch Tanken ist deutlich günstiger als bei den letzten Tankmöglichkeiten vor dem Nationalpark. Sowohl Einkauf als auch Benzin sind am günstigsten bei Safeway in der ✉ 152 Roosevelt Avenue, Enumclaw, WA 98022 (direkt am Highway).

In Enumclaw wechselt man auf den **WA-410** Richtung Osten und verlässt damit vollends die Zivilisation. Es wird ländlicher, bergiger, grüner und einsamer. Dem Straßenverlauf des Highways folgt man nun auf einer Länge von 39 mi/62 km

Der erste Nationalpark auf der Route ist erreicht!

und gelangt auf ihm bis zum östlichen Zugang des Mount Rainier National Park. Die Naturgewalt des nahen Vulkans Mount Rainier scheint bereits spürbar zu sein. Der **White River** auf der rechten Straßenseite ist ein leider nur gelegentlich sichtbarer Wegesbegleiter. Hier sollte man an einer besonders gut zugänglichen Stelle unbedingt ans Ufer des idyllischen Flusses gehen und einfach nur die Natur genießen und die Seele baumeln lassen. Die vorwitzige, schneebedeckte Spitze des Berges, die schon vom fernen Seattle aus manchmal die Szenerie überragt hat, rückt zwar streckenmäßig immer näher, bleibt aber noch unsichtbar, was die Spannung erhöht.

Je näher man dem Zugang des Nationalparks kommt, desto häufiger gibt es ausgeschilderte Viewpoints am Straßenrand. Manche lohnen sich mehr, manche weniger, auf jeden Fall sollte man den einen oder anderen Fotostopp mitnehmen. Das letzte Streckenstück führt durch ein dichtes Waldgebiet, sodass es keine Ausblicke mehr gibt – weder auf die nahe Bergwelt noch auf den weißen Riesen. Die wirklich allerletzte Möglichkeit, Kleinigkeiten einzukaufen und zu tanken, ergibt sich in **Greenwater** (Tankstelle und Laden jeweils direkt an der Ortsdurchfahrtsstraße), etwa 21 mi/34 km hinter Enumclaw.

Unmittelbar vor der Parkzufahrt befinden sich der **Campground Silver Springs** (SR 410, Enumclaw, WA 98022 541-338-7869 www.recreation.gov nein 42, einfache Ausstattung) und die Unterkunft **Alta Crystal Resort** (68317 SR-410 East, Greenwater, WA 98022, www.altacrystalresort.com). Falls man keine Reservierung hat und die Übernachtungsmöglichkeiten im Nationalpark erschöpft sind, wäre dies jeweils eine Option.

Schließlich zweigt linkerhand die **Sunrise Road** vom **WA-410** ab. Über diese Straße gelangt man zum ausgeschilderten Eingangsbereich White River Entrance des Mount Rainier National Park.

Über diesen Zugang wird, der Routenbeschreibung folgend, der Mount Rainier National Park später nicht wieder verlassen, sondern über den im Südwesten des Parks gelegenen Nisqually Entrance, sodass der Mount Rainier zu einem Teil (nämlich im Osten und Süden) umrundet wird.

MOUNT RAINIER NATIONAL PARK

Von Kanada bis Nordkalifornien erstreckt sich die Vulkankette **Cascade Range** entlang der Pazifikküste. Innerhalb dieser nimmt der Mount Rainier eine sehr exponierte Stellung ein, da sein Gipfel mit einer Höhe von 4.392 Metern nicht nur der höchste der Kaskadenkette ist, sondern überhaupt der höchste Gipfel des Bundesstaates Washington. Teilweise sind die Vulkane dieser Kette, die auch »**Ring of Fire**« genannt wird, heute noch aktiv. So handelt es sich auch beim Mount Rainier um einen »schlafenden Vulkan«, der vor ein paar hundert Jahren zum letzten Mal richtig ausgebrochen ist (kleinere Ausbrüche haben noch bis 1894 stattgefunden). Trotzdem beweisen gelegentlich auftretende Rauchsäulen, dass es im Inneren des Vulkans noch brodelt. Mit einem Vulkan verbindet man üblicherweise Hitze – umso ungewöhnlicher wirkt es, dass der Gipfel des Mount Rainier ganzjährig schneebedeckt ist.

Das liegt daran, dass die Spitze des Vulkans von 26 Gletschern überzogen ist, die eine Gesamtfläche von 83 Quadratkilometern bedecken. Ganzjährig starke Niederschläge, die im Winter ergiebig als Schnee fallen, sorgen für einen Puderzuckerüberzug des Kraters, der sich das ganze Jahr über hält. Das Gebiet gilt als eines der schneereichsten der Welt – Schneehöhen zwischen vier und sechs Metern sind nicht ungewöhnlich. Auch in seiner Form unterscheidet sich dieser Vulkan von anderen, denn ihm fehlt die typische Kegelform; stattdessen zeichnet sich der Mount Rainier durch seine runde Spitze und die zerfurchten Hänge aus. Letztere sind durch die verschiedenen Ausbrüche und Lavaströme entstanden.

Seltener ist die Sicht auf den Vulkan nebel- beziehungsweise wolkenfrei. Wenn man ihn jedoch sieht, sagen die Einheimischen: »Der Berg ist draußen«. Manchmal ragt auch der Schneegipfel oben heraus und der Mittelteil steckt in den Wolken. Oft liegen dann die Straßen und Wanderwege im Park in Wolken gehüllt, sodass man den Gipfel zwar von der 84 mi/135 km entfernten Stadt Seattle aus erblicken kann, im Park selbst jedoch vergeblich Ausschau danach hält. Wo viele Wolken sind, regnet es viel – so auch im Mount Rainier National Park. Außerdem ist es kühl, sodass auch in den warmen Sommermonaten das Thermometer kaum einmal über 20 Grad Celsius klettert. Am meisten Sonne bekommen die Besucher in den Monaten Juli und August ab, insgesamt am stabilsten ist das Wetter zwischen Mitte Juni und Anfang September. In dieser Zeit ist demnach auch der Besucherandrang am größten, vor allem die amerikanischen Touristen bevölkern den Nationalpark in diesem Zeitraum.

Der Mount Rainier National Park umfasst insgesamt eine Fläche von fast 1.000 Quadratkilometern. 1899 wurde er unter Schutz gestellt und zum Nationalpark erklärt. Der Park umfasst ein wunderschönes Berggebiet mit dichten Wäldern, Wiesen, großen Schneefeldern und wilden Gletschern. Uralte Tannen wachsen am Fuß des Berges und die stetige Feuchtigkeit in Kombination mit dem vulkanischen Boden und dem intensiven Sommerlicht sind verantwortlich für die herrlichen Wildblumen, die hier gedeihen. Die schönsten von Wildblumen übersäten Wiesen gibt es in **Paradise** (▶Seite 100), südlich des Vulkangipfels. Im Sommer gelangt man über eine landschaftlich reizvolle Straße dorthin, vorbei an Wasserfällen und alten Waldstücken. In Paradise, dem Zentrum des Nationalparks, ist man den Gletschern so nahe, wie man einem Gletscher ohne Steigeisen

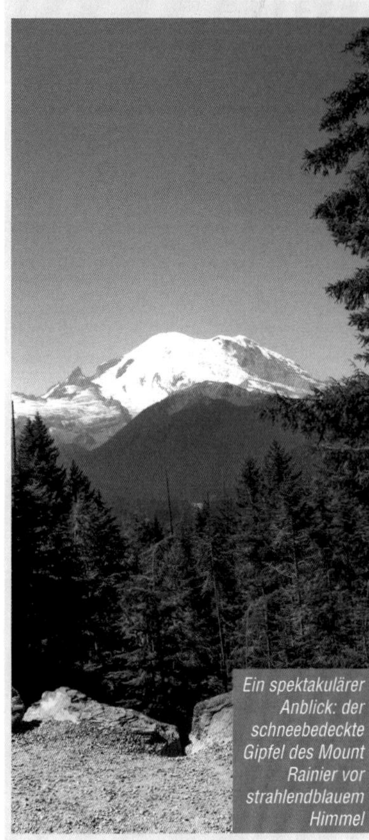

Ein spektakulärer Anblick: der schneebedeckte Gipfel des Mount Rainier vor strahlendblauem Himmel

Carbon River Road
Carbon River Entrance
1880ft
573m
4mi
6km
Chenuis Falls
Tirzah Peak
5208ft
1587m
Wallace Peak
Pigeon Peak
CHENUIS MOUNTAIN
INDEPENDENCE RIDGE
Sweet Peak
RUST RIDGE
Ranger Falls
Green Lake
Ipsut Creek
Florence Peak
5508ft
1679m
ALKI CREST
NORTH PARK
Arthur Peak
5483ft
1671m
Gove Peak
5310ft
1619m
BEE FLAT
Wonderland Trail
Tyee Peak
YELLOWSTONE CLIFFS
Howard Peak
5683ft
1732m
Tolmie Peak
5939ft
1810m
Eunice Lake
Natural Bridge
Redstone Peak
Windy Gap
August Peak
Castle Peak
6110ft
1862m
Ipsut Pass
MOTHER MOUNTAIN
CRESCENT MOUNTAIN
NORTHERN CRAGS
Sluiskin Mountain
ELYSIAN FIELDS
Berry Peak
Virginia Peak
MOUNTAIN MEADOWS
(road open July to October)
6mi
9km
ECHO CLIFFS
3520ft
1073m
VERNAL PARK
Pacific Point
165
Martin Peak
Entrance fee machine
ELIZABETH RIDGE
4929ft
1502m
Mowich Lake
Fay Peak
6492ft
1979m
MIST PARK
GOAT ISLAND ROCK
6996ft
2132m
OLD DESOLATE
Skyscraper Mountain
7018ft
2157m
Mount Pleasant
6454ft
1967m
Hessong Rock
6385ft
1946m
SEATTLE PARK
MORAINE PARK
6995ft
2132m
EAGLE CLIFF
SPRAY PARK
Spray Falls
North Mowich River
Mystic Lake
Mineral Mountain
6500ft
1981m
Tillicum Point
Echo Rock
7870ft
2399m
Flett Glacier
Division Rock
PTARMIGAN RIDGE
Observation Rock
8364ft
2549m
Russell Glacier
Carbon Glacier
Winthrop Glacier
BURROUGHS MOUNTAIN
MOUNT RAINIER
St. Elmo Pass
GLACIER BASIN
Needle Rock
North Mowich Glacier
Golden Lakes
5537ft
1688m
SUNSET PARK
LIBERTY RIDGE
WILLIS WALL
THE WEDGE
Mount Ruth
Steamboat Prow
9702ft
2958m
Camp Schurman
9510ft
2899m
Emmons Glacier
Edmunds Glacier
JEANNETTE HEIGHTS
COLONADE
RUSSELL CLIFF
Liberty Cap
14122ft
4304m
BAKER-
SUNSET AMPHITHEATER
South Mowich Glacier
MOUNT RAINIER
Columbia Crest
14410ft
4392m
Little Tahoma Peak
11138ft
3395m
Fryingpan
St. Andrews Rock
10992ft
3350m
Puyallup Glacier
DISAPPOINTMENT CLEAVER
ALMIE
PUYALLUP CLEAVER
Point Success
14153ft
4315m
Gibraltar Rock
12660ft
3859m
Ingraham Glacier
Whitman
Tokaloo Rock
7684ft
2342m
COWLITZ CLEAVER
BEEHIVE
CATHEDRAL ROCKS
KLAPATCHE RIDGE
Aurora Lake
KLAPATCHE PARK
Tahoma Glacier
L FOREST
St. Andrews Lake
ST. ANDREWS PARK
SUCCESS CLEAVER
Camp Muir
10188ft
3105m
Anvil Rock
9584ft
2921m
Cowlitz Glacier
Nisqually Glacier
Wilson Glacier
Kautz Glacier
WAPOWETY CLEAVER
South Tahoma Glacier
Pyramid Glacier
Success Glacier
Paradise Glacier
Muir Snowfield
GLACIER ISLAND
SUCCESS DIVIDE
Van Trump Glacier
5380ft
1808m
Cowlitz Rocks
7450ft
2271m
GLACIER VIEW WILDERNESS
EMERALD RIDGE
PYRAMID PARK
Pyramid Peak
6937ft
2114m
Panorama Point
6800ft
2074m
McClure Rock
7385ft
2251m
Round Pass
3900ft
1189m
Mirror Lakes
Mildred Point
VAN TRUMP PARK
CUSHMAN CREST
Gobblers Knob
5485ft
1672m
Caution: rough trail, subject to flooding
INDIAN HENRYS HUNTING GROUND
Copper Mountain
Alta Vista
Paradise
Henry M. Jackson Memorial Visitor Center
Nisqually Vista Trail
PARADISE PARK
Goat Lake
Iron Mountain
6283ft
1915m
Mount Ararat
6010ft
1832m
Squaw Lake
Paradise lower parking lot
(limited services October to May)
5400ft
1647m
Paradise upper parking lot
Paradise Inn
(open May to early October)
Lake George
Westside Road closed to vehicles beyond this point due to recurring flood damage.
Devils Dream Creek
9mi
15km
2mi
4km
PARADISE VALLEY
MAZAMA RIDGE
one-way
Satulick Mountain
5577ft
1700m
RIDGE
Narada Falls
2mi
4km
Reflection Lakes
MOUNT WOW
6030ft
1838m
Cougar Rock
one-way
Ricksecker Point
Madcap Falls
THE BENCH
Bench Lake
Lake Allen
3mi
5km
RAMPART RIDGE
Carter Falls
TATOOSH
Pinnacle Glacier
The Castle
Rampart Ridge Trail
THE RAMPARTS
Eagle Peak
5958ft
1816m
Lane Peak
Pinnacle Peak
6562ft
2000m
RANGE
Westside Road
(road open May to November)
Tumtum Peak
4678ft
1426m
Wilderness Information Center
Chutla Peak
Plummer Peak
6370ft
1942m
Unicorn Glacier
Unicorn Peak
6917ft
2108m
706
Nisqually Entrance
2023ft
611m
Trail of the Shadows
Wahpenayo Peak
6231ft
1839m
Longmire Museum
1mi
2km
N46° 44' 29"
W121° 55' 02"
Sunshine Point
Kautz Creek Trail
National Park Inn
(open year-round)
2700ft
824m
6mi
9km
Boundary
(road open May to November)
To 12

NATIONAL PARK
NORSE PEAK WILDERNESS
WENATCHEE NATIONAL FOREST
WILLIAM O. DOUGLAS WILDERNESS
Sunrise Visitor Center
Sunrise Day Lodge
(open July to late September)
6400ft 1950m
White River Entrance
Wilderness Information Center
3500ft 1067m
White River
4400ft 1341m
Emmons Vista Trail
(road open July to early October)
11mi 17km
1mi 2km
5mi 8km
3mi 5km
Mather Memorial Parkway
(road open May to November)
N46° 58′ 42″
W121° 32′ 07″
2749ft 838m
Crystal Mountain Ski Area and Resort
6800ft 2073m
CRYSTAL MOUNTAIN
SUNRISE RIDGE
SOURDOUGH MOUNTAINS
GOVERNORS RIDGE
GOAT ISLAND MOUNTAIN
Slide Mountain 6339ft 1932m
Brown Peak 6322ft 1927m
Marcus Peak 6962ft 2122m
Dege Peak 7006ft 2136m
Mount Fremont Lookout 7181ft 2189m
McNeeley Peak 6786ft 2068m
Scarface 6108ft 1862m
Norse Peak 6856ft 2090m
Tamanos Mountain 6790ft 2070m
Yakima Peak
Chinook Pass 5432ft 1657m
Cayuse Pass 4694ft 1431m
Sheepskull Gap
Barrier Peak 6514ft 1986m
Buell Peak 5933ft 1808m
Seymour Peak 6337ft 1932m
Panhandle Gap 6800ft 2074m
Double Peak 6199ft 1890m
Shriner Peak 5834ft 1778m
11mi 18km
Bald Rock 5411ft 1649m
5648ft 1722m
Stevens Peak 6510ft 1984m
4712ft 1436m
Grove of the Patriarchs Trail
Stevens Canyon Entrance
3mi 5km
Ohanapecosh Visitor Center
(open May to mid-October)
1900ft 579m
19mi 30km
BOX CANYON
STEVENS RIDGE
(road open June to October)
COWLITZ DIVIDE
Pacific Crest Trail
410
123

überhaupt kommen kann. Einen kompletten Szenenwechsel erfährt man im Osten des Parks in der Umgebung von **Sunrise** (►Seite 92). Von hier hat man eine Sicht auf Tundra, Gletscher und Berg - alles von einem Standpunkt aus. Im Winter haben Langläufer, Touren-Skiläufer und Schneeschuhläufer den Nationalpark für sich alleine, wenn die meisten Straßen gesperrt sind. Im Sommer steht Wandern als Hauptaktivität auf dem Programm der Besucher. Zahlreiche Wanderwege erschließen die unterschiedlichsten Gebiete im Park auf einem Wegenetz von 313 mi/500 km Länge. Die beliebtesten befinden sich in und um Paradise.

Insgesamt gibt es drei zentrale Bereiche innerhalb des Nationalparks: Das zuvor genannte **Paradise** im Südwesten, den Bereich in der südöstlichen Ecke um **Ohanapecosh** und das auf fast 2.000 Metern Höhe gelegene **Sunrise** im Nordosten. Alle drei Bereiche sind mit eigenen Besucherzentren ausgestattet (siehe unten), ein weiteres befindet sich im **Longmire Museum** (►Seite 105). Die folgende Route erreicht zuerst Sunrise auf fast 2.000 Metern Höhe, richtet sich dann gen Süden und über Ohanapecosh wieder in westliche Richtung ins paradiesische Paradise, bevor der Park über den Nisqually Entrance im Südwesten verlassen wird.

Tankstellen gibt es innerhalb des Gebietes des Nationalparks keine. Die letzte Tankstelle befindet sich an der Zufahrt am WA-410 (siehe Wegebeschreibung zum Mount Rainier National Park). In **Longmire** steht ein kleiner Laden zur Verfügung, um sich mit dem Nötigsten einzudecken, und in den Besucherzentren der einzelnen Bereiche im Park kann man Snacks und Getränke kaufen, Einkaufsmöglichkeiten sind ansonsten nicht vorhanden.

Mount Rainier National Park
55210 238th Ave E, Ashford, WA 98304
1-360-569-2211 www.nps.gov/mora Für 7 Tage $ 15 pro Fahrzeug (bis zu 15 Mitfahrern), $ 5 pro Wanderer/Radfahrer/Motorradfahrer über 16 J.; $ 80 für den Annual Pass, der ein Jahr lang Zugang zu allen nordamerikanischen Nationalparks gewährt.

Das zentrale Besucherzentrum folgt erst in Paradise, der dritten Station auf der Route durch den Mount Rainier National Park.

HENRY M. JACKSON MEMORIAL VISITOR CENTER AT PARADISE

Das 2008 neu eröffnete Visitor Center wurde mustergültig in die Umgebung eingepasst. Aus Panoramafenstern kann man den Blick in die Bergwelt schweifen lassen. Ausstellungen zeigen die Flora und Fauna des hiesigen Berges und lüften das Geheimnis, wie Arten in einer so rauen und schneereichen Umgebung überleben können. An interaktiven Stationen wird das Naturwunder Vulkan anschaulich dargestellt und erläutert. Dabei können sich die Besucher sowohl über Vulkane im Allgemeinen als auch über den Mount Rainier im Besonderen informieren. Neben diesen geologischen Informationen gibt es einen Parkfilm zu sehen. An das Visitor Center angeschlossen sind eine Cafeteria und ein Buch- und Souvenirshop. Ranger stehen zur Verfügung, um zu allen Fragen Auskünfte zu geben.

Vom White River Entrance aus wieder auf den WA-410 und weiter in südliche Richtung fahren. Der Highway geht über in den WA-123, diesem folgen, über die Stevens Canyon Rd vorbei am Stevens Canyons Entrance und kurz später in einer 180-Grad-Wendung Richtung Norden und Westen über die enge, zunehmend kurvenreiche Straße bis Paradise. Das Visitor Center folgt rechterhand an der Straße. Fahrstrecke insgesamt 36 mi/58 km. Paradise Rd E, Paradise, WA-98398 1-360-569-6571 www.nps.gov/mora Anf. Mai-Mitte Juni tägl. 10-17 h, Mitte Juni-Anf. Sep. tägl. 10-19 h, Sep.-Okt. tägl. 10-18 h, Okt.-Mai nur am WE

Die drei weiteren Besucherzentren, das **Longmire Museum/Wilderness Information Center**, das **Ohanapecosh Visitor Center** und das **Sunrise Visitor Center**, werden nachfolgend bei den jeweiligen Bereichen aufgeführt, in denen sie sich befinden.

Orientieren

Wichtigster Hinweis vorneweg: Der Mount Rainier National Park hat **vier Zugänge**. Aus Richtung Seattle ist der am besten erreichbare Zugang der oben beschriebene **White River Entrance**. In der südöstlichen Ecke gelangt man über den WA-123 durch den **Stevens Canyon Entrance** in den Park, in der gegenüberliegenden südwestlichen Ecke über den einzigen ganzjährigen Zugang **Nisqually Entrance** bei Elbe/Ashford am WA-706. Zwischen diesen beiden Eingängen liegt etwa mittig das oben beschriebene Henry M. Jackson Memorial Visitor Center. Im Nordwesten des Nationalparks gibt es den vierten Eingang, **Carbon River Entrance**, über die SR-165 und im Park die Carbon River Road, die jedoch für Fahrzeuge bei der Carbon River Ranger Station an der Parkgrenze endet. (Der 5 mi/8 km vom Parkeingang entfernte **Ipsut Creek Campground** ist nur zu Fuß erreichbar und ein reiner Zeltplatz für Wanderer mit einer Backcountry Camping Permit.) Dieser kaum erschlossene, nordwestliche Bereich bleibt im Folgenden außen vor.

Der Park ist recht übersichtlich strukturiert: Es existiert ein Hauptstraßensystem, das vom südwestlichen Eingang (Nisqually Entrance) als Verlängerung des **WA-706** mit wenig Verzweigungen durch die südlichen und östlichen Teile des Parks führt. Erreicht man den Park über die oben beschriebene Route von Seattle aus über den WA-410 und den White River Entrance im Osten des Parks, zweigt etwa 6 mi/10 km nach der Einfahrt in den Nationalpark eine Seitenstraße nach **Sunrise** mit dem **Sunrise Visitor Center** (▶Seite 93) auf der Nordostseite des Berges ab. Folgt man dem WA-410 ab dem White-River-Eingangsbereich weiter in südliche Richtung, passiert man den **Stevens Canyon Entrance** und den Bereich **Ohanapecosh** im Südosten, um dann der Hauptstraßenführung Richtung Westen zu folgen bis zum Nisqually Entrance.

Im Nordwesten ist der Nationalpark über Buckley und den WA-165 erschlossen. An einer Straßengabelung 10 mi/16 km nach dem Ort Wilkeson fährt man links zum **Carbon River Entrance**. Alle Straßen innerhalb des Nationalparks sind eng und zum Teil sehr kurvenreich. Nur das 19 mi/30 km lange Teilstück zwischen dem Nisqually Entrance und Paradise ist ganzjährig geöffnet (nachts geschlossen!). Alle anderen Zugangsstraßen und Eingänge sind im Winter je nach Wetterlage geschlossen.

Der White River Entrance ist einer von vier Zugängen in den Park und befindet sich im Nordosten.

*Um aus Richtung Seattle den **White River Entrance** zu passieren, biegt man 18 mi/29 km nach Greenwater vom WA-410 rechts ab auf die Sunrise Road. Gleich nach der Abzweigung ist der Parkzugang erreicht. Hier kann man sich im **White River Wilderness Information Center** einen ersten Überblick über den Nationalpark verschaffen. Nun folgt man der Straßenführung 5 mi/8 km, bis erneut eine Straße nach rechts abzweigt. Das ist die Zufahrt nach Sunrise. Biegt man an der einzigen folgenden Kreuzung noch nicht rechts Richtung Sunrise ab, sondern fährt weiter geradeaus, gelangt man nach 1 mi/1,6 km ans Ende der Straße, an der sich der **White River Campground** befindet, einer von drei Campgrounds im Park, auf dem man mit Wohnmobil unterkommt:*

WHITE RIVER CAMPGROUND

Auf einer Höhe von über 1.300 Metern liegt dieser Campground im Nordosten des Parks. Aufgrund der Höhenlage ist der Platz witterungsbedingt einer der letzten in der Saison, der öffnet und einer der

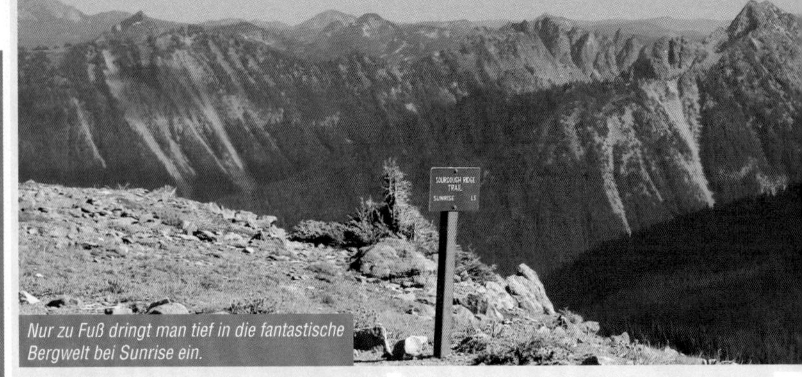

Nur zu Fuß dringt man tief in die fantastische Bergwelt bei Sunrise ein.

ersten, der wieder schließt. Die Ausgangslage sowohl für Sunrise als auch den östlichen Teil des Parks ist sehr gut. Ein sehr naturnaher, leider deshalb auch beliebter Platz mit viel Privatsphäre und landschaftlichem Reiz (oberhalb des White River gelegen). Die schönsten Plätzte sind diejenigen am Fluss – sie sind sehr groß und hell und liegen direkt am White River. Manche Plätze innerhalb der dagegen engen Loops sind recht uneben für ein Wohnmobil. Wenn noch Plätze frei sind, kann man sich per Selbstregistrierung einen passenden Stellplatz aussuchen und diesen mit dem Abschnitt des Umschlages als belegt markieren, in dem man dann die Gebühr in die hierfür vorgesehene Box bei der Self Registration am Eingang einwirft. An der Zufahrt zum Campground befindet sich eine kleine Ranger-Station.

5 mi/8 km nachdem die Straße vom WA-410 in den Park abgezweigt ist www.nps.gov/mora Ende Juni–Ende Sep. Nein 112 112 Nein Nein Nein Nein Nein $

Die Straße nach Sunrise ist von Juli bis Oktober geöffnet, es wird serpentinenreich und bergig. Die Strecke hat es in sich, für die 10 mi/16 km sollte man ausreichend Fahrzeit einplanen. Die Straße endet schließlich in Sunrise am Visitor Center (Sackgasse). In der letzten Kehre vor Sunrise, etwa 2,5 mi/4 km vor dem Visitor Center und dem Ende der Straße, befindet sich ein sehr großer Parkplatz. Hier muss man unbedingt anhalten und einen Blick auf den Sunrise Lake hinunter und auf den zum Greifen nahen Gipfel des Mount Rainier hinauf werfen – wenn er sich denn blicken lässt. Nach diesem Stopp passiert man die Baumgrenze, es wird endgültig alpin.

SUNRISE

Mit einer Höhenlage von 1.950 Metern ist Sunrise der höchste Punkt im Mount Rainier National Park, den man mit dem Auto beziehungsweise Wohnmobil erreichen kann. Näher kommt man dem Berg nirgends! Hat man einen Tag mit klarer Sicht erwischt, bieten sich von dieser exponierten Lage aus herrliche Panoramablicke auf den Gipfel des Vulkans Mount Rainier, auf die eisige Gletscherwelt und vier andere Vulkane der Kaskadenkette. Am nächsten bei Sunrise liegen die beiden Gletscher **Winthrop und Emmones Glaciers**. Wunderschön ist Sunrise, wenn die Wildblumen blühen. Sie sprießen in allen Farben auf der hochalpinen Wiese des **Yakima Park**. Schnürt man die Wanderschuhe, führen die Wege recht schnell in Gebiete, in denen auch im August noch vereinzelt dicke Schneematten am Wegesrand liegen. Die Gegend ist alpin, ursprünglich und umgeben von Bergketten – man fühlt sich wie auf dem Gipfel der Welt. Wandern ist ein absolutes Muss, um das Erlebnis maximal zu intensivieren!

Hinter dem Visitor Center (und einem Tannenwaldstück) gibt es einen Picknickplatz mit traumhaftem Blick.

Sunrise kann man entsprechend der Öffnung der Straße von Juli bis September/

Oktober besuchen, die beste Zeit sind die beiden Sommermonate Juli und August. Wer es wagen möchte, den Gipfel des Mount Rainier zu besteigen, ohne über die entsprechende Bergsteigererfahrung zu verfügen, kann in einem Crashkurs das Wesentliche lernen und dann den Gipfel erklimmen. Das Unternehmen **Rainier Mountaineering Inc. (RMI Expeditions)** bietet diese Gipfeltouren mit der entsprechenden Vorbereitung an. Der viertägige Gipfelsturm (zwei Tage Vorbereitung, zwei Tage Bergsteigen) kostet $ 1.026 inklusive Vorbereitung und Ausrüstung. Informationen erhält man telefonisch unter 1-888-892-5462 oder im Internet unter www.rmiguides.com/mt-rainier.

Wer auf eigene Faust den Berg besteigen möchte, muss eine Klettergebühr bezahlen und braucht eine Genehmigung, die man einige Monate im Voraus einholen sollte (Informationen hierzu und das entsprechende Formular findet man unter www.nps.gov/mora/planyourvisit/wilderness-permit.htm). Solche Genehmigungen braucht man auch für Übernachtungen auf dem **Wonderland Trail**, einem etwa 94 mi/150 km langen Rundweg durch subalpine Gebiete, über Gletscherzungen und Bergpässe. Hierfür sollte man etwa 10 bis 14 Tage kalkulieren und auf den Campingplätzen übernachten, die auf dem Trail liegen.

In Sunrise gibt es eine **Day Lodge**, eine **Cafeteria**, in der es Kleinigkeiten zu essen und zu trinken und außerdem Eis gibt. Übernachten kann man in der Day Lodge nicht!

Anf. Juli–Anf. Sep. tägl. 10–19 h

SUNRISE VISITOR CENTER

Das rustikale Gebäude im Blockhausbaustil passt sich wunderbar in die Höhenlage von Sunrise ein. Es thront herrschaftlich am Ende der Straße und hat zwei kurze Flügel rechts und links vom Hauptgebäude. Im Inneren erwartet die Besucher eine anregende, modern aufgemachte Ausstellung über Flora, Fauna und die besondere Geologie rund um Sunrise. Mit interaktiven Stationen und Display werden Jung und Alt angesprochen. Ranger geben Auskunft über Wanderungen und helfen bei der Planung von Aktivitäten.

Sunrise Park Rd, Mount Rainier NP, WA 98304
1-360-663-2425 Anf. Juli–Mitte Sep. tägl. 10–18 h

Wandern

So schön die bunten Wildblumen aussehen – sie dürfen nicht gepflückt werden! Man soll außerdem auf den Wegen bleiben und beim Wandern keine Spuren hinterlassen, die dem empfindlichen Naturschutzgebiet Schaden zufügen könnten.

► Silver Forest Trail

Es ist die einfachste Wanderung, die ab dem Sunrise Visitor Center startet. Der Weg verläuft flach und ist daher für jede Wandererkondition gut machbar. Er gibt einen schönen Einblick in die Farbenpracht der Wildblumenwiese im Sommer und einen Hauch »Indian Summer« bei der Laubfärbung im Herbst. Namensgeber des eigentlich romantisch klingenden Trail sind die toten Bäume, die einem Feuer zum Opfer gefallen sind und wie ausgebleichte Skelette in der offenen Landschaft liegen oder stehen. Das gibt dem Ganzen etwas Surreales, denn jeder Baum wirkt wie eine Skulptur. Das eigentlich Imposante an dieser einfachen Wanderung sind jedoch die herrlichen Ausblicke auf den Mount Rainier, den Emmons Glacier und die Moräne, die der Gletscher gebildet hat.

Am südlichen Ende des Parkplatzes geht es los, zuerst leicht bergab. An einer Weggabelung folgt man links dem Silver Forest Trail. Man erreicht kurz nacheinander zwei Aussichtsplattformen, die zweite bietet wunderschöne Panoramablicke. Der Weg ist auch weiterhin einfach zu finden, da er stets ausgeschildert ist. Prinzipiell kann man ihn in jeder gewünschten Länge begehen und umdrehen, wenn man möchte, da es kein Rundweg ist.

Dieser Weg ist, obwohl er einen umfassenden Einblick in die Region bietet, ein Geheimtipp und nicht so überlaufen wie andere Trails!

Mitte Juli–Sep. Nein Südlicher Teil des Parkplatzes am Sunrise Visitor Center 1 Std. Leicht 4 km 46 m

► Sourdough Ridge Trail

Oberhalb des Parkplatzes, hinter den Sanitärräumen, startet die Wanderung und führt zum Dege Peak. Zunächst folgt man einem Pfad nach rechts auf den Sourdough Ridge Trail, dann geht es in östliche Richtung weiter (Dege Peak ist an der Y-Gabelung ausgeschildert). Der Weg führt immer am Grat entlang und bietet schöne Impressionen von der Bergwelt, von der man sich allerdings entfernt. Es geht an vier Gipfeln vorbei, der vierte in der Reihe ist der Dege Peak, auf den sogar ein Weg hinaufführt – den man unbedingt mitnehmen sollte! Das ist auch der einzige anstrengende Teil der Wanderung, aber eben auch der lohnenswerteste – denn man fühlt sich über allem erhaben – darüber ist nur noch der Gipfel des Mount Rainier.

Alternativ lässt sich diese Wanderung auch vom Aussichtspunkt über den Sunrise Lake am Sunrise Point (großer Parkplatz, siehe oben) unternehmen. Dann führt der Weg genau in die andere, in die westliche Richtung auf die Bergwelt zu bis zum Dege Peak und ist ein wenig kürzer, dafür steiler.

Mitte Juli–Sep. Nein Oberhalb (nördlich) des Parkplatzes am Sunrise Visitor Center 3 Std. Moderat 6,4 km 245 m

See Nummer zwei auf dem Frozen Lake/ Shadow Lake Trai: der Shadow Lake

► Frozen Lake/Shadow Lake Trail ★

Die Wanderung ist eine Kombination aus zwei Zielen und bietet auf einem abwechslungsreichen Rundweg die ganze Schönheit der Region. Hinter den Sanitärräumen beim Visitor Center geht es los – zunächst in westliche Richtung und mit einigen Mitwanderern. Über einen Schotterweg, der stellenweise nur ein schmaler Pfad am Berghang ist, gewinnt man die meisten Höhenmeter und nähert sich stetig dem Gletscher Mount Rainier. Der Weg ist malerisch, hinter jeder Wegkreuzung bieten sich neue, schöne Impressionen. Man landet schließlich am Frozen Lake, der auch im August seinem Namen Ehre macht und von einer dicken Schneeplatte bedeckt wird.

Am Aussichtspunkt über den See kann man eine Rast einlegen, bevor es ein kurzes Wegstück direkt am Gletscher entlanggeht. Die meisten Mitwanderer kehren am Frozen Lake um, danach trifft man nur noch auf wenige Menschen. An der Abzweigung zum Shadow Lake kehrt man dem Mount Rainier den Rücken zu. Diesen zweiten Gebirgssee sollte man umrunden, denn ansonsten landet man automatisch auf einem Wirtschaftsweg, was schade wäre, denn der Rückweg zum Visitor Center ab dem Shadow Lake ist wiederum sehr malerisch.

Die Wanderung ist deshalb empfehlenswert, weil sie Bergseen, Wildblumen, den Gletscher und schöne Ausblicke auf einer Wanderung vereint.

Mitte Juli–Sep. Nein Nördlicher Teil des Parkplatzes am Sunrise Visitor Center (hinter den Sanitärräumen) 2,5 Std. Moderat 7,2 km (Rundweg) 305 m

► Mt. Fremont Lookout Trail

Die Wanderung wird von den Rangern im Sunrise Visitor Center gerne empfohlen, weil sie weit in den Norden des Parks hineinführt und weil das Ziel des Trails, ein alter Feuerwachturm, abenteuerlich auf einem Felssporn thront. Die zu überwindenden Höhenmeter und die Gesamtstrecke sind akzeptabel, der Ausblick am Ende der Tour jedoch ist spektakulär.

Startpunkt sind die Sanitärräume des Sunrise Visitor Centers. Zunächst geht es bis zum Frozen Lake (siehe Wanderung Frozen Lake/Shadow Lake Trail) in westliche Richtung. Am Ende des Sees und an dessen Aussichtspunkt befindet sich eine Kreuzung, an der es rechts geradewegs in nördliche Richtung geht. Es folgen etwa 1,2 mi/2 km durch herrliche Wiesen und felsiges Terrain bis zum Aussichtsturm, von dem aus man an klaren Tagen einen Blick in die zentrale Kaskadenkette und die Olympics genießen kann. Mithilfe eines Fernglases und bei wirklich einwandfreier Sicht kann man auch Downtown Seattle erblicken. Der Rückweg entspricht dem Hinweg.

Unterwegs immer dabei sind die lustigen und meist erstaunlich pummeligen Squirrels.

Mitte Juli–Sep. Nein Nördlicher Teil des Parkplatzes am Sunrise Visitor Center (hinter den Sanitärräumen) 3,5 Std. Moderat 9 km 274 m

► Glacier Basin Trail

Es ist eine lange und auch nicht einfache Wanderung – aber sie gehört zu den Highlights, die das Wegenetz im Mount Rainier National Park zu bieten hat. Man kommt ganz nah an den Emmones Gletscher und die von ihm gebildete Moräne heran, zusätzlich genießt man aber auch die anderen landschaftlichen Glanzpunkte hier oben in der Umgebung von Sunrise: die Wildblumenwiesen und die spektakuläre Bergwelt.

Die Wanderung startet nicht am Sunrise Visitor Center, sondern am White River Campground (►Seite 91), 600 Meter unterhalb von Sunrise und vor der serpentinenreichen Auffahrt gelegen. Sie ist die

Wandern ist ein Muss – hinter jeder Biegung versteckt sich eine neue, atemberaubende Perspektive.

ganze Zeit sehr gut ausgeschildert, sodass man keine Probleme hat, den richtigen Weg zu finden. Knapp 0,6 mi/1 km nach dem Startpunkt kreuzt der Emmons Moraine Trail, den man auf einer Länge von 1mi/1,6 km in die Wanderung integrieren kann. Auf diesem Zusatzstück kann man einige interessante geologische Einblicke in die Welt eines Gletschers erhaschen. Zurück auf dem Hauptweg erreicht man nach insgesamt ca. 3,1 mi/5 km das Glacier Basin mit Zeltplätzen, ein ehemaliges Bergbau-Camp – heute kaum mehr vorstellbar. Das ist der Wendepunkt der Wanderung, es geht auf demselben Weg wieder zurück.

Juli–Okt. Ja Loop D White River Campground 5 Std. Schwierig, anstrengend 9,6 km 520 m

Der hoch gelegene und wunderschöne Bereich Sunrise war der Auftakt der Unternehmungen im Mount Rainier National Park. Um nun auch zu den anderen Gebieten zu gelangen, fährt man die kurvenreiche Bergstraße wieder zurück bis zu der Abzweigung, an der es rechts zum White River Campground geht. Hier biegt man links ab und trifft automatisch wieder auf den WA-410. Diesem folgt man nun in südliche Richtung, dann zweigt der Highway nach 3 mi/5 km links ab. An dieser Kreuzung geht es geradeaus weiter auf die ***SR-123****. Bald führt die Strecke entlang des* ***Chinook Creek*** *(die Straße ist von Mai bis November geöffnet). 11 mi/18 km später wird der* ***Stevens Canyon Entrance*** *passiert. Er befindet sich an der Zufahrtsstraße* ***WA-706*** *beziehungsweise* ***Stevens Canyon Road****, die rechterhand abzweigt. Geradeaus weiter auf der SR-123 gelangt man nach etwa 1,5 mi/2,5 km bergab zum Ohanapecosh Visitor Center mit dem gleichnamigen Campground. Schon allein, weil dies eine zentrale Übernachtungsmöglichkeit im Nationalpark ist, wird dieser Bereich nun als nächstes angesteuert. Von hier aus lassen sich die beiden Bereiche Sunrise und Paradise mit jeweils etwa demselben Fahraufwand abdecken.*

OHANAPECOSH

Es gibt viele Theorien über die Herkunft des Namens »Ohanapecosh«. Eine der gängigsten ist, dass es ein indianischer Name ist, der »am Abgrund stehen« bedeutet. Ohanapecosh mit Visitor Center und Campground liegt am gleichnamigen Fluss inmitten eines Waldstücks mit alten Baumbeständen: Tannen, Zedern und Hemlocktannen. Das Ganze hat Urwaldcharakter und stellt einen kompletten Szenenwechsel zur alpinen Umgebung des letzten Zieles dar. Von Sunrise kommend hat man zudem in Ohanapecosh deutlich an Höhe verloren. War man eben noch auf fast 2.000 Metern über dem Meeresspiegel, so sind es jetzt nur noch knapp 600 Meter. Dafür ist hier alles saftig und von einem smaragdenen Grün, ganz im Gegensatz zu den gerade noch erlebten Schneefeldern und alpinen Blumenwiesen. Was fehlt: Blicke auf den Vulkan des

Nationalparks; dieser verschwindet quasi hinter all den Bäumen (zumindest im Talbereich des Ohanapecosh).

Früher war Ohanapecosh wegen seiner heißen Quellen ein beliebtes Touristenziel. Heute erinnert nichts mehr daran, dass es hier einmal ein eigenes Resort für all die vielen Besucher gegeben hat, die wegen des therapeutischen Nutzens der heißen Quellen gekommen waren. Lediglich alte Fotos im Visitor Center erzählen die Geschichte des 1960 geschlossenen Resorts. Der kurze, weniger als einen Kilometer lange **Hot Springs Nature Trail**, der am Visitor Center startet und an der Loop B des Ohanapecosh Campgrounds endet, ist ein Naturlehrpfad zu diesem Thema.

Ohanapecosh liegt 3 mi/5 km nördlich der Parkgrenze an der SR-123 und 42 mi/67 km östlich des Nisqually Entrance. Außer auf dem Campground kann man im Bereich Ohanapecosh nicht übernachten und es gibt keine Möglichkeit, einzukehren oder sich mit Essen und Trinken zu versorgen. Allerdings ist es nur eine Fahrstrecke von 10 mi/16 km bis **Packwood** südlich der Parkgrenze. Dort kann man Lebensmitteln einkaufen, beispielsweise im Blanton's Market (13040 US Hwy 12, Packwood, WA 98361). In Packwood kann man auch tanken, es gibt beispielsweise ebenfalls am US Highway 12, nahe dem Lebensmittelladen, eine Shell-Tankstelle (13053 US Hwy 12, Packwood, WA 98361). Wer an dieser Stelle der Reise ein Dach über dem Kopf braucht, wird in dem Ort ebenfalls fündig, es gibt Motels und Lodges.

OHANAPECOSH VISITOR CENTER

Lewis County, WA 98377
1-360-569-6581
www.nps.gov/mora
Ende Mai–Anf. Okt.

Wandern

► Silver Falls Trail

Highlight dieser familienfreundlichen Wanderung ist ein Wasserfall – 23 Meter stürzt sich der Ohanapecosh River durch eine schmale Felskluft in die Tiefe, um dann spritzend in einem Becken zu landen. Weil dabei ein silbriger Sprühnebel entsteht, heißt die Wanderung dorthin »Silver Falls Trail«.

Einer der möglichen Startpunkte zu dieser Wanderung ist der Loop B des Ohanapecosh Campground, von wo aus der Trail gut ausgeschildert ist (es ist der erste Loop des Campingplatzes auf der rechten Seite). Zunächst geht es gemächlich auf einem schmalen Pfad entlang des Flusses. Nach etwa 300 Metern folgt eine Kreuzung, an der es rechts ab auf den eigentlichen Wanderweg geht. Nun marschiert man an heißen Quellen vorbei, den Relikten vergangener Tage. Man hört den Fluss zwar weiterhin rauschen, sieht ihn aber meist nicht mehr. Wenig später kreuzt der Laughingwater Creek Trail, direkt danach geht es einen steilen Anstieg hinauf zu den Silver Falls. Erstaunlich ist die Gewalt, mit der der Wasserfall herabdonnert – ungeachtet der Jahreszeit, da der Fluss vom Gletscherwasser gespeist wird, dessen Strom nicht abreißt. An den Wasserfällen überquert der Weg den Fluss und führt durch eine enge, felsige Schlucht. Es zweigt ein Pfad zu einem schönen Aussichtspunkt ab, dem man unbedingt folgen sollte. Nach Überqueren der Brücke am Wasserfall führen Wegweiser zurück zum Campingplatz.

Mai–Nov. Nein Loop B Ohanapecosh Campground 1,5 Std. Moderat 4,3 km (Rundweg) 100 m

► Shriner Peak Trail

Wunderschöne Blicke in das Tal des Ohanapecosh ergeben sich auf dieser langen Wanderung mit vielen Höhenmetern. Ziel ist der Gipfel Shriner Peak mit einem über 80 Jahre alten, zweistöckigen Wachturm, den man begehen kann. Unter dem Gipfel befindet sich eine Wiese mit See; mit etwas Glück sieht man eine Herde mit Elchen – schon allein das ist den mühsamen Aufstieg wert!

Der Startpunkt der Wanderung befindet sich an der SR-123, etwa 3,5 mi/5,5 km nördlich des Stevens Canyon Entrance (Richtung Sunrise). Der Parkplatz ist auf der westlichen Seite der Straße (auf der auch der Startpunkt ist, das Hinweisschild ist etwas versteckt), etwa 0,5 mi/0,8 km nördlich der Panther Creek Bridge. Der Weg verläuft relativ direkt mit wenigen

Serpentinen. Zunächst geht es parallel zum Panther Creek, aber bald führt der Trail durch die pralle Sonne mit kleinen Bäumen, die wenig Schatten spenden. Nach etwa 4 km ist ein erster Grat erreicht, von dem aus sich herrliche Blicke auf die Ostseite des Mount Rainier bieten. Bald danach beginnt der steile und lange Anstieg zum Shriner Peak. Der Pfad wird felsig und stellenweise nicht ungefährlich. 400 Meter vor dem Gipfel offenbart sich ein erster Blick auf das Ziel.

Der Wachturm ist sporadisch geöffnet. Im Inneren befinden sich ein Bett, eine Feuerstelle, ein Gasherd und ein Tisch. Außen genießt man den Rundumblick unter anderem auf den Mount Rainier, die Sourdough Ridge (►Seite 94) und den Mount St. Helens.

Nach einer ausgiebigen Rast tritt man den Rückweg auf demselben Weg an. Die Wanderung ist ein Geheimtipp – man wird unterwegs auf wenige Mitwanderer treffen. So kann man den Zauber der Natur noch intensiver erleben.

Viel Wasser und ausreichend Sonnenschutz mitnehmen! Unterwegs gibt es keine Möglichkeit, Wasser aufzufüllen.

Juli–Okt. Nein SR-123, 3,5 mi/5,5 km nördlich des Stevens Canyon Entrance 6 Std. Schwierig, anstrengend 13,5 km 1.046 m

Übernachten

Ohanapecosh Campground

Aufgrund der niedrigen Lage ist dieser beliebte und große Campingplatz derjenige im Nationalpark, der als erster öffnet und als letzter wieder schließt. Es ist außerdem der größte Campground. Sehr idyllisch liegt der Platz sowohl im schattigen Wald als auch am Ohanapecosh River, weswegen es einige außergewöhnlich weitläufige und naturnahe Stellplätze gibt. In einem Amphitheater werden Vorträge von Rangern unter anderem über Flora und Fauna angeboten. In direkter Nachbarschaft befindet sich das Visitor Center.

2 mi/3 km südl. des Stevens Canyon Entrance (und der Abzweigung des WA-Paradise 706) rechts an der SR-123 208 Ohanapecosh Rd, Packwood, WA 98361 1-360-569-2211 1-877-444-6777 www.recreation.gov Ende Mai–Mitte Okt. Ja 139 192 Ja Nein Nein Nein Nein $

Es geht nun weiter westwärts in Richtung Parkzentrum nach Paradise. Schöne 25 mi/40 km sind zu bewältigen, wofür man genug Zeit einplanen sollte. Ohanapecosh wird verlassen, indem man auf der SR-123 Richtung Norden/Stevens Canyon Entrance fährt. Dort wechselt man auf den WA-706/Stevens Canyon Road Richtung Paradise. Kurz nach dem Stevens Canyon Entrance lohnt ein Stopp, bei dem man sich ein wenig die Füße vertreten kann.

GROVE OF THE PATRIARCHS

3 mi/5 km nördlich des Visitor Centers findet man diese Gruppe der ältesten Bäume der Washington Kaskadenkette. Als Naturlehrpfad angelegt, ist dies ein sehr kurzer Trail, dafür aber umso eindrucksvoller. Manche sagen, man fühlt sich in Tolkiens Welt von *Der Herr der Ringe* zurückversetzt bei all diesen großen und altehrwürdigen Bäumen, manche von ihnen haben tausend Jahre auf dem Buckel. Auf einer Insel inmitten des Ohanapecosh River befindet sich dieser Baumbestand, erreichbar über eine abenteuerliche Hängebrücke.

Ab dem Stevens Canyon Entrance befährt man den WA-706 Richtung Paradise etwa 0,25 mi/0,4 km weiter, dann folgt bei der Ohanapecosh River Bridge rechterhand der Parkplatz des Ausgangspunktes.

Zunächst geht es am Fluss entlang durch eine Gruppe großer, alter Bäume, die wie Wachsoldaten dastehen. Dieser Weg führt geradewegs zur Hängebrücke, die man überquert und so auf die Insel gelangt. Danach führen Informationsschilder auf einem Holzsteg einen Naturlehrpfad entlang. Man lernt beispielsweise, dass die auf der Insel isolierten Bäume deshalb so groß sind, weil sie vor Feuer geschützt sind. Auf diese Weise können so viele große Bäume auf einem so engen Raum stehen. Wenn sich der Weg gabelt, kann man in die eine oder andere Richtung gehen – es ist egal, da es ein Rundweg ist.

Hinter den Reflection Lakes erhebt sich der Gipfel des Mount Rainier.

Juni–Okt. Nein 0,25 mi/0,4 km nördlich des Stevens Canyon Entrance 1 Stunde Einfach 2 km Keine

Die nächste Attraktion unterwegs ist ***Box Canyon****, eine 30 Meter tiefe, wilde Schlucht, die ein Seitenarm des* ***Cowlitz River*** *in die moosbewachsenen Felsen gespült hat. Hier kann man am Aussichtspunkt (mit Picknickplatz) Halt machen und von der Brücke aus einen Blick in die Tiefe werfen. Ein knapp 0,6 mi/1 km langer Trail führt dorthin. Die Schlucht folgt in einer Linkskurve der* ***Stevens Canyon Road****, etwa 14 mi/23 km nach dem Stevens Canyon Entrance. Unmittelbar danach bereichert linkerhand der* ***Stevens Canyon*** *die Fahrstrecke malerisch mehrere Kilometer weit. Weitere 6 mi/10 km danach folgt an der rechten Straßenseite der* ***Louise Lake****, 0,8 mi/1,3 km später die* ***Reflection Lakes****. Der Name sagt schon alles: Der Gipfel des schneebedeckten Mount Rainier spiegelt sich zauberhaft in dem glasklaren Wasser des Bergsees. Ein Stopp hier muss unbedingt sein – es ist eines der meistfotografierten Motive des Parks. Für den besten Blickwinkel sollte man bis zum Ende der ersten der beiden Haltebuchten gehen, von dort führt ein kurzer Pfad zum Seeufer (in der Abenddämmerung sind wir auf diesem kurzen Pfad auf einen Schwarzbären gestoßen). Im Frühjahr und Sommer wird das ohnehin schon herrliche Motiv zusätzlich von Wildblumen umrahmt. Von hier aus starten zwei schöne Wanderungen. Wer die Zeit auf dem Weg nach Paradise erübrigen kann, schnürt hier die Wanderschuhe.*

WANDERN

Bench & Snow Lakes Trail

Auf dieser Wanderung werden zwei wildromantische, alpine Seen erreicht, der Bench Lake nach 0,75 mi/1,2 km und der Snow Lake nach weiteren 0,5 mi/0,8 km. Der Weg ist ein ständiges Auf und Ab, weswegen man trotz der kurzen Strecke einige Höhenmeter zu bewerkstelligen hat. Neben herrlichen Wildblumenwiesen kann man an klaren Tagen schöne Blicke auf den Mount Rainier genießen.

Juli–Okt. Nein 1,5 mi/2,4 km östl. der Parkbucht bei Reflection Lakes (auf der südlichen Straßenseite) 2 Std. Moderat 4 km 213 m

Pinnacle Peak Trail

Die Wanderung ist nicht sehr lang, hat es aber in sich. Sie führt in einem steilen Aufstieg auf einen fast 2.000 Meter hoch gelegenen Sattel. Auch im Sommer finden sich hier Schneereste, außerdem ist der Weg steinig, gute Wanderschuhe sind unabdingbar. Vom Sattel aus geht es auf den Pinnacle Peak, das ist die zweithöchste Erhebung der Kaskadenkette Tatoosh Range.

Aug.–Sep. Nein Parkplatz bei Reflection Lakes, südl. Straßenseite 2,5 Std. Schwierig, anstrengend 4 km 320 m

Kurz nach dem Stopp am Reflection Lake trifft die Straße an eine Kreuzung. Hier stößt

Die Assoziation mit dem Paradies fällt leicht ...

die Straße von Paradise als Einbahnstraße auf die Stevens Canyon Road. Es folgt eine Stichstraße, die rechts abzweigt, danach eine weitere T-Kreuzung – hier biegt nach rechts die ***Paradise Road*** *ab. Dieser folgt man bergauf Richtung Paradise. Es geht in weiten Serpentinen etwa 2,2 mi/3,5 km weiter, bis die touristische Ansiedlung erreicht ist. Erste Anlaufstelle dort ist das Henry M. Jackson Visitor Center.*

PARADISE

Der Name **James Longmire** wird in Paradise und im gleichnamigen Longmire nun öfter fallen. Er war ein unerschrockener Auswanderer, der 1883 den Ort beziehungsweise heutigen Bereich um Longmire begründete – damals war dieses Fleckchen Erde noch weit entfernt von jeglicher Zivilisation. Als ebendieser Longmire mit seiner Schwiegertochter Martha zum ersten Mal in das Gebiet des heutigen Paradise kam, soll Martha ausgerufen haben: »Oh, what a paradise!« So müsse also ihrer Meinung nach das Paradies aussehen, die Namensgebung war gefunden.

Und sie ist so passend! Die herrlichen Ausblicke aus einer Höhenlage von 1.647 Metern und die blumendurchtränkten Wiesen vor dem schneebedeckten Vulkangipfel des Mount Rainier sind ein kaum beschreibbares Erlebnis. Wenn man es schafft, ein Motiv bestehend aus der Wildblumenwiese mit komplettem, nicht nebelverhangenem Vulkan mitsamt Schneeüberzug fotografisch festzuhalten, hat sich die Anfahrt gelohnt. Beim Anblick der Schönheit der Landschaft wird klar, warum Paradise die meisten Besucher anzieht. Das führt dazu, dass der Miniort in den Sommermonaten und vor allem an den Wochenenden stark besucht ist. Parken kann dann zu einem Problem werden. Deshalb sollte man, wenn es bei der Planung möglich ist, Paradise an einem Wochentag besuchen und so früh morgens wie möglich.

Wenn ein Wochenendaufenthalt doch unumgänglich ist, kann man von Mitte Juni bis zum Labor Day an den Wochenenden einen **Shuttleservice** in Anspruch nehmen. Dieser verkehrt von

Ein Blumenparadies!

Ashford (10,5 mi/17 km westlich des Nisqually Entrance) über Longmire (▶Seite 105) und den Cougar Rock Campground (▶Seite 104) nach Paradise.

Paradise ist das **Zentrum** des Mount Rainier National Park. Zum Nisqually Entrance im Südwesten sind es 19 mi/30 km, zum Campground und Visitor Center Ohanapecosh 23 mi/37 km und zum nächsten Stopp, Longmire (auf dem Weg zum Nisqually Entrance), fährt man 12 mi/19 km. Beim Blick gen Süden dominiert die **Tatoosh Range** die Szene, eine Bergkette entlang der südlichen Grenze des Nationalparks, die im Südosten mit dem Tatoosh Peak beginnt und im Westen mit dem Eagle Point endet.

Viele Wanderungen in allen Längen, Schwierigkeitsgraden und den verschiedensten Schwerpunkten starten rund um Paradise. Im Sommer finden täglich zahlreiche rangergeführte Programme statt, und auch im Winter gibt es an den Wochenenden und Feiertagen ein entsprechendes Angebot. Der Herbst taucht die Hügel um Paradise in die herrlichsten Farben – gleichzeitig wird es (nach dem Labor Day) auch etwas ruhiger. Erst im Winter, wenn viel Schnee fällt, kehrt der Trubel zurück und bringt die Wintersportler. Dann stehen Schneeschuh- und Tourenski-Wandern auf dem Programm, außerdem Langlauf und Schlittenfahren; die Ausrüstungen hierfür kann man sogar mieten. Sichere Schneeverhältnisse hat man normalerweise bis April. Allerdings ist Paradise nicht für Abfahrtski geeignet, weshalb auch keine Lifte zur Verfügung stehen. Das einzige Hotel am Ort, das **Paradise Inn**, hat nur Sommerbetrieb! Die Straße zwischen Longmire und Paradise ist im Winter mit Schneeketten befahrbar, sodass Paradise das ganze Jahr über zugänglich ist. Man sollte sich jedoch vor einem Besuch über die Straßenverhältnisse informieren (www.nps.gov/mora/planyourvisit/road-status.htm).

Im neu gestalteten **Henry M. Jackson Visitor Center** findet man interaktive Exponate, Stationen und Erläuterungen zu Flora und Fauna; es geht ums Bergsteigen und die Geologie der Gegend, nicht zuletzt wird ein kurzer, informativer Film gezeigt, den man sich anschauen sollte. Neben der Ausstellung gibt es eine Cafeteria und einen Buchladen, in dem man auch Souvenirs kaufen kann. Direkt nebenan befindet sich die Lodge Paradise Inn (▶Seite 103); hier kann man im Paradise Lodge Dining Room essen, ohne zu übernachten – eine gute Option, denn auch in Paradise gibt es keine Einkaufsmöglichkeiten.

Mitte Mai–Anf. Okt. Frühstück 7–9.30 h, Mittagessen 12–14 h, Abendessen 17.30–20 h Mittel

Zwei historische Gebäude verdienen ebenfalls Aufmerksamkeit: die **frühere Paradise Ranger Station** und das **Guide House**, in dem das Informationszentrum für Bergsteiger untergebracht ist. Hier erhält man Permits und Informationen übers Backcountry-Wandern und -Campen.

HENRY M. JACKSON MEMORIAL VISITOR CENTER AT PARADISE

▶*Seite 90*

Wandern

Rund um Paradise gibt es ein dichtes Netz an Wanderwegen. Die vielen Kreuzungen, die die einzelnen Trails miteinander verbinden, können verwirrend sein. Für alle Wanderungen und auch für die kürzeren Spaziergänge ist es empfehlenswert, sich im Visitor Center mit dem kostenlosen Informationsblatt *Paradise Area Trails* auszustatten und sich über mögliche Kombinationen der Wanderwege beraten zu lassen. Dort erhält man im Übrigen auch die Wettervorhersagen, was in dieser alpinen Gegend ein nicht zu unterschätzender Aspekt ist.

▶ Nisqually Vista Trail

Ein kurzer Rundweg, der von mehreren Aussichtspunkten aus einen Blick auf den für die Namensgebung verantwortlichen Gletscher Nisqually gestattet. Als Variante kann man die Wanderung bei den Steinstufen des oberen Parkplatzes beginnen, wo es zu den »Flower Trails« geht. Dann startet man mit dem Avalanche Lili Trail und stößt kurz vor dem Parkplatz auf die Abzweigung des Nisqually Vista Trail.

Mitte Juli–Sep. Nein Nordwestliches Ende des unteren Parkplatzes am Visitor Center 1 Std. Einfach 2 km 60 m

► Alta Vista Trail

Die Übersetzung des spanischen Trailnamens lautet »Hoher Blick« – das charakterisiert die Wanderung schon ganz treffend. Das Besondere an den Aussichten dieses Wegs ist, dass sie auch an wolkenverhangenen Tagen reizvoll sind.

Es ist eine kleine Genusswanderung für alle – da der Weg asphaltiert ist, ist er sogar rollstuhl- und kinderwagentauglich. Hier kann man die Wanderschuhe auch mal gegen ein paar bequeme Sportschuhe oder Trekkingsandalen tauschen. Start ist an den Steinstufen des Visitor Centers, die zum Beginn der Wanderwege führen. Anfangs geht es recht steil bergauf. Unterwegs sieht man Blumen, Blumen und nochmals Blumen – in allen Farben und in allen Himmelsrichtungen. Wenn nicht bereits geschehen, erlangt man auf diesem Weg die Erkenntnis, warum Paradise so heißt, wie es heißt. Der Ziel- und Aussichtspunkt Alta Vista ist ein guter Platz für ein Picknick.

Als Variante kann man den Weg ausweiten und Hin- oder Rückweg über den Skyline Trail gehen.

Mitte Juli–Sep. Nein Nördliches Ende des oberen Parkplatzes am Visitor Center 1 Std. Einfach 2 km 160 m

► Über den Deadhorse Creek zum Glacier Vista ★

Die Beobachtung der Tiere (vor allem sehr rundlicher Murmeltiere, die laut nach ihren Artgenossen »rufen«) sowie Ausblicke auf den Mount Rainier und den Nisqually-Gletscher stehen im Vordergrund dieser Tour. Es geht nicht nur tief hinein in die Natur, vor allem die ersten Kilometer mit blumenübersäten Wiesen sind ein unvergessliches Erlebnis.

Wegen des guten Lichts sind die frühen Abendstunden für diese Wanderung besonders gut geeignet. Zu dieser Tageszeit lassen sich zum einen mehr Tiere blicken, zum anderen steht der weiße Gipfel des Mount Rainier im sensationellen Kontrast zu den bunten Blumenwiesen.

Zunächst führt der Weg über den Skyline Trail (siehe unten) an den Steintreppen hinter dem Visitor Center hinauf. An einer Kreuzung mit vielen ausgeschilderten Wanderungen dem Wegweiser zum Deadhorse Creek folgen. Die erste Überraschung lässt nicht lange auf sich warten: Ganz und gar unscheue Maultierhirsche

Von einem Aussichtspunkt aus kann man ihn besonders gut sehen.

Der linke, vordere Teil des Berges ist der Nisqually Glacier ...

grasen unbeeindruckt von den Wanderern am Wegesrand. An einer weiteren Kreuzung folgt man links dem Moraine Trail, danach geht es durch Wiesen bergauf und es bietet sich eine herrliche Vegetation mit Blumen in allen Farbtönen. Außerdem gibt es viele Gelegenheiten, in den Wiesen Maultierhirsche, Hasen und Squirrels – in den höheren Gefilden auch Murmeltiere – zu entdecken. Einzelne, wie festgebackene Schneefelder machen auch im August den Wanderweg teilweise unpassierbar, sodass man über Stock und Stein ausweichen muss. Am Aussichtspunkt Glacier Vista hat man einen direkten Blick auf den Nisqually-Gletscher, der im Sommer gewöhnlich nur zum Teil schneebedeckt ist. Man erkennt sehr gut die Moräne, die entlang des Gletschers und dem Betrachter zugewandt verläuft. Im Hintergrund überragt bei guter Sicht der Mount Rainier die Kulisse – auf der gegenüberliegenden Seite zeichnet sich der Krater des Vulkans Mount St. Helens ab.

Man kann einen kleinen Rundweg aus der Wanderung machen und vom Aussichtspunkt aus über einen Bogen bergaufwärts zuerst den Skyline Trail und später den Alta Vista Trail erreichen, dem man schließlich bis fast zum Visitor Center bergab folgt.

Juli–Okt. Nein Nordwestliches Ende des unteren Parkplatzes am Visitor Center 2,5 Std. Moderat 5 km, 4,6 km als Rundweg mit Skyline/Alta Vista Trail 244 m

► Skyline Trail/Panorama Point

Diese Wanderung beinhaltet ebenfalls alles, was die Gegend zu bieten hat: Üppig blühende Blumenwiesen, Schneefelder und das Geröll der Gletscher. Das Ziel ist der fast 2.000 Meter hoch gelegene Panorama Point, unterwegs ergeben sich herrliche Blicke auf die Kaskadenkette und die berühmten umliegenden Vulkane wie Mount St. Helens und Mount Hood. Vorausgesetzt natürlich, das Wetter stimmt (siehe Tipp weiter oben).

Der Startpunkt ist nahe dem Visitor Center an den Steintreppen. Zunächst folgt man der Ausschilderung des Skyline Trail, das Ziel, Panorama Point, ist aber ebenfalls zuverlässig ausgeschildert. Wenn der Gipfel erreicht ist, kann man umdrehen und denselben Weg zurückgehen. Man kann aber auch eine Extrarunde gehen, indem man der Beschilderung »High Skyline Trail« weiter folgt. Um aber den richtigen Weg zu finden, ist das oben empfohlene Kartenmaterial aus dem Visitor Center wichtig. Dann ist die Wanderung ein Rundweg, der nach dem Panorama Point normalerweise durch schneebedecktes Gebiet verläuft.

Eine Attraktion auf dem Rückweg, nur wenige hundert Meter von Paradise entfernt, sind die Myrtle Falls, auf die man von einem schönen Aussichtspunkt aus schauen kann.

Ende Juli–Mitte Okt. Nein Nordseite des oberen Parkplatzes am Visitor Center 4,5 Std. Schwierig, anstrengend 8,8 km (Rundweg) 520 m

Übernachten

Paradise Inn

Die 1916 erbaute Lodge ist ein historisches Gebäude und wegen seiner schönen Lage inmitten saftiger Blumenwiesen und der herrlichen Bergwelt eine der zauberhaftesten Unterkünfte auf der Reise. Die Bauweise ist, wie bei vielen Lodges in den Nationalparks, rustikal – und passt damit vortrefflich in die alpine Umgebung. Das Paradise Inn steht unter Denkmalschutz und ist die einzige Übernachtungsmöglichkeit im Bereich Paradise. Die nächste Lodge befindet sich in Longmire (►Seite 106), der nächste Campground im 7 mi/11 km entfernten Cougar Rock (►Seite 104). Direkt vor der Haustür starten unzählige Wanderwege, das Visitor Center befindet sich gleich nebenan.

Direkt neben dem Henry M. Jackson Visitor Center 98368 Paradise-Longmire Rd, Ashford, WA 98304 1-360-569-2275 1-855-755-2275 @ mtrainierreservations@guestservices.com www.mtrainierguestservices.com Ja Nein Mitte Mai–Anf. Okt. **–***

*Die 24 mi/38 km lange Strecke zwischen Ashford (6 mi/9,5 km westlich des Parkeingangs Nisqually Entrance) und Paradise wird im doppelten Wortsinn »**Road to Paradise**« genannt. Eine sehr treffende Bezeichnung für eine wahrhaft paradiesische Fahrt mit einem ebensolchen Ziel! Zwar wird diese Strecke im Folgenden in die andere*

Richtung zurückgelegt, sodass Paradise nicht das Ziel ist – dies ändert indes jedoch nichts an der traumhaften Fahrt.

Auf dem kurzen, nur 9 mi/15 km langen Weg zu Cougar Rock, wo es einen weiteren, reservierbaren Campground im Park gibt, folgen wir der Einbahnstraßenführung zunächst durch das malerische ***Paradise Valley****. Wunderschöne Wiesen, so weit das Auge reicht. Der* ***WA-706****, der innerhalb des Nationalparks* ***Paradise Road*** *heißt, begleitet fortan die Fahrt bis zum Nisqually Entrance. Auf diesen stößt die Straße, nachdem das Tal durchfahren ist.*

Nach 2,5 mi/4 km sind die ***Narada Falls*** *erreicht. Ein kurzer Weg führt zu einem Aussichtpunkt, von dem aus man einen schönen Blick auf den tosenden Wasserfall hat, der sich aus einer Höhe von 51 Metern herabstürzt und einen beeindruckenden Sprühnebel verursacht. Zahlreiche Parkplätze sind vorhanden.*

Weitere 2,5 mi/4 km später zweigt links die ***Ricksecker Point Road*** *als Einbahnstraße ab. Sie ist ausgeschildert mit »Viewpoint«.*

Diese kurze Extraschleife muss man unbedingt mitnehmen, denn hier offenbaren sich Blicke über die ganze Schönheit der Region. Alles, was man bislang beim Wandern gesehen hat, drängt sich noch einmal ins Blickfeld, darunter der Mount Rainier, der so nahe ist, dass man ihn auch in Wolken gehüllt erkennen kann.

Mit einem guten Fernglas kann man in einer Senke oberhalb des Gletschers das Basiscamp für die Bergsteiger erspähen, in dem die Guides sich versorgen. Schöne Impressionen des weißen Riesen mit und ohne Straße tun sich auf und sind den kurzen Umweg auf alle Fälle wert. Die kurze Straße ist nur während der Sommermonate geöffnet und 2 mi/3 km lang.

Nur 1 mi/1,6 km später warten die nächsten Wasserfälle, die ***Christine Falls****. Von einer Parkbucht (mit begrenzter Kapazität) sind es nur ein paar Schritte bis zum Aussichtspunkt auf die Wasserfälle unter der romantischen Steinbrücke (über die die Autostraße hinwegführt).*

Zu den nächsten Wasserfällen, den ***Comet Falls****, führt ein Trailhead, sie sind von der Straße aus nicht direkt erreichbar. Viele Wasserfälle liegen auf dem Weg – man kann sicher nicht an jedem einzelnen anhalten; wesentlich schöner ist es auch bei dieser Überdosis an Wasserfällen, an den Haltebuchten mit Ausblicken auf den Mount Rainier, den Nisqually Glacier und die faszinierende Bergwelt dieses Nationalparks einen Stopp einzulegen und die Naturgewalt zu genießen.*

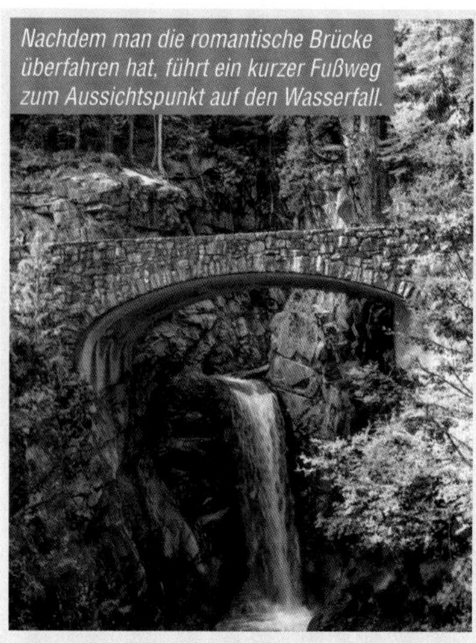
Nachdem man die romantische Brücke überfahren hat, führt ein kurzer Fußweg zum Aussichtspunkt auf den Wasserfall.

Es geht in weiten und schmalen Serpentinen weiter, vorbei an den ***Carter Falls****, bis 1 mi/1,6 km später rechterhand der Campground von Cougar Rock erreicht ist – eine Übernachtungsoption für alle Reisenden, die nach dem Besuch von Paradise nicht wieder zurück zum Ohanapecosh Campground fahren wollen, sondern auf dem Weg zum südwestlichen Parkausgang und zurück Richtung Olympic Peninsula sind.*

COUGAR ROCK CAMPGROUND

Da der Campground für Besucher des Nationalparks aus beiden Richtungen gut liegt, ist er auch entsprechend stark gefragt. Viele nutzen ihn als Standort für die Erkundungen rund um Paradise, wo man selbst nicht campieren kann. Auch hier hat man wieder weitläufige Stellplätze mit

viel Privatsphäre und Bäumen. Auf fast 1.000 Metern Höhe gelegen, können die Nächte kühl werden, darauf sollte man sich einstellen. Es dürfen zwar Lagerfeuer gemacht, aber hierfür kein Holz gesammelt werden – vorsorglich sollte man also einen Vorrat dabei haben (oder am Campingplatz kaufen). Abendliches Rangerprogramm im Amphitheater.
9 mi/15 km südwestlich von Paradise und 2,5 mi/4 km nordöstlich von Longmire westlich des WA-706 gelegen Paradise Rd, Longmire, WA 98361 1-360-569-2211 1-877-444-6777 www.recreation.gov Ende Mai–Ende Sep. Ja 173 173 Ja Nein Nein Nein Nein $

Vom Cougar Rock Campground aus geht es ohne weiteren Stopp direkt zum nächsten Bereich des Parks, dem dritten nach Sunrise und Ohanapecosh mit einer kleinen, touristischen Ansiedlung:

LONGMIRE

Dieses Gebiet ist ganzjährig geöffnet und zugänglich, hat eine Lodge (ebenfalls ganzjährig geöffnet) und bietet die einzige Möglichkeit im ganzen Park, in einem kleinen Lebensmittelladen einzukaufen. Ein letzter Blick zurück zum »Berg«, bevor man langsam Abschied nimmt vom schlafenden Vulkan.

Longmire hat historischen Wert – hier gab es das erste Visitor Center innerhalb des Parks; seit den 1880er-Jahren kommen Besucher hierher. Von alten Waldstücken umgeben und am **Nisqually River** gelegen strahlt Longmire etwas Ruhiges, Beschauliches aus. Der nächste Ort außerhalb des Nationalparks mit Einkaufsmöglichkeiten und naturnahen Unterkünften, Ashford, befindet sich 16 mi/26 km weiter westlich. Heute eine kurze und vor allem direkte Strecke – zu Zeiten James Longmires (▶Seite 100), als die komplette Region noch nicht erschlossen war, eine Weltreise. Erst als Longmire bei der nächtlichen Suche nach einem entlaufenen Pferd im wahrsten Sinne des Wortes über ein paar kleine Quellen stolperte, entwickelte er die Idee, ein Resort zu errichten. Im gleichen Zuge wurde mit dem **Longmire's Trail** eine Anbindung an Ashford hergestellt.

Als 1911 der Trail durch eine Straße ersetzt wurde, wurde auch eine Infrastruktur in Longmire geschaffen: Das Resort wurde erweitert und zukünftig als Hotel betrieben. Die Tacoma Eastern Railroad, die Schienen nach Ashford verlegt hatte, baute nicht nur ein weiteres Hotel, sondern auch ein Zentrum für Wanderer, für die Mitglieder der Longmire-Familie Wege anlegten. Nach Gründung des Nationalparks 1899 wurden vom National Park Service weitere Einrichtungen hinzugefügt, Longmire wurde zum Zentrum des Parks. Dabei wurde darauf geachtet, dass sich die Strukturen gut in die ursprüngliche Umgebung einpassten. Der Stil wurde als »National Park Service Rustic« bekannt – die Gebäude in Longmire zeugen noch heute davon, ebenso die 1928 erbaute, hölzerne Brücke, die den Campground (nur mit Gruppenplätzen) mit Longmire verbindet.

Longmires Resort wurde abgerissen, heute ist davon nur eine Hütte übrig. Die Umgebung um Longmire ist ein **Historic District**. Manche alten Gebäude stehen noch, sind aber nicht mehr in Betrieb oder werden für Ausstellungen genutzt. Manche haben auch eine neue Funktion erhalten, so zum Beispiel beherbergt das ehemalige Zentrum für die Wanderer jetzt das Hotel mit dem Lebensmittelladen (**Longmire General Store**, Juni–Sep. tägl. 9–20 h, Jan.–Juni & Sep.–Jan. 10–17 h; Schneeschuh- und Tourenski-Verleih!). Im heutigen Museum (siehe unten) ist das **Wilderness Information Center** untergebracht, in dem sich Bergsteiger und Rucksacktouristen informieren können und Permits erhalten (Ende Mai–Mitte Okt. tägl. 7.30–17 h).

Während der Sommermonate verkehrt ein kostenloser Shuttleservice zwischen Ashford beziehungsweise Longmire und Cougar Rock und Paradise.

LONGMIRE MUSEUM

Das Visitor Center ist im Museum im ehemaligen Verwaltungsgebäude des Nationalparks untergebracht, in dem man sich Ausstellungen über die Geschichte des Ortes sowie die Flora und

Fauna anschauen kann. Außerdem erhält man Informationen aller Art über den Nationalpark, innerhalb des Museums gibt es einen Buchladen.

16 mi/26 km östlich von Ashford und 11 mi/18 km südwestlich von Paradise am WA-706 (östliche Straßenseite) gelegen Hwy 706, Ashford, WA 98397 1-360-569-6575 www.nps.gov/mora Ende Apr.-Ende Mai & Mitte-Ende Juni tägl. 9-16.30 h, Ende Mai-Anf. Juni geschlossen, Ende Juni-Anf. Sep. tägl. 9-17 h

Wandern

Trail of the Shadows

Auf dem kurzen Spazierweg kann man den Ort des früheren Resorts erreichen, die verbliebene Hütte besichtigen und Mineralquellen sehen.

Ganzj. Nein Westseite des WA-706 gegenüber dem National Park Inn 20 Min. Einfach 1 km

Rampart Ridge Trail

Die Wanderung integriert den Trail of the Shadows auf der westlichen Straßenseite des WA-706. Über diesen gelangt man zum Startpunkt des Rampart Ridge Trail. Von Longmire aus steigt der Weg stetig und durch dichten Wald an, endet auf einem Grat und offenbart wunderschöne Aussichtspunkte entlang des 1.200 Meter langen Höhenzuges. Der ganze Kamm ist ein Überbleibsel eines alten Lavastroms, der dem Gipfel des Mount Rainiers entsprungen ist. Danach läuft man 1,2 mi/2 km relativ eben weiter, bevor es bergab zum Wonderland Trail geht, der zurück nach Longmire führt. Auf diese Weise ist die Gesamtstrecke ein Rundweg. Wer möchte, kann aber noch 3 mi/5 km dranhängen und zum Van Trump Park weiterwandern. Dann biegt man nicht zum Wonderland Trail ab. Vor allem auf dem Weg zurück nach Longmire sollte man die Augen nach wildlebenden Tieren offenhalten.

Mitte Juni-Okt. Nein Westliche Straßenseite der WA-706 gegenüber der Zufahrt nach Longmire 2,5 Std. Moderat bis schwierig 7,3 km 433 m

Eagle Peak

Früher hieß der Gipfel, den es zu besteigen gilt, »Sim-layshe«, das war das Wort der Eingeborenen für Adler. Longmire anglisierte den Namen und so wurde »Eagles Peak« daraus. Startpunkt der langen, aber wenig überlaufenen Wanderung ist am Ende der Ansiedlung Longmire: An den Häusern der Mitarbeiter vorbei und über eine Hängebrücke über den Nisqually River. Gleich links nach der Brücke geht es los (parken kann man vor dem Community Building).

Etwa 1,8 mi/3 km lang geht es steil bergauf durch einen dichten Wald, bis ein kleiner Fluss erreicht ist. Nach weiteren 1 mi/1,6 km kommt man an eine Wiese. Danach wird es wieder deutlich steiler und auch felsig – so erklimmt man den Sattel auf einer Höhe von 1.737 Metern, den Endpunkt des Trails mit spektakulären Ausblicken.

Der größte Teil des Weges führt durch schattigen Wald. Zwischen den Bäumen erhascht man möglicherweise einen Blick auf Wildtiere. Den letzten Teil des Weges begleiten üppige Blumenfelder.

Juli-Okt. Nein 5 Std. Anstrengend 11,5 km 900 m

Übernachten

National Park Inn

Ganzjährig geöffnet bietet das Hotel auch Wintersportlern ein Dach über dem Kopf. In dieser Zeit ist die historische Lodge besonders kuschelig mit 25 gemütlichen Zimmern im antiken Stil und einem großen Kamin in der Lobby. Das National Park Inn liegt inmitten des historischen Bereichs auf einer Höhe von 822 Metern. Von einer Veranda aus kann man den Gipfel des Mount Rainier betrachten. Die Lodge beherbergt außerdem ein Restaurant, in dem man essen gehen kann, und den oben genannten Lebensmittelladen mit Verleih von Wintersportausrüstung.

Im Historic District von Longmire an der WA-706 (östliche Straßenseite) Paradise-Longmire Rd, WA 98304 1-360-569-2275 1-855-755-2275 mtrainierreservations@guestservices.com www.mtrainierguestservices.com Ja Nein Hotel: ganzj., Restaurant: Mai-Okt. **-***

Abendstimmung am Mount Rainier

Nun geht es auf die Zielgerade Richtung Nisqually Entrance. Zwar lohnt sich noch der eine oder andere Stopp, aber es nähert sich unweigerlich der Ausgang. Die Straße schlängelt sich wunderschön durch Waldgebiete. Auf dem ersten Streckenstück begleitet der Nisqually River linkerhand die Reise (im Sommer gleicht der Fluss aber eher einem etwas müden Rinnsal). Nach und nach verliert man ihn immer mehr, bis man schließlich komplett wegen des dichten Waldes von ihm getrennt wird, vor allem, wenn es Richtung Westen geht.

Nach 3 mi/5 km bietet sich ein Stopp am **Kautz Creek** an – kein idyllischer Fluss verbirgt sich hinter diesem Begriff, sondern eine frühere Schlammlawine. Sie kam 1947 hier herunter, ein schnell talwärts fließender Strom aus Schlamm und Gesteinsmaterial. Eine der Folgen ist, dass sich die damalige Straße heute etwa sechs Meter unter der Oberfläche befindet. Außerdem hat sich innerhalb der vergangenen 50 Jahre der Wuchs eines ganz jungen Waldes durchgesetzt. Ein Boardwalk führt zu einem Aussichtspunkt, der einen Überblick über den damaligen Schuttstrom bietet. Gleichzeitig ragt hinter dieser Kulisse die herrliche Bergwelt hervor – eine surreale Impression! Ein Wanderweg startet hier, den man in beliebiger Länge (bis zu 16 km) begehen kann.

Nach diesem kleinen geologischen Zwischenspiel sind es nur noch knapp 4 mi/6 km, dann verlässt man durch den Nisqually Entrance endgültig den alpinen Mount Rainier National Park. Es geht schnurstracks weiter zur nächsten Attraktion, die keiner allzu weiten Fahrstrecke bedarf: die **Olympic Peninsula**.

Schon mehrfach war die Rede von **Ashford**, einem sehr kleinen Ort, durch den die Fahrt auf dem WA-706 führt. Wer sehr knapp mit Lebensmitteln ist, kann sich im Lebensmittelladen **Ashford Valley Grocery** (✉ 29716 SR-706 E, Ashford, 🕓 Sommer tägl. 6–22 h, Winter 7–21.30 h) mit dem Nötigsten eindecken und auch tanken sowie Propangas auffüllen. Ansonsten sollte die Grundversorgung besser warten, bis die große Stadt Olympia (siehe unten) erreicht ist. In dem kurze Zeit später folgenden, ebenfalls kleinen Ort **Elbe** geht der WA-706 in den WA-7 über, man fährt weiter in nordwestliche Richtung. 3 mi/5 km östlich von Elbe folgt eine sogenannte Roadside Attraction, der **Recycled Spirits of Iron Sculpture Park** (▶Seite 347) mit außergewöhnlichen Skulpturen aus verschiedenen Materialien (siehe Rückfahrt von Salt Lake City nach Seattle). Dieser Straße folgt man nun 20 mi/32 km lang, dann zweigt linkerhand der **WA-702** ab. Weiter geht es immer geradeaus, bis der **WA-507** kreuzt. Auf diesen links abbiegen und für 16 mi/26 km befahren (nach 4 mi/6 km zweigt der WA-507 ab und es geht geradeaus weiter über den **WA-510**). Schließlich ist die Auffahrt auf die I-5 erreicht. Die Route trifft jetzt wieder auf die Hauptroute und auf alle Reisenden, die den Ausflug zum Mount Rainier National Park nicht unternommen haben oder am Ende der Reise unternehmen und direkt auf dem Weg Richtung Olympic Peninsula sind.

Ende des Ausflugs

Das letzte Etappenstück nach Olympia legt man auf der I-5 zurück, aber nur für 6 mi/10 km, dann ist bereits die Abfahrt 105 Richtung Port of Olympia ausgeschildert, über die man in die Stadt gelangt.

OLYMPIA

		Olympia	Jena
	Stadt	47.700	107.000
	Metropolregion	258.350	2.400.000
	pro km²	935	934
	km²	51	114
	über NN	29 m	143 m
	mm	1.287	680
	°C	26,5	20
	°C	17,7	6,2
	Seattle		63 mi/ 100 km
	Forks		158 mi/ 252 km

Olympia ist zwar die Hauptstadt des Bundesstaates Washington, in dieser Funktion aber keine spektakuläre Stadt, die man unbedingt gesehen haben muss. Die Anzahl der Attraktionen hält sich in Grenzen, weswegen Olympia auf dieser Reise eine untergeordnete Rolle spielt. Der Campus mit den römisch-griechisch anmutenden Bauwerken ist einen Besuch wert. Dort sind die **Regierungsinstitutionen** des Bundesstaates untergebracht, was jedoch bedeutet, dass die Gebäude und das ganze Viertel während der Sommermonate wie ausgestorben daliegen, wenn die Abgeordneten und Regierungsmitarbeiter im Sommerurlaub sind.

Olympia ist für all diejenigen relevant, die vor der Rundfahrt über die Olympic-Halbinsel Vorräte auffrischen und tanken wollen, beziehungsweise für die Urlauber, die vor dem Besuch des nächsten Nationalparks eine Unterkunft suchen oder länger in Olympia bleiben wollen.

Entstanden ist Olympia im Jahr 1850 als Zollstation, die **Smithfield** hieß. 1853 wurde das Territorium Washington gegründet und die Zollstation zur Hauptstadt. Ihr heutiger Name leitet sich ab von dem über 2.000 Meter hohen **Mount Olympus** auf der Olympic-Halbinsel, die sich im Westen an die Stadt anschließt. 1949 wurden einige der historischen Gebäude Olympias zerstört – die verbliebenen Bauwerke sind heute die Anziehungspunkte für Besucher.

OLYMPIA-LACEY-TUMWATER VISITOR AND CONVENTION BUREAU

Von der I-5 die Ausfahrt 105A nehmen, Richtung State Capitol/City Center auf die 14th Ave SE fahren und dieser etwa 1 mi/1,6 km folgen. Die Visitor Information folgt nach dem Kreisverkehr 103 Sid Snyder Ave SW, Olympia, WA 98501 1-360-704-7544 1-877-704-7500 @ georgesharp@visitolympia.com www.visitolympia.com Mo.-Fr. 9-17 h, Memorial Day-Labor Day Sa. & So. 9-15 h

Orientieren

Olympia liegt am südlichen Zipfel des Puget Sound und grenzt im Osten an den Vorort **Lacey**, im Süden an **Tumwater**. Aus Richtung Seattle beziehungsweise vom Mount Rainier National Park her kommend nimmt man die Abfahrt 105 von der I-5 Richtung State Capitol/City Center. Damit erreicht man die Hauptsehenswürdigkeiten Olympias (siehe unten) sowie die Visitor Information.

Parken kann man am Visitor Information Center (nahe dem State Capitol Campus an der 14th Ave und dem Capitol Way) für $ 1,50 pro Stunde.

Versorgen und einkaufen

Sehr schön lassen sich regionale Produkte (vorwiegend von örtlichen Bauern) einkaufen im **Olympia Farmers Market** im 700 Capitol Way N. Allerdings ist der Markt nur von April bis Oktober Donnerstag bis Samstag jeweils 10 bis 15 Uhr geöffnet. Er befindet sich 1 mi/1,6 km nördlich der Tourist Information und ist über den Capitol Way direkt erreichbar. Für einen üppigen Großeinkauf stehen

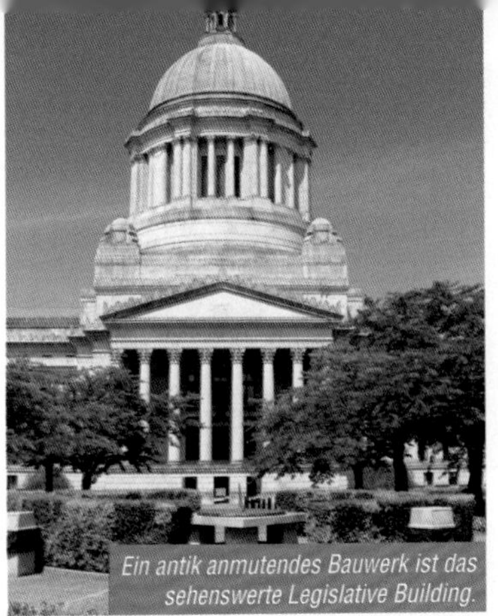

Ein antik anmutendes Bauwerk ist das sehenswerte Legislative Building.

rund um den Farmers Market Supermärkte zur Verfügung – beispielsweise das Einkaufszentrum **Bayview Thriftway** (✉ 516 4th Ave W, Olympia), ebenfalls 1 mi/1,6 km von der Tourist Information entfernt (auch über den Capitol Way Richtung Norden und dann links abbiegen in die State Ave Northeast und die 4th Ave West).

Highlights

► Washington State Capitol Campus

Der Washington State Capitol Campus ist ein eigenes Viertel am **Capitol Lake** mit etlichen sehenswerten Gebäuden. Manche davon sind für die Öffentlichkeit zugänglich. Die Visitor Information befindet sich an der südwestlichen Ecke des Distrikts.

Die herrschaftlichen, ehemals weißen und jetzt etwas angegrauten und damit erst authentisch wirkenden Gebäude machen richtig etwas her, allen voran das **Legislative Building**, mit über 87 Metern das höchste Gebäude. Es ist zugleich das höchste Bauwerk mit Kuppeldach der Welt. Weil der Staat Washington als 42. Staat gegründet wurde, führen 42 Stufen zum nördlichen Säulengang hinauf. Unverkennbar zeigt das Legislative Building Anleihen an antike griechische und römische Architektur. Die kostenlosen Touren durch das Gebäude starten im Foyer. Sie finden werktags stündlich von 10 bis 15 Uhr und am Wochenende von 11 bis 15 Uhr statt. Dabei kann man unter anderem die große Sammlung von Kronleuchtern und Beleuchtungskörpern bestaunen, die von den New Yorker Tiffany Studios gefertigt wurden.

Direkt neben dem Legislative Building befindet sich das eindrucksvolle **Vietnam Veteran Memorial**, vor dem man mit großer Ehrfurcht verharrt.

Das älteste Bauwerk auf dem Campus ist das **Governor's Manson** im georgianischen Stil; hier regieren seit 1909 die Gouverneure des Bundesstaates. Mittwochs finden Führungen statt, zu denen man sich unter ☎ 1-360-902-8880 anmelden kann. Im **Temple of Justice** befinden sich der Supreme Court und die State Law Library. Für die Öffentlichkeit ist er montags bis freitags von 8 bis 17 Uhr zugänglich.

Kriegsdenkmäler, Statuen, Brunnen, Wasserspiele und Kunstwerke sind außerdem über den Campus verteilt und bieten eine parkähnliche Umgebung für die Verwaltungsgebäude.

Ⓟ Siehe Anfahrt Visitor Center, der Campus befindet sich nördlich davon (ab der I-5 Ausschilderung »State Capitol«) ✉ Legislative Building: 416 Sid Snyder Ave SW, Olympia, WA 98501 ☎ 1-360-902-8880 (State Capitol Visitor Information Center) @ tours@des.wa.gov www www.visitolympia.com/attractions/capitol-tour www Campus-Karte: www.des.wa.gov/SiteCollectionDocuments/campus-map.pdf ⌚ Unterschiedliche Zeiten für Führungen je nach Gebäude $ Führungen kostenlos

► Percival Landing Park

Es ist einer von drei Parkanlagen direkt am Wasser des Puget Sound inmitten der Downtown. Hauptattraktion des Parks ist ein neu gestalteter, knapp 1 mi/1,6 km langer **Boardwalk**, der entlang der östlichen Küstenlinie von der 4th Avenue Bridge bis zur Thurston Avenue führt. Von diesem aus genießt man herrliche Blicke auf die Bergwelt der Olympic-Halbinsel, außerdem gibt es jede Menge Restaurants, Läden, schöne Picknickplätze, einen Aussichtsturm und das Harbor House mit einem Spielplatz und einer Spielwiese.

Benannt ist der Park nach einem Anlegeplatz für Dampfschiffe, der von Sam Percival 1860 erbaut und von dessen Familie betrieben wurde.

Eines von mehreren Kriegsdenkmälern ist das Vietnam Veteran Memorial.

Von der I-5 die Abfahrt 105 Richtung Port of Olympia nehmen und für etwa 0,6 mi/1 km dem E Bay Drive Richtung Norden folgen. Die Straße geht über in die Plum St. Nach weiteren 0,6 mi/1 km links auf die Olympia Ave NE abbiegen. Der Straße folgen, bis die Columbia St NW kreuzt.
405 Columbia St NW, Olympia, WA 98501
1-360-753-8380 Ganzj. frei zugänglich

Übernachten

Governor Hotel

Inmitten Downtowns, am Capitol Lake und nahe sowohl dem Capitol Campus als auch dem Percival Landing Park, liegt dieses Hotel. Restaurants und Läden sind ebenfalls gut erreichbar. Die Zimmer sind sehr geräumig, manche frisch renoviert, mit Kühlschrank und Mikrowelle ausgestattet.
*Von der I-5 die Ausfahrt 105 nehmen und der Beschilderung »State Capitol« folgen. An der Ampel rechts in den Capitol Way einbiegen, das Hotel folgt linkerhand. 621 S Capitol Way, Olympia, WA 98501 1-360-352-7700 info@olympiagovernorhotel.com www.olympiagovernorhotel.com Ja Ja Ganzj. *-***

Olympia Campground

Der Campground liegt 7 mi/11 km südlich von Olympia (südl. von Tumwater) nahe der I-5, eingebettet in einen Nadelwald. Es gibt Full hook-up-Plätze, einen kleinen Laden, eine Wäscherei und einen beheizten Außenpool. Man kann auch kleine Hütten mieten.
Von der I-5 die Ausfahrt 101 Tumwater Blvd nehmen, links über die Interstate fahren und ostwärts bis zur Ampel am Abzweig Center St fahren. Auf diese rechts abbiegen, bis die 83rd Ave SW kreuzt, auf diese rechts fahren. Nach 0,3 mi/0,5 km folgt der Campground links. 1441 83rd Ave SW, Olympia, WA 98512 1-360-352-2551 olycamp@comcast.net www.americanheritagecampground.com Ganzj. Ja 61 28 Ja Ja Ja Strom (20/30 Amp.), Wasser, Abwasser Ja $-$$

Großeinkauf und Tanken sollten sinnvollerweise erledigt sein, denn die nächste größere Versorgungsmöglichkeit auf der Halbinsel ist das 158 mi/252 km entfernte ***Forks****. Zwar kommt man bis dahin vor allem während der südlichen Umfahrung der Peninsula noch an kleineren Städten vorbei – da aber hier nirgends ein Stopp vorgesehen ist, muss man sich auch nicht mit Einkaufen und Tanken aufhalten.*

Die Fahrt (Speed Limit 60 mph) wendet sich nun endlich der ***Olympic Peninsula*** *zu, von der schon mehrfach die Rede war. Die Halbinsel ist auf drei Seiten von Wasser umgeben: Im Osten von den Inseln des* ***Puget Sound****, im Westen vom imposanten* ***Pazifischen Ozean****, und im Norden verläuft die* ***Strait of Juan de Fuca****.*

Von Olympia aus geht es zunächst zurück auf die I-5, aber nur ein kurzes Stück. Dann zweigt rechts der Highway ***US-101*** *ab, der die Strecke um die Olympic Peninsula, mit kleinen Unterbrechungen, später verlässlich begleiten wird. Er ist in diesem Bereich noch vierspurig und bequem befahrbar. Nach 7 mi/11 km verlässt uns der Highway zunächst noch einmal und biegt nach Norden ab, um entlang des* ***Hood Canal*** *zu verlaufen, der die Halbinsel von der Inselwelt des Puget Sound trennt. Hier zweigt man auf den* ***WA-8*** *und in Richtung Westen ab.*

Kurz vor der Ortschaft ***Elma*** *stößt aus südlicher Richtung der* ***US-12*** *auf den WA-8 und im weiteren Verlauf Richtung Westen geht der WA-8 in diesen über. Es wird schlagartig ländlich, rechts und links säumt hauptsächlich Nadelwald die Straße. Der kerzengerade Straßenverlauf geht über in eine leicht hügelige Fahrt. Nach links zweigt der* ***WA-107*** *ab, es folgen einige interessant gebaute Stahlbogenbrücken. Von Olympia aus sind es 49 mi/79 km bis* ***Aberdeen*** *(16.500 Einwohner), einer in einer Bucht gelegenen, industriell geprägten Stadt, die die nötige Infrastruktur für eine letzte Versorgung vor der Olympic Halbinsel und dem Nationalpark bietet. Es folgen außerdem einige letzte Tankstellen. Nach Aberdeen geht der US-12 erneut über in den US-101, jetzt wird die Straße zweispurig, bei hohem Verkehrsaufkommen (vor allem am Wochenende) kann es stockend vorangehen.*

Fast unbemerkt folgt die nächste Stadt ***Hoquiam****. Genauso wie Aberdeen wird die Stadt von der Holzindustrie dominiert und lohnt keinen Stopp. Auch eine Übernachtung ist an dieser Stelle der Reise nicht notwendig – hierfür folgen später bei den diversen Zufahrten in den Olympic National Park sehr viel schönere Gelegenheiten. Die Holzindustrie hat ihre Spuren hinterlassen: Während die Fahrt sich in nördliche Richtung wendet, weisen Baumstümpfe und abgeholzter Altwald darauf hin, dass hier Holz im ganz großen Stil gerodet wurde.*

! Auf der Karte sieht man direkt an der Küste verlaufend den WA-109, der an Küstenorten und State Parks vorbeiführt. Ein Abstecher zu diesem Küstenabschnitt anstelle des US-101 lohnt sich jedoch nicht. Die endlos langen Strände wirken grau und sind durchzogen von Ferienkolonien. In den Badeorten reihen sich Motels, Fast-Food-Restaurants und Malls aneinander – alles in allem wenig reizvoll.

Aber auch der US-101 bietet nicht viel Abwechslung. Die Strecke zieht sich ein wenig, während die Zivilisation schwindet. Der Ort ***Humtulips*** *(oder sollte man es ehemaligen Ort nennen?) wird durchfahren, dann folgt* ***Neilton*** *(ebenso unspektakulär), man passiert die Zufahrt zum*

Dass man jenseits der Zivilisation angekommen ist, zeigt sich deutlich …

Dschungelatmosphäre mit Gänsehaut-Garantie – der Regenwald im Olympic National Park

Olympic National Forest, und schließlich kündigt eine Allee mit hohen alten Bäumen den nahen Nationalpark an. Linkerhand befindet sich das Territorium der ***Quinault Indian Reservation****, dann geht es rechts über die* ***South Shore Road*** *(und durch ein Waldstück) zum Südufer des* ***Lake Quinault****. Bleibt man auf dieser Seite des Sees, folgt der Zugang in den Nationalpark erst 13 mi/21 km später in nordöstliche Richtung, während das Nordufer des Lake Quinault teilweise bereits im Gebiet des Olympic National Park liegt.*

! 2,5 mi/4 km weiter über den US-101 zweigt die North Shore Road zum Lake Quinault ab und umgeht den See am Nordufer und innerhalb der Grenzen des Nationalparks. Diese Straße wird jedoch für Wohnwagen und Wohnmobile ab der Ranger Station in östliche Richtung nicht empfohlen!

OLYMPIC NATIONAL PARK

Der schneebedeckte **Westgipfel** des 2.432 Meter hohen **Mount Olympus** ist nur gelegentlich sichtbar – der Berg ist das Zentrum der Olympic-Halbinsel, auf der sich unter anderem der gleichnamige Nationalpark befindet. Es ist außerdem der höchste Berg in den **Olympic Mountains** – genau genommen hat er drei Gipfel vorzuweisen. Der höchste ist der oben genannte Westgipfel, der **Mittelgipfel** ist 2.417 Meter hoch, der »kleinste« ist der **Ostgipfel** mit 2.366 Metern. Der Name Mount Olympus erklärt sich fast von selbst: 1788 hat ein britischer Seefahrer den schneeweißen Gipfel über den Regenwald ragen sehen – und fühlte sich verständlicherweise an die Heimat des griechischen Göttervaters erinnert. Deshalb soll er den Berg »Mount Olympus« genannt haben. Schon 1909 erklärte Präsident Roosevelt weite Teile des Gebiets um den zentralen Berg zum **National Monument**, 1938 wurde das Terrain erweitert und zum **Nationalpark** erhoben. Dieser misst heute eine Fläche von 370.000 Hektar. Seine Umrundung (von Olympia im Süden, über Forks nahe der Westküste bis nach Port Angeles und Townsend im Norden) ergibt eine Fahrstrecke von über 250 mi/400 km.

Schon allein aufgrund dieser Größe ist der Park dazu prädestiniert, reichlich Abwechslung zu bieten. Das tut er vor allem, indem er drei charakteristische Naturgebiete in sich vereint: Urwald, wilde Küste und eine schneebedeckte, alpine Bergwelt. Für den Urwald ist hauptsächlich der **gemäßigte Regenwald** verantwortlich, der vor allem im Bereich **Hoh Rain Forest** (►Seite 125) eine Rolle spielt, aber auch in der Umgebung von **Queets** (►Seite 120) und **Quinault Valley** (►Seite 117). Fichten, Flechten, Farne und Moose charakterisieren diesen speziellen **Regenwald** (englisch »Temperate Rain Forest«) des Olympic National Park mit bis zu 1.000 Jahre alten Bäumen (es handelt sich dabei hauptsächlich um **Sitkafichten**).

Dazu gesellen sich die unterschiedlichen Höhenlagen und extrem hohe Niederschläge – wofür wiederum der Mount Olympus verantwortlich ist, denn er stellt durch seine Höhe für die vom Westen heranziehenden Wolken ein natürliches Hindernis dar und zwingt die Luftmassen zur Entladung der Feuchtigkeit auf ihrem Weg Richtung Inland. Damit ist das Gebiet eines der niederschlagsreichsten Nordamerikas – die dadurch ebenfalls bedingte hohe Schneemenge im Winter führt zur Vergletscherung – insgesamt acht Gletscher haben sich rund um den Mount Olympus gebildet. Im Norden der Insel faszinieren bis zu 100 Meter hohe Baumriesen rund um den **Lake Crescent** (▶Seite 135) und die Ufer der Flüsse **Sol Duc** (▶Seite 133) und **Elwha** (▶Seite 138).

Die **wilde Küste** präsentiert sich im Westen der Halbinsel am Pazifik – 65 mi/104 km lang ist die Küstenlinie. Sie bietet eine sensationelle Mischung aus Sandstränden und zerklüfteten Abschnitten. Bei Ebbe kann man allerhand Meerestiere und Pflanzen im Gezeitenbecken entdecken.

Western Hemlocks und Sitkafichten sind die häufigsten Baumarten im gemäßigten Regenwald der Olympic-Halbinsel.

Die **alpine Bergwelt** ist über eine kurvenreiche Bergstraße von **Port Angeles** aus zugänglich. Die Straße führt bis **Hurricane Ridge** (▶Seite 140) auf 1.670 Meter Höhe. An Tagen mit klarer Sicht kann man von hier aus das tiefste Innere des Nationalparks mit seinen Wäldern und tiefen Tälern und die schneebedeckte Bergkette **Olympic Mountains** sehen. In der anderen Richtung erblickt man die **Strait of Juan de Fuca** und ganz im Norden sogar die kanadische **Vancouver Island**.

Der Olympic National Park besteht zu 95 Prozent aus **Naturschutzgebiet**. Ein fast 625 mi/1.000 km langes **Wanderwegenetz** steht zur Verfügung, um das Gelände zu erleben. Neben kurzen und einfach zu begehenden Lehrpfaden und Tagestouren kann man Rucksacktouren unternehmen (hierfür braucht man eine Wilderness Permit. Telefonische Auskunft über die Gebühren sowie Wanderpläne erhält man unter ☎ 1-360-565-3100). Neben Wandern steht **Bergsteigen** auf dem Programm, der Park verfügt außerdem über ein ausgeprägtes **Reitwegenetz** (Möglichkeiten für einen Ausritt finden sich in Port Angeles und Forks). Schließlich bieten sich die **Flüsse und Seen** des Olympic National Park für Fahrten mit dem Kajak, Kanu oder einem Boot an. Im Winter ist **Schneeschuhwandern** (im Bereich Hurricane Ridge) angesagt.

Das Klima ist feucht, aber mild. In den niedrigen Lagen gibt es zwar das ganze Jahr über Regen und Nebel, dafür aber kaum einmal Frost. In den höher gelegenen Regionen ist es im Winter kalt und es fällt viel Schnee. Die beste Besuchszeit ist der Sommer (Juli bis September), in dieser Zeit sind auch die Niederschläge am geringsten. Der Nationalpark ist ganzjährig geöffnet – manche Straßen und Campgrounds vor allem in höheren Lagen sind im Winter geschlossen.

Die Ostflanke der Halbinsel entlang des Hood Canal wird auf dieser Reise nicht besucht und bleibt außen vor.

Auffallend ist, dass man auch in der Hochsaison auf wenig europäische und quasi gar keine deutschsprachigen Touristen trifft und sich der Großteil der Besucher aus amerikanischen Urlaubern und Wochenendtouristen aus dem Großraum Seattle/Portland zusammensetzt.

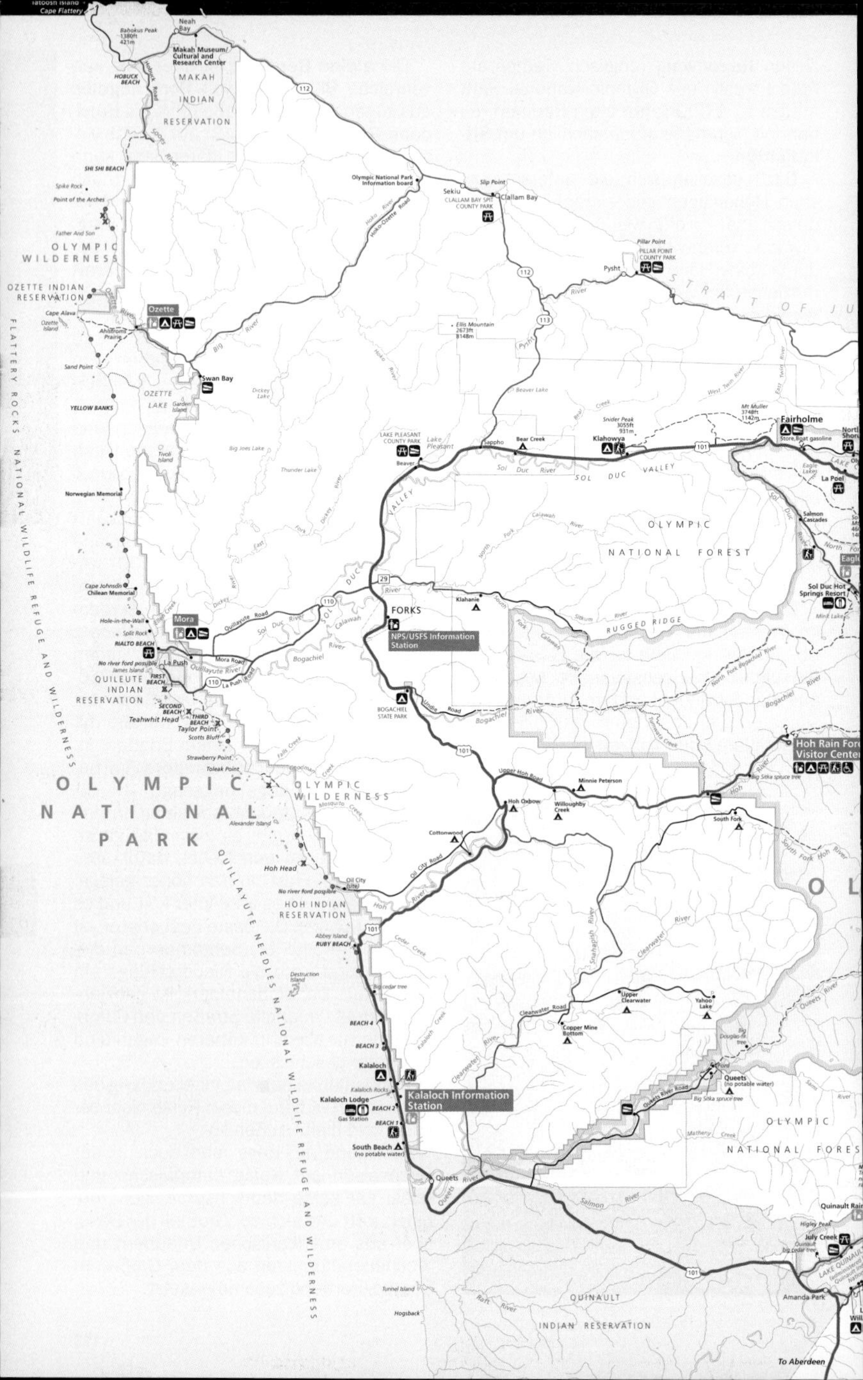

Cape Flattery
Neah Bay
Makah Museum/ Cultural and Research Center
MAKAH INDIAN RESERVATION
SHI SHI BEACH
Point of the Arches
OLYMPIC WILDERNESS
OZETTE INDIAN RESERVATION
Ozette
Cape Alava
Sand Point
Swan Bay
OZETTE LAKE
YELLOW BANKS
Norwegian Memorial
Sekiu
Clallam Bay
CLALLAM BAY SPIT COUNTY PARK
Slip Point
Pillar Point
PILLAR POINT COUNTY PARK
Pysht
STRAIT OF JU
Ellis Mountain
FLATTERY ROCKS NATIONAL WILDLIFE REFUGE AND WILDERNESS
Cape Johnson Chilean Memorial
Mora
RIALTO BEACH
La Push
QUILEUTE INDIAN RESERVATION
FIRST BEACH
SECOND BEACH
THIRD BEACH
Teahwhit Head
Taylor Point
Toleak Point
OLYMPIC NATIONAL PARK
LAKE PLEASANT COUNTY PARK
Beaver
Sappho
Bear Creek
Klahowya
Fairholme
SOL DUC VALLEY
OLYMPIC NATIONAL FOREST
FORKS
NPS/USFS Information Station
Klahanie
RUGGED RIDGE
Sol Duc Hot Springs Resort
Salmon Cascades
BOGACHIEL STATE PARK
Hoh Rain Forest Visitor Center
Minnie Peterson
Hoh Oxbow
Willoughby Creek
South Fork
Cottonwood
OLYMPIC WILDERNESS
Hoh Head
Oil City
HOH INDIAN RESERVATION
QUILLAYUTE NEEDLES NATIONAL WILDLIFE REFUGE AND WILDERNESS
RUBY BEACH
Upper Clearwater
Yahoo Lake
Copper Mine Bottom
BEACH 4
BEACH 3
Kalaloch
Kalaloch Lodge
Kalaloch Information Station
BEACH 2
BEACH 1
South Beach
Queets
OLYMPIC NATIONAL FORES
QUINAULT INDIAN RESERVATION
July Creek
Amanda Park
To Aberdeen

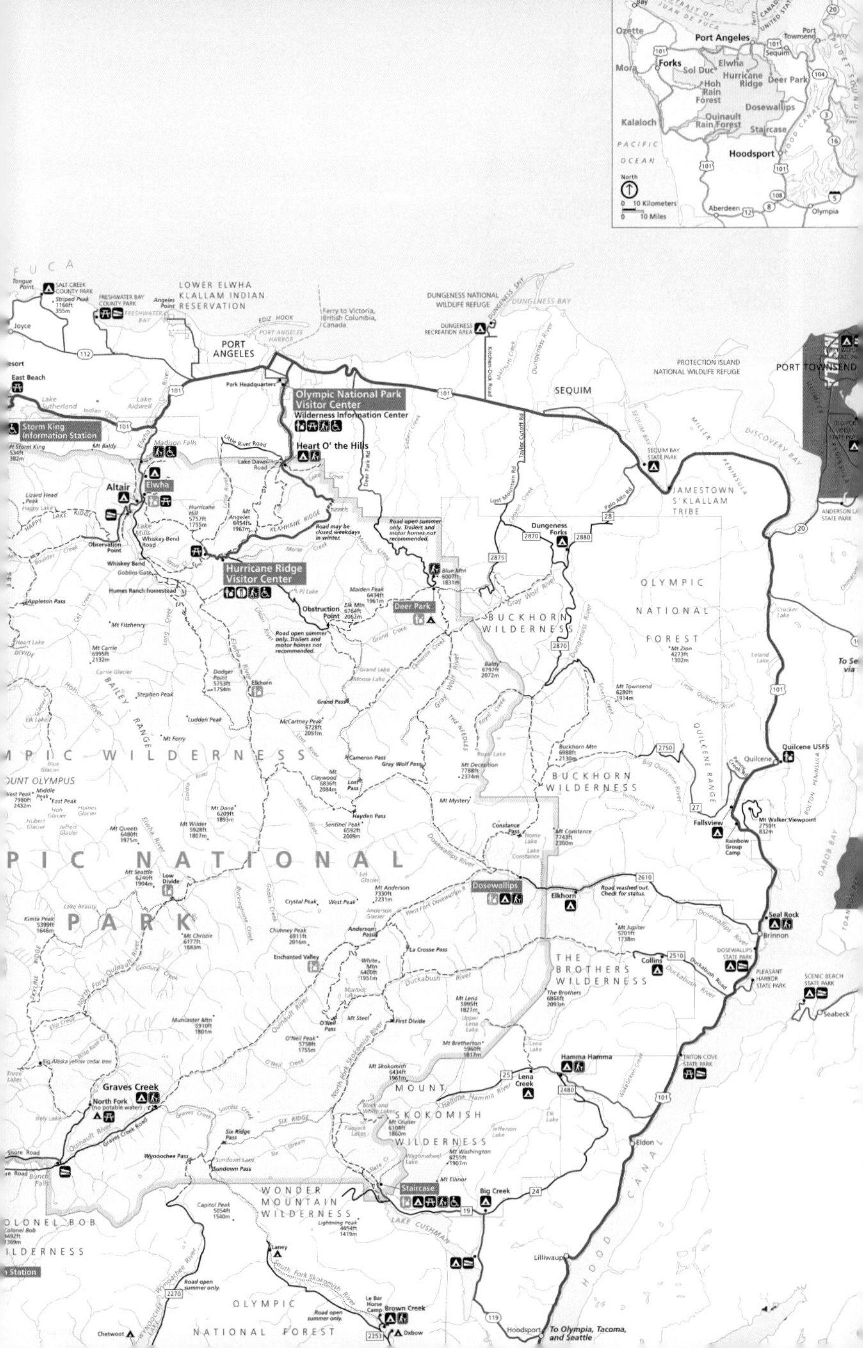

Neah Bay
Victoria
Strait of Juan de Fuca
Canada
United States
Ozette
Port Angeles
Port Townsend
Mora
Forks
Sol Duc
Elwha
Hurricane Ridge
Deer Park
Sequim
Hoh Rain Forest
Dosewallips
Kalaloch
Quinault Rain Forest
Staircase
Pacific Ocean
Hoodsport
Puget Sound
North
0 10 Kilometers
0 10 Miles
Aberdeen
Olympia
Fuca
Tongue Point
Salt Creek County Park
Striped Peak 1166ft 355m
Freshwater Bay County Park
Freshwater Bay
Angeles Point
Lower Elwha Klallam Indian Reservation
Ediz Hook
Port Angeles Harbor
Ferry to Victoria, British Columbia, Canada
Dungeness National Wildlife Refuge
Dungeness Spit
Dungeness Bay
Dungeness Recreation Area
Joyce
Port Angeles
Protection Island National Wildlife Refuge
Port Townsend
East Beach
Lake Sutherland
Indian Creek
Lake Aldwell
Park Headquarters
Olympic National Park Visitor Center
Wilderness Information Center
Sequim
Storm King Information Station
Mt Storm King 534ft 382m
Mt Baldy
Madison Falls
Little River Road
Heart O' the Hills
Lake Dawn Road
Deer Park Rd
Taylor Cutoff Rd
Sequim Bay State Park
Discovery Bay
Miller Peninsula
Jamestown S'Klallam Tribe
Altair
Elwha
Lizard Head Peak
Happy Lake
Happy Lake Ridge
Hurricane Hill 5757ft 1755m
Mt Angeles 6454ft 1967m
Klahhane Ridge
Road may be closed weekdays in winter.
Road open summer only. Trailers and motor homes not recommended.
Lost Mountain Rd
Palo Alto Rd
Dungeness Forks
Lake Mills
Whiskey Bend Road
Observation Point
Whiskey Bend
Goblins Gate
Humes Ranch homestead
Hurricane Ridge Visitor Center
PJ Lake
Maiden Peak 6434ft 1961m
Elk Mtn 6764ft 2062m
Obstruction Point
Blue Mtn 6007ft 1831m
Deer Park
Buckhorn Wilderness
Gray Wolf River
Olympic National Forest
Appleton Pass
Mt Fitzhenry
Road open summer only. Trailers and motor homes not recommended.
Grand Lake
Moose Lake
Baldy 6797ft 2072m
Mt Zion 4273ft 1302m
Heart Lake
Mt Carrie 6995ft 2132m
Carrie Glacier
Bailey Range
Dodger Point 5753ft 1754m
Elkhorn
Stephen Peak
Grand Pass
Mt Townsend 6280ft 1914m
Ludden Peak
McCartney Peak 6728ft 2051m
The Needles
Royal Lake
Mt Ferry
Cameron Pass
Gray Wolf Pass
Buckhorn Mtn 6988ft 2130m
Quilcene USFS
Quilcene
Olympic Wilderness
Mount Olympus
West Peak 7980ft 2432m
Middle Peak
East Peak
Hoh Glacier
Humes Glacier
Mt Deception 7788ft 2374m
Claywood 6836ft 2084m
Lost Pass
Quilcene Range
Buckhorn Wilderness
Mt Dana 6209ft 1893m
Mt Wilder 5928ft 1807m
Hayden Pass
Mt Mystery
Fallsview
Mt Walker Viewpoint 2750ft 832m
Rainbow Group Camp
Hubert Glacier
Jeffers Glacier
Mt Queets 6480ft 1975m
Sentinel Peak 6592ft 2009m
Constance Pass
Home Lake
Mt Constance 7743ft 2360m
Lake Constance
Dabob Bay
Olympic National Park
Mt Seattle 6246ft 1904m
Low Divide
Eel Glacier
Mt Anderson 7330ft 2231m
Dosewallips
Dosewallips River
Elkhorn
Road washed out. Check for status.
Lake Beauty
Crystal Peak
West Peak
Anderson Glacier
Kimta Peak 5399ft 1646m
Mt Christie 6177ft 1883m
Chimney Peak 6911ft 2016m
Anderson Pass
Mt Jupiter 5701ft 1738m
Seal Rock
Brinnon
La Crosse Pass
Enchanted Valley
White Mtn 6400ft 1951m
Collins
Duckabush Road
Dosewallips State Park
The Brothers Wilderness
Pleasant Harbor State Park
Scenic Beach State Park
Seabeck
Duckabush River
Marmot Lake
Mt Lena 5995ft 1827m
The Brothers 6866ft 2093m
Muncaster Mtn 5910ft 1801m
O'Neil Pass
Mt Steel
First Divide
Upper Lena Lake
O'Neil Peak 5758ft 1755m
Mt Bretherton 5960ft 1817m
Lena Lake
Big Alaska yellow cedar tree
Mt Skokomish 6434ft 1961m
Hamma Hamma
Triton Cove State Park
Graves Creek
North Fork (no potable water)
Lena Creek
Mount Skokomish Wilderness
Hamma Hamma River
Black and White Lakes
Mt Cruiser 6104ft 1860m
Six Ridge
Six Ridge Pass
Flapjack Lakes
Jefferson Lake
Graves Creek Road
Quinault River
Shore Road
Wynoochee Pass
Sundown Lake
Sundown Pass
Mt Washington 6255ft 1907m
Wagonwheel Lake
Eldon
Bunch Falls
Mt Ellinor
Staircase
Big Creek
Wonder Mountain Wilderness
Capitol Peak 5054ft 1540m
Colonel Bob Wilderness
Colonel Bob 4492ft 1369m
Lightning Peak 4654ft 1419m
Lake Cushman
Hood Canal
Laney
Lilliwaup
South Fork Skokomish River
Wynoochee River
Road open summer only.
Olympic National Forest
Le Bar Horse Camp
Brown Creek
Road open summer only.
Chetwoot
Wynoochee Lake
Oxbow
Hoodsport
To Olympia, Tacoma, and Seattle

Auf dem Weg nach Hurricane Ridge bieten sich Ausblicke auf die Strait of Juan de Fuca.

Für die Umrundung der Halbinsel sollte man mindestens zwei Übernachtungen an zwei verschiedenen Standorten einkalkulieren. Je nach persönlichem Schwerpunkt ist eine zusätzliche dritte Übernachtung in einem der drei genannten Gebiete (Küste, Regenwald und Bergwelt) empfehlenswert.

Olympic National Park
600 E Park Ave, Port Angeles, WA 98362 1-360-565-3000 www.nps.gov/olym Für 7 Tage $ 15 pro Fahrzeug (mit bis zu 15 Mitfahrern), $ 5 pro Wanderer/Radfahrer/Motorradfahrer über 16 J.; $ 80 für den Annual Pass, der ein Jahr lang Zutritt zu allen nordamerikanischen Nationalparks gewährt.

OLYMPIC NATIONAL PARK VISITOR CENTER

Es ist das Haupt-Besucherzentrum des Nationalparks. Neben Informationen über den Park und Ausstellungen zur Natur- und Kulturgeschichte kann man im Visitor Center den 25 Minuten langen Film »Mosaic of Diversity« anschauen, der beim American Conservation Film Festival sogar einen Preis gewonnen hat. Für Kinder gibt es einen eigenen Erlebnisraum. Zwei kurze Wanderwege starten am Visitor Center. Im Gebäude ist auch das Wilderness Information Center untergebracht, in dem es Backcountry Permits gibt.

In Port Angeles macht der US-101 einen Rechtsknick und geht an dieser Stelle in den E Lauridsen Blvd über. Diesem folgen, bis rechts die S Race St abzweigt, die in die Mt Angeles Rd übergeht. 3002 Mount Angeles Rd, Port Angeles, WA 98362 1-360-565-3130 www.nps.gov/olym Sommer tägl. 8.30–17 h, Zeiten variieren je nach Saison

Für die Umrundung der Halbinsel im Uhrzeigersinn liegt das Visitor Center in Port Angeles, am Ende der Rundfahrt, zwar ungeschickt, auf der Reise über die Olympic Peninsula gibt es jedoch drei weitere Besucherzentren: das **Hoh Rain Forest Visitor Center** (71 mi/113 km ab der Abzweigung zum Lake Quinault), das **Forks NPS/USFS Recreation Information Center** (66 mi/105 km ab Lake Quinault) und das **Hurricane Ridge Visitor Center** (141 mi/225 km ab Lake Quinault). Bei den jeweiligen Bereichen innerhalb des Nationalparks, zu denen sie gehören, werden sie im Folgenden aufgeführt.

Orientieren

Was anfangs ein wenig verwirrend wirkt: Nicht die gesamte Halbinsel ist Nationalpark-Gebiet. Zwar umfährt man die Halbinsel zum größten Teil über den Highway 101, in das Gebiet des Nationalparks führen aber nur Stichstraßen, die vom **US-101** abzweigen. Diese Stichstraßen stellen jeweils einen Parkzugang dar, insgesamt sind es – die vorliegende Reiseroute betreffend – fünf Zugänge, die über die Halbinsel verteilt sind. Jedoch haben wiederum nicht alle Zutritte auch Zugangsstationen.

Die südlichste Stichstraße und mit ihr der südlichste Parkzugang liegt im Südwesten des Parks am **Quinault Lake** – allerdings nur an dessen Nordufer, das Südufer befindet sich außerhalb der Parkgrenze. Es folgt ein Szenenwechsel von den Bergen an die Küste: Über den Ort **Queets** wird der Pazifische Ozean an der westlichen Parkgrenze erreicht, es folgt **Kalaloch** mit Versorgungseinrichtungen (Lodge, Campground, Tankstelle, Ranger Station). Bei **Ruby Beach** verlässt der US-101 die Küste wieder, wenig später führt die zweite Stichstraße in Nationalpark-Gelände zum Gebiet **Hoh Rain Forest** im Nordwesten. Hier befindet sich auch das erste Visitor Center auf der Route.

Die Umrundung passiert **Forks**, den zentralen Versorgungsort der Westküste. Danach führt eine Stichstraße zurück zur Küste bei **La Push** mit herrlichen Sandstränden, felsigen Klippen und Versorgungseinrichtungen (Campground). Zurück auf dem US-101 macht die Straße einen Rechtsknick in östliche Richtung. Dabei wird der äußerste Nordwestzipfel der Halbinsel, die **Makah Indian Reservation** mit **Neah Bay** am **Cape Flattery** übergangen. Der Abstecher in diese eher einsame, dafür aber romantische Ecke der Halbinsel lohnt sich nur, wenn man dafür einen Tag Extra-Zeit einplant und sich auf Wanderschaft begibt.

Die nächste Stichstraße, die über einen Zugang ins Parkgebiet führt, bringt die Reisenden im Nordwesten entlang des Flusses Sol Duc zu den **Sol Duc Hot Springs**, das sind unterschiedlich warme Becken, die aus heißen Quellen gespeist werden. Hier gibt es ein Resort und einen Campground. Nach diesem Abstecher führt die Route 10 mi/16 km weit am **Lake Crescent** vorbei und zweigt schließlich linkerhand nach Port Angeles ab, rechterhand Richtung **Elwha** in den Nationalpark hinein. Um zum letzten Parkzugang im Nordosten, der 1.600 Meter hoch gelegenen **Hurricane Ridge**, zu gelangen, folgt man dem US-101 zunächst nach Port Angeles, um dann südlich der Stadt den Parkzugang zu passieren; in Port Angeles, 4 mi/7 km vor der Zugangsstation, befindet sich noch innerhalb des Stadtbereiches auch das Haupt-Besucherzentrum des Nationalparks (▶Seite 90). Die nachfolgende Routenführung dringt in alle Bereiche ein und beschreibt diese detailliert und fahrtechnisch geschickt.

Folgende Eingangsstationen sind gebührenpflichtig: Sol Duc, Hoh Rain Forest, Hurricane Ridge und Elwha.

Für die komplette Fahrt auf dem US-101 ist keine Gebühr zu entrichten!

 QUINAULT/OLYMPIC NATIONAL PARK

Wenn von Quinault die Rede ist, meint man das **Quinault Valley**, also das Tal, durch das der gleichnamige Fluss fließt. Vom Highway 101 aus erreicht man Süd- und Nordufer des Gletschersees **Lake Quinault**, wobei das Nordufer ab der Ranger Station (ca. 5 mi/8 km vom US-101 entfernt) für Wohnmobile und Wohnwagen nicht mehr empfohlen wird. Noch außerhalb der Parkgrenze befinden sich das Südufer des Lake Quinault und die Straße durchs Quinault Valley, die nach 13 mi/21 km den Zugang zum Nationalpark passiert. Nimmt man die Zufahrtsstraße North Shore Road zum Lake Quinault, überfährt man gleich nach dem Abzweig die Grenze zum Olympic National Park. Campgrounds und eine Lodge befinden sich an der Südseite des bei Urlaubern aus der Region beliebten Sees.

Wer den Ausflug zum Mount Rainier National Park gemacht hat, wird an dieser Stelle möglicherweise eine Übernachtung einplanen müssen, vor allem, wenn man eine der Wanderungen oder zumindest einen ausführlichen Spaziergang am See unternehmen möchte. Der kurze, aber lohnenswerte **World's largest Spruce Tree Trail** (nur 500 m lang) führt beispielsweise vom Südufer zur größten Sitkafichte der Welt. Der Einstieg erfolgt 1 mi/1,6 km nach der Lake Quinault Lodge. Rund um die Lodge sind insgesamt über 8 mi/13 km kurze Wanderwege angelegt, die miteinander verbunden sind. Sie sind zusammengefasst in den **South Shore Trails**.

Das Quinault Valley ist ein wildes Tal mit alpinen Wiesen und Gletschergipfeln.

Umgeben ist all dies von alten, moosbewachsenen und hohen Sitkafichten des Regenwaldes – einer von nur drei Nadelwald-Regenwäldern der westlichen Hemisphäre! Deshalb wird das Quinault Valley auch »**Valley of the Giants**« genannt.

Wer sich allumfassend im Tal umschauen möchte, kann dies über die 31 mi/50 km lange, wunderschöne Rundfahrt **Lake Quinault Loop Drive** tun (für Wohnmobile nicht empfohlen, da der Rückweg über das für Wohnmobile und Wohnwagen nicht geeignete Nordufer führt, siehe oben). Sie startet am Südufer des Lake Quinault, führt durch das Tal des Quinault Flusses und nach einer Brücke über den Fluss am Nordufer wieder zurück. Kleine Wanderungen mit ersten Einblicken in den Regenwald gibt es sowohl innerhalb der Nationalparkgrenzen als auch im **Olympic National Forest**, der nordwestlich und südöstlich des Lake Quinault an den Park angrenzt. Unterwegs sollte man immer wieder anhalten, die Natur genießen, die Riesenbäume bewundern und nach Tieren Ausschau halten. Besonders sollte man nach dem sogenannten Roosevelt-Elch suchen, das größte Säugetier im Park. Zwei Stunden muss man für die reine Rundfahrt kalkulieren. Mit Zwischenstopps und Wanderungen kann man auch gut einen ganzen Tag investieren. (www.quinaultrainforest.com/Lake-Quinault/Rain-Forest-Loop-Drive.html)

Für Unternehmungen an der Nordseite des Lake Quinault eignet sich gut die **Quinault Rain Forest Ranger Station** als Ausgangspunkt (Juni–Sep. Do.–Mo. 9–17 h).

Highlights

► Lake Quinault Museum

Das Museum ist im früheren Postgebäude untergebracht, das 1928 erbaut wurde und bis 1981 als Poststation in Betrieb war. Thematisch dreht sich alles um die Geschichte des Gebiets rund um den Lake Quinault, die Quinault-Indianer und die frühen Siedler, die sich in dem vormals wilden Landstrich niederließen. Neben Ausstellungsstücken dokumentieren Originalfotos die Entwicklung des Gebietes zwischen 1910 und 1960.

Man erreicht das Museum über die Südseite des Lake Quinault nahe der Quinault Lodge. 354 S Shore Rd, Quinault, WA 98575 1-360-288-2317
www.quinaultrainforest.com/pages/museum.html
Memorial Day–Labor Day Di.–So. 11–16 h
Frei, um eine Spende wird gebeten

► Quinault Rain Forest River Rafting

Sowohl die Ruhe und Schönheit der Natur als auch das kristallklare Wasser des Quinault und Queets River machen eine Bootsfahrt durch den hiesigen Rain Forest attraktiv. Auf den Wiesen am Flussufer kann man Elchherden und mit viel Glück auch einmal einen Schwarzbären entdecken. Die Raftingtour dauert etwa zwei Stunden. Ein Shuttleservice holt die Gäste an der Unterkunft beziehungsweise am Campingplatz ab und bringt sie zur Einstiegsstelle und von der Ausstiegsstelle wieder zurück. Das Gewässer ist ruhig und hat nur unwesentliche Hindernisse, sodass sich die Ausfahrt gut für Familien auch mit kleineren Kindern (ab sechs Jahren) eignet. Man kann die Tour telefonisch beim Veranstalter buchen.

Quinault Rain Forest River Rafting, LLC, Amanda Park, WA 98526 1-360-791-0454
www.quinaultrainforest.com/pages/riverrafting.html

Wandern

► Quinault Loop National Recreation Trail

Der Ausgangspunkt für diese Wanderung befindet sich am Südufer des Lake Quinault, 1,5 mi/2,5 km nach dem Abzweig der South Shore Road vom Highway 101. Der Startpunkt befindet sich an der rechten Straßenseite, eine Infotafel ist vorhanden. Der Weg führt durch typische Regenwaldvegetation mit Nadelbäumen und saftig-grünem Unterholz.

Zunächst verläuft die Wanderung parallel zum Seeufer mit schönen Blicken auf den Lake Quinault. Dann dringt sie tief ein in den Regenwald. Kurz nach dem Startpunkt geht es an einer Wegeskreuzung links bergab und über eine Brücke über den Willaby Creek, danach folgt der Willaby Campground. Es geht weiter am Lake Quinault entlang, vorbei an der Quinault Lodge bis zum Falls Creek Campground. Danach wendet man sich Richtung South Shore Road, überquert diese und folgt dem Weg weiter bis zu einer Kreuzung. Hier rechts abbiegen und bis zur Wegeskreuzung mit dem Lodge Trail marschieren. Links halten und bis zur Kreuzung mit dem Willaby Creek Trail weitergehen. Dann rechts halten und dem Weg weitere 1,1 mi/1,8 km zurück zum Rain Forest Trailhead folgen.

Ganzj. Ja Quinault Rain Forest Trailhead, Parkplatz S Shore Rd, 1,5 mi/2,5 km nach Abzweig US-101 2,5 Std. Moderat 6,5 km (Rundweg) 91 m

Kestner Homestead Trail

Beginnend am Nordufer des Lake Quinault führt dieser Weg die Wanderer zurück in die Geschichte des Alltags früher Pionierfamilien, die zu Beginn des 20. Jahrhunderts hier in der Wildnis lebten. Ein Siedler namens Anton Kestner kam 1889 hier an und ließ sich mit seiner Familie am Nordufer des Lake Quinault nieder. Heute führt ein Wanderweg mit anschaulichen Erklärungen zu der Farm inmitten einer Wiesenlandschaft. Ein vor sich hin rostender alter Lieferwagen, in dem Gras wächst, macht die Szene authentisch. Während des Sommers begleiten Ranger die Wanderung und beantworten Fragen beziehungsweise erzählen von früheren Zeiten. Unterwegs durchläuft man Ahorn-Regenwaldgebiet.

Ganzj. Nein Quinault Rain Forest Ranger Station, Beginn über den Maple Glad Trail 1 Std. Einfach 2 km (Rundweg)

Pony Bridge Trail

Diese Wanderung im Quinault Valley führt ins Hinterland, aber nicht zu tief hinein. Nach der Lake Quinault Lodge fährt man die South Shore Road 17 mi/27 km in nordöstliche Richtung ins Flusstal. Dann parkt man am Graves Creek Trailhead ganz am Ende der Straße.

> 6 mi/9 km nach der Lake Quinault Lodge endet die asphaltierte Straße; danach geht es über Schotterwege weiter, die für Wohnmobile nicht geeignet sind.

Zuerst führt der gut ausgeschilderte Weg durch ein altes Waldstück und steigt kontinuierlich an, bis es zur Pony Bridge steil bergab geht. Nach Winterstürmen kann der Weg mit umgefallenen Baumstämmen gepflastert sein, sodass eine Wanderung im Winter oder frühen Frühjahr nicht selten in eine Kraxeltour ausartet.

Auf diesem Weg ist die Wahrscheinlichkeit groß, auf Roosevelt-Elche zu stoßen. Auch nach Schwarzbären sollte man Ausschau halten.

Ganzj. 3 Std. Graves Creek Trailhead an der verlängerten South Shore Rd Ja Anstrengend 8 km 274 m

Übernachten

Lake Quinault Lodge

Es ist eine kleine Zeitreise, jedoch nicht ohne einen gewissen Luxus: Die ganz und gar klassische Lodge ist 1926 erbaut worden, von einem schönen Park umgeben und liegt direkt am Seeufer (es gibt Zimmer mit Seeblick). Von hier aus kann man den Regenwald erkunden und den See als Urlaubseinlage genießen. Das herrschaftliche Bauwerk beherbergt 92 ganz verschieden eingerichtete Zimmer, manche davon neu renoviert in modernem Stil und mit großzügigem Balkon. Besonderes Highlight ist der gemauerte Kamin in der Hotelhalle, vor dem man es sich an verregneten Tagen gemütlich machen kann. Sogar manche der frisch renovierten Zimmer haben einen eigenen Kamin (das sind die Fireplace-Zimmer), was außerhalb der niederschlagsärmeren Sommermonate ein großer Pluspunkt sein kann. Sauna und Pool sind ebenfalls vorhanden, das Hotel hat ein Restaurant, den Roosevelt Dining Room.

*Abzweig S Shore Rd 2 mi/3 km bis zur Lodge (linke Straßenseite) 345 S Shore Rd, Quinault, WA 98575 1-360-288-2900 1-800-562-6672 www.olympicnationalparks.com/accommodations/lake-quinault-lodge.aspx Ja Nein Ganzj. ****

Campgrounds

Auf der Nordseite des Lake Quinault befinden sich zwei einfache Campgrounds nur für Zelte: der **North Fork Campground** mit neun Plätzen und der **Graves Creek Campground**, der nur zu Fuß erreichbar ist, mit 30 Plätzen. Drei idyllische, ebenfalls einfache Campgrounds unter Verwal-

Traumhafter Küstenabschnitt bei Kalaloch

tung des Olympic National Forest Service befinden sich auf der südlichen Seeseite: **Willaby Creek**, **Falls Creek** und **Gatton Creek** (alle nur wenige Kilometer voneinander entfernt und am Ufer, in der Nähe der Lake Quinault Lodge). Eine Beschreibung der einzelnen Plätze findet man unter www.quinaultrainforest.com/pages/camping_rv.html.

Willaby Creek ist als einziger ganzjährig geöffnet.

Willaby Creek Campground

Dieser von Aramark betriebene Campingplatz liegt als erster der drei oben genannten an der South Shore Road und wunderbar am Seeufer des Lake Quinault, sodass Schwimmen im See, Wandern, Bootfahren und die Erkundung des Regenwaldes auf dem Programm stehen können. Die meisten Stellplätze haben Seeblick. Viele Wanderwege sind fußläufig vom Campingplatz aus erreichbar. In der nahen Lake Quinault Lodge checkt man ein und bezahlt die Übernachtungsgebühren. Dort kann man auch Feuerholz, Eis und Snacks kaufen.

Ab Abzweig S Shore Rd sind es 1,5 mi/2,5 km bis zum Campground an der S Shore Rd. 239 S Shore Rd, Quinault, WA 98575 1-360-288-2900 1-800-562-6672 www.quinaultrainforest.com/pages/camping_rv.html Ganzj. Nein 21 21 Nein Nein Nein Nein Nein $

*Den ersten Eindruck der Vielfältigkeit dieses Nationalparks hat man sich verschafft, und es folgen noch viele weitere. Zunächst wird der Bereich Quinault wieder verlassen, indem man – entweder über die südliche oder die nördliche Seeseite – wieder zum US-101 zurückfährt. Hier befindet sich eine Tankstelle. Bald nach dem Abzweig von der South Shore Road führt der Highway direkt in westliche Richtung und nimmt Kurs auf die Küste. Kurz vor Erreichen der Ozeankante macht die Straße einen Rechtsknick und erreicht – 24 mi/38 km nach Befahren des Highways bei Quinault – den Ort **Queets**. Es ist ein Indianerdorf mit wenig Charme, weswegen hier ein Stopp nicht empfohlen wird – und auch nicht notwendig ist, da eine Übernachtung an dem nur wenige Kilometer entfernten Lake Quinault oder dem nächsten Etappenziel Kalaloch (siehe unten) deutlich schöner ist.*

*Nach Queets in Richtung Norden beginnt bei **South Beach** erneut Nationalparkterrain, aber ohne Parkzugang, es ist der **Coastal Strip** des Olympic National Park. Die Strände, die fortan links des Highways nahezu nahtlos ineinander übergehen, sind durchnummeriert von Beach 1 bis Beach 6, abschließend folgt Ruby Beach. Die ersten Eindrücke prasseln auf die Reisenden ein, wenn hin und wieder ein Strand durch die Bäume am Straßenrand des Highways linst: Die wilde, zerklüftete Küste des Pazifiks zeigt*

sich in all ihrer Schönheit mit Sandstränden, Kiesbuchten, Felsklippen und Felsnadeln, die aus dem Meer ragen. Noch ist die Küste ziemlich flach, was sich im weiteren Verlauf Richtung Norden ändern wird.

Nur 5 mi/8 km nördlich von Queets ist ***Kalaloch*** *an der Küste erreicht und damit auch wieder Versorgungseinrichtungen: Hier kann man essen gehen, tanken, campen und es gibt eine Lodge.*

KALALOCH/OLYMPIC NATIONAL PARK

Kalaloch befindet sich innerhalb des Küstenabschnitts des Olympic National Park. Der Park wurde weiter vorne in seiner Vielfalt bereits ausführlich beschrieben. In diesem Bereich steht nun die wilde Küstenlandschaft des Nationalparks im Vordergrund.

Unbenommen hat Kalaloch direkt am Meer die malerische Ausstrahlung eines Fischerdörfchens. Der Pazifik mit seinen Gezeiten ist schon Unterhaltungsprogramm genug: Muscheln sammeln, sich in die Brandung stürzen und schwimmen ist an diesem einmaligen Landstrich ebenso möglich wie Wandern und das Beobachten seltener Vögel (z. B. den Weißkopfseeadler) oder Wale. Von den Klippen aus kann man die vorbeiziehenden Grauwale durchaus zu Gesicht bekommen – auch Seelöwen, Seeottern und sogar Orkas wurden schon gesichtet. Für viele Meerestiere ist das Küstengewässer hier ein sicherer Lebensraum, zudem werden sie in verschiedenen Wildlife Refuges geschützt.

Die Sandstrände sind mit Treibholz überhäuft, in jedem einzelnen kann man mit viel Fantasie eine hölzerne Skulptur erkennen. In bizarrem Kontrast dazu steht der immergrüne Wald mit hohen Bäumen, die sich direkt hinter den Sandstränden erheben. Die Uhr scheint hier stillzustehen, die Idylle ist perfekt, die Natur bezaubert durch ihre Gegensätze. Die Quinault Indianer nannten dieses Küstenland »k'-E-le-ok«, was so viel heißt wie »ein guter Ort zu landen«. Über die Jahre wurde daraus der Name Kalaloch. Die Kultur der Indianer ist immer noch spürbar und macht einen zusätzlichen Reiz aus. Es verwundert deshalb nicht, dass die Umgebung von Kalaloch einer der meistbesuchten Bereiche des Nationalparks ist. Hier muss man gar nicht in blinden Aktionismus verfallen – da sein, schauen und genießen reicht schon alleine aus. Das Highlight eines Aufenthaltes an dieser Küste ist der Sonnenuntergang!

Im Gebiet Kalaloch führen sieben verschiedene Beach Trails vom Highway zu Küstenwanderungen und zum Kalaloch Creek, einem wildromantischen Fluss, der

Wer im Bereich Kalaloch übernachtet, muss abends unbedingt am Strand den fantastischen Sonnenuntergang genießen!

ins Meer mündet. Es gibt auf der rechten Straßenseite eine **Information Station** (nur im Sommer täglich 9 bis 17 Uhr), bei der außerhalb des Gebäudes ein Parkplan und die Parkzeitung ausliegen, außerdem finden sich dort eine Lodge mit Restaurant und einem Laden für Campingbedarf sowie ein kleiner Lebensmittelladen, ein Campground und eine Tankstelle. Lodge und Campground liegen an einem Steilhang über dem Ozean – eine Übernachtung an diesem herrlichen Fleckchen Erde ist eine absolute Empfehlung!

Beim Wandern sollte man immer die Gezeiten im Blick haben. Denn manche Bereiche werden bei Flut unpassierbar. Aktuelle Tabellen erhält man bei der Information Station oder im Internet unter www.nps.gov/olym/planyourvisit/tides-and-your-safety.htm.

Highlight

► Gezeitentümpel

Die Amerikaner nennen es »Tidepool Activities« oder »Tide Pooling« und meinen damit, bei Ebbe in den Gezeitentümpeln nach Meeresschätzen zu suchen. Im Bereich Kalaloch eignen sich hierfür besonders gut **Beach 2**, **Beach 3**, **Beach 4** und **Ruby Beach**.

Was kann man in den Gezeitenbecken finden? Schöne und seltene Tiere und Pflanzen aus dem Meer, die in den Pfützen liegenbleiben, wenn sich das Meer zurückgezogen hat: Seesterne, Felskrabben, Wolfsaale, Schlangensterne, Rankenfüßler, Muscheln, Meeresschnecken, Grüne Riesenanemonen und vieles mehr. Auch in kleinen Pfützen und Tümpeln können hunderte von Organismen zu finden sein – die Gezeiten sorgen hier nicht nur für einen schönen Lerneffekt bei Kindern, sondern bieten auch eine entspannte Tätigkeit bei den Erwachsenen. Ebenso schön wie selten sind die Sanddollars, die man am besten in den frühen Morgenstunden am Strand finden kann.

Manche Pflanzen oder Meerestiere können angefasst werden, das sollte aber vorsichtig passieren. Natürlich darf nichts aus den Gezeitentümpeln entfernt werden – ein Foto von besonders schönen Exemplaren muss genügen! Ganz wichtig ist, sich über die Gezeiten zu informieren und rechtzeitig den Rückweg anzutreten, bevor die Flut kommt.

Wandern

► Kalaloch Creek Nature Trail

Der Rundwanderweg durch den an der Küste gelegenen Regenwald führt am Kalaloch Creek entlang. Unterwegs kann man vor allem im Herbst durchaus auf Elche oder Hirsche treffen. Begleitet wird die Wanderung vom Rauschen des Ozeans. Der Weg ist nicht asphaltiert und führt teilweise über alte, überwucherte Dielenstege und Treppen. Die Natur wird auf diesem wildromantischen Urwaldpfad weitestgehend sich selbst überlassen.

Man parkt am besten an der Kalaloch Lodge und überquert den Highway beziehungsweise den Fluss am Schild »Nature Trail«, um auf die östliche Straßenseite des US-101 zu gelangen. Der Startpunkt liegt genau zwischen dem Campground

und der Lodge und ist mit einem kleinen Schild am Straßenrand ausgeschildert.
Ganzj. Nein Westseite des US-101 am Schild »Nature Trail« 45 Min. Leicht 1,3 km (Rundweg) 12 m

Übernachten

Kalaloch Lodge

Bei der Lodge handelt es sich genaugenommen um eine ganze Anlage, die 1954 erbaut wurde und direkt an der Küste des Pazifischen Ozeans liegt. Im rustikalen Hauptgebäude befinden sich die Rezeption, ein Souvenirshop, ein Lebensmittelladen und ein Laden für Campingbedarf; außerdem zwei Stockwerke, deren Zimmer Blick auf den Kalaloch Creek bieten, und das Creekside Restaurant, ebenfalls mit Blick auf das Flüsschen. Außerdem kann man in Holzbungalows logieren, die über dem Sandstrand liegen. Die vorderste Reihe ist die mit den besten Blicken über den Pazifik (diese heißen »Bluff Cabins«).
Am US-101 an der linken Straßenseite
157151 US-101, Forks, WA 98331
1-360-962-2271 1-866-662-9969
www.thekalalochlodge.com Ja Nein
*Ganzj. **-****

Kalaloch Campground

Wie die Lodge auch liegt der Campingplatz auf einer Klippe etwa 15 Meter über dem Ozean. Es gibt wunderschöne Plätze an der Kante der Klippe mit Blick auf den Pazifik, die man jedoch zum frühestmöglichen Zeitpunkt reservieren sollte, denn sie sind schnell vergeben – das gilt jedoch für alle anderen Plätze des Campgrounds auch, da er einer von wenigen reservierbaren Nationalparkplätzen auf der gesamten Halbinsel ist. Manche Stellplätze liegen sehr dicht an der Straße. Das ist jedoch nicht schlimm, weil nachts und auch morgens nur wenig Verkehr herrscht. Manche Plätze sind für RVs sehr kurz und für Zelte teilweise klein. Die Ausläufer des Campgrounds schließen unmittelbar an das Hauptgebäude der Lodge an.
0,5 mi/0,8 km nach der Kalaloch Lodge auf der linken Seite des US-101 157683 US-101, Forks, WA 98331-9354 1-360-565-3132 Ganzj. Ja (nur im Sommer Mitte Juni–Anf. Sep.) 54 149 Ja Nein Nein Nein Nein $

Die überwucherten Pfade und Treppen machen den Reiz des Kalaloch Creek Nature Trail aus.

South Beach Campground

Der Campground liegt südlich der Lodge und des Kalaloch Campgrounds und ist nicht ganz so idyllisch, aber eine sehr gute Lösung, wenn Kalaloch besetzt ist. Es gibt wenig Schatten, dafür liegt der Campground entlang eines Flüsschens, und es ist nur ein kurzer Weg zum Pazifik. Es gibt kein fließendes Trinkwasser, man kann dieses aber in der nahen Kalaloch Lodge kaufen.
Ab Kalaloch Lodge ca. 3 mi/5 km in südliche Richtung vorbei an Beach 2 und Beach 1 fahren, Campground liegt rechts 1-800-833-6388
Mitte Mai–Mitte Sep. Nein 50 50
Nein Nein Nein Nein Nein $

Vom Kalaloch Campground geht es wieder in nördliche Richtung auf den Highway, die meiste Zeit mit Blick auf den Ozean. Der US-101 bleibt zunächst an der Küste – aber nur noch für 7,5 mi/12 km. Entlang des Highways weisen braune Schilder – meist zusammen mit Parkbuchten – auf die Strandzugänge hin. Dann wendet sich die Straße zunächst bei Ruby Beach in östliche Richtung von der Küste ab. Bei ***Ruby Beach*** *sollte man unbedingt noch einmal kurz anhalten, denn es ist einer der bekanntesten Strände innerhalb des Olympic National Park.*

Bei Ebbe und bei Flut ist Ruby Beach mit den Sea Stacks traumhaft schön.

RUBY BEACH ☆

Der Küstenwald trifft direkt auf den Strand – das ist der größte Reiz dieses Strandabschnitts an der Westküste. Eine Fülle frei lebender, seltener Tiere und bizarre Felsformationen, vor allem durchlöcherte, tragen zusätzlich zur Attraktivität von Ruby Beach bei. Die vorgelagerten Felsformationen, **Sea Stacks** genannt, sind ein Abenteuer für sich – vor allem, wenn man durch die Felstunnel hindurchsteigt. Besonders spannend ist ein Besuch, wenn bei Ebbe die orange- und lilafarbenen Seesternchen an den Felsen kleben. Und nicht zuletzt das **Treibholz**, das in chaotischer Unordnung auf den Strand verteilt ist, bietet einen malerischen Anblick. Der Strand ist von der Straße aus gut erreichbar.

Ein Stopp an diesem Strand sollte in jedes Zeitbudget passen, denn die sensationellen Ausblicke auf den rauen Ozean, die zerklüftete Küste mit den Bergen und Gletschern im Hintergrund und der direkt ans Meer grenzende Regenwald sind einen – wenn auch kurzen – Besuch auf alle Fälle wert. Ruby Beach ist kein Geheimtipp, der große Parkplatz vor allem am Wochenende sehr voll, aber wenn man den Strand ein Stück entlanggeht, lässt man die meisten anderen Besucher schnell hinter sich.

Der Name Ruby Beach stammt übrigens von rosaroten Edelsteinen, die hier einmal im grauen Sand gefunden worden sein sollen. Der Name könnte aber auch durchaus von den im Abendlicht rubinrot leuchtenden Monolithen stammen, die gespenstisch aus dem Meer ragen.

✉ *US-101, Forks, WA 98331*

Die Fahrt wendet sich ab von der Küste, um einen neuerlichen Szenenwechsel zu vollziehen. Jetzt geht es endgültig hinein in das Abenteuer Regenwald: Der ***Hoh Rain Forest*** *steht auf dem Programm. Zunächst geht es weiter über den Highway 101, der bald einen deutlichen Linksknick macht und Richtung Norden führt. Immer mehr lilafarbene Wildblumen zieren den Wegesrand, die eine Rangerin als Lupinen benennt, eine Untergruppe der Schmetterlingsblütler. Etwa 14 mi/23 km nach Ruby Beach wird der Highway verlassen. An dieser Stelle zweigt rechts die* ***Upper Hoh Road*** *ab, der man bis zum Ziel* ***Hoh Rain Forest*** *18 mi/29 km lang Richtung Osten folgt. Die Straßenführung macht einige Schleifen und passt sich damit an den* ***Hoh River*** *an, der an der rechten Straßenseite die Fahrt ins Regenwaldgebiet begleitet. Er ist 50 mi/80 km lang, entspringt dem gletscherbedeckten Gipfel des Mount Olympus und fließt 2.000 Höhenmeter hinab in den Ozean, gespeist von Schneewasser und Regen. Die Gegend wird deutlich bergiger. Es geht vorbei am Bogachiel State Park mit zugehörigem Campground. Und auch in diesem Gebiet kann man die Spuren der früheren Nutzung des Gebietes für die Holzverarbeitung erkennen.*

Auf der Fahrt entlang der Upper Hoh

Road ergeben sich immer wieder Möglichkeiten, anzuhalten und zum Fluss zu gehen, um die faszinierende Aura der Natur in vollen Zügen zu genießen. Der Fluss und das Tal, durch das er fließt, sind überall schön – es ist egal, an welcher Stelle man aussteigt. Der Fluss taucht in unregelmäßigen Abständen am rechten Straßenrand auf und bietet herrliche Impressionen. Auch jetzt werden die Szenen wieder beherrscht von Treibholz in mehr oder weniger großen Mengen. Mit viel Glück und wenn man bei den Stopps auch ein paar Schritte in den saftig-grünen, inzwischen dichten, mit Farn und Moos durchzogenen Regenwald macht, erblickt man eine Herde Roosevelt-Elche.

Die reine Fahrzeit hinauf zum Hoh Rain Forest beträgt knapp 45 Minuten. Man sollte jedoch wegen der empfohlenen Stopps mehr Zeit einrechnen. 6 mi/10 km bevor der Hoh Rain Forest und das Visitor Center erreicht sind, durchfährt man erneut die Grenzen zum Nationalpark.

HOH RAIN FOREST/OLYMPIC NATIONAL PARK ★

Der komplette Olympic National Park wurde weiter vorne bereits ausführlich vorgestellt (►Seite 112). Im Folgenden wird nun ein etwas tieferer Einblick in den Regenwaldbereich des Parks genommen.

Im Vordergrund des Hoh Rain Forest steht das Naturwunder dieses feuchten und wilden Waldes mit seinen Hunderte von Jahren alten Bäumen. Es sind vor allem Tannen, Zedern, Hemlocktannen und Sitkafichten. In diesem Gebiet fallen etwa 3.810 Millimeter Regen pro Jahr – bei so viel Niederschlag wachsen die Bäume sehr viel schneller als anderswo. (Zum Vergleich: In Deutschland liegt die durchschnittliche Niederschlagsmenge pro Jahr bei etwa 810 Millimeter, im Bereich Hoh Rain Forest kommt also fast fünfmal soviel Niederschlag herunter!) Und das ist auch der Grund dafür, warum man kaum an einem anderen Ort im Olympic National Park den Regenwald mit seinen von Moosen und Farnen überwucherten Bäumen anschaulicher und intensiver erlebt als hier. Schon fast gespenstisch wirkt die Kulisse mit Fichten, Ahornen, Sequoias und Tannen. Mit etwas Glück scheint hier, im Inneren der Olympic Peninsula, die Sonne, während die Küste im Nebel versinkt. Glück ist auf jeden Fall vonnöten, es sollte nicht gerade in Strömen regnen bei diesem Highlight, das ein absolutes Muss ist!

Hoh Rain Forest liegt in einem Abschnitt des Pacific Northwest Rainforest, der einst die Pazifikküste von Südost-Alaska bis zur zentralen kalifornischen Küste einbezog. Heute ist der Hoh einer der eindrucksvollsten verbliebenen Beispiele eines gemäßigten Regenwaldes in den USA und schon allein deshalb eines der beliebtesten und berühmtesten Ziele innerhalb des Olympic National Park. Die Winter sind mild, die Sommer kühl – darauf sollte man sich beim Besuch dieses Gebietes einstellen.

HOH RAIN FOREST VISITOR CENTER

Das Visitor Center liegt am Ende der Upper Hoh Road und ist ein guter Ausgangspunkt für die Erkundung dieses gemäßigten Regenwaldes. Ranger geben Auskunft, was man unternehmen könnte und wie man den Regenwald am besten erlebt. Im Visitor Center werden Ausstellungen präsentiert, die die Besonderheiten dieser Region verdeutlichen.

18 mi/29 km nach Abzweig vom US-101 über Upper Hoh Rd · Upper Hoh Rd, Jefferson County, WA 98331 · 1-360-374-6925 · www.nps.gov/olym · Ende Mai–Ende Sep. tägl., Anf. Okt.–Mitte Mai Fr.–So., die Uhrzeiten variieren je nach Saison.

Wandern

► Hall of Mosses ★

Das Ökosystem des Regenwaldes und der Teppich aus Bäumen stehen im Vordergrund dieses Lehrpfades. Er ist Pflicht, um die Region um Hoh auf kurzem, aber intensivem Weg kennenzulernen. Den Weg begleiten moosüberzogene Ahorne, die vor allem im Frühjahr in ein geheimnisvolles grünes Licht getaucht sind, im Herbst dagegen in allen Farben leuchten. Aber auch außerhalb dieser beiden Jahreszeiten ist

Auf verwunschenen Wegen durchstreift man auf dem Spruce Nature Trail den Hoh Rain Forest.

es eine Freude, diesen Lehrpfad entlangzuwandern. Der Weg ist deshalb eine besondere Empfehlung, weil er durch einen älteren Abschnitt oberhalb des Flusses führt, wo die Bäume besonders hoch sind.
Ganzj. Nein Hoh Rain Forest Visitor Center 45 Min. Einfach 1,3 km (Rundweg) 31 m

Spruce Nature Trail

Dieser ebenfalls kurze Weg startet auch am Visitor Center, macht aber eine Schleife in südöstliche Richtung. Es geht dabei durch einen jüngeren Wald und direkt am Hoh River entlang. Durchwandert wird ein Saumbiotop in der Flussniederung. Sitkafichten, Hemlocktannen, Erlen und natürlich wieder die ganze Vielfalt an Farnen begleiten die Wanderung. Es gibt unterwegs direkten Zugang zum Fluss mit einem moosüberzogenen, felsigen Kieselsteinufer. Dort sollte man auch Ausschau nach Elchen und Flussottern halten.
Ganzj. Nein Hoh Rain Forest Visitor Center 1 Std. Einfach 2 km (Rundweg) 30 m

Hoh River Trail

Der Hoh River Trail ist mindestens eine Tageswanderung, am besten plant man jedoch eine Übernachtung ein. Man kann die Strecke aber auch in beliebiger Länge begehen und wieder umkehren. Das Ziel sind die Glacier Meadows unterhalb des Gipfels des Mount Olympus. Die Wanderung führt am Hoh River entlang durch grünen Dschungel. Dabei steigt der Weg kaum an, erst nach knapp 11 mi/18 km Wegstrecke beginnt ein beachtlicher Aufstieg Richtung Gletscher. Wer die Gesamtstrecke gehen möchte, braucht eine Permit (erhältlich im Hoh Rain Forest Visitor Center, ►Seite 125) für das Campen im Hinterland (unterwegs sind einige kleinere Campingmöglichkeiten vorhanden).
Ende Juni–Sep. Ja Hoh Rain Forest Visitor Center Je nach Länge, bis 2 Tage Moderat bis schwierig, anstrengend (je nach Länge) Bis 28 km 183–1.322 m

Übernachten

Hoh Campground

Der Hoh Campground ist ein ausgesprochen idyllischer Ort zum Übernachten. Mitten in einem so außergewöhnlichen Gebiet wie dem eines gemäßigten Regenwaldes gelegen, bietet er natürlich auch dessen Vielfalt an alten Bäumen und Grüntönen in allen Schattierungen. Nicht selten sollen sich Elche und Hirsche auf den Campground verirren. Manche der Plätze sind direkt am Fluss gelegen. Das Visitor Center befindet sich in direkter Nachbarschaft. Für Wohnmobile gilt eine Längenbeschränkung von 21 Feet.
18 mi/29 km nach Abzweig vom US-101 über die Upper Hoh Rd Upper Hoh Rd, Jefferson County, WA 98331 1-360-374-6925 (Visitor Center) Ganzj. Nein 88 88 Ja Nein Nein Nein Nein $

Das Naturerlebnis Regenwald ist abgeschlossen – die Reise geht wieder zurück Richtung Küste. Der Hoh Rain Forest wird wieder über die Upper Hoh Road verlassen. An der Kreuzung mit dem US-101 biegt man rechts ab und folgt dem Highway etwa 13 mi/20 km weit – dann ist die Stadt Forks erreicht, in der man vor allem Gelegenheit hat, sich proviantmäßig zu versorgen.

FORKS

		Forks	Unterhaching
	Stadt	3.700	22.800
	Metropolregion	-	6.000.000
	pro km²	364	2.118
	km²	10,1	10,7
	über NN	91 m	556 mm
	mm	2.715	680
	°C	18,8	19
	°C	11,2	6,3
	Olympia		158 mi/ 252 km
	Port Angeles		57 mi/ 91 km

Wer die Verfilmungen der ***Twilight***-Vampirgeschichten (▶Seite 403) von Autorin Stephenie Meyer kennt, weiß, woher die unscheinbare kleine Gemeinde ihre Popularität bezieht. Alle anderen können das Geheimnis umgehend lüften, denn gleich bei der südlichen Ortseinfahrt befindet sich rechterhand ein Besucherzentrum, vor dem der rote Pickup von Hauptdarstellerin Bella Swan (alias Kristen Stewart) parkt. Die Twilight-Bücher und -Filme haben Forks zu einem ernsthaften Wirtschaftsfaktor gemacht: Geschäfte bieten Vampirsouvenirs an, Hotels servieren »Twilight-Menüs«, Touren führen zu den Drehorten und die Hotels sind ausgebucht und teuer. Im Sommer sollte man reservieren, der Andrang der Touristen ist zu dieser Zeit besonders groß. Das Visitor Center verteilt eine Karte mit den Twilight-Schauplätzen. Um dem ganzen Trubel die Krone aufzusetzen, wird sogar einmal jährlich im September ein **Stephenie-Meyer-Day** zelebriert!

Der von der Vampirfamilie Cullen angeheizte Touristenboom kann nicht überdecken, dass Forks ein einfacher, ganz und gar unspektakulärer Ort ist. Es ist eine **Holzfällergemeinde** am Westrand des Olympic National Park. Schnitzwerke und ein Holzfällerdenkmal sowie ein Heimatmuseum weisen auf diese ursprüngliche Funktion hin.

Der nahe Pazifik lässt seine Wolken oft über Forks abregnen, weshalb die Jahresniederschlagsmenge so hoch wie kaum irgendwo sonst ist. Kein Wunder also, dass eine Vampirreihe hier spielt: In Forks ist es oft dunkel – Vampire mögen ja bekanntlich kein Sonnenlicht. Ansonsten

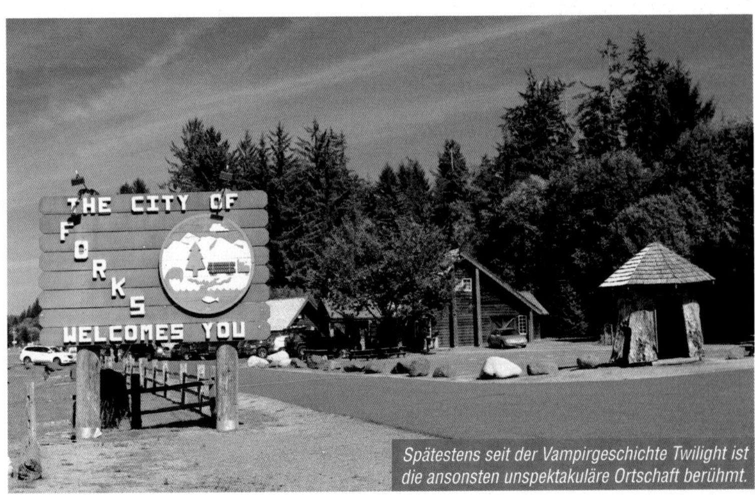

Spätestens seit der Vampirgeschichte Twilight ist die ansonsten unspektakuläre Ortschaft berühmt.

liegt der Ort weit ab vom Schuss, bietet aber zumindest alles, was man für den weiteren Aufenthalt im Nationalpark brauchen kann: Tankstellen, Supermärkte und sogar ein kleines Krankenhaus, auf dem ein Parkplatz für Vampirvater Dr. Carlisle Cullen reserviert ist (jedoch ist das Schild für diesen Parkplatz etwas versteckt).

Für einen Großeinkauf kann man den Forks Thriftway ansteuern, einen großen Supermarkt (mit Kleidersortiment, Schuhen und Sportartikeln) direkt am Highway in der 950 South Ave, Forks, WA 98331, täglich 8 bis 21 Uhr.

Seinen Namen hat Forks (übersetzt »Gabel«) von den drei Flüssen Bogachiel, Calawah und Sol Duc, die in der Stadt zum **Quillayute River** zusammenfließen.

FORKS WASHINGTON CHAMBER OF COMMERCE

Das Visitor Center liegt an der südlichen Ortseinfahrt und versorgt Besucher hauptsächlich mit Informationen zu *Twilight* und den Drehorten, Einkaufs- und Übernachtungsmöglichkeiten und Aktivitäten in der Umgebung. Es gibt umfangreiches Informationsmaterial rund um die Olympic Peninsula. Auf einem Handzettel findet man eine Auflistung von Duschmöglichkeiten – das ist insofern wichtig, weil die vom National Park Service betriebenen Campgrounds keine Duschen haben. Im Visitor Center ist kostenfreies W-LAN verfügbar.

Das Visitor Center befindet sich an der rechten Straßenseite bei der südlichen Ortseinfahrt. 1411 S Forks Ave, WA 98331 1-360-374-2531 1-800-443-6757 info@forkswa.com www.forkswa.com Memorial Day–30. Sep. Mo.–Sa. 10–17 h, So. 11–16 h, 1. Okt.–Memorial Day Mo.–Sa. 10–16 h, So. 11–16 h

Orientieren

Forks ist übersichtlich strukturiert, der Highway 101 zieht sich einmal von Süd nach Nord hindurch und stellt aus beiden Himmelsrichtungen die einzige Verbindung dar. Es gibt zwar einen »Flughafen«, der ist jedoch kleinen Privatflugzeugen und medizinischen Notfällen vorbehalten.

Übernachten

Olympic Suites Inn

Diese Unterkunft liegt etwas abseits der Hauptstraße von Forks am Calawah River und bietet geräumige Ein- und Zweibettsuiten und Gästezimmer. Die Appartements sind mit Kühlschrank und Mikrowelle ausgestattet. Von außen wirkt das Gebäude wie eine typische Nationalpark-Lodge. Die Zimmer wurden neu renoviert. Eine Wäscherei für Gäste steht zur Verfügung.

*Etwa 0,5 mi/0,8 km weit durch Forks fahren, vor einer Stahlbrücke rechts abbiegen, dem Schild »Olympic Suites Inn« folgen 800 Olympic Dr, WA 98331 1-800-262-3433 info@olympicsuitesinn.com www.olympicsuites.com Ja Ja Ganzj. * (Gästezimmer & Einbettsuite), ** (Zweibettsuite)*

Huckleberry Lodge

Darf es ein wenig idyllischer sein? Dann sind diese Hütten genau das Richtige. Am Calawah River gelegen und abseits der Hauptstraße durch Forks kann man hier die Ruhe und Beschaulichkeit genießen. Die Holzbauweise der Hütten wiederholt sich auch im Inneren in den Zimmern mit holzvertäfelten Wänden und Holzböden. Besonders hervorzuheben ist die große Veranda vor den Häusern mit Blick ins Grüne. Die Küche ist gut ausgestattet. Perfekt geeignet auch für einen längeren Aufenthalt. Eine Reservierung ist empfehlenswert, es stehen nur vier dieser Hütten zur Verfügung.

*Etwa 1,5 mi/2,5 km weit durch Forks fahren, dann rechts in den Big Pine Way abbiegen und diesem bis zu dessen Ende folgen 1171 Big Pine Way, Forks, WA 98331 1-360-374-4090 stay@huckleberryforks.com www.huckleberryforks.com Ja Nein Ganzj. * (bis 2 Personen), ** (ab 3 Personen)*

Campgrounds

! In Forks auf einen Campingplatz zu gehen, ist nicht unbedingt notwendig; beim vorangegangenen Ziel (Hoh Rain Forest) und dem folgenden (Küste bei La Push) lässt es sich viel schöner campieren. Wer dennoch einen Platz braucht, weil er in Hoh oder La Push nicht unter-

Die Vampire leben in Forks, die Werwölfe an der Küste. Die Vertreter beider Gattungen sind verfeindet.

kommen kann, findet den **Forks 101 RV Park** direkt in Forks (✉ 901 South Forks Ave) und – etwas schöner gelegen – den **Bear Creek Motel & RV Park** nördlich der Stadt (✉ 205860 Hwy 101, Beaver). Beide Plätze sind zwar gut ausgestattet, jedoch nicht besonders idyllisch. Der Forks 101 RV Park ist zudem recht teuer, das ungünstige Preis-Leistungs-Verhältnis ist der Prominenz des Ortes geschuldet.

Genug von blutsaugenden Wesen? Die Vorräte sind aufgefrischt, das Fahrzeug (bei innerhalb von Forks akzeptablen Preisen!) betankt? Dann kann es jetzt zurückgehen Richtung Küste.

*Wer den Bereich Kalaloch schon genossen hat, kann überlegen, die nächste Küstenetappe bei **La Push** auszulassen und dem US-101 nach der Stadt Forks direkt weiter Richtung Nordosten zu folgen, wo im weiteren Verlauf noch mehr Zugänge in den Olympic National Park warten. Wer genug Zeit hat, sollte aber auch den folgenden Abstecher zum Pazifik unternehmen, denn die Küste präsentiert sich hier noch einmal in einem ganz anderen Erscheinungsbild als bei Kalaloch.*

*La Push ist eine kleine, gemeindefreie Siedlung direkt an der Pazifikküste, 16 mi/25 km westlich von Forks gelegen. Aus Forks führt der Highway 101 zunächst für 1,5 mi/2,5 km gen Norden, dann zweigt linkerhand der **WA-110 (La Push Road)** ab. Diesem nun schnurstracks Richtung Küste folgen. Die Fahrt wird rechts und links von den beiden Flüssen Sol Duc River und Boachiel River begleitet, die in La Push in den Quillayute River münden. Leider sind sie zum größten Teil verborgen. Bleibt man auf dem WA-110, landet man direkt in La Push.*

*Möchte man den Mora Campground (▶Seite 132) oder die dort angesiedelten Versorgungseinrichtungen erreichen, folgt man der **Mora Road**, die 7,5 mi/12,5 km nach Abzweig des WA-110 in der kleinen Ansiedlung **Three Rivers** nach rechts abbiegt. Three Rivers steht noch einmal vollständig unter dem Zeichen der Twilight-Trilogie, denn an der nun folgenden Küste leben in den Filmen die Werwölfe, sodass im Ort das große Schild »No Vampires beyond this Point« versucht, die sich nicht gerade freundschaftlich gesinnten Vampire und Werwölfe voneinander fernzuhalten.*

Im Folgenden wird der Küstenbereich La Push mit den diversen Stränden unter die Lupe genommen, man fährt also auf dem WA-110 durch bis La Push. Kurz vor dem Mora Campground gelangt man wieder in den Nationalpark, jedoch ohne Zugangsstation und folglich auch ohne Eintrittsgebühr.

LA PUSH/OLYMPIC NATIONAL PARK

Wieder wird Nationalparkgebiet betreten, die allgemeine Beschreibung des Olympic National Park erfolgte bereits an früherer Stelle (▶Seite 112).

La Push ist ein Naturerlebnis an der zerklüfteten Küste des rauen Pazifischen Ozeans – als Ort oder gar Stadt kann man die nicht einmal 400-Seelen-

Gemeinde nicht bezeichnen. La Push ist die Heimat der **Quileute-Indianer**, die das Gebiet auch bewirtschaften. Der Schwerpunkt liegt auf der Verarbeitung von Meeresfrüchten und der Fischzucht, das Oceanside Resort wird vom Stamm betrieben (siehe Übernachten), ebenso ein Bootshafen, das River's Edge Restaurant und ein Laden. Der Ort lebt vom Fischfang, der Holzwirtschaft und natürlich dem Tourismus. Die *Twilight*-Saga spielt hier auch noch einmal eine Rolle, denn La Push ist die Heimat der Werwölfe – das kommt auch nicht von ungefähr, denn Autorin Stephenie Meyer orientierte sich bei ihren Werwölfen an der Schöpfungsgeschichte der Quileute, der zufolge ein Wandler zwei Wölfe in Menschen verwandelte, um die Gegend zu besiedeln. Während der erste Band der Reihe hauptsächlich in der Gegend von Forks spielt, ist im zweiten Band La Push ein Hauptschauplatz.

Bei La Push trifft Regenwald wieder unmittelbar auf Küste. Auf der Landseite reicht der Regenwald bis an den Ozean, im Norden trennt die Mündung des Quillayute River La Push von Mora – wer von hier nach dort will, muss zurück Richtung Innenland und dann über die Mora Road wieder zur Küste fahren. Ebenfalls nördlich des Flusses befindet sich der fast 3 mi/5 km lange Strand **Rialto Beach**, ebenfalls über die Mora Road erreichbar. Berühmt ist der steinige Strand vor allem für das »**Hole in the Wall**«, ein vom Wind und der Brandung in den Felsen geschnittenes Tor (▶ Seite 131).

Der Küstenabschnitt ist ein Traum. Fast 63 mi/100 km durchgehender Strand, Klippen, Treibholz und die raue Brandung des Ozeans bieten ein noch wilderes und naturgewaltigeres Szenario als weiter südlich die Gegend um Kalaloch – und diese zeigte sich bereits von einer atemberaubend schönen Seite. Südlich von La Push sind die felsumrahmten Strände wiederum durchnummeriert – nur heißen sie diesmal »First Beach« (auf dem Gebiet der Quileute Indian Nation), »Second Beach« und »Third Beach«, die beide zum Olympic National Park beziehungsweise der **Olympic Wilderness Coast** gehören. Die drei Strände sind durch Landzungen voneinander getrennt, das heißt, dass man nicht von einem zum anderen gelangen kann. Insgesamt handelt es sich um eine der längsten wilden Küstenabschnitte der USA. Das Meer ist übersät von Seastacks, die wie Inseln aus dem Wasser herausragen. Diese bizarren Felsnadeln sind mehr als alles andere charakteristisch für diese Gegend.

! Auch hier gilt wieder: Immer auf die Gezeiten achten! Tabellen und Informationen finden sich unter www.nps.gov/olym/planyourvisit/tides-and-your-safety.htm.

Bei der **Mora Ranger Station** erhält man ebenfalls Gezeitentabellen, außerdem Informationen aller Art, Karten und bärensichere Kanister sowie Camping Permits für die Wilderness. Die Ranger Station in der Mora Road, Forks, WA98331, ist im Sommer nur zeitweise geöffnet und im Winter geschlossen.

Highlight

▶ Kajaktouren

Mit einem ortskundigen Guide der **Rainforest Paddlers** geht es durch die ruhigen Gewässer des Quillayute River im Bereich von La Push. Dabei paddelt man durch den Lebensraum von Weißkopfseeadlern und Ottern – man sollte also unterwegs entsprechend aufmerksam sein. Diese Paddeltour hat geschichtlichen Charakter, denn hier schipperten schon die Ureinwohner und die späteren Siedler von Forks entlang.

Es gibt Einer- und Doppel-Boote, Vorkenntnisse im Kajakfahren sind nicht erforderlich. Wichtig ist, dass man keine Baumwollkleidung trägt, sondern atmungsaktive Sportbekleidung, die bei schlechter Wetterlage warm hält. Die Touren starten an der La Push Marina beziehungsweise am Parkplatz der River's Edge.

Rainforest Paddlers Verwaltung: 4883 Upper Hoh Rd, Forks, WA 98331 1-360-374-9288 1-866-457-8398 info@rainforestpaddlers.com www.rainforestpaddlers.com Anf. Feb.-Ende Sep. Morgentour 9-12.30 h Erw. $ 59, Kinder (unter 10 J.) $ 49, Nachmittagstour 14-18.30 h Erw. $ 69, Kinder $ 59

Treibholz, so weit das Auge reicht.

Wandern

Second Beach Trail

Im Gegensatz zu dem leicht zugänglichen und deshalb häufig überlaufenen First Beach und dem schwieriger zugänglichen Third Beach ist die Wanderung zum Second Beach ein gutes Mittelding: Lang genug, um den Menschenmassen zu entfliehen, und ausreichend, um alles zu sehen, was die Gegend zu bieten hat. Der gut gepflegte Weg startet an der Quileute Indian Reservation. Gleich zu Beginn überquert man einen kleinen Fluss, der von Sitkafichten gesäumt ist. Danach geht es kurz bergauf, bevor ein steiler Abstieg zum Strand führt. Felsnadeln zwischen hohen Fichten tauchen auf, dann ist auch schon der vom Treibholz gesäumte Strandbereich erreicht. Ein kleines Wegstück weiter Richtung Norden gelangt man zu einem natürlichen Bogen. Wer den feinen Sandstrand genießen möchte, sollte weiter Richtung Süden gehen. Kleine Inselchen und Felsformationen, die als **Quillayute Needles** bekannt sind, tauchen vor der Küste auf. Sie gehören zum Quillayute Needles National Wildlife Refuge und sind Brutstätten für Seevögel, Austernfischer, Möwen und Kormorane. Den Aufenthalt und Weg am Second Beach kann man nach Belieben ausdehnen.

Ganzj. Nein Linke Straßenseite der La Push Rd, nach dem Start Third Beach Trail und Quileute Tribal Office 2,5 Std. Einfach bis moderat 6,4 km 107 m

Third Beach Trail

Diese kurze Wanderung verbindet den Küstenregenwald mit dem Strand und dem Ozean, der nach 1,3 mi/2,2 km erreicht ist. Es wird alles geboten: Meeresblicke, Treibholz und vor allem die Wahrscheinlichkeit, einen Weißkopfseeadler zu erblicken. Es geht bis an einen Wasserfall, der von einer Klippe direkt in die Brandung stürzt. Vor allem im März/April und Oktober stehen die Chancen gut, vorüberziehende Wale zu beobachten. Der Weg startet an einer alten Straße durch Waldstücke von Sitkafichten, Hemlocktannen und Erlen. Der Strand folgt nach einem leichten Abstieg. Er ist eingerahmt von zwei Kaps, dem Teahwhit Head und dem Talor Point und zieht sich etwa 0,9 mi/1,5 km entlang der Strawberry Bay. Um den Wasserfall zu erreichen, wandert man vom Strand aus in südliche Richtung zum Overland Trail, von dem aus man den Wasserfall bewundern kann.

Ganzj. Nein Südseite La Push Rd, 3,8 mi/6 km nach Abzweig von der SR-110 2 Std. Leicht 5,8 km 85 m

Hole in the Wall ★

Das ist der Wanderweg, der zum Highlight bei Rialto Beach führt: zum Hole in the Wall (siehe Beschreibung La Push). Dabei kann man die Olympic Wilderness Coast ganz intensiv kennenlernen. Schon der Weg mit seinen wunderschönen Landschaftsimpressionen ist ein Erlebnis: Felsformationen und Treibholz, so weit das Auge reicht, und zerklüftete Felsen – so stellt man sich einen »wilden« Strand vor!

Der Strand beginnt schon direkt an dessen Parkplatz. Um zum Hole in the Wall zu gelangen, wandert man etwa 1,9 mi/3 km weit den Strand bis zu seinem nördlichen Ende entlang (ohne fest vorgegebenen Weg). Man geht also vom Parkplatz aus bereits in nördliche Richtung, wobei man an Unmengen von Treibholz vorbeikommt, das von der Brandung verwittert ist. Ein maritimer Wald flankiert die Wanderung – es lohnt sich, in den höheren Bäumen nach Adlern Ausschau zu halten. Auf der anderen Seite ziehen Felsskulpturen, Klippen und kleine Inselchen den Betrachter in ihren Bann. Nach etwa 0,9 mi/1,5 km muss der Ellen Creek überwunden werden. Ab jetzt kommt das Ziel, Hole in the Wall, bereits ins Sichtfeld. Dort angekommen, kann man bei Ebbe durch das Felstor steigen und in den Gezeitentümpeln nach Meereschätzen schauen.

! Um das Felstor zu sehen, kann man diese Wanderung nur bei Ebbe unternehmen. Man kann zwar auch bei Flut am Rialto Beach entlanglaufen, sieht aber dann die eigentliche Attraktion nicht.

Ganzj. Nein Parkplatz Rialto Beach am Ende der Mora Rd 2,5 Std. Einfach 6,4 km

Übernachten

Oceanside Resort

Das Resort liegt am First Beach bei La Push und wird vom Stamm der Quileute -Indianer betrieben. Es hat fast schon einen historischen Wert, denn die ersten Hütten wurden bereits in den 1930er-Jahren gebaut. Inzwischen hat sich die einfache Unterkunft zu einem Hotel mit vielen Annehmlichkeiten gemausert. Um wirklich einen Erholungswert zu gewährleisten, sind die Zimmer ohne Fernseher ausgestattet. Neben 28 Zimmern mit Kitchenette und Balkon oder Terrasse im Motelbereich stehen auch Hütten zur Verfügung. Außerdem gibt es Suiten mit freiem Blick auf den First Beach. Zum Resort gehört auch der nachfolgende Campground.

*Über die La Push Rd Richtung Küste fahren, die Straße geht über in den Ocean Front Dr. Links abbiegen auf den Ocean Dr, das Resort liegt noch vor dem Ortseingang. 330 Ocean Dr, La Push, WA 98350 1-360-374-5267 1-800-487-1267 www.quileuteoceanside.com Ja Nein Ganzj. ** (Motel), *-*** (Cabin)*

Oceanside Resort RV-Park

Der Campground liegt direkt am Meer und gehört zu dem von den Quileute betriebenen Oceanside Resort. Die meisten Plätze bieten full hook-up, der Campground ist insgesamt gut ausgestattet (kleiner Laden und Wäscherei sind vorhanden). Allerdings bietet er nicht die Idylle wie die vom National Park Service verwalteten Plätze. Die Wohnmobile stehen parkplatzmäßig in Reih und Glied, es fehlen Schatten und Privatsphäre. Als reiner Übernachtungsort, vor allem wenn der Mora Campground (siehe unten) voll ist, bietet er jedoch Komfort und hat ein annehmbares Preis-Leistungs-Verhältnis.

Über die La Push Rd Richtung Küste, Straße geht über in den Ocean Front Dr. Links abbiegen auf den Ocean Dr, das Resort liegt noch vor dem Ortseingang. 330 Ocean Dr, La Push, WA 98350 1-360-374-5267 1-800-487-1267 www.quileuteoceanside.com Ganzj. Ja 76 10 Ja Ja Ja Strom (20/30/50 Amp.), Wasser, Abwasser Nein $-$$

Mora Campground

Idylle pur! Im Regenwald und entlang des Quillayute River gelegen, bietet dieser vom National Park Service verwaltete Platz wieder das ganze Programm an naturnahem Campen: Geräumige, schattige Plätze mit viel Privatsphäre und Natur. Die Plätze am Fluss sind etwas heller, als die dunkleren unter den hohen Bäumen. Es gibt nur wenige Plätze für größere Wohnmobile. In 1,9 mi/3 km Entfernung befindet sich der Strand Rialto Beach an der felsigen Küste.

Über die Mora Rd Richtung Küste, 2 mi/3 km vorher zweigt links eine Straße zum Campingplatz ab (ausgeschildert). 3283 Mora Rd, Forks, WA 98331 1-360-565-3130 oder 1-360-374-5460 www.nps.gov/olym Ganzj. Nein 94 94 Ja, kostenpflichtig Nein Nein Nein Nein $

Das war für diese Reise der letzte direkte Kontakt mit dem Pazifik, seiner schroffen, naturgewaltigen Küste und den herrlichen Stränden. Über den WA-110 geht es zurück zur nördlich von Forks gelegenen Kreuzung mit dem alten Bekannten, dem US-101. Nach 7 mi/11,5 km macht die Straße einen Rechtsknick Richtung Osten und passiert das Seeufer des ***Lake Pleasant****. Für Familien mit Kindern ist ein Stopp ganz nett, denn im See können gerade jüngere Kinder eher baden als im rauen Ozean, außerdem gibt es einen Spielplatz. Ansonsten kommen vor allem Angler auf ihre Kosten.*

Weiter geht es gen Osten, eine Reiserichtung, die nun über viele hundert Kilometer und Routenetappen beibehalten wird. Immer wieder zeigt sich kurz die Zivilisation in Form vereinzelter Häuser, aber die meiste Zeit weisen nur Stromleitungen am Straßenrand darauf hin, dass hier irgendwo Menschen leben. 26 mi/42 km nachdem die Küstenstraße wieder auf den Highway 101 gestoßen ist, wird der Abzweig der ***Sol Duc Hot Springs Road*** *erreicht, die einen neuen Zugang in den Olympic National Park darstellt.*

SOL DUC HOT SPRINGS/ OLYMPIC NATIONAL PARK

Wieder einmal wird ein Eingangsbereich des Olympic National Park überschritten, siehe allgemeine Beschreibung (▶Seite 112).

Den Namen hat das Gebiet von den Quellen, von denen die Ureinwohner sagen, dass sie therapeutische Wirkung hätten. Es gibt sogar eine **Legende** dazu: Es soll einmal zwei Drachen gegeben haben, einer lebte im Sol Duc Valley, der andere im Elwha Valley (▶Seite 138). Keiner wusste, dass es den anderen gibt. Als sie eines Tages beide im Wald unterwegs waren, trafen sie ausgerechnet auf dem Bergkamm aufeinander, der beide Täler voneinander trennt. Es kam zum Streit, weil jeder den anderen beschuldigte, in sein Territorium eingedrungen zu sein. Schließlich gingen die beiden Drachen aufeinander los und kämpften jahrelang, bis beide resigniert feststellen mussten, dass keiner den Kampf gewinnen würde. So kroch jeder wieder zurück in sein eigenes Tal, verzog sich in seine Höhle und weinte ob seiner Niederlage gegen den anderen. Die heißen Drachentränen sollen die Quellen der Hot Springs im Elwha und Sol Duc Valley sein.

Schon Siedler in den 80er-Jahren des 19. Jahrhunderts nutzten die Quellen zu medizinischen Zwecken. Ein 1912 eröffnetes **Resort** warb dann auch damit, dass es eines der schönsten und gesundheits-

In dem kleinen Laden kann man sich mit allem Nötigen eindecken und Kajaks mieten.

Wer knapp an Vorräten ist, fährt noch etwa 2 mi/3 km weiter auf dem US-101 und wird in dem Ort **Fairholme** in einem kleinen General Store (221121 US-101, Port Angeles, WA 98363) fündig. In direkter Nachbarschaft befindet sich auch der Fairholme Campground des National Park Service für den Fall, dass der beliebte Platz in Sol Duc voll ist. Wer noch mit den Vorräten zurechtkommt, kann auf der Weiterreise nach dem Besuch von Sol Duc in Fairholme einkaufen.

Auf der Fahrt zu den Sol Duc Hot Springs geht es auf einer 14 mi/23 km langen Fahrt recht kurvenreich bergauf. Die Strecke wird wieder von einem in vielen Schleifen verlaufenden Fluss begleitet – diesmal ist es der ***Sol Duc River****. Es wird erneut ein Eingangsbereich zum Nationalpark passiert, bevor man am Ende der Bergstraße an einem Campingplatz, einem Resort und einer im Sommer geöffneten Ranger Station ankommt.*

förderndsten Resorts an der Pazifikküste sei. Allerdings brannte es vier Jahre später bereits komplett ab, wurde in der Folgezeit immer wieder neu erbaut und steht heute Gästen zur Verfügung. Die Quellen befinden sich inmitten des **Sol Duc Valley** im Nordwesten des Olympic National Park. Das Tal bietet eine Mixtur aus einem gewaltigen, altbestehenden Wald, schneebedeckten Gipfeln und glitzernden Bergseen. Daneben prägen die **Sol Duc Falls** die Szene, die – von Regenwald umgeben – donnernd in die Tiefe fallen. Aufgefangen werden die spritzenden Wassermassen vom **Sol Duc River**, durch das hohe Aufkommen von Silberlachsen ein beliebtes Ziel für Angler. Er entspringt im Osten in den Olympic Mountains, durchfließt den Nationalpark, passiert das Sol Duc Valley und trifft mit dem Bogachiel River zusammen, um sich gemeinsam zum Quillayute River zu vereinigen, der letztendlich im Pazifik mündet. Insgesamt ist der Sol Duc River 78 mi/125 km lang. Ein Thermalbad mit umwerfendem Schwefelgeruch ist ebenfalls in Sol Duc in der Nähe des Resorts angesiedelt. Trotz des Geruchs ist das Bad oft überfüllt.

Im Bereich Sol Duc gibt es keine Visitor Information, dafür aber die **Eagle Ranger Station**, die im Sommer einige Tage in der Woche geöffnet hat und bei der man Informationen, Permits, bärensichere Kanister und Kartenmaterial bekommen kann.

Highlight

► Sol Duc Hot Springs & Pools

Die natürlichen Badebecken werden vom Resort betrieben. Es gibt drei Becken in verschiedenen Größen, die aus heißen Mineralquellen gespeist werden, und einen Frischwasserpool. Jedes Becken hat eine andere Temperatur, sodass man frei nach eigenen Vorlieben ins heiße oder sehr heiße Wasser gleiten kann. Die Temperaturen liegen zwischen 37 und 40 Grad Celsius, das Frischwasserbecken variiert je nach Jahreszeit zwischen 10 und 30 Grad Celsius. Von Regenwald umgeben in badewannenwarmen Becken zu sitzen, hat schon einen ganz besonderen Reiz! Nachts wird das Wasser abgelassen, um die Becken auf natürliche Art für die Gäste neu zu befüllen: Einen Teil bilden Regen- und Schmelzwasser, das durch Risse in den sedimenthaltigen Felsen sickert. Dort vermischt sich das Wasser mit den Gasen der kühlenden Vulkanfelsen und steigt dann als mineralisiertes Wasser durch größere Risse an die Oberfläche. Die Badebecken haben – zu unterschiedlichen Zeiten – jeden Tag zwei einstündige »Ruhepausen«.

12076 Sol Duc Hot Springs Rd, Port Angeles, WA 98363 1-360-327-3583 1-866-476-5382 www.olympicnationalparks.com/activities/hot-springs.aspx @ info@visitsolduc.com Ende Mai–Anf. Sep. & Ende Sep.–Mitte Okt. tägl. 9–20 h, Sep./Okt. 9–21 h Erw. $ 12,25, Kinder (4–12 J.) $ 9,25, Sen. $ 9 (Resortgäste kostenlos)

Wandern

► Sol Duc Falls Trail

Wenn man sich in diesem Teil des Nationalparks aufhält, ist diese Wanderung eigentlich ein Muss. Es geht in die Klamm, in die sich der Sol Duc River hineinstürzt. Der Startpunkt ist am Resort; man erreicht ihn in der nordöstlichen Ecke, nachdem man die Sol Duc River Bridge überquert hat. Danach geht es am Fluss entlang, zuerst durch den RV-Park des Resorts, dann über den Zeltplatz. Nach den Campingplätzen folgt ein 1,2 mi/2 km langer, wunderschöner und beschaulicher Weg, bis man eine Kreuzung erreicht. Hier zweigt links ein Weg ab, der zu einem Parkplatz führt. Es geht weiter über einen gut ausgetretenen Pfad, während langsam die Geräusche des Wasserfalls ans Ohr dringen, bevor man schließlich die Sol Duc Falls erblickt. Die beste Aussicht genießt man von einer Brücke, im Sprühnebel des herabtosenden Wassers stehend. Diese Brücke muss man überqueren, um einen kleinen Steilhang hinaufzuklettern und so zu einer Kreuzung zu gelangen. Nun wird noch der Canyon Creek passiert, und danach verläuft der Weg geruhsam durch einen saftigen Auenwald, vorbei an mehreren Nebenflüssen, bevor der Geruch des Thermalbades den Weg zurück zum Resort weist.

Ganzj. Nein Vom Resort über die Sol Duc River Bridge, dann Richtung Nordosten 3,5 Std. Moderat 8,5 km (Rundweg) 122 m

Übernachten

Sol Duc Hot Springs Resort

Das Resort ist ebenso rustikal wie sehenswert und ganz und gar typisch im Lodge-Stil. Die Hüttchen der Lodge sind im malerischen Valley entlang des Sol Duc River im Grünen verteilt. Um den Naturgedanken zu stärken, gibt es in den Hütten kein Telefon, Fernsehen oder Radio. Ein Stück von der Hauptlodge entfernt befindet sich ein separates Gebäude, ebenfalls am Fluss gelegen, in dem man eine überdimensional große Suite anmieten und mit bis zu zehn Personen wohnen kann (drei Schlafzimmer und drei Wohnzimmer).

Das Resort verfügt über eine Poolbar, ein Restaurant, einen Souvenirshop und einen kleinen Lebensmittelladen. Resortgäste haben kostenlosen Zugang zu den heißen Becken.

*Über die Sol Duc Hot Springs Rd ab dem US-101 bis Sol Duc fahren, das Resort folgt nach etwa 11 mi/18 km rechterhand (Zufahrt über eine kurze Stichstraße). 12076 Sol Duc Hot Springs Rd, Port Angeles, WA 98363 1-360-327-3583 1-866-476-5382 @ info@visitsolduc.com www.olympicnationalparks.com/accommodations/sol-duc-hot-springs-resort.aspx Ja Nein Anf. Mai–Ende Okt. ****

Sol Duc Hot Springs Campground

Der Campground mit RV-Stellplätzen gehört ebenso wie die Hot Springs zum Sol Duc Resort und liegt nahe an den Pools und zum Lodge-Gebäude. Der Campingplatz ist sehr schön in eine friedvolle Landschaft mit viel grüner Umgebung eingebettet. Für Gäste des Campingplatzes ist der Eintritt zu den Badebecken nicht wie beim Resort inklusive.

*Der Campground folgt ein kurzes Stück südöstlich nach der Zufahrt zum Resort. 12076 Sol Duc Hot Springs Rd, Port Angeles, WA 98363 1-360-327-3583 1-866-476-5382 @ info@visitsolduc.com www.olympicnationalparks.com/rv-and-camping/hot-springs-resort.aspx RV-Park Ende Mrz.–Mitte Okt. Ja 17 80 Ja Nein Nein Strom (30/50 Amp.), Wasser (nur im Sommer) Nein ***

Und wieder geht es auf die Reise, wie bei jedem Parkzugang muss die Stichstraße auch von Sol Duc aus wieder zurück bis zum Highway 101 gefahren werden. 8 mi/13 km nach dem Sol Duc Resort kommt man an eine Gabelung, an der die Sol Duc Hot Springs Road rechts weiter verläuft. Dieser folgt man dann noch 4 mi/6,5 km, bevor man auf den US-101 trifft, dem man in östliche Richtung folgt. 2 mi/3 km nach Auffahren auf den Highway ist das westliche Ende des Lake Crescent erreicht. Hier könnte man eine kurze Routenauszeit nehmen und im See baden oder die Wanderung zu den beeindruckenden Marymere Wasserfällen unternehmen. Die 10 mi/16 km lange Fahrt am Ufer des Lake Crescent ist aber auch ohne einen Zwischenstopp ein Erlebnis: Auf der einen Seite dunkler Wald, auf der anderen Seite der tiefblaue See.

LAKE CRESCENT

Der aus der Eiszeit stammende See ist in die nördlichen Ausläufer der Olympic Mountains eingebettet. Deshalb führen auch einige Wanderwege in die umgebende Bergwelt hinein. Der See ist bis zu 200 Meter tief und befindet sich an einer Stelle, an der vor tausenden von Jahren lediglich große Eisplatten gelegen haben. Das Wasser des Sees ist frisch, man kann im Hochsommer aber durchaus im See baden – eine Badestelle befindet sich am östlichen Ufer.

Im Südwesten, an dem am See vorbeiführenden US-101, befindet sich **La Poel**, ein nur im Sommer zugänglicher Picknickbereich am Ufer (nicht zugänglich für Wohnmobile und Wohnwagen), es folgen Richtung Osten die Lake Crescent Lodge, von der aus die Wanderung zu den Marymere Falls startet, und die **Storm King Information Station**. Letztere ist von Mitte Juni bis Anfang September zwar unregelmäßig, aber fast täglich geöffnet. Am Ostende des Sees liegt der **East Beach**, an dem man schwimmen gehen und sonnenbaden kann, in der nordöstlichen Ecke befindet sich das Log Cabin Resort. Schließlich kann man am **North Shore** Halt machen, um ein Picknick mit malerischem Blick auf den glitzernden See einzunehmen.

Beschauliche Abendstimmung am Lake Crescent

Am westlichen Seeende befindet sich der bereits erwähnte General Store, bei dem man auch Kajaks mieten kann.

Wandern

► Marymere Falls ★

Die Wanderung ist eines der Highlights der Olympic Halbinsel und alleine deshalb einen Stopp am Lake Crescent wert. An der Storm King Ranger Station geht es los, zunächst auf einer asphaltierten Straße, bis man an eine Kreuzung gelangt. Hier folgt man nach links weiter einem Pfad, der regelrecht überdacht wird von mächtigen Nadelbäumen und Ahornen. Schildfarn und Moosteppiche begleiten den gut gepflegten Weg. Kurz nachdem der Storm King Trail abgezweigt ist, biegt man rechts Richtung Marymere Falls ab. Barners Creek und Falls Creek werden überquert, dann geht es in einer Schlucht bergauf. Der Trail mündet nun in einen kurzen Rundweg, von dem aus man zwei Aussichtspunkte auf den knapp 30 Meter hohen Wasserfall hat: Von der Bergseite aus blickt man auf die Wasserfälle hinab, am unteren Aussichtspunkt ist man auf derselben Höhe wie die Wassermassen, die von oben ankommen.

Auf dem Rückweg folgt man dem Weg entlang des Barnes Creek Richtung Lake Crescent Lodge.

Ganzj. Nein Storm King Information Station
1,5 Std. Einfach 3 km (Rundweg) 152 m

► Pyramid Peak

Wenn schon die Bergwelt so nahe ist, ist das eine gute Möglichkeit, eine anspruchsvolle Wanderung zu unternehmen. Sie führt zu einem Punkt, von dem aus man über dem Lake Crescent zu schweben glaubt. Auf dem Gipfel erreicht man einen Wachturm aus dem Zweiten Weltkrieg, von dem aus man feindliche Flugzeuge im Anflug auf den Puget Sound beobachtet hat. Von Felsvorsprüngen aus kann man die lohnenswerten Ausblicke auf den Lake Crescent genießen.

Der Weg selbst ist einfach zu finden und führt recht direkt zum Ziel. Man erreicht den Startpunkt, indem man am Fairholme Campground links auf die Camp David Junior Road abbiegt und dieser Straße etwa 3 mi/5 km entlang des Nordufers folgt. Durch einen Tannenwald geht es an der Westkante des Pyramid Mountain entlang. Am June Creek kann man noch einmal Wasser nachtanken, dann geht es deutlich steiler aufwärts. Danach gelangt man an eine schwieriges Etappe: Ein Erdrutsch hat für den Wanderweg nur noch ein schmales Stück übriggelassen. Höhenangst sollte man an dieser Stelle möglichst keine haben! Es ergeben sich bereits erste Blicke auf den Lake Crescent. Danach taucht der Weg wieder in ein Waldstück ein und führt in Serpentinen bergauf.

Schließlich wird eine Forststraße erreicht. Von einem bewaldeten Gipfel aus kann man kurze Zeit später die Strait of Juan de Fuca sehen. Den Zielpunkt beschreibt der 1942 errichtete Turm.

Zurück zum Ausgangspunkt geht es auf demselben Weg.
Ganzj. Nein Nordufer des Lake Crescent 6 Std. Schwierig, anstrengend 11 km 732 m

Übernachten

Lake Crescent Lodge

Auch diese Lodge ist wieder ein »historisches« Gebäude, das aus dem Jahr 1926 stammt. Am südlichen Seeufer des Lake Crescent gelegen, ist die Lodge eingebettet in einen Tannen- und Hemlockwald. Man kann wählen zwischen Zimmern in der Lodge oder Hüttchen, den Roosevelt Cabins oder – mit ein wenig mehr Privatsphäre – den Singer Tavern Cottages. Bei schlechtem Wetter gibt es einen großen Kamin in der Lobby, an dem man sich aufwärmen kann. Bei schönem Wetter kann man den Sonnenuntergang über dem See von der Veranda aus genießen. Es gibt ein Restaurant, in dem man gut essen kann, auch ohne in der Lodge zu übernachten.
*An der Einbuchtung des Sees zweigt linkerhand die Lake Crescent Rd ab. Dieser bis zur Lodge folgen 416 Lake Crescent Rd, Port Angeles, WA 98363 1-360-928-3211 1-888-723-7127 www.olympicnationalparks.com/accommodations/lake-crescent-resort.aspx Ja Nein Anf. Mai–Anf. Okt., Roosevelt Fireplace Cabins auch von Fr.–So. im Winter ****

Log Cabin Resort

Hier kann man es auch länger aushalten: Chalets und Cabins in allen Luxusklassen verteilen sich am Ufer des Lake Crescent: Chalets direkt am Wasser mit Bergblick, Zimmer, die mit der Lodge verbunden sind und ebenfalls am Wasser liegen und Bergblick haben, einfache Camper Cabins und historische, einfach ausgestattete Cabins. Die Lage aller Unterkünfte ist sehr schön, sodass man nichts falsch machen kann. Das Resort liegt in der ruhigen nördlichen Ecke des Lake Crescent. Man kann Boote aller Art mieten, schwimmen, es gibt einen kleinen Lebensmittelladen und eine Möglichkeit zum Wäschewaschen. Außerdem stehen ein paar RV-Stellplätze zur Verfügung.
*Dem Seeufer über den US-101 Richtung Osten folgen, bis linkerhand die E Beach Rd abzweigt. Diese etwa 3 mi/5 km entlangfahren, das Resort folgt linkerhand am Seeufer. 3183 E Beach Rd, Port Angeles, WA 98363 1-360-928-3325 1-888-896-3818 www.olympicnationalparks.com/stay/lodging/log-cabin-resort.aspx Ja Nein Mitte Juni–Ende Sep. Je nach Cabin-Typ *–****

Fairholme Campground

Der Campground steht unter der Verwaltung des National Park Service und befindet sich am westlichen Ende des Lake Crescent, umgeben von Wald. Er hat eine sehr idyllische und naturnahe Lage mit ein paar Plätzen nahe dem Wasser, dafür wenig Ausstattungsmerkmale. Der Highway verläuft recht nah an vielen Stellplätzen. Der Campingplatz wurde bereits vor Zufahrt zum Sol Duc Valley erwähnt und bietet eine Alternative, wenn der Sol Duc Hot Springs Campground besetzt ist oder man einen Aufenthalt am Lake Crescent einplanen möchte.
Über den US-101 aus Richtung Westen fahren, kurz vor Erreichen des Lake Crescent befindet sich der Campground linkerhand. 221074 US-101, Port Angeles, WA 98362 1-360-565-3130 www.nps.gov/olym Anf. Apr.–Ende Okt. Nein 88 88 Ja Nein Nein Nein Nein $

*Wenn sich die Fahrt vom Seeufer des Lake Crescent entfernt, macht der Highway 101 zuerst einen Linksknick und steuert dann bereits auf den nächsten See zu, den **Lake Sutherland**. Er ist deutlich kleiner als der eben besuchte Nachbarsee, die Fahrt führt auch hier teilweise eng am Seeufer entlang. 8 mi/13 km, nachdem man das Seeufer des Lake Crescent hinter sich gelassen hat, erreicht man **Elwha** und damit eine weitere Abzweigung in die Gefilde des Olympic National Park. Hierzu verlässt man den US-101 über die **Olympic Hot Springs Road** Richtung Süden. Die Strecke führt durch das **Elwha Valley** bis zum **Lake Mills**. Wer zu diesem See weiterfahren möchte, biegt nach 4 mi/6 km auf der Olympic Hot Springs Road und direkt nach der Ranger Station links auf die **Whiskey Bend Road** ab. Allerdings handelt es sich um eine Schotterstraße, die sehr eng und kurvenreich ist und nur für entsprechende Fahrzeuge mit Vierradabtrieb empfohlen wird. Vom Lake Mills und dem über diesen erreichbaren*

Geyser Valley gehen zahlreiche Wanderwege ab. Am Ende der Straße befinden sich mehrere alte Bauernhöfe, bevor die Straße endgültig endet. Der Bereich südlich von Elwha wird aufgrund der eingeschränkten Zugänglichkeit in diesem Routenreiseführer ausgespart.

Schon bald nach Abbiegung vom US-101 auf die Olympic Hot Springs Road Richtung Elwha Valley passiert man wieder die Parkgrenze mit Kassenhäuschen und befindet sich erneut im Olympic National Park.

ELWHA/OLYMPIC NATIONAL PARK

Nun sind die beiden nördlichen Parkzugänge zum Olympic National Park erreicht – hier das Gebiet um Elwha, auf der Weiterreise gibt es einen letzten Zugang zum Hurricane Ridge. Die allgemeine Beschreibung zum Olympic National Park befindet sich weiter vorne (►Seite 112).

Der **Elwha River** entspringt in den Olympic Mountains, fließt durch das Elwha Valley und mündet nach einer Strecke von 45 mi/72 km in die Strait of Juan de Fuca – ein Fluss, von dessem Fischreichtum schon die Ureinwohner lebten. Als 1913 und 1927 zwei Staudämme in Funktion genommen wurden, gelangten die Fische nicht mehr ins Elwha Valley, weil es trotz entsprechender Vorschriften keine Passage durch die Staumauern gab. Der eine Damm, **Elwha Dam**, staute den Lake Aldwell auf, der andere, **Glines Canyon Dam**, den Lake Mills. 2012 schließlich begann der National Park Service auf Erlass der Regierung mit dem Abriss der beiden Dämme, um den unberührten Lebensraum für die Fische wiederherzustellen. Es sind vor allem Lachse, die früher ihren natürlichen Lebensraum hier hatten und nun wieder zurückkommen und sich vermehren sollen. Damit ist Elwha eines der größten **Ökosystem-Renaturierungsprojekte** in der Geschichte der US-amerikanischen Nationalparks; es wurde im Herbst 2014 abgeschlossen.

Das Elwha Valley liegt im zentralen nördlichen Bereich des Olympic National Park. Entlang der Olympic Hot Springs Road und der Whiskey Bend Road gibt es viele schöne Möglichkeiten, das Flachland des Tals und die niedrig gelegenen Wälder zu erleben. Außerdem findet man Zugang zu Picknickbereichen und etlichen Wanderungen. Eine Wanderung (**Olympic Hot Springs Trail**) führt zu den Olympic Hot Springs, das sind mehrere heiße Quellen nahe dem Flüsschen Boulder Creek, einem Seitenarm des Elwha River. Die Temperatur der Quellen reicht bis zu 59 Grad Celsius. Die Becken sind flach und haben einen matschigen, felsigen Boden. Da die Wasserqualität nicht zufriedenstellend ist und die Quellen nicht vom National Park Service gepflegt werden, sollte man in den Becken nicht baden!

Im **Elwha Valley** befinden sich zwei Campingplätze, aber keine Lodge. Die **Elwha Ranger Station** ist im Sommer sporadisch besetzt, die aktuellen Öffnungszeiten kann man Infotafeln entnehmen. Folgt man dem Straßenverlauf der Olympic Hot Springs Road weiter, passiert man die Stelle, an der ehemals der Glines Canyon Dam stand. Die Straße wird auch hier eng und kurvenreich, ist aber im Gegensatz zurWhiskey Bend Road asphaltiert. Man befindet sich oberhalb des Lake Mills. Einen wunderschönen Blick ins Valley gibt es vom **Observation Point** aus. Die Straße endet schließlich am Parkplatz nahe der Olympic Hot Springs.

Wandern

► Madison Falls

Es ist nur ein ganz kurzer Weg, führt aber zu den sehr schönen Wasserfällen Madison Falls. Zunächst windet sich der Trail um Bäume, durch deren Äste sich schöne Blicke auf den Fluss ergeben. Die Wasserfälle sind schnell erreicht. Dort kann man von einer Bank aus die Wassermassen betrachten, die sich in die Tiefe stürzen.

Ganzj. Nein Parkeingang Elwha in den Olympic National Park 0,5 Std. Einfach 0,3 km 0 m

► Griff Creek

Der Wanderweg ist noch ein Geheimtipp, man trifft unterwegs nicht viele Mitwanderer. Es ist ein sehr schöner, aber auch

steiler Pfad, der sich von der Ranger Station aus in Serpentinen und durch üppige Wälder mit riesigen Tannen und Zedern und moosbedeckten Böden bergauf windet. Deshalb eignet sich die Wanderung besonders gut für warme Sommertage. Oft geht es direkt am Felshang entlang, der Weg ist abenteuerlich und abwechslungsreich. Beim Halfway Point, einem Aussichtspunkt, der ebenfalls moosüberzogen ist, bietet sich ein wunderbarer Ausblick. Kurz danach folgt auf etwa 0,6 mi/1 km das steilste Stück der Wanderung. Der befestigte Weg endet schließlich auf einer Höhe von über 1.000 Metern. Jetzt haben sich alle Wanderer eine redliche Pause mit den herrlichen Panoramablicken ins Tal verdient, bevor es denselben Weg wieder zurückgeht.
Ganzj. Nein Elwha Ranger Station 3,5 Std. Moderat bis anstrengend 5,6 km 457 m

► Olympic Hot Springs Trail

Dies ist die eingangs erwähnte Wanderung zu den heißen Quellen Olympic Hot Springs. Es ist eine Wanderung mit einer gemächlichen Steigung. Der Weg startet am Parkplatz der Lake Mills Bootsrampe am nördlichen Ende des Sees. Hierzu muss man nach Elwha die Olympic Hot Springs Road weiterfahren und sich rechts vom Lake Mills halten (nicht die Schotterstraße Whiskey Bend Road nehmen!).

Ziel der Wanderung sind sieben blubbernde Quellen in verschiedenen Größen und Temperaturen, eine davon sogar mit Wasserfall.
Ganzj. Nein Bootsrampe am Lake Mills 4 Std. Einfach 8 km 79 m

Übernachten

Elwha Campground

Da der Platz unter der Verwaltung des National Park Service etwa mittig zwischen dem Lake Crescent, dem Elwha Valley und dem folgenden Hurricane Ridge liegt, bietet er sich als Übernachtungsmöglichkeit für mehrere Ziele an. Der Campground liegt am Fuße der Elwha River Range. In einem Amphitheater werden im Sommer Ranger-Programme angeboten. Wer mit dem Wohnmobil anreist, ist hier besser aufgehoben als auf dem Altaire Campground (siehe unten), der eher ein Zeltzplatz ist (RVs jedoch erlaubt). Im Winter gibt es kein Wasser.
Nach der Eingangsstation links an der Olympic Hot Springs Rd Elwha Valley, Port Angeles, WA 98362 1-360-565-3130 www.nps.gov/olym Ganzj. Nein 40 40 Nein Nein Nein Nein Nein $

Altair Campground

Obwohl Wohnmobile erlaubt sind, eignet sich der Altair Campground mehr als Zeltplatz. Manche Plätze liegen direkt am Fluss.
Olympic Hot Springs Rd dem Flusslauf in südliche Richtung folgen, Campground befindet sich 8 mi/13 km südlich des US-101 Elwha Valley, Port Angeles, WA 98362 1-360-565-3130 www.nps.gov/olym Juli–Sep. Nein 30 30 Nein Nein Nein Nein Nein $

*So langsam kommen wir zum Endspurt des Olympic National Park. Noch einmal geht es tief hinein ins Parkgebiet, es ist einer der spektakulärsten Bereiche, den die Halbinsel zu bieten hat: **Hurricane Ridge**.*

! Eines sei vorweggenommen: Nur bei gutem Wetter und guter Sicht lohnt sich die nicht ganz unaufwändige Fahrt in die Gebirgsregion, die nun bevorsteht. Die Straße zum Hurricane Ridge ist nur im Sommer täglich befahrbar (Anf. Mai–Anf. Okt.). Im Winter kann sie, je nach Wetterlage, an Werktagen geschlossen sein. Von freitags bis sonntags ist sie von 9 Uhr bis Sonnenuntergang geöffnet. Unter 1-360-565-3131 oder unter www.nps.gov/olym/planyourvisit/hurricane-ridge-current-conditions.htm erhält man Auskunft zur Wetterlage und zu den Straßenverhältnissen.

Elwha wird über die Olympic Hot Springs Road verlassen, man kehrt wieder einmal zurück auf den US-101. Diesem folgt man für 9 mi/15 km bis zu den südlichen Ausläufern der Stadt Port Angeles. Dann geht es rechts ab Richtung Besucherzentrum und Hurricane Ridge. Auch wenn man jetzt mit dem Park fast »durch« ist, lohnt sich ein Stopp im Besucherzentrum alleine schon wegen der

Der letzte Vorstoß in den Olympic National Park über die Hurricane Ridge Road ist zugleich einer der spektakulärsten.

interaktiv aufgemachten Ausstellung zur Natur- und Kulturgeschichte des soeben durchreisten Gebietes.

Wer Hurricane Ridge auslässt, folgt dem US-101 8 mi/13 km hinter Elwha nach links in die S Lincoln Street Richtung Innenstadt Port Angeles.

OLYMPIC NATIONAL PARK VISITOR CENTER

In Port Angeles zweigt der US-101 links ab in die S Lincoln St. Geradeaus weiter geht es über den W Lauridson Blvd, bis rechts die S Race St abzweigt, die in die Mt Angeles Rd übergeht. 3002 Mount Angeles Rd, Port Angeles, WA 98362 1-360-565-3130 www.nps.gov/olym Tägl. geöffnet, Zeiten variieren je nach Saison

4 mi/7 km nach dem Visitor Center in Port Angeles passiert man den Parkzugang an einer Entrance Station. Die Auffahrt zu der 1.600 Meter hoch gelegenen Hurricane Ridge mit einem weiteren Besucherzentrum ist ein Erlebnis. Unterwegs ergeben sich herrliche Ausblicke auf die Strait of Juan de Fuca auf der einen Seite und die schneebedeckten Berggipfel auf der anderen. So werden die Höhenkilometer zum Fahrabenteuer, man sollte an den Parkbuchten anhalten und die Aussichten genießen.

HURRICANE RIDGE/OLYMPIC NATIONAL PARK ☆

Ein letztes Mal werden die Parkgrenzen erreicht, die allgemeine Beschreibung des Olympic National Park befindet sich weiter vorne (►Seite 112).

Die Bergwelt des Olympic National Park ist nicht unbedingt einfach zugänglich. Der am besten erreichbare Höhenzug ist Hurricane Ridge (1.600 Meter hoch gelegen), eine **subalpine Gebirgsregion** innerhalb des Nationalparks. Er erstreckt sich von Ost nach West auf der Nordseite der Olympic Peninsula, entlang der Strait of Juan de Fuca. Mount Olympus ist mit 2.428 Metern der höchste Berg. Hurricane Ridge ist sommers wie winters ein Erlebnis, denn im Winter kann man sich mit Schneeschuhen und Langlaufskiern auf den Weg machen (werden im Hurricane Ridge Visitor Center verliehen), man kann nach Herzenslust Schlitten und – wenn es das Wetter erlaubt – sogar Abfahrtski fahren, es gibt drei Skilifte. Mehr über den Winterbetrieb erfährt man unter http://hurricaneridge.com. Im Frühjahr und frühen Sommer ist wegen der Höhenlage von den Schneemassen des Winters immer noch einiges übrig, man kann parallel aber die blumenbedeckten Wiesen genießen und vor allem die Blicke über die schneebedeckten 2.000 Meter hohen Berge schweifen lassen, unter anderem den Mount Olympus mit seinen drei Gipfeln.

Vom Parkplatz des Hurricane Ridge Visitor Centers aus führen mehrere kurze Rundwege zu atemberaubenden Aussichtspunkten über das Meer und bis nach Vancouver Island. Wer lieber den Zauber der Bergwelt genießen möchte, kann im Sommer in den eineinhalb Kilometer vom Visitor Center entfernten Picknickbereichen A und B eine Vesper im alpinen Umfeld einnehmen.

Zahlreiche Wanderwege stehen zur Verfügung, um Hurricane Ridge zu erkunden und mehr oder weniger tief ins Gebirge einzutauchen. Es ist für alle Ansprüche etwas vorhanden – von der Wanderung auf dem Höhenzug über steile Bergtouren bis zu Abstiegen zu subalpinen Seen und Tälern. Die (unbefestigte) **Obstruction Point Road** (mit Mietwagen machbar, für Wohnmobile nicht geeignet), die kurz vor dem Visitor Center links abzweigt, gewährt Zugang zu weiteren Touren in allen Längen und Schwierigkeitsgraden (◷ Juli–Sep.). Die Straße führt auf fast 2.000 Meter Höhe zum **Obstruction Point**, von dem aus die Panoramasicht natürlich noch einmal alles toppt. Wer an klaren Tagen zu Sonnenaufgangs- oder Untergangszeiten hier ist, hat natürlich das ganz große Los gezogen!

Der Teil der Hurricane Ridge Road, der westlich vom Visitor Center weiterführt, ist gespickt mit Aussichtspunkten – es lohnt sich auch bei Zeitnot, diese entlangzufahren und an besonders schönen Stellen auszusteigen. Es gibt einige Picknickplätze und Startpunkte für Wanderungen. Für Wohnmobile ist die Straße nicht geeignet. Leider gibt es hier keinen Shuttleservice.

Übrigens hat Hurricane Ridge seinen Namen nicht von ungefähr – starke Stürme und Winde treten vor allem im Winter häufig auf. Auch im Sommer muss man mit Schnee rechnen, das Wetter ist unvorhersehbar. Die Luft hier oben ist auf alle Fälle frisch und gesund und das Gefühl, auf dem Gipfel der Welt zu stehen, allgegenwärtig. Neben dem Parkplatz – und sei dieser (vor allem am Wochenende) noch so überfüllt – grasen unbeirrt Rehe; es sind sogar Mütter mit ihren Kitzen darunter. Das setzt der ohnehin friedvollen Stimmung dieser Höhenregion die Krone auf.

Es gibt im Bereich Hurricane Ridge keine Übernachtungsmöglichkeiten. Auf dem Weg nach Port Angeles befindet sich ein Campground (▶Seite 143), Motels und Hotels stehen in Port Angeles ausreichend zur Verfügung.

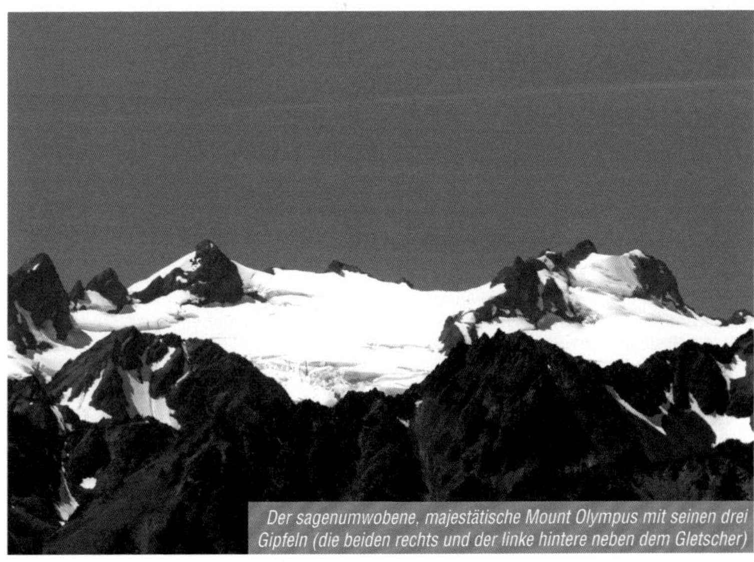

Der sagenumwobene, majestätische Mount Olympus mit seinen drei Gipfeln (die beiden rechts und der linke hintere neben dem Gletscher)

HURRICANE RIDGE VISITOR CENTER

In den einzelnen Bereichen innerhalb des Nationalparks gab es bislang keine herausragenden Visitor Center – umso beeindruckender ist das Angebot hier oben in den Bergen. Neben den üblichen Informationen kann man im Souvenirladen Winterausrüstung mieten (Schneeschuhe, Skier). Der Shop hat von Mitte Mai bis Anfang Oktober täglich, von Mitte Dezember bis Ende März nur an den Wochenenden geöffnet. Im Erdgeschoss kann man neben Souvenirs auch kleine Snacks kaufen, im oberen Stockwerk befinden sich verschiedene Exponate zur umgebenden Natur, es wird der Film *Life on the Ridge* gezeigt. Von Ende Juni bis September wird ein Ranger-Programm angeboten.

Vom Visitor Center in Port Angeles der Hurricane Ridge Rd 18 mi/28 km weit bergauf folgen Hurricane Ridge Rd, Olympic National Park, WA 98362 1-360-565-3131 www.nps.gov/olym Ende Juni–Mitte Sep. tägl., Ende Dez–Ende Mrz. nur am WE

Wandern

Big Meadow Loop

Diese kurze Wegvariante eignet sich für alle, die sich gerne an den bunten Blumenwiesen erfreuen möchten – hierfür bietet sich keine bessere Gelegenheit! Es ist wie ein Spaziergang durch die Alpen. Unterwegs kann man auf Wildtiere treffen und die Blicke auf die Olympic Mountains im Süden genießen.

Ganzj. Nein Am Parkplatz des Visitor Center 0,5 Std. 0,8 km 15 m

Hurricane Hill Trail

Wenn man nur Zeit für eine Wanderung durch das Gebirge hat, sollte man diese wählen – sie vereint Panoramablicke sowohl auf die Bergwelt als auch auf das Meer. Alles ist im Blick: Mount Olympus, Mount Baker in den Cascades und die Strait of Juan de Fuca. Dafür ist man alles andere als alleine unterwegs ... Der Weg ist asphaltiert und geht geradewegs zu dem Gipfel, von dem aus sich die herrlichen Ausblicke ergeben. Oft kann man von dem Aussichtspunkt auch Bären be-

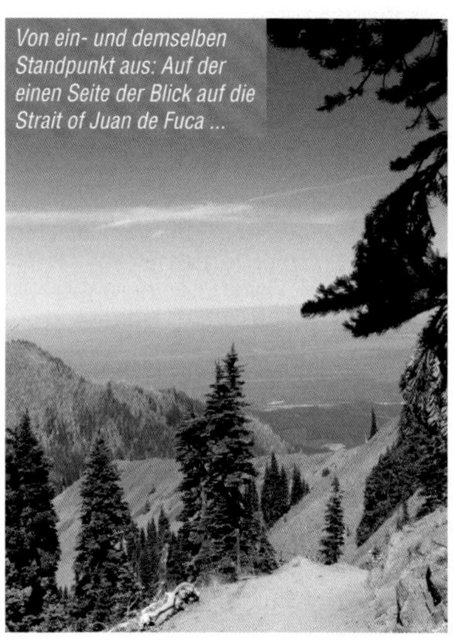
Von ein- und demselben Standpunkt aus: Auf der einen Seite der Blick auf die Strait of Juan de Fuca ...

obachten, die weiter unten auf Nahrungssuche sind. Oben am Aussichtspunkt, kein bisschen menschenscheu, sind Hirsche unterwegs, die man aber keinesfalls füttern darf! Sie müssen ihr Futter selbst suchen, um sich auch im Winter durchschlagen zu können.

Da die Zufahrt über den für RVs gesperrten Teil der Hurricane Ridge Road erfolgt, kann man als Wohnmobilreisender diese Wanderung nur unternehmen, wenn man vom Visitor Center aus zum Trailhead läuft (1,5 mi/2,5 km).

Im Winter kann man auf diesem Weg eine hervorragende Schneeschuhtour unternehmen. Dabei stapft man durch ein wahres Winter-Wonderland. Neulinge auf Schneeschuhen können sich an den Wochenenden einer geführten Tour anschließen.

Ganzj. (Winter: Schneeschuhweg) Nein Parkplatz am westlichen Ende der Hurricane Ridge Rd, 4 mi/2,5 km nach dem Visitor Center 2,5 Std. Moderat 5 km 290 m

Klahhane Ridge Trail ★

Diese Wanderung ist ein Muss, wenn man die besten Blicke über die Olympic Pen-

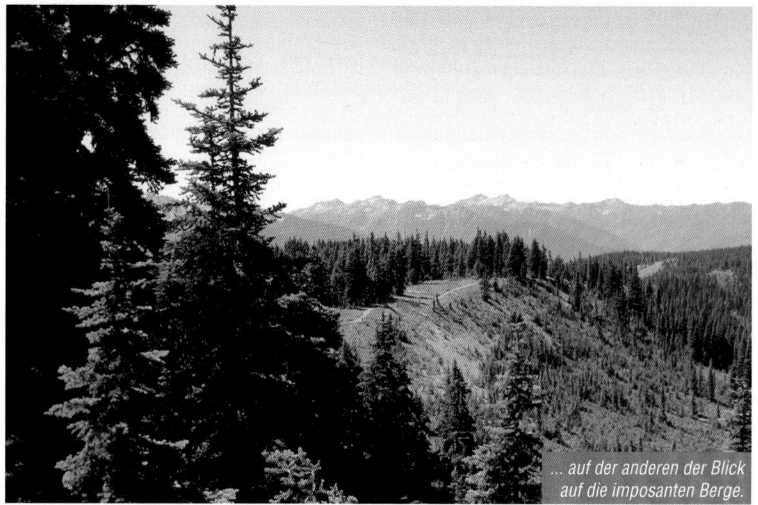
... auf der anderen der Blick auf die imposanten Berge.

insula erhaschen möchte. Das Ziel der Wanderung ist Klahhane Ridge, ein Höhengrat am Mount Angeles im Bereich Hurricane Ridge, der als Sattel zwischen dem Mount Angeles und dem benachbarten Rocky Peak liegt. Von hier aus sind einzigartige 360-Grad-Panoramablicke möglich. Die Landschaft ist ein Traum, der Weg oft nur ein schmaler Pfad am Berghang.

Über zwei verschiedene Wege gelangt man zur Klahhane Ridge; der etwas längere, aber malerische startet am Hurricane Ridge Visitor Center (der andere wäre der Switchback Trail, der ausgeschildert an einem Parkplatz der Hurricane Ridge Road beginnt). Die ersten 2,8 mi/4,5 km verlaufen entlang einem Höhenzug bis zur Kreuzung mit dem Klahhane Switchback Trail. Danach geht es für 0,3 mi/1,5 km 244 Höhenmeter auf dem Switchback Trail hinauf zur Klahhane Ridge.

Unterwegs sollte man unbedingt Ausschau nach Wildtieren halten. In diesen Gefilden leben Schwarzbären, Bergziegen, Pumas und Rotluchse.

Als Option kann man natürlich auch an der Kante des Bergrückens so weit entlangwandern, wie man möchte, und nach Belieben umkehren.

Ganzj. Nein Hurricane Ridge Visitor Center; Switchback Trail Hurricane Ridge Rd 7 Std., Switchback Trail 4,5 Std. Anstrengend (beide Varianten) 12 km, via Switchback Trail 5,5 km 320 m, via Switchback Trail 437 m

Übernachten

Im Bereich Hurricane Ridge gibt es keine Übernachtungsmöglichkeiten. Für Camper folgt jedoch auf dem Weg nach Port Angeles der Heart O' the Hills Campground (siehe unten).

Zurück über die kurvenreiche Hurricane Ridge Road Richtung Highway 101 heißt es, die letzten Impressionen des Nationalparks aufzunehmen, bevor nun, nach vielen unterschiedlichen Stationen, der Park verlassen wird. 12 mi/19 km nach dem Hurricane Visitor Center gelangt man zur einzigen Möglichkeit, im Bereich Hurricane Ridge zu campen.

HEART O' THE HILLS CAMPGROUND

Ziemlich genau zwischen Hurricane Ridge und Port Angeles liegt dieser Campground innerhalb der Nationalparkgrenze. In einem alten Waldbestand befinden sich die schattigen Stell- und Zeltplätze. Der

Campground ist wie die anderen im Olympic National Park ganz einfach, ohne Anschlüsse und Komfort, jedoch mit viel Grün und Privatsphäre. Wer auf der Halbinsel vor der Fahrt gen North Cascades National Park noch eine naturnahe Übernachtung benötigt, ist hier richtig.

Ab dem Hurricane Ridge Visitor Center 12 mi/19 km der Hurricane Ridge Rd folgen, der Campground folgt rechterhand 1-360-565-3131 www.nps.gov/olym Ganzj. Nein 105 105 Nein Nein Nein Nein Nein $

Nach dem Heart O' the Hill Campground sind es noch 6 mi/9 km Richtung Norden, dann wird der Nationalpark ein letztes Mal 4 mi/7 km vor dem Hauptbesucherzentrum des Olympic National Park verlassen. Man befindet sich bereits im Ort Port Angeles, dem nächsten Etappenziel auf der Reise, bei dem man für die folgende, lange Fahrstrecke tanken und die Vorräte auffrischen sowie bei Bedarf übernachten kann. Noch befinden wir uns auf der Olympic Halbinsel, es gibt jedoch keine Berührungspunkte mehr mit dem Nationalpark.

PORT ANGELES

		Port Angeles	Gladbeck
	Stadt	19.100	74.000
	Metropolregion	-	5.200.000
	pro km²	687	2.060
	km²	37,6	36
	über NN	17 m	63 m
	mm	635	775
	°C	16,5	18,5
	°C	9	7,3
	Forks		57 mi/ 91 km
	Butte		1.045 mi/ 1.672 km

Port Angeles ist der größte Ort auf der Olympic Peninsula und mit zwei Sägemühlen und einem Hafen mit Fischereiflotte das Handelszentrum im Norden der Olympic Peninsula. Der Ort ist an dieser Stelle der Reise vor allem dazu geeignet, die Vorräte aufzufrischen, bevor es in die Einsamkeit der North Cascades geht. Auch eine Übernachtung kann hier strategisch sinnvoll sein – vor allem die Auswahl an Hotels und Motels ist sehr groß. Wem allerdings nach der Naturgewalt des Olympic National Park der Sinn nach Stadtluft steht, findet in Port Angeles ein übersichtliches Angebot an Freizeitaktivitäten, vor allem im kulturellen Bereich.

Wer von Seattle aus die Fährfahrten nach Vancouver Island wegen ihrer Länge gescheut hat, der hat in Port Angeles noch einmal Gelegenheit, dies nachzuholen. Mehrmals täglich (im Sommer viermal) verkehren Fähren nach Victoria, BC, die Überfahrt dauert von hier nur 90 Minuten. Das Schiffsunternehmen heißt **Black Ball Ferry Line** und bedient Port Angeles an dessen Fährhafen (101 East Railroad Ave, Port Angeles, WA 98362). Informationen findet man im Internet unter www.cohoferry.com oder telefonisch 1-360-457-4491. Ein Fahrzeug unter 18 Feet inklusive Fahrer und einem zusätzlichen Mitfahrer kostet $ 175, zwei Erwachsene ohne Fahrzeug $ 70.

Einen schönen Blick auf die gerade erlebte Bergwelt des Olympic National Park kann man von der langen, schmalen **Landzunge Ediz Hook** aus genießen. Hierfür verlässt man den US-101 am Abzweig des WA-117 und biegt links auf diesen ab, bis er auf den Marine Drive stößt. Auf diesen nach links auffahren, bis er nach rechts in die N Ediz Hook Road abzweigt. Diese Straße führt zur Spitze der Bucht, wo man an einem Strand unterhalb der Coast Guard Air Station den entsprechenden Ausblick findet.

PORT ANGELES REGIONAL CHAMBER OF COMMERCE

Der Hurricane Ridge Rd Richtung Norden folgen, bis die Straße in die S Race St übergeht. Weiter geradeaus, bis die Straße auf die Kreuzung mit dem US-101 trifft. Links abbiegen, dann die fünfte Straße rechts in die

N Lincoln St und wieder links in die E Railroad Ave. 121 E Railroad Ave, Port Angeles, WA 98362 1-360-452-2363 info@portangeles.org www.portangeles.org Mo.-Fr. 10-16 h, Sa. 10-15 h

Orientieren

Port Angeles ist in die nördliche Ecke der Olympic Peninsula eingebettet. Das Hafengebiet der Stadt verläuft an der Strait of Juan de Fuca. Links begrenzt die Landzunge Ediz Hook (siehe Tipp oben) den Hafen. Gegenüber, auf der nördlichen Seite der Strait of Juan de Fuca, sieht man bereits Vancouver Island mit der Stadt Victoria. Das wesentliche Stadtgebiet befindet sich rund um den Hafen. Port Angeles ist ansonsten schnell umrissen: Aus Richtung Westen führt der Highway 101/ South Lincoln Street in die Stadt, verläuft Richtung Norden zum Hafengebiet und verlässt die Stadt wieder Richtung Osten. Eine parallel verlaufende Längsverbindung ist der WA-117.

Versorgen und einkaufen

Entlang des US-101 befinden sich einige große Supermärkte, beispielsweise ein Safeway am 2709 US-101 oder leicht versetzt vom Highway ein Walmart Supercenter am 3411 US-101. Beide Märkte befinden sich östlich des Stadtzentrums und sind ganztägig zu den üblichen Zeiten geöffnet.

Essen und trinken

Soll es nach dem Nationalpark ein leichtes Bistro-Essen (mit deutschem Einfluss) sein, ist man im **Toga's Soup House** gut aufgehoben.

Aus Richtung Hurricane Ridge bis Abzweig US-101, nach links auffahren, das Restaurant folgt nach 1 mi/1,6 km 122 W Lauridsen Blvd, Port Angeles, WA 98362 1-360-452-1952 www.togassouphouse.com Mittel

Bodenständig speist man im **Cornerhouse Restaurant** am Hafen und nahe des Visitor Center.

Aus Richtung Hurricane Ridge über die S Race St geradeaus, bis der US-101/E Front St kreuzt. Nach links auffahren 101 East Front St, Port Angeles, WA 98362 1-360-452-9692 Niedrig

Nobler (und sehr empfehlenswert!) wird es im **First Street Haven Restaurant**.

Aus Richtung Hurricane Ridge über die S Race St geradeaus, bis der US-101/E Front St kreuzt. Nach links auffahren, bis links die N Laurel St abzweigt, dann links in die E 1st St 107 East 1st St, Port Angeles, WA 98362 1-360-457-0352 Hoch

Sollen Steaks und/oder Fisch auf dem Speiseplan stehen, ist das **Bushwhacker Restaurant** ein typisch amerikanisches, rustikales Restaurant.

Aus Richtung Hurricane Ridge weiter über die S Race St, bis rechts die E 1st St abzweigt. Das Restaurant folgt nach 0,6 mi/1 km 1527 East 1st St, Port Angeles, WA 98362 1-360-457-4113 www.bushwhackerpa.com Mittel

Highlights

Feiro Marine Life Center

Vor allem die tierischen Bewohner der Strait of Juan de Fuca spielen in diesem Marine-Center eine Rolle. Den Besuchern soll die marine Umgebung der Region anhand vieler Lebewesen der Gezeitenzone nähergebracht werden. Mitarbeiter stehen zur Verfügung und begleiten die Besucher beziehungsweise sind bei Fragen ansprechbar.

Am Port Angeles City Pier in der nordöstlichen Ecke der N Lincoln St/Railroad Ave, bei der Einfahrt in die Stadt der Beschilderung zu Victoria Ferries folgen 315 N Lincoln St, Port Angeles, WA 98362 1-360-417-6254 http://feiromarinelifecenter.org Memorial Day-Labor Day tägl. 10-17 h, ansonsten tägl. 12-16 h Erw. $ 4, Kinder (3-17 J.) $ 2

Clallam County Historical Society's Museum at the Carnegie

Die Ausstellung beleuchtet vor allem die Geschichte der Region, des Clallam County. Sie ist in zwei Bereiche aufgeteilt, einer Dauerausstellung zum Thema »Strong People, The Faces of Clallam County« und Wechselausstellungen mit geschichtlichen Exponaten.

Aus Richtung Hurrican Ridge geradeaus nach Port Angeles fahren, die Hurricane Ridge Rd wird zur S Race Rd. Von dieser links auf die

Nur per Fähre kann man die Olympic-Halbinsel im Norden verlassen, um auf das Festland Washingtons zu gelangen.

E 8th St abbiegen, bis die S Lincoln Rd kreuzt. Auf diese rechts abbiegen. 207 S Lincoln St, Port Angeles, WA 98362 1-360-452-6779 www.clallamhistoricalsociety.com Mi.–Sa. 13–16 h Frei, Spende erbeten

Übernachten

Red Lion Hotel

Das Hotel liegt direkt am Meer in der Nähe des Fährhafens und deshalb günstig für einen Ausflug nach Vancouver Island. Einige Zimmer verfügen über Meerblick, bei der Buchung sollte man unbedingt eines dieser Zimmer wählen (kostet Aufpreis). Einige Supermärkte befinden sich ganz in der Nähe. Die Zimmer sind geräumig, das Hotel insgesamt recht weitläufig.

*Der Hurricane Ridge Rd folgen, bis kurz vor dem Hafen links der US-101 abzweigt. Auf diesem etwa 0,6 mi/1 km fahren bis zum Hotel. 221 N Lincoln St, Port Angeles, WA 98362 1-360-452-9215 @ portangelessales@redlion.com http://portangeles.redlion.com Ja Ja Ganzj. ***

Domaine Madeleine Bed & Breakfast

In einem Fernsehprogramm wurde die Unterkunft zu einem der besten, romantischen Bed & Breakfast des Pazifischen Nordwestens gewählt. Das Anwesen liegt auch tatsächlich sehr schnuckelig am Meer in einer schönen Gartenanlage. Es ist nicht ganz günstig, aber den Preis absolut wert – schon wegen des leckeren Frühstücks. Es gibt liebevoll eingerichtete Zimmer im Hauptgebäude, alle mit schönem Blick, eigenem Bad und einem Kamin, aber auch einen ganz privaten »Rendezvous Room« mit separatem Eingang und ein in den Bäumen verstecktes Cottage. Mindestaufenthalt in den Sommermonaten und im Winter an den Wochenenden sind zwei Nächte, bei Verfügbarkeit ist jedoch auch eine Nacht möglich.

*Von Port Angeles über den US-101 7 mi/11 km weit Richtung Osten fahren, dann links auf den Old Olympic Hwy abbiegen und diesem 1,5 mi/2,5 km folgen. Wieder links auf den Wild Current bis Gehrke Rd fahren. Auf diese rechts abbiegen, 3 mi/5 km folgen. Schließlich rechts auf die Finn Hall, nach 2 mi/3 km weist ein Schild »Domaine Madeleine« den Weg. 146 Wildflower Ln, Port Angeles, WA 98362 1-360-457-4174 1-888-811-8376 @ stay@domainemadeleine.com https://domainemadeleine.com Ja Ja Ganzj. ****

Olympic Peninsula/Port Angeles KOA

Wenn es mal wieder Zeit für einen RV-Platz mit Anschlussmöglichkeiten wird, dann ist dieser KOA-Platz östlich von Port Angeles eine gute Option. Mit allen Annehmlichkeiten ausgestattet (Pool, Hot Tub und sogar Sauna) lässt es sich hier gut auf zumeist schattigen Plätzen campen. Zwar ist der Campground nicht so naturnah und hat nicht die geräumigen Stellplätze mit viel Privatsphäre wie die Parks unter der Verwaltung des National Park Service – dafür bietet er Komfort. Der Campground vermietet auch Blockhüttchen.

Ab Port Angeles dem US-101 etwa 7 mi/11 km Richtung Osten folgen, dann links in die O'Brien Rd abbiegen 80 O'Brien Rd, Port Angeles, WA 98362 1-360-457-5916 1-800-562-7558 @ portangeleskoa@wavecable.com www.koa.com/campgrounds/port-angeles Anf. Mrz.–Ende Okt. Ja 73 29 Ja Ja Ja Strom (30/50 Amp.), Wasser, Abwasser Ja $$$

Port Angeles war die letzte Station auf der Olympic Peninsula. Die Reise geht nun in Richtung Osten weiter und nimmt Kurs auf die nördliche Kaskadenkette an der kanadischen Grenze. Hierzu verlässt man Port Angeles über den US-101 und folgt diesem für 34 mi/55 km. Die letzten Kilometer schlängelt er sich um eine Bucht, bevor er in deren Scheitelpunkt nach rechts abzweigt. Hier trennen sich die Wege – der Highway 101, der um die ganze Olympic Halbinsel geführt hat, wird abgelöst vom ***WA-20*** *(auf dieser Seite noch* ***WA-20 E****), der im Bereich der Ortschaft Fairmont entspringt (links abzweigend). Diese State Route wird nun die Reisenden auf einer langen Strecke mit einem spektakulären Fahrerlebnis verwöhnen. Zunächst aber gilt es, den nördlichen Puget Sound per Inselhopping zu überwinden, um zum »Festland« zu gelangen. Vom Ursprung der SR-20 bis* ***Port Townsend****, dem letzten Ort auf der Olympic Halbinsel, sind es 12,5 mi/20 km. Die europäisch anmutende Stadt mit den viktoria-*

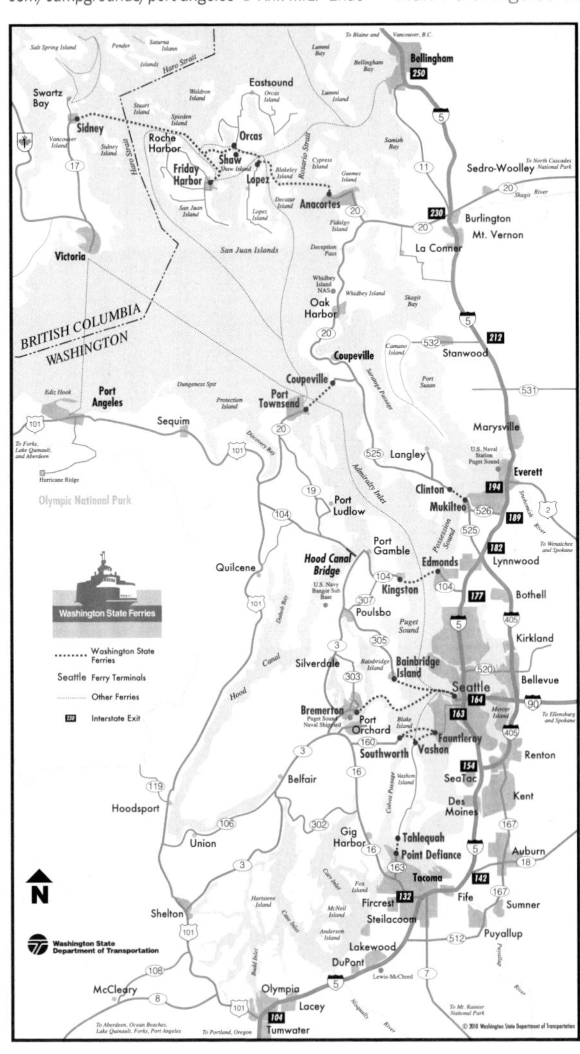

nischen und bunten Gebäuden und dem Charme eines bretonischen Fischerdorfes dient jedoch nur als Hafenstadt für die ***Fähre****, die nach* ***Whidbey Island*** *übersetzt.*

Nach Port Angeles wird die Straße bald zweispurig und die Fahrt führt durch Mischwald. Auf der linken Straßenseite linst immer wieder das tiefblaue Wasser der Strait of Juan de Fuca durch. Noch schöner wird es, wenn die Straße des Highway 20 leicht erhöht über dem Meeresarm verläuft; es wird zudem hügeliger und zunehmend idyllisch, bleibt dabei aber weiterhin waldig. Man passiert den Old Fort Townsend State Park und erreicht danach die Grenzen des Ortes ***Port Townsend****. Danach fährt man direkt auf das Wasser im Nordosten der Halbinsel zu, die Fähre beziehungsweise der Fährhafen sind gut ausgeschildert.*

! Spätestens bei Verlassen von Port Angeles sollte man die Fähre reservieren, die von Port Townsend nach Coupeville auf der Insel Whidbey Island übersetzt. An einem Wochenende, vor allem in der Hauptsaison, sollte die Reservierung besser 24 Stunden vor der geplanten Überfahrt erfolgen. Telefonische Reservierungen unter ☎ 1-888-808-7977 beziehungsweise innerhalb Washingtons ☎ 511; zuverlässiger funktioniert es jedoch übers Internet unter www.wsdot.wa.gov/ferries/reservations.

Es stehen zwar Standby-Kapazitäten zur Verfügung, auf die man sich jedoch nicht verlassen sollte, da man möglicherweise trotzdem ein paar Stunden oder im schlechtesten Fall einen Tag warten muss, bis man einen Platz an Bord ergattert.

Wenn man, wie es uns passiert ist, telefonisch nicht reservieren kann, weil man unter der Reservierungsnummer nur eine elektronische Ansage erhält, kann es passieren, dass man keinen Platz mehr auf der Fähre bekommt und auf den Folgetag verwiesen wird. Hat man dann einen Zeitplan einzuhalten oder ist für diesen Tag ein Campinpgplatz oder ein Hotel reserviert, ist die einzige Alternative, aufs östlich gelegene Festland zu gelangen, der Umweg über ***Kingston****, um von dort mit der Fähre nach* ***Edmonds*** *überzusetzen. Hierfür folgt man ab Port Townsend dem* ***WA-19*** *19 mi/30 km weit in südliche Richtung, biegt dann links auf den* ***WA-104*** *ab und folgt diesem weitere 22 mi/35 km bis Edmonds. Vor dem Ort wird man frühzeitig ausgeleitet, um einen Zufahrtsschein für die Fähre zu erhalten, da der Fährparkplatz für gewöhnlich voll ist und sich ein langer Rückstau bildet. Nach der Überfahrt durch den Puget Sound geht es 56 mi/89 km weit über die* ***I-5*** *Richtung Norden bis nach Burlington, wo die Interstate auf den* ***WA-20*** *trifft, auf den man in östliche Richtung auffährt. Alternativ kann man schon nach 34 mi/54 km in Arlington auf den* ***WA-530*** *abbiegen und diesem 50 mi/80 km weit in nordöstliche Richtung folgen und trifft dann in* ***Rockport*** *auf den WA-20.*

Ein romantisch angestrahlter Vollmond begleitet die Fährfahrt und sorgt für einen wehmütigen Abschied von der Olympic Peninsula.

ÜBER DEN WA-20 ENTLANG DER KANADISCHEN GRENZE ZUM NORTH CASCADES UND GLACIER NATIONAL PARK

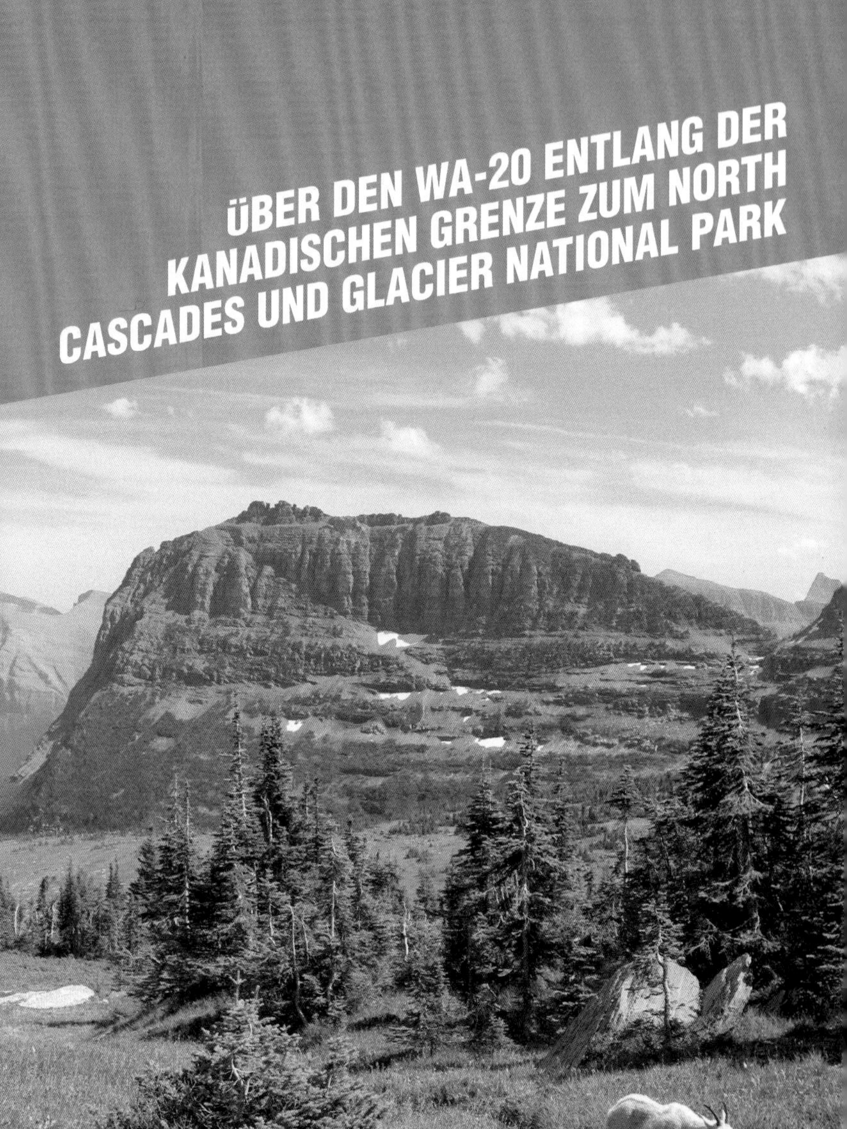

Über den WA-20 entlang der kanadischen Grenze zum North Cascades und zum Glacier National Park

Der Fährhafen ist schon vor Port Townsend gut ausgeschildert, es geht aber auch einfach nur geradeaus über den WA-20 in den Ort hinein, bis rechterhand der Parkplatz der Fähren folgt. Eine Überfahrt nach Coupeville/Keystone auf Whidbey Island kostet für einen normalen Pkw $ 13,40 in der Hauptsaison, ansonsten $ 10,75, und für Wohnmobile je nach Länge ab $ 20,65 in der Hauptsaison, außerhalb der Saison $ 16,55 bis zu einer Länge von 30 Feet. Ein Passagier schlägt zusätzlich mit $ 3,25 zu Buche, Kinder und Senioren zahlen $ 1,60 für die Überfahrt. Die Fähre legt in den Sommermonaten bis zu 17 Mal pro Tag in Port Townsend ab.

Am Fährhafen von Whidbey Island angekommen, wird man vom WA-20 direkt aufgenommen, dem man nach rechts folgt und Richtung Coupeville fährt. Die Panoramastraße wird auf dem folgenden Streckenabschnitt eine besondere Bedeutung haben und die Reise nahe der kanadischen Grenze mit einigen wunderschönen Impressionen bereichern.

Das Konterfei des ersten Präsidenten der USA, George Washington, ziert die Schilder des WA-20.

NORTH CASCADES HIGHWAY (SR-20/WA-20)

Die **State Road 20 (SR-20)**, auch North Cascades Highway oder **Highway 20 (WA-20)** genannt, ist die nördlichste Strecke der USA und führt über die **Cascade Mountain Range** in Washington nahe der kanadischen Grenze. Sie ist Teil des **Cascade Loop**, einem 352 mi/563 km langen **Scenic Byway**, der 28 mi/45 km nördlich von Seattle beginnt und sich in Serpentinen durch den Gebirgszug der North Cascades windet. Über die State Route 20 führt er durch den **North Cascades National Park** nach Twisp, danach macht der Scenic Byway »offiziell« kehrt und beschreibt erst Richtung Süden, dann Richtung Westen einen Bogen zurück nach Monroe/Everett (I-5 nördlich von Seattle).

Die SR-20 als Teilstrecke des Cascade Loop ist ebenfalls ein **Scenic Byway** und bietet spektakuläre Blicke auf die nördliche Bergwelt, sie führt durch Mischwälder und vorbei an bizarren Felsklippen und entlang wilder Flüsse. Viele Reisende wollen von Seattle aus nur den Yellowstone National Park besuchen und wählen für diese an sich schon lange Strecke die relativ gerade, aber unglaublich öde verlaufende I-90 Richtung Osten. Dabei verpasst man aber nicht nur den imposanten North Cascades Highway, sondern auch zwei Nationalparks, nämlich den North Cascades und den Glacier National Park. Da also die lange Fahrstrecke von über 1.000 Kilometern unumgänglich ist, sollte man sie weitestgehend bereichern – und nichts eignet sich hierfür besser als die Fahrt über diesen **Scenic Byway**. Nicht

Der Skagit River durchfließt als meist breiter Fluss den North Casacades National Park.

umsonst wird er »The Most Beautiful Mountain Highway in the State of Washington« genannt.

Der spätere Verlauf dieser Prachtstraße sieht wie folgt aus: In Coupeville startet zwar die Fahrt auf dem Highway 20, wirklich los geht der Scenic Byway aber in **Sedro Woolley**, nordöstlich von Burlington. Die meisten Zeit folgt der Straßenverlauf dem **Skagit River** auf der südlichen Straßenseite. Wunderschöne Blicke auf den smaragdfarbenen Fluss tun sich auf. Zunächst führt die Straße noch durch Farmland, bis nach etwa 24 mi/38 km der Ort **Concrete** erreicht wird. Der Streckenverlauf führt weiter Richtung Osten bis **Marblemount**, wo es Einkaufsmöglichkeiten gibt und man tanken sollte. 6 mi/10 km östlich wird die **Ross Lake Recreation Area** erreicht, die ein Teil des North Cascades National Park ist. Hier wird man vor allem mit Blicken auf die drei türkisfarbenen Seen **Gorge Lake**, **Diablo Lake** und **Ross Lake** vom Highway aus verzaubert. Es gibt Haltebuchten, von denen aus man wunderbar in die Umgebung blicken und auch immer wieder den Skagit River sehen kann.

Nach dem Nationalpark, den die SR-20 einmal von Südwest nach Ost durchzieht, geht es weiter in Nord-Süd-Richtungswechseln bis **Tonasket**, bevor eine östliche Fahrtrichtung eingeschlagen wird. Ca. 30 mi/48 km südlich von **Kettle Falls** (wir sind mittlerweile auf dem US-395) wartet eine Entscheidung: Will man weiter durch herrliche Landschaft auf der Hauptroute weiterfahren, biegt man in Chewelah links ab und trifft nach 36 mi/58 km in Usk wieder auf den Scenic Byway SR-20. Diese Variante ist jedoch zeitintensiv. Es ist an dieser Stelle und nach den herrlichen Impressionen des Highways durchaus legitim, stattdessen dem US-395 Richtung Süden zu folgen und ab Spokane ein Teilstück der I-90 zu fahren, um Kilometer zu gewinnen. Bleibt man auf der Hauptroute, biegt diese in Usk ebenfalls in südliche Richtung ab, führt entlang des Pend Oreille River und endet schließlich in Newport.

Der Highway erreicht Höhen von fast 1.700 Metern. Deshalb ist die Straße teilweise im Mai noch gesperrt und öffnet, je nach Wetterlage, Mitte bis Ende Mai. Im Winter ist die Straße meist zwischen **Mazama** im Westen und **Diablo** im Osten gesperrt. Ist der Schnee auch für den Schneepflug zu tief, verschieben sich die Grenzen entsprechend. Über den aktuellen Straßenzustand außerhalb der Sommermonate, während denen die SR-20 allerdings zuverlässig geöffnet ist, kann man sich unter www.wsdot.wa.gov/traffic/passes/northcascades informieren.

Nachdem also die Reise in Coupeville auf dem WA-20 aufgenommen wurde, führt die Route zum nördlichen Ende von Whidbey Island. Die Insel zeigt sich malerisch, Sandstrände an azurblauem Wasser und State Parks säumen den Weg. Für uns dient die Insel aber vor allem als Zubringer zu den großen Highlights, die Sie später erwarten werden. Die Insel steht an dieser Stelle also nicht im Fokus. Als nächstes Übernachtungsziel steht der North Cascades National Park beziehungsweise dessen unmittelbare Umgebung auf dem Programm. Wer es jedoch dorthin nicht mehr »schafft«, findet auf Whidbey Island schöne Übernachtungsoptionen, beispielsweise im Ort Coupeville den sehr gepflegten ***North Whidbey RV Park*** *(✉ 565 West Cornet Bay Rd, Oak Harbor, WA 98277, www www.northwhidbeyrvpark.com) oder das beschauliche, zentral gelegene Motel* ***The Coupeville Inn*** *(✉ 200 Northwest Coveland St, Coupeville, WA 98239, www http://thecoupevilleinn.com).*

Der Ort ***Oak Harbor*** *wird durchfahren, immer wieder führt die Strecke durch Zivilisation, sodass es genügend Gelegenheiten gibt, Vorräte aufzufrischen und zu tanken. Zuletzt wird auf Whidbey Island das Gebiet des* ***Deception Pass State Park*** *berührt. »Deception Pass« ist die Meerenge, die Whidbey Island von der im Norden folgenden Fidalgo Island trennt. Es folgt eine Attraktion: Die fast einen halben Kilometer lange* ***Deception Pass Bridge*** *verbindet als freitragende Brücke mit zwei Bogenkonstruktionen beide Inseln miteinander. Auf einer Höhe von schwindelerregenden 55 Metern überquert man die Wasseroberfläche des Puget Sound. Vor Überqueren der Brücke sollte man das Fahrzeug auf einem der seitlichen Parkstreifen abstellen und dieses einzigartige Motiv auf ein Foto bannen.*

Auf der nächsten Insel angekommen, wendet sich die State Route, die hier bereits ***Cascade Loop*** *heißt, Richtung Nord-Ost. Auf* ***Fidalgo Island*** *ist deutlich weniger Infrastruktur vorhanden als auf der Vorgängerinsel. Auf dieser Insel befindet sich der Ort Anacortes, in dem die Whale Watching-Tour startet (▶Seite 76), die man statt von Seattle aus jetzt bei der Durchreise unternehmen kann. In der Fidalgo Bay angekommen, zweigt der Highway nach rechts ab. Ab hier folgt eine 41 mi/66 km lange Strecke gen Osten und entlang des* ***Skagit River*** *über* ***Burlington, Sedro-Woolley*** *als offiziellem Startpunkt des Scenic Byway, wo man vor dem folgenden Nationalpark einkaufen und tanken sollte, bis* ***Concrete*** *(mit den beiden nördlich gelegenen, großen Seen Lake Shannon und Baker Lake). Mit Erreichen dieses Ortes verlassen wir auch gleichzeitig jegliche Besiedelung, die Landschaft wird grüner, bergiger, naturnaher und weniger erschlossen. Nach weiteren 18 mi/28 km durch unberührte Natur und mit herrlichen Ausblicken auf den munter neben der Straße plätschernden Fluss ist schließlich* ***Marblemount*** *erreicht, der Ausgangspunkt zum North Cascades National Park.*

❗ Wenn nicht schon in Sedro-Woolley geschehen, dann sollte man in Marblemount unbedingt volltanken und einkaufen – dem Ortsschild kann man den Grund dafür entnehmen: »74 mi no Services« (»Keine Serviceeinrichtungen für die nächsten 74 mi/118 km«, das umfasst das gesamte Gebiet des nun folgenden Nationalparks).

Im North Cascades National Park gibt es nur Campgrounds, keine Unterkünfte (vom nur mit einem Taxiboot erreichbaren ***Ross Lake Resort*** *(▶Seite 163) abgesehen). In Marblemount lässt es sich noch einmal rustikal übernachten im* ***Buffalo Run Inn*** *(✉ 60117 State Route 20, Marblemount, WA 98267). Im dazugehörigen* ***Buffalo Run Restaurant*** *(✉ 70084 State Route 20, Marblemount, WA 98267) kann man zünftig und gut speisen, bevor man innerhalb des Nationalparks auf Selbstversorgung umstellen muss. Wer sich vorab schon über die Wildnis des anstehenden Parks erkundigen möchte, kann dies ebenfalls bereits in Marblemount im folgenden Information Center tun:*

i NORTH CASCADES WILDERNESS INFORMATION CENTER

Das Wilderness Center informiert in einer Ausstellung über die Wildnis und die Aktivitäten im Backcountry-Bereich des North Cascades National Park. Aber auch Informationen, Bücher und Kartenmaterial gibt es hier für den ersten Überblick. Das Information Center ist außerdem die Haupt-Anlaufstelle für Permits im Nationalpark.

Westlich von Marblemount an der Milepost 105.3 auf die Ranger Station Rd abbiegen, das Center folgt nach 0,7 mi/1 km am Ende der Straße. ✉ 7280 Ranger Station Rd, Marblemount, WA 98267 ☎ 1-360-854-7245 www www.nps.gov/noca/planyourvisit/visitorcenters.htm 🕓 Anf. Mai–Ende Juni & Anf. Sep.–Mitte Okt. So.–Do. 8–16.30 h, Fr. & Sa. 7–18 h, Ende Juni–Anf. Sep. So.–Do. 7–18 h, Fr. & Sa. 7–20 h

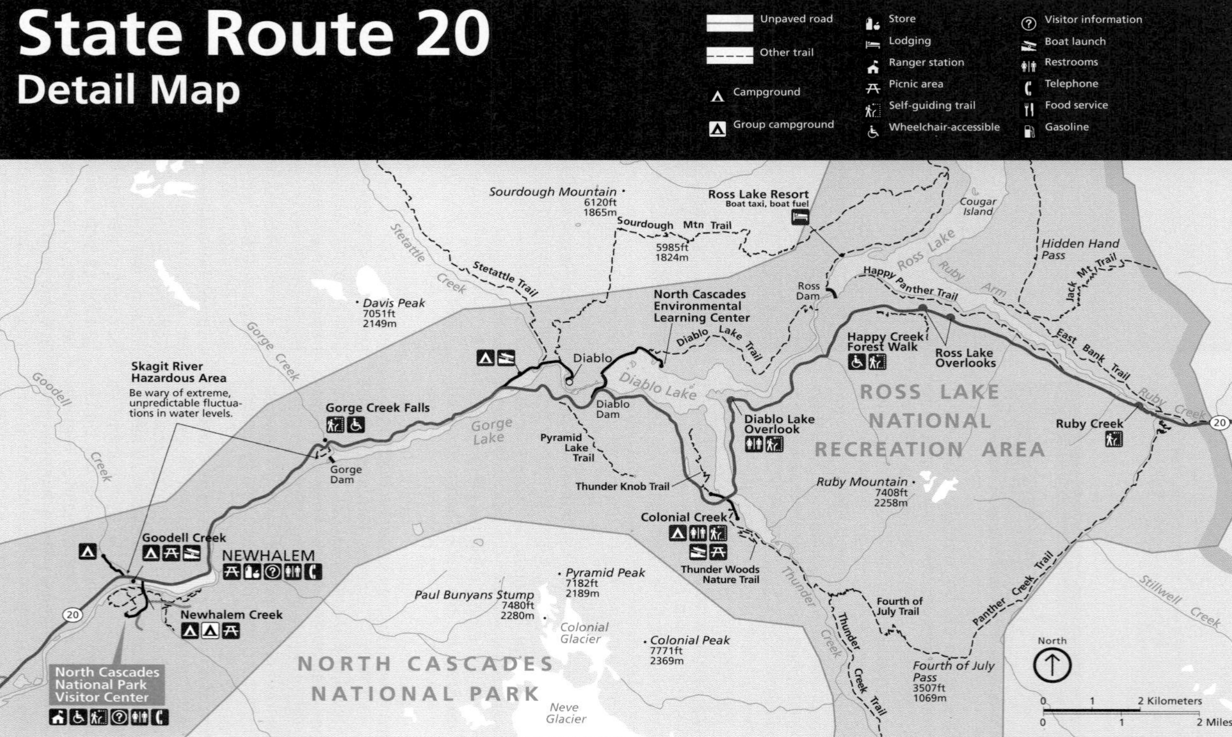
State Route 20
Detail Map
Unpaved road
Other trail
Campground
Group campground
Store
Lodging
Ranger station
Picnic area
Self-guiding trail
Wheelchair-accessible
Visitor information
Boat launch
Restrooms
Telephone
Food service
Gasoline
Sourdough Mountain 6120ft 1865m
Sourdough Mtn Trail
5985ft 1824m
Ross Lake Resort
Boat taxi, boat fuel
Cougar Island
Ross Lake
Ruby Arm
Hidden Hand Pass
Jack Mt Trail
Stetattle Creek
Stetattle Trail
Davis Peak 7051ft 2149m
North Cascades Environmental Learning Center
Diablo Lake Trail
Ross Dam
Happy Panther Trail
Happy Creek Forest Walk
Ross Lake Overlooks
East Bank Trail
Ruby Creek
Gorge Creek
Goodell Creek
Skagit River Hazardous Area
Be wary of extreme, unpredictable fluctuations in water levels.
Gorge Creek Falls
Diablo
Diablo Lake
Diablo Dam
Gorge Lake
Gorge Dam
Pyramid Lake Trail
Thunder Knob Trail
Diablo Lake Overlook
ROSS LAKE NATIONAL RECREATION AREA
Ruby Mountain 7408ft 2258m
Colonial Creek
Thunder Woods Nature Trail
Thunder Creek
Thunder Creek Trail
Fourth of July Trail
Fourth of July Pass 3507ft 1069m
Panther Creek Trail
Stillwell Creek
Goodell Creek
NEWHALEM
Newhalem Creek
Pyramid Peak 7182ft 2189m
Paul Bunyans Stump 7480ft 2280m
Colonial Glacier
Colonial Peak 7771ft 2369m
NORTH CASCADES NATIONAL PARK
Neve Glacier
North Cascades National Park Visitor Center
20
North
0 1 2 Kilometers
0 1 2 Miles

Von Marblemount sind es nur 6 mi/10 km weiter über den SR-20, dann ist der Parkzugang über die Ross Lake Recreation Area zum North Cascades National Park erreicht.

NORTH CASCADES NATIONAL PARK

Es ist einer der am wenigsten besuchten Nationalparks der USA – wer also auf der Suche nach einem Geheimtipp ist, bei dem man auch in den Sommermonaten einsam wandern und die unberührte Natur ohne viel Touristenrummel genießen kann, der ist hier goldrichtig. Der im hohen Norden an der kanadischen Grenze gelegene Nationalpark zieht jährlich nur etwa 20.000 Besucher an. Die Kehrseite der Medaille jedoch ist, dass der Park noch wenig erschlossen wurde: Es gibt zwar einige wie gewohnt naturnahe und idyllisch gelegene Campgrounds, aber keine Lodge oder Unterkunft mit festem Dach über dem Kopf (zumindest nicht einfach erreichbar). Im ganzen North Cascades National Park hat man keine Möglichkeit, zu tanken, essen zu gehen oder einzukaufen. Prinzipiell definieren den Nationalpark vor allem die beiden National Recreation Areas, die **Ross Lake Recreation Area** und die **Lake Chelan Recreation Area** als jeweilige Kernbereiche. Zum »richtigen« Nationalpark zählen hingegen die nahezu unerschlossenen Hochlagen.

Der North Cascades National Park ist eine alpine Traumlandschaft, weshalb er den Beinamen »**North American Alps**« trägt. Dominiert wird der Park von den ganzjährig schneebedeckten Berggipfeln, Gletschern und Bergseen. Bis heute sollen sich etwa 300 Gletscher erhalten haben, die immer wieder die Szene bestimmen. Das Panorama erinnert insgesamt tatsächlich stark an die europäischen Alpen und hat die frühen Siedler zu diesem Beinamen inspiriert. Die Stimmung ist so allgegenwärtig, dass man bei der Durchfahrt über den North Cascades Highway an jeder beliebigen Stelle anhalten und sich an den landschaftlich reizvollen Ausblicken erfreuen kann. In den unteren

Die Strommasten fallen bei aller Idylle des Parks deutlich ins Auge.

Gefilden und auf den Campgrounds allerdings fühlt man sich weiter an die Vegetation des Regenwaldes erinnert, den man auf der Olympic-Halbinsel gerade hinter sich gelassen hat; immer noch wächst großblättriger Farn auf dem Boden, immer noch sind die Bäume moosbewachsen.

Der über 2.000 Quadratkilometer große Nationalpark ist in das Hochgebirge der vulkanischen Kaskadenkette eingebettet. Die Vegetation unterscheidet sich indes von derjenigen der Alpen. An den regenreichen Westhängen wachsen riesige Tannen mit Pilzen, Farnen und Moosteppichen in Bodennähe. Bis zu 75 Meter hohe und fast 1.000 Jahre alte Douglastannen, Western-Hemlocktannen und Riesenlebensbäume bestücken den üppigen Nadelwald – alle drei Arten sind die typischen Vertreter des gemäßigten Regenwaldes im amerikanischen Nordwesten. Die trockenere Seite im Osten ist dagegen weniger bewachsen, zumeist handelt es sich hier um Kiefern. Entlang der Flüsse wachsen Weiden und Pappeln. Je höher man kommt, desto mehr nimmt insgesamt der Baumbestand ab. Dann wird das Regenwaldgehölz von Bergahor-

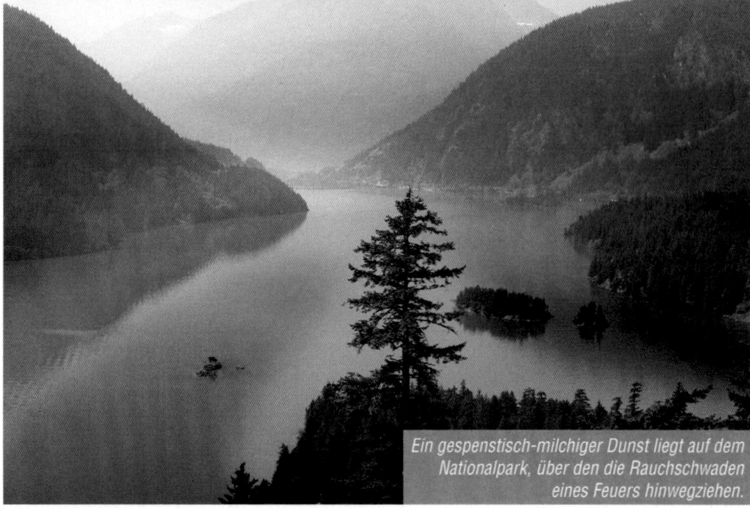

Ein gespenstisch-milchiger Dunst liegt auf dem Nationalpark, über den die Rauchschwaden eines Feuers hinwegziehen.

nen, Lärchen und Felsengebirgstannen ersetzt, Heidesträucher und Riedgras sind kennzeichnend für die nunmehr subalpine Vegetation. Darüber gibt es dann nur noch eine spärliche Hochgebirgspflanzenwelt.

Das einzige, das nicht so recht in die Romantik des North Cascades National Park passen will, sind die drei Stauseen **Gorge Lake**, **Diablo Lake** und **Ross Lake**. Sie versorgen mit dem Betreiber **Seattle City Light** die nunmehr ferne Großstadt mit Elektrizität – Zeichen dieser Nutzung in Form von Strommasten und Hochspannungsleitungen begleiten die ansonsten idyllische Fahrt durch den Nationalpark. Am Diablo Lake werden geführte Touren angeboten, in deren Rahmen mindestens der Staudamm besichtigt werden kann, aber auch zusätzliche Komponenten wie eine Bootsfahrt hinzugefügt werden können. Ansonsten sind Bootfahren oder Wildwasserfahrten angesagt. An den Seeufern des Diablo Lake und des Ross Lake stehen Zeltplätze mit Bootsrampen zur Verfügung (sogenannte Boat-in-Camps), sodass man auch mehrere Tage unterwegs sein und die Natur vom Wasser aus erleben kann. Doch in erster Linie ist der North Cascades National Park ein Wanderparadies. Es stehen insgesamt über 600 Kilometer Trails in allen Längen und Schwierigkeitsgraden zur Verfügung.

Der Nationalpark ist ganzjährig geöffnet, wird bei Schnee jedoch östlich des Diablo Lake gesperrt. Das ist in der Regel von Mitte Dezember bis Mitte April der Fall. Insgesamt ist das Gebiet recht regenreich (mit Ausnahme der etwas trockeneren Ostseite), weshalb man bei allen Aktivitäten Regenschutz dabeihaben sollte. Juni bis September sind die Hauptbesuchsmonate, die Temperaturen während des restlichen Jahres sind deutlich ungemütlicher als im Sommer.

Wir hatten trotz eigentlich guten Wetters ein getrübtes Besuchsvergnügen im North Cascades National Park, da am Tag unserer Ankunft östlich des Parks in der Colville Indian Reservation ein Feuer ausgebrochen war (später erfuhren wir, dass es sich um das **Devil's Elbow Fire** handelte). Der tagelang dichte Dunst über dem Nationalpark hat alles in einen geisterhaften Dunst getaucht, durch den man nur schwach die Sonne als gelblich schimmerndes Licht erahnen konnte. Der Blick in die Bergwelt war vernebelt und auch das normalerweise tiefe Türkis der Bergseen hing unter einer Dunstglocke. Auf der folgenden Fahrt durch Washington und Montana zeigten sich weitere Flächen früherer Brände.

North Cascades National Park

810 State Route 20, Sedro-Woolley, WA 98284
1-360-854-7200 *www.nps.gov/noca* *Frei*

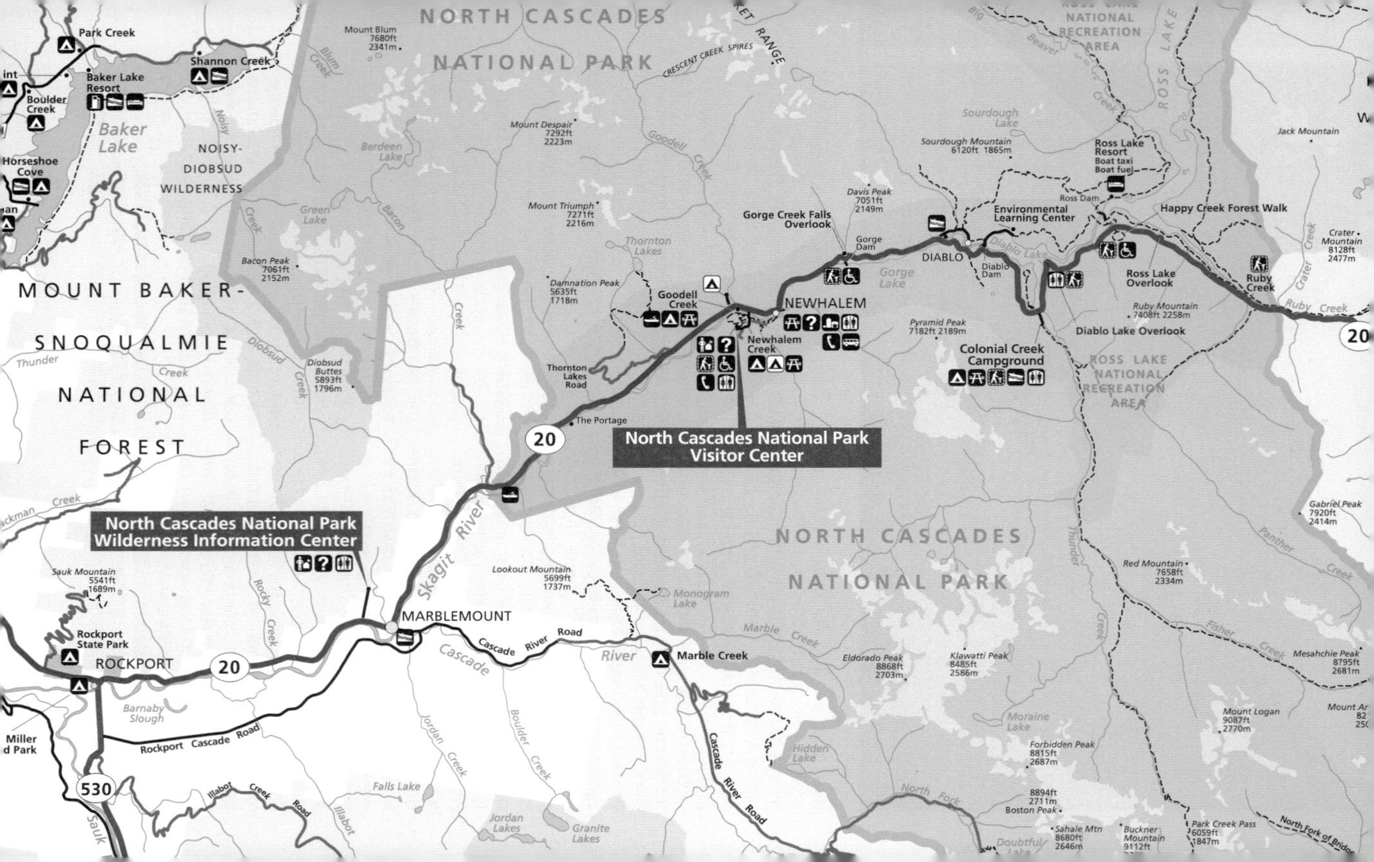

NORTH CASCADES NATIONAL PARK
MOUNT BAKER-SNOQUALMIE NATIONAL FOREST
NOISY-DIOBSUD WILDERNESS
ROSS LAKE NATIONAL RECREATION AREA
North Cascades National Park Visitor Center
North Cascades National Park Wilderness Information Center
Park Creek
Shannon Creek
Baker Lake Resort
Boulder Creek
Baker Lake
Horseshoe Cove
Mount Blum 7680ft 2341m
Mount Despair 7292ft 2223m
Mount Triumph 7271ft 2216m
Bacon Peak 7061ft 2152m
Damnation Peak 5635ft 1718m
Diobsud Buttes 5893ft 1796m
Davis Peak 7051ft 2149m
Sourdough Mountain 6120ft 1865m
Pyramid Peak 7182ft 2189m
Ruby Mountain 7408ft 2258m
Crater Mountain 8128ft 2477m
Jack Mountain
Gabriel Peak 7920ft 2414m
Red Mountain 7658ft 2334m
Mesahchie Peak 8795ft 2681m
Mount Logan 9087ft 2770m
Eldorado Peak 8868ft 2703m
Klawatti Peak 8485ft 2586m
Forbidden Peak 8815ft 2687m
Boston Peak 8894ft 2711m
Sahale Mtn 8680ft 2646m
Buckner Mountain 9112ft
Park Creek Pass 6059ft 1847m
Lookout Mountain 5699ft 1737m
Sauk Mountain 5541ft 1689m
Gorge Creek Falls Overlook
Gorge Dam
Goodell Creek
NEWHALEM
Newhalem Creek
Thornton Lakes Road
The Portage
DIABLO
Diablo Dam
Diablo Lake
Environmental Learning Center
Ross Dam
Ross Lake Resort
Boat taxi
Boat fuel
Happy Creek Forest Walk
Ross Lake Overlook
Diablo Lake Overlook
Ruby Creek
Colonial Creek Campground
MARBLEMOUNT
ROCKPORT
Rockport State Park
Marble Creek
Cascade River Road
Rockport Cascade Road
Illabot Creek Road
Skagit River
Barnaby Slough
Miller
20
530

NORTH CASCADES VISITOR CENTER

Das Visitor Center bei Newhalem an der SR-20 ist zugleich das Hauptbesucherzentrum des Nationalparks. Hier erhält man Informationen, Prospekte und Kartenmaterial rund um den North Cascades National Park. Multimediale Präsentationen und eine Diashow veranschaulichen die Natur- und Kulturgeschichte dieser ganz besonderen Region. An der Zufahrt zum Visitor Center befindet sich der Newhalem Campground.

0,75 mi/1,2 km südlich der SR-20 über die Newhalem Creek Rd Milepost 120 SR-20, Newhalem, WA 98283 1-206-386-4495 www.nps.gov/noca Mitte Mai-Ende Juni & Anf. Sep.-Anf. Nov. tägl. 9-17 h, Ende Juni-Anf. Sep. tägl. 9-18 h, Anf. Nov.-Mitte Mai geschlossen

Orientieren

Der Zugang in den Park aus Reiserichtung Südwest erfolgt über die **Ross Lake National Recreation Area**. Sie bildet das Kernstück des Nationalparks, den sie zugleich in zwei Gebiete unterteilt, eine **North Unit** und eine **South Unit**. Die Recreation Area ist der am besten zugängliche Teil des North Cascades National Park und erstreckt sich mit dem Ross Lake und dem Skagit River bis über die kanadische Grenze nach British Columbia hinein. Der größte Teil der mehr als 2.000 Quadratkilometer großen Fläche ist Wilderness. Es gibt eine weitere Recreation Area, die **Lake Chelan National Recreation Area**. Diese befindet sich südöstlich der South Unit und ist über den SR-20 nicht erreichbar. Der einzige Zugang besteht vom Ort Chelan aus (südlich des Nationalparkgebietes, wofür man sowohl die gesamte South Unit als auch die Recreation Area selbst einmal im Osten umrunden muss). Von hier erkundet man den knapp 56 mi/90 km langen See entweder auf einem Fußmarsch, per Boot oder Flugzeug. Schiffsausflüge mit der »Lady of the Lake« führen zum Nordende des Sees und dem kleinen Ort **Stehekin** (http://ladyofthelake.com). Wegen des schwierigen Zugangs ist Lake Chelan und die umgebende Lake Chelan National Recreation Area kein Bestandteil dieser Route. Auch der Ross Lake selbst ist nicht zugänglich, man erreicht ihn nur per Boot oder auf Wanderwegen.

Die SR-20 ist die einzige Straße innerhalb des North Cascades National Park beziehungsweise im Tal des Skagit River. Sie erschließt den Park nördlich von Marblemount in einem Bogen Richtung Norden und führt außerhalb der Parkgrenze wieder zurück nach Süden. Eine Fahrt entlang des auch in diesem Teil ausgewiesenen Scenic Byways bringt Besucher an schönen Panoramaausblicken vorbei, von denen aus man Seen und Berge bewundern kann (▶Seite 161 und ▶Seite 165).

Newhalem ist der einzig zugängliche, kleine, etwas künstlich anmutende Ort im Nationalpark und fest in den Händen der Elektrizitätsgesellschaft Seattle City Light. Es gibt einen kleinen Laden, in dem man das Nötigste einkaufen kann.

8 mi/13 km nach der Parkzufahrt ist die erste Anlaufstelle des North Cascades National Park innerhalb der Ross Lake National Recreation Area erreicht: die kleine Ansiedlung ***Newhalem****, einziger Ort bei der Durchquerung.*

NEWHALEM

Es gibt zu Newhalem nicht viel zu sagen, da die kleine Ansiedlung kaum als Ort durchgeht, sondern vielmehr als Ausgangsbasis zur Erkundung der Natur dient beziehungsweise als Übernachtungsort, um später tiefer in den North Cascades National Park vorzudringen. Wichtig ist, dass sich der einzige kleine Lebensmittelladen des Parks hier befindet. Wer also nicht schon zuvor eingekauft hat, sollte dies nun tun, denn es gibt keine Möglichkeit, im North Cascades National Park essen zu gehen, man muss sich selbst versorgen.

Newhalem ist quasi Firmensitz von Seattle City Light, weshalb hier auch vor allem die Angestellten des **Skagit River Hydroelectric Project** wohnen. Wer nicht direkt oder indirekt für den Stromerzeuger arbei-

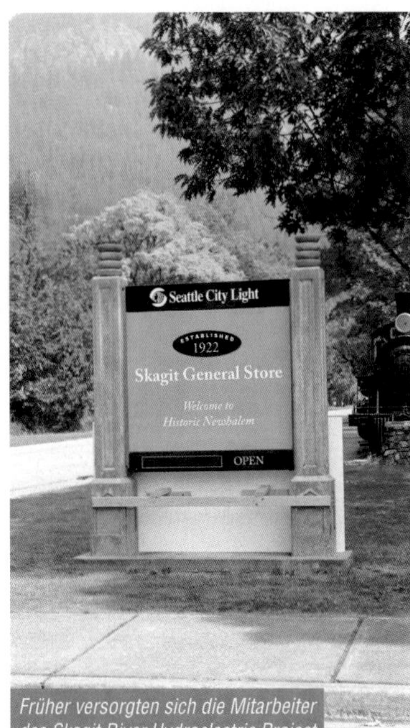

Früher versorgten sich die Mitarbeiter des Skagit River Hydroelectric Project in dem kleinen Lebensmittelladen.

tet, darf nicht dauerhaft hier leben. Newhalem liegt inmitten der Ross Lake National Recreation Area, je 0,9 mi/1,5 km entfernt verläuft sowohl im Norden als auch im Süden des Ortes die Parkgrenze des North Cascades National Park.

Wer tiefer in die Geschichte eintauchen möchte, kann dies im Rahmen eines geführten, kostenlosen Spaziergangs durch Newhalem tun. Auch die Gegenwart und das Skagit River Hydroelectric Project werden thematisiert und wie Newhalem als Firmensitz der Elektrizitätswerke von Seattle funktioniert. Die Touren werden von Anfang Juli bis Mitte September täglich einmal um 14 Uhr ab dem **Skagit Information Center** in Newhalem angeboten und dauern 45 Minuten. Newhalem ist außerdem Ausgangspunkt für eine Tour zu den Anlagen von Seattle City Light am Diablo Lake.

NORTH CASCADES VISITOR CENTER

▶Seite 157

Highlight

► Skagit Power Tours

Die Skagit Power Tour startet in Newhalem (▶Seite 157) und hat die Besichtigung der Kraftwerksanlagen zum Inhalt. Dabei gibt es nicht nur für Technikfreaks einen tiefen Blick hinter die Kulissen. Zunächst geht es zu Fuß durch Newhalem, dort wirft man einen Blick in das Gorge Powerhouse.

Im Anschluss bringt ein Shuttle die Gäste nach Diablo, wo das Diablo Powerhouse

Besucher können das Kraftwerk im Rahmen der Skagit Power Tours besichtigen.

auf dem Programm steht. Das ist umso besonderer, als dass dieses Kraftwerk für die Öffentlichkeit ansonsten nicht zugänglich ist. Nach einer Zwischenmahlzeit geht es über den Diablo Staudamm zum North Cascades Environmental Learning Center (siehe unten). Hier stehen dann Naturgeschichte, die Artenvielfalt und die Geologie der North Casacdes im Mittelpunkt der Betrachtungen. Wunderschöne Aussichtspunkte werden in die Tour integriert, die insgesamt sechs Stunden dauert, bevor man mit dem Shuttle wieder zurück nach Newhalem gebracht wird.

Die Teilnehmerzahl ist auf dreizehn Personen beschränkt. Die Touren starten einmal am Tag zu den angegebenen Terminen am **Skagit Information Center** in Newhalem. Einige Stufen und schwierigere Abschnitte sind zu bewältigen. Für Kinder unter zwölf Jahren ist die Tour nicht geeignet.

1-360-854-2589 skagittours@seattle.gov www.seattle.gov/light/tours/skagit Anf. Juli–Mitte Sep. Sa. & So. 10 h Erw. & Kinder (ab 13 J.) $ 49

Wandern

Vor allem kurze Wanderungen mit Längen unter einem Kilometer und meist auf Lehrpfaden findet man im Bereich Newhalem, die meisten starten am Visitor Center oder an einem der Loops des Campgrounds.

► Trail of the Cedars Nature Walk

In Newhalem führt eine Hängebrücke über den Skagit River. Hier startet – kaum zu übersehen – der kurze Naturlehrpfad groß ausgeschildert. Am Ufer des Flusses führt er entlang und ist mit Informationstafeln und interessanten Stationen über den alten Wald, die Tiere und die Bäume ausgestattet. Das Ziel ist das Newhalem Creek Powerhouse, an dem man umkehren kann.

Ganzj. Nein Hängebrücke über den Skagit River im Bereich Newhalem 30 Min. Einfach 0,5 km

► Ladder Creek Falls ★

Der Wasserfall befindet sich hinter dem Gorge Powerhouse und demonstriert die ganze Kraft der Natur. Es werden die Wassermassen des Ladder Creek genutzt, um eine Wasserkraftanlage zu betreiben. Eine

Auch ohne nächtliche Illumination ein nettes Ziel: die Ladder Creek Falls

regelrechte Touristenattraktion wurde aus dem Projekt, seitdem die Wasserfälle bunt beleuchtet werden und es freitagabends sogar Musik dazu gibt. Die Lightshow findet von Sonnenuntergang bis Mitternacht statt, aber der Wasserfall ist natürlich auch tagsüber ein schönes Ziel.

Erreichbar ist der gut ausgeschilderte Wasserfall ab dem Gorge Powerhouse, wo es rechts des Gebäudes über eine Hängebrücke über den Fluss geht. Dann folgt rechterhand eine gepflegte, liebevolle kleine Parkanlage mit Teich. An warmen Sommertagen erreicht man beim Überqueren der Hängebrücke eine neue Klimazone – ist es jenseits der Brücke noch schwül-warm, ist die Luft diesseits kühl und frisch. Dem Rauschen des Wasserfalls folgend gibt es unterwegs Bänke, verwunschene Treppen und überwucherte Brückchen führen zu Aussichtspunkten. Man kann einen Rundweg aus dem Spaziergang machen und kreativ die verschiedenen Abzweigmöglichkeiten variieren, sodass man auf der anderen Seite des Kraftwerkes die Hängebrücke über-

quert und über die gegenüberliegende Brückenverbindung wieder zurückgeht.
Ganzj. Nein Über die Hängebrücke, rechts vom Gorge Powerhouse 30 Min. Einfach 0,6 km

► River Loop Trail

Es ist ein etwas längerer Weg als die kurzen Naturlehrpfade im Bereich Newhalem. Er führt durch einen Wald bis zu einer Schotterbank und bietet unterwegs tolle Blicke auf den Skagit River. Man kann den Weg auf 1 mi/1,6 km abkürzen, wenn man vom Newhalem Creek Campground aus startet.
Ganzj. Nein Nordwestliches Ende North Cascades Visitor Center 1,5 Std. Einfach 2,9 km (Rundweg) 30 m

Übernachten

Newhalem Creek Campground

Nahe an den Versorgungseinrichtungen von Newhalem (zu Fuß erreichbar) und direkt neben dem North Cascades Visitor Center (►Seite 157) befindet sich dieser höchst idyllische Campground unter Verwaltung des National Park Service. Von Wald umgeben bietet er schattige Plätze, manche am Skagit River beziehungsweise dem Newhalem Creek. Im Umfeld des Campgrounds kann man sowohl Grizzly- als auch Schwarzbären antreffen, sodass man die Verhaltensregeln unbedingt einhalten sollte (►Seite 382). Die Plätze des Loops C sind reservierbar, dafür aber etwas teurer als die nicht-reservierbaren Plätze. Der Campground verfügt über sehr gepflegte Sanitäranlagen. Viele der kurzen Spazierwege starten am Campground.
Milepost 120 südlich der SR-20, 14 mi/23 km östlich von Marblemount Milepost 120 SR-20, Newhalem, WA 98283 1-360-854-7200 1-877-444-6777 (Reservierungen) www.nps.gov/noca/planyourvisit/camping.htm Ende Mai–Anf. Sep. Ja 111 111 Ja Nein Nein Nein Nein $

Goodell Creek Campground

Der Campground befindet sich in unmittelbarer Nachbarschaft zum Newhalem Creek Campground, jedoch auf der nördlichen Seite des Skagit River. Es ist hauptsächlich ein Zeltplatz, aber kleinere Wohnmobile können untergebracht werden. Der kleine, lauschige Campground schmiegt sich ebenfalls ans Ufer des Skagit River. Der Platz ist auch im Winter geöffnet (dann ist er sogar kostenfrei!), jedoch ohne jeden Service.
Milepost 119 südlich der SR-20, 13 mi/21 km östlich von Marblemount Milepost 119, SR-20, Newhalem, WA 98283 1-877-444-6777 (Reservierungen) www.nps.gov/noca/planyourvisit/camping.htm Ganzj. Nein 21 21 Nein Nein Nein Nein Nein $

*Von Newhalem aus ist es nur eine kurze Fahrt (3 mi/5 km) entlang des Skagit River und über die SR-20, dann ist das westliche Ufer des **Gorge Lake** erreicht. Dabei wird die erste der drei Wasserkraft-Talsperren passiert, der **Gorge Dam**, der den dahinter liegenden Gorge Lake aufstaut. Es war der erste der drei Dämme, dessen Bau bereits 1921 begann. Strom aus dem Kraftwerk wurde erstmals 1924 nach Seattle geliefert. Gorge Dam ist nicht so spektakulär wie die beiden folgenden Dämme des Diablo Lake und des Ross Lake, es gibt auch keine Führungen wie bei den beiden anderen. Deshalb ist*

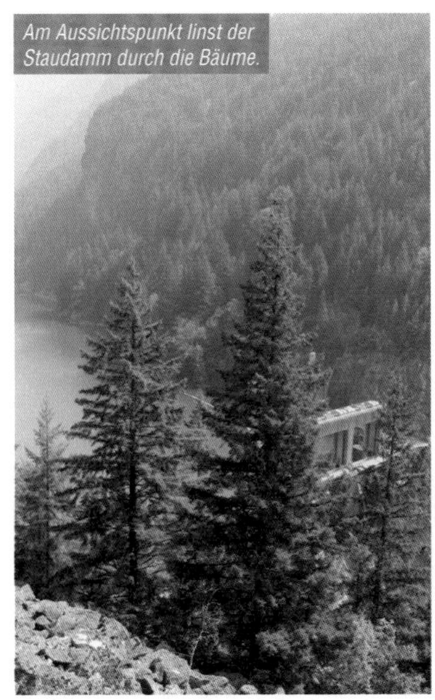

Am Aussichtspunkt linst der Staudamm durch die Bäume.

Gorge Dam kein Ziel, ein kurzer Stopp am (gut ausgeschilderten) Gorge Overlook mit großem Parkplatz bietet sich aber dennoch an.

GORGE OVERLOOK TRAIL

Teils auf Asphalt, teils auf Schotter führt der Weg zu einem Aussichtpunkt auf den Gorge Dam. Man erkennt den Startpunkt an einem Parkplatz an der SR-20, der mit »Gorge Overlook« ausgeschildert ist. Auf dem Weg erhascht man auch einen Ausblick auf die Gorge Creek Falls. Es geht durch einen Wald und an einem kleinen Hügel entlang. Bänke und Informationstafeln begleiten den Weg. An einer Brücke über den Gorge Creek befindet sich der Einstieg in die Wanderung.
Ganzj. Nein Parkplatz an der SR-20
1 Std. Einfach 1,3 km (Rundweg) 6 m

Nach dem Gorge Lake gewinnt die Straße deutlich an Höhe. 3 mi/5 km später ist das nächste Ziel im North Cascades Highway erreicht: Diablo. Die Fahrt führt an fast der kompletten Länge des Gorge Lake vorbei und überquert diesen nahe seinem Nordufer.

DIABLO

Obwohl auch die Region um Diablo und den gleichnamigen Stausee von Seattle City Light dominiert wird, ist Diablo selbst kein Ort wie Newhalem, sondern eher ein Camp. Dieses liegt am Skagit River zwischen den beiden Seen Gorge Lake und Diablo Lake. Von hier aus sind sowohl das neue **North Cascades Environmental Learning Center** als auch der Staudamm und die eigentliche Attraktion, der **Diablo Lake**, erreichbar. Auf der Dammkrone, die mit Türmchen im Art-déco-Stil verziert sind, kann man spazieren gehen. Außerdem stehen rund um Diablo beziehungsweise den Diablo Lake zwei Campgrounds zur Verfügung und von hier aus besteht der Zugang zum einzigen Resort der Ross Lake National Recreation Area, dem **Ross Lake Resort**.
Von der SR-20 vor Überqueren des Gorge Lake links abbiegen

Einen besonders guten Blick auf den smaragdgrünen See hat man vom **Diablo Lake Overlook** aus. Man erreicht den Aussichtspunkt, indem man der SR-20 ab Diablo 5,5 mi/8,5 km folgt. Die Stelle ist nicht zu übersehen, es geht links ab auf einen großen Parkplatz.

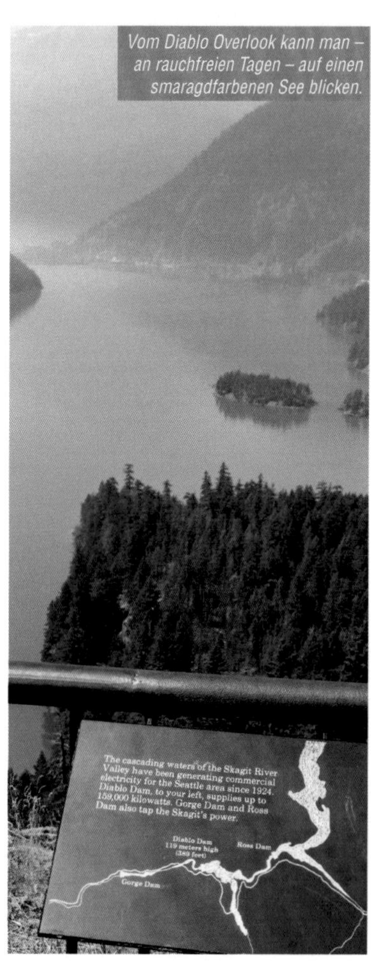

Vom Diablo Overlook kann man – an rauchfreien Tagen – auf einen smaragdfarbenen See blicken.

NORTH CASCADES ENVIRONMENTAL LEARNING CENTER

Das neue Learning Center bildet den Mittelpunkt der seltenen und abwechslungsreichen Landschaft der North Cascades. Die ganze Vielfalt ist nicht nur auf die Umgebung beschränkt, sondern spiegelt sich in der Aufmachung des Learning Center wider: Auf 16 Gebäude am nördlichen Ufer des Diablo Lake verteilt, beinhaltet das Center Multimedia-Klassenzimmer, eine Forschungsbibliothek und Labore, in denen Land und Wasser untersucht werden. Das informative, sehr wissenschaftlich aufgemachte Learning Center wird vom North Cascades Institute zusammen mit der Stadt Seattle und dem National Park Service betrieben. Zahlreiche unterschiedliche Programme für die ganze Familie werden angeboten (zum Beispiel Base Camps oder Touren). Aktuelle Angebote kann man per E-Mail erfragen.

Den Gorge Lake über eine Brücke überqueren, dann geht es am Westufer des Diablo Lake links ab (ausgeschildert). 1940 Diablo Dam Rd, Diablo, WA98283 1-206-526-2599 1-360-854-2599 (Reservierung Touren) @ nci@ncascades.org http://ncascades.org/discover/ncelc

Highlight

Diablo Lake Boat Tours

Die zweite Tour des Betreibers Seattle City Light ist eine Bootsfahrt auf dem Diablo Lake. Hier gibt es bereits zu Beginn des Ausflugs etwas zu essen, wobei das explizite Augenmerk auf frischen, regionalen Bioprodukten liegt. Die Mahlzeit wird im North Cascades Environmental Learning Center (siehe oben) eingenommen.

Danach geht es an Bord – unterwegs zum Boot gibt es bereits erste Informationen über Naturgeschichte, Artenvielfalt und Geologie der Region. Auch auf die Beziehung zwischen der Umwelt und deren Schutz und den drei Staudämmen wird eingegangen. Dann stechen maximal 40 Passagiere mit einem Motorboot in See. Nun stehen der Bau des Staudamms und die Ingenieursleistung zu Beginn des 20. Jahrhunderts im Vordergrund. Derweil werden Stellen auf dem See passiert, die man vom Highway aus oder von den Wanderwegen nicht sehen kann – die Schifffahrt ist landschaftlich ein Hochgenuss mit Blicken auf Gletschergipfel, Inselchen und Wasserfälle. Unterwegs werden weiterhin sowohl geschichtliche Informationen als auch Wissenswertes über die Tierwelt und das Skagit River Hydroelectric Projekt vermittelt.

Treffpunkt für die Veranstaltung ist an den angegebenen Tagen das Environmental Learning Center. Start ist einmal täglich um 10.30 Uhr, inklusive aller Programmpunkte dauert der Ausflug bis 15 Uhr.

1-360-854-2589 @ skagittours@seattle.gov www.seattle.gov/light/tours/skagit Anf. Juli-Mitte Sep. Do.-Mo. 11 h Erw. $ 40, Kinder (3-12 J.) $ 20, Sen. (ab 62 J.) $ 38

Wandern

Stetattle Creek Trail

Der Trail eignet sich gut für warme Sommertage, denn er führt zunächst durch ein feuchtkaltes Waldgebiet mit Moosen und Farnen zu dem Bächlein Stetattle Creek. Die Wanderung ist nicht lang, hat es aber vor allem im unteren Bereich in sich, da am Flussufer Klettereinlagen über Felsen nötig sind. Der schmale Weg, der entlang des rauen Stetattle Creek führt und dann über ein paar Nebenflüsschen in ein Waldstück übergeht, ist wenig begangen.

Ganzj. Nein Nach der Stetattle Creek Bridge an der Zufahrt nach Diablo. Rechts kann man in einer Parkbucht sein Fahrzeug abstellen. Startpunkt ist dann am Stetattle Creek nach einem Wohngebiet und kurz vor dem Wald. 2 Std. Moderat 9,6 km 335 m

Thunder Knob Trail

Während die beiden anderen Wanderungen am Diablo Lake, Stetattle Creek Trail und Sourdough Mountain Trail den Norden des Diablo Lake erschließen, befindet sich dieser Weg unterhalb des südlichen Ufers des Sees und entlang eines Seitenarms. Thunder Knob ist ein nicht ganz so hoch gelegener, kleinerer Gipfel auf dem Berg Thunder Mountain, hat aber unterwegs dennoch auch wunderschöne Ausblicke auf den Diablo Lake und die Gipfel der Berge der North Cascades zu bieten. Er eignet sich gut für diejenigen, die mit wenig Wegstrecke viel mitnehmen wollen. Auch Kinder können auf dieser Wanderung ihren ersten Gipfel stürmen.

Ganzj. Nein Der Trailhead befindet sich am nördlichen Ende des Colonial Creek Campground an einer großen Brücke. Man parkt rechts vom Eingang zum Campground. 2,5 Std. Einfach bis moderat 6 km 130 m

Sourdough Mountain Trail

Das Ziel dieser sowohl langen als auch anstrengenden Tour ist ein Aussichtspunkt auf dem Gipfel des Sourdough Mountain. Ein Feuerwachturm unter Denkmalschutz thront auf einem Felssporn, ist aber für die Öffentlichkeit nicht zugänglich. Das tut der Schönheit dieses Aussichtspunktes aber keinen Abbruch, denn es bieten sich spektakuläre Blicke auf Seen, Berggipfel und Gletscher - in jeder Himmelsrichtung gibt es ein neues Highlight zu entdecken.

Der Turm kann sowohl über den Diablo Mountain als auch über den Pierce Mountain (und den Ross Dam Trail) erklommen werden - beide Möglichkeiten sind fast gleichermaßen steil und anspruchsvoll, letztere vielleicht etwas weniger steil, dafür aber länger.

Der Sourdough Mountain Trail startet in Diablo bei Milepost 126 an der SR-20. Bei dieser Variante nähert man sich dem Aussichtspunkt aus Richtung Westen (würde man den Gipfel über den Pierce Mountain besteigen, befände sich der Trailhead auf dem Big Beaver Trail, der am Ross Dam startet). In diesem Fall wird über den Sourdough Mountain aufgestiegen. Es geht in zahlreichen Serpentinen durch den Wald stetig bergauf. Dann wird eine Wiese erreicht und kurz darauf der Sourdough Creek überquert. Danach geht es über eine subalpine Wildblumenlandschaft weiter, es ergeben sich Blicke auf den Diablo Lake und man kann auch auf einen Hirsch oder einen Schwarzbären treffen.

Auf dem Weg finden sich nicht viele Mitwanderer, diese Tour ist also ein Geheimtipp. Um zum Aussichtspunkt und dem 1915 errichteten, seit 1933 in dieser Form bestehenden Feuerwachturm zu gelangen, wandert man 5,3 mi/8,5 km weit. Hängt man den Weg über den Pierce Mountain bis zur Kreuzung mit dem Big Beaver Trail noch hintenan, sind es 11,2 mi/18 km. Um einen Rundweg zu generieren, kann man dann über den Diablo Lake Trail zurück nach Diablo marschieren. Das wäre dann jedoch eine Wegstrecke von 20,6 mi/33 km. Für Übernachtungen stehen zwei Camps zur Verfügung, Sourdough Camp ist knapp 4,3 mi/7 km vom Diablo Trailhead entfernt und Pierce Mountain Camp etwa 0,9 mi/1,5 km östlich des Aussichtspunktes. Für beide Plätze braucht man Permits (diese sind begrenzt).

Ende Juni-Okt. Ja Parkplatz am Fluss, gegenüber dem Schwimmbad in Diablo 5-6 Std. Anstrengend, schwierig 8,4 km bis Aussichtspunkt (nur Hinweg) 1.484 m

Übernachten

Ross Lake Resort

Es ist die einzige Übernachtungsmöglichkeit mit festem Dach über dem Kopf in der Ross Lake National Recreation Area, jedoch nicht über eine Straße zugänglich. Um dorthin zu gelangen, parkt man den Pkw hinter dem Diablo Staudamm auf einem ausgewiesenen Parkplatz des Resorts und überquert den Diablo Lake mit der Diablo Lake Ferry Abfahrt zweimal täglich um 8.30 und 15 Uhr, Ferry $ 20. An der Anlegestelle wartet dann ein Shuttle, das die Gäste zum Resort befördert, hin und zurück $ 8 pro Person. Zwar liegt das Ross Lake Resort bereits am nächsten Stausee auf der Reise, dem Ross Lake, ist aber mit dem Boot vom Diablo Lake aus erreichbar und wird deshalb an dieser Stelle beschrieben. Das Resort besteht aus rustikalen Hütten und drei Schlafsälen direkt am Nordufer des Ross Lake. Die Verpflegung muss mitgebracht werden. (Kühlschrank und Mikrowelle sind vorhanden). Am Resort kann man für Bootstouren auf eigene Faust Motorboote, Kajaks oder Kanus mieten. Das Resort ist zugleich Anlegestelle für Wassertaxis.

*Per Boot über den Diablo Lake oder zu Fuß ab dem Ross Lake Dam 503 Diablo Rd, Rockport, WA 98283 1-206-386-4437 (Reservierung wird empfohlen) www.rosslakeresort.com Ja Nein Mitte Juni-Okt. **-*** (je nach Personenzahl)*

Abenteuer pur – die Blockhüttchen liegen direkt am See und haben keinen Straßenzugang.

Colonial Creek Campground

Dieser Platz gilt als der beliebteste innerhalb der Ross Lake National Recreation Area. Er befindet sich südlich des Diablo Lake am Westufer des Thunder Arm. Ob es die Lage am Fuße des vergletscherten Colonial Peak ist oder die direkte Seelage – der landschaftliche Reiz auf diesem Campground ist noch einmal größer als bei anderen vom National Park Service verwalteten Plätzen. Auch die Ausgangslage für Unternehmungen in der Region um Diablo ist sehr gut. Allerdings sollte man rechtzeitig da sein: Die Stellplätze sind begehrt, aber nicht reservierbar.

25 mi/40 km östlich von Marblemount direkt an der SR-20 SR-20 Milepost 119, Diablo, WA 98283 1-877-444-6777 www.nps.gov/noca Ende Mai–Anf. Sep., South Loop Lakefront ganzj. ohne Service Nein 142 142 Ja Nein Nein Nein Nein $

Gorge Lake Campground

Noch außerhalb von Diablo befindet sich der Campingplatz an den letzten Ausläufern des Gorge Lake. Die sechs Zeltplätze liegen direkt am Ufer des Sees und in unmittelbarer Nähe zum Stetattle Creek. Es ist ein sehr einfacher, naturnaher kleiner Campground ohne Wasser und Service und kostet dafür keine Gebühr.

Von der SR-20 Richtung Diablo, 20 mi/32 km östlich von Marblemount SR-20 Milepost 126, Diablo, WA 98283 1-360-854-7200 www.nps.gov/noca Ganzj. Nein 0 6 Nein Nein Nein Nein Nein Kostenlos

Ab Diablo sind es etwa 7,5 mi/12 km, dann befindet man sich auf Höhe des Staudamms am Ross Lake. Hierzu folgt man den SR-20 erst Richtung Osten, dann macht der Highway einen kleinen Südschlenker und führt schließlich am Skagit River entlang Richtung Ross Lake. Einen Fixpunkt gibt es nicht, da die Straße nicht direkt zum See führt. Bei den vorgeschlagenen Wanderungen in diesem Bereich findet man unter der Anfahrtsbeschreibung den jeweiligen Startpunkt, wobei diese sich alle entlang der SR-20 am südlichen Ende des Sees befinden.

ROSS LAKE

Ein weiterer Stausee bildet nicht nur den dritten Bereich, sondern ist auch gleichzeitig Namensgeber der Ross Lake National Recreation Area: der Ross Lake. Der See selbst ist im Bereich der Recreation Area nicht von der Straße aus erreichbar (nur im Norden aus Richtung British Columbia/ Kanada über die unbefestigte Silver-Skagit Road). Man kann sich das Gebiet vonseiten der USA nur erschließen, indem man die Wanderschuhe schnürt oder mit dem Boot ab Diablo startet. Ganz unkompliziert ist das zwar nicht, dafür umso abenteuerlicher: Am Colonial Creek Campground kann man sein Boot zu Wasser lassen, 5 mi/8 km weit bis zum nordöstlichen Ende des Diablo Lakes paddeln und dann das

Boot um den Ross Staudamm transportieren (und zwar über eine 0,9 mi/1,5 km lange Schotterstraße mit vielen Serpentinen!). Die gute Nachricht ist: Das Ross Lake Resort vermietet nicht nur die Boote, sondern bietet auch den kostenpflichtigen Transportservice rund um den Staudamm an. Zu Fuß gelangt man an die Ufer des Ross Lake über den **Ross Dam Trail** (siehe unten).

Am Ross Lake gibt es außer den Boat-in-Camps (wofür Permits notwendig sind) keine Campgrounds, zum Übernachten steht lediglich das **Ross Lake Resort** (▶Seite 163) zur Verfügung, das man ebenfalls über den Ross Dam Trail zu Fuß erreicht (400 Meter Fußweg ab dem Staudamm). Am Resort befindet sich auch der Bootsableger für die Wassertaxis auf dem Ross Lake.

Der Ross Lake ist insgesamt 1,6 mi/2,5 km breit und fast 25 mi/40 km lang und erstreckt sich bis in den Südwesten Kanadas hinein. Im Westen und im Süden wird der See vom Nationalpark flankiert, östlich von ihm befindet sich die **Pasayten Wilderness**. Auch als Stausee entstanden, dient der Ross Lake wie die beiden vorangegangenen Seen der Energiegewinnung und wird ebenfalls von Seattle City Light betrieben. Der Skagit River durchfließt den See, bevor er gen Süden Richtung Puget Sound entschwindet. Aber auch andere Flüsse und Bäche speisen den Stausee. Rings um den Ross Lake ragen majestätische Berggipfel empor, manche davon sind über 2.000 Meter hoch.

Zwei besonders malerische **Aussichtspunkte** auf den See findet man oberhalb des Ruby Arm. Die **Ross Lake Overlooks** sind mit Informationstafeln versehen und man kann den Blick über den von mächtigen Bergen eingerahmten See schweifen lassen. Die beiden Overlooks folgen nacheinander am Highway. Vom ersten aus kann man das Resort überblicken (und erreichen). Der zweite Overlook präsentiert die Bergwelt in all ihrer Herrlichkeit.

Wandern

▶ Happy Creek Forest Walk

Es ist nur ein ganz kurzer Weg, aber dafür ein sehr lehrreicher, da er die verschiedenen Baumarten der Westseite der North Cascades präsentiert: Douglastannen, Western-Hemlocktannen und Riesenlebensbäume. Während man den neu angelegten Boardwalk entlanggeht, kann man anhand der Informationsschilder nicht nur einiges lernen, sondern spaziert auch am munter plätschernden Happy Creek entlang. Die Parkplätze am Trailhead sind limitiert, vor allem für größere Fahrzeuge und Wohnmobile.

Wenn man an diese Kurzwanderung noch knapp 1,8 mi/3 km anhängt, erreicht man die Happy Creek Falls (ausgeschildert).

Ganzj. Nein Direkt hinter der Ross Dam Parking Area 30 Min. Einfach 0,5 km 46 m

▶ Ross Dam Trail ★

Es ist wohl einer der am meisten genutzten Wege am südlichen Ende des Ross Lake, was unter anderem daran liegt, dass viele Leute auf diese Weise das Ross Lake Resort beziehungsweise die Bootsanlegestelle erreichen wollen. Die Wanderung startet am ausgeschilderten Ross Lake Trailhead direkt an der SR-20 (ein großer Parkplatz ist vorhanden). Von hier aus geht es hinab zum Staudamm des Sees. Dabei geht es über eine romantische Brücke und mehrere kleine Bachläufe. Der Weg ist leicht zu finden, denn es führt nur einer hinab, an einer großen Übersichtstafel vorbei.

Auf dem Ross Lake Dam selbst bieten sich dann sehr schöne Ausblicke nach Westen und Osten, allein dafür lohnt sich dieser Weg. Da sich unter dem Damm auch das östliche Ende des Diablo Lake befindet, kann man Kanuten und andere Paddler dabei beobachten, wie sie hier anlegen und ihr Boot zum Ross Lake transportieren (lassen). Man kann auf der anderen Seite des Staudamms hinabsteigen und Richtung Resort gehen und/oder eine Fahrt mit dem Wassertaxi unternehmen. Auf dem zugehörigen Bootssteg wäre eine schöne Stelle zum Picknicken, während man die Füße ins Wasser baumeln lässt, bevor man umkehrt. Direkt vor dem Steg befindet sich ein Telefon, über das man im Resort seine Ankunft mitteilen kann.

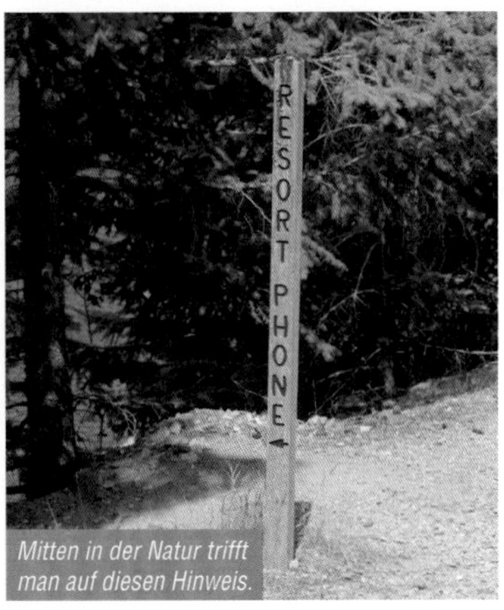

Mitten in der Natur trifft man auf diesen Hinweis.

Ganzj. Nein Parkplatz Ross Dam Trail an der SR-20, nach Milepost 134 1 Std. 1,8 km (nur Hinweg bis Ufer) 187 m

Happy Panther Trail

Es ist eine etwas längere Wanderung, aber wer genug Zeit hat, sollte diese Tagestour einplanen. Die Tour verbindet den Ross Dam Trail nahe dem Happy Creek mit dem East Bank Trail nahe dem Panther Creek. Seinen Namen bezieht der Trail vom Zusammenfluss der beiden Bäche Happy Creek und Panther Creek.

Auf dem Weg ergeben sich herrliche Blicke auf den See, an dem man stets nah entlangwandert. Außerdem geht es durch stille Wälder und vorbei an tosenden Wasserfällen, zwischendurch entfaltet sich die ganze Vielfalt an Wildblumen, die die Region zu bieten hat.

Nachdem das erste Wegstück bis zum Trailhead mit dem Ross Dam Trail identisch ist, lässt man die meisten Wanderer links liegen, sobald der Happy Panther Trail rechts abzweigt. Der Weg verläuft parallel zum Highway am Ruby Arm des Ross Lake. Unter Umständen hört man die Verkehrsgeräusche der SR-20, so idyllisch der Weg ansonsten auch ist. Aber Blicke wie der auf den hohen Jack Mountain entschädigen hierfür. Der Weg ist abwechslungsreich, mal felsig, mal geht es über Moosteppiche, und entfernt sich schließlich vom Ufer. Nach insgesamt 5 mi/8 km ist Ruby Creek erreicht – man hört den Fluss, bevor man ihn sieht. Die letzten 1 mi/1,6 km verlaufen entlang des Highways – diesen Teil kann man jedoch abkürzen und vorher umkehren. Das offizielle Ende der Wanderung wäre der East Bank Trailhead.

Mrz.–Nov. Nein Großer Parkplatz nach Milepost 134 auf der linken Seite (Ross Dam) 9 Std. Moderat 20 km 168 m

Mit der Ross Lake National Recreation Area verlässt man zugleich den North Cascades National Park – in diesem Fall sind die Grenzen dieselben. Die Fahrt geht entlang des Ruby Creek, kurz vor Verlassen des Parks könnte man noch eine schöne Wanderung einbauen.

RUBY CREEK TRAIL

Man trifft wenig Mitwanderer auf dieser Strecke und erlebt außerdem noch Geschichte – allein dadurch ist diese Wanderung etwas Besonderes. Früher war die Region bestimmt durch Bergbautätigkeiten, wovon heute noch rostige Relikte und alte Ausgrabungen entlang des Wanderweges zeugen, obwohl die Zeiten der Goldsucher und Schürfer längst vergangen sind.

Der Einstieg befindet sich bei Milepost 138, wo es einen großen Parkplatz gibt, der mit dem Trailhead des East Bank Trails ausgewiesen ist. An einem modernen Plumpsklo geht es los, zunächst hinab zum Ruby Creek, der hier mit dem Panther Creek zusammenfließt. Nach einer Brücke gelangt man an eine Kreuzung, von der es links zum East Bank Trail geht und rechts weiter auf dem Ruby Creek Trail. Während man flussaufwärts marschiert, hat man fast die ganze Zeit den Fluss im Blick. Nach knapp 1,3 mi/2 km kreuzt man an einer Brücke den Crater Creek und verlässt an dieser Stelle das Gelände des Nationalparks. Bald geht es durch eine enge Schlucht und kurz darauf einen Steilhang hinauf, von dem aus man einen beeindruckenden Blick genießen kann. Zerfallene Hütten erinnern wieder an die Zeit der Goldsucher. Nach etwa 3 mi/5 km erreicht man den Zusammen-

fluss des Canyon Creek und des Granite Creek zum Ruby Creek. Das ist der Umkehrpunkt der Tour.
April–Mitte Nov. Nein Parkplatz des East Bank Trailhead an Milepost 138 4–5 Std. Moderat 10,4 km 122 m

Nach dem letzten Wanderstopp über die nicht wahrnehmbare Parkgrenze hinaus geht es auf der SR-20 in südliche Richtung weiter, dem Granite Creek folgend. Dabei gewinnt die Straße deutlich an Höhenmeter, es wird merklich kühler und nicht selten säumen auch im Frühsommer Schneereste den Weg. Höhen werden erklommen, in denen Silbertannen (Pacific Silver Firs) und Western-Hemlocktannen die Szenerie dominieren. Mit Verlassen des Nationalparks kehren wir auch dem westlichen Washington den Rücken und dringen in den östlichen Teil vor. Nach der Nationalparkgrenze wird das Terrain des **Okanogan National Forest** *durchfahren. Nachdem sich die Fahrt 16 mi/26 km lang Richtung Süden gewandt hat, erreicht man den 1.480 Meter hoch gelegenen* **Rainy Pass**.

Rechts und links der Straße geht es zu großen Parkplätzen. Einen Aussichtspunkt am Straßenrand sucht man jedoch vergeblich, es handelt sich beim Rainy Pass vielmehr um den Trailhead der Wanderung zum **Rainy Lake**, *von dem aus man einen Blick in den kaum erschlossenen Südteil des Nationalparks werfen kann. Wer schon lange nicht mehr gewandert ist, hat dazu vielfältige Möglichkeiten, denn es starten einige Touren von hier, vor allem der genannte, 0,9 mi/1,5 km lange* **Rainy Lake Trail** *zum Rainy Lake (der Weg ist allerdings nur im Hochsommer schneefrei!).*

Nur 4,5 mi/7 km weiter auf dem WA-20 folgt der **Washington Pass**. *Mit seinen 1.669 Metern Höhe bildet er den höchsten Punkt des North Cascades Highway. Ausgeschildert mit »Washington Pass Picnic Area« führt eine Stichstraße zu einem großen Parkplatz. Von diesem aus ist es nur ein kurzer Fußweg zu den Aussichtspunkten. Der Panoramablick in alle Himmelsrichtungen ist kaum zu beschreiben (und sogar unter der Dunstwolke des nahen Brandes beeindruckend). Man sieht im Süden den Berg* **Liberty Bell Mountain**, *einen kirchturmartigen Berg inmitten einer Bergkette, deren Gipfel alle eine ähnlich bizarre Form haben. Über einen Lehrpfad gelangt man zu einem Granitfelsen mit Ausblick auf die Schlucht von* **Early Winters**.

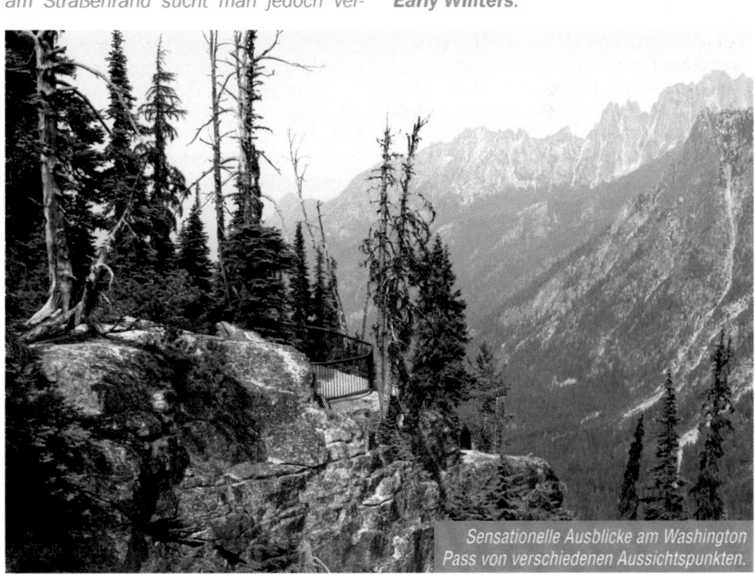

Sensationelle Ausblicke am Washington Pass von verschiedenen Aussichtspunkten.

Rainy Pass und Washington Pass sind üblicherweise von November bis April wegen teils heftiger Schneefälle geschlossen.

War bislang das Wetter mäßig oder hat es gar dauerhaft geregnet, so ändert sich das jetzt unter Umständen abrupt: Die statistische (und tatsächliche!) Niederschlagsmenge ist im Osten deutlich geringer als an der Westflanke des North Cascades National Park. Auch die Vegetation spiegelt dies wider. So langsam prägen erste Kiefern das Landschaftsbild, schließlich beherrscht sogar Wüstenbeifuß im weiteren Verlauf die Pflanzenwelt, die Hänge werden trocken. Der North Cascades Scenic Highway wird nun offiziell verlassen, was aber nicht bedeutet, dass die Landschaft nicht schön bleibt – es wird lediglich spürbar flacher. 16 mi/26 km nach dem Washington Pass nähern wir uns der »Großstadt« ***Mazama****. Auf den letzten Kilometern vor der Stadt wird vor Wildwechsel gewarnt, tatsächlich weist die Straße verdächtig viele Bremsspuren auf.*

Mit Mazama ist das fruchtbare ***Methow Valley*** *erreicht, das an dieser Stelle auf die North Cascades trifft und in dem Obst und Gemüse angebaut werden. Mazama selbst gibt als Ort nicht viel her – nach der reinen Natur ohne Infrastruktur hat uns jedoch dennoch die Zivilisation wieder und man braucht zweifelsohne Vorräte aller Art und möglicherweise auch ein Dach über dem Kopf, falls man nicht im Ross Lake Resort übernachten konnte. Da es in der Ross Lake National Recreation Area zahlreiche Campingplätze gab, besteht nach der kurzen Fahrstrecke bis Mazama vermutlich noch kein Bedarf für einen Campground.*

MAZAMA

Mazama mit seinen etwa 200 Einwohnern ist ein idyllisches Fleckchen mit viel Grün und Ursprünglichkeit. Der Ort liegt an der Ostflanke der North Cascades an der SR-20, etwa 28 mi/45 km südlich der kanadischen Grenze. Aus Richtung Norden stößt der **Methow River** in Mazama auf die Reiseroute und löst den Skagit River als Reisebegleiter ab.

Versorgen und einkaufen

The Mazama Store

Hier einzukaufen hat etwas sehr Ursprüngliches. Der kleine Laden besteht aus einer Kaffeebar, an der es auch Sandwiches aus Bio-Produkten gibt, es werden Lebensmittel und Campingbedarf verkauft – außerdem kann man hier tanken. Vom Highway aus ist der Laden ausgeschildert.

Im Ort Mazama links von der SR-20 auf die Lost River Rd abbiegen und dieser an der Kreuzung mit der Goat Creek Rd nach links folgen. Der Laden folgt gleich rechterhand. 50 Lost River Rd, Mazama, WA 98833 1-509-996-2855 www.themazamastore.com Tägl. 7–18 h

Übernachten

Mazama Country Inn

Schöne, gepflegte Zimmer inmitten stiller Natur, ein gutes Restaurant (auch für Nicht-Hotelgäste) und ein Schwimmbad im Freien, das vom Memorial Day bis zum Labor Day geöffnet ist, geben einer Übernachtung in diesem Country Inn eine kleine Luxusnote. Das familiär geführte Haus bietet 18 Zimmer für jeden Geldbeutel an, außerdem werden im Bereich von Mazama 20 Ferienwohnungen beziehungsweise Blockhäuschen vom selben Inhaber vermietet.

*Im Ort Mazama links von der SR-20 auf die Lost River Rd abbiegen und die vierte Straße links auf die Country Rd 15 Country Rd, Mazama, WA 98833 1-509-996-2681 1-800-843-7951 @ info@mazamacountryinn.com www.mazamacountryinn.com Ja Nein Ganzj. *–***

North Cascades Basecamp

Dieses Haus ist familiär und im europäischen Stil geführt und bietet sowohl Zimmer in der Lodge inklusive einem hochwertigen Frühstück mit biologischen Produkten als auch kleine Hüttchen. Im Sommer ist es ein B&B, im Winter eine Ski-Lodge und ganzjährig fungiert es als ökologische Ins-

Eine alte Farm in der Einsamkeit des Methow Valleys – Opfer eines älteren Brandes?

titution mit verschiedenen Programmangeboten der kundigen Gastgeber im Bereich Natur und Umwelt. Die Zimmer sind liebevoll und mit persönlicher Note eingerichtet. Von der Lodge aus hat man herrliche Blicke in die Bergwelt. In einer Gemeinschaftsküche dürfen Gäste selbst kochen.

*In Mazama von der SR-20 links auf die Lost River Rd abbiegen und nach Überqueren des Methow River links der Lost River Rd weitere 2 mi/3,5 km bis zur Lodge folgen. 255 Lost River Rd, Mazama, WA 98833 1-509-996-2334 info@northcascadesbasecamp.com www.northcascadesbasecamp.com Ja Nein Ganzj. * (Zimmer), ** (Cabins)*

*Nach dem kurzen Zwischenspiel und Auffrischen aller Vorräte geht es wieder zurück auf die SR-20 mit direktem Kurs auf die nächste Stadt **Winthrop**. Die Strecke führt durch wenig besiedeltes und durch ältere Brände gezeichnetes Flachland mit Farmen und Pferdekoppeln.*

14 mi/23 km nach Mazama und entlang des Methow River, der uns meist sichtbar an der rechten Straßenseite begleitet, ist die Westernstadt erreicht. Sie bildet den Auftakt für eine Fahrt durch das Land der Cowboys und Indianer – ein komplettes Kontrastprogramm zur Westflanke der North Cascades.

WINTHROP ★

Der Grundstein für Winthrop wurde 1890 als Basissiedlung für Farmer und die umliegenden Goldminen gelegt, 1924 wurde der Ort offiziell gegründet. Heute leben etwa 415 Einwohner hier. Fährt man durch Winthrop, wähnt man sich entlang der SR-20 auf einer Zeitreise: Wildwestflair, wohin man schaut, vom Jack's Saloon über die City Hall bis zum General Merchandise alles im Look einer Szenerie, die – würden nicht die modernen Pkws durchs Bild fahren – direkt einem Westernfilm entsprungen sein könnte. Ein Ehepaar hat das heutige Erscheinungsbild erschaffen, denn nachdem Winthrop zur Geisterstadt verkommen war, gaben die beiden zusammen mit den Einwohnern 1972 dem Ort das Flair aus seiner Gründungszeit zurück.

VISITOR INFORMATION

202 SR-20, Winthrop, WA 98862 1-509-996-2125 info@winthropwashington.com www.winthropwashington.com

Orientieren

Kommt man über den North Cascades Highway/SR-20 aus nordwestlicher Richtung nach Winthrop, macht der Straßenverlauf erst einen Linksknick und zweigt dann, nach Überqueren des Chewuch River, an einer Kreuzung rechts ab. In der Nähe dieser Kreuzung sollte man parken, denn sowohl nach links als auch nach rechts erstrecken sich die historischen Teile Winthrops auf der **Main Street**. Möchte man den Ort durchfahren und nicht aussteigen, sieht man das meiste vom Auto/Wohnmobil aus, denn die Westerngebäude flankieren die SR-20, bis die-

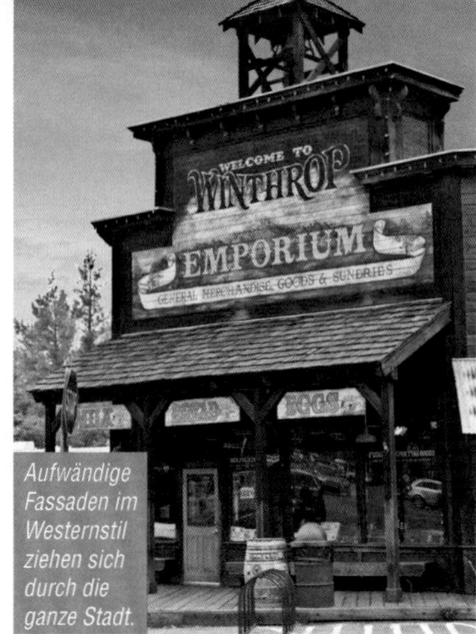

Aufwändige Fassaden im Westernstil ziehen sich durch die ganze Stadt.

se rechts abzweigt und über eine Brücke über den Methow River den Ort verlässt.

Es gibt ein ausgewiesenes »RV Parking« am Stadteingang; diese Parkmöglichkeit sollte man nutzen (zu Fuß ist es nicht weit ins Zentrum), denn in der Innenstadt ist das Parken mit dem Wohnmobil nur eingeschränkt möglich.

Versorgen und einkaufen

► Winthrop Red Apple Market/ Evergreen IGA

Authentisch ebenfalls im Wildwestgewand präsentiert sich der Markt, bei dem allenfalls die Einkaufswagen aus Stahldraht vor dem Eingang den Gesamteindruck stören. Es gibt eine erstaunlich große Auswahl an Lebensmitteln, viele aus biologischem Anbau. Der Laden wurde 2014 vom Lebensmittelhändler Evergreen IGA übernommen.

Nach Überqueren des Methow River linkerhand direkt an der SR-20 ✉ 920 SR-20, Winthrop, WA 98862 ☎ 1-509-996-2525

► NOCA Coffee House

Den besten Kaffee aller Zeiten gibt es in diesem netten Café, das sich dekorationsmäßig am North Cascades National Park orientiert (türkisblaue Wände als Pendant zu den Stauseen, Nadelzweige und Farne und weiße Bergspitzen an den Wänden). Und auch der Name ist dem Nationalpark entlehnt: Ausgeschrieben bedeutet er »North Cascades Coffee House«. Die Kaffeesorten werden mit den verschiedensten Geschmacksrichtungen angereichert, man kann auch verschiedene miteinander mischen. Die Besitzerin Liz erfüllt alle Wünsche und kann darüber hinaus viel über die Region erzählen. Im Laden gibt es freies W-LAN.

Im Zentrum von Winthrop am Rechtsknick der SR-20 links auf die Verlängerung der Riverside Ave. Das Café befindet sich auf der rechten Straßenseite. ✉ 134 Riverside Ave, Winthrop, WA 98862 ☎ 1-509-996-9244 🕓 Tägl. 7–17 h

► Sheri's Sweet Shoppe

Wenn es ein Schlaraffenland gibt, muss es hier sein. Dieser Laden ist nicht nur ein Süßigkeitenladen, er präsentiert Süßigkeiten als Kunstwerke. Zuckerschleckereien, Schokoladen in allen Variationen, Ausgefallenes wie mit Speck ummantelte Schokolade, Eis in 40 Geschmacksrichtungen und Milchshakes sind nur ein Teil des Sortiments. Im Sommer kann man es sich die Köstlichkeiten in einem lauschigen Innenhof schmecken lassen, in dem Tische, Stühle und Sonnenschirme bereitstehen. Es gibt auch Herzhaftes wie Hotdogs und Pommes Frites sowie Frühstück, Kaffee und Backwaren.

Direkt am Rechtsknick der WA-20 auf der rechten Straßenseite ✉ 207 Riverside Ave, Winthrop, WA 98862 ☎ 1-509-996-3834 www www.sherissweetshoppe.com 🕓 Mitte Apr.–1. Nov. tägl. ab 6.30 h, Nov. & Dez. nur am WE

Highlight

► Shafer Museum ★

Wer tiefer als über die touristische Kulisse in die Geschichte des Ortes eindringen möchte, dem sei dieses Museum wärmstens empfohlen. In Vorführungen wird von Menschen im Look des ausgehenden 19. Jahrhunderts gezeigt, wie man sich früher versorgt hat: Ein alter Webstuhl ist in Betrieb, die Gäste dürfen selbst Butter schlagen, und in den alten Gebäuden scheint der Betrieb nie unterbrochen worden zu sein. Relikte aus Goldschürfzeiten kann man ebenso betrachten wie alte Automobile oder »neumodische Apparate«, mit deren Hilfe man die Körner von den Mais-

kolben kurbelt. Aber auch der Wohn- und Lebensstil der damaligen Zeit wird liebevoll rekonstruiert: Die Tische sind gedeckt, als würde sich die Familie jeden Moment zum Abendessen einfinden. Das Museum und seine wunderschöne Anlage ist ein kleines Juwel, für das man Zeit erübrigen sollte.
Am Rechtsknick der SR-20 weiter geradeaus auf die Bridge St, danach rechts auf die Castle Ave abbiegen 285 Castle Ave, Winthrop, WA 98862 1-509-996-2712 @ staff@shafermuseum.com http://shafermuseum.com Mai Fr.–So., ab Ende Mai tägl. 10–17 h Spende erbeten

Übernachten

Hotel Rio Vista

Dieses Hotel liegt zentral im Innenstadtbereich innerhalb der Westernkulisse und erstrahlt selbst in authentischem Gewand. Die Restaurants – beziehungsweise Saloons! – Shops und Sehenswürdigkeiten Winthrops sind alle fußläufig erreichbar. Die Zimmer (mit Balkon) im rückwärtigen Gebäudeteil gehen zum Fluss hinaus, an dessen Ufer man die Seele baumeln lassen kann (Gartenstühle stehen bereit). Bei nicht passender Wetterlage gibt es im Haus einen Whirlpool. Wer nicht nur zentral residieren, sondern auch in einem »echten« Western-Etablissement übernachten möchte, ist hier richtig.
*Nach dem Rechtsknick der SR-20 noch 0,1 mi/0,2 km bis zum Hotel (rechte Straßenseite) 285 Riverside Ave (SR-20), Winthrop, WA 98862 1-509-996-3535 1-800-398-0911 @ info@hotelriovista.com www.hotelriovista.com Ja Ja Ganzj. ***

Methow River Lodge & Cabins

Eine neue Lodge mit niedlichen Blockhüttchen am Methow River mit wunderschönem Blick auf die Berge. In die historische Downtown ist es nur ein kurzer Spaziergang. Die Zimmer der Lodge bieten schöne Blicke auf den Fluss; die Zimmer sind mit Mikrowelle, Kühlschrank und Kaffeemaschine ausgestattet. Die Hütten am Flussufer liegen sehr romantisch mit viel Privatsphäre und Terrassen über dem Fluss. Die Küchen der Hütten sind voll ausgestattet und haben sogar eine Spülmaschine.
*Nach der Brücke über den Methow River am Ende des Ortes rechts in die White Ave abbiegen und sofort wieder rechts in eine Stichstraße zur Lodge. 110 White Ave (Twin Lakes Rd), Winthrop, WA 98862 1-509-996-4348 @ info@methowriverlodge.com http://methowriverlodge.com Ja Ja Ganzj. ** (Lodge), **–*** (Cabins)*

Pine Near RV Park

Mitten im Geschehen der Main Street und den historischen Gebäuden befindet sich dieser Campingplatz. Er ist voll ausgestattet mit allen Anschlussmöglichkeiten, die Stellplätze sind von viel Grün umgeben. In direkter Nachbarschaft befindet sich das Shafer Museum. Ein besonderer Clou des Platzes: Man kann in Tipis oder »alten« Bergbaubaracken übernachten. Ein Waschsalon ist vorhanden. Downtown ist nur einen Block entfernt, alles ist bequem fußläufig erreichbar.
Am Rechtsknick der SR-20 weiter geradeaus auf die Bridge St und rechts auf die Castle Ave abbiegen 316 Castle Ave, Winthrop, WA 98862 1-509-341-4062 @ info@pinenearpark.com www.pinenearpark.com Ganzj. Ja 36 14 Ja Ja Ja Strom (30/50 Amp.), Wasser, Abwasser Nein $$

Winthrop/North Cascades National Park KOA

Möglicherweise wird es nach all den vom National Park Service verwalteten, naturnahen Plätzen gerade Zeit für Anschlüsse fürs Wohnmobil, für Duschen und W-LAN? Dann kommt dieser KOA gerade recht. Er liegt direkt am Methow River und an der SR-20, etwa 1 mi/1,6 km südlich von Winthrop. Viermal täglich fährt ein kostenloser Shuttleservice in die Stadt. Der Ort mit Restaurants und Läden ist jedoch auch gut zu Fuß erreichbar. Zur Ausstattung des Campgrounds gehören ein beheizter Außenpool, ein Spielplatz, ein Waschsalon, ein Spieleraum und ein Laden. Die Stellplätze haben Rasenuntergrund.
Winthrop komplett durchfahren; knapp 1 mi/1,6 km nach Überfahren der Brücke über den Methow River folgt linkerhand der Campground. 1114 SR-20, Winthrop, WA 98862 1-509-996-2258 1-800-562-2158 @ campkoa@gmail.com http://koa.com/campgrounds/winthrop Mitte Apr.–Ende Okt. Ja 61 48 Ja Ja Ja Strom (20/30/50 Amp.), Wasser, Abwasser Ja $$$

Vereinzelte Farmen am Wegesrand bieten malerische Impressionen.

Das Westernfeeling von Winthrop war nur der Auftakt für die Wildwest-Atmosphäre, die ab sofort die Reise begleiten wird, es folgen weitere nette Westernstädtchen. Im ganzen östlichen Washington treffen wir außerdem immer wieder in irgendeiner Form auf die **Colville Indianer***. Ein englischer Geschäftsmann gab allen Indianerstämmen der Region einfach seinen Namen. Im Laufe des 19. Jahrhunderts wurden sie in der Colville Indian Reservation angesiedelt, das heute etwa 8.000 eingeschriebene Stammesmitglieder zählt.*

Zunächst führt die Route 8 mi/13 km weit nach **Twisp***, ebenfalls ein Backcountry-Ort mit knapp 1.000 Einwohnern. Links verläuft das Tal Methow Valley, rechts dominieren verbrannte Hänge, Berge und die Prärie die Kulisse. Der Methow River plätschert jetzt munter auf der linken Straßenseite. Wer in Mazama oder Winthrop nicht eingekauft und/oder getankt hat, kann das hier nachholen. Beides ist beispielsweise möglich bei* **Hank's Mini Market** *(✉ 410 SR-20, Twisp, WA 98856). Das Benzin ist in dieser Region allerdings generell etwas teurer im Vergleich zu den bislang günstigsten Preisen.*

Direkt nach Twisp wendet sich die SR-20 nach links und für 28 mi/45 km deutlich gen Osten durch das Waldgebiet des **Okanogan National Forest***. Das Flusstal des Methow River wird verlassen, jetzt weisen auf beiden Straßenseiten verbrannte Flächen auf frühere Waldbrände hin. Alles wirkt wie eine Mondlandschaft, so stellt man sich die Szenerie nach einer Apokalypse vor. Der North Cascades Highway stößt schließlich auf eine Kreuzung mit dem* **Highway 97***. Hier enden die Impressionen verbrannter Erde relativ abrupt. Man biegt auf den Highway links ab (dieser vereint sich vorübergehend mit der SR-20). Es geht durch die Orte* **Okanogan** *und* **Omak***, die den westlichen Rand der Colville Indian Reservation bilden. Beide Orte leben von der Holzverarbeitung und vom Apfelanbau.*

Das Restaurant **Tequila's** in Omak ist weithin berühmt und hat eine sehr gute mexikanische Küche (In Omak vom Hwy 97 links auf Dayton St, nach 0,3 mi/0,5 km links auf Omak Ave E, nach Überqueren des Okanogan River links auf S Main St, dem Straßenverlauf 1 mi/1,6 km folgen, das Restaurant ist auf der linken Seite, ✉ 635 Okoma Dr, Omak, WA 98841, ☎ 1-509-826-5417).

Entlang des ersten Teilabschnitts auf dem Highway 97 und vor allem in Omak und dessen Stadtbereich gibt es einige Möglichkeiten, einzukaufen und zu tanken

(das Benzin ist hier sogar überraschend günstig), es steht jedoch versorgungstechnisch kein weiterer Engpass wie im North Cascades National Park bevor.

25 mi/40 km nach Omak verläuft die Route ab **Tonasket** (mit Einkaufs- und Tankmöglichkeiten) wieder ausschließlich über den Highway 20. Auf diesen biegt man vom Highway 97 in Tonasket nach rechts ab. Es folgt einer der schönsten Streckenabschnitte der ganzen Reise. Der Highway entfaltet seinen ganzen Abwechslungsreichtum, untermalt von der Einsamkeit der Natur, der typisch amerikanischen Weite und dem Kontrast zu der noch kurz zuvor durchfahrenen Brandlandschaft. Die Gegend ist jetzt deutlich geprägt vom Halbwüstenklima des **Columbia Plateaus**. Dazu passen die Farmen und Ranches, die sich am Highway entlangreihen, dazwischen immer wieder vergessene Cowboy-Ansiedlungen, die in der Zeit steckengeblieben zu sein scheinen.

Immer noch befinden wir uns innerhalb des Okanogan National Forest. Es wird allmählich wieder grüner und 41 mi/66 km nach der Abzweigung in Tonasket wird das alte Goldgräberstädtchen **Republic** erreicht, kurz zuvor verlassen wir den Okanogan National Forest.

Republic ist ein weiterer Ort im Westerndesign und wirkt fast noch ein wenig ursprünglicher als Winthrop, da weniger touristisch. Am Ortseingang befinden sich Tankstellen, einkaufen kann man bei Anderson's Groceries (✉ 711 S Clark Ave, Republic, WA 99166), bei der Durchfahrt durch den Ort nicht zu verfehlen.

Die SR-20E beschreibt derweil einen Zickzack-Kurs. Zahlreiche Schlenker und Kurven definieren die Strecke in extremer Form für etwa 23 mi/37 km, danach beruhigt sich der Straßenverlauf wieder. Der Colville National Forest wird durchfahren, ein Gebiet, das von älteren Waldbränden gezeichnet ist. Nach etwas erholsameren 18 mi/28 km trifft die SR-20E an einer Kreuzung auf den **US-395**. Wer zuletzt in der Ross Lake National Recreation Area des North Cascades National Park übernachtet hat, braucht an dieser Stelle sicherlich einen Campground. Den nachfolgend genannten findet man knapp nördlich von Kettle Falls.

! Ab Kettle Falls sind es Richtung Norden übrigens nur 28 mi/45 km bis zur kanadischen Grenze! Wer kanadische Luft schnuppern möchte, kann dem US-395 nach Norden folgen. Das ist unkompliziert, es wird lediglich der Reisepass für die Ein- und Ausreise benötigt.

NORTH LAKE RV PARK & CAMPGROUND ☆

Idyllischer Zwischenstopp mit Übernachtung am Ufer des Kettle River Arm. Der Campground liegt am Ende einer Sackgasse sehr ruhig und beschaulich im Grünen. Die Stellplätze für die Wohnmobile liegen zwar deutlich näher beieinander als die der Nationalparkplätze, aber Bäume spenden nicht nur Schatten, sondern sorgen auch für Privatsphäre. Schön zwischen Bäume gebettet kann man auch in einem ursprünglichen Blockhäuschen übernachten. Es gibt einen Waschsalon und einen Einkaufsladen auf dem Platz. Zum Frühstück werden kostenlos Kaffee und Kleinigkeiten zu essen angeboten. Die Gastgeber führen den gepflegten Platz sehr familiär und geben gute Tipps für die weitere Reiseplanung.

*Am Abzweig der US-395 von der SR-20 dem US-395 noch 4 mi/7 km Richtung Norden folgen, dann rechts in die Roosevelt Rd einbiegen. 20 Roosevelt Rd, Kettle Falls, WA 99141 1-509-738-2593 @ northlakerv@gmail.com www.northlakervparkandcampground.com Ganzj. Ja 17 3 Ja Ja, kostenpflichtig Ja Strom (30/50 Amp. (nach Reservierung)), Wasser, Abwasser Ja $-$$, Cabins **

Es gibt an dieser Stelle zwei grundsätzlich verschiedene Möglichkeiten der Weiterreise – sie sind abhängig davon, ob man den Glacier National Park hoch im Norden Montanas besuchen möchte oder ob man diesen auslässt und von hier aus direkt den Yellowstone National Park ansteuert. Nimmt man den Glacier National Park mit (was der Empfehlung dieses Routenreiseführers entspricht!), bleibt man noch eine ganze Zeitlang auf kleineren und schönen Straßen durch herrliche, stetig wechselnde Landschaften. Fährt man zum Yellowstone National Park, geht dies auf relativ direktem, landschaftlich nunmehr weniger reizvollem Weg. Die Hauptroute nimmt Kurs auf den Glacier National Park, während die Alternativroute in südöstliche Richtung über ***Spokane*** *(siehe unten) und eine große Strecke über die* ***I-90*** *abzweigt, um direkt zum Yellowstone National Park zu gelangen.*

Bis ***Chewelah*** *bleibt die Strecke zunächst gleich – der Ort ist 39 mi/62 km vom North Lake RV Park entfernt und über den* ***US-395*** *erreichbar. Vom Campground kommend passiert man noch vor* ***Kettle Falls*** *den* ***Lake Roosevelt*** *über eine Brücke und folgt dem US-395 südostwärts. Es wird grüner als bei der Streckenetappe zuvor, das Land merklich flacher. In* ***Colville*** *(16 mi/25 km vom North Lake RV Park aus) gibt es Möglichkeiten, einzukaufen und zu tanken. Innerhalb des Ortes auf die Straßenführung des US-395 achten! Danach geht es Richtung* ***Chewelah*** *entlang einer Bahnstrecke wieder durch den Colville National Forest. In Chewelah trennen sich Haupt- und Alternativroute. Die Hauptroute wird auf* *▶Seite 179 fortgesetzt.*

Der North Lake RV Park & Campground ist ein sehr gepflegter Platz.

Alternativroute zum Yellowstone National Park

49 mi/78 km nach Chewelah und weiter über den US-395 ist Spokane erreicht, eine überraschend große Stadt in diesen Gefilden, deren Ausläufer sich schon weit im Voraus ankündigen.

SPOKANE

		Spokane	Heidelberg
	Stadt	209.500	150.500
	Metropol-region	610.000	527.000
	pro km²	1.397	1.381
	km²	152	109
	über NN	724 m	114 m
	mm	419	806
	°C	21,8	17
	°C	4,8	7,2
	Chewelah *(Beginn Alternativroute)*		31 mi/ 50 km
	Kreuzung US-287/ US-191 *(Ende der Alternativroute)*		512 mi/ 819 km

Zunächst ist es fast ein Schock: Nach all der Natur, der Einsamkeit der majestätischen Bergwelt und den langen Fahrstrecken durch nahezu unbesiedeltes Gebiet taucht plötzlich eine Großstadt von den Ausmaßen Spokanes auf! Das quirlige Stadtleben nimmt den Reisenden in Empfang und bietet eine kurze Auszeit, bevor es zurück in die Natur geht. Wer die Zeit erübrigen möchte und nicht auf die nächsten Highlights dieser Reise brennt, kann in Spokane ein wenig Sightseeing und vor allem Shopping einbauen. Wer nur kurz Großstadtluft schnuppern, sich versorgen und für die Weiterfahrt rüsten möchte, findet hierfür zahlreiche Angebote.

Spokane ist die größte Stadt im östlichen Teil Washingtons und nach Seattle die zweitgrößte des Bundesstaates überhaupt – es ist sogar die größte Stadt zwischen Seattle und dem fast 2.500 Kilometer entfernten Minneapolis. Deshalb spielt Spokane vor allem eine Rolle als regionales Wirtschafts- und Verkehrszentrum, weniger als touristischer Anziehungspunkt wie Seattle. Reizvoll sind jedoch zweifelsohne die viktorianischen Häuser Downtowns und vor allem der **Riverfront Park** (►Seite 176), ein Relikt der Weltausstellung von 1974. Im Zentrum des Parks befindet sich außerdem die Attraktion **Spokane Falls** – da tosende Wasserfälle nicht unbedingt das sind, was man in einer Großstadt erwartet, ist das schon ein kleines Spektakel für sich. Die Wasserfälle werden gespeist vom **Spokane River**, der mitten durch die Stadt fließt.

Die Temperaturen in Spokane liegen deutlich höher als auf den zurückliegenden Etappen der Reise. Insofern passt der Name gut: Spokane ist der Name des Indianerstammes »Spokan« und heißt so viel wie »Kinder der Sonne«. Der Grundstein für die Stadt wurde 1881 gelegt, als die Eisenbahnschienen durch die Berge hierher verlegt wurden und sich eine Siedlung an den Wasserfällen entwickelte. Schon zuvor hatten die Siedler die Wasserkraft der Fälle genutzt, um Sägemühlen zu betreiben und Getreide zu mahlen. Mit Ankunft der Eisenbahn konnten schließlich Holz und Getreide auch abtransportiert werden. Als schließlich 1883 im benachbarten Idaho der Goldrausch ausbrach und der Bergbau kam, profitierte Spokane von diesem neuen Wohlstand. 1974 kam als großes Event die Weltausstellung in die Stadt. Der heutige Riverfront Park entstand auf dem Gelände des Hauptbahnhofs, der bis dahin mitten in der Stadt gewesen war.

VISITOR INFORMATION CENTER

Über die US-395 Richtung Süden fahren (geht über in den US-2), bis rechts der W Spokane Falls Blvd abzweigt. Diesem etwa 0,8 mi/1,3 km folgen, dann links in die W Main Ave fahren.
801 W Main Ave, Spokane, WA 99201
1-509-624-1341 visitors@visitspokane.com
www.visitspokane.com Mo.–Sa. 10–17 h, So. 11–18 h

Orientieren

Aus Richtung Norden gelangt man über den US-395 beziehungsweise im Anschluss den US-2 mitten in die Innenstadt Spokanes. Zentrale Anlaufstelle ist der Riverfront Park im westlichen Bereich Downtowns. Die Innenstadt wird im Norden vom Spokane River im Bereich Riverfront Park definiert, im Süden von der I-90, im Osten vom US-395 beziehungsweise dem US-2 und im Westen von der North Monroe Street.

Spokane selbst beschreibt das östliche Ende des Columbia Plateaus. Im Südosten der Stadt verläuft die Grenze der Rocky Mountains, zu dessen Füßen Spokane liegt.

Da die Innenstadt recht übersichtlich ist, kann man das Fahrzeug in Downtown abstellen und das Zentrum zu Fuß erkunden. Eine Parkmöglichkeit ist die **River Park Square Parking Garage** (808 West Main Ave, $ 0,75 pro halbe Stunde, maximal $ 5 für den ganzen Tag).

Reist man mit dem Wohnmobil an, parkt man am besten bei **City Ticket Park & Ride** an der Spokane Veteran's Memorial Arena nördlich des Riverfront Parks und fährt dann mit dem Trolley in die Stadt (den Service gibt es immer werktags und am Wochenende, sofern keine Veranstaltung in der Arena stattfindet).

Spokane ist auch in Sachen öffentliche Verkehrsmittel gut versorgt. **Spokane Transit** betreibt ein dichtes Netz von Buslinien im gesamten Stadtgebiet. Informationen über Linien und Preise findet man unter www.spokantransit.com.

Versorgen und einkaufen

Einkaufen ist in Spokane ganz und gar unproblematisch – als Stadt dieser Größenordnung gibt es überall zahlreiche Möglichkeiten, Proviant einzukaufen und zu tanken. Eine besondere Erfahrung ist ein Einkauf im **Main Market Co-op** (44 West Main Ave). Hier gibt es unter anderem Erzeugnisse frisch vom Bauernhof, Bio-Produkte und Eier von freilaufenden Hühnern. Der Laden ist geöffnet montags bis samstags 8 bis 20 Uhr und sonntags 10 bis 18 Uhr. Wer richtig shoppen gehen möchte, tut dies am besten im **River Park Square** in der 808 West Main Avenue. Unzählige Shops, Restaurants und Kinos befinden sich in dem überdimensionalen Komplex, in dem 15 Blocks in Höhe der ersten Etage durch einen **Skywalk** miteinander verbunden sind. Parken kann man im zum Einkaufszentrum gehörenden Parkhaus.

Highlights

Riverfront Park

Das ehemalige Gelände der Weltausstellung von 1974 ist das Highlight Nummer eins der Stadt. Genau genommen definiert eine Insel im Spokane River den Park, der über einige Brückchen mit Downtown verbunden ist. Begrüßt werden die Besucher am Eingang über den Spokane Falls Boulevard von einem antiken Kinderkarussell namens »Loof Karussell«: 54 handgeschnitzte und bunt verzierte Pferdchen drehen auf dem Karussell aus dem Jahr 1909 ihre Runden. Zusammen mit Musik der 1900 im Südschwarzwald hergestellten Orgel zählt das Ensemble heute zum National Register of Historic Places.

Nach dem Karussell geht es über eine Brücke in den eigentlichen Teil des Parks, auf die Insel. Die Wasserfälle stehen im Mittelpunkt der Aufmerksamkeit. Zwar wurde ihnen mithilfe einer Staustufe ein wenig von ihrer Mächtigkeit genommen, »berauschend« sind sie aber dennoch auch heute noch. Wer die Fälle aus luftiger Höhe bewundern möchte, kann dies in einer Seilbahnfahrt tun. Der **Spokane Falls SkyRide** schaukelt Besucher in Gondeln über die Wasserfälle hinweg. 20 Minuten lang dauert die Fahrt, die am westlichen Ende des Riverfront Parks bei der City Hall startet.

Sommer: tägl. 10–20 h, an Wochenenden länger
Erw. $ 7,50, Kinder (3–12 J.) $ 5

Was gibt es sonst noch zu tun im Riverfront Park? Neben Minigolf, Picknick- und Spielplätzen, Spazierwegen und viel Grün inmitten der Stadt gibt es ein IMAX-Kino, in dem man auf Großformat Naturfilme anschauen kann. Skulpturen zieren die Parklandschaft, und ein Uhrturm, der vom ehemaligen Bahnhof übriggeblieben ist, steht inmitten der Insel und präsentiert sich als Wahrzeichen des Parks. Wer nicht per Gondel in luftige Höhen möchte, kann sich mit einer Bimmelbahn durch den Park kutschieren lassen.

Der Park an sich kostet keinen Eintritt, jedes Angebot muss allerdings extra bezahlt werden. Ebenso verhält es sich mit den Öffnungszeiten: Der Riverfront Park ist durchgehend geöffnet, die einzelnen Angebote haben separate Öffnungszeiten

Am besten parkt man im Parkhaus des River Park Square und geht dann über das Nordufer des Flusses in den Park. 507 N Howard St, Spokane, WA 99201 1-509-625-6600 erarpgs@spokanecity.org www.spokaneriverfrontpark.com Je nach Angebot Je nach Angebot

► Northwest Museum of Art & Culture

Der gesamte Museumskomplex besteht aus fünf Galeriebereichen, die sowohl mit Dauerausstellungen als auch mit wechselnden Ausstellungen bestückt sind. Dabei ist nicht nur Kunst das Thema, wie der Name des Museums vermuten lassen würde, sondern auch die Lokalgeschichte und die frühere Besiedelung der Region mit Indianern, Bergbauarbeitern, Holzfällern und Farmern. Zeitgeschichtlich interessant ist deshalb auch das **Campbell House** mitsamt dem Carriage House Visitor Center, das dem Museum angeschlossen ist; in dieser Villa im englischen Tudorstil aus dem Jahr 1998 wird eindrucksvoll und mit interaktiven Aktionen dargestellt, wie sich das Leben im sozialen Umfeld einer Familie, ihren Gewohnheiten, der Technologie und den Hausangestellten um die Jahrhundertwende 19./20. Jahrhundert verändert hat.

Im **Kunstbereich** werden Sammlungen mit Kunsthandwerk, Gebrauchsgegenständen der Indianerstämme und eine breit gefächerte Palette von Kunst von Gemälden aus dem 17. Jahrhundert bis hin zur Kunstrichtung Modern Art präsentiert.

Das Museum liegt im Stadtteil Browne's Addition im Westen der Stadt. Vom Riverfront Park folgt man der W Riverside Ave Richtung Westen und biegt an einem großen Kreisverkehr die zweite Abfahrt in die W 1st Ave ab. Das Museum folgt nach 0,6 mi/0,9 km rechterhand. 2316 W 1st Ave, Spokane, WA 99201 1-509-456-3931 themac@northwestmuseum.org www.northwestmuseum.org Mi.–So. 10–17 h Erw. $ 10, Kinder & Stud. $ 5, Sen. (über 60 J.) $ 7,50

► Riverside State Park

Nordwestlich der Innenstadt liegt der State Park idyllisch am Fluss in eine wunderschöne Landschaft eingebettet. Aktivitäten im Freien wie Wandern, Schwimmen, Picknicken und Bootfahren konzentrieren sich auf die **Nine Mile Recreation Area**, in der man auch sehr idyllisch campen kann. Neben dem nachfolgend beschriebenen Nine Mile Recreation Area Campground (►Seite 178) befinden sich vier weitere Plätze innerhalb des State Parks.

Am Fluss findet man eine abenteuerliche Hängebrücke, rund um den Fluss starten Trails mitten in die Natur hinein. Kajaks und Kanus können für Flusserkundungsfahrten gemietet werden. Das kostet Mitte Mai bis Mitte September $ 25 pro Tag. Das Informationszentrum **The Spokane House Interpretative Center at Nine Mile Falls** beleuchtet die Geschichte der Region zu Zeiten des Pelzhandels, inklusive dessen Auswirkungen auf die Ureinwohner (Memorial Day–Labor Day samstags & sonntags 10–16 h).

Sowohl aus Richtung Norden vom US-395 als auch aus Richtung Downtown Spokane über den W Northwest Blvd und die N Assembly St bis zum 12 mi/19 km von der Innenstadt entfernten State Park fahren. 9711 W Charles Rd, Nine Mile Falls, WA 99026 1-509-465-5064 https://wa-washingtonstateparks.civicplus.com/573/Riverside Sommer 6.30 h bis Dämmerung, Winter 8 h bis Dämmerung

Übernachten

Holiday Inn Express Spokane-Downtown

Wenn man im Zentrum des Geschehens übernachten möchte, ist man in diesem Holiday Inn richtig, denn es liegt inmitten Downtowns. Die Einrichtungen der Innenstadt sind zu Fuß erreichbar. Das Haus im englischen Tudorstil wirkt schon äußerlich recht ansprechend. Vom Hotel aus kann man einen 360-Grad-Blick über die Umgebung schweifen lassen, da es sich auf einer Anhöhe befindet. Die Zimmer sind gepflegt, geräumig und modern. Manche Zimmer haben einen Balkon mit Blick auf den Fluss.

US-395 und US-2 vereinigen sich im Stadtgebiet von Spokane und gehen in die N Division St über.
*801 N Division St, Spokane, WA 99202 1-509-328-8505 1-800-181-6058 Ja Ja Ganzj. ***

The Davenport Hotel

Das Hotel hat sich seinen Stil eines ehemaligen Grand Hotels bewahrt. Im Inneren wurden in dem restaurierten und renovierten Hotel alle Elemente erhalten, die von der Entstehungszeit um 1914 zeugen: Kronleuchter, Täfelungen, Marmorböden und antikes Mobiliar – all das in der großen Lobby im Stil der spanischen Renaissance. Dem Davenport sind zwei weitere Hotels angeschlossen, das Hotel Davenport Tower und das Hotel Lusso; insgesamt verfügen alle Häuser zusammen über 660 Zimmer und Suiten, man kann zwischen 15 verschiedenartigen Zimmertypen wählen, alle mit luxuriöser Ausstattung (zum Beispiel Mahagoni-Möbel und Marmorbäder). Ein Spa-Bereich ist ebenfalls vorhanden. Das Hotel in Downtown Spokane fällt eindeutig in die Luxuskategorie, wofür die Preise noch im moderaten Rahmen liegen.

Dem US-395/US-2 (N Division St) folgen, nach Überqueren des Spokane River südlich der Rechtskurve rechts in die W Sprague Ave fahren, bis links die S Post St abzweigt.
10 S Post St, Spokane, WA 99201
1-800-899-1482 info@thedavenporthotel.com
www.davenporthotelcollection.com Ja Ja
*Ganzj. **–****

Nine Mile Recreation Area Campground

Der Riverside State Park (►Seite 177) ist die mit Abstand schönste Variante, im Bereich von Spokane zu campen. Im Herzstück des Parks, der Nine Mile Recreation Area, gibt es den gleichnamigen Campground mit Zelt- und RV-Plätzen. Die Plätze sind gut ausgestattet, es gibt auch einen kleinen Laden. Von ganz einfachen Plätzen ohne Anschlüsse bis full hook-up ist alles vorhanden.

Sowohl aus Richtung Norden vom US-395 als auch aus Richtung Downtown Spokane über den W Northwest Blvd und die N Assembly St bis zum 12 mi/19 km von der Innenstadt entfernten State Park fahren. 1126 W Charles Rd, Nine Mile Falls, WA 99026 1-509-465-5064 1-888226-7688 (auch Reservierung) https://wa-washington-stateparks.civicplus.com/573/Riverside Mitte Mai–Mitte Sep. Ja 21 3 Ja Ja Nein Strom, Wasser, Abwasser Nein $–$$$

Ab Spokane gilt es, Kilometer abzufahren. Aus Richtung Downtown folgt man dem ***US-395*** *beziehungsweise* ***US-2*** *Richtung Süden und trifft am Rand der Innenstadt automatisch auf die quer verlaufende I-90; diese befährt man nach Osten in Richtung* ***Coeur D'Alene****. Nach 19 mi/30 km ist die erste Bundesstaatengrenze erreicht, die wir auf dieser Reise überfahren: Für eine kurze Strecke befinden wir uns in* ***Idaho****, indem wir den* ***Idaho Panhandle*** *(Pfannenstiel) durchfahren.*

Der zweite von insgesamt sechs Bundesstaaten der Reise ist erreicht.

Hier gelangt man nicht nur in einen neuen Bundesstaat, sondern auch in eine andere Zeitzone! Befanden wir uns in Washington und Idaho in der Pacific Standard Time (PST), so gilt ab sofort und für einen langen Teil der Reise die **Mountain Standard Time (MST)**. Die Uhr muss eine Stunde nach vorne verstellt werden.

*19 mi/30 km nach der Grenze gelangt man nach **Coeur D'Alene**. Die Stadt gilt als das Wirtschaftszentrum des Nordens und Verkehrsknotenpunkt. Das Zentrum der Stadt mit 45.600 Einwohnern befindet sich am gleichnamigen See, der mit einer Länge von 40 Kilometern viele Sonnenhungrige und Freizeitsportler anzieht. Für einen Zwischenstopp zum Speisen, Einkaufen und Tanken eignet sich die Stadt bestens. Im Norden Coeur D'Alenes befinden sich einige Hotelketten, falls man an dieser Stelle einen Übernachtungsort braucht. Direkt am Seeufer dominiert das **Coeur D'Alene Resort** deutlich die Kulisse (www www.cdaresort.com, ✉ 115 S 2nd St, Coeur D'Alene, ID 83814).*

*Da die Devise auf diesem Streckenabschnitt aber lautet, dem immer noch weit entfernten Yellowstone National Park näherzukommen, lassen wir Coeur D'Alene links liegen und folgen weiter der Interstate ostwärts. Bereits 38 mi/61 km nach Erreichen des Staates Idaho passiert man die nächste Grenze, diesmal ist es die nach **Montana**. So langsam dringt die Route außerdem in das Gebiet der **Rocky Mountains** vor.*

*Es folgt eine längere Strecke durch Nadelwald, bis nach weiteren 77 mi/123 km die Stadt **St. Regis** erreicht ist. Man bleibt auf der I-90, passiert 73 mi/117 km später die Einkaufsstadt **Missoula** und folgt danach der I-90 weiter in südöstliche Richtung. Die Strecke führt über mehrere hundert Kilometer durch wenig besiedeltes Gebiet mit kleinen Ortschaften. In **Cardwell**, 225 mi/360 km nach St. Regis, endet dann die schnelle Autobahnfahrt. Hier zweigt der **Montana Secondary Highway 359 (MT-359)** ab, der Richtung Süden führt. Den Highway kreuzt nach 14 mi/23 km der **US-287**, dem man nun ebenfalls nach Süden folgt, bis man den Fluss Madison River und im direkten Anschluss den **Hebgen Lake** erreicht (nach etwa 78 mi/125 km). Nach weiteren 14 mi/23 km auf dem US-287 trifft die Straße auf den **US-191**. Aus Richtung Norden stößt hier die Hauptroute hinzu, auf der alle Reisenden vom Glacier National Park her kommen. An der Kreuzung US-287 und US-191 vereinen sich demnach Alternativroute und Hauptstrecke wieder zu einer Route, es geht weiter Richtung Süden im direkten Anflug auf den Yellowstone National Park (▶ Seite 215).*

Ende der Alternativroute

*Wer den »Schlenker« zum **Glacier National Park** mitnimmt und somit der Hauptroute folgt, wendet sich in **Chewelah** Richtung Osten. Manche Navigationssysteme beziehungsweise Routenplaner schlagen vor, trotzdem über Spokane zu fahren und dann einen Bogen zu beschreiben, der aus Richtung Süden zum Glacier National Park führt. Viel schöner und zudem auch noch 43 mi/68 km kürzer ist aber die nördliche Route durch unberührte Landschaft und teilweise wieder nah an der kanadischen Grenze entlang, die sich statt aus südlicher Richtung aus dem Westen dem Glacier National Park nähert. Der einzige Nachteil dieser Strecke besteht darin, die Großstadt Spokane zu verpassen, was aber definitiv verschmerzbar ist.*

*Innerhalb Chewelahs ist die **Flowery Trail Road** ausgeschildert, der nun die Hauptroute beschreibt. Auch wenn es auf den ersten Blick merkwürdig erscheint: Dieser Beschilderung folgt man durch den Ort, um zu einer kurvenreichen Querverbindungsstraße zu gelangen, die gen Osten führt. Auf ihr geht es zunächst bergauf und durch einen Nadelwald. Es herrscht wenig bis gar kein Verkehr auf dieser netten, kleinen Bergstraße, auf der man wieder in das Gebiet des Colville National Forest hineinfährt. Hoch hinaus geht es bis zur Passhöhe **Chewelah Peak**, von der aus man verwundert auf einen Hang mit einem Skigebiet für Abfahrtsfahrer blickt. Nach dem Pass geht es zwar bergab, es wird aber noch einmal eine Höhe erreicht, bei der sich Kulissen wie im Südschwarzwald auftun.*

Die nördliche Anfahrt zum Glacier National Park ist sehr viel reizvoller als die Strecke über Spokane.

*Nach 26 mi/42 km treffen wir noch ein letztes Mal auf die SR-20, auf der wir nach rechts für ein kurzes Stück Richtung Süden einbiegen. Linkerhand flankiert der **Pend Oreille River** die Strecke, an dem Ferienbetrieb herrscht: Zahlreiche Boote schippern auf dem Gewässer, am Ufer reiht sich Ferienhaus an Ferienhaus. Noch auf der SR-20 erreicht man **Newport**, eine etwas größere Stadt mit Tank- und Einkaufsmöglichkeiten. Innerhalb des Ortes zweigt der **US-2** ab, der zunächst als **US-2E** Richtung Osten, dann gen Norden und im weiteren Verlauf in einem Bogen in südliche und östliche Richtung führt. Dieser Highway bleibt uns nun bis zum Glacier National Park erhalten. Am Ortsausgang von Newport wird die erste Staatengrenze der Hauptroute passiert: Willkommen in **Idaho**!*

*Die nächste Teilstrecke führt durch den sogenannten **Idaho Panhandle**, ein an der kanadischen Grenze verlaufender, schmaler Streifen des Bundesstaates (Panhandle heißt »Pfannenstiel«), der sich in südliche Richtung weitet. Der nächste, ebenfalls etwas größere Ort **Priest River** wird durchfahren, während wir nun den Pend Oreille River auf der rechten Fahrseite haben. Der Fluss nimmt langsam Dimensionen eines großen, langgezogenen Sees an, es hält sich der Charakter eines Feriengebietes.*

*28 mi/45 km nach Newport erreicht man **Sandpoint**, eine ebenfalls etwas größere Stadt, innerhalb der man sich weiter nach dem US-2 orientiert. Nach 34 mi/54 km Fahrt in nördliche Richtung (und mit etwas mehr Verkehr, Infrastruktur und Besiedelung) ist **Bonners Ferry** (Achtung, der US-2 zweigt nach rechts ab!) und 7,5 mi/12 km später mit **Moyie Springs** der Scheitelpunkt erreicht, ab dem es wieder in südliche Richtung geht. Das mit 131 mi/209 km noch ferne Ziel am Fuße des Glacier National Park, die Stadt **Kalispell**, ist hier bereits ausgeschildert.*

*10 mi/16 km nach Moyie Springs überfahren wir schon die nächste Staatengrenze, diesmal ist es die nach **Montana**.*

! Hier gelangt man nicht nur in einen neuen Bundesstaat, sondern auch in eine andere Zeitzone! Befanden wir uns in Washington und Idaho in der Pacific Standard Time (PST), so gilt ab sofort und für einen langen Teil der Reise die ***Mountain Standard Time (MST)***. Die Uhr muss eine Stunde nach vorne verstellt werden.

Landschaftlich wird es nun wieder sehr reizvoll. Blicke in Täler mit Bergen im Hintergrund wechseln sich ab mit tiefblauen Flüssen, die am Wegesrand munter vor sich hin plätschern. Rechts und links des

US-2 finden sich immer wieder Hinweisschilder auf private Campgrounds. Wer hier Bedarf hat, sollte problemlos unterkommen können. Die Fahrt führt in den Kootenai National Forest hinein, durchquert kurz nach der Montana-Grenze den netten, kleinen Ort ***Troy****, in dem man günstig tanken kann, und wird anschließend zu einer bergigen, herrlichen Straße entlang des Flussverlaufs des Kootenai River. Wenn sich dann auch noch gelegentlich die Bahntrasse ins Bild mogelt, tun sich sensationelle Fotomotive auf!*

Nach dem nächsten Ort Libby wird ohne große Unterbrechung die lange Fahrt Richtung Kalispell fortgesetzt. Montana bietet alles, was man mit dem Bundesstaat verbindet: Wenig Besiedelung, viele Farmen, unendliche Weite und die zerklüftete Bergwelt der ***Rocky Mountains****. Lange folgen keine Städte und Ansiedlungen und man trifft auch auf wenig Mitreisende, was das Gefühl, durch die absolute Einsamkeit zu fahren, bestärkt.*

Es geht vorbei an den ***Thompson Lakes*** *und dem tiefblauen* ***McGregor Lake*** *und alles wirkt grün und frisch – so ganz anders als die Impressionen auf der Etappe durch das verbrannte Gebiet im östlichen Washington. Erst 70 mi/112 km nach Libby ist mit* ***Marion*** *die nächste Stadt erreicht. Auf den restlichen 21 mi/33 km bis nach Kalispell gibt es dann nicht einmal mehr Farmen, man findet schlichtweg gar keine menschlichen Ansiedlungen mehr. Im Kontrast dazu taucht plötzlich* ***Kalispell*** *mit seiner – im Kontrast – fast schon großstädtischen Peripherie (20.500 Einwohner) auf. Von hier aus sind es noch 32 mi/51 km bis West Glacier.*

Man manövriert sich durch die Stadt, indem man immer der Ausschilderung des US-2 weiter folgt. Alternativ befährt man den parallel zum US-2 Richtung Norden verlaufenden US-93, auf dem man an Tankstellen und Supermärkten vorbeikommt und vorratsmäßig für den nahenden Nationalpark aufrüsten sollte. Einkaufen kann man in dem fast direkt am US-93 liegenden ***Walmart Supercenter*** *(In der Stadtmitte trifft der US-2 auf den US-93, diesem nach Norden folgen, nach 2,5 mi/4 km rechts auf Hutton Ranch Rd, 170 Hutton Ranch Rd, Kalispell, MT 59901). Der riesengroße Laden hat täglich rund um die Uhr geöffnet. Auch Tanken ist unproblematisch – entlang des US-93 folgen einige Tankstellen direkt am Highway. Danach geht es weiter entlang des Bergkammes der* ***Whitefish Mountains****.*

Es gibt keine Tankstellen im Glacier National Park!

Linkerhand taucht nun der Flathead River auf: Die Straße verbreitert sich und scheint auf viel Verkehr ausgelegt zu sein; eigentlich müsste man vermuten, dass man sich einer Großstadt nähert – tatsächlich ist es aber das Naturerlebnis Glacier National Park, das hier infrastrukturell seine Schatten vorauswirft: Ein RV-Park wirbt nach dem anderen, es folgen Hotels und Lodges und den Straßenrand verzieren Westernszenerien. Dann endlich mündet eine sensationell schöne Fahrt in einen nicht minder schönen Nationalpark.

Dieser Routenbeschreibung folgend kommt man abends am Glacier National Park an. Hat man nicht den Fish Creek (▶Seite 195) als einzig reservierbaren Campground vorab gebucht, sind normalerweise vor allem in der Hochsaison alle Campgrounds belegt. Es bietet sich dann an, vor den Toren des Nationalparks eine Nacht auf dem nachfolgend beschriebenen KOA-Platz zu bleiben (der reservierbar ist), um dann am nächsten Morgen nach nur wenigen Minuten Fahrzeit früh im Park zu sein und sich einen Campground aussuchen zu können.

WEST GLACIER KOA

Der Platz liegt fast am Ende einer Stichstraße, die vom US-2 noch vor dem Nationalpark und vor West Glacier abgeht. Hier kann man dem Wohnmobil noch einmal alle Anschlussmöglichkeiten angedeihen lassen, bevor es auf die vom National Park Service verwalteten Plätze des Glacier National Park geht. Die RV-Stellplätze sind sehr gepflegt und haben

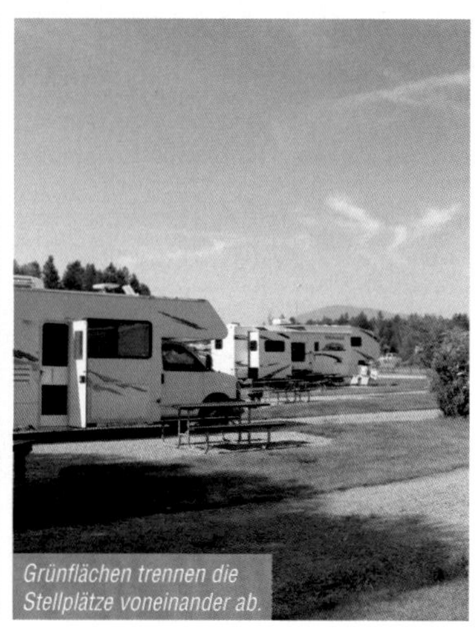
Grünflächen trennen die Stellplätze voneinander ab.

grüne Rasenflächen als Abtrennung zum Nachbarn, die nachts besprenkelt werden. Umgeben ist der Campground von National Forest, es bieten sich tolle Blicke in die Berge. Besonders schön sind auch die Zeltplätze, die verstreut in einen Pinienwald eingebettet sind. Neben einem Laden und einem Waschsalon bietet West Glacier KOA Frühstück und Abendessen an. Es gibt auf dem Gelände auch verschieden große und unterschiedlich ausgestattete Blockhäuschen sowie einen Pool und einen Whirlpool.

1,5 km/2,5 mi vor dem Glacier National Park bzw. 30 mi/48 km nach Kalispell zweigt rechterhand die Halfmoon Flats Rd vom US-2 ab. Der Campground folgt nach ca. 0,8 mi/1,3 km. 355 Halfmoon Flats, West Glacier, MT 59936 1-406-387-5341 1-800-562-3313 wgkoa@centurytel.net www.westglacierkoa.com Anf. Mai–Ende Sep. Ja 70 27 Ja Ja Ja Strom (30/50 Amp.), Wasser, Abwasser Ja $$$, Cabins ★–★★★ je nach Ausstattung

*2,5 mi/4 km nach der Abzweigung zum KOA Campground kommt man via US-2 noch einmal in den Genuss von Zivilisation: **West Glacier** ist eine kleine Ortschaft, die als letzte Versorgungsinstanz vor dem Nationalpark noch einmal die Möglichkeit bietet, zu tanken, zu übernachten oder in dem netten und authentischen kleinen Laden das Nötigste einzukaufen. In West Glacier befindet sich eine **Amtrak-Station**, die den Glacier National Park an die Eisenbahn anbindet. Der Ort ist das Sprungbrett in den Glacier National Park und neben Läden, Restaurants und Tankstellen auch mit Shuttlemöglichkeiten in den Park, Souvenirläden und Angeboten mit Aktivitäten im Nationalpark ausgestattet.*

*Dann wird es Zeit für das nächste Naturabenteuer: Nur 1 mi/1,6 km nach West Glacier biegt man links vom US-2 auf die Going-to-the-Sun Road ab und gelangt so über den **West Entrance** in den **Glacier National Park**.*

GLACIER NATIONAL PARK

Der Glacier National Park ist genaugenommen ein amerikanisch-kanadischer Nationalpark. Er umfasst ein hochalpines Gebiet, das in den **Rocky Mountains** liegt und bis direkt an die **Grenze zu Kanada** reicht, wo er nahtlos übergeht in den kanadischen **Waterton Lakes National Park** in Alberta. Die beiden Nationalparks bilden zusammen den **Waterton-Glacier International Peace Park**, ein zum UNESCO-Welterbe ernanntes Schutzgebiet. Früher konnte man die Grenze zwischen den beiden Parks und damit den beiden Ländern an beliebiger Stelle zu Fuß überschreiten; nach den Terroranschlägen von 2001 darf die amerikanisch-kanadische Grenze jedoch nur noch am **Goat Haunt Port of Entry** zu Fuß überquert werden – und zwar täglich zwischen 10.30 und 17 Uhr. Die Stelle erreicht man nur per Ausflugsboot über den **Upper Waterton Lake** und weiter zu Fuß. Auf diese nicht ganz einfache Exkursion muss man einen gültigen Reisepass mitnehmen.

»**Crown of the Continent**« wird der Glacier National Park genannt und das hat seine Berechtigung: Die mächtige Gebirgskette der Rocky Mountains ragt im Norden des Bundesstaates Montana und des Glacier National Park als schroffe Berge über Bergseen, Gletscher, Wasserfälle und bewaldete Täler. Der 1910 gegründete Nationalpark ist etwa 410.000 Hektar groß und besteht hauptsächlich aus einer

Willkommen in einem traumhaft schönen Nationalpark!

vielseitigen **Wasser- und Gletscherlandschaft**. Diese durch die Vergletscherung während der Eiszeit geprägte Landschaft war einst namensgebend für den Park. Gletscher existieren heute nur noch in den höheren Lagen, sie haben jedoch beim Zurückweichen eine zerklüftete Gebirgslandschaft mit etlichen Seen in allen Größen geschaffen. Seit Mitte des 19. Jahrhunderts gehen die verbliebenen Gletscher weiter zurück, sodass sie heute nur noch einen kleinen Teil ihrer ursprünglichen Fläche bedecken. Um 1850 gab es noch etwa 150 Gletscher im Glacier National Park, heute sind es nur noch 25. Und auch diese werden in wenigen Jahrzehnten völlig verschwunden sein. Aufgrund dieser klimatischen Besonderheiten bemüht sich die Verwaltung des Glacier National Parks nachdrücklich, den Parkbesuchern die Folgen des Klimawandels mit interaktiven Mitteln und Ausstellungen vor Augen zu führen und geht mit gutem Beispiel voran, indem aktiv der Energieverbrauch im Park reduziert wird. Außerdem wird auf alternative Energien gesetzt. Der umfangreiche Einsatz von gasbetriebenen Shuttlebussen trägt zur Verminderung des Verkehrsaufkommens bei.

Auch **Waldbrände** sind ein Thema im Glacier National Park. Sie sorgen dafür, dass die Regeneration der Wälder funktioniert, indem sie immer wieder Schneisen in die Dickichte brennen und so die jungen Sämlinge nachwachsen können. Vor allem die Weißstämmige Kiefer (Whitebark Pine) ist wichtig für das Ökosystem des Nationalparks. Sie wächst hier seit tausenden von Jahren und gedeiht bestens in hochalpinen Regionen auf 2.000 bis 3.000 Metern Höhe. Vor allem an steilen Hängen stabilisiert sie den Boden. Die Kiefern brauchen viel Sonnenlicht. Würden Waldbrände nicht für Licht sorgen, würden die Kiefern, die ohnehin bedroht sind, von anderen Bäumen verdrängt werden. Ein sehr großer Brand im Jahr 2003, das **Robert Fire** im Westen des Parks, hat bis heute seine Spuren hinterlassen, die von mehreren Aussichtspunkten aus zu sehen sind.

Ein über 1.000 Kilometer langes Wegenetz in allen Längen bis hin zu Mehrtagestouren durch die Wilderness kann erwandert werden; hierzu braucht man Permits. Für Übernachtungen bei Mehrtagestouren stehen zwei Berghütten zur Verfügung, das **Sperry Chalet** nahe dem Lake McDonald und das **Granite Park Chalet** im Norden der nördlichsten Schleife der Going-to-the-Sun Road. Auf vielen Wegen kann man nicht nur wandern, sondern auch reiten, wofür man im Park von mehreren Punkten aus Ausritte in allen Variationen unternehmen kann (▶Seite 193).

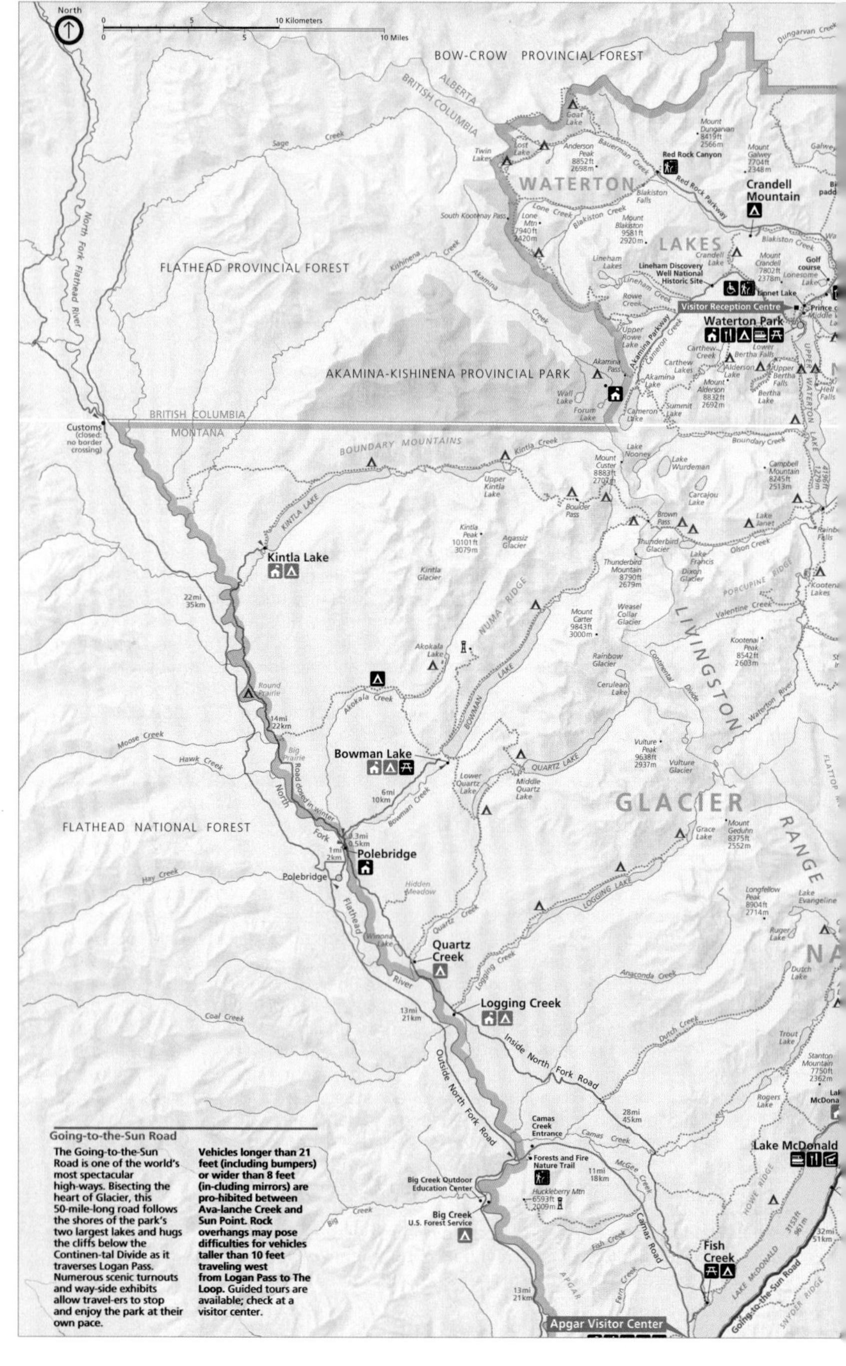

North
10 Kilometers
10 Miles
BOW-CROW PROVINCIAL FOREST
ALBERTA
BRITISH COLUMBIA
FLATHEAD PROVINCIAL FOREST
AKAMINA-KISHINENA PROVINCIAL PARK
WATERTON
LAKES
GLACIER
LIVINGSTON
RANGE
FLATHEAD NATIONAL FOREST
BRITISH COLUMBIA
MONTANA
BOUNDARY MOUNTAINS
North Fork Flathead River
Customs (closed: no border crossing)
Red Rock Canyon
Red Rock Parkway
Crandell Mountain
Lineham Discovery Well National Historic Site
Visitor Reception Centre
Waterton Park
Akamina Parkway
Kintla Lake
Bowman Lake
Polebridge
Quartz Creek
Logging Creek
Inside North Fork Road
Outside North Fork Road
Camas Road
Camas Creek Entrance
Forests and Fire Nature Trail
Big Creek Outdoor Education Center
Big Creek U.S. Forest Service
Fish Creek
Lake McDonald
Apgar Visitor Center
Going-to-the-Sun Road
Road closed in winter
Going-to-the-Sun Road
The Going-to-the-Sun Road is one of the world's most spectacular high-ways. Bisecting the heart of Glacier, this 50-mile-long road follows the shores of the park's two largest lakes and hugs the cliffs below the Continen-tal Divide as it traverses Logan Pass. Numerous scenic turnouts and way-side exhibits allow travel-ers to stop and enjoy the park at their own pace.
Vehicles longer than 21 feet (including bumpers) or wider than 8 feet (in-cluding mirrors) are pro-hibited between Ava-lanche Creek and Sun Point. Rock overhangs may pose difficulties for vehicles taller than 10 feet traveling west from Logan Pass to The Loop. Guided tours are available; check at a visitor center.

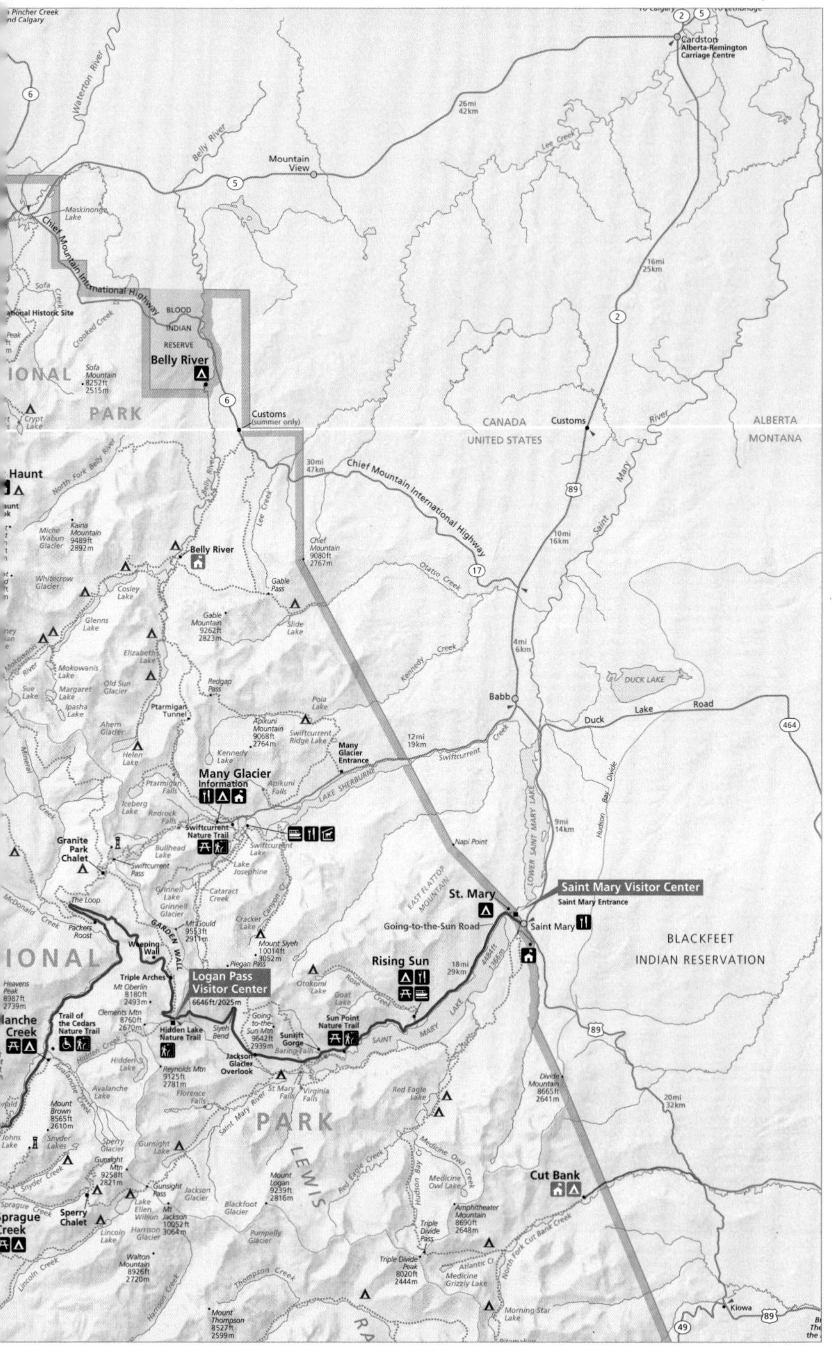

Cardston
Alberta-Remington Carriage Centre
Mountain View
Belly River
Waterton River
Chief Mountain International Highway
Maskinonge Lake
BLOOD INDIAN RESERVE
Belly River
Customs (summer only)
Customs
CANADA
UNITED STATES
ALBERTA
MONTANA
26mi 42km
16mi 25km
30mi 47km
10mi 16km
4mi 6km
12mi 19km
9mi 14km
18mi 29km
20mi 32km
Chief Mountain 9080ft 2767m
Sofa Mountain 8252ft 2515m
Kaina Mountain 9489ft 2892m
Gable Mountain 9262ft 2823m
Apikuni Mountain 9068ft 2764m
Babb
Duck Lake
Duck Lake Road
Many Glacier Entrance
Many Glacier Information
Swiftcurrent Nature Trail
Granite Park Chalet
Napi Point
Saint Mary Visitor Center
Saint Mary Entrance
St. Mary
Saint Mary
Going-to-the-Sun Road
BLACKFEET INDIAN RESERVATION
Logan Pass Visitor Center 6646ft/2025m
Rising Sun
Sun Point Nature Trail
Sunrift Gorge
Jackson Glacier Overlook
Hidden Lake Nature Trail
Trail of the Cedars Nature Trail
Mt Gould 9553ft 2911m
Mount Siyeh 10014ft 3052m
Going-to-the-Sun Mtn 9642ft 2939m
Reynolds Mtn 9125ft 2781m
Clements Mtn 8760ft 2670m
Mt Oberlin 8180ft 2493m
Divide Mountain 8665ft 2641m
Mount Logan 9239ft 2816m
Mt Jackson 10052ft 3064m
Gunsight Mtn 9258ft 2821m
Mount Brown 8565ft 2610m
Amphitheater Mountain 8690ft 2648m
Triple Divide Peak 8020ft 2444m
Walton Mountain 8926ft 2720m
Mount Thompson 8527ft 2599m
Sperry Chalet
Cut Bank
Kiowa
PARK
LEWIS

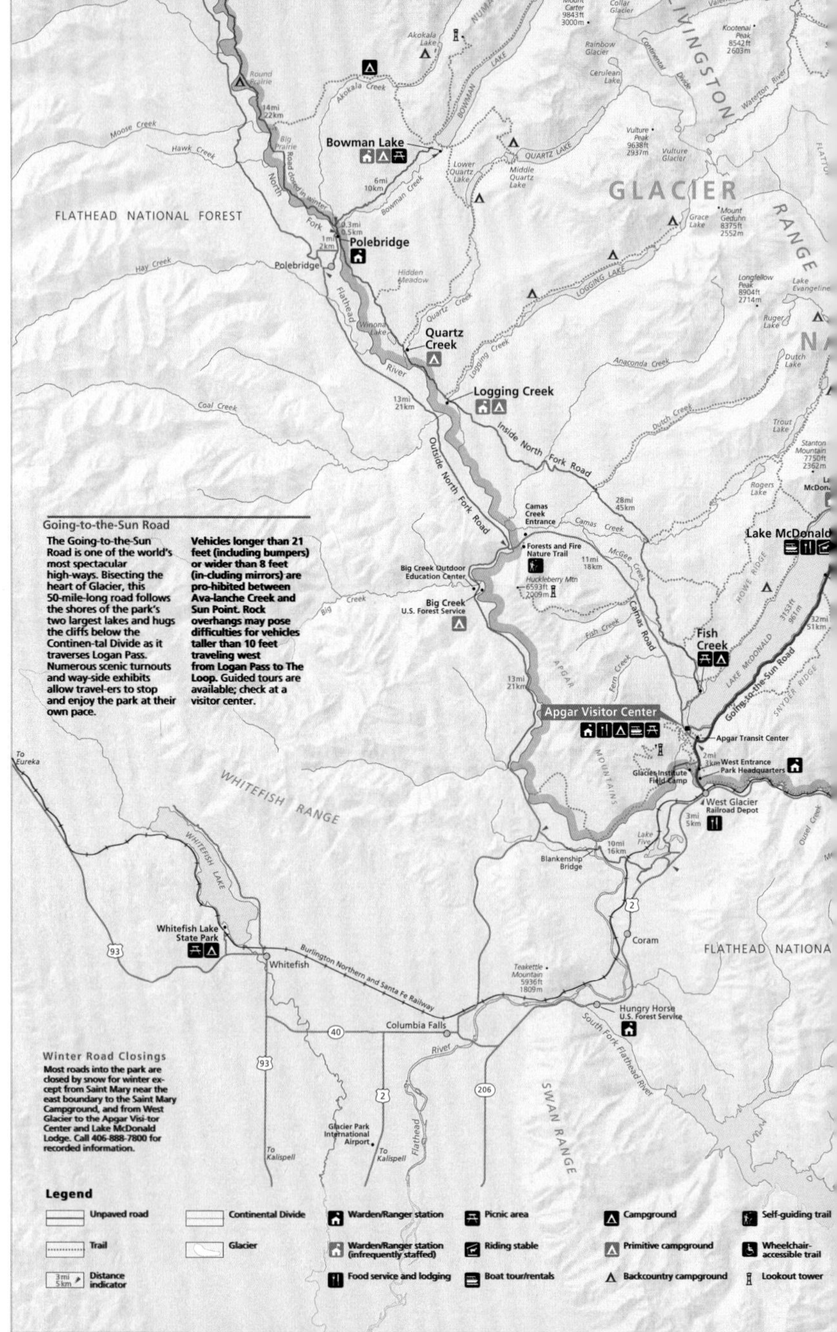

Going-to-the-Sun Road
The Going-to-the-Sun Road is one of the world's most spectacular high-ways. Bisecting the heart of Glacier, this 50-mile-long road follows the shores of the park's two largest lakes and hugs the cliffs below the Continen-tal Divide as it traverses Logan Pass. Numerous scenic turnouts and way-side exhibits allow travel-ers to stop and enjoy the park at their own pace.
Vehicles longer than 21 feet (including bumpers) or wider than 8 feet (in-cluding mirrors) are pro-hibited between Ava-lanche Creek and Sun Point. Rock overhangs may pose difficulties for vehicles taller than 10 feet traveling west from Logan Pass to The Loop. Guided tours are available; check at a visitor center.
Winter Road Closings
Most roads into the park are closed by snow for winter ex-cept from Saint Mary near the east boundary to the Saint Mary Campground, and from West Glacier to the Apgar Visi-tor Center and Lake McDonald Lodge. Call 406-888-7800 for recorded information.
Legend
Unpaved road
Trail
Distance indicator
3mi 5km
Continental Divide
Glacier
Warden/Ranger station
Warden/Ranger station (infrequently staffed)
Food service and lodging
Picnic area
Riding stable
Boat tour/rentals
Campground
Primitive campground
Backcountry campground
Self-guiding trail
Wheelchair-accessible trail
Lookout tower
FLATHEAD NATIONAL FOREST
GLACIER
LIVINGSTON RANGE
WHITEFISH RANGE
SWAN RANGE
APGAR MOUNTAINS
FLATHEAD NATIONA
Bowman Lake
Polebridge
Quartz Creek
Logging Creek
Lake McDonald
Fish Creek
Apgar Visitor Center
Apgar Transit Center
West Entrance
Park Headquarters
West Glacier
Railroad Depot
Glacier Institute Field Camp
Big Creek Outdoor Education Center
Big Creek
U.S. Forest Service
Forests and Fire Nature Trail
Camas Creek Entrance
Huckleberry Mtn
6593ft
2009m
Whitefish Lake State Park
Whitefish
Columbia Falls
Coram
Hungry Horse
U.S. Forest Service
Blankenship Bridge
Lake Five
Glacier Park International Airport
Teakettle Mountain
5936ft
1809m
Mount Carter
9843ft
3000m
Kootenai Peak
8542ft
2603m
Vulture Peak
9638ft
2937m
Mount Geduhn
8375ft
2552m
Longfellow Peak
8904ft
2714m
Stanton Mountain
7750ft
2362m
Rainbow Glacier
Collar Glacier
Vulture Glacier
Cerulean Lake
Akokala Lake
Akokala Creek
Round Prairie
Big Prairie
Road closed in winter
Moose Creek
Hawk Creek
Hay Creek
Coal Creek
Big Creek
Bowman Creek
Quartz Creek
Logging Creek
Anaconda Creek
Dutch Creek
Camas Creek
McGee Creek
Fish Creek
Fern Creek
Ousel Creek
Lower Quartz Lake
Middle Quartz Lake
QUARTZ LAKE
BOWMAN LAKE
LOGGING LAKE
LAKE McDONALD
WHITEFISH LAKE
Grace Lake
Lake Evangeline
Ruger Lake
Dutch Lake
Trout Lake
Rogers Lake
Hidden Meadow
Winona Lake
North Fork Flathead River
Outside North Fork Road
Inside North Fork Road
Camas Road
Going-to-the-Sun Road
HOWE RIDGE
SNYDER RIDGE
Continental Divide
Waterton River
Burlington Northern and Santa Fe Railway
South Fork Flathead River
Flathead River
To Eureka
To Kalispell
To Kalispell
14mi 22km
6mi 10km
0.3mi 0.5km
1mi 2km
13mi 21km
28mi 45km
11mi 18km
13mi 21km
32mi 51km
2mi 3km
3mi 5km
10mi 16km
3153ft 961m
93
40
2
206

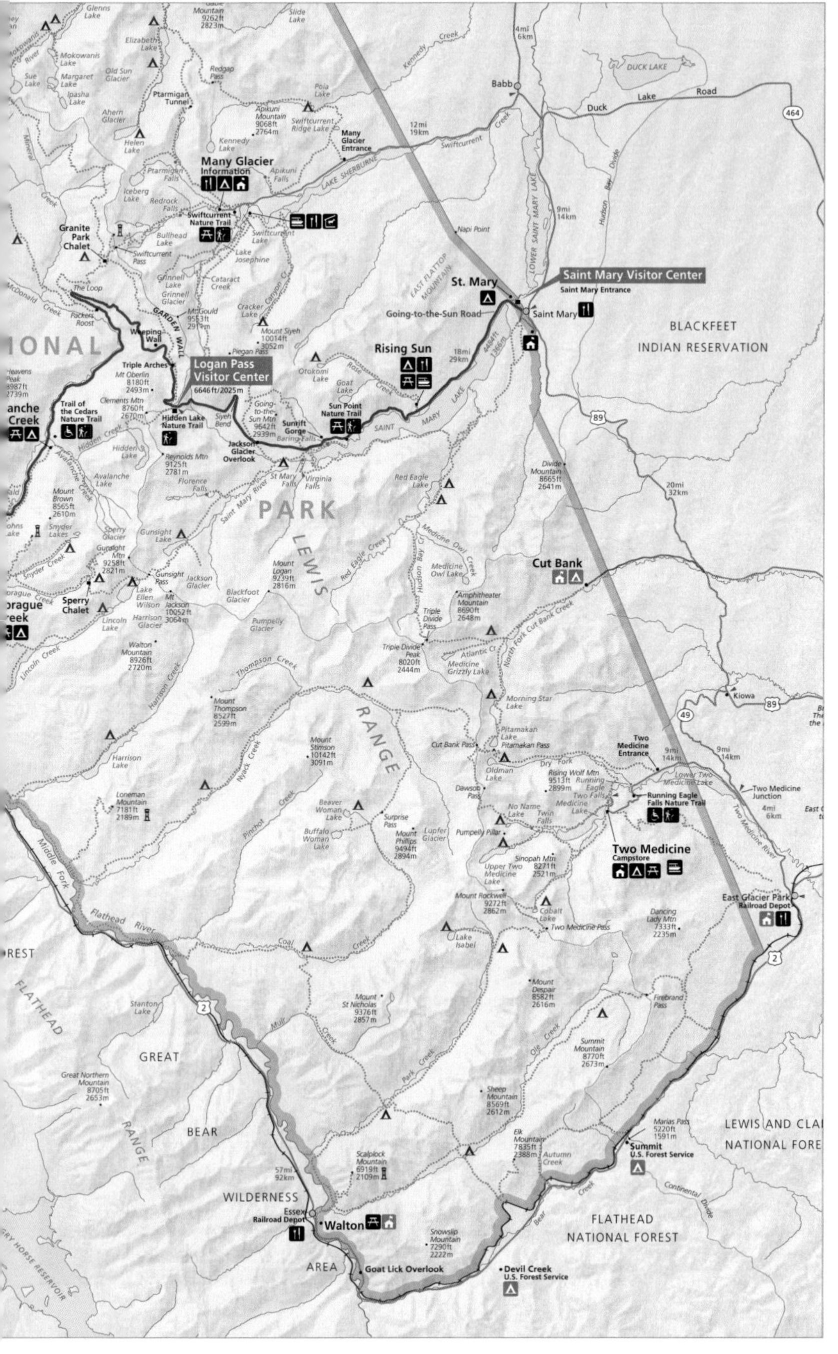

Many Glacier
Information
Saint Mary Visitor Center
Saint Mary Entrance
St. Mary
Saint Mary
Going-to-the-Sun Road
Rising Sun
BLACKFEET
INDIAN RESERVATION
Logan Pass
Visitor Center
6646ft/2025m
Sun Point
Nature Trail
Hidden Lake
Nature Trail
Trail of
the Cedars
Nature Trail
Swiftcurrent
Nature Trail
Granite
Park
Chalet
Sperry
Chalet
Jackson
Glacier
Overlook
PARK
LEWIS
RANGE
Cut Bank
Two Medicine
Campstore
Two
Medicine
Entrance
Running Eagle
Falls Nature Trail
East Glacier Park
Railroad Depot
Kiowa
Two Medicine
Junction
Summit
U.S. Forest Service
Devil Creek
U.S. Forest Service
Goat Lick Overlook
Walton
Essex
Railroad Depot
GREAT
BEAR
WILDERNESS
AREA
FLATHEAD
NATIONAL FOREST
LEWIS AND CLA
NATIONAL FORE
Babb
Duck Lake Road
Middle Fork Flathead River
LOWER SAINT MARY LAKE
SAINT MARY LAKE
LAKE SHERBURNE
GARDEN WALL
Mount Siyeh
10014ft
3052m
Mount Stimson
10142ft
3091m
Triple Divide Peak
8020ft
2444m
Mount Jackson
10052ft
3064m

Die beste Art, die traumhafte Landschaft zu erkunden, ist zu wandern.

Auf den großen Seen werden Bootstouren angeboten und es gibt neben den reinen Shuttlestrecken auch Bustouren mit Führungen.

Flora und Fauna im Glacier National Park spiegeln die Höhenlage und die nördlichen Gefilde wider: Es besteht eine große Wahrscheinlichkeit, Elche, Maultierhirsche und Schneeziegen (sie sind die Symboltiere des Parks) sowie Schwarzbären anzutreffen. Im Park leben auch Grizzlys, diese bekommt man allerdings eher selten zu Gesicht. Die Vorsichtsmaßnahmen bezüglich dieser Tiere und vor allem im Falle eines Aufeinandertreffens sollte man trotzdem unbedingt beachten! Bereits bei der Zufahrt in den Nationalpark wird man im Eingangsbereich mit dem Hinweisschild »Bear Country« auf die Situation aufmerksam gemacht. In den Besucherzentren werden Maßnahmen und Vorgaben ausführlich kommuniziert (unter anderem mit Informationsbroschüren), ebenso auf den Campgrounds. Dort wird streng darauf hingewiesen, keine Tiere zu füttern und keine Essensreste liegenzulassen.

Der Park teilt sich in Sachen Vegetation in zwei Bereiche: einen niederschlagsreichen, gemäßigten in der dicht bewaldeten Westhälfte und einem eher trockenen im Osten. Die Grenze zwischen den beiden Bereichen bildet die **kontinentale Wasserscheide (Continental Divide)**, die das Atlantische vom Pazifischen Niederschlagsgebiet trennt.

Auch im Hochsommer kann es nachts zu Kälteeinbrüchen mit Frost kommen! Das sollte man vor allem bedenken, wenn man im Park zelten möchte.

Glacier National Park
West Glacier, MT 59936 1-406-888-7800
www.nps.gov/glac $ 25 pro Fahrzeug, Einzelperson $ 12, $ 35 für den Annual Pass, $ 80 für den Annual Pass für alle Nationalparks auf der Strecke

APGAR VISITOR CENTER

Am Besucherzentrum beim westlichen Parkeingang befindet sich der Busbahnhof und die erste Zustiegsmöglichkeit in den Shuttlebus zum Logan Pass (über die Going-to-the-Sun Road). Seit 2014 befindet sich das Visitor Center im Gebäude des **Apgar Transit Center**. Neben einer Ausstellung erhält man Informationen über den Glacier National Park und Hilfe beim Planen eines Tages entlang der Going-to-the-Sun Road. Außerdem erteilen die Mitarbeiter detailliert Auskunft über den Shuttleservice, Angebote

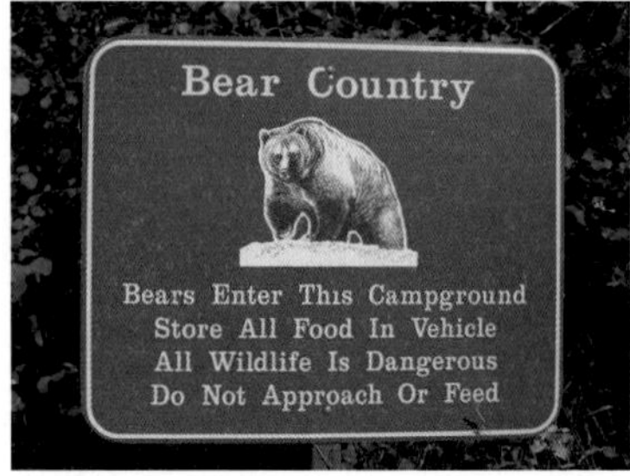

für Bustouren und sonstige Freizeitgestaltungsaktivitäten sowie die Kapazitäten der Campgrounds im Park.

Ca. 1 mi/1,6 km nördlich der West Entrance Station an einer T-Kreuzung West Glacier, MT 59936 1-406-888-7800 www.nps.gov/glac Anf. Okt.-Mitte Mai nur WE 9-16.30 h, Mitte Mai-Mitte Juni tägl. 9-16.30 h, Mitte Juni-Anf. Sep. tägl. 8-18 h, Anf. Sep.-Anf. Okt. tägl. 8-17 h

Orientieren

Der Park zieht sich entlang der Ostflanke der **Rocky Mountains** und umschließt deren Hauptkamm, der von Nord nach Süd verläuft. Die Westgrenze wird von den Flüssen North Fork und Middle Fork des **Flathead River** gebildet. Daneben schließt sich der **Flathead National Forest** an. Der **Bear Creek** bildet den Zufluss zum Flathead River und definiert die Südgrenze des Parks. Hier verläuft die Bahnlinie der Great Northern Railway an der Parkgrenze entlang, teilweise auch auf ihr. Im Osten beschreibt das Indianerreservat der **Blackfoot-Indianer** mit der markanten Erhebung »Chief Mountain« die Grenze des Parks. Südöstlich des Parks grenzt das Gebiet des **Lewis and Clark National Forest** an. Den Grenzverlauf im Norden bestimmt die **kanadische Grenze**, an der der Glacier National Park jedoch nahtlos in den kanadischen Waterton Lakes National Park (siehe oben) übergeht. Die höchste Erhebung des Parks ist der **Triple Divide Peak** mit 2.433 Metern.

Kernstück und Hauptattraktion des Glacier National Park ist die 50 mi/80 km lange Durchgangsstraße **Going-to-the-Sun Road**. Sie beginnt mit dem westlichen Zugang über West Glacier und den US-2. Der Name ist Programm bei dieser Straße, die zu einer der schönsten Nordamerikas zählt. Auf dieser Passstraße kann man das Hochgebirge in allen Facetten erleben. Von ihr zweigen außerdem sowohl Zufahrtswege zu entlegeneren Parkbereichen ab als auch Zugänge zu Wanderwegen und Campgrounds. Bei **St. Mary** an der Ostgrenze des Parks befindet sich die Ausfahrt beziehungsweise die östliche Zufahrt in den Park. Nördlich davon kann man außerdem über den Ort Babb in weniger erschlossenes Gebiet rund um **Many Glacier** vordringen. Im Südosten ist das Gebiet um den **Two Medicine Lake** mit Campgrounds über eine Stichstraße erschlossen. Im Nordwesten gelangt man via **Polebridge** über eine 6 mi/10 km lange Zufahrtsstraße Richtung Osten des Parks bis zum Browman Lake. Für diesen Routenreiseführer steht die gut erschlossene Going-to-the-Sun Road mit ihren vielen Möglichkeiten im Fokus, weniger die zuvor genannten, schlechter erschlossenen Areale. Nördlich und südlich der Hauptdurchgangsstraße besteht der Glacier National Park hauptsächlich aus Wilderness-Gebiet, das zum Teil per Wanderwege, zum Teil über die zahlreichen Seen erschlossen ist (Permits notwendig).

An der Going-to-the-Sun Road liegen die beiden großen Seen **Lake McDonald** und **Saint Mary Lake**. Außerdem befinden sich drei Besucherzentren an der Strecke, das **Apgar Visitor Center** gleich an der westlichen Eingangsstation (▶Seite 188), das **Logan Pass Visitor Center** im Zentrum des Parks (▶Seite 201) und das **Saint Mary Visitor Center** am östlichen Zugang (▶Seite 206).

In allen Besucherzentren sind die aktuellen Belegungen der Campingplätze ausgeschrieben. Da man die meisten Plätze nicht reservieren kann, sollte man sich diese Information bei Parkeintritt so schnell wie möglich beschaffen, da in der Hochsaison in der Mittagszeit die Plätze bereits belegt sind (um 12 Uhr ist Check-out – es lohnt sich, rechtzeitig durch die Loops zu fahren und zu schauen, wer abreist, um sich einen schönen Platz zu sichern).

Für Wohnmobile über 21 Feet ist der mittlere Teil der Going-to-the-Sun Road zwischen **Avalanche Creek** und **Rising Sun** gesperrt! Es existiert jedoch ein sehr gut angelegtes, kostenloses Shuttlesystem (siehe unten). Wegen des harten Winters im Hochgebirge ist die Straße nur von Anfang Juni bis Mitte Oktober geöffnet. Vor einem Parkbesuch sollte man sich sicherheitshalber unter http://home.nps.gov/applications/glac/roadstatus/roadstatus.cfm über den aktuellen Straßenzustand informieren.

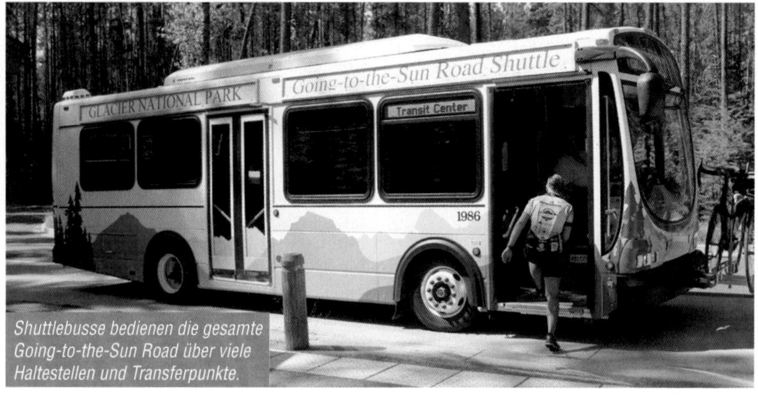

Shuttlebusse bedienen die gesamte Going-to-the-Sun Road über viele Haltestellen und Transferpunkte.

Der Park ist vorbildlich mit einem **Shuttlesystem** ausgestattet, das kostenlos genutzt werden kann: Von Anfang Juli bis Anfang September kann man damit entlang der Going-to-the-Sun Road fahren und bei den Hauptattraktionen sowie an Trailheads zu Wanderwegen aus- und wieder einsteigen.

Insgesamt bedient der Shuttleservice 15 Haltestellen auf zwei Linien. Die eine Linie verbindet das Apgar Visitor Center mit Logan Pass in der Parkmitte, die zweite Logan Pass mit dem Saint Mary Visitor Center im Osten des Parks. Zwischen dem Apgar Visitor Center und dem Logan Pass gibt es bei Avalanche Creek einen Transfer Point mit Umstieg in einen kleineren Bus, der die schmale und kurvenreiche Passstraße zur Passhöhe besser bewältigt. Die Busse verkehren täglich ab 9 Uhr alle 15 bis 30 Minuten mit Stopps am Avalanche Creek und allen westlich des Logan Passes gelegenen Haltestellen bis abends 19 Uhr (Rückfahrt ab Logan Pass) zwischen dem Apgar Visitor Center und dem Logan Pass mit Anschluss an den St. Mary Shuttle.

Wer vor 9 Uhr morgens fahren möchte, kann auf zwei Express-Fahrten zurückgreifen, die um 7 Uhr und um 7.18 Uhr am Apgar Visitor Center starten. Diese beiden Fahrten führen direkt und ohne Zwischenstopps zum Logan Pass.

Das Saint Mary Visitor Center ist der Startpunkt für den Shuttleverkehr im Ostteil der Going-to-the-Sun Road. Die Busse fahren morgens ab 7 Uhr und verkehren alle 40 bis 60 Minuten bis 19 Uhr (letzte Abfahrt Logan Pass).

Umsteigmöglichkeiten zwischen den beiden Shuttlelinien bestehen am Avalanche Creek und am Logan Pass.

Da der Park auf Umweltbewusstsein setzt, halten die Ranger in Apgar die Reisenden an, nicht nur mit Wohnmobil, sondern auch mit eigenem Pkw auf den Shuttleservice zurückzugreifen, da dieser erstens kostenlos ist und man dadurch Benzin spart und zweitens die Fahrzeuge gasbetrieben sind und damit umweltfreundlicher fahren.

Man sollte auf diesen Shuttleservice schon alleine deshalb zurückgreifen, weil am Apgar Visitor Center ein ausreichend großer Parkplatz zur Verfügung steht, die einzelnen Bereiche entlang der Going-to-the-Sun Road aber meist überfüllt sind. Im Bereich Avalanche ist Parken für Wohnmobile problematisch – auch wenn es einmal zusätzlich umsteigen bedeutet, sollte man ein großes Wohnmobil in Apgar zurücklassen.

Zwischen der West Glacier Train Station und dem Village Inn in Apgar beziehungsweise der Lake McDonald Lodge verkehren Busse von **Xanterra**. Sie halten nicht an den Campgrounds und man spart sich das Umsteigen und Warten auf den Anschlussbus. Die Touren müssen im Voraus reserviert werden.

☎ 1-855-733-4522 Einf. Fahrt: Erw. $ 10, Kinder $ 5

Wer mit einem kleinen Wohnmobil (bis 21 ft) oder einem Pkw unterwegs ist, kann den Park über die Going-to-the-Sun Road komplett erschließen und ihn bei St. Mary verlassen. Dann geht es an der Ostflanke entlang Richtung Süden und zum Yellowstone National Park, statt innerhalb des Glacier National Park zum Westeingang zurückzufahren. Wer mit größerem Wohnmobil unterwegs ist, den Shuttleservice aber nicht nutzen und trotzdem den Bereich Saint Mary besuchen möchte, kann über den US-2, der in West Glacier Richtung Osten abzweigt, den Nationalpark um dessen Südzipfel und einen Teil der Ostseite (über die Orte East Glacier und Browning) umfahren. Bis Browning sind das auf dem US-2 68 mi/109 km, von Browning über den US-89W noch einmal 29 mi/46 km bis Saint Mary.

Going-to-the-Sun Road

Entlang der Durchgangsstraße durch den Glacier National Park befinden sich lohnenswerte Ziele und Trailheads in den unterschiedlichsten Längen in den Park hinein. Egal, ob man mit dem eigenen Fahrzeug oder mit dem Shuttle unterwegs ist, kann man die Going-to-the-Sun Road in beliebiger Länge durchfahren und je nach Zeitplan umkehren oder – mit kleinem Wohnmobil oder Pkw – die Straße ganz durchfahren und den Park bei Saint Mary verlassen.

Die Attraktionen, Aussichtspunkte und Wanderwege, die rechts und links der Going-to-the-Sun Road liegen, werden im Folgenden in chronologischer Reihenfolge vorgestellt.

 APGAR VILLAGE

Das oben beschriebene Apgar Visitor Center, Souvenirläden, ein Restaurant, in dem Frühstück, Mittagessen und Abendessen angeboten wird, in kurzer Distanz ein Campground, ein Laden für Campingbedarf und zwei Lodges befinden sich in der kleinen, touristischen Village am Beginn der Going-to-the-Sun Road und am südlichen Ende des Lake McDonald (▶Seite 196). Man kann außerdem Mountainbikes und Paddleboards mieten. Hier startet der oben beschriebene Shuttleservice des Nationalparks. Wer in die Wilderness vordringen möchte, findet hier das **Apgar Backcountry Permit Office**.

 Highlights

▶ Red Bus Tours Apgar

Zwischen 1936 und 1939 wurden die roten Busse gebaut, in denen 17 Personen Platz finden. Heute sind es Oldtimer, mit

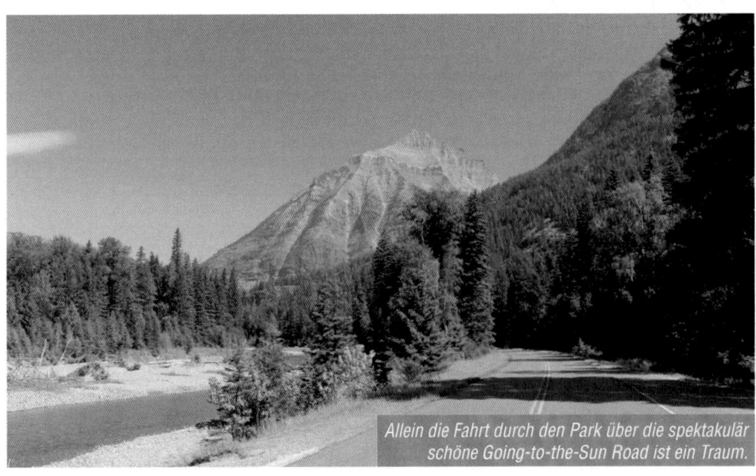

Allein die Fahrt durch den Park über die spektakulär schöne Going-to-the-Sun Road ist ein Traum.

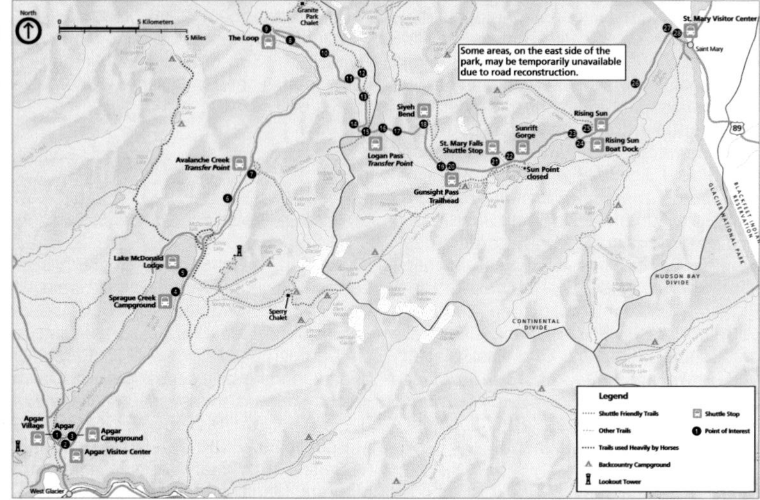

denen das Unternehmen **Xanterra Parks & Resorts** Halb- oder Ganztagestouren durch den Park anbietet. Die »Roten Busse« gelten als die ältesten Passagierbeförderungsgefährte und sind ein Symbol für den Nationalpark. Die Fahrzeuge haben mehrere Türen und mehrere Planverdecke, die man aufrollen kann, um Cabriolets aus den Bussen zu machen.

Die Tour führt zum Logan Pass, von wo aus man sensationelle Blicke auf die kontinentale Wasserscheide werfen kann, die hier verläuft (►Seite 200). Während man sich entspannt zurücklehnen und die Fahrt genießen kann, erhält man unterhaltsame Informationen über die Geologie, Flora und Fauna und Geschichte des Parks. Mit einer Bustour in den antiken Gefährten tut man übrigens gleich doppelt Gutes: Man trägt dazu bei, dass weniger Fahrzeuge im Park unterwegs sind und nutzt ein umweltfreundlicheres Transportmittel, denn die restaurierten Red Busses fahren mit Gas.

Von verschiedenen Ecken des Glacier National Park aus werden diese Fahrten angeboten. Da aber entsprechend der Zufahrt über den Westeingang in dieser Routenbeschreibung die Fahrten ab Apgar am sinnvollsten sind, ist Apgar als Startpunkt eine Empfehlung. Im Bereich Apgar Village starten im Sommer vier Ausflugstouren. Alle Ausflüge starten jeweils eine halbe Stunde später auch am Lake McDonald (►Seite 196), Mountain Majesty und Crown of the Continent Tour eine halbe Stunde früher auch am West Glacier KOA.

Die **Crown of the Continent Tour** sammelt um 8.30 Uhr Fahrgäste am Apgar Transit Center ein. Die Tour dauert knapp neun Stunden und führt zum Logan Pass sowie durchs St. Mary Valley bis in die Wildnis des Big Sky Country. Danach geht es durch das Swiftcurrent Valley mit Blick auf Gletscher wieder zurück zum Ausgangspunkt (Erw. $ 83, Kinder (bis 11 J.) $ 41,50).

Die **Mountain Majesty Tour** startet um 9 und 13:30 Uhr und dauert knapp sieben Stunden, streift ein von Gletschern geformtes Tal und hält an der kontinentalen Wasserscheide (Erw. $ 60, Kinder $ 30).

Auf der **Western Alpine Tour** werden die Zedern- und Hemlocktannen-Wälder des Lake McDonald Valley durchfahren. Entlang eines von Gletschern geschliffenen Tals gibt es Blicke auf Berge, Gletscher, Wasserfälle und Wildblumen. Die vierstündige Fahrt startet mehrfach täglich und kostet für Erwachsene $ 55 und für Kinder $ 27,50.

Die **Evening Discovery Tour** dauert fünf Stunden, beginnt um 16 Uhr und führt

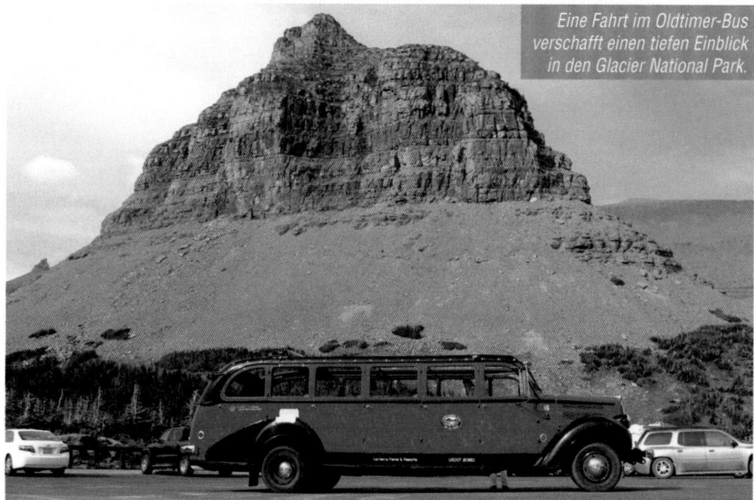
Eine Fahrt im Oldtimer-Bus verschafft einen tiefen Einblick in den Glacier National Park.

durch die magische Welt des Nationalparks bei Dämmerung mit der Möglichkeit, scheue Tiere zu sehen (Erw. $ 55, Kinder $ 27,50).

Für alle Touren werden wegen der begrenzten Anzahl an Sitzplätzen Reservierungen empfohlen!

1-303-297-2757 1-855-733-4522
www.glaciernationalparklodges.com
Je nach Tour, siehe oben

Ausritte

Der Anbieter Swan Mountain Outfitters ist der einzige, der Ausritte innerhalb des Glacier National Park anbietet. Die verschiedenen Reitausflüge starten ab Apgar, Lake McDonald, Many Glacier und West Glacier. Startpunkt für die Ausritte im Westen des Parks ist das **Apgar Corral** nahe dem Parkeingang in Apgar Village.

Reiten hat Tradition in diesem Nationalpark. Schon die frühen Parkbesucher kamen mit der Eisenbahn an und sind dann wochenlang mit dem Pferd unterwegs gewesen – einen Tagesritt vom nächsten Besucher entfernt in völliger Einsamkeit. So ist auch heute das Erlebnis auf dem Pferderücken ein ganz besonderes und bringt Besuchern den Park mit seiner majestätischen Bergwelt und den tiefblauen Gebirgsseen näher als es zu Fuß oder gar mit einem Fahrzeug möglich ist.

Die schönsten Plätze abseits des Besuchertrubels stehen auf dem Programm der Wrangler, die die Ausritte begleiten. Man kann zwischen verschiedenen Ausritten wählen. Für Anfänger sind ein oder zwei Stunden Dauer am besten geeignet. Einstündig ist der Ausritt **Apgar Meadow Ride** mit schönen Blicken auf den Flathead River und andere Flüsschen und der Chance, Tiere zu sehen. Der Ausritt findet fünfmal täglich statt, man sollte jeweils zu den folgenden Zeiten vor Ort sein: 8.15, 10.15, 11.15, 13.15 und 15.15 Uhr. Der Ritt kostet $ 45.

Doppelt so lange dauert der **C.M. Russell Ride**. Er führt unter einem Baldachin von Küstenkiefern hindurch, offenbart aber gleichzeitig herrliche Blicke auf den Flathead River und den McDonald Creek. Hier heißt es außerdem, Augen offenhalten, denn in diesem Kiefernwald leben Schwarzbären, Hirsche, Kojoten und Biber. Viermal täglich kann man sich auf den Pferderücken schwingen, nämlich um 7.45, 10, 12.30 und 14.45 Uhr. Der Zweistunden-Ausritt kostet $ 68.

Daneben gibt es Halbtagesritte für fortgeschrittene Reiter. Einen halben Tag im Sattel zu verbringen, ist dann schon eine größere Herausforderung. Von der Länge abgesehen ist der Trail des **Apgar Lookout Ride** recht steil, die Pferde kraxeln insgesamt 760 Meter weit nach oben. Zudem gibt es so gut wie keinen Schatten auf dem Weg, man sollte sich also nicht überschätzen, wenn man sich für diese Variante entscheidet. Von einem Aussichtspunkt aus kann man eindrucksvoll die kahlen Stellen des großen Robert Fire von 2003 sehen. Je höher man kommt, desto spektakulärer werden die Ausblicke. Von ganz oben gibt es den Belohnungs-Panoramablick auf das Lake McDonald Valley, auf Flüsse, Schluchten und die Wilderness. Der Ausritt ist auf vier Teilnehmer beschränkt, startet einmal täglich um 7.45 Uhr und kostet $ 115 pro Reiter.

Swan Mountain Outfitters bietet auch Kombinationen von Ausritten mit Wildwasser-Rafting an. Dann wird erst durch die herrliche Landschaft geritten und im Anschluss geht es mehrere Stunden auf den Fluss. Die verschiedenen Angebote, die »**Saddle Paddle Packages**« heißen, findet man unter www.swanmountainoutfitters.com/glacier/saddle-paddle-packages.

Ab der West Glacier Entrance Station etwa 0,5 mi/0,8 km Richtung Norden fahren, dann links zum Glacier Institute abbiegen. An der nächsten Kreuzung geht es rechts ab, danach folgt der Corral. S26356 Soup Creek Rd, Swan Lake, MT 59911 1-406-387-4405, Apgar Corral: 1-406-888-5010 1-877-888-5557 www.swanmountainoutfitters.com Ende Mai–Ende Sep. Je nach Ausritt, siehe Text

► Bootsvermietungen

Apgar Village liegt am südlichen Zipfel des Lake McDonald und eignet sich deshalb gut als Ausgangsbasis für eine Bootsfahrt auf eigene Faust. Zu mieten gibt es alles, was auf dem Wasser fahren kann: Kanus und Kajaks, Ruderboote, Paddleboards und 10-PS-Motorboote. **Glacier Park Boat Co.** bietet den Service an, man kann die Boote stundenweise mieten, soweit man möchte über den langgezogenen See schippern und den Glacier National Park vom Wasser aus genießen. Die Motorboote sind nur für jeweils einen halben oder ganzen Tag mietbar.

292 Lake McDonald Lodge Loop, West Glacier, MT 59936 1-406-257-2426 www.glacierparkboats.com Ende Mai–Ende Juni tägl. 10–18 h, Anf. Juli–Ende Aug. tägl. 9–19 h (späteste Rückgabe 20 h) Einerkajaks ab $ 15 pro Stunde, Kanus, Ruderboote, Zweierkajaks & Paddleboards ab $ 18 pro Stunde, Motorboote ab $ 25 pro Stunde

Wandern

► Rocky Point Nature Trail

Die Wanderung liegt an der westlichen Seeseite und ist vom Fish Creek Campground aus erreichbar. Vom Campingplatz aus biegt man links auf die Schotterstraße North Fork Road ab und gelangt nach 0,4 mi/0,6 km linkerhand an einen Parkplatz. Der Trailhead befindet sich auf der gegenüberliegenden Straßenseite.

Es folgen zu Beginn einige Wegkreuzungen, über die man zurück zum Fish Creek Campground geleitet werden würde, aber immer weiter dem Rocky Point Nature Trail folgt. Die meiste Zeit führt der Weg eindrucksvoll durch die immer noch sichtbare Verwüstung, die das Robert Fire 2003 angerichtet hat. 0,5 mi/1 km nach Beginn der Wanderung wird die Schleife erreicht, die den Rocky Point Nature Trail beschreibt. Will man dem Pfad im Uhrzeigersinn folgen, wendet man sich an der Kreuzung nach rechts. Kurz darauf führt ein kleiner Seitenweg zum Ufer des Lake McDonald. Man sollte hinunter gehen und die Ausblicke genießen. Am Ende des Seitenweges gelangt man wieder auf den Hauptweg. Erneut ergeben sich Impressionen der Zerstörung durch das große Feuer, man sieht jedoch deutlich, dass sich der Wald bereits wieder regeneriert. Die jungen Tannen, Pinien und Lärchen haben ihre Nährstoffe aus der Asche bezogen.

An der Kreuzung mit dem Lake McDonald Trail wendet man sich nach links, etwa 300 Meter weiter verlässt man den Rundweg und begibt sich auf den Rückweg Richtung Campground.

Ganzj. Nein North Fork Rd am Fish Creek Campground 1,5 Std. Einfach 3 km 107 m

► Apgar Lookout Trail

Diese lange, aber eindrucksvolle Wanderung gibt einen ersten, tiefen Einblick in die Welt des Glacier National Park. Der Weg startet nahe am Westeingang in der Südwestecke des Parks. Um zum Trailhead zu gelangen, fährt man ab der West Glacier Entrance Station etwa 0,5 mi/0,8 km Richtung Norden und biegt dann links zum Glacier Institute ab. An der nächsten Kreuzung geht es dann rechts ab und gleich danach wieder links (vor dem Apgar Corral). Ab hier ist es bis zum Trailhead noch eine 2 mi/3 km lange Fahrt auf einer Schotterstraße.

Ziel der Wanderung ist ein alter Feuerwachturm, der als Aussichtsturm bestiegen werden kann. Es geht südlich des Apgar Mountain los, zunächst windet sich der Weg entlang der Westflanke, führt dann aber in Serpentinen zum Südwesthang des Berges. Der Turm selbst sitzt an einem Richtung Osten weisenden Höhenzug etwa 60 Meter unterhalb des Gipfels des Apgar Mountain.

Auf dem ersten Teilstück fallen die toten Bäume auf, erneut ein Relikt des Robert Fire von 2003. Bald beginnt der Weg sehr steil emporzuklettern - auf einer Länge von 2,8 mi/4,5 km steigt er um über 500 Höhenmeter an, bis er schließlich die Felskante unterhalb des Turms erreicht. Vom zweigeschossigen Turm aus hat man fantastische Blicke in die Umgebung; sowohl der langgezogene Lake McDonald als auch die hohen Berggipfel prägen dieses einzigartige Panoramabild. Der Rückweg ist derselbe wie der Hinweg.

Diese Wanderung sollte man am besten nachmittags unternehmen; dann ist es zwar wärmer, aber früher am Tag schaut man vom Aussichtspunkt aus direkt in die Sonne.

Ganzj. Nein Ende einer Schotterstraße nach dem Apgar Corral 5 Std. Schwierig, anstrengend 11 km 562 m

Übernachten

Village Inn Motel

Ausgesprochen idyllisch liegt das Motel am Südufer des Lake McDonald mit sensationellen Ausblicken auf den See, die man auch von den Zimmern aus genießen kann. Das Village Inn ist mit zwei Stockwerken und 36 Zimmern überschaubar groß. Es gibt sowohl normale Hotelzimmer (mit und ohne Küche) als auch Zwei- und Drei-Bett-Appartements.

*Nach dem West Glacier Entrance der Straße bis zur T-Kreuzung folgen, dann links und gleich wieder rechts abbiegen; das Motel folgt am Ende der Straße am Seeufer. Lake View Dr, West Glacier, MT 59936 1-303-265-7010 1-855-733-4522 @ reserve-glacier@xanterra.com www.glaciernationalparklodges.com Ja Nein Ende Mai-Mitte Sep. **-****

Apgar Village Lodge

Die Lodge besteht sowohl aus Hotelzimmern als auch aus kleinen, gemütlichen, ursprünglichen Blockhäuschen, die von Zedernwald umgeben sind. Am Ufer des Lake McDonald liegt die Lodge mit 20 Zimmern und 28 Cabins, von denen die meisten mit einer Küche ausgestattet sind. Weder in den Zimmern noch in den Cabins gibt es Fernsehen.

*In Apgar Village neben dem Visitor Center Lake View Dr, West Glacier, MT 59936 1-406-888-5484 www.westglacier.com/apgar_village_lodge.php Ja Nein Ende Mai-Ende Sep. *-** (Zimmer), **-*** (Cabins)*

Fish Creek Campground

Nur diesen und einen weiteren Campground in St. Mary kann man reservieren, alle anderen Campingplätze im Glacier National Park basieren auf »first come-first served«. Der Fish Creek liegt idyllisch am Westufer des Lake McDonald und am namensgebenden Flüsschen. Es ist der zweitgrößte Platz im Park, liegt auf über 1.000 Metern Höhe und ist von Wald umgeben, sodass er schattige Stellplätze bietet. Sie sind weit voneinander entfernt auf das Gelände verteilt und bieten ein Maximum an Privatsphäre. Da es in der Region Grizzlys und Schwarzbären gibt, sollte man sich strikt an die Regeln des Campgrounds bezüglich Essen, Kochutensilien und anderer kritischer Gegenstände halten.

4 mi/6,5 km nordwestlich des West Glacier Park Entrance West Glacier, MT 59936 1-406-888-7800 www.nps.gov/glac Anf. Juni-Labor Day Ja 178 171 Ja Ja Nein Nein Nein $

Apgar Campground

Es ist der größte Campground im Glacier National Park und er liegt neben Apgar Village zwischen der Going-to-the-Sun Road und dem Südzipfel des Lake McDonald.

Da das Gebiet sehr waldreich ist, sind die Plätze schattig, liegen weit auseinander, sind sehr groß und bieten viel Privatsphäre. Hat der Campground noch Kapazitäten, sucht man sich seinen Stellplatz selbst aus, markiert ihn mit dem entsprechenden Abschnitt des Fee-Envelopes und steckt anschließend die Campinggebühr ($ 20) in den Umschlag. Alle auf diese Weise bereits markierten Plätze sind schon belegt.

In der nahen Apgar Village gibt es ein Visitor Center und ein Campstore sowie Souvenirläden und ein Restaurant. Eine Haltestelle des Shuttleservices befindet sich direkt am Campground. Es findet ein abendliches Programm der Ranger im Amphitheater statt.

Nach dem West Glacier Entrance an der T-Kreuzung rechts fahren, dann links zum Campground einbiegen. Apgar Loop, West Glacier, MT 59936 1-406-888-7800 www.nps.gov/glac Anf. Mai–Mitte Okt. (Winter ohne Wasser und Service) Nein 194 194 Ja Nein Nein Nein Nein $

LAKE MCDONALD & AVALANCHE

Der See ist 10 mi/16 km lang, etwa 1 mi/1,6 km breit und ist der größte der 250 Gebirgsseen im Glacier National Park. Er liegt inmitten des McDonald Valley, das aus einem Zusammenspiel von Erosion und Gletscheraktivitäten entstanden ist. Im Tal wächst einer der wenigen Regenwälder Montanas. Der von Berggipfeln umgebene Lake McDonald liegt 960 Meter hoch und befindet sich auf der westlichen Seite der kontinentalen Wasserscheide. An seinem südöstlichen Ufer führt die Going-to-the-Sun Road entlang. Vor allem im nördlichen Seebereich sind Grizzlys, Schwarzbären, Elche und Maultierhirsche häufig anzutreffen.

Es gibt direkt am See zwei Unterkünfte, eine Lodge und ein Motel, sowie den Sprague Campground. Bei der Lodge kann man in einem Laden Lebensmittel und Campingutensilien (Feuerholz) sowie Souvenirs kaufen.

Innerhalb des Lake McDonald Valley und nordöstlich des Sees am **McDonald Creek** starten bei **Avalanche Creek** zwei beliebte Wanderungen, der Avalanche Lake Trail (▶Seite 199) und Trail of the Cedars (▶Seite 159), und es gibt einen weiteren schönen Campingplatz.

Ab Avalanche Creek endet für Wohnmobile über 21 Feet und Wohnwagen die Reise Richtung Osten. Es geht nur noch mit dem Shuttle weiter. Parkplätze stehen nur sehr wenige zur Verfügung, für Wohnmobile ist es besonders schwierig zu parken.

Highlights

▶ Ausritte

Wie im Bereich Apgar bietet Swan Mountain Outfitters (▶Seite 194) auch am Lake McDonald Ausritte an. Startpunkt ist die Ostseite des Sees, von wo aus drei Reittouren losgehen:

Einstündig ist der **Cedar Forest Ride** rund um den Lake McDonald Corral und durch einen Zedernwald. Er wird mehrmals täglich angeboten (Startzeit nach Bedarf) und kostet $ 45.

Auf dem **Upper McDonald Creek Ride** reitet man zwei Stunden lang durch einen dichten alten Zedern-Hemlocktannen-Wald mit wunderschönen Blicken auf den McDonald Creek und den See selbst. Der Ausritt durch die malerische Landschaft startet täglich viermal: Um 7.45, 10, 12.30 und 14.45 Uhr und kostet pro Reiter $ 68.

Die Variante für Profi-Reiter ist der **Sperry Chalet Ride**. Erst ab etwa Mitte Juli kann man, je nach Wetterlage, diese Tour unternehmen, die sattelfeste Reiter zur voll bewirtschafteten Hütte Sperry Chalet bringt. Der Ausritt eignet sich sowohl als Tagesritt als auch als Übernachtungsversion mit einer Nacht in der Hütte. Unterwegs auf dem etwa 6,2 mi/10 km langen Trail erlebt man die fantastische Welt des Hinterlands des Glacier National Park und überwindet dabei über 1.000 Höhenmeter. Jeden Tag um acht Uhr geht es los, der Ritt kostet (ohne Übernachtung auf der Hütte) $ 175.

Swan Mountain Outfitters, 26356 Soup Creek Rd, Swan Lake, MT 59911 1-406-387-4405, Lake McDonald Corral: 1-406-888-5121 1-877-888-5557 www.swanmountainoutfitters.com Ende Mai–Ende Sep. Je nach Ausritt, siehe oben

Der herrliche Gebirgssee Lake McDonald dominiert den westlichen Teil des Glacier National Park.

► Schiffsausflug

Unvergleichliche Blicke in die herrliche Landschaft des Glacier National Park vom Wasser aus bietet eine Schifffahrt auf dem Lake McDonald. Diese Seite des Parks ist vom »Festland« aus nicht sichtbar. Die Ausflugsfahrten starten an der Lake McDonald Lodge (►Seite 199), die Passagiere stechen mit dem historischen Schiff »**DeSmet**« in See. Unterwegs bringt der Kapitän seinen Fahrgästen mit vielen Informationen die Umgebung näher. Eine Fahrt dauert eine Stunde und startet je nach Saison zu unterschiedlichen Zeiten (siehe unten). Der Anbieter ist **Glacier Park Boats**, der auch in Apgar Boote vermietet (►Seite 194).

Wer lieber sein eigener Kapitän sein möchte, kann am Lake McDonald auch Ruderboote für $ 18 pro Stunde oder 8-PS-Motorboote ab $ 23 für eine Stunde mieten. Damit kann man zum Beispiel seinen ganz privaten Sonnenuntergang auf dem See erleben.

292 Lake McDonald Lodge Loop, West Glacier, MT 59936 1-406-257-2426 www.glacierparkboats.com Ende Mai–Labor Day tägl. 11 & 19 h, Ende Mai–Ende Sep. tägl. 13.30, 15 & 17.30 h Erw. $ 16,25. Kinder (4–12 J.) $ 8

Wandern

► Johns Lake Loop

1,3 mi/2 km östlich der Lake McDonald Lodge startet die Wanderung zum Johns Lake. Ein kleiner Parkplatz kennzeichnet den Trailhead. Auf dem Weg zum See besucht man auch die McDonald Falls, wunderschöne Wasserfälle am McDonald Creek, bevor dieser in den gleichnamigen See fließt.

Kurz nach dem Parkplatz folgt eine Gabelung, an der kein Schild steht. Hier geht es links auf den Johns Lake Loop, der im Uhrzeigersinn begangen wird. An der nächsten Kreuzung biegt man rechts ab. Die Wanderung durchläuft einen stillen, alten Wald aus Zedern und Western-Hemlocktannen, von denen auch der Johns Lake umgeben ist. Bald erhascht man einen ersten Blick auf das Gewässer und findet einen Pfad, der direkt ans Ufer führt. Allerdings ist der Uferbereich etwas sumpfig, sodass man nur schwierig direkt ans Wasser gelangt. Über der Szene thronen hohe Berge, die sich zu günstigen Uhrzeiten malerisch auf der Seeoberfläche spiegeln.

Zurück auf dem Hauptweg wird die Sacred Dancing Cascade angesteuert. Hierfür überquert man zunächst die Going-to-the-Sun Road und erreicht den Parkplatz der Sacred Dancing Cascade. Dann führt der Weg bergab zu der Kaskade und über ein Brückchen auf die andere Flussseite. An einer Gabelung ohne Schild, an der rechts ein Reitweg abzweigt, wandert man nach links, bevor es wieder durch den Wald geht. Nach knapp 1,2 mi/2 km sind die McDonald Falls erreicht und kurz darauf die McDonald Road. Auf diese biegt man links ab, geht über eine Brücke, von der aus man schön auf den Lake McDonald schauen kann und sucht wenige Schritte nach der Brücke rechts einen kleinen Pfad, der zurück zum Trailhead führt.

Ganzj. Nein Parkplatz an der Going-to-the-Sun Rd 1,3 mi/2 km östlich der McDonald Lodge 2 Std. Einfach 4 km (Rundweg) 49 m

► Fish Lake

Gegenüber der McDonald Lodge geht es los am Sperry Trailhead. Nur wenig später heißt der Weg nach Überqueren des Reiterweges Gunsight Pass Trail. Er beginnt seinen Aufstieg recht schnell durch einen Wald mit Riesenlebensbäumen, Amerikanischen Lärchen und Western-Hemlocktannen in den niederen Lagen und Rottannen, wenn es höher hinaufgeht. Auf diesem Wegabschnitt bis zur Kreuzung mit dem Mt. Brown Trail hat man viele Mitwanderer und Reiter auf dem Weg. Die meisten sind unterwegs zum Sperry Chalet, wo man übernachten kann. Nachdem der nächste Wanderweg (Snyder Lake Trail) gekreuzt ist, geht es kurz bergab und anschließend über den Snyder Creek. Über die kleine Brücke gelangt man zum Snyder Rich Trail, der schließlich zum Fish Lake führt.

Nach einem kurzen Anstieg geht es durch einen Wald aus Rottannen, dabei überquert man den Jackson Creek und den Sprague Creek, bevor endlich das Ziel Fish Lake erreicht ist. Über einen kurzen Pfad kann man zum Seeufer wandern. Der beschaulich daliegende See ist von Seerosen umgeben und liegt inmitten eines dichten Waldes – ein kleiner Märchensee.

Das Ziel Fish Lake eignet sich wegen seiner vergleichsweise niedrigen Höhenlage auch gut für Wanderungen zu Saisonbeginn/-ende, wenn andere Trails durch Schnee unpassierbar sind.

Ganzj. Nein Sperry Trailhead gegenüber der McDonald Lodge 4–5 Std. Moderat 9,5 km 367 m

► Trail of the Cedars

Dieser kurze Rundwanderweg, zum Teil über einen Boardwalk, ist sehr beliebt und entsprechend frequentiert. Startpunkt ist der östliche Bereich des Rundwegs auf dem erhöhten Boardwalk, der durch einen Wald mit alten Western-Hemlocktannen und Riesenlebensbäumen führt. Farne und Moose auf dem Waldboden erinnern noch einmal an die Vegetation im Olympic National Park. Nach halber Strecke ist das Ziel erreicht: Eine Brücke über den Avalanche Creek, von der aus man herrliche Blicke auf die Avalanche Gorge genießen kann.

Nach dem Aussichtspunkt folgt die Kreuzung mit dem Avalanche Trail. Wer tiefer in

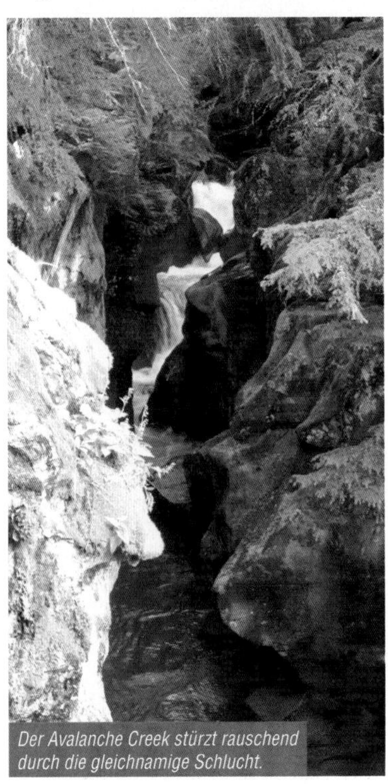

Der Avalanche Creek stürzt rauschend durch die gleichnamige Schlucht.

die Schlucht eindringen möchte, geht ein Stückchen auf dem Avalanche Trail steil bergauf bis zum Avalanche Creek. Jetzt ergibt sich ein beeindruckender Blick auf das in die Schlucht rauschende Wasser des Flusses. Zurück auf dem Rundweg durchläuft man die westliche Hälfte des Weges und zurück zum Startpunkt.

Ganzj. Nein Avalanche an der Going-to-the-Sun Rd, 5,5 mi/9 km östlich der McDonald Lodge 1 Std. Einfach 1,6 km 18 m

► Avalanche Lake Trail

Wie beim Trail of the Cedars führt diese Wanderung zunächst über den Boardwalk bis zur Brücke über die Avalanche Gorge. An der darauffolgenden Kreuzung folgt man dem ausgeschilderten Avalanche Trail. Auf diesem Weg wird nach einem kurzen Anstieg zuerst der Avalanche Creek erreicht, es bieten sich wunderschöne Blicke in die Schlucht und auf die Wassermassen, die sich hineinstürzen. Der Weg entfernt sich vom Avalanche Creek und führt dann in einiger Entfernung an ihm entlang zum See (man sieht den Fluss zwar nicht, aber man hört sein Rauschen).

Nach etwa 2,3 mi/3,7 km Wegstrecke ist das Ziel Avalanche Lake erreicht. Von schneebedeckten Bergen mit unzähligen Wasserfällen an den Felsen umgeben, bietet er ein Bild des Friedens. Wer noch Puste hat, kann dem Weg am westlichen Seeufer weiter folgen und dabei neue Impressionen des Bergsees sammeln.

Da dieser Weg viel begangen ist und die Stimmung am schönsten ist, bevor die Sonne über den Bergen erscheint, sollte man die Wanderung zu Tagesanbruch starten (oder alternativ bis zum späteren Nachmittag warten).

Ganzj. Nein Trailhead des Trail of the Cedars: Going-to-the-Sun Rd, 5,5 mi/9 km östlich der McDonald Lodge 3-4 Std. Moderat 7 km 223 m

Übernachten

Lake McDonald Lodge

Die Lodge am Seeufer des Lake McDonald erinnert an ein Schweizer Chalet. Die rustikale Unterkunft liegt direkt an der Going-to-the-Sun Road und fungierte ursprünglich als Jagdhütte. Heute beherbergt sie Hotelzimmer im Haupthaus, auch einige Hüttchen gehören mit zur Anlage. Man kann in der Lodge auch als Nicht-Übernachtungsgast essen gehen. Vom Schlafsaal oder einfachen Zimmer über die geräumigen Cabins bis zur Zwei-Raum-Suite ist für jeden Geldbeutel und Anspruch das passende Zimmer vorhanden. Zur Lodge gehört ein Souvenirladen, in dem auch Campingbedarf und Snacks verkauft werden.

Die oben beschriebenen Reittouren und der Schiffsausflug starten an der Lodge, und der Shuttlebus hält hier.

*9 mi/14,5 km nach dem Apgar Visitor Center links auf den McDonald Lodge Loop von der Going-to-the-Sund Rd Lake McDonald Loop, West Glacier, MT 59936 1-303-265-7010 1-855-733-4522 www.glaciernationalparklodges.com Ja Nein Ganzj. * (Schlafsaal, einfaches Zimmer), ** (Cabin), *** (Suite)*

Motel Lake McDonald

Das typische Motel im zweigeschossigen Gebäude befindet sich nahe dem Ufer des Lake McDonald. Die Lake McDonald Lodge mit all ihren Einrichtungen und dem Shuttlestop ist nur ein kurzes Stück entfernt. Die Zimmer sind rustikal-gemütlich eingerichtet.

*Knapp 300 m nördlich der Lake McDonald Lodge 466 Lake McDonald Loop, West Glacier, MT 59936 1-406-888-5100 info@glacierparkinc.com www.glacierparkinc.com Ja (begrenzt) Ja **

Sprague Creek Campground

Dieser etwas kleinere Campground mit nur 25 Plätzen befindet sich am Südufer des Lake McDonald, 2 mi/3 km südlich der McDonald Lodge. Es ist eine Haltestelle des Shuttleservices vorhanden. Die Plätze sind von schattenspendenden Bäumen umgeben, manche haben einen schönen Blick auf den See. Die nahe Going-to-the-Sun Road kann man hören, deshalb liegt dieser Campground nicht so ruhig wie andere im Park. Alle Einrichtungen der nahen Lake McDonald Lodge stehen auch den Campinggästen zur Verfügung.

1 mi/1,6 km südlich der Lake McDonald Lodge Going-to-the-Sun Rd, West Glacier, MT 59336

Die Landschaft am Logan Pass ist atemberaubend.

1-406-888-7800 www.nps.gov/glac Anf. Mai–Mitte Sep. Nein 25 25 Nein Nein Nein Nein Nein $

Avalanche Campground

Zwischen Zedern und Western-Hemlocktannen eingebettet liegen die Plätze auch im warmen Sommer im Schatten. Nahe dem Campground starten die beiden beliebten Wanderungen, Trail of the Cedars (▶Seite 198) und Avalanche Lake (▶Seite 199). Am Abend bieten Ranger im Amphitheater Programme an. Der Shuttleservice des Nationalparks hält am Campground. Das ist zugleich der Vorteil dieses Campgrounds: Man hat sein Wohnmobil untergebracht, muss also keinen Parkplatz suchen und hat sich die Shuttlestrecke zwischen Apgar und Avalanche Creek gespart.

6 mi/10 km nach der MacDonald Lodge
Going-to-the-Sun Rd, West Glacier, MT 59336
1-406-888-7800 www.nps.gov/glac Mitte Juni–Anf. Sep. Nein 87 87 Nein Nein Nein Nein Nein $

LOGAN PASS

Oberhalb der Baumgrenze und auf der **kontinentalen Wasserscheide** liegt auf 2.025 Metern Höhe der Logan Pass, ein **Transfer Point** des Shuttlesystems. Wenn man die Reise Richtung Osten des Parks fortsetzen möchte, muss man am Logan Pass in einen anderen Shuttlebus umsteigen. Die Passhöhe ist 32 mi/51 km von der Westzufahrt und 18 mi/29 km vom Ostzugang entfernt. Zwischen Lake McDonald und Logan Pass überwindet die Going-to-the-Sun Road über 1.000 Höhenmeter – willkommen in den **Rocky Mountains**! Es gibt keine mit dem Fahrzeug erreichbare höhergelegene Stelle im Park. Noch vor 30 Jahren war man hier oben auch im Hochsommer nicht weit vom Schneegebiet entfernt. Vor allem östlich der Passhöhe, in der Big Drift Area, fielen bis zu 30 Meter Schnee, die im Laufe eines Winters vom Wind über die Wasserscheide weggeblasen wurden. Aber nachdem sich Eis und Schnee aufgrund der Klimaerwärmung zurückgezogen haben, sucht man im August vergeblich nach flächendeckendem Schnee, allenfalls einzelne Schneefelder leisten dem Sommer hartnäckig Widerstand. Vor allem wegen der Lawinengefahr ist der Pass im Winter aber dennoch geschlossen, außerdem kann man ihn allein wegen der Höhenlage trotz Klimawandels unmöglich schneefrei halten.

Die Kulisse wird geprägt von Wiesen, die mit gelben Glacier-Lilien übersät sind und über denen die Gipfel der beiden Berge **Reynolds Mountain** (2.781 m) und **Clements Mountain** (2.670 m) ragen. Sehr häufig hat man das Glück, dass Schneeziegen (**Mountain Goats**, die flauschig-weißen und recht kräftigen Symboltiere des Parks), Dickhornschafe, Murmeltiere und im absoluten Glücksfall Grizzlybären durch die Wiesenlandschaft streifen und aus sicherer Entfernung beobachtet werden können. Verwundern mag es, dass manche der schneeweißen Ziegen ein elektronisches Halsband mit einer Art Antenne tragen. Diese sogenannten **Radio Collared Mountain Goats** sind Teil einer wissenschaftlichen Forschung, bei der es um das Verhältnis zwischen Menschen und Wildtieren geht und wie Straßen und Wanderwege im Lebensraum der Tiere dieses Verhältnis beeinflussen.

Die Passhöhe ist ein beliebter Startpunkt für Wanderungen (die meisten eher länger), auch in die Wilderness hinein. Aufgrund der Höhenlage gibt es keine Campgrounds am Logan Pass. Etwas westlich der Passhöhe thront **Oberlin Bend** oberhalb von Wasserfällen am Mount Oberlin. Über einen kurzen Boardwalk erreicht man den Aussichtspunkt mit Blick über die Täler und die Going-to-the-Sun Road, die sich durch die Landschaft unterhalb der Felswand Garden Wall windet. 2 mi/3 km östlich vom Logan Pass beschreibt die Shuttleroute mit der Haltestelle **Siyeh Bend** eine Nordschleife, von hier aus starten ebenfalls wunderschöne Wanderungen. Siyeh Bend kennzeichnet den Übergang zwischen der höhergelegenen subalpinen Vegetation und den Wäldern der Ostseite. Hier hält der Shuttlebus.

Logan Pass ist ein beliebtes Ziel der Nationalparkbesucher. Vor allem gegen Abend, wenn die Rückfahrt nach Avalanche Creek beziehungsweise Apgar ansteht, bilden sich lange Warteschlangen für die Shuttlebusse, die jeweils nur 15 Personen befördern können. So kann es zu Wartezeiten bis zu 90 Minuten kommen. Es ist deshalb ratsam, rechtzeitig im Laufe des Nachmittages die Rückfahrt anzutreten.

LOGAN PASS VISITOR CENTER

Das Besucherzentrum informiert vor allem über Geologie und Geografie des Glacier National Park. Im Wesentlichen geht es auch darum, wie sich Tiere an das subalpine Ökosystem des Logan Pass anpassen, um in dieser Höhenlage überleben zu können – was durch den Klimawechsel nicht gerade einfacher wird. Natürlich werden aber auch Fragen über die Region beantwortet und man erhält Tipps und Infos bezüglich Wanderungen. Im Visitor Center gibt es einen Buchladen.

Das Visitor Center passt sich sehr schön der Umgebung der Passhöhe an und ist auf mehreren Ebenen in den Hang hineingebaut. Die Tiere, die man gleich beim Wandern »in echt« erlebt, sind in Schaukästen ausgestellt und benannt, sodass man weiß, womit man es zu tun hat.

Am Logan Pass geht es von der Going-to-the-Sun Rd rechts ab zu einem großen Parkplatz, an dessen Ende sich das Visitor Center auf der rechten Straßenseite befindet. Logan Pass, Browning, MT 59417 1-406-888-7800 www.nps.gov/glac Ab Öffnung der Straße bis Anf. Sep. tägl. 9–19 h, Anf.-Mitte/Ende Sep. tägl. 9.30–16 h; im Winter geschlossen

Wandern

Hidden Lake Overlook ★

Die Wanderung startet am Visitor Center und führt über Wildblumen-Wiesen unterhalb des Clemens Mountain zu einem Aussichtspunkt, an dem man auf den Hidden Lake blicken kann. Hinter dem Visitor Center geht es los über den Hanging Gardens Trailhead. Diese Wanderung ist auch bekannt als Hidden Lake Nature Trail.

Der Weg beginnt zunächst asphaltiert, geht dann aber in einen Boardwalk über. Da man auch im Sommer noch auf Schneereste stoßen kann, läuft man auf dem Boardwalk oberhalb von matschigem oder rutschigem Gelände. Währenddessen geht man stets dem Clemens Mountain entgegen. Rechterhand (und auch rechts der Going-to-the-Sun Road) erstrecken sich die Felswände der »Garden Wall«, eines von vielen wunderschönen Fotomotiven, wenn die Wildblumen im Vordergrund blühen. Mit einem Fernglas lassen sich an dieser Wand Dickhornschafe sichten.

Knapp 0,5 mi/1 km nach dem Visitor Center endet der Boardwalk und es wird eine deutliche Südwest-Richtung eingeschlagen, mitten hinein in die Bergwelt. Nach einem kurzen Anstieg ist die konti-

Traumhafte Aussicht auf den Hidden Lake vom Aussichtspunkt aus

nentale Wasserscheide erreicht, an der Schneeschmelze und Regenwasser dem Pazifischen Ozean entgegenfließen. Der Weg wird immer schöner, bis nach etwa 1,2 mi/2 km der Aussichtspunkt folgt – er bietet malerische Ausblicke auf den See und die umgebenden Berge. Es ist ein Ranger vor Ort, der Fragen beantwortet.

Der Hidden Lake Overlook Trail mit 2,7 mi/4,5 km Länge geht von hier aus wieder zurück. Möchte man noch um 1,2 mi/2 km (4 km hin und zurück) verlängern, geht man hinunter zum nordöstlichen Ufer des Hidden Lake, der sich auf fast 2.000 Metern befindet. Auf diesem Wegstück geht man 235 Meter bergab. Am Ufer des Gletschersees gibt es einen kleinen Strandbereich. Nimmt man den See selbst noch mit, ist das der 5,4 mi/8,6 km lange **Hidden Lake Trail**.

! Die Wanderung ist alles andere als ein Geheimtipp – unleugbar ist es sogar eine kleine Völkerwanderung, die den Berg hinaufzieht. Trotzdem ist es eine absolute Empfehlung, um einen tiefen Einblick in die faszinierende Bergwelt hier oben zu erhalten. Außerdem ist – ungeachtet der Menschenmengen – die Chance, Tiere zu sehen, sehr groß. Schneeziegen marschieren unerschrocken zwischen den Wanderern herum, es sind auch viele Jungtiere dabei. Auch Murmeltiere tauchen unvermittelt aus dem hohen Gras auf.

Öffnungszeit der Going-to-the-Sun Rd · Nein · Visitor Center am Logan Pass, Hanging Gardens Trailhead · 2 Std. (Hidden Lake Trail: 4,5 Std.) · Einfach (Hidden Lake Trail: moderat) · 4,5 km (Hidden Lake Trail: 8,6 km) · 165 m (Hidden Lake Trail: 404 m)

► Highline Trail to Haystack Pass

Der Highline Trailhead befindet sich auf der nördlichen Straßenseite der Going-to-the-Sun Road am Logan Pass. Auch dies ist wieder eine beliebte Wanderung, weil es bei jedem Schritt neue, spektakuläre Impressionen gibt: Herrliche Rundumblicke, Wildblumen-Oasen und frei lebende Tiere begleiten den Weg, der an der kontinentalen Wasserscheide entlangführt (die in diesem Bereich »Garden Wall« genannt wird).

Nach knapp 0,5 mi/1 km Wegstrecke wird ein Felsvorsprung erreicht, der eine Herausforderung für Wanderer mit Höhenangst darstellt: Der Weg verläuft auf einem sehr schmalen Absatz, der wie ein Brett an der Garden Wall hängt. Mehrere hundert Meter darunter liegt die Going-to-the-Sun Road. Zwar muss man nur für etwa 0,3 mi/0,5 km über dem Abgrund wandeln, aber bei Höhenangst kann das ein langer Weg sein. Eine Seilführung als Geländer gibt Sicherheit.

Nach diesem Abschnitt wird die Landschaft dominiert von Felsformationen, Hängen und hohen Bergen im Westen. Es folgt ein Aufstieg hinauf zu dem 2.141 Meter hoch gelegenen Haystack Pass, der nach

knapp 3,8 mi/6 km erreicht ist. Haystack Pass ist der Sattel zwischen Haystack Butte und der Garden Wall. Die Ausblicke von hier aus sind unbeschreiblich – die Bezeichnung »Crown of the World« bekommt noch einmal eine ganz neue Bedeutung.
Öffnungszeit der Going-to-the-Sun Rd Nein Nördliche Straßenseite der Going-to-the-Sun Rd am Logan Pass 5–6 Std. Schwierig, anstrengend 11,5 km 251 m

*Zwischen Logan Pass und der nächsten größeren Station auf der Going-to-the-Sun Road, **Rising Sun**, befinden sich vier Haltestellen des Shuttlebusses Richtung Saint Mary. Besonders empfehlenswert ist es, bei der **Sunrift Gorge** (8 mi/13 km nach Logan Pass) auszusteigen und einen Blick in die tiefe Schlucht zu werfen, die ein kleiner Fluss in die Felsen gefräst hat – überspannt von einer sehr malerischen Brücke. Die Schlucht befindet sich nur etwa 60 Meter neben der Going-to-the-Sun Road.*

*Die Going-to-the-Sun Road verliert auf dem Weg Richtung Saint Mary deutlich an Höhe und passiert den **Saint Mary Lake**, von dessen Nordufer aus ebenfalls Wanderungen rund um den See starten.*

Rising Sun schließlich ist das Ende der für große Wohnmobile gesperrten Straße. Wer nach Saint Mary weiter möchte, kann den Shuttleservice nutzen.

SAINT MARY LAKE

Der Höhenunterschied zwischen Logan Pass auf über 2.000 Metern Höhe und dem Saint Mary Lake, der sich auf 1.366 Metern befindet, ist deutlich. Unterwegs zweigen rechts und links der Straße immer wieder Trailheads zu Wanderungen ab. Am **Jackson Glacier Overlook** beispielsweise startet eine kürzere Wanderung (knapp 2,5 mi/4 km) zu den **Deadwood Falls** oder die längere Tour (ca. 9,4 mi/15 km) zu den Florence Falls.

Vor allem das Westufer des Saint Mary Lake ist Startpunkt vieler kleinerer Wanderungen rund um den See – zu Wasserfällen (**St. Mary Falls** oder **Virginia Falls**) oder zu entlegeneren, kleineren Seen, entlang kleiner Flüsschen und Creeks. Der Shuttleservice bedient entlang des Ufers mehrere Haltestellen; angefangen mit dem Saint Mary Falls Shuttlestop als erste am Westufer, dann folgen Sunrift Gorge, Sun Point und schließlich Rising

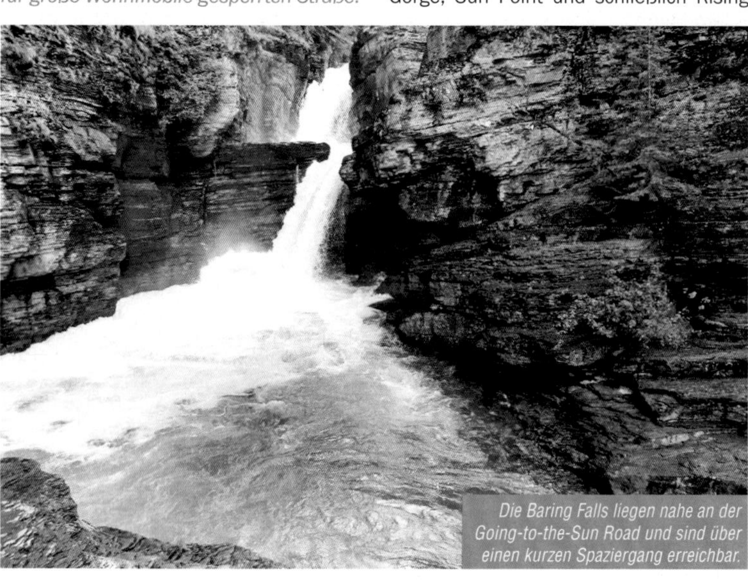

Die Baring Falls liegen nahe an der Going-to-the-Sun Road und sind über einen kurzen Spaziergang erreichbar.

Sun Boat Doc (siehe unten). An allen Haltestellen starten Wanderungen verschiedener Längen.

Der See ist auch prädestiniert für einen weiteren Ausflug zu Wasser. Eine Option wäre es, an den **Baring Falls** auszusteigen, zu wandern und dann mittels eines Shuttles zum Ausgangspunkt zurückzugelangen. Von Baring Falls aus kann man die drei Wanderungen St. Mary Falls (1,6 mi/2,5 km), Virginia Falls (2,2 mi/3,5 km) und Sunrift Gorge (0,3 mi/0,5 km) unternehmen.

Zentrum des Sees ist **Rising Sun** mit einer Übernachtungsmöglichkeit mit festem Dach über dem Kopf. Das könnte für alle Reisenden interessant sein, die den Glacier National Park über die Ostausfahrt bei Saint Mary verlassen und vor einer dann folgenden, längeren Fahrstrecke Richtung Yellowstone National Park noch einmal übernachten wollen/müssen. Außerdem gibt es einen Campground, der jedoch nur für Zelter und Reisende mit kleinem Wohnmobil relevant ist. Red Bus Tours (▶Seite 206) haben bei Rising Sun ebenfalls einen Startpunkt. Da die Bustouren aber in die Richtung gehen, aus der man gerade kommt (Richtung Logan Pass beziehungsweise noch weiter nach Westen), werden sie im Bereich Rising Sun nicht mehr als Aktivität vorgestellt. Eine Übersicht über die ab Rising Sun angebotenen Fahrten findet man unter www.glaciernationalparklodges.com/activities-red-bus-tours.

Mit »**Where the Mountains meet the Prairies**« wird der Bereich um den Saint Mary Lake bezeichnet. Hier befindet sich die Schnittstelle zwischen der majestätischen Bergwelt und dem »Flachland« – das natürlich aber immer noch stolze Höhen aufweist!

Highlight

► Schiffsausflug

Gletscher, Inseln, raue Felsklippen und alte Wälder stehen auf dem Programm, wenn man auf dem Saint Mary Lake einen Ausflug mit einem der beiden Ausflugsschiffe »Joy II« oder »Little Chief« unternimmt. Unterwegs wird über die Besonderheiten des Saint Mary Lake berichtet. Die Schifffahrten starten ab dem **Rising Sun Boat Dock** (Haltestelle des Shuttleservices) und dauern jeweils eineinhalb Stunden beziehungsweise entsprechend länger, wenn man sie zum Wandern unterbricht. Bei jeder Tour außer der morgens um 6.30 Uhr kann man auf eigene Faust einen 15-minütigen Spaziergang zu den Baring Falls unternehmen. Es werden auch geführte Wanderungen zu anderen Zielen angeboten (etwa 3,2 mi/5 km Länge), die von einem Ranger begleitet werden.

Going-to-the-Sun Rd, Browning, MT 59417
1-406-257-2426 www.glacierparkboats.com
Mitte Juni–Anf. Sep. tägl. 10, 12, 14, 16 & 18.30 h Erw. $ 24,25, Kinder (4–12 J.) $ 12

Wandern

► St. Mary Falls ★

An der Haltestelle des Shuttleservices startet diese beliebte Wanderung, die ins Tal hinabführt und den Fluss bei den St. Mary Falls überquert. Ausgangspunkt ist der St. Mary Falls Cutoff Trail, auf dem es zunächst einem fast 2.500 Meter hohen Berg entgegengeht. Etwa 0,3 mi/0,5 km nach dem Parkplatz erreicht man die Kreuzung mit dem Piegan Pass Trail. Hier wandert man nach rechts bis zur nächsten Kreuzung, an der es nach links weitergeht.

Nachdem der St. Mary River passiert ist, hört man bereits von weitem das Rauschen von Wasser und kurze Zeit später sieht man die tosenden Wasserfälle auch. Es ist einer der spektakulärsten Wasserfälle im Glacier National Park. Über drei Ebenen stürzen sich die Wassermassen mehr als zehn Meter in die Tiefe – ein beeindruckendes Naturschauspiel und besonders erfrischend an heißen Sommertagen. Wenn man weitere 0,9 mi/1,5 km dem Virginia Creek folgt, gelangt man zu den Virginia Falls. Zwischen den beiden Wasserfällen befinden sich zwei weitere, die ihrerseits sehenswert sind. Hängt man das Ziel Virginia Falls noch an, beträgt die Wanderung insgesamt knapp 3,7 mi/6 km und man bewerkstelligt 160 Höhenmeter.

Öffnungszeit der Going-to-the-Sun Rd Nein
Kleiner Parkplatz des St. Mary Falls Trailhead
1,5 Std. Einfach 2,7 km 66 m

▸ Otokomi Lake

Vom Rose Creek Trailhead aus startet man die Wanderung entlang des gleichnamigen Flüsschens bis zum Otokomi Lake. An den Cottages des Motels an Rising Sun vorbei steigt der Trail danach steil an. Es geht durch einen dichten Pinienwald bis zum Südhang des Otokomi Mountain. Tief unten blickt man in die Schlucht des Rose Creeks - von verschiedenen Aussichtspunkten aus lassen sich eindrucksvolle Blicke hinunter erhaschen, ebenso in die umgebende Bergwelt. Nach etwa 2,2 mi/3,5 km erreicht man eine Reihe von Wasserfällen am Rose Creek. Es folgen im weiteren Wegverlauf noch mehr, manche sieht man vom Weg aus, manche hört man nur. Wenn es in dichtere Vegetation geht, sollte man vorsichtshalber recht laut sein, damit man nicht auf einen überraschten Bären trifft. Wenn das Gelände wieder offener wird, sieht man den See zur Linken. Endgültig verlässt man das bewaldete Gebiet nach knapp 5 mi/8 km.

Am See befindet sich ein Backcountry Campground mit drei Plätzen. Zum See geht es weiterhin am Rose Creek entlang. Von der linken Seite aus bieten sich die besten Blicke auf den Otokomi Lake. Über eigens angehäufte Steine kann man den Creek überqueren, um zum See zu gelangen.

Öffnungszeit der Going-to-the-Sun Rd Ja
Shop bei Rising Sun 9 Std. Moderat
17 km 665 m

Übernachten

Rising Sun Motor Inn

Nur durch die Straße vom Saint Mary Lake getrennt, liegt das Motel an der Going-to-the-Sun Road als gute Ausgangsbasis für diesen letzten, komplett im Glacier National Park liegenden Bereich. Neben Motelzimmern werden kleine Cottages angeboten. Die Umgebung des Motels ist lieblich mit dem malerischen See und Blicken auf die Bergwelt. Zur Anlage gehören ein Campingladen, ein Souvenirshop und das Restaurant Two Dogs flat Grill. Die Räume sind einfach und rustikal eingerichtet, teilweise etwas eng, aber sauber und gepflegt.

44 mi/70 km nach dem West Entrance auf der nördlichen Seeseite des Saint Mary Lake
2 Going-to-the-Sun Rd, Browning, MT 59417
1-303-265-7010 1-855-733-4522
www.glaciernationalparklodges.com Ja
*Nein Mitte Juni-Mitte Sep. ***

Rising Sun Campground

Im mittleren Bereich des Westufers des Saint Mary Lake befindet sich dieser Campground, der vor allem mit wunderschönen Sonnenaufgängen am Morgen seinem Namen alle Ehre macht. Für die Aktivitäten und Wanderungen östlich des Logan Pass und nördlich von Saint Mary eignet sich der Campground bestens. Es gibt sowohl schattige Plätze unter Bäumen als auch offene. Neben dem Platz befinden sich ein Campingladen, ein Restaurant und Duschen mit Münzeinwurf.

44 mi/70 km nach dem West Entrance auf der nördlichen Seeseite des Saint Mary Lake Going-to-the-Sun Rd, Browning, MT 59417 1-406-888-7800 www.nps.gov/glac Mitte Juni-Mitte Sep. Nein 84 84 Ja Ja, kostenpflichtig Nein Nein Nein $

SAINT MARY

Umgeben von Grasebenen, Bergen und Wäldern präsentiert sich Saint Mary im St. Mary Valley als östlicher Zugang zum Glacier National Park. Östlich von Saint Mary erstreckt sich die **Blackfoot Indian Reservation**, die im Norden bis an die kanadische Grenze reicht. Das **St. Mary Visitor Center** ist die zentrale Anlaufstelle für Informationen rund um den Shuttleservice und die Aktivitäten im Park, wenn man ihn von Osten aus erkundet. Gemäß diesem Routenreiseführer ist Saint Mary die Ausfahrt aus dem Nationalpark. Trotzdem ist es immer wieder lehrreich und interessant, im Visitor Center vorbeizuschauen. Im St. Mary Visitor Center gibt es eine Ausstellung mit gewohnt lehrreichem Charakter und einen Film über den Park. Diejenigen, die über einen der beiden nördlich beziehungsweise südlich von Saint Mary gelegenen Eingänge noch ins Hinterland vordringen wollen, erhalten im Visitor Center Permits und Informationen. Dem Visitor Center ist ein Buchladen angeschlossen. Eigentlich sind die beiden Bereiche, **Many Glacier** nordwestlich von Saint Mary und

Die Wanderung zu der Wildblumenpracht vor dem Iceberg Lake ist eine der Attraktionen von Many Glacier.

Two Medicine im Süden, aus Zeitgründen nicht Bestandteil dieser Route. Wer jedoch dennoch einen Blick in die beiden Regionen werfen möchte, kann dies beispielsweise im Rahmen einer Bustour tun (siehe unten: Red Bus Tours St. Mary).

Für Wanderer verkehrt ein Shuttlebus zwischen dem Visitor Center und dem Many Glacier Hotel/Swiftcurrent Motor Inn von Anfang Juli bis Labor Day. Xanterra ist der Betreiber des Fahrdienstes, der im Voraus reserviert werden muss (☎ 1-855-733-4522). Die Busse verkehren täglich von 8.15 bis 17.30 Uhr ab und zum St. Mary Visitor Center und Erwachsene bezahlen $ 10, Kinder $ 5 pro Fahrt. Die Fahrzeit beträgt 45 Minuten.

Bei Saint Mary befinden sich ein Campground, eine historische Ranger Station und das Visitor Center innerhalb des Parks. Ein großes Resort und ein Restaurant liegen knapp außerhalb der Parkgrenzen in Saint Mary, ebenso ein KOA-Campground.

ST. MARY VISITOR CENTER

Es ist die zentrale Anlaufstelle in Saint Mary und eine gute Gelegenheit, das im Glacier National Park Erlebte noch ein letztes Mal Revue passieren zu lassen.

Das Visitor Center befindet sich unmittelbar neben der Parkzufahrt beziehungsweise der Parkausfahrt. Going-to-the-Sun Rd, St. Mary, MT 59417 ☎ 1-406-888-7800 www.nps.gov/glac Ende Mai–Ende Juni & Mitte Aug.–Anf. Okt. tägl. 8–17 h, Ende Juni–Mitte Aug. tägl. 8–19 h

Highlight

► Red Bus Tours St. Mary

Many Glacier nordwestlich von Saint Mary beziehungsweise dem östlichen Parkzugang und Two Medicine im Süden sind kein Bestandteil dieses Routenreiseführers, es sei denn, man befährt die unten beschriebene Alternativroute zum Yellowstone National Park. Dann gelangt man über Babb, nördlich von Saint Mary am US-89 gelegen, in den Bereich Many Glacier und über den US-89 und den MT-49 südlich von Saint Mary in den Bereich Two Medicine. Wer die Alternativroute nicht fährt, aber trotzdem einen Blick in Regionen »off the beaten path« in den weniger besuchten Parkbereichen werfen möchte, kann dies im Rahmen eines Ausfluges der Red Bus Tours tun, die bereits bei Apgar vorgestellt wurden (▶Seite 191).

Ab Saint Mary startet die **Old North Trail Tour** ins Hinterland, die sechs bis acht Stunden dauert und die östliche Grenze des Glacier National Park mit Zugängen ins Swiftcurrent Valley bei Many Glacier und ins Two Medicine beinhaltet. Die nördliche Begrenzung ist der Ort **Babb**, im Süden liegt **East Glacier Park**. Abfahrt am KOA St. Mary ist um 9.45 Uhr, an der St. Mary Lodge um 10 Uhr.

☎ 1-303-297-2757 ☎ 1-855-733-4522 www.glaciernationalparklodges.com Old North Trail Tour: Ende Mai, Anf. Juni & Ende Sep. Erw. $ 75, Kinder $ 37,50

Wandern

Beaver Pond Loop

Wer im Glacier National Park ein letztes Mal die Wanderschuhe schnüren möchte, kann das auf diesem Rundweg machen. Er startet nahe der historischen Ranger Station zwischen dem Einfahrtsschild des Nationalparks und der St. Mary Entrance Station. Von dort fährt man etwa 300 Meter bis zu einer Schotterstraße, über die man den Parkplatz des Trailhead Red Eagle Trail erreicht, den Startpunkt der Wanderung.

Da die Blicke in die Bergwelt Richtung Süden sehr eindrucksvoll sind, sollte man den Rundweg im Uhrzeigersinn begehen. Hierfür sollte man aber nicht in den heißesten Nachmittagsstunden starten, sondern besser am Vormittag. Die 1913 erbaute Ranger Station mit einer Holzscheune ist schnell erreicht - sie war eine der ersten Einrichtungen auf der östlichen Seite des Nationalparks. Bis 1969 lebten dauerhaft Ranger hier. Nach der Ranger Station geht es durch einen Pinienwald und der Weg steigt zu einem Bergrücken an. Oben angekommen, wird es wieder eben und der Weg führt abwechselnd durch offene Graslandschaften und Espenwälder. Im Frühsommer bezaubern außerdem Wildblumen. 1,5 mi/2,5 km nach dem Startpunkt gelangt man zum Beaver Pond, einem kleinen Weiher, der der Wanderung seinen Namen verliehen hat. Über einen kleinen Seitenweg kann man ans Ufer gehen. Kurze Zeit später kreuzt der Red Eagle Trail. Hier biegt man rechts ab, um zum Parkplatz zurückzuwandern. Wenn es bergab geht, taucht der Mary Lake noch einmal auf. Ein Pfad führt zum Ufer und offenbart herrliche Blicke auf den See und die umgebenden Berge. Um dem Rundweg weiter zu folgen, muss man wieder zurück zum Hauptweg marschieren.

Ganzj. Nein Östlicher Parkeingang, nahe der historischen Ranger Station 2,5 Std. Einfach 5,8 km 107 m

Übernachten

St. Mary Lodge & Resort

Nicht mehr innerhalb der Parkgrenzen, aber sozusagen direkt vor der Haustüre befindet sich dieser große Komplex, der sich aus sechs verschiedenen Bereichen zusammensetzt. Von luxuriösen Zimmern in der Lodge über Motelzimmer bis hin zu beschaulichen Cottages ist an Übernachtungsmöglichkeiten alles vorhanden. In diesem Sinne variieren die Preise auch zwischen günstig und sehr teuer. Im zugehörigen Snowgoose Grill Menues werden Frühstück, Mittagessen und Abendessen angeboten.

*Das Resort liegt außerhalb des Glacier National Park an der Kreuzung der Going-to-the-Sun Rd mit dem US-89, der hier von Nord nach Süd verläuft. 3 Going-to-the-Sun Rd, St. Mary, MT 59417 1-406-732-4431 info@glacierparkinc.com www.glacierparkinc.com Ja Nein Ganzj. *-*** (je nach Unterkunft)*

St. Mary Campground

Es ist der größte Campingplatz im Ostteil des Glacier National Park und nur knapp 0,5 mi/1 km vom St. Mary Visitor Center entfernt in der nordwestlichen Ecke des Saint Mary Lake. Der Weg zum Parkausgang und damit zur Infrastruktur außerhalb des Parks ist kurz, sodass man sich von hier aus gut mit allem Nötigen versorgen kann. Zwischen Anfang Juni und Anfang September kann man auch Plätze reservieren. Nach Ende der Saison steht bis Ende Oktober einfaches Campen ohne Serviceleistungen zur Verfügung.

0,5 mi/0,8 km westlich der St. Mary Entrance Station Going-to-the-Sun Rd, St. Mary, MT 59417 1-406-732-7780 www.nps.gov/glac Ende Mai–Ende Sep. Ja 148 148 Ja Ja Nein Nein Nein $

St. Mary KOA

Als Ausgangsbasis für den Glacier National Park ist dieser KOA ebenso gut geeignet wie als Zwischenstation mit Anschlüssen für das Wohnmobil. Zwar liegen die Stellplätze nicht so idyllisch wie die innerhalb des Parks, aber man hat trotzdem schöne Ausblicke in die Bergwelt. Es gibt einen Pool und ein Hot Tub. Ein Shuttleservice steht zur Verfügung und von Ende Juni bis zum Labor Day kann man im **AOK Grill** frühstücken und zu Abend essen, ansonsten hat der Platz auch einen Lebensmittelladen.

1 mi/1,6 km westlich von St. Mary über den US-89 106 W Shore Rd, St. Mary, MT 59417

Unendliche Weite auf dem idyllischen St. Mary Campground

1-406-732-4122 1-800-562-1504 @ susanbrooke@msn.com www.goglacier.com Mitte Mai–Ende Sep. Ja 110 56 Ja Ja Ja Strom (30/50 Amp.), Wasser, Abwasser Nein $$$

*Wer sehr gut in der Zeit liegt und nicht Gefahr läuft, sich zu verzetteln, kann den Ausflug nach **Many Glacier** unternehmen. Dazu wendet man sich nach der Parkausfahrt Saint Mary über den US-89 in nördliche Richtung und fährt am Ufer des Lower Saint Mary Lake entlang 13 mi/21 km bis zu der kleinen Ortschaft Ort **Babb**. Dort geht es dann wieder zurück in westliche Richtung, um über den **Many Glacier Entrance** erneut in den Glacier National Park zu gelangen. Von Babb aus führt eine 12 mi/19 km lange Stichstraße zum Bereich Many Glacier, wo man einen Campground vorfindet und wo etliche Wanderungen vor allem ins Hinterland des Parks starten. Informationen findet man unter www.nps.gov/glac/planyourvisit/upload/2012-day-hikes-web.pdf oder bei der Many Glacier Ranger Station vor Ort.*

Alternativroute vom East Entrance des Glacier National Park zum Yellowstone National Park

Alle Reisende, die mit dem eigenen Pkw bis zum St. Mary Entrance gelangt sind, können den Park von hier aus verlassen, statt wieder über die gesamte Going-to-the-Sun Road zurück zum West Entrance zu fahren. Dann führt der direkte Weg auf dem US-89 32 mi/51 km Richtung Süden über den Ort **Browning**, den Sitz der Blackfeet Indian Reservation, und 72 mi/115 km weiter über den **US-89** bis nach Choteau, wo man auf den **US-287** wechselt. In **Wolf Creek** (65 mi/104 km entfernt) wird aus dem Highway die **I-15**, eine bis zum Ort **Helena** (34 mi/54 km entfernt) sehr reizvolle Straße, die durch die Ausläufer der Rocky Mountains führt. Helena ist die Hauptstadt Montanas und zählt knapp 30.000 Einwohner. Es ist mehr eine Verwaltungszentrale als eine Stadt, die sich zum Sightseeing anbietet. Zum Auffrischen der Vorräte und Tanken ist sie jedoch allemal gut geeignet, folgen doch keine Städte dieser Größenordnung mehr bis zum Yellowstone National Park.

Einkaufen und Tanken ist entlang der Interstate durch Helena kein Problem (zum Beispiel ein Wal Mart an der Ausfahrt 192-B). 31/mi/50 km km südlich von Helena zweigt in **Boulder** links der **Montana Highway 69 (MT-69)** ab, der nach 32 mi/51 km bei **Cardwell** auf die **I-90** und damit auf die Hauptstrecke trifft, die vom West Glacier Entrance zum Yellowstone National Park führt. Die Gesamtstrecke zwischen St. Mary und dem Westeingang des Yellowstone beträgt 379 mi/606 km. Weiter geht es von hier aus auf ►Seite 214.

Ende der Alternativroute

VOM YELLOWSTONE ÜBER DEN GRAND TETON NATIONAL PARK BIS SALT LAKE CITY

Vom Yellowstone über den Grand Teton National Park bis Salt Lake City

Wieder liegt ein Nationalpark hinter uns – es folgen weitere zwei, unter ihnen das Highlight **Yellowstone National Park**, *der nun als nächstes Ziel auf dem Programm steht.*

*Vom West Glacier Entrance aus sind alle Reisenden unterwegs, die mit einem Wohnmobil länger als 21 Feet oder einem Wohnwagen unterwegs sind und deshalb die für diese Fahrzeuge gesperrte Going-to-the-Sun Road nicht bis zur Ostausfahrt durchqueren können beziehungsweise den Glacier National Park nicht über den US-2 umfahren haben (**▶Seite 189**). Bis zum* **West Entrance des Yellowstone National Park** *sind im Folgenden, 400 mi/640 km zu bewältigen.*

! Was nun folgt, ist mit großem Abstand der spektakulärste Streckenabschnitt der ganzen Reise. Die einzelnen Etappen der langen Fahrt sind nicht nur abwechslungsreich (hinter jeder Kurve erwartet den Reisenden ein kompletter Szenenwechsel – von Bergen über Seen im Flachland, von sanften Hügeln bis zur Prärie), sondern auch von einer ungeheuerlichen Naturgewalt, die kaum in Worte zu fassen ist – genießen Sie die Strecke in vollen Zügen!

Von West Glacier geht es zunächst zurück Richtung Westen über den US-2, bis nach 20 mi/32 km rechts der MT-206 abzweigt. Das durchfahrene Gebiet ist immer weniger besiedelt, es ist hügelig und grün, bewirtschaftete Farmen begleiten die Fahrt, bis zur weitere 10 mi/16 km entfernten Einmündung des **Highway 35 (MT-35)**, *dem man nach links folgt. Dieser bestimmt nun den weiteren, topfebenen Streckenverlauf durch den Flathead National Forest in Richtung Süden (unterbrochen von Ranches und Pferdekoppeln), bis 11 mi/18 km später links der* **Highway 83 (MT-83)** *abzweigt. Dieser macht nach kurzer Zeit einen Rechtsschlenker und erreicht nach 12 mi/19 km den* **Swan Lake**, *an dessen Ostufer er idyllisch entlangführt, um anschließend dem Fluss Swan River zu folgen. Es geht sehr schön und einsam durch Waldgebiete des Swan River State*

Bei der Fahrt auf dem MT-83 passiert man zahlreiche Seen.

Montana zeigt sich von seiner lieblichsten Seite; sanfte Hügel am Wegesrand.

Forest und an weiteren Seen vorbei. Mit ***Seeley Lake*** *ist nach 65 mi/104 km ist der einzige Ort innerhalb des Gebietes des Lolo National Forest und auf der Teilstrecke MT-83 erreicht.*

SEELEY LAKE

Der kleine Ort mit knapp 2.000 Einwohnern eignet sich vor allem, um zu tanken und Vorräte aufzufüllen. Die Gegend um Seeley Lake ist aber auch malerisch und naturbelassen, eingebettet in eine schöne Bergkulisse und dem namensgebenden Seeley Lake. Vom Glacier National Park bis Butte, der nächsten großen Stadt auf der Route, sind es 249 mi/398 km. Möglicherweise braucht man hier schon eine Übernachtungsmöglichkeit, die mit dem unten beschriebenen, idyllisch gelegenen Seeley Lake Campground gegeben ist.

SEELEY LAKE AREA CHAMBER OF COMMERCE

Im sehr sehenswerten historischen Gebäude erfährt man, wo man essen, übernachten und im See schwimmen kann.

Aus Fahrtrichtung liegt das Visitor Center nach Durchfahren des Ortes linkerhand direkt am MT-83. *2920 MT 83 N, Seeley Lake, MT 59868* *1-406-677-2880* *www.seeleylakechamber.com* *Memorial Day-Labor Day So.-Do. 12-18 h, Mi. & Sa. 10-18 h*

Seeley Lake Campground

Der Platz befindet sich am Westufer des Seeley Lake im Wald und bietet einen Strandabschnitt zum Schwimmen. Die Versorgungseinrichtingen des Ortes sind 4 mi/6,5 km entfernt.

Vom Ort Seeley Lake aus 4 mi/6,5 km in nordwestliche Richtung auf der Boy Scout Rd fahren. *Boy Scout Rd, Seeley Lake, MT 59868* *1-406-677-2233 (Ranger Station)* *www.fs.usda.gov/recarea/lolo/recarea/?recid=10325* *Memorial Day-Labor Day* *Nein* *29* *29* *Nein* *Nein* *Nein* *Nein* *Nein* *$*

Weitere schöne Campgrounds laden zum Zwischenstop ein, die Rocky Mountains verlaufen quer zur Strecke und man kann an den Seen überall Boote und Kanus mieten. 15 mi/24 km nach Seeley Lake ist die Kreuzung mit dem ***Highway 200 (MT-200)*** *erreicht, an dem sanfte Hügel die Landschaft prägen. Man folgt dem MT-200 links nach Osten. In einem großen Linksbogen leitet er über auf den* ***Montana Highway 141*** *(**MT-141**, Abzweig nach weiteren 24 mi/38 km), der wiederum nach 31 mi/50 km in* ***Avon*** *auf den* ***US-12*** *stößt, auf den man rechts nach Westen einbiegt. Es folgt eine traumhafte Landschaft entlang des kleinen Flüsschens* ***Little Blackfoot River*** *mit Bahngleisen, die das Motiv bereichern und mal rechts, mal links der Straße entlangführen.*

Für eine kurze Strecke von 12,5 mi/20,5 km führt der Fluss in westliche Richtung, nimmt dann aber in ***Garrison*** *wieder seinen südlichen Verlauf ein. Jetzt folgt ein gutes Wegstück Autobahnfahrt. In Garrison befährt man die I-90 gen Süden, die landschaftlich weiter malerisch bleibt: Ganz autobahnuntypisch und obwohl die Straße nun vierspurig ist, bleibt die herrliche Landschaft erhalten – mit den Rockies im Hintergrund – während man durch eine Ebene fährt. Lediglich die Werbeplakate am Straßenrand erinnern daran, dass man auf einer Interstate unterwegs ist. Dieser folgt man 51 mi/82 km weit bis* ***Butte****, unterwegs trifft man auf einen schönen RV-Park.*

FAIRMONT RV PARK

Im Western-Look präsentiert sich dieser Campground mit allen Anschlussmöglichkeiten inmitten einer Prärie, die mit ihren Tipis die Kulisse noch authentischer macht. Trotzdem hat der Platz in den Rocky Mountains alle Annehmlichkeiten: Einen gut ausgestatteten Laden, einen Pool, einen Waschsalon und außerdem Blockhäuschen oder Tipis beziehungsweise Zelte zum Mieten.

I-90 Ausfahrt 211 rechts ca. 15 mi/24 km nördl. von Butte, weitere 2,5 mi/4 km zum RV-Park 1700 Fairmont Rd, Anaconda, MT 59711 1-406-797-3505 1-866-797-3505 www.fairmontrvresort.com Mitte Apr.–Mitte Okt. Ja 133 Ja Ja Nein Strom (50 Amp. gegen Gebühr), Wasser, Abwasser Ja $$$

Von Butte aus ist der Yellowstone National Park zwar immer noch 141 mi/225 km entfernt, es folgt jedoch auf dieser Strecke keine weitere Stadt in dieser Größe, weshalb man Butte als Versorgungsstation vor der Zufahrt in den Yellowstone National Park nutzen sollte.

BUTTE

		Butte	Köln
	Stadt	33.700	1.024.000
	Metropolregion	-	10.000.000
	pro km²	77	2.528
	km²	445	405
	über NN	1.740	53
	mm	356	705
	°C	20,8	16,5
	°C	7,8	8,5
	Port Angeles		1.045 mi/ 1.672 km
	Jackson		444 mi/ 710 km

»The richest Hill on Earth« wird Butte genannt, diese Bezeichnung rührt daher, dass das Städtchen wegen seiner großen Silberminen um 1870 herum aufblühte. Die Besiedelung fand auf einem Hügel statt, der damit den schmeichelhaften Beinamen erhielt, der reichste auf Erden zu sein. Später kamen zu dem durch das Silber erworbenen Reichtum auch Kupferfunde hinzu, was der entscheidende Ausschlag für Buttes Berühmtheit war: Zwischen 1875 und 1910 bestimmte der »Krieg der Kupferkönige« das Schicksal der Einwohner – einige wenige Menschen wurden reich, alle anderen wurden ausgebeutet.

Bis in die 30er-Jahre des letzten Jahrhunderts war Butte noch eine florierende Stadt innerhalb Montanas. Durch die Depression fielen jedoch die Kupferpreise und die Produktion musste gedrosselt werden – das war das Ende der Blütezeit. Erst seit 1985 wird wieder in kleinem Rahmen Kupfer gefördert.

Der frühere Reichtum hat sich dennoch im Stadtbild manifestiert, wenn auch nur in einem Teil davon: Luxuriöse Villen säumen die Granite Street in der historischen Uptown. Die Vergangenheit des Bergbaus wird in verschiedenen Museen dargestellt, gut erhaltene Minengebäude findet man im **Butte Historic District**, der sich über Teile des nördlich der Innenstadt gelegenen Walkerville, das nördliche Butte und das westlich gelegene Anaconda erstreckt. Dort wird die Arbeit früherer Tage in den Minen anschaulich dargestellt. Die Altstadt liegt nördlich der I-90 und ist über die I-115 und die I-15-BR erreichbar (ausgeschildert mit Centerville).

Da Butte aber hauptsächlich der Versorgung dient und weniger ein touristischer Anlaufpunkt ist, soll im Folgenden nicht großartig auf Highlights innerhalb der Stadt eingegangen werden.

In der 2500 Massachusetts Avenue befindet sich ein **Safeway** (tägl. 5–1 h nachts). Man erreicht den Supermarkt von der Ausfahrt 127A der I-90 aus. Tanken ist unproblematisch, es befinden sich Tankstellen direkt an der I-90, beispielsweise **Thriftway Super Stops** an der Ecke zur Montana Street (1900 South Montana St). Wer nicht »in einem Rutsch« vom Glacier National Park zum Yellowstone

In Butte bekommt man alles, was man für die Weiterreise braucht.

National Park durchfahren möchte, findet in Butte außerdem eine originelle Übernachtungsmöglichkeit.

BUTTE MONTANA CONVENTION & VISITORS BUREAU

Von der I-90 die Abfahrt 126 Richtung Montana St nehmen und auf diese nach wenigen Metern links abbiegen. Dann rechts in die George St fahren. 1000 George St, Butte, MT 59701 1-406-723-3177 1-800-735-6814 info@buttecvb.com www.buttecvb.com

Highlights

Butte Trolley

Für einen ersten und guten Überblick über die Stadt eignet sich eine Fahrt mit einem Trolley im historischen Gewand. In einer zweistündigen Stadtrundfahrt lernt man die Stadt kennen und erfährt etwas über deren Geschichte. Die Fahrer sorgen dafür, dass man unterwegs viel Interessantes erfährt.

Die Fahrten starten und enden am Visitor Center.

1000 George St, Butte, MT 59701 1-406-723-3177 1-800-735-6814 info@buttecvb.com www.buttecvb.com/listing/butte-trolley Memorial Day–Sep. Mo.–Sa. 10.30, 13 & 15.30 h, So. 10.30 & 13 h Erw. $ 15, Kinder (6–9 J.) $ 6 & Jugendliche (10–17 J.) $ 10,

World Museum of Mining

Das World Museum of Mining ist lehrreich aufgemacht und bietet unter anderem eine Underground Mine Tour an. Die Hälfte der Ausstellung befasst sich mit der Kultur und der ethnischen Geschichte der Minenstadt zwischen den 1880er- und 1920er-Jahren, während sich die andere Hälfte um die Geschichte der Minentechnik dreht.

Von der I-90 die Abfahrt 124 auf die I-115 in Richtung City Center nehmen. Dann Abfahrt 1 Richtung Excelsior Ave/Walkerville. Links auf die Excelsior Ave fahren und wieder links auf die Steel St. Dann links auf die Girard Ave. Der Straßenname ändert sich später in W Park St. Nach 0,8 mi/1,2 km rechts auf den Museum Way einbiegen. 155 Museum Way, Butte, MT 59701 1-406-723-7211 (auch Tour-Reservierung) www.miningmuseum.org Apr.–Okt. tägl. 9–18 h, Underground Mine Tour tägl. 10.30, 12.30 & 15 h Erw. $ 8,50, Kinder (5–12 J.) $ 3, Schüler (13–18 J.) $ 6, Sen. (über 65 J.) $ 7,50; Underground Mine Tour Erw. $ 17, Kinder $ 9, Schüler $ 12, Sen. $14

Übernachten

Copper King Mansion

Wer hier übernachtet, begibt sich auf eine Zeitreise, denn der kleine Palast gehörte einst William Clark, einem der Kupferkönige der Stadt. Viktorianische Eleganz beherrscht das Haus mit seinen antik möblierten 34 Zimmern, einem Ballsaal, einem Billardraum, einer kleinen Kapelle und einer Bibliothek. Neben einer Übernachtung in dieser Bed & Breakfast-Unterkunft kann man an Führungen teilnehmen (für Hausgäste kostenlos). Das herrschaftliche Haus steht im National Historic Register.

Von der I-90 die Abfahrt 124 auf die I-115 Richtung City Center nehmen. Dann links auf die

I-15-BR und die S Montana St nach Norden abbiegen und nach 0,8 mi/1,2 km links in die W Granite St fahren. 219 W Granite St, Butte, MT 59701 1-406-782-7580 @ thecopperkingmansion@gmail.com www.copperkingmansion.com Nein Ganzj. *-**

Butte KOA

Zentral für Unternehmungen in Butte und nah an der I-15 liegt dieser Platz, der sich trotz seines städtischen Umfeldes recht naturnah präsentiert. Direkt nebenan befindet sich das Visitor Center, von dem die Trolleytouren starten. Der Campground bietet alle Annehmlichkeiten eines KOA-Platzes – eine Übernachtung mit allen Anschlüssen (und Waschsalon) zwischen den gering ausgestatteten Nationalparkplätzen kann an der Stelle ganz willkommen sein.

Abfahrt 126 von der I-90 Richtung Montana St auf Lasalle Ave, dann links auf die S Montana St und rechts auf die George St. Diese trifft auf die Kaw Ave. 1601 Kaw Ave, Butte, MT 59701 1-406-782-8080 1-800-562-8089 (Reservierungen) @ buttekoa@yahoo.com http://koa.com/campgrounds/butte Mitte Apr.-Ende Okt. Ja 96 12 Ja Ja Ja Strom (50 Amp.), Wasser, Abwasser Ja $$$

*Wenn alle Vorräte aufgefrischt sind, kann dem Abenteuer Yellowstone National Park nichts mehr im Wege stehen. Von Butte aus fährt man 32,5 mi/52 km weitere, beeindruckend schöne Kilometer auf der Interstate 90 bis **Cardwell**.*

Auf dem Weg nach Cardwell wird die Ebene verlassen, es geht steil bergauf und mitten hinein in die Bergwelt. Auf der Höhe angekommen überquert man die kontinentale Wasserscheide auf über 1.800 Metern Höhe. Linkerhand begleiten bizarre Gesteinsformationen die Fahrt. Dann wird es wieder etwas flacher, es bleibt aber weiterhin leicht hügelig – die näher rückende Bergwelt stets im Visier.

*Vor dem Ort Cardwell weist ein braunes Hinweisschild erstmals auf den Yellowstone National Park hin. Dem ersten Schild folgt man – dem zweiten nicht, denn dies führt zum nördlichen Parkeingang bei **Gardiner**, statt zum westlichen, den wir anvisieren.*

***In Cardwell trifft die Hauptroute auf die Alternativroute**, die vom Ostausgang (St. Mary) des Glacier National Park hierhergeführt hat.*

*Für alle Reisenden geht es ab Cardwell wieder gemeinsam weiter und zwar über den **Highway 359 (MT-359)** Richtung Süden. Auf diesen mündet nach 25 mi/40 km der **US-287 N** ein, dem man nun insgesamt 114 mi/183 km weiter durch karge Wildwestlandschaft nahezu ohne Besiedelung Richtung Süden folgt. Es ist stark hügelig und aus den Höhen kann man den Blick über die Ebene schweifen lassen (einen tollen Aussichtspunkt findet man ausgeschildert mit »The Bozeman Trail«). Große Rinderherden und das nette Westernstädtchen **Ennis** (47 mi/75 km nach Cardwell) verstärken den Charme der Wildwest-Szenerie.*

Erneut Wildwestkulisse in dem Westernstädtchen Ennis

Auf der Weiterfahrt gibt es einige Campgrounds, die allesamt sehr schön aussehen. Die Stimmung bleibt herrlich mit wenigen Farmen in sanfter Hügellandschaft, rechts plätschert der ***Madison River*** *als Vorbote des Nationalparks. Auf einer kleinen Insel haben wir in der Abenddämmerung einen Weißkopfseeadler entdeckt. Am* ***Earthquake Lake*** *erfolgt noch einmal ein skurriler Szenenwechsel: Tote Bäume ragen wie Skelette aus dem Wasser des Sees. Vermutlich sind sie durch den noch deutlich sichtbaren Abrutsch des Hangs unter Wasser geraten. Zahlreiche Vögel sitzen in den abgestorbenen Ästen und verursachen eine Gänsehaut – vor allem in der Abenddämmerung.*

Fährt man die lange Strecke auf dem US-287 in den Abendstunden, kann man ganz viele Tiere sehen: beispielsweise Weißkopfseeadler, freie Büffelherden und Gabelantilopen.

---

63 mi/100 km nach Ennis mündet der ***US-191*** *ein (und vereinigt sich mit dem US-287). Auf diesen rechts einbiegen und 9 mi/14 km bis* ***West Yellowstone*** *fahren. Der Yellowstone National Park ist wieder ausgeschildert, nun kann man den Hinweisschildern folgen, denn sie führen zum für diese Route »richtigen« Parkzugang.*

In diesem knapp 1.300-Seelen-Ort hat man ein letztes Mal Gelegenheit für einen Einkauf und zum Tanken. Zwar gibt es Tankstellen im Nationalpark, aber die Entfernungen innerhalb des Gebietes sind groß und vor allem ist das Benzin dort teurer. Direkt vor der bereits sichtbaren Entrance Station kann man zum Beispiel bei der Westgate Station in der 11 Yellowstone Avenue, West Yellowstone, MT 59758 tanken. West Yellowstone steht gänzlich unter dem Einfluss eines Touristenortes mit einem großen Angebot an Restaurants, Souvenirshops und Unterkunftsmöglichkeiten. Außerdem kann man sich im ***Yellowstone IMAX Theatre*** *mit den Wundern des Yellowstone und anderen wechselnden Filmen auf Superleindwandformat auf den Park einstimmen (101 S Canyon St, West Yellowstone, MT 59758, An der Kreuzung, an der der US 287/US-191 auf die Zufahrtsstraße zum Nationalpark trifft, geradeaus in die S Canyon Street fahren, das IMAX Theatre folgt linkerhand, www.yellowstoneimax.com).*

In West Yellowstone trifft man automatisch auf die Zufahrtsstraße ***US-20*** *(weiterhin auch als US-287/US-191 beschriftet), der man nach links zum Yellowstone National Park folgt und die im weiteren Verlauf zur* ***West Entrance Road*** *wird. Über diese geht es nun direkten Weges in östliche Richtung zum* ***West Entrance****, der nur wenige hundert Meter nach Verlassen des Stadtgebietes von West Yellowstone folgt. Dieser Zugang ist für Fahrzeuge von Ende April bis Anfang November geöffnet. Bald nach der Parkzufahrt (3 mi/5 km nach der Entrance Station) wird außerdem die Staatengrenze zwischen Montana und* ***Wyoming*** *überfahren.*

YELLOWSTONE NATIONAL PARK

Obwohl auf der Route bereits mehrere Nationalparks mit einer beeindruckenden, malerischen und zauberhaften Landschaft lagen, ist der Yellowstone National Park in Sachen Attraktivität die Nummer eins der Nationalparks im Nordwesten der USA. Er liegt in der nordwestlichen Ecke des Bundesstaates **Wyoming** inmitten der **Rocky Mountains** und dehnt sich auf einem Hochplateau in über 2.000 Metern Höhe aus. Innerhalb des Parks variieren die Höhenlagen noch zusätzlich. Es gibt »niedrigere« Lagen mit knapp über 2.000 Metern und über 3.400 Meter hohe Berge, die die Kulisse malerisch umrahmen; der höchste Punkt ist **Eagle Peak** mit 3.462 Meter, der niedrigste **Reese Creek** mit 1.610 Meter. Infolge der Höhenlage ist auch das durch die Rocky Mountains geprägte Klima ein ganz spezielles: In den tieferen, gut zugänglichen Lagen herrschen im Sommer (Juni bis September) am Tag Temperaturen zwischen 25 und 30 Grad Celsius, das Wetter kann aber schnell umschlagen, an den Nachmittagen kommt es oft zu Gewittern. Morgens ist der Himmel strahlend blau, die Sonne wärmt – zu diesem Zeitpunkt kann man nicht glauben, dass es um die Mit-

Das Farbspektakel einer Quelle vor einer herrlichen Landschaftskulisse – der Yellowstone National Park ist Abwechslung pur.

tagszeit bewölkt sein könnte – was jedoch häufig der Fall ist. »Der frühe Vogel fängt den Wurm« heißt die Devise, denn die schönsten Fotos lassen sich bei Sonnenschein und mit blauem Himmel machen. Allerdings gibt es auch eine Entwarnung: Selbst wenn es gerade noch in Strömen gegossen hat, kann im nächsten Moment wieder die Sonne scheinen. Manchmal passiert auch beides gleichzeitig, Regenbögen sind keine Seltenheit.

Die Nächte sind auch im Sommer meist kühl bis richtig kalt und dabei sternenklar. So kam mir an einem Morgen Mitte August eine Frau aus einem Zelt entgegen, die in einen Skianzug gehüllt war und dazu Mütze, Schal und Handschuhe trug. Den milden Sommern folgen kalte Übergangszeiten und schneereiche, lange Winter. Der Park ist das ganze Jahr über geöffnet, die **Hauptsaison ist zwischen Mai und September**. Außerhalb dieser Zeit ist der Park nur über den nördlichen Zugang (▶Seite 227) erreichbar, alle anderen Straßen sind dann gesperrt. Auch der Winter hat seine Reize, wenngleich es extrem kalt werden kann. Die Geysire verzaubern dann nahestehende Bäume in Eisskulpturen und man kann noch besser und näher Wildtiere beobachten, weil sich beispielsweise die Bisons im warmen Dampf der heißen Quellen wärmen. Geführte Schneetouren, Skifahren und Schneeschuhtrips sind die Aktivitäten, während der Park in ein Winter-Wonderland der ganz besonderen Art verwandelt ist – mit gefrorenen Wasserfällen und der dumpfen Stille einer wie in Watte getauchten Welt.

Der Yellowstone National Park ist neben dem Grand Canyon National Park der beliebteste Nationalpark Nordamerikas. Fast drei Millionen Touristen besuchen jährlich den Yellowstone, den ältesten Nationalpark der Welt. Die meisten Besucher kommen – natürlich – zwischen Mai und September.

Der Yellowstone National Park wurde am 1. März 1872 gegründet und ist vor allem für seine **Geysire** und blubbernden Schlammtöpfe sowie für seine **Wildtiere** berühmt. Die Faszination dieses Parks liegt in der Mischung aus der rauen Landschaft, der großen Zahl seltener Tiere, die man sonst nirgendwo so geballt in

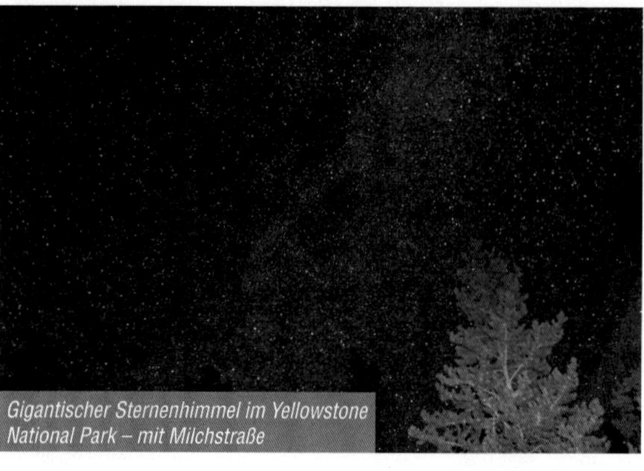
Gigantischer Sternenhimmel im Yellowstone National Park – mit Milchstraße

freier Wildbahn sieht, und der Dichte heißer Quellen und aktiver Geysire (insgesamt etwa 500!). Diesem Umstand wurde Rechnung getragen – bereits 1978 wurde der Yellowstone National Park von der UNESCO zum **Weltnaturerbe** erklärt.

Das insgesamt 9.000 Quadratkilometer große Hochplateau ist **vulkanisch** – und darunter brodelt es. Eine gigantische **Magmakammer** unterhalb der Oberfläche, die von einer bis zu 16.000 Grad Celsius heißen Masse aus der Tiefe gespeist wird, ist verantwortlich für die leuchtend bunte Kulisse mit bizarren Landschaften an der Oberfläche. Vor über zwei Millionen Jahren spuckte der Yellowstone-Vulkan bei seinem ersten und zugleich einem der größten Ausbrüche der Erdgeschichte 2.500 Kubikkilometer Gestein aus. Bergketten wurden zersprengt und Materie 50 Kilometer weit in den Himmel geschleudert. Die Druckwelle lief mehrfach um den Erdball, ein Viertel Nordamerikas wurde mit Vulkanasche bedeckt. In der Zwischenzeit ist der Vulkan zwei weitere Male ausgebrochen. Beim letzten Ausbruch vor 640.000 Jahren hinterließ er einen kesselförmigen Krater mit einem Umfang von mehr als 94 mi/150 km. Unter diesem befindet sich die Magmakammer. Man weiß heute, dass der Vulkan wieder ausbrechen wird und dass es wieder fatale Folgen haben wird. Wann es so weit sein wird, ist unklar. Um aber auf alles gefasst zu sein, wird der Vulkan streng überwacht: Radar-Satelliten im All und GPS-Geräte und Sensoren am Boden überwachen jedes noch so kleine Beben und jede Verschiebung der Erdkruste.

Wie kommt es nun in Verbindung mit dem Vulkan zu den Naturspektakeln? **Drei geothermische Formen** machen den Park berühmt: Das sind zuvorderst die **Geysire**, die dadurch entstehen, dass Regenwasser durch das poröse Lavagestein sickert, in der Magmakammer erhitzt wird und wieder nach oben steigt, woraufhin tausende Liter Wasser bis zu 60 Meter hoch in die Luft geblasen werden. Das berühmteste Beispiel ist der **Old Faithful** (▶Seite 254), der dieses Schauspiel zuverlässig alle 90 Minuten aufführt.

Bei den Schlammtöpfen **(Mud Pots)** verhält es sich so, dass das gering säurehaltige Wasser einer von Grundwasser gespeisten Quelle größtenteils verdampft und die Säure mit überhitztem Wasserdampf und vulkanischen Gasen dort auf-

Der blubbernde Matsch kreiert die bizarrsten Figuren.

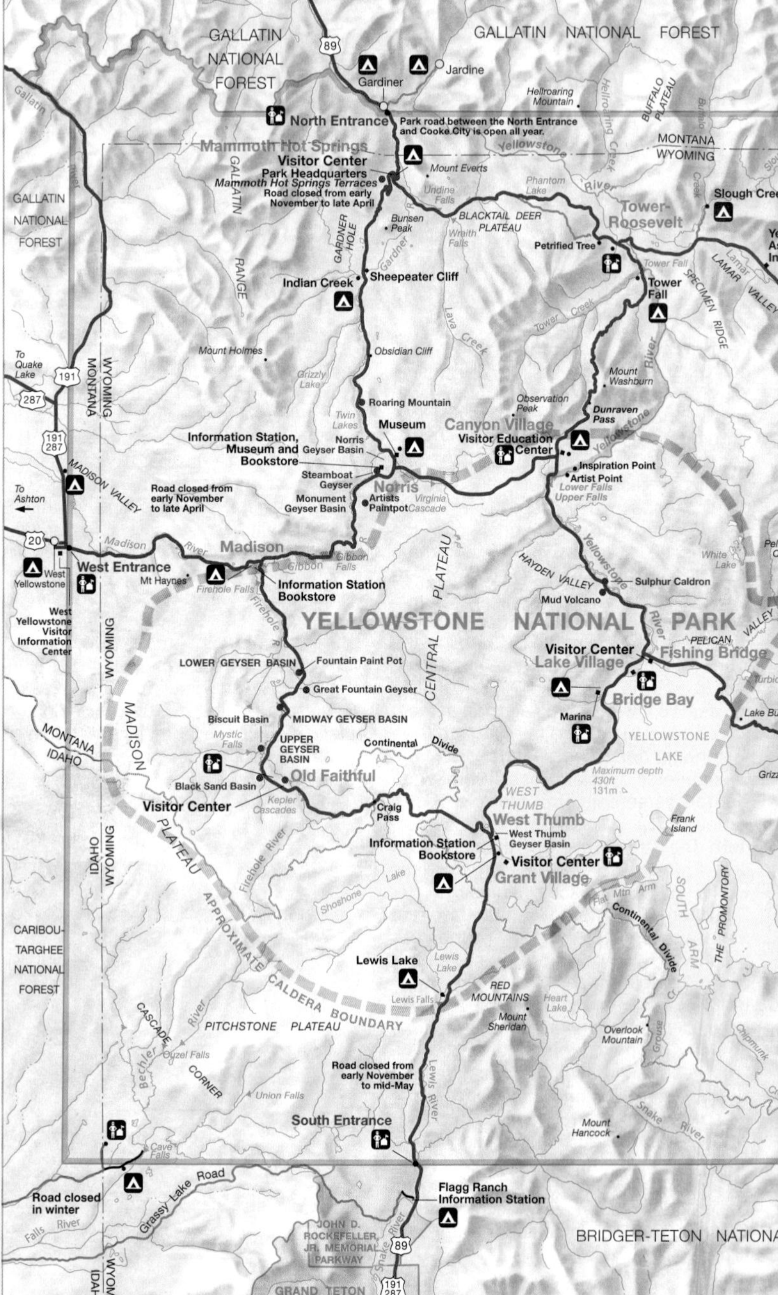

GALLATIN NATIONAL FOREST
GALLATIN NATIONAL FOREST
Gardiner
Jardine
North Entrance
Park road between the North Entrance and Cooke City is open all year.
Mammoth Hot Springs
Visitor Center
Park Headquarters
Mammoth Hot Springs Terraces
Road closed from early November to late April
MONTANA
WYOMING
Slough Creek
Tower-Roosevelt
Petrified Tree
Tower Fall
LAMAR VALLEY
SPECIMEN RIDGE
BLACKTAIL DEER PLATEAU
GALLATIN RANGE
GARDNER HOLE
Indian Creek
Sheepeater Cliff
Obsidian Cliff
Mount Holmes
Roaring Mountain
Mount Washburn
Dunraven Pass
Canyon Village
Visitor Education Center
Museum
Information Station, Museum and Bookstore
Norris
Inspiration Point
Artist Point
Road closed from early November to late April
MADISON VALLEY
West Entrance
West Yellowstone
West Yellowstone Visitor Information Center
Madison
Information Station Bookstore
HAYDEN VALLEY
Mud Volcano
Sulphur Caldron
YELLOWSTONE NATIONAL PARK
Visitor Center
Lake Village
Fishing Bridge
Bridge Bay
LOWER GEYSER BASIN
Fountain Paint Pot
Great Fountain Geyser
MIDWAY GEYSER BASIN
Biscuit Basin
UPPER GEYSER BASIN
Old Faithful
Black Sand Basin
Visitor Center
YELLOWSTONE LAKE
Craig Pass
West Thumb
Information Station Bookstore
Visitor Center
Grant Village
Lewis Lake
APPROXIMATE CALDERA BOUNDARY
PITCHSTONE PLATEAU
CASCADE CORNER
RED MOUNTAINS
Mount Sheridan
Road closed from early November to mid-May
South Entrance
Road closed in winter
Grassy Lake Road
Flagg Ranch Information Station
JOHN D. ROCKEFELLER, JR. MEMORIAL PARKWAY
GRAND TETON NATIONAL PARK
BRIDGER-TETON NATIONAL
CARIBOU-TARGHEE NATIONAL FOREST

Gravel or dirt road

Geothermal feature

0 1 10 Kilometers

0 1 10 Miles

Ranger station

Campground

North

Road construction
Work may be underway on park roadways. Check the **park newspaper** or **website** for road delays/closures and for seasonal dates of services and facilities

Winter road closures
From early November to early May most park roads are closed. The exception is the road in the park between the North Entrance and Cooke City. It is open all year.

Backcountry use
Get permits required for back-country camping and trail maps at most ranger stations. Do not use this map for backcountry hiking. There are almost 1,000 miles of trails.

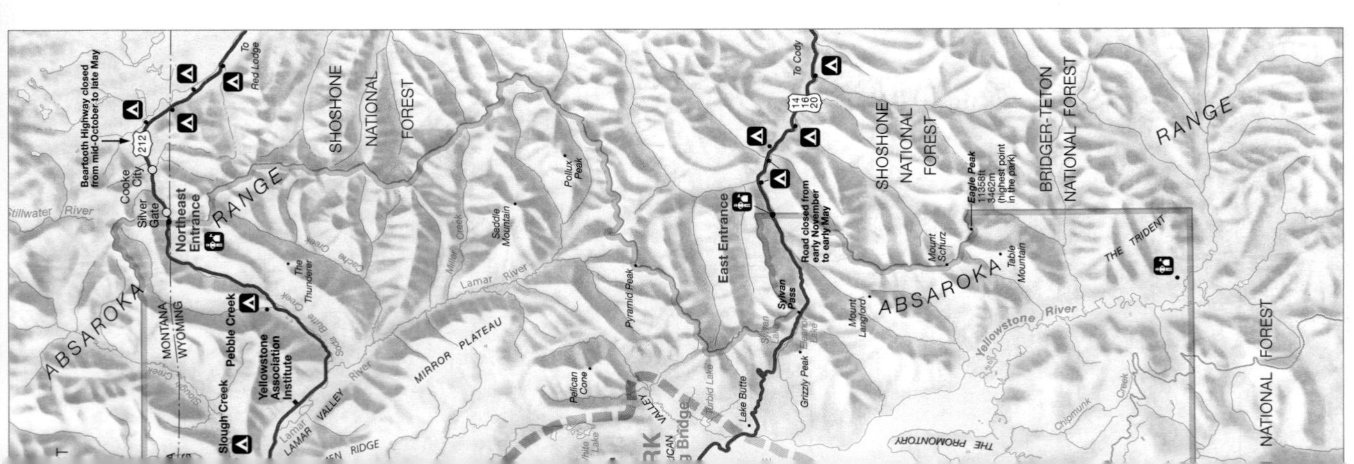

Die knalligen Farben der heißen Quellen werden von Bakterien und Algen erzeugt und sind unwirklich intensiv.

steigt, wo sie sich mit vulkanischer Asche zu Schlamm vermischt. Die Konsistenz von dünn- bis sehr dickflüssig hängt von der Jahreszeit und der Wassermenge oberhalb der Erdoberfläche ab.

Die dritte geothermische Erscheinungsform des Nationalparks sind die **Hot Springs** (heiße Quellen), die zugleich auch die am häufigsten auftretende geothermische Besonderheit darstellen. Ihre Untergrundkanäle bestehen aus weitverzweigten Verästelungen verschiedenster Größe. Das Wasser, das tief im Erdboden erhitzt worden ist, steigt entlang dünner Spalten empor, fließt in größere Kanäle und erreicht schließlich die Erdoberfläche. Anders als bei Geysiren findet bei den Hot Springs die vom heißen Wasser verursachte Wärmeströmung kontinuierlich statt, denn während das heiße Wasser von der Oberfläche wieder sinkt, steigt zeitgleich noch heißeres, stark überhitztes Wasser neu auf. Letztendlich ist diese Zirkulation jedoch dafür verantwortlich, dass das Wasser stetig unterhalb der Temperatur bleibt, die zur Kettenreaktion eines Ausbruchs führen würde.

Die drei faszinierenden geothermischen Erscheinungsformen sind zwar über den gesamten Yellowstone National Park verteilt, haben jedoch eine besonders hohe Konzentration im Bereich **Geyser Country** (▶Seite 224) im Südwesten, wo man die meisten Geysire, blubbernden Schlammlöcher und heißen Pools findet.

! Aufgrund der geothermischen Aktivitäten im Yellowstone Park darf man die vorgegebenen Wege und Boardwalks nicht verlassen und sollte die entsprechenden Hinweisschilder ernst nehmen!

Im Kontrast zu den großartigen Farbspielen der brodelnden Quellen steht die Natur: Dichte Nadelwälder, steil aufragende Felsformationen, wilde Flüsse und glasklare Seen sowie unzählige Wasserfälle prägen das Landschaftsbild, in dem viele Tiere und Pflanzenarten ein Rückzugsgebiet und ihren Lebensraum finden. Schon vor der Gründung des Nationalparks stand der Schutz der wilden Tiere im Vordergrund. Erst später jedoch wurden Maßnahmen in Gesetzesgrundlagen verabschiedet, beispielsweise ein Jagdverbot im Park. Nachdem die **Bisons** schon fast ausgestorben waren, wurden die Herden aus externen Zuchten wieder aufgestockt, sodass heute zwischen 3.500 und 4.500 dieser Tiere im Park leben. Man sollte sich den gutmütig wirkenden Riesen nicht zu sehr nähern (25 Yards, also etwa 23 Meter Sicherheitsabstand einhalten) und auf Warnsignale achten: Ist ihr Schwanz aufgerichtet oder wie ein Fragezeichen gekrümmt, sind die Tiere nervös und man sollte sich schleunigst entfernen.

Seit 1986 ist auch der **Grizzlybär** geschützt, was zu einem heutigen Bestand von etwa 500 Tieren geführt hat. Trotz der großen Fläche des Nationalparks ist damit die Wahrscheinlichkeit recht groß,

Gemächlich schwimmt ein Bison im Morgennebel ans andere Flussufer.

einem Grizzly zu begegnen. Entsprechende **Vorsichtsmaßnahmen** sind geboten. So soll man beim Wandern durch die Wildnis immer in Gruppen gehen und sich möglichst laut verhalten, damit ein Bär niemals von Wanderern erschreckt wird. Man kann auch Glöckchen an der Kleidung oder am Rucksack befestigen oder Pfeifen mitnehmen, die man gelegentlich benutzt. Wichtig ist, dass die Geräusche der Natur übertönt werden. Jeder Wanderer sollte sicherheitshalber ein Bärenspray mit sich führen, das in den Visitor Centern der Nationalparks verkauft wird (◎ $ 40–50). Einem Bären darf man sich maximal bis auf 100 Yards (91 Meter) nähern. Im Falle eines direkten Kontaktes soll man sich langsam rückwärtsgehend vom Bären entfernen – niemals sollte man schreiend weglaufen, das provoziert den Bären! Greift er trotz aller Vorsichtsmaßnahmen an, soll man sich flach auf den Boden legen und mit den Händen den Nacken schützen. Am Abend sind die Tiere verstärkt unterwegs und suchen ihre Schlafplätze für die Nacht – deshalb sollte man nicht allzu spät am Nachmittag/Abend noch wandern gehen. Abfall darf man niemals in der Natur liegenlassen und ein Picknick nicht zu lange ausdehnen. Kommt es zu einer direkten Konfrontation mit einem **Schwarzbären**, sollte man sich groß machen. Auch hier hilft bei einem zu nahen Aufeinandertreffen Bärenspray; selbst die Ranger empfehlen diese Vorsichtsmaßnahme uneingeschränkt.

Aber keine übertriebene Angst: Für gewöhnlich meiden Bären die Menschen; sie werden nur gefährlich, wenn sie sich bedrängt fühlen oder Junge bei sich haben. Man sollte also unbedingt den vorgeschriebenen Abstand einhalten, der auch von den Rangern streng kontrolliert und bei Zuwiderhandeln geahndet wird. Die Regeln sind in der Parkzeitung detailliert aufgelistet – es gibt sie an den Entrance Stations auch als Faltblatt in deutscher Sprache.

Wird ein Bär in der Nähe der Straße gesichtet, bilden sich schnell Verkehrsstaus und Menschenansammlungen. Meist ist dann ein Ranger vor Ort, der mit dem Bärenspray im Anschlag zwischen den Menschen und den Bären patrouilliert. Dasselbe gilt für Elche, weniger für Bisons in Straßennähe. Die Elche im Park sind **Yellowstone Elks**, von denen im Sommer 10.000 bis 20.000 Tiere in sechs bis sieben Herden leben. Im Winter ziehen sie in den Norden Richtung Gardiner und Montana und in den Süden in die Jackson Hole Elk Refuge (▶Seite 284). Die Bullen wiegen etwa 317 Kilogramm und haben eine Schulterhöhe von 1,50 Meter, die Elchkühe wiegen ungefähr 226 Kilogramm und sind etwas kleiner als die männlichen Kollegen. Nur die Bullen haben ein Geweih.

Neben den häufig anzutreffenden Grizzlys und vor allem Bisons kann man im Yellowstone National Park Gabelantilopen, Maultierhirschen, Pumas und

Rotluchsen sowie in den höheren Lagen Schneeziegen begegnen. Um Mammoth Hot Springs herum treten verstärkt Wapitis auf und neben Elchen und Schwarzbären sind auch Wölfe und Kojoten nicht selten. Die größte Dichte an Wildtieren bietet das **Lamar Valley** im Nordosten des Parks (▶Seite 235). Das Tal wird auch »**America's Serengeti**« genannt und das hat seinen Grund: Hier kann es vorkommen, dass man auf einen Blick einen Bison, einen Wolf und einen Weißkopfseeadler sieht. Man muss gar nicht wandern gehen, um auf diese Tiervielfalt zu treffen, sondern kann die Straße durchs Tal entlangfahren (möglichst früh morgens oder gegen Abend) – und man sollte die Augen offenhalten nach Menschenansammlungen, die fast immer daher rühren, dass Tiere gesichtet wurden. Auch hier gilt: Der Mindestabstand zu den Tieren sollte eingehalten werden! Die beste Zeit für »Wildlife Viewing« ist abends ab 18 Uhr. Dann kommen die Tiere immer näher an die Straße oder an die Grenzen zu den Campgrounds, was zu vermehrten Verkehrsbehinderungen auf den Straßen führt.

Der Yellowstone National Park ist kein Park, den man an einem oder zwei Tagen »abklappern« kann. Mindestens drei ganze Tage sollte man für den Park einplanen, um das Wesentliche gesehen und auch die eine oder andere der empfohlenen Wanderungen unternommen zu haben.

Am besten teilt man seine Standorte innerhalb des Parks auf und zieht einmal um, damit man möglichst viele der unterschiedlichen Bereiche im Park intensiv erleben und dabei das Fahraufkommen minimieren kann.

Wer mit einem knappen Zeitbudget in den Park kommt, sollte an einer der geführten **Bustouren** (▶Seite 225) teilnehmen, um in kurzer Zeit maximal viel zu sehen. Am eindrucksvollsten erlebt man den Park jedoch auf einer der vielen **Wanderungen**, die sich auf ein Wegenetz von fast 1.250 mi/2.000 km verteilen. Auch Wasserratten kommen auf ihre Kosten, der **Yellowstone Lake** mit 100 mi/160 km Uferlinie ist eine der Attraktionen des Parks (▶Seite 260). Auch weitere Naturwunder wie der **Grand Canyon of the Yellowstone** (▶Seite 240), eine bis zu 360 Meter tiefe Schlucht, oder die **Mammoth Hot Springs** (▶Seite 227), heiße Quellen, die sich über terrassenförmige Felsen ergießen, sind beliebte Anziehungspunkte und machen den Park zu einem der vielfältigsten der USA.

Schon frühe Touristen wussten den Erholungswert des Yellowstone zu schätzen. Sie kamen ab Beginn des 19. Jahrhunderts aus dem Osten der USA auf der Suche nach dem »Wilden Westen«. Zu dieser Zeit lebten Indianer des Stammes

Xanterra verwaltet die Lodges im Park – hier die Lake Lodge am Lake Yellowstone.

der Shoshonen in dieser Region. Der erste Weiße, der 1808 die Gegend erkundete, war Trapper **John Colter**, Mitglied der **Lewis & Clark-Expedition**. Er verfasste Berichte über die Geysire, heißen Quellen und Feuer speiende Felsspalten, wurde aber zunächst nicht ernstgenommen. Erst ein Trupp Landvermesser ging den Berichten nach und daraufhin kamen Geologen, Fotografen und Kunstmaler, um sich von den Naturgegebenheiten ein Bild zu machen. Die Indianer wurden verdrängt, ebenso viele Tiere und Pflanzenarten. Deshalb forderten Umweltschützer schon früh, das Gebiet unter Schutz zu stellen – die Unterzeichnung des Gesetzes 1872 war die Geburtsstunde der Nationalparks! Die Jagd, durch die zuvor Touristen und Reisende verpflegt wurden, wurde eingeschränkt, für die meisten Tiere galt fortan ein Jagdverbot.

1883 erschloss die Northern Pacific Railroad mit Stationen in Livingston und Gardiner die nördliche Parkgrenze und ermöglichte damit weitere touristische Nutzung des Parks. Seitdem wächst die Zahl der Besucher, mit Unterbrechung durch den Zweiten Weltkrieg, kontinuierlich an. Dem Andrang wird nun mit einer neuen Definition des Themas Umweltschutz Rechnung getragen: **Recycling und Müllvermeidung** werden großgeschrieben, zum Bau oder für Reparaturen von Wegen wird Holzimitat genutzt, Propangasflaschen werden recycelt, die parkeigenen Fahrzeuge werden mit Biodiesel betankt und es wird zunehmend auf Klimaanlagen verzichtet, beispielsweise in den Häusern der Parkangestellten. Diese Maßnahmen sind ein wichtiger Schritt zur Erhaltung dieses beliebten und berühmten Nationalparks.

Im Yellowstone National Park gibt es zahlreiche Übernachtungsmöglichkeiten. Alle Lodges und Cabins sowie fünf der insgesamt zwölf Campgrounds werden von **Xanterra** verwaltet und können über deren Internetseite www.yellowstonenationalparklodges.com reserviert und gebucht werden (Campgrounds: Madison, Grant Village, Canyon, Bridge Bay und Fishing Bridge RV Park). Die restlichen sieben Campgrounds stehen unter der Verwaltung des National Park Services und sind nicht reservierbar. Die meisten Campgrounds (vor allem die von Xanterra) haben keine Duschen – für $ 5 kann man jedoch in den Hotels von Mammoth, Canyon und Old Faithful duschen.

Die Unterkünfte beziehungsweise über Xanterra reservierbaren Campgrounds sollte man unbedingt, vor allem bei Anreise in den Sommermonaten, so viele Monate wie möglich vor Reiseantritt buchen!

Wer plant, im Hinterland zu zelten, braucht hierfür eine **Permit**. Für Tageswanderungen im Backcountry ohne Übernachtung ist keine Permit nötig. Ausführliche Informationen, auch über die bestehenden Regeln bezüglich des Wanderns und Übernachtens in der Wildnis, findet man unter www.nps.gov/yell/planyourvisit/backcountryhiking.htm. Dort steht unter »Online Backcountry Trip Planner« ein Online-Formular für die Permit zur Verfügung. Es gibt auch ein Kontingent an Zeltplätzen für Kurzentschlossene. Die Permits werden an folgenden Stellen ausgehändigt: Bechler Ranger Station, Bridge Bay Ranger Station, Canyon Visitor Center, Grant Village Visitor Center, Mammoth Visitor Center, Old Faithful Ranger Station, South Entrance Ranger Station, Tower Backcountry Office und West Yellowstone Visitor Information Center.

Es ist unmöglich, jede Wanderung, jeden Geysir und jede geothermische Aktivität des Yellowstone National Park aufzulisten. Im Folgenden kann deshalb nur eine Auswahl und ein »Best of« der eindrucksvollsten beziehungsweise am besten zugänglichen Erscheinungsformen im Park vermittelt werden. Für ein intensiveres Vordringen in den Park oder für Reisende mit großem Zeitkontingent empfiehlt sich eine zusätzliche Lektüre (▶Seite 403).

Yellowstone National Park
PO Box 168, Yellowstone NP, WY 82190
1-307-344-7381 www.nps.gov/yell $ 25 pro Fahrzeug, Einzelperson $ 12 (auch gültig für den Grand Teton National Park), $ 50 für den Annual Pass, $ 80 für den Annual Pass aller Nationalparks auf der Route

WEST YELLOWSTONE VISITOR INFORMATION CENTER

Diese erste Visitor Information bei der westlichen Zufahrt in den Park liegt knapp außerhalb der Parkgrenzen im Ort West Yellowstone unmittelbar vor der Entrance Station. Im selben Gebäudekomplex befindet sich das West Yellowstone Chamber of Commerce. Die Mitarbeiter sind behilflich bei der Planung des Parkbesuches und man findet alternative Übernachtungsmöglichkeiten, falls es im Nationalpark keine mehr gibt.

0,6 mi/1 km vor der West Entrance Station rechterhand 30 Yellowstone Ave, West Yellowstone, MT 59758 1-307-344-2876 (NPS Desk im NP-Information Center) 1-406-646-7701 (West Yellowstone Chamber of Commerce) visitorservices@westyellowstonechamber.com www.nps.gov/yell www.westyellowstonechamber.com Memorial Day-Labor Day tägl. 8-20 h, Sep. & Mai tägl. 8-18 h, Anf. Okt. -Anf.Nov. & Ende Apr. tägl. 8-16 h, Anf. Nov. -Ende Apr. Mo.-Fr. 8-17 h

Der Yellowstone National Park verfügt insgesamt über acht Visitor Center beziehungsweise Information Stations mit jeweils thematischen Schwerpunkten. Im Westen des Nationalparks sind das die **Madison Information Station** und die **Norris Geyser Basin Museum & Information Station** (▶Seite 247). Mit dem **Albright Visitor Center** bei Mammoth Hot Springs (▶Seite 227) ist der Norden versorgt, im Osten des Parks hat bei Canyon Village das neue **Canyon Visitor Education Center** (▶Seite 239) seine Pforten geöffnet. Im Südteil gibt es mit dem **Fishing Bridge Visitor Center** (▶Seite 264), dem **West Thumb Information Center** (▶Seite 262) und dem **Old Faithful Visitor Education Center** (▶Seite 256) gleich drei Besucherzentren.

Orientieren

Von West nach Ost ist der Yellowstone National Park 54 mi/86 km lang, von Nord nach Süd 63 mi/100 km. Er kann über fünf Eingänge erreicht werden: Über die Orte **Livingston** und **Gardiner** und den **US-89** im Norden (ganzj.), über **Red Lodge** und **Cooke City** und den Beartooth Pass im Nordosten (Ende Mai–Mitte Okt.), im Osten von **Cody** (Anf. Mai–Anf. Nov.), im Süden von **Jackson** beziehungsweise vom **Grand Teton National Park** (▶Seite 269) aus (Anf. Mai–Anf. Nov.) und im Westen von **Idaho Falls** und **West Yellowstone** (Mitte April–Anf. Nov.). Über die fünf Zugänge führen fünf Straßen in den Park, die sich zu der **Grand Loop Road** vereinigen. In Form einer Acht erschließt sie große Teile des Parkgebietes auf einer Streckenlänge von 188 mi/300 km. Sie unterteilt sich in eine North Loop und eine South Loop. An diesen beiden Loops befinden sich fünf verschiedene Areale beziehungsweise **Countries**: **Mammoth Country** im Nordwesten des Parks mit den Kalkterrassen von Mammoth Hot Springs im Zentrum, **Roosevelt Country** im Nordosten als Ursprungsgebiet der Siedler und mit vielen Wildtieren, **Canyon Country** im Osten, das von der 360 Meter tiefen Schlucht **Grand Canyon of the Yellowstone** (▶Seite 240), von Wasserfällen und Bisonherden dominiert wird, Yellowstone Lake als Herzstück des **Lake Countrys** im Südosten und schließlich **Geyser Country** im Südwesten – das Gebiet mit den meisten Geysiren und heißen Quellen (darunter der **Old Faithful** (▶Seite 254)).

96 Prozent des Yellowstone National Park liegen auf dem Staatsgebiet von **Wyoming**, im Nordwesten des Parks befinden sich aber auch kleine Abschnitte in **Montana** (die Staatengrenze verläuft direkt neben dem West-Zugang parallel zur Parkgrenze) beziehungsweis Idaho. Drei der fünf Zugänge befinden sich in Montana und zwei in Wyoming.

Dieser Routenreiseführer sieht dem Routenverlauf entsprechend einen Zugang über den West Entrance vor. Von hier aus findet die Parkerkundung über die Grand Loop statt – zunächst im Uhrzeigersinn über die **North Loop (Upper Loop)** mit Mammoth Country und Roosevelt Country als zentralen Anlaufstellen und Canyon Country als Schnittstelle zwischen North und South Loop. Dann folgt, der Form der Acht folgend, die **South Loop (Lower Loop)** entgegen dem Uhrzeigersinn mit Geyser Country und Lake Country. Alle Bereiche werden mit den jeweiligen Highlights, Wandervorschlägen, touristischen Einrichtungen und Über-

Es brodelt und dampft im Yellowstone National Park.

nachtungsmöglichkeiten vorgestellt. Entsprechend der Empfehlung, innerhalb des Parks einmal umzuziehen, sollte man an jeder der beiden Loops Station machen und übernachten.

Highlights allgemein

► Bustouren

Yellowstone in a Day

Wenn man knapp bei Zeit ist, aber trotzdem einen Einblick in die Vielfalt des Yellowstone National Park erhalten möchte, sollte man eine Bustour unternehmen. Bei großzügiger Zeitplanung eignet sich dieses Angebot auch als »Auftaktveranstaltung« für einen ersten, groben Überblick gut. Die Fahrt startet von Mammoth Hot Springs aus oder vom Old Faithful Inn (►Seite 258); morgens um 7.30 Uhr steht auch eine Abfahrt aus Gardiner (außerhalb des Parks, North Entrance) auf dem Programm. Die Busfahrt führt über die komplette Grand Loop mit einigen Stopps, zum Beispiel am Old Faithful, am Lake Yellowstone Hotel, an den Wasserfällen des Grand Canyon of the Yellowstone, Canyon Village, Mammoth Hot Springs und natürlich an Aussichtspunkten für Wildtiere, sofern es die Zeit erlaubt. Während der etwa zehnstündigen Tour beschreibt der Fahrer die Sehenswürdigkeiten und informiert seine Fahrgäste über den Nationalpark. Der Anbieter ist Xanterra Parks & Resorts. Highlight sind die Fahrzeuge: restaurierte, historische gelbe Busse aus den 1940er-Jahren mit offenem Verdeck.

Vom West Entrance aus zur Kreuzung nach Madison (14 mi/23 km), dann links über die Grand Loop Rd und weitere 34 mi/54 km Richtung Norden zum Abfahrtsort Mammoth Hot Springs bzw. 27 mi/43 km in südliche Richtung zum Treffpunkt Old Faithful Inn Xanterra Parks & Resorts, Yellowstone NP, WY 82190 1-307-344-7901 1-866-439-7375 www.yellowstonenationalparklodges.com Ende Mai–Mitte Juni & Mitte Juni–Mitte Sep. tägl. 8 h ab Mammoth Hot Springs & 8.15 h ab Old Faithful Inn Ende Mai–Mitte Juni Erw. $ 80, Kinder (3–11 J.) $ 40; Mitte Juni–Mitte Sep. Erw. $ 42

Yellowstone Lower Loop Summer Tour

Alle Highlights der South Loop werden in diese achtstündige Rundfahrt gepackt, die unter anderem den Old Faithful, den Yellowstone Lake, den Grand Canyon of the Yellowstone und Bereiche mit vielen Wildtieren ansteuert. Man erhält von allem einen Eindruck, während man an Stopps Möglichkeiten zum Fotografieren hat und ein paar kurze, geführte Spaziergänge unternehmen kann. Auf dem Weg zum Yellowstone Lake wird gepicknickt, bevor der Grand Canyon of the Yellowstone mit seinen Wasserfällen erreicht wird. Die Tour wird von **Yellowstone Alpen Guides** angeboten. Ein Blick auf die Homepage des Unternehmens lohnt sich, denn es werden weitere Touren mit speziellen Themen angeboten, wie zum Beispiel eine Safarifahrt am Abend oder eine spezielle Tour zum Fotografieren.

Von der West Entrance Station aus 1 mi/1,6 km weitere geradeaus fahren, der Anbieter befindet sich rechterhand. Yellowstone Alpen Guides, 555 Yellowstone Ave, West Yellowstone,

MT 59758 ☎ 1-406-646-9591 ☎ 1-800-858-3502 @ yag@yellowstoneguides.com 🌐 http://yellowstoneguides.com/siteseeing 🕓 Memorial Day–Labor Day Di., Do. & Sa. 8 h 💲 Erw. $ 75, Kinder (bis 15 J.) $ 65, Sen. $ 70

▶ Reiten

Ebenfalls von Xanterra Parks & Resorts werden Ausritte angeboten, auf die man sich im Bereich Mammoth, Tower-Roosevelt und Canyon begeben kann. Es gibt einstündige Ritte, die von Mammoth zum Berg **Bunsen Peak** führen beziehungsweise von Tower-Roosevelt aus entlang **Garnet Hill**. Von einem Hügel aus gibt es schöne Ausblicke in ein Tal und in die Berge. Ab Canyon reitet man entlang der Schlucht (die jedoch vom Weg aus nicht sichtbar ist) durch ein Waldgebiet entlang eines Flüsschens. Die zweistündigen Ausritte starten ab Roosevelt und Canyon. Von Roosevelt aus geht es auf einen Hügel und über Wiesen, bevor man an einer Schlucht entlangreitet. Der Weg steigt am Ende an und erreicht einen See. Von Canyon aus reitet die Truppe ebenfalls zunächst über Wiesenlandschaft, dann geht es entlang einer Schlucht, in die man von einem Aussichtspunkt aus hineinblicken kann.

Für alle Reiter gilt: Sie müssen mindestens acht Jahre alt sein, 1,20 Meter groß und unter 109 Kilogramm wiegen. Die Ausritte müssen im Voraus reserviert werden! (Auf der Homepage gibt es ein Online-Reservierungsformular).

✉ Xanterra Parks & Resorts, Yellowstone NP, WY 82190 ☎ 1-307-344-7901 ☎ 1-866-439-7375 🌐 www.yellowstonenationalparklodges.com/things-to-do/summer-things-to-do/wild-west-adventures/saddle-up 🕓 Je nach Ausgangspunkt und Saisonzeit, Ausritte starten mehrmals tägl. 💲 Ein-Stunden-Ausritt $ 42, Zwei-Stunden-Ausritt $ 63

Über den West Entrance und die ***West Entrance Road*** *gelangt man entlang des* ***Madison River*** *in den Park. Die Straße ist zwischen November und April gesperrt. Auffallend an diesem kurzen Streckenabschnitt ist der dichte Baumbestand mit jungen Bäumen. Im Park ist später schnell herausgefunden, was es damit auf sich hat: 1988 gab es im Westen des Nationalparks einen verheerenden Brand, dem ein Großteil der alten Bäume zum Opfer fiel. Nun hat sich diese neue Vegetation gebildet. 16 mi/26 km nach Einfahrt in den Park kommt man an eine Kreuzung, an der rechterhand der Madison Campground (**▶Seite 249**) liegt. An dieser Kreuzung zweigt in beide Richtungen die* ***Grand Loop Road*** *ab: Links geht es, der Routenführung folgend – noch ein kurzes Stück auf der South Loop – in Richtung North Loop (Upper Loop), rechts auf die South Loop (Lower Loop).*

Zum Startpunkt der Durchfahrt durch den Yellowstone National Park an der North Loop folgt man daher der South Loop (an der Kreuzung bei Madison links abbiegen) zunächst 13 mi/21,5 km. Bei Norris startet dann die North Loop, der

Die Fahrt von Madison Richtung Norden wird idyllisch vom Gibbon River begleitet.

man nun weiter in nördliche Richtung folgt, um diese erste Schleife im Uhrzeigersinn zu befahren.

Norris und die Infrastruktur dieses Ortes lassen wir zunächst noch links liegen und heben uns diesen Bereich für die Südschleife und Geyser Country auf. Ab Norris führt die Strecke Richtung Mammoth Hot Springs am Fuß der Gallatin Range mit ihren schneebedeckten 3.000er-Gipfeln entlang (diese Straße ist von Anfang November bis Ende April gesperrt). Nördlich von Norris passiert man die ***Roaring Mountains*** *mit wenig Vegetation, aber vielen dampfenden Quellen. Da oft Bären das Gebiet durchstreifen, sollte der Beifahrer aufmerksam Ausschau halten. Es folgen Beaver Lake und Obsidian Cliff, ein vulkanisches Gesteinsglas, das die Ureinwohner der Region für ihre Pfeilspitzen und Messer verwendet haben. Nach Passieren des Campgrounds Indian Creek und einer interessanten Wanderung ist das erste Ziel im Park im Mammoth Country erreicht: Mammoth Hot Springs.*

INDIAN CREEK CAMPGROUND

Dieser kleine, ruhige Campground, der südlich von Mammoth und Mammoth Hot Springs liegt, ist ein sehr naturnaher, ursprünglicher Platz direkt an einem Flüsschen. Dennoch sind die Einrichtungen von Mammoth schnell erreichbar (Laden, Restaurant, Souvenirshop und Duschen).

Der Campground befindet sich 9 mi/14,5 km südl. von Mammoth; links führt eine Stichstraße zum Platz. Yellowstone NP, WY 82190 1-307-344-7381 www.nps.gov/yell Mitte Juni–Anf. Sep. Nein 70 70 Nein Nein Nein Nein Nein $

BUNSEN PEAK TRAIL

Die Wanderung ist mäßig lang, dafür aber mit einigen Höhenmetern versehen, um einen alten Lavastiel zu erklimmen, von dem aus man spektakuläre Ausblicke genießen kann. Die Umgebung mit den Vulkanwänden wirkt wie eine Mondlandschaft, von der aus man auf andere Naturwunder wie Mammoth Hot Springs blickt. Man sollte diese Wanderung früh am Morgen oder etwas später am Nachmittag machen, weil es unterwegs immer wieder Passagen ohne Schatten gibt.

Der gut ausgetretene Pfad steigt sofort nach Beginn an, erst durch Wildblumenwiesen, dann durch einen jungen Nadelwald. Nach links blickt man auf den Golden Gate/Glen Creek Canyon mit seinen Felspfeilern, in einiger Entfernung thront der 2.390 Meter hohe Mount Everts über der Kulisse. Nach etwa 0,9 mi/1,5 km kann man von einem offenen Südhang aus Swan Lake Flat und die Gallatin Mountain Range sehen. Ab hier wendet sich der Weg Richtung Norden und passiert Waldstücke mit vielen abgestorbenen Bäumen. Etwa 600 Meter später macht der Weg an einer großen Felsformation (Cathedral Rock) einen deutlichen Rechtsknick. Von hier aus ergeben sich die besten Fotomotive vom Bereich Mammoth Hot Springs und des Mount Everts.

Das letzte Stück zum Gipfel wird nun anstrengender, steile Serpentinen sind zu bewältigen, der geröllhaltige Untergrund macht das nicht einfacher. Hier gilt es darauf zu achten, den Weg nicht zu verlieren. Im Zickzack geht es zur Rückseite des Bunsen. Schließlich ist der Gipfel mit einer Wetterstation erreicht – und der Blick ist sagenhaft!

Ganzj. 2 Bunsen Peak Trailhead 4,5 mi/7,2 km südl. von Mammoth an der Grand Loop Rd rechts 3 Std. Moderat bis anstrengend 6,7 km 396 m

MAMMOTH COUNTRY

Die geothermischen Terrassen mit der darüber aufragenden Gallatin Range sind das Highlight von Mammoth Country. Das Wasser der heißen Quellen ergießt sich über terrassenförmige Felsen (**Sinterterrassen** genannt), was ein Naturspektakel sondergleichen bietet. Die höchst bizarre Terrassenlandschaft verändert sich unentwegt. Sie wächst durch ständige

Die bizarren Terrassenformationen von Mammoth Country unterliegen einem ständigen Veränderungsprozess.

Kalkablagerungen nicht nur unaufhörlich, sondern wechselt auch ihre Farbe. Täglich werden bis zu zwei Tonnen Kalk abgelagert, es verwundert also nicht, dass man diesen Naturgewalten bei ihrer Gestaltung buchstäblich zuschauen kann. Mammoth Country ist wegen seiner vergleichsweise geringen Höhenlage die trockenste und wärmste Region des Yellowstone National Park. Deshalb überwintern hier einige Tierarten in großen Herden, beispielsweise Elche, Gabelantilopen und Dickhornschafe. Insofern sind im Winter die Möglichkeiten gut, diese Tiere aus der Nähe und in großer Zahl anzutreffen.

Im Mittelpunkt von Mammoth Country liegt an einer Kreuzung **Mammoth** als Haupt- und Verwaltungsort des Yellowstone National Park. Das Parkzentrum befindet sich 5 mi/8 km südlich des Nordeingangs auf einem Plateau oberhalb des Mammoth Campgrounds. Zu den Verwaltungseinrichtungen gesellen sich in dem kleinen Ort, in dem vorwiegend die Verwaltungsangestellten wohnen, ein Restaurant, das Mammoth Hot Springs Hotel, eine medizinische Einrichtung, ein ganzjährig geöffneter Laden mit Lebensmitteln, Souvenirs, Getränken und Eis, eine Tankstelle (◷ Anf. Mai–Mitte Okt.) sowie das **Albright Visitor Center** (▶Seite 230). Von 1886 bis 1918 als **Fort Yellowstone** bekannt, verwaltete die Armee von hier aus den Park. Wer sich intensiver mit den schmucken, historischen Gebäuden auseinandersetzen möchte, kann im Visitor Center für ⊘ $ 0,50

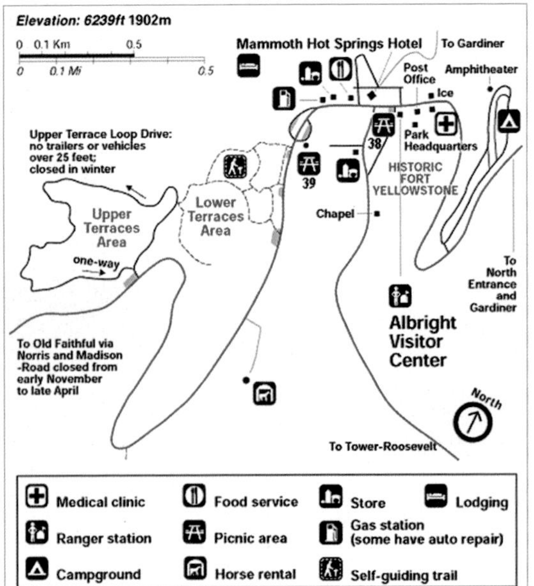

die Broschüre »Fort Yellowstone Historic District Tour Guide« kaufen und damit auf Entdeckungsreise gehen und das frühere Gefängnis, die Kaserne, den Kornspeicher und die Ställe anschauen. Auch von Rangern geführte historische Spaziergänge werden angeboten, die täglich um 18 Uhr am Visitor Center starten.

Nahe dem North Entrance ist dies der nördlichste Ort des Nationalparks an der Grenze zu Montana. Durch den nördlichen Ausgang und den US-89 kann man in nur 5,5 mi/9 km den Ort **Gardiner** mit knapp 1.000 Einwohnern erreichen, falls man einen Großeinkauf zu erledigen hat, essen gehen oder etwas günstiger als im Nationalpark tanken möchte.. Dieser Zugang ist ganzjährig geöffnet.

Südlich der Kreuzung mit den Verwaltungs- und Versorgungseinrichtungen stößt man auf die **Mammoth Hot Springs**, die Hauptattraktion des Gebiets. Über Boardwalks kann man die **Lower Terraces** und **Upper Terraces** erkunden. Sie sind das Ergebnis von unterirdisch aufgelöstem Kalkstein, der sich von früheren Meeren abgesetzt hat und sich weiter kontinuierlich absetzt, wenn das Quellwasser im Kontakt mit der Luft abkühlt. Die Farbe der Terrassen rührt nicht von den Kalkablagerungen, sondern von den Bakterien und Algen, die in dem warmen Wasser aufblühen. Je nach Wassertemperatur ändern sie die Farben von Weiß bis Blau, Grün, Gelb, Orange oder Rot. Um die westlich der Lower Terraces gelegenen Upper Terraces führt gegen den Uhrzeigersinn eine 1,5 mi/2,5 km lange, asphaltierte Einbahnstraße (Fahrzeuge dürfen höchstens 25 Feet lang sein), von der aus beeindruckende Ausblicke auf die Lower Terraces möglich sind. Auf der Strecke gibt es außerdem Zugangsmöglichkeiten zu weiteren Terrassen.

Palette Spring und **Canary Spring** gelten als die schönsten Terrassen und sind dauerhaft im Veränderungsprozess. Die bekanntesten und kunstvollsten Travertinformationen findet man bei **Minerave Terrace** im Zentrum der Lower Terraces. Grell und vollkommen surreal leuchtet das weiße Kalkgestein in der Sonne. Von Boardwalks aus kann man es gut betrachten, die besten Fotomotive kann man von einem Overlook aus erhaschen. Eine Rangerin, die seit 25 Jahren hier arbeitet, erzählte, dass Minerva Terrace zwar seit 1995 »dormant« sei, also schlummernd, untätig, seit 2014 aber allmählich wieder aktiv werde. Alle zwei Wochen befinde sich plötzlich wieder Wasser auf ihrer Spitze, dann wieder keins. Man geht davon aus, dass diese Terrassenformation in absehbarer Zeit wieder ganz zum Leben erwacht. Nicht minder schön und den Weg bergauf über den Boardwalk alleine schon wert ist **Mound Terrace**, eine besonders faszinierende (ruhende) Terrassenforma-

Kaum zu glauben, dass heiße Quellen die über zehn Meter hohe Skulptur erschaffen haben.

tion. Wenn vom verwitterten Kalksinter Brocken abbrechen oder Stücke eines anderen weichen Felsens darauffallen, ergeben sich ständig neue Muster.

Wenn man vom Parkplatz aus zum Rundweg über die Lower Terraces startet, passiert man **Liberty Cap**, eine von einer heißen Quelle erschaffene, elf Meter hohe Skulptur, die an dieser Stelle sehr lange aktiv war. Der innere Druck muss so hoch gewesen sein, dass er das Wasser hoch hinausgedrückt hat, sodass mineralische Ablagerungen über hunderte von Jahren hinweg die Form einer Glocke gestaltet haben.

Es ist zwar kein Geheimtipp, aber man sollte es sich trotzdem nicht entgehen lassen: Auf halbem Weg zwischen Mammoth und Gardiner (North Entrance) kann man sich im **Boiling River** »einweichen«, was nur an wenigen Orten im Yellowstone erlaubt ist. Vom Parkplatz an der Montana-Wyoming-Staatsgrenze (etwa 2 mi/3 km nördlich von Mammoth) führt ein knapp 0,6 mi/1 km langer Weg am Fluss entlang zu einer Stelle, an der eine unterirdische heiße Quelle unter einem Kalkstein-Überhang auftaucht. Entlang des Flusses gibt es mehrere Becken zum Baden. Schwimmen ist nur tagsüber und in Badebekleidung erlaubt, Essen, Tiere und Alkohol sind verboten. Wenn der Fluss einen hohen Wasserstand hat, sind die Becken geschlossen.

ALBRIGHT VISITOR CENTER

Das sehr große und bis Mai 2015 neu renovierte Visitor Center ist nicht nur ein Informationszentrum, sondern beherbergt auch eine Ausstellung zu den Wildtieren und der Kulturgeschichte des Parks. In einem Backkcountry Office erhält man Permits für Campen in der Wildnis, Bootfahren und Angeln und allgemeine Informationen. Den ganzen Tag über werden die beiden 20-minütigen Filme »Challenge of Yellowstone« und »Yellowstone today« gezeigt.

An der Abzweigung des US-89 von der Grand Loop Rd · PO Box 168, Yellowstone National Park, WY 82190 · 1-307-344-2263 · www.nps.gov/yell · Ende Mai–Ende Sep. tägl. 8–19 h, ab Anf. Okt.–Ende Mai tägl. 9–17 h

Wandern

Beaver Ponds Loop

Die Wanderung führt zu fünf Becken (Ponds) und bietet eine gute Chance, Elche und Wasservögel zu sichten. Noch bevor es richtig losgeht, stattet man den **Hymen Terraces** einen Besuch ab – eine aus heißen Quellen geschaffene Terrassenlandschaft. Der Weg dorthin ist über den Sepulcher Mountain Trail gut ausgeschildert. Nach etwa 20 Minuten erreicht man eine ebenfalls gut beschilderte Kreuzung, hier wendet man sich rechts zum Beaver Ponds Trail.

Durch einen Kiefern- und Fichtenwald entlang des Flüsschens Clematis Creek geht es dann bergauf zum eigentlichen Ziel, nach 2,5 mi/4 km gelangt man zu einer Folge von fünf Ponds inmitten einer Wiesenlandschaft. Morgens und abends sollen hier Elche und Biber auftauchen – letztere sind die Namensgeber des Trails. Aber auch wenn sich keiner von beiden blicken lässt, ist die Landschaft herrlich – mit der Bergwelt im Osten und Mammoth aus der Vogelperspektive betrachtet. Jedes der fünf Becken bietet andere Landschaftsimpressionen und am letzten Becken hat man die besten Chancen, auf ein Tier zu treffen.

Nach den Ponds führt der Weg über ein Plateau. Rechts am Hang entlang ergeben sich die schönsten Blicke auf die Terrassenlandschaft von Mammoth Hot Springs. Der Weg führt schließlich hinab zu den Parkplätzen der Angestellten und der Straße nach Gardiner, die zurück zum westlich gelegenen Ausgangspunkt führt.

Ganzj. · Nein · Sepulcher Mountain/Beaver Ponds Trailhead in Mammoth zwischen Liberty Cap und Busparkplatz · 3,5 Std. · Moderat bis anstrengend · 8 km · 168 m

Übernachten

Mammoth Hot Springs Hotel

Das Hotel hat eine edle Ausstrahlung und bietet eine Mischung aus Zimmern für alle Budgets (je nachdem, ob man ein Gemeinschaftsbad oder ein eigenes Bad im Zimmer möchte). Es gibt auch Suiten mit antiker Möblierung. Die Hotelzimmer befinden sich im Haupthaus, man kann aber auch Cabins in allen Ausführungen mieten, die zum Teil private Whirlpools haben. Das Hotel ist die einzige im Winter mit dem Fahrzeug zugängliche Unterkunft und von Dezember bis März für die Wintersaison geöffnet. So kann man im Winter im Hotel auch Ski-Aktivitäten buchen, im Sommer Ausritte (►Seite 226). Fernsehen, Radio, Internet und Klimaanlage gibt es nicht. Das Haus hat ein Restaurant und eine Snackbar. Xanterra Park & Lodges verwaltet das Hotel. Es sind öffentliche Duschen für Nicht-Hotelgäste vorhanden ($ 5).

*In Mammoth bei der Verwaltung von Xanterra links abbiegen · Hwy 89, Yellowstone NP, WY 82190 · 1-307-344-7311 · 1-866-439-7375 · www.yellowstonenationalparklodges.com/lodging/summer-lodges/mammoth-hot-springs-hotel-cabins · Ja · Ja (nur im Sommer, kostenpflichtig) · Anf. Mai–Anf. Okt. & Mitte Dez.–Anf. Mrz. · *–****

Mammoth Campground

Es ist der nördlichste Campground im Yellowstone National Park, er liegt nur 5 mi/8 km vom Nordzugang entfernt inmitten von Mammoth. Der Platz eignet sich besonders gut für Wohnmobile, da auch sehr große Fahrzeuge untergebracht werden können. Die Einrichtungen von Mammoth sind ebenso gut erreichbar wie die beschriebene Wanderung. Im Bereich der Mammoth Hot Springs Area gibt es außerdem einen Laden, ein Restaurant, einen Souvenirshop und Duschen. Wer dringend eine Dumpingstation für das Wohnmobil benötigt, findet eine im nahen Gardiner (5,5 mi/9 km über US-89 nach Norden). Der Campground wird vom National Park Service verwaltet.

Nach dem Mammoth Hot Springs Hotel folgt man weiter dem US-89 Richtung Norden. Der Campground folgt in einer Südschleife der Straße. · N Entrance Rd, Yellowstone NP, WY 82190 · 1-307-344-7381 · www.nps.gov/yell · Ganzj. · Nein · 85 · 51 · Nein · Nein · Nein · Nein · Nein · $

*Zum nächsten Bereich, dem **Roosevelt Country**, führt die Grand Loop Road (Gesamtstrecke 18 mi/29 km), die an dieser Stelle die einzige im Winter für Fahrzeuge geöffnete Straße im Yellowstone National Park ist. Nach 2 mi/3 km treffen die Flüsse Gardner River und Yellowstone River aufeinander und bilden zusammen den dreistufigen Wasserfall **Undine Falls**. Von der Lava Creek Picnic Area aus kann man auf einem knapp 0,6 mi/1 km langen Spaziergang zu schönen Blicken auf den Wasserfall gelangen, südlich beginnt der Wraith Falls Trail.*

WRAITH FALLS

Es ist eine gute Einstimmungswanderung im Yellowstone National Park, die zu den Wraith Falls führt. Zunächst geht es auf direktem Weg durch eine Graswiese zum Fluss, dann bergauf zu einem Aussichtspunkt auf die Fälle. In der richtigen Jahreszeit tastet man sich himbeerpflückend voran, der Weg ist nur von wenigen Kiefern gesäumt, sodass jederzeit der Blick über das Tal frei ist. Lupine Creek wird überquert, dann geht es in kleinen Serpentinen zu einem freien Blick auf die Wraith Falls. Das Wasser stürzt sich einen rutschigen Felshang hinab und schlägt dabei einen Tunnel in den umgebenden Tannenwald.

Von Mammoth Hot Springs fährt man 5 mi/8 km auf der Grand Loop Rd in südwestliche Richtung. Die Parkbucht mit dem Trailhead befindet sich auf der südlichen Straßenseite. · Ganzj. · Nein · Parkbucht an der Grand Loop Rd · 1 Std. · Einfach · 1,5 km · 30 m

*9 mi/15 km nach Mammoth zweigt rechts der **Blacktail Plateau Drive** ab. Die schmale, unasphaltierte Einbahnstraße (Zufahrt für Wohnmobile verboten) verläuft parallel zur Grand Loop Road und trifft nach 7 mi/11 km wieder auf die Hauptroute. Wer Zeit erübrigen kann und möglicherweise Wildtiere vom Auto aus beobachten möchte, kann diese Straße wählen. Es geht über ein Hochplateau mit vielen Wiesen, auf denen sich gerne Hirsche und Rehe aufhalten – mit etwas Glück sichtet man einen Bären.*

*Wer auf der Grand Loop Road bleibt oder bleiben muss, passiert **Phantom Lake**, einen See, der gewöhnlich ab Juli ausgetrocknet ist. Wenn beide Straßen* *wieder aufeinander treffen, sind es noch 1,5 mi/2,5 km bis Tower-Roosevelt, dem Zentrum von Roosevelt Country. Über die nordöstlich anschließende* ***Northeast Entrance Road*** *erreicht man den nordöstlichen Parkzugang* ***Cooke City-Silver Gate*** *(▶Seite 235).*

ROOSEVELT COUNTRY

Der gleichnamige Präsident der USA, Theodore Roosevelt (1858–1919) gab diesem Bereich seinen Namen, als er bei seinem Besuch im Jahr 1903 in einem ehemaligen Feuerwachturm übernachtete. Die Highlights des Gebietes sind die fossilen Wälder, das Lamar Valley mit seinem Tierreichtum, das hohe Forellenaufkommen in den Flüssen und die majestätischen, schroffen Gipfel der **Absaroka Range**. Die Region ist urtümlich geblieben und besticht durch ihre malerische Landschaft. Außerdem befindet sich hier sozusagen der »Geburtsort« der derzeit hohen Bison- und Wolfspopulationen.

Die Versorgungseinrichtungen von Tower-Roosevelt befinden sich rund um **Tower-Roosevelt Junction**, das ist die Kreuzung der Grand Loop Road, die anschließend Richtung Süden abzweigt, und der **Northeast Entrance Road**, die auf einer Länge von 29 mi/46 km zum Northeast Entrance führt (▶Seite 235). In der Roosevelt Lodge gibt es auch ein Restaurant, einen kleinen Lebensmittelladen, Duschen, in der Nähe eine Tankstelle (◷ Ende Mai–Mitte Sep.) und eine Ranger Station. Außerdem befindet sich nur ein kurzes Stück (2,5 mi/4 km) südlich an der Grand Loop Road (dorthin führt auch die weitere Route) der Campingplatz **Tower Fall** (▶Seite 234), ein weiterer folgt nördlich der Northeast Entrance Road (aber von Tower-Roosevelt aus unmittelbar erreichbar).

1,5 mi/2,5 km südlich der Tower-Roosevelt Junction sollte man unbedingt vom **Calcite Springs Overlook** schwindelerregende Blicke in den Bereich **The Narrows** des Grand Canyon of the Yellowstone werfen. Ein absolutes Muss! Ein kurzer Weg führt zu den Aussichtspunkten. Um die schwefeligen Quellen nördlich der Schlucht herum gruppieren sich vertikal verlaufende Basaltspalten, Relikte eines Lavastroms, der vor 1,3 Millionen Jahren dieses Gebiet bedeckt hatte. Unter dem Basalt befinden sich eiszeitliche Ablagerungen, darüber dünne Schichten von Vulkanasche – bizarrer geht es kaum!

Schöne und wenig überlaufene Aussichtspunkte auf Calcite Springs und die Narrows bieten sich vom Yellowstone River Picnic Area Trail aus (▶Seite 233).

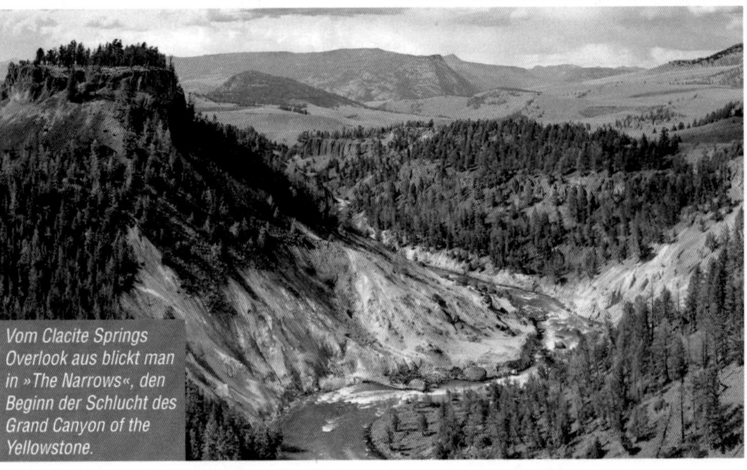

Vom Clacite Springs Overlook aus blickt man in »The Narrows«, den Beginn der Schlucht des Grand Canyon of the Yellowstone.

Ein kleines Stück westlich von Tower-Roosevelt Junction kann man einen **Petrified Tree** besuchen, einen von einem Zaun umgebenen, versteinerten Baum, der wie ein Kunstschatz inmitten dieser Absicherung thront. Wer noch nie einen versteinerten Baum gesehen hat, sollte ihm einen Besuch abstatten.

Highlight

► Roosevelt Horse Corral

Mit der Postkutsche durch die Landschaft des Wilden Westens ziehen oder noch authentischer gleich auf dem Rücken eines Pferdes – das passt in diese Gegend so gut wie fast nirgendwo sonst. Kutschen im historischen Gewand, in denen man jeden Moment einen Postkutschenüberfall erwartet, stehen beim Roosevelt Corral bereit, um die Fahrgäste auf eine Zeitreise in den Wilden Westen mitzunehmen. Dabei erfährt man auch Interessantes über die Geschichte der Postkutschen im Yellowstone National Park. Die Fahrten müssen unbedingt im Voraus reserviert werden! Ausritte finden ein- und zweistündig statt. Xanterra Parks & Resorts ist der Veranstalter, daher können Reservierungen auch bei allen von Xanterra betriebenen Parkeinrichtungen vor Ort vorgenommen werden.

Der Corral befindet sich bei der Roosevelt Lodge direkt an der Tower-Roosevelt Jct. 1 Grand Loop Rd, Yellowstone NP, WY 82190 1-866-439-7375 www.yellowstonenationalparklodges.com/things-to-do/summer-things-to-do/wild-west-adventures/stagecoach-adventure Anf. Juni–Anf. Juli & Mitte–Ende Aug. tägl. drei Mal, Anf. Juli–Anf. Aug. vier Mal Erw. $ 12,25, Kinder (3–11 J.) $ 6,25

Wandern

► Lost Lake Loop

Diese friedvolle Wanderung eignet sich besonders gut für die Morgenstunden, denn sie führt zu einem abgelegenen See und einem versteinerten Baum (Petrified Tree). Sie startet direkt hinter der Roosevelt Lodge und steigt schnell in Serpentinen bis zum See an. Unterwegs, vor allem am Vormittag, sollte man die Augen offenhalten und nach Maultierhirschen schauen. Lost Lake ist von Wiesen umgeben, man geht an seiner Längsseite entlang, vorbei an Seerosen und Libellen. Am Ende des Sees ist ein schöner Platz zum Picknicken. Von hier aus geht man durch Wildblumenwiesen bergab bis zum Parkplatz des Petrified Tree und bewundert den 50 Millionen Jahre alten Baum.

Zurück zur Lodge folgt man der orangefarbenen Markierung, die von einer Ecke des Parkplatzes aus startet und auf ein Hochplateau führt, von wo aus man wunderbare Panoramablicke erhascht. Dann geht es hinab zur Tower Ranger Station. Bis zur Lodge folgt man weiter der orangefarbenen Markierung.

Ganzj. Nein Roosevelt Lodge 2 Std. Einfach 5,3 km (Rundweg) 183 m

► Yellowstone River Picnic Area Trail ★

Der Beginn der Wanderung befindet sich auf der Northeast Entrance Road,

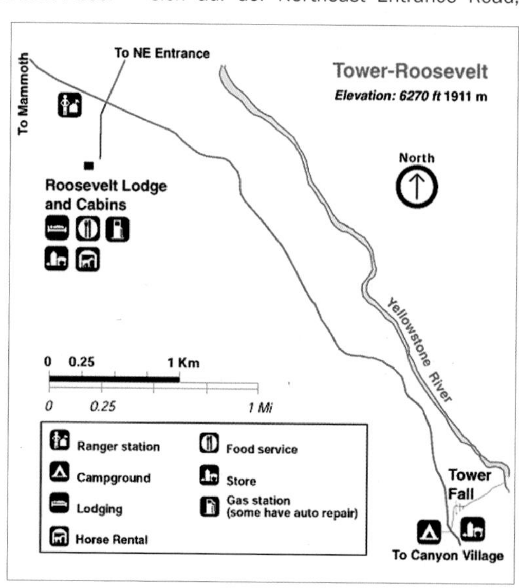

1,25 mi/2 km nordöstlich der Tower-Roosevelt Junction an der Yellowstone Picnic Area. Wie oben beschrieben ergeben sich auf dieser Wanderung wunderschöne Blicke auf die Narrows und Calcite Springs. Mit etwas Glück kreuzen Fischadler oder Dickhornschafe den Weg.

Es gehen mehrere Wege von der Picnic Area ab, der richtige ist entsprechend ausgeschildert. Er steigt an und führt zur östlichen Kante des Yellowstone Canyon und folgt dieser. Vereinzelte Felsbrocken haben sich vor 10.000 Jahren durch sich langsam bewegende Gletscher von den Beartooth Mountains abgespalten und säumen heute den Weg. Der nördlichen Kante der Schlucht folgt der Weg und offenbart klare Blicke vorbei an den gekrümmten Canyonwände bis in den Yellowstone River mit der Abaroka Range im Hintergrund.

Das Spektakuläre an dieser Wanderung ist, dass sie sich ständig fast 250 Meter oberhalb des Grundes der Schlucht bewegt. Wenn es anfängt, schwefelig zu riechen, ist das ein Zeichen dafür, dass man sich der thermischen Region der Calcite Springs auf der anderen Seite des Canyons nähert. Nach Overhanging Cliff (hier sollte man nach Dickhornschafen Ausschau halten) endet der Weg abrupt an einer kahlen Bergkuppe, von wo aus man auf eine Furt blickt, die die Bannock Indianer während ihrer Jagdsaison zum Überqueren des Yellowstone River benutzt haben. Hier kann man nun entweder umkehren oder den linken Weg in nordöstliche Richtung bis zur Kreuzung mit dem Specimen Ridge Trail nehmen. An dieser Kreuzung biegt man links ab und wandert bergab Richtung Straße und Picnic Area. Kurz vor der Straße geht man links und querfeldein zurück zum Trailhead (parallel zur Straße).

Ganzj. Nein Parkplatz am Yellowstone River Picnic Area 2,5 Std. Einfach 6 km (Rundweg) 107 m

Übernachten

Roosevelt Lodge & Cabins

Die Lodge wurde in ihrem heutigen Erscheinungsbild 1920 erbaut und verbreitet immer noch Wildwest-Atmosphäre. Die Anlage besteht neben der Lodge als Hauptgebäude aus 80 Cabins mit unterschiedlich vielen Schlafräumen. Die Holzhütten sind einfach eingerichtet, manche verfügen über eigene Badezimmer (Frontier Cabins), die anderen haben gemeinsame Badehäuschen. Sie gruppieren sich rund um das Hauptgebäude. Von außen machen sie einen etwas trostlosen Eindruck, da sie eng und containermäßig aneinander gebaut sind. Es werden Old-West-Grillevents angeboten. Fernsehen, Radio und Klimaanlage sind nicht verfügbar. Bei der Lodge befindet sich der Roosevelt Horse Corral (▶Seite 233) für die Ausritte.

Die Lodge ist über eine kurze Schotterstraße direkt von der Tower-Roosevelt Jct aus erreichbar.
1 Grand Loop Rd, Yellowstone NP, WY 82190
1-307-344-7311 1-866-439-7375
www.yellowstonenationalparklodges.com/lodging/summer-lodges/canyon-lodge-cabins Ja
*Ja, kostenpflichtig Anf. Juni–Anf. Sep. * (ohne Bad), ** (mit eigenem Bad)*

▶ Tower Fall Campground

Schön in einem Pinienwald über dem Tower Creek liegt dieser kleine, überschaubare Campground mit 32 Plätzen. Er ist 2 mi/3 km von der Tower-Roosevelt-Junction entfernt und liegt auf 2.011 Metern Höhe. Beim Campground befindet sich ein kleiner Lebensmittelladen.

In direkter Nachbarschaft (auf der gegenüberliegenden Straßenseite) stürzt der gleichnamige **Tower Fall** in den Yellowstone River. Über einen kurzen Weg erreicht man den Aussichtspunkt über den Wasserfall, der eingebettet von spitz aufragenden vulkanischen Felsen einen bemerkenswerten Anblick bietet.

Von der Tower-Roosevelt Jct 2,5 mi/4 km auf der Grand Loop Rd in südöstliche Richtung (Routenverlauf) fahren. Der Campground folgt rechterhand.
Yellowstone NP, WY 82190 1-307-344-7381
www.nps.gov/yell Mitte Mai–Ende Sep.
Nein 32 32 Nein Nein Nein
Nein Nein $

Die Grand Loop Road beschreibt nach der Tower-Roosevelt-Junction nun einen deutlichen Verlauf Richtung Süden. An derselben Kreuzung führt die Northeast Entrance Road Richtung Osten und durch das Lamar Valley. Wer bislang noch kein typisches Wildtier im Park gesehen hat und mit einer großen Wahrscheinlichkeit zumindest auf Bisons und Antilopen treffen möchte, sollte den folgenden Abstecher ins Tal unternehmen.

Nebenstrecke durchs Lamar Valley

Das Lamar Valley ist bekannt als die »**Serengeti of North America**«, und damit weiß man bereits, was man erwarten kann. In dem Tal kommen die großen Tiere des Nationalparks am häufigsten vor. Etwa 10 mi/16 km nach der Tower-Roosevelt Junction fährt man in ein Tal hinein; wenn es beginnt, sich zu weiten (auf Höhe der Ranger Station), grasen zu dessen rechter und linker Seite Unmengen an Bisons. Als unendlich viele schwarze Punkte stellen sie sich von weitem dar, wenn man den ersten Blick über die Ebene schweifen lässt. Kaum zu glauben, dass sich hinter jedem stecknadelkopfgroßen schwarzen Punkt ein bis zu 1.000 Kilogramm schweres Tier verbirgt. Nähert man sich der Szene, stehen die Tiere ganz ungerührt nahe dem Straßenrand, von wo aus sie sich hoheitsvoll fotografieren lassen. Viele Haltebuchten ermöglichen weitere Blicke ins Tal, wo man Bisons und mit Glück auch Elche beobachten kann. Über Meilen hinweg kann man sich an diesem Anblick erfreuen und zuverlässig davon ausgehen, dass die vielen Tiere nahezu immer hier anzutreffen sind. Auch Grüppchen von Gabelantilopen mischen sich ins Bild. Wer ein Fernglas zur Hand hat, wird vielleicht auch einen herumwandernden Grizzly zwischen den Bäumen entdecken oder ein Rudel Wölfe. Die besten Zeiten, Wildtiere zu sehen, sind der Sonnenaufoder der Sonnenuntergang.

*Von der Tower-Roosevelt Junction zweigt links die **Northeast Entrance Road** entlang des Lamar River gen Osten ab, die durch das Lamar Valley führt. Nach 29 mi/46 km gelangt man über diese Straße zum **Northeast Entrance** des Yellowstone National Park bei **Silver Gate-Cooke City**. Diese Verbindungsstrecke ist das ganze Jahr über geöffnet.*

FOSSIL FOREST TRAIL

Die Wanderung zählt zur Kategorie "»off the beaten path« und das äußert sich vor allem darin, dass sie schwierig zu finden und dem Weg ebenso schwierig zu folgen ist (der Weg wird nicht vom Park-Service gepflegt!). Es ist deshalb ratsam, sich vorab bei einem Ranger über den Weg-

Heerscharen von Bisons bevölkern das Lamar Valley.

verlauf zu informieren beziehungsweise ein Handout in einem der Visitor Center zu besorgen.

Ziel sind isolierte Petrified-Forest-Stellen – für alle diejenigen ist das interessant, denen der einsame versteinerte Baum westlich von der Tower-Roosevelt Junction »zu wenig« war. Man muss auch kein Geologe sein, um diese Wanderung zu genießen. Es werden außerdem schöne Ausblicke bereitgehalten – in den frühen Morgenstunden sollte man aufmerksam lauschen, ob man nicht vielleicht Wolfsgeheul hört.

Der Startpunkt ist lediglich mit »Trailhead« ausgeschildert und befindet sich wenige hundert Meter westlich der Lamar Canyon Bridge, 5 mi/8 km östlich der Tower-Roosevelt-Junction und 1 mi/1,6 km südwestlich der Abzweigung zum Slough Creek Campground.

Zunächst marschiert man einen unbefestigten Weg entlang, bevor es durch Blumenwiesen einen Berghang hinaufgeht bis zu einem kleinen Waldstück. Rechts ab geht es dann über einen steileren Pfad und nach etwa zehn Minuten ist der erste versteinerte Baumstumpf erreicht, fünf Minuten später folgt der nächste. Von hier geht es eher abwärts, immer wieder befinden sich versteinerte Bäume am Weg, bis man schließlich sogar auf einen versteinerten Küsten-Mammutbaum trifft. Daneben sind die Blicke über die beiden Täler Lamar und Yellowstone Valley fantastisch. Danach geht es bergab und über den Hügel des Specimen Ridge (mit Steinhäufchen markiert); hier ist der Umkehrpunkt – es geht nun Richtung Westen mit weiteren spektakulären Blicken zurück.

Ganzj. Nein 5 mi/8 km östlich der Tower-Roosevelt Jct 3 Std. Moderat bis schwierig 5,6 km 244 m

SLOUGH CREEK CAMPGROUND

Der beliebte Campground ist über eine 2,2 mi/3,5 km lange, unasphaltierte Straße erreichbar, die von der Northeast Entrance Road in Richtung Norden abzweigt. Entsprechend der Lage ist der Slough Creek ein sehr ruhiger Campground inmitten der unberührten Natur an einem Fluss – aber er liegt auch im Lebensraum von Grizzly-Bären. Aufgrund der Größe eignet er sich vor allem für Zelte und kleinere Wohnmobile.

6 mi/9,5 km nordöstl. der Tower-Roosevelt Jct zweigt nach links die unasphaltierte Straße ab, der Campground folgt nach 2,2 mi/3,5 km. Yellowstone NP, WY 82190 1-307-344-7381 www.nps.gov/yell Mitte Juni–Okt. Nein 29 29 Nein Nein Nein Nein Nein $

BUFFALO RANCH

Nach 5 mi/8 km auf der Northeast Entrance Road kommt man zur Buffalo Ranch; auf dieser Farm wurden zwischen 1907 und 1960 quasi in Eigenregie die Büffelherden des Yellowstone National Park herangezüchtet. Die Bestände sollten größer werden, da es nur noch wenige Bisons im Park gab, die vom gänzlichen Aussterben bedroht waren. Im Lamar Valley stand reichlich Weideland zur Verfügung, das überall eingezäunt wurde, und Koppeln sprossen geradezu aus dem Boden. Es sind noch Überbleibsel der damaligen Tierhaltung übrig. Von der Original-Ranch sind noch vier Gebäude erhalten (zwei Wohnhäuser, die Schlafbaracke und die Scheune), die im **Lamar Buffalo Ranch Historic District** vereint sind.

Heute beherbergt die Ranch das **Yellowstone Association Institute**. Seit 1933 assistiert die Yellowstone Association den Parkbesuchern dabei, den maximalen Nutzen aus einem Besuch zu ziehen, angereichert mit den schönsten Erlebnissen. Die Gesellschaft ist ein offizieller, Non-profit-Bildungspartner des Yellowstone National Park. Eines der Ziele ist es, den Park für kommende Generationen zu schützen.

5 mi/8 km von Tower-Roosevelt über die Northeast Entrance Rd fahren, die Ranch befindet sich linkerhand. Yellowstone NP, WY 82190 1-406-848-2400 @ parkstore@yellowstoneassociation.org www.yellowstoneassociation.org

TROUT LAKE

Ein schöner und beschaulicher Spaziergang, der nur 46 Höhenmeter beinhaltet und durch einen Douglasien-Tannenwald zum Trout Lake führt. Vor allem für Familien mit jüngeren Kindern eignet sich der Weg zu dem malerischen See bestens. Im Frühjahr kann man mit etwas Glück Fischotter zu Gesicht bekommen.
Ganzj. Nein 2 mi/3 km vor dem Pebble Creek Campground, 11 mi/18 km von Tower-Roosevelt Jct entfernt 1 Std. Einfach 1,6 km 46 m

PEBBLE CREEK CAMPGROUND

Von drei Seiten ist der abgeschiedene Campground von den schroffen Felsen der Absaroka Range umgeben. Außerdem liegen die Stellplätze entlang des Ufers eines Flusses und zwar im Grizzly-Gebiet. Im Gegensatz zu anderen Nationalpark-Plätzen sind hier die Stellplätze etwas beengt. Die nächsten Versorgungseinrichtungen befinden sich in Tower-Roosevelt, Silver Gate und Cooke City sind 9 mi/14,5 km entfernt (außerhalb des Parks).

13 mi/21 km von Tower-Roosevelt über die Northeast Entrance Rd, der Campground befindet sich linkerhand. Yellowstone NP, WY 82190 1-307-344-7381 www.nps.gov/yell Anf. Juni–Ende Sep. Nein 27 27 Nein Nein Nein Nein Nein $

Die Northeast Entrance Road kann man in beliebiger Länge befahren und man wendet, um dieselbe Strecke wieder zurückzufahren. Man trifft wieder auf die Tower-Roosevelt Junction, von der aus es nun in südliche Richtung geht.

Ende der Nebenstrecke

Von Tower-Roosevelt aus führt ein 19 mi/30 km langer Streckenabschnitt über die Grand Loop Road zum nächsten Ziel auf der Nordschleife, Canyon Country mit Canyon Village als Zentrum, diese Straße ist von Mitte Oktober bis Ende Mai gesperrt. 2 mi/3 km nach Tower-Roosevelt passiert man Tower Fall – hier lohnt ein Stopp, wenn man den Wasserfall noch nicht von Tower-Roosevelt aus erwandert hat. Bei der zum Wasserfall gehörenden Haltebucht befindet sich ein ***Yellowstone General Store*** *mit einer Aussichtsterrasse. Linkerhand befindet sich Antelope*

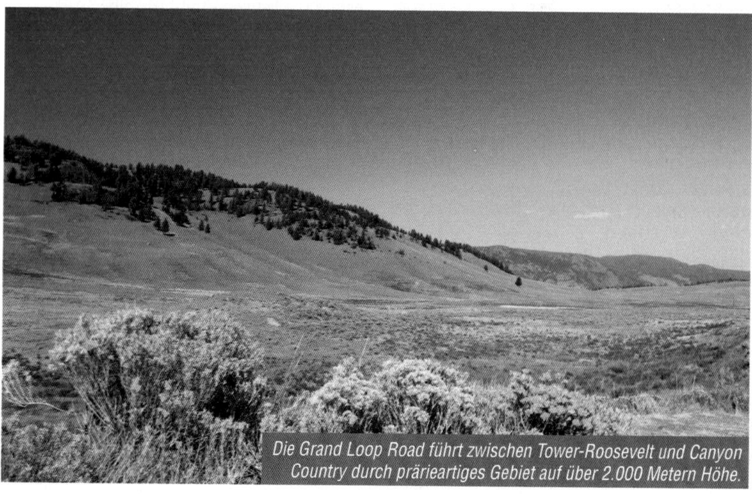

Die Grand Loop Road führt zwischen Tower-Roosevelt und Canyon Country durch prärieartiges Gebiet auf über 2.000 Metern Höhe.

Das von Sturmbruch verwüstete Gebiet hat etwas Apokalyptisches.

Creek, hauptsächlicher Lebensraum der Grizzlys und deshalb für Besucher gesperrt. Als Ersatz gibt es mehrere Haltebuchten, von denen aus man sich »auf die Lauer« legen kann. Die Straße steigt danach stetig an, wir steuern auf den ***Dunraven Pass*** *zu, der 2.700 Meter hoch gelegen ist. Das ist der höchste Punkt der Grand Loop Road.*

Direkt vor dem Pass zweigt die ***Chittenden Road*** *links ab. Sie ist der Ausgangspunkt für eine der beliebtesten Wanderungen im Yellowstone National Park:*

MOUNT WASHBURN TRAIL

Die Wanderung auf die Spitze dieses 3.000ers ist gut machbar, nicht zu weit und nicht unmenschlich anstrengend. Da die Blicke über die gesamte Region spektakulär sind, sollte man sich die Zeit dafür nehmen. Es gibt zwei Wege auf den Mount Washburn, einmal vom Parkplatz der Chittenden Road aus und einmal vom Dunraven Pass aus. Letzterer ist 0,8 mi/1,2 km länger (einfacher Weg), dafür aber schöner. Er bietet die besten Panoramablicke im ganzen Yellowstone Park bis hin zum Grand Teton – sogar der Old Faithful taucht in der Ferne auf. Zudem nähert sich der Weg vom Dunraven Pass aus südlicher Richtung dem Berggipfel, das heißt, er ist früher im Jahr schneefrei (was jedoch nie komplett der Fall ist, da auch im Sommer Schneefelder übrigbleiben).

Ziel beider Wege ist der Feuerwachturm auf dem Gipfel des 3.122 Meter hohen Mount Washburn. Der Berg ist ein Relikt eines Vulkans, der vor 640.000 Jahren ausgebrochen ist. Im Aussichtsturm gibt es hierzu weitere Informationen – zunächst muss dieser aber erreicht werden. Beide Wege waren früher Strecken der Postkutsche. Von Juni bis Oktober ist Personal im Turm.

Von jeder Serpentine aus ergeben sich neue Blicke in den Grand Canyon of Yellowstone, den Yellowstone Lake, die Tetons im Süden und die Geysire im Westen des Parks. Im Juli und August bereichern zusätzlich Wildblumen die Szenerie. Beide Wege sind gut ausgeschildert, können aber wegen der hohen Zahl an Mitwanderern sowieso nicht verfehlt werden.

Ganzj. Nein Chittenden Rd Parkplatz: 9,5 mi/15 km südl. von Tower-Roosevelt; Dunraven Pass Picnic Area: 14 mi/23 km südl. von Tower-Roosevelt Ab Chittenden 3 Std., ab Dunraven 4 Std. Moderat bis anstrengend Vom Parkplatz Chittenden 7,2 km, vom Dunraven Pass 9,6 km Ab Chittenden 445 m, ab Dunraven 425 m

Wer die Wanderung nicht unternommen hat, bekommt auch schöne Ausblicke vom unterhalb des Passes folgenden ***Washburn Hot Springs Overlook****. Hier erhält man auf Informationstafeln nicht nur Auskunft über die heißen Quellen und den umgebenden Yellowstone Vulkankrater, sondern hat auch die Chance, Grizzlys zu*

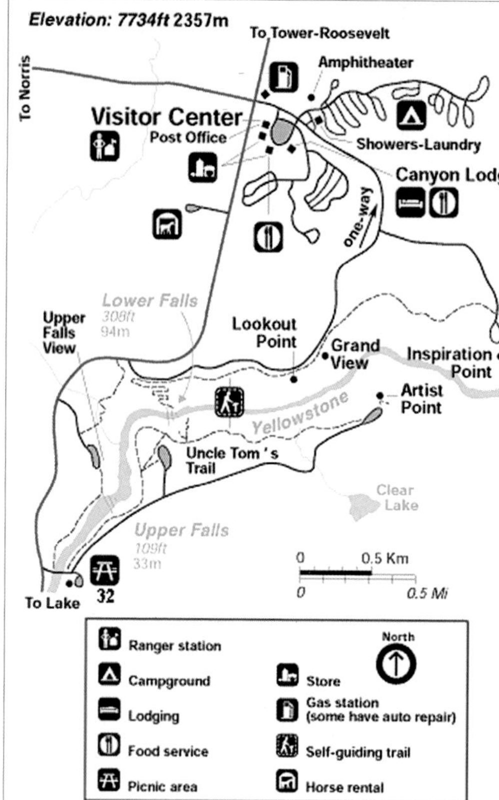

sehen. Es folgt ein weiterer hoher Punkt mit Aussicht, dann geht es bergab durch einen Wald und durch ein vom Sturmbruch regelrecht verwüstetes Gebiet.

CANYON COUNTRY

Nach dem Gebiet rund um den Old Faithful ist die Canyon-Region die am zweithäufigsten besuchte im Nationalpark. Das verwundert auch nicht angesichts der Attraktion des Ortes, dem **Grand Canyon of the Yellowstone**. Diese Schlucht des Yellowstone River, die vermutlich durch Erosion entstanden ist, ist der Besuchermagnet der Region und wird von zwei Panoramastraßen, dem **North Rim Drive** (▶Seite 241) und dem **South Rim Drive** (▶Seite 241), sowie zahlreichen Aussichtspunkten umgeben.

Zwischen der Grand Loop Road und dem North Rim Drive liegen die Einrichtungen von **Canyon Village** an der **Canyon Junction**. Es ist die logistische Basisstation für das Zentrum des Parks und bietet eine entsprechende Infrastruktur: eine Lodge und einen Campground, drei Restaurants, ein neues Visitor Education Center, ein Backcountry Office, einen Lebensmittelladen und einen Laden für Freizeitausrüstung sowie eine Tankstelle (Frühjahr bis Ende Oktober). Im Bereich des Campingplatzes befinden sich Duschen (7–13.30 & 15–21.30 h) und ein Waschsalon (7–21 h).

CANYON VISITOR EDUCATION CENTER ☆

Das neu gestaltete, informative Visitor Center ist einen Besuch wert, da es innovativ und interaktiv Interessantes über die Geologie des Yellowstone National Park präsentiert. Ein raumgroßes Relief des Parks veranschaulicht die Dimensionen und verschiedenen Regionen. Computer-Animationen, Filme und Informationen über die Tierwelt, den Vulkan, die Quellen, die Geysire und die Eiszeit ergänzen das Programm. Nachmittags um 15 Uhr finden Ranger-Talks für Kinder, um 18 Uhr für Erwachsene statt.

Etwa 19 mi/30 km südl. von Tower-Roosevelt erreicht man die Kreuzung der Grand Loop Rd mit der Norris Canyon Rd aus Richtung Westen und dem North Rim Dr aus östlicher Richtung. Hier links abbiegen, das Visitor Center und die Einrichtungen befinden sich rechterhand. Yellowstone NP, WY 82190 1-307-242-2550 www.nps.gov/yell Ende Mai–Mitte Okt. tägl. 8–20 h

Highlights

Grand Canyon of the Yellowstone

Es waren Vulkanausbrüche vor über 600.000 Jahren, die im Untergrund des Yellowstone National Park ein großes Magmazimmer ausgehoben haben. Das Dach dieses Zimmers brach zusammen und hinterließ eine schwelende Grube. Dieser Krater war 47 mi/75 km lang und 28 mi/45 km breit und Hunderte von Metern tief. Am Ende füllte sich der Krater mit Lava.

Das heutige Erscheinungsbild erhielt der Canyon vor etwa 10.000 Jahren, als die letzten Gletscher schmolzen. Seitdem formen die Erosionskräfte Wasser und Wind sowie Erdbeben diese Schlucht weiter. Aktuell beträgt ihre Länge 20 mi/32 km, gemessen von der Region um Tower Fall bis zu den Upper Falls des Canyon. Er ist zwischen 450 und 1.220 Meter breit und bis zu 365 Meter tief.

Kernstück der Schlucht ist der **Yellowstone River**. Er hat seinen Ursprung in Yount Peak (südlich des Nationalparks) und fließt fast 625 mi/1.000 km weit bis zu seinem Ende in North Dakota, wo er in den **Missouri River** mündet. Es ist der längste, frei fließende Fluss ohne Staustufen der kontinentalen USA. Der Yellowstone River hat nicht nur den Canyon geschaffen, sondern auch die Wasserfälle **Upper and Lower Falls of the Yellowstone**. Die nördlichen Lower Falls sind knapp 100 Meter hoch und damit doppelt so hoch wie die Niagara-Fälle, die Upper Falls 33 Meter.

Beide Wasserfälle sieht man von diversen Aussichtspunkten vom North beziehungsweise South Rim Drive aus; die Lower Falls vom **Lookout Point**, **Red Rock Point**, **Artist Point** und dem **Brink of the Lower Falls Trail** und von verschiedenen Aussichtspunkten vom South Rim aus. Zwischen die beiden Wasserfälle schummeln sich die **Crystal Falls** als dritter Vertreter; sie entspringen dem Cascade Creek und ergießen sich ebenfalls in den Canyon.

Die Schönheit des Canyons macht seine Farbenvielfalt aus. Von Eierschalenweiß bis zu einem flammenden Pink ist an den Schluchtwänden ein tolles Farbspektrum vertreten, das von der Eisenoxidation in den Felsen rührt – die Park Ranger bezeichnen das gerne als »rosten«. Am Fuße der Wasserfälle verwandelt sich das Rot der Canyonwände in ein Moosgrün, vermischt mit dem Sprühnebel des Flusses – ein Farbenspektakel!

Eine spektakuläre Schlucht mit einem großen Namen: der Grand Canyon of the Yellowstone

North Rim Drive

Der North Rim Drive ist 2,5 mi/4 km lang und verläuft nördlich des Yellowstone Rivers und des Canyons. Von der Grand Loop Road aus ist er gut beschildert und folgt nach dem Visitor Center und der Lodge. Auf der Lichtung links vor der Abzweigung sahen wir eine Büffelherde, die den Verkehr einigermaßen ins Stocken brachte. Ist man in Zeitnot, kann man die drei Aussichtspunkte ansteuern, die auf dem North Rim einen guten Blick über die Schlucht gewähren: **Lookout Point**, **Grand View** und **Inspiration Point**. Wer das Szenario zu Fuß erleben möchte, kann dies auf einem parallel zur Straße verlaufenden Wanderweg tun.

Er startet beim Grand View Point am Ende des Parkplatzes und führt 2,5 mi/4 km weit bis zum Inspiration Point. Der North Rim Drive gewährt außerdem Ausblicke auf die beiden Wasserfälle. Vom Aussichtspunkt auf der Straße führt ein sehr steiler, 0,8 mi/1,2 km langer Weg 183 Meter hinunter zum **Brink of the Lower Falls**, einer Aussichtsplattform direkt oberhalb der Kante des tosenden Wasserfalls.

Der nur 0,5 mi/0,8 km später folgende **Lookout Point** bietet ebenfalls herrliche Blicke auf die Lower Falls, während ein knapp 0,6 mi/1 km langer Weg 152 Meter weit hinab und ganz nahe an den Wasserfall zum **Red Rock Point** führt.

Weiter folgt an der Einbahnstraße **Grandview Point**, der einen Blick auf die farbenprächtigen Canyonwände präsentiert. Schließlich biegt die Panoramastraße rechts ab und beschreibt einen Rechtsbogen. Ein Gebilde namens **Glacial Boulder** zieht die Aufmerksamkeit auf sich. Es handelt sich dabei um einen hausgroßen Granitblock inmitten eines Pinienwaldes am Straßenrand. Ein Gletscher hat ihn vor etwa 80.000 Jahren von den 15 mi/24 km entfernten Beartooth Mountains abgespalten und hier am North Rim wieder fallenlassen. Am Ende der Seitenstraße folgt **Inspiration Point**; von einer über wenige Schritte erreichbaren Plattform aus kann man die Länge der Schlucht bewundern und hat zudem einen Teil der Lower Falls im Blick.

Es gibt auch einen Aussichtspunkt für die Upper Falls. Diesen erreicht man über die Grand Loop Road Richtung Süden/Fishing Bridge, der Abzweig befindet sich südlich der Canyon Junction und des Cascade Creek und ist ausgeschildert. Ein kurzer Weg führt zum **Brink of the Upper Falls**.

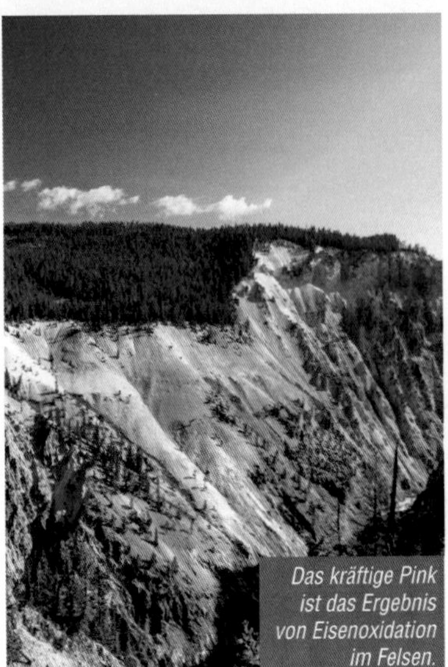

Das kräftige Pink ist das Ergebnis von Eisenoxidation im Felsen.

Wenn man nur Zeit für eine der beiden Rims hat, ist der North Rim die lohnenswertere Alternative.

South Rim Drive

Südlich des Yellowstone Rivers verläuft der von der Grand Loop Road aus ausgeschilderte South Rim Drive auf 1,5 mi/2,5 km bis zum Aussichtspunkt **Artist Point**, der als der schönste des Canyon-Gebietes gilt. Unterwegs kann man bei **Uncle Tom's Point**, einem riesigen Parkplatz links der Straße, einen Blick auf die beiden Wasserfälle Lower und Upper Falls werfen. Von hier kann man über den sehr steilen **Uncle Tom's Trail** 150 Höhenmeter hinab bis zum Grund des Lower Falls in der Schlucht steigen. Mehr als 300 Stufen sind zu bewältigen.

Täglich ab 9 Uhr bieten Ranger vier geführte Wanderungen vom Parkplatz aus über den Uncle Tom's Trail an.

Aussicht auf die Lower Falls vom Artist Point aus

Bei dem beliebten Aussichtspukt Artist Point halten Ranger mehrmals täglich interessante Vorträge (einen um 10 Uhr, der sich speziell an Kinder richtet). Auf einem 1 mi/1,6 km langen Weg erreicht man **Point Sublime** mit noch atemberaubenderen Blicken auf die Wände der Schlucht.

Man kann die beiden Rims auch zu Fuß erkunden und noch tiefere Einblicke in die Schlucht erhalten. Dafür fährt man zum Artist Point, wandert entlang des Canyons Richtung Wasserfall bis zum Uncle Tom's Trail und geht von hier aus hinüber zum Aussichtspunkt Brink of Lower Falls auf dem gegenüberliegenden North Rim Trail.

Zwischen dem Grand Canyon of the Yellowstone und dem im Süden gelegenen Yellowstone Lake befindet sich das Hayden Valley. Die Grand Loop Road schlängelt sich ebenso hindurch wie der Yellowstone River. Beim Ausbruch des Vulkans vor über 600.000 Jahren hat sich die Caldera gebildet, in der das Tal als sumpfige Graslandschaft liegt. Es ist Teil des Flussbettes des Yellowstone River. Da das Tal berühmt für seine Tiervielfalt ist, es lohnt sich, an den Parkbuchten am Straßenrand anzuhalten und auf Tiersuche zu gehen. Wird ein Bär gesichtet, kommt es nicht selten zu Verkehrsstaus auf der Grand Loop Road.

► Hayden Valley

In diesem größten Tal des Nationalparks erwartet die Besucher eine beeindruckende Vielfalt von Wildtieren – man sollte nach Grizzlys und Bisonherden Ausschau halten; Grizzlys sind häufig im Frühjahr und Frühsommer, Bisons im Frühjahr, Frühsommer und während der Brunftzeit im Herbst zu sehen. Kojoten kann man im Tal fast immer sichten. Auch die Vogelwelt präsentiert sich vielfältig: Enten, Gänse und Weiße Pelikane bevölkern die Flussgegend. Sogar Weißkopfseeadler drehen hier gelegentlich ihre Flugrunden. Beliebte und Erfolg versprechende Aussichtspunkte befinden sich 1,5 mi/2,5 km nördlich von Trout Creek (5 mi/8 km nördlich von Canyon Junction) und 1 mi/1,6 km nördlich von Sulphur Caldron (11 mi/17 km südlich von Canyon Junction) an der Grand Loop Road. Viermal die Woche bieten Ranger geführte Wildlife Watching Trips an (Start 7 Uhr morgens).

Der Yellowstone River plätschert als breiter, seichter Fluss durch die Graslandschaft des Tals. Das frühere Flussbett wurde in der letzten Eiszeit geformt, als ein Gletscherwasserausbruch das Tal geflutet hat und es in einen Seitenarm des Yellowstone Lakes verwandelt hat. Heute ist der Boden der Region immer noch sumpfig und für die meisten Bäume undurchdringlich. Das begünstigt das Strauchwerk und Gras, das die Bisons mögen, weshalb sie hier zahlreich anzutreffen sind.

Wandern

Clear Lake Trail

Clear Lake ist ein großer, blubbernder Tümpel in den Bergen und nur ein kurzes Stück Fußweg vom South Rim Drive entfernt. Der einfachste Weg startet am Parkplatz des South Rims. Der Weg steigt gemächlich auf einem teilweise bewaldeten Plateau an und führt zum Südufer des Sees.

Der Trail lässt sich, am See angekommen, gut mit anderen Wanderwegen kombinieren – beispielsweise mit denen, die in östliche Richtung zu Liliy Pond Lake und Ribbon Lake führen oder in westliche Richtung zum Yellowstone River. Das macht den Weg zu einem Rundweg von 3 mi/4,8 km bis 6 mi/9,6 km, je nachdem, welche Route man wählt.

Ganzj. Nein Haupt-Parkplatz am South Rim 1,5 Std. Einfach 3,2 km (nur Clear Lake, Hin- und Rückweg) 46 m

Cascade Lake Trail

In das Tal des Cascade Creeks steigt dieser Trail hinauf und führt dabei durch Wiesen und über einige kleine Flüsschen und schließlich entlang des Cascade Creek in westliche Richtung zum Cascade Lake. Von dort aus gehen weitere Wanderwege Richtung Westen ab (zum Beispiel der Aufstieg zum Observation Peak).

Nach einem Stück durch luftigen Wald ist eine buschige Graslandschaft erreicht. Auf einer Brücke über einen Bach findet man eine Wanderkarte. Von hier aus hält man sich in westliche Richtung, immer nah an einer Wiese entlang und über mehrere Flüsse hinweg. Südlich des Weges erstreckt sich Graslandschaft, bewaldete Hügel ragen im Norden auf. Die Vegetation wird dichter, sobald man auf den Cascade Creek trifft. Bald dominiert aber wieder die Graslandschaft mit vielen kleinen Bächen und schließlich taucht der See, das Ziel der Wanderung, im Hintergrund auf.

Ganzj. Nein Picnic Area 1,25 mi/2 km nördlich der Canyon Jct an der Grand Loop Rd 3 Std. Einfach 7,2 km 24 m

Übernachten

Canyon Lodge & Cabins

Es ist ein größerer Komplex mit etwa 500 Zimmern und Blockhäuschen, zum Teil bereits neu gestaltet (zum Beispiel die geräumigen Western Cabins mit privaten Badezimmern). Auch einige Lodge-Zimmer wurden renoviert und präsentieren sich im modernen Western-Look. Daneben gibt es einfach eingerichtete Frontier Cabins. Die Anlage befindet sich weiterhin in der Umbauphase. Geplant sind drei neue Lodges. Auch in den neuen Räumen nicht vorhanden: Fernseher, Radio, Internet und Klimaanlagen.

19 mi/30 km südl. von Tower-Roosevelt an der Kreuzung Grand Loop Rd mit der Norris Canyon

Der Yellowstone River ist im Hayden Valley ein seichter Zufluss durch Graslandschaft.

Es sind vor allem die Farben der Naturwunder, die die Faszination der Geysire und Quellen ausmachen.

Rd aus Richtung Westen nach links nach dem Parkplatz des Visitor Centers folgt rechterhand die Lodge. 5700 Norris Canyon Rd, Yellowstone NP, WY 82190 1-307-344-7311 1-866-439-7375 www.yellowstonenationalparklodges.com/lodging/summer-lodges/canyon-lodge-cabins Ja Nein Ende Mai–Ende Sep. * (Frontier Cabins), ** (Lodge & Western Cabins)

Canyon Campground

Wie die Lodge wird auch der Campground von Xanterra verwaltet. Es ist ein sehr beliebter Platz und im Zentrum des Yellowstone National Park sehr geschickt gelegen. Auch die Ausgangslage zum Canyon und dem North Rim Drive ist sehr gut. Viele Bäume spenden Schatten und Privatsphäre. Kostenpflichtige Duschen (zweimal Duschen pro Nacht ist im Preis inklusive) und einen Waschsalon findet man beim Campground Camper Service. Die Einrichtungen von Canyon Village sind nur 0,25 mi/0,4 km entfernt.

19 mi/30 km südl. von Tower-Roosevelt an der Kreuzung der Grand Loop Rd mit der Norris Canyon Rd aus Richtung Westen nach links fahren und die dritte Straße wieder links abbiegen. North Rim Dr, Yellowstone NP, WY 82190 1-307-344-7311 1-866-439-7375 www.yellowstonenationalparklodges.com/lodging/camping/canyon-campground Ende Mai–Mitte Sep. Ja 127 127 Ja (in der Nähe) Ja, kostenpflichtig Nein Nein Nein $$

Es geht wieder in westliche Richtung, um die Nordschleife der Grand Loop Road zu schließen und im Anschluss der Acht weiter in südliche Richtung zu folgen. Das Teilstück zwischen Canyon Village und Norris als nächstem Ziel ist 12 mi/19 km lang und führt über die ***Norris Canyon Road,*** *die gegenüber der Canyon Village nach Westen abzweigt. Über eine Seitenstraße ist der 18 Meter hohe Wasserfall* ***Virginia Cascade*** *erreichbar (etwa 2 mi/3 km nach der Canyon Junction auf der Norris Canyon Road). Ansonsten ist dieses Verbindungsstück relativ unspektakulär. Es führt durch verbrannte Waldstücke und abgekühlte Lavaströme über das* ***Solfatara Plateau*** *nach Norris.*

GEYSER COUNTRY

Die Reise nähert sich dem Herzstück des Yellowstone National Park und der Attraktion, für die er weltweit berühmt ist: den Geysiren, die sich hauptsächlich auf verschiedene Bereiche verteilt an der Westflanke des Parks erstrecken. Die spektakulärsten geothermischen Erscheinungsformen von Geysiren häufen sich im Geyser Country – es konzentrieren sich sogar mehr als die Hälfte aller Geysire der Welt auf diesen Bereich! Etwa 200 Geysire befinden sich auf einer Fläche von knapp vier Quadratkilometern. Das macht den Yellowstone National Park weltweit einzigartig.

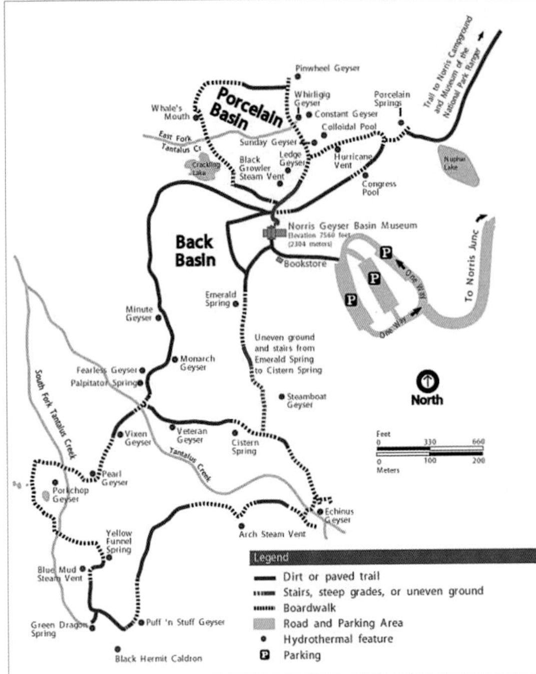

Die meisten Geysire tummeln sich um den **Firehole River**, der das Rückgrat des Geyser-Basins bildet. Die Seitenarme des Flusses speisen 21 der Wasserfälle des ganzen Parks. Insgesamt sind im Yellowstone etwa 10.000 thermische Quellen vorhanden – nur etwa drei Prozent davon sind jedoch Geysire. Die meisten sind klein, sprudeln und plätschern und schießen nicht besonders weit in die Höhe. Nur sechs große Geysire existieren, die jeden Tag zu bestimmten Zeiten mehr als 30 Meter hoch sprühen. Das berühmteste Beispiel ist der Geysir **Old Faithful** (▶Seite 254), der alle 45 bis 90 Minuten ausbricht.

Zwischen den einzelnen thermischen Becken befindet sich Schmelzgestein im Magma-Untergrund – dieses Gestein steuert als einer von drei Faktoren die Quellen, indem es das umgebende kristalline Gestein aufheizt und ableitet. Wasser als Element ist ebenfalls wichtig; es dringt als Regen oder Schnee in die Spalten und Ritzen im Boden ein. In einem porösen Becken wird es von der abgeleiteten Magma aufgeheizt. Das siedend heiße Wasser entwickelt Druck und steigt durch das dritte Element auf, ein vulkanisches Gestein namens Rhyolit, das hart und stark genug ist, dem Druck zu widerstehen. Wenn das thermische Wasser dann die Oberfläche erreicht, lässt der Druck nach und das Wasser tritt als Geysir, heiße Quelle, Fumarole (Dampfaustrittstelle) oder Schlammtümpel hervor. Alle diese Quellen präsentieren sämtliche Regenbogenfarben. Bakterien und Algen sind hauptsächlich verantwortlich für das Farbspektakel, aber auch die unterschiedlichen Wassertemperaturen. Heiße Quellen mit allen erdenklichen Blautönen gibt es – sie ändern ihr Blau von Tag zu Tag je nach Lichteinstrahlung. Wenn man sich mehrere Tage im Yellowstone aufhält, kann man sich durch wiederholte Besuche derselben Quellen von diesen magischen Farbwandlungen überzeugen.

Die verschiedenen Basins mit den jeweiligen Geysiren verteilen sich um das Gebiet von Norris und Old Faithful. In allen Bereichen gibt es Rundwege über Boardwalks, von denen aus man sehr viel von der thermischen Welt sieht. Auf den Geysiren liegt der Schwerpunkt der Besichtigungen in Geyser Country – ein paar passende Wanderungen fernab der Boardwalk-Hauptrouten und damit dem Menschenstrom werden dennoch vorgeschlagen. Für ausgedehnte Wanderungen ist jedoch erst wieder die Region um den Yellowstone Lake (▶Seite 260) interessant.

NORRIS

Norris war einst ein Armee-Außenposten, wovon heute noch die Soldier Station im Blockhausstil übrig ist und das Museum of the National Park Ranger beherbergt (▶Seite 247). Norris liegt an der Kreuzung der Grand Loop Road (Richtung Madison im Süden und Mammoth im Norden) mit der Norris Canyon Road. Um die Junction herum erstreckt sich das größte Highlight des Areals, das Norris Geyser Basin.

Highlights

▶ Norris Geyser Basin

Nördlich und westlich der Kreuzung befindet sich die älteste, kontinuierlich aktive geothermische Region Nordamerikas. Es ist gleichzeitig das wärmste Gebiet des Nationalparks. In Norris sind zudem die meisten säurehaltigen Geysire beheimatet, gespeist von der ergiebigen Versorgung mit Schwefel. Im Norris Basin brodelt, kocht und wütet die Erde wie nirgendwo sonst. Die geothermischen Erscheinungsformen wechseln jahreszeitlich, vor allem im August und September. Dann verwandeln sich klare Becken in spritzende Geysire oder Matschtümpel – und andersherum. Die thermische Aktivität wird auch von Erdbeben beeinflusst.

Das Norris Geyser Basin (von der Grand Loop Road aus nach rechts ausgeschildert) beinhaltet zwei verschiedene Gebiete: Das **Porcelain Basin** und das **Back Basin**. Bei Zeitnot sollte man sich auf das Porcelain Basin konzentrieren. Unterhalb des Norris Geyser Basin Museums kann man vom Porcelain Terrace Overlook aus das Areal sowohl gut überblicken als auch von dort aus an einem von einem Ranger geführten Spaziergang teilnehmen (🕒 tägl. 9.30 h). Um das Porcelain Basin herum führt ein etwa 0,9 mi/1,5 km langer Boardwalk. Im Basin blubbert und brodelt es wie in einem Chemielabor. Es erstreckt sich westlich und südlich des Norris Geyser Basin Museums.

Um das bewaldete Back Basin nördlich des Museums windet sich ein 2 mi/3 km langer Boardwalk. Wenn man vom Porcelain Basin aus das Museum verlässt, wendet man sich nach rechts über einen Pfad in das Back Basin. Nirgendwo sonst im Park kommt man so nah an die Geysire heran wie hier.

Das Porcelain Basin ist ein einziger dampfender Hexenkessel. Man kann auf Boardwalks mitten durch das Areal hindurchlaufen.

In beiden Bereichen brechen regelmäßig Geysire aus; bei manchen muss man schnell hinschauen, bevor der Ausbruch wieder vorbei ist. Andere sprudeln minutenlang. Das Wasser kühlt dann herrlich und wenn man ein paar Spritzer abbekommt, ist das nicht allzu tragisch –das Wasser ist nicht säurehaltiger als Essig oder Zitronensaft, also keinesfalls ätzend.

► Museum of the National Park Ranger

Manchmal sind auskunftsfreudige, pensionierte Nationalpark-Servicemitarbeiter vor Ort, was einen Besuch interessant macht. Die Dauerausstellung in dem original nachgebauten Gebäude von 1908 selbst zeigt die Entwicklung des Berufs eines Rangers, angefangen bei dessen militärischem Ursprung bis hin zu der heute bekannten Profession eines Nationalpark-Rangers. Untermalt werden die Exponate von einem 25-minütigen Film. Der Nachbau einer alten Ranger-Hütte bietet eine kleine Zeitreise zurück zu diesen Anfängen. Das Gelände, das sich direkt neben dem Campground befindet, ist sehr idyllisch, der Gibbon River fließt durch eine Wiese direkt vor dem Gebäude vorbei.

Von der Norris Canyon Rd rechts auf die Grand Loop Rd und gleich wieder rechts auf die Norris Campground Rd; das Museum folgt rechterhand Norris Campground Rd, Yellowstone NP, WY 82190 1-307-344-7353 www.nps.gov/yell/planyourvisit/norrisvc.htm Juni–Sep. tägl. 9–17 h

Norris Geyser Basin Museum

Das Gebäude, das 1929/1930 errichtet wurde, steht unter Denkmalschutz und ist eine Mischung aus Stein- und Blockhausbauweise. Mit diesem Design war das heutige Museum ein Modell für andere Gebäude wie das Fishing Bridge Museum (►Seite 264) und das Madison Museum aus derselben Bauperiode. Die Ausstellung dreht sich vor allem um die geothermische Geologie des Norris Geyser Basin und das Leben in thermischen Regionen. Die Darstellungen sind sehr anschaulich und liebevoll – mit wenigen Mitteln und verständlichen Erklärungen erfasst der Besucher die verschiedenen geothermischen Erscheinungsformen des Yellowstone National Park. Insofern ist die Ausstellung in diesem Museum eine sinnvolle Zusammenfassung für den Gesamtpark. Dem Museum angeschlossen sind eine Information Station und ein Buchladen.

Von der Norris Canyon Rd rechts auf die Grand Loop Rd und gleich links; das Museum folgt nach einem großen Parkplatz Yellowstone NP, WY 82190 1-307-344-2812 www.nps.gov/yell/planyourvisit/norrisvc.htm Mai–Sep. tägl. 9–18 h

Wandern

► Monument Geyser Basin Trail ★

Die Wanderung bietet die Möglichkeit, im Hinterland über einen steilen, aber lohnenswerten Weg wenig besuchte thermische Aktivitäten anzusteuern. Garniert ist der Weg mit schönen Blicken über die Wiesen um den Gibbon River. Zwar gibt es unterwegs keine geballten thermischen Aktivitäten wie in den ausgewiesenen Gebieten (und keine Geysire oder sprudelnde Quellen), aber das, was man vorfindet, hat man in der Regel für sich alleine.

Der Weg folgt dem Gibbon River, dann steigt er für einen knappen Kilometer steil bergauf. Ab diesem Wegstück sind die Ausblicke sehr schön. Monument Geyser ist die berühmteste thermische Aktivität der Wanderung – er lässt immer noch Dampf ab. Man sollte zur reinen Wegesstrecke 30 Minuten hinzufügen, um die kleineren Quellen zu erforschen.

Ganzj. Nein Monument Geyser Trailhead, 5 mi/8 km südl. Norris Jct an der Gibbon River Bridge 1,5 Std. Moderat 3,2 km 244 m

Übernachten

► Norris Campground

Ein 1 mi/1,6 km langer, schöner Weg verbindet den Campground mit dem Norris Geyser Basin. Der Platz ist außerdem der Zugang zum oben genannten National Park Ranger Museum. Es gibt eine begrenzte Anzahl an RV-Plätzen für größere Wohnmobile und einige für kleinere, außerdem sehr schöne Zeltplätze auf dem schattigen Platz mit vielen Bäumen. Man sollte früh kommen, da der Campground sehr beliebt ist. Versorgungseinrichtungen gibt es allerdings nur in der

12 mi/18 km entfernten Canyon Village oder im 21 mi/34 km entfernten Mammoth Hot Springs.

Von der Norris Canyon Rd rechts auf die Grand Loop Rd und gleich wieder rechts auf die Norris Campground Rd Norris Campground Rd, Yellowstone NP, WY 82190 1-307-344-7381 www.nps.gov/yell Mitte Mai–Ende Sep. Nein 100 100 Nein Nein Nein Nein Nein $

Die nun folgende, 14 mi/23 km lange Strecke zwischen Norris und Madison gen Süden kennt man bereits in umgekehrter Richtung von der Hinfahrt, ebenso ist man an dem Madison Campground bereits vorbeigekommen, den man 15 mi/24 km nach Norris erreicht. Vorher, 4 mi/6 km nach der Norris Junction, befindet sich allerdings noch ein kleines Highlight, das nicht so überlaufen ist wie die meisten thermischen Bereiche, dafür aber umso attraktiver:

ARTISTS PAINTPOTS ☆

Vom Parkplatz aus sind es etwa 500 Meter bis zum Beginn des Rundgangs. Dieser führt über Holzstege und Treppen auf einer Länge von 1 mi/1,6 km vorbei an einem Konglomerat aller geothermischen Erscheinungsformen, die der Yellowstone National Park zu bieten hat – und das dem Namen des Gebietes entsprechend in den schillerndsten Tönen: Schlammlöcher werfen Blasen in verschiedenen Farben und bilden kleine Fontänen. Auch die Tümpel und die rot, gelb oder blau schimmernden heißen Quellen, die Dampf ablassen, sind für die Namensgebung dieses Areals verantwortlich. Das Terrain ist leicht hügelig beziehungsweise zum Teil über Treppen erschlossen, sodass man besonders faszinierende Blicke von oben auf die fantastische Farbwelt und thermischen Wunder werfen kann und dabei dampfende Geysire, blubbernde Tümpel und farbige Quellen auf einmal sehen kann. Die besten Matschtümpel und Quellen befinden sich in der hinteren rechten Ecke des Gebietes.

7 mi/11 km südl. der Norris Jct auf der linken Seite der Grand Loop Rd (großer Parkplatz)

Ein Stückchen weiter nach dem Farbspektakel folgt noch das ***Monument Geyser Basin****, das nur über einen 2,8 mi/4,5 km langen Wanderweg erreicht werden kann, auf dem 213 Höhenmeter zu bewältigen sind. Das Schöne an dieser Art, die thermischen Aktivitäten zu erforschen, ist, dass man nicht auf einem Boardwalk drumherum geleitet wird. Weiter in südliche Richtung geht die Grand Loop Road stetig bergab, man passiert die* ***Gibbon Falls****.*

und ***Terrace Spring****, ein großer Tümpel mit einem Geysir in einer Ecke. Die Straße geht nun hinab bis Madison Junction. Dort befindet man sich nicht mehr in Geysir-Gebiet, allerdings locken der große, reservierbare Madison Campground (**▶Seite 249**) und eine Information Station, die zahlreiche Aktivitäten (vor allem für Kinder) anbietet.*

MADISON

Zu Madison gibt es nicht viel zu sagen, es ist in erster Linie ein Übernachtungsstandort für Zelter und Wohnmobilreisende. In diesem Bereich kreuzen sich die Flüsse Gibbon River und Firehole River an der **Madison Junction**. Wenn man auf dem Weg aus Richtung Norris keine Zeit für die Artists Paintpots, die Gibbon Falls oder das Monument Geyser Basin hatte, kann man alles von diesem Übernachtungsstandort aus bequem nachholen. Madison verfügt über eine **Information Station**, die in einem unter Denkmalschutz stehenden historischen Gebäude untergebracht ist, das früher einmal ein Museum gewesen sein soll. Es wird ein umfangreiches Ranger-Programm angeboten, dessen aktuelle Inhalte man auf der Seite www.nps.gov/yell/planyourvisit/upload/YTRangerProg14_Madison_WYELL.pdf findet. Über der Ranger Station ragt der 2.286 Meter hohe **National Park Mountain** empor. In der Nachmittagssonne kann man im Madison Valley auf Hirsche, Elche und Bisons hoffen. Bei einer Übernachtung auf dem reservierbaren Campingplatz kann man in Madison auch wandern gehen.

Schöne Zwischenstopps auf der Fahrt Richtung Madison – hier die Gibbon Falls

Wandern

► Harlequin Lake Trail

Die kurze Wanderung beginnt an der Zufahrt zum West Entrance gegenüber einer Haltebucht der West Entrance Road, von der aus man den Madison River überblicken kann, etwa 1,5 mi/2,4 km westlich der Madison Junction. Der Weg führt bergauf zu einem kleinen See. Der Harlequin Lake war früher wegen seiner abgeschiedenen Lage bekannt als »Secret Lake«, wurde aber 1958 nach der farbenfrohen Ente Harlequin benannt. Im Frühsommer und im Herbst sind gelegentlich Elche anzutreffen.

Ganzj. Nein West Entrance Rd, 1,5 mi/2,4 km westl. der Madison Jct 30 Min. Einfach 1 km 37 m

► Purple Mountain

Vom Madison Campground aus ist der Startpunkt gut zu Fuß erreichbar. Hinter der Entrance Station überquert man die Straße und folgt der Beschilderung zu den Wohnungen der Parkangestellten. Von dort die Straße in östliche Richtung entlanggehen. Der Trailhead befindet sich an der Absperrung auf der westlichen Straßenseite der Madison-Norris-Road (an einer kleinen Parkbucht).

Los geht es am westlichen Ende einer Wiese am Gibbon River; die Gegend ist von der nahen Terrace Spring im wahrsten Sinne des Wortes überflutet von Quellen am Fuße des Berges. Ein steiler Aufstieg führt auf den Purple Mountain – ab etwa der Hälfte mit exzellenten Panorama-Aussichten auf die umgebende Landschaft. Blicke auf das Madison Plateau zeigen die Folgen eines großen Feuers, das 1988 am Campground gewütet hatte.

Ganzj. Nein Der Trailhead befindet sich 0,25 mi/0,4 km nördl. der Madison Jct 3,5 Std. Anstrengend 8,3 km 485 m

Übernachten

Madison Campground

Es ist ein sehr zentraler und deshalb sehr empfehlenswerter Übernachtungsstandort im Yellowstone National Park. Old Faithful (►Seite 254) ist 16 mi/26 km entfernt (dort gibt es keinen Campingplatz!). Es ist außerdem der größte Platz und er ist reservierbar (von Xanterra verwaltet). Auf über 2.000 Metern Höhe gelegen sind die Stellplätze von Schatten spendenden Bäumen eingebettet, man kann aber auch sonnige Standorte wählen. Im Vergleich zu anderen National-

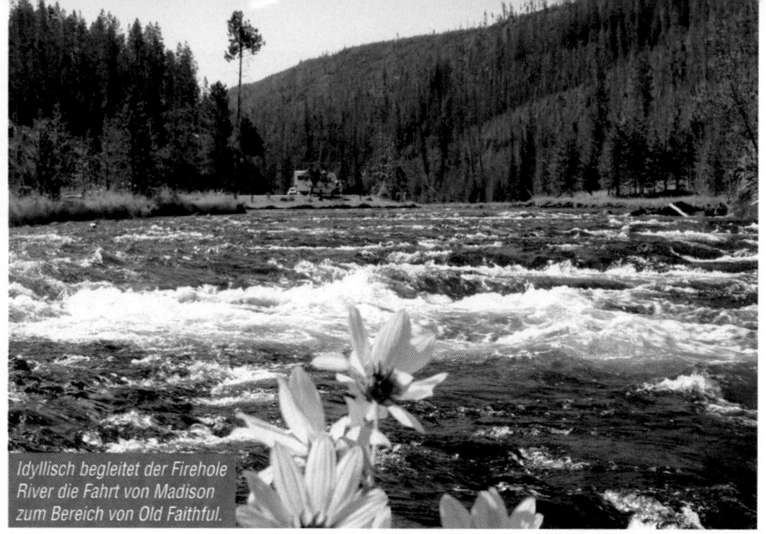

Idyllisch begleitet der Firehole River die Fahrt von Madison zum Bereich von Old Faithful.

parks sind die Stellplätze im Yellowstone näher beieinander, die Privatsphäre ist aber, vor allem angesichts eines so berühmten Parks, akzeptabel.

Von Norris 14 mi/23 km auf der Grand Loop Rd bis zur Kreuzung mit der West Entrance Rd zum Campground Yellowstone NP, WY 82190 1-307-344-7311 1-866-439-7375 www.yellowstonenationalparklodges.com/lodging/camping/madison-campground Mai–Mitte Okt. Ja 270 64 reine Zeltplätze, 216 gemischt nutzbar Ja Nein Nein Nein Nein $$

Es wird Zeit für das nächste Highlight des Yellowstone National Park – eigentlich ist es das Highlight, der Magnet, der Touristen aus aller Welt in diesen doch recht entlegenen und nicht unbedingt einfach zugänglichen Park lockt: Es naht ***Old Faithful****, die Region mit dem gleichnamigen Geysir im Zentrum der Aufmerksamkeit. 16 mi/26 km ist das nächste Zielgebiet von Madison entfernt. Viele der Attraktionen befinden sich bereits auf der Anfahrt zum Old Faithful – man sollte sich also darauf vorbereiten, das relativ kurze Stück nicht auf einen Rutsch durchzufahren. Das ebenfalls nördlich von Old Faithful liegende* ***Lower Geyser Basin*** *wird im Bereich Old Faithful mit vorgestellt.*

Die Fahrt startet auf der Grand Loop Road ab Madison Junction gen Süden über die Südschleife des Yellowstone. Der ***Firehole River*** *begleitet die Fahrstrecke höchst malerisch. Bereits 2 mi/3 km südlich der Madison Junction zweigt rechterhand der* ***Firehole Canyon Drive*** *ab, der parallel zur Grand Loop Road am Firehole River entlangführt. Ziel der Straße sind die* ***Firehole Falls*** *(die jedoch von der Straße aus auch direkt erreichbar und sichtbar sind) – ein Bad unter dieser Naturdusche kühlt ungemein an heißen Sommertagen. Hierfür eignet sich bestens die Firehole Swimming Area. Nach 2,2 mi/3,5 km stößt man wieder auf die Grand Loop Road.*

Die nächste Seitenstraße folgt bereits nach 3 mi/5 km. Es geht auf den ***Fountain Flat Drive****, der ebenfalls nach rechts abzweigt und unter anderem zu der schönen* ***Nez Percé Picnic Area*** *und der* ***Pocket Basin Backcountry Geyser Area*** *führt – eines der unbekanntesten und am wenigsten besuchten thermischen Basins. Der Fountain Flat Drive ist eine etwa 1 mi/1,6 km lange Stichstraße, an dessen Ende sich ein großer Parkplatz befindet.*

Kurz nach Rückkehr von der Stippvisite auf der Stichstraße erhascht man erste Blicke auf die thermischen Aktivitäten der Region. 2 mi/3,2 km, nachdem der Fountain Flat Drive wieder auf die Grand Loop Road eingemündet ist, gewährt der

Blick von einer Haltebucht aus erste Impressionen der dampfenden Geysire auf der rechten und dem ***Firehole Lake Basin*** *auf der linken Seite sowie das schlangenförmige* ***Firehole Valley****.*

Diese Eindrücke sind der Startschuss für das Kommende, im direkten Übergang folgt nun das Lower Geyser Basin.

LOWER GEYSER BASIN

Das Lower Geyser Basin startet mit dem **Fountain Paint Point**, der rechts von der Grand Loop Road kurz nach dem Blick auf das Firehole Lake Basin und das Firehole Valley abzweigt. Das Gebiet ist 29 Quadratkilometer groß und besteht aus einer flachen Ebene, die von Wiesen und kleinen Grüppchen mit Küstenkiefern durchsetzt ist. Durch das Zentrum des Basins fließt der Firehole River.

Was den Ausstoß von heißem Wasser anbelangt, kann kein anderes Gebiet im Park dem Lower Basin das Wasser reichen. Messungen aus dem Jahr 1930 ergaben eine Menge von 60.000 Litern in der Minute! Die meisten hydrothermischen Reaktionen im Lower Geyser Basin treten im **Fountain Paint Pot** und am **Firehole Lake** auf, die sich auf dem 2 mi/3 km südlich des Midway Basins links abzweigenden **Firehole Lake Drive** befinden (RVs dürfen diese Straße nicht befahren, es gibt leider auch keine Alternative für Wohnmobilfahrer). Das ist eine 3 mi/5 km lange Strecke, die eindrucksvoll demonstriert, was brodelnde Geysire sind.

Er führt an einigen schönen Becken und großen Geysiren vorbei, beispielsweise dem **Great Fountain Geyser**, der in abgehackten Explosionen bis zu 60 Meter in die Luft steigt. Dieses Schauspiel liefert er ungefähr alle elf Stunden. 90 Minuten vor der Eruption beginnt der Krater überzulaufen – zudem kündigt ein ungestümes Brodeln den nahenden Ausbruch an, der dann bis zu einer Stunde dauern kann (es ist der einzige Geysir im Lower Basin, dessen Eruptionen vorausgesagt werden können; die Ranger im Visitor Center

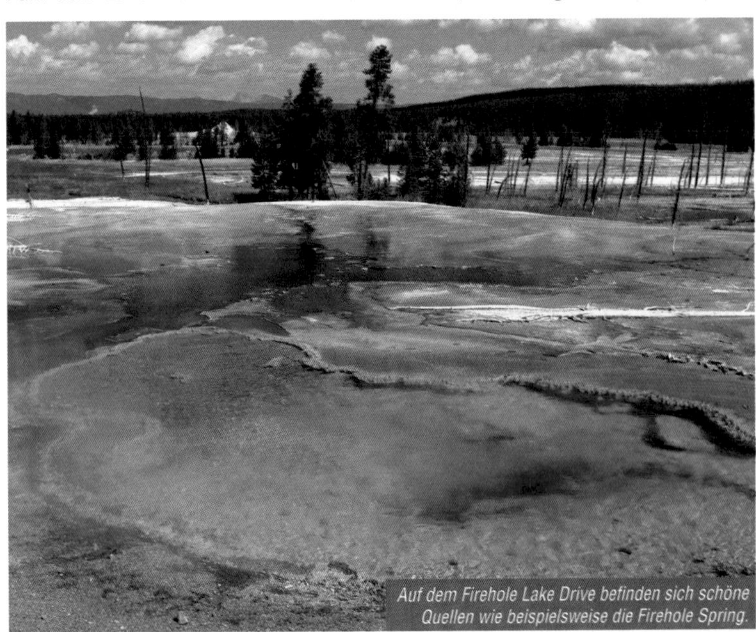

Auf dem Firehole Lake Drive befinden sich schöne Quellen wie beispielsweise die Firehole Spring.

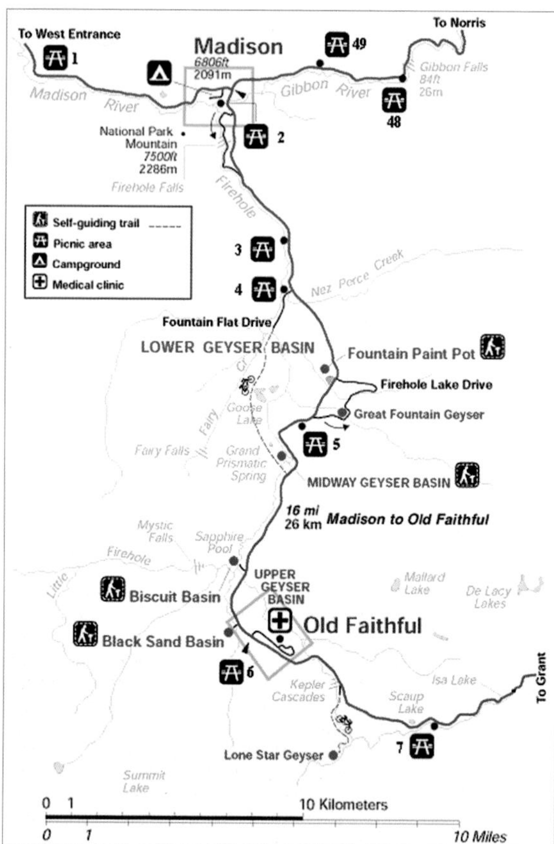

als gerecht wird, kann man erleben, dass hier wirklich ein Farbtopf am Werk gewesen zu sein scheint. Vom Parkplatz aus startet der Rundweg (gegen den Uhrzeigersinn) mit dem **Celestine Pool** und seiner tiefblauen Farbe.

Es folgt **Bacteria**, in den Farben Grün, Braun und Orange, hervorgerufen durch Bakterien, die in extrem heißem Wasser überleben können. Bei **Silex Spring** muss man sich vergegenwärtigen, wie das heiße Wasser an die Oberfläche gelangte: Von tief unten wird die Hitze des geschmolzenen Gesteins aus dem Erdinneren durch die massive Felsschicht der Erdkruste transportiert. Das Grundwasser, das durch das Gestein fließt, wird erhitzt und drückt sich durch Risse und Spalten nach oben. Wo das Wasser an der Erdoberfläche austreten kann, entsteht eine heiße Quelle. Der namensgebende **Fountain Paint Pot** ist einer der Matschtümpel des Parks. Die Tümpel sind im Frühsommer noch wässrig vom Regen und der Schneeschmelze – im Spätsommer ist es eine dicke Soße. Der Matsch besteht aus Tonmineral und feinen Kieselerde-Partikeln. **Fumarolen** sind die dritte Kategorie der thermischen Vorkommen in der Fountain Paint Pot Area. Das typische Zischen und Rattern rührt von Gasen (Dampf, Karbondioxid und ein bisschen Schwefelwasserstoff) her, die durch Luftlöcher aus der Erde steigen. Weiter geht es mit **Leather**

können Auskunft über den erwarteten Zeitpunkt geben). Der nahe **White Dom Geyser** bricht alle 30 Minuten aus und Pink Cone Geyser hat seine Farbe von den Ablagerungen von Mangan-Dioxiden. **Firehole Lake** schließlich ist eine große heiße Quelle, die von kleineren Geysiren umgeben ist. Ein Abfluss fließt auf der anderen Straßenseite in den **Hot Lake**, der weitere Geysire bietet.

An der Haltebucht rechts des Highways gegenüber der Ausfahrt der Firehole Lake Road startet der **Fountain Paint Pot Nature Trail**. Auf einem knapp 0,6 mi/1 km langen Boardwalk, der alle vier Typen von geothermischen Attraktionen auf einmal umfasst und dabei seinem Namen mehr

Highlight im Midway Geysir Basin ist die Grand Prismatic Spring.

Pool, das seit einem Erdbeben abgekühlt ist und braune Bakterien begünstigt. Red Spouter vereint alles in sich: das Verhalten von Fumarolen, heißen Quellen und Matschtümpeln. Richtung Westen geht es zu den Geysiren. **Twig Geyser** ist der erste, es folgen **Jet Geyser**, **Fountain Geyser**, **Morning Geyser**, **Clepsydra Geyser**, **Spasm Geyser** und **Jelly Geyser**. Unterhalb von Clepsydra Geyser findet sich eine große Menge von **Sinter**, das ist die Schlacke, die durch eine allmähliche mineralische Ablagerung entsteht. Damit ist der geologische Exkurs auf konzentrierter Strecke vollendet.

Vom Lower Geyser Basin sind es 2,8 mi/4,4 km über die Grand Loop Road bis zum Midway Geyser Basin.

MIDWAY GEYSER BASIN

Eigentlich gehört dieses Basin zum Lower Geyser Basin, aber weil es etwas isoliert zwischen den Attraktionen des Lower Geyser Basins und des Upper Geyser Basins liegt, wurde es »Midway« genannt. Es ist zwar klein, beinhaltet aber die beiden größten heißen Quellen der Welt: **Grand Prismatic Spring**, farbenfroher Vertreter und Motiv auf vielen Postkarten, und **Excelsior Geyser**, ein schlafender Geysir, der heute über 15.000 Liter kochendes Wasser pro Minute freisetzt. Die Grand Prismatic Spring ist 76 × 116 Meter groß und damit die drittgrößte Quelle der Welt (die beiden größten findet man in Neuseeland). Grand Prismatic sitzt auf einer kleinen Erhöhung, von der das Wasser gleichmäßig an allen Seiten herabfließt, was einen farbenfrohen Verlauf ergibt und für die Namensgebung verantwortlich ist: Die Mitte ist tiefblau, dann wird das Blau etwas blasser und grüne Algen schließen an den seichten Kanten das Farnspektrum ab. Außerhalb der überhängenden Kante fließt ein gelbes Band in ein orangefarbenes über. Rot schließt außen das faszinierende Naturwunder ab. Wenn dann noch Dampf die Quelle bedeckt, werden die brillianten Farben reflektiert und der Anblick wirkt absolut surreal. Es ist allerdings ein wenig schade, dass ausgerechnet am Aussichtspunkt dieser Quelle der Boardwalk nicht erhöht ist. Gerade der Blick von oben auf dieses Farbenspektakel wäre fantastisch.

Um einen solchen Blick zu erhaschen, folgt man vom Parkplatz der Grand Prismatic Spring der Grand Loop Rd 1,5 mi/2,5 km weiter Richtung Old Faithful (nach Süden), dann zweigt rechterhand eine Stichstraße ab (für Wohnmobile gesperrt!). Vom Parkplatz aus ist es ein etwa 0,7 mi/1,1 km langer Fußmarsch zum Hügel hinter der Grand Prismatic Spring, von dem aus man die Quelle wunderbar von oben sehen kann (wenn sie nicht gerade »dampft«).

Der **Excelsior Geyser** befindet sich in derselben Größenordnung und war früher der größte Geysir der Welt. Die letzten Ausbrüche fanden jedoch 1985 statt – damals dauerte der Ausbruch zwei Tage lang. Jetzt ist der Ex-Geysir eine produktive thermische Quelle. Abzugskanäle kochen und peitschen das Wasser im Krater und bedecken ihn mit einer geschlossenen Dampfschicht.

Weitere Quellen des Midway Basins weisen die charakteristischen ockergelben und dunkelblauen Farben auf. Auf der anderen Seite des Firehole Rivers gibt es noch eine Reihe kleinerer, unberührter Quellen und Matschtümpel. Der Ableitungskanal des Rabbit Creek weist ein paar bunte und unübliche thermische Erscheinungen auf, von denen die meisten gar keinen Namen tragen. Hier sollte man vorsichtig sein, denn die Wege sind nicht befestigt und der Boden ist instabil.

OLD FAITHFUL & UPPER GEYSER BASIN

Namensgeber der Region ist der weltberühmte Geysir, der **alle 90 Minuten** zur Freude der Zuschauer ausbricht. Dabei speit er etwa 30.000 Liter Wasser aus, die er bis zu 50 Meter hoch in die Luft katapultiert – das lockt alle eineinhalb Stunden aufs neue große Menschenmassen an!

Man kann das Spektakel von verschiedenen Standpunkten aus verfolgen: Von den eigens aufgestellten – und jedes Mal bis auf den letzten Platz besetzten – Sitzplätzen aus, von der Terrasse des Old Faithful Inns (▶Seite 258) oder aus der Entfernung vom **Observation Hill** aus. Zu diesem gelangt man über einen Seitenpfad vom Firehole River aus und entfernt sich in nordöstliche Richtung vom Old Faithful.

Old Faithful ist weder der größte noch der vorhersehbarste Geysir des Parks, aber er ist derjenige, der am häufigsten ausbricht. Seine vorhergesagten Ausbrüche weichen um maximal zehn Minuten nach vorne oder hinten ab. Daher stammt auch sein Name: Weil er so zuverlässig (»faithful« heißt übersetzt »zuverlässig, genau, gewissenhaft«) ausbricht, hat ihm bereits eine Expedition von 1870 diesen Namen gegeben. Jeder Ausbruch ist etwa vier Minuten lang – dauert der Ausbruch länger, braucht der Old Faithful auch länger zur »Erholung« und bricht entsprechend später wieder aus. Im Visitor Education Center steht mitten im Raum eine große Anzeigetafel, die die nächste Eruption bekanntgibt. Auf der Internetseite www.nps.gov/features/yell/webcam/oldFaithfulStreaming.html kann man tagesaktuell ebenfalls nach den Ausbruch-

Der Ausbruch des Old Faithful vom Observation Hill aus betrachtet.

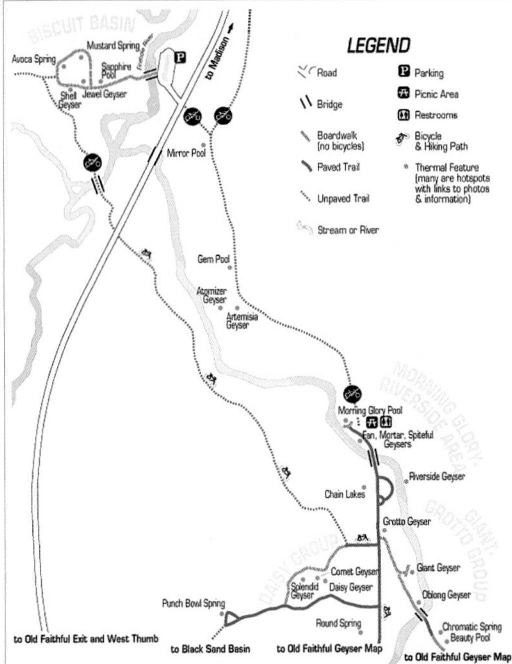

zeiten schauen. Im Visitor Center sind neben dem Old Faithful auch die nächsten Ausbrüche aller vorhersagbaren Geysire der Region ausgeschrieben.

Man muss aber ehrlich sagen: Wie bei manch anderen Dingen wird auch um den Old Faithful eine große Show veranstaltet, die ein wenig übertrieben scheint. Enttäuscht nach dem ersten Ausbruch haben wir weitere abgewartet – jedoch kein wirklich eindrucksvolles Aha-Erlebnis gehabt. Von der Bestuhlung für das Naturspektakel aus sieht man links hinter dem Old Faithful einen munteren Geysir, der die ganze Zeit über auszubrechen scheint, da er dauerhaft unter Dampf steht. Es ist der **Castle Geyser** im Upper Geyser Basin (siehe unten), der dem Old Faithful fast ein bisschen die Show stiehlt.

Der berühmte Repräsentant eines Geysirs ist aber – wie bereits gesehen – ohnehin nicht die einzige Attraktion in diesem Gebiet. Old Faithful als »Ort« hat eine richtige Infrastruktur: Neben dem **Visitor Education Center** gibt es eine **medizinische Einrichtung**, ein **Backcountry Office**, eine **Ranger Station** und die Lodge **Old Faithful Inn**, in die man unbedingt auch dann einen Blick werfen sollte, wenn man nicht dort übernachtet. Das historische Gebäude aus dem Jahr 1904 wirkt schon allein mit seiner Lobby im Blockhausstil sehr authentisch. In der Lodge gibt es Duschen,

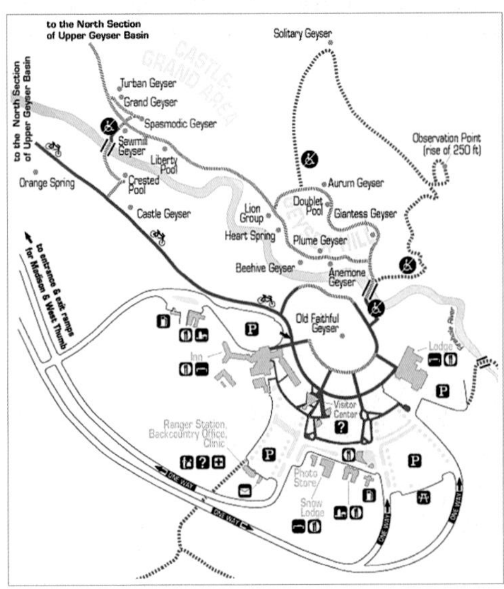

Der Geysir Castle Rock liegt zwar im Schatten des Old Faithful, um ihn herum dampft es aber kontinuierlich.

die man täglich von 6.30 bis 23 Uhr benutzen kann. Drei Tankstellen, an denen man von Ende April bis Ende Oktober Benzin bekommt, und zwei weitere Lodges, Restaurants sowie mehrere Lebensmittelläden vervollständigen das Angebot. Der **Yellowstone General Store** hat die größte Auswahl an Lebensmitteln innerhalb des Nationalparks. In der Old Faithful Snow Lodge kann man im Sommer Fahrräder und im Winter Schneeschuhe mieten. Einen Campground gibt es im Bereich Old Faithful nicht. Achtmal am Tag halten Ranger einen geologischen Vortrag vor dem Old Faithful Inn und abends um 19 Uhr bieten sie eine Präsentation im Amphitheater an. Old Faithful als Ort fällt vollständig in das Gebiet des Upper Geyser Basin.

Im Süden des Ortes Old Faithful befindet sich im Hinterland das **Lone Star Geyser Basin**, das über eine 5 mi/8 km lange Wanderung (Hin- und Rückweg) erreicht werden kann. Der Lone Star Geysir bricht alle drei Stunden aus; ein Logbuch, das beim Geysir ausliegt, dokumentiert die Zeiten und Arten der Ausbrüche. Noch weiter entlegen ist das **Shoshone Geyser Basin**, zu dem man nur über einen insgesamt 17 mi/27 km langen Weg gelangen kann. Wer die beiden Bereiche gerne besuchen möchte, erreicht den Trailhead für das Lone Star Geyser Basin südlich des Old Faithful; das Basin selbst befindet sich südwestlich des Old Faithful, ein ehemaliger Versorgungsweg führt dorthin. Das sehr entlegene Shoshone Geyser Basin liegt am Westufer des Shoshone Lake, der sich im Hinterland südöstlich von Old Faithful befindet. Der direkteste Weg dorthin verläuft über den Shoshone Lake Trail, der am Ende einer kleinen Seitenstraße startet, die 3 mi/5 km südlich der Old Faithful Junction von der Grand Loop Road abzweigt. Der Trailhead ist ein alternativer Startpunkt für die Wanderung zum Lone Star Geyser Basin – dann sind es nur 2,5 mi/4 km zu gehen.

OLD FAITHFUL VISITOR EDUCATION CENTER

Es ist neu gestaltet und umweltfreundlich wie die meisten Einrichtungen im Yellowstone National Park – das Visitor Center hat einen Informationsschalter und einen Buchladen. 30 Minuten vor und 15 Minuten nach einem Ausbruch des Old Faithful wird ein Film gezeigt. Die Exponate handeln von den hydrothermischen Erscheinungen der Region, dem Leben in extremer Umgebung, vulkanischer Geologie und den wissenschaftlichen Untersuchungen dieser Phänomene. Für Kinder besonders spannend ist der neue **Young Scientist Exhibit Room**, ausgestattet unter anderem mit einem Geysir-Modell.

Im Visitor Center sind die Zeiten für die Ausbrüche aller vorhersagbaren Geysire angeschrieben.

Ab Madison Jct. 16 mi/26 km bis zum Abzweig der Old Faithful Rd, auf diese abbiegen und der Einbahnstraße bis zum zweiten großen Parkplatz folgen Yellowstone NP, WY 82190 1-307-344-7381 www.nps.gov/yell Sommer tägl. 8–19 h, Winter tägl. 9–17 h; Anf. Nov.–Mitte Dez. & Mitte Mrz.–Ende Apr. geschlossen

Highlight

► Upper Geyser Basin

Das Upper Geyser Basin beinhaltet die meisten Geysire des Yellowstone National Park: Innerhalb einer Fläche von etwa 2,6 Quadratkilometern befinden sich 150 dieser hydrothermischen Wunder. Nur von fünf davon sind die regelmäßigen Ausbruchzeiten bekannt – zu ihnen zählen die Geysire **Castle**, **Grand**, **Daisy**, **Riverside** und **Old Faithful**. Auch die kleineren Vertreter des Upper Geyser Basins sind sehenswert, ebenso die heißen Quellen und Matschtümpel.

Das Upper Geyser Basin wird wegen seines prominenten Repräsentanten auch **Old Faithful Area** genannt. Boardwalks, Fuß- und Fahrradwege verbinden fünf Geysirgruppen miteinander, die vom Old Faithful am weitesten entfernte Gruppe ist über einen 1,6 mi/2,5 km langen Fußmarsch erreichbar. Man kann das Areal des Upper Geyser Basin nochmals unterteilen in eine South Section und eine North Section. Zentral im Bereich des Visitor Centers und der Lodge befindet sich die **South Section** mit dem **Old Faithful** direkt beim Visitor Center.

Im Folgenden werden von allen Geysiren am Wegesrand die bedeutendsten herausgestellt: Dabei gibt es keinen festgelegten Weg durch das Geysirbasin. Folgt man der Wegführung in nordwestliche Richtung, die zum Teil über Boardwalks leitet, ergibt sich ein Rundgang im Uhrzeigersinn. Dann marschiert man weiter zum **Castle Geyser** (siehe oben) mit der größten Düse, er ist das möglicherweise älteste Exemplar in diesem Basin. Er bricht derzeit alle zehn bis zwölf Stunden aus, seiner Wassereruption folgt eine 30- bis 40-minütige Dampfphase. Es folgt **Crested Pool**, ein 13 Meter tiefes und dauerhaft überhitztes, brodelndes Becken. Der nächste im Bunde, **Sawmill Geyser**, bricht unterschiedlich aus, manche Ausbrüche dauern neun Minuten, andere vier Stunden (alle ein bis drei Stunden). Der folgende **Grand Geyser** ist seinem Namen gemäß der größte aller voraussagbaren Geysire (Ausbruch alle sieben bis 15 Stunden) – und zwar der größte der ganzen Welt!

Auf einer Schleife Richtung Süden liegt die **Lion Group of Geysers**, bestehend aus vier Geysiren, die unterirdisch miteinander verbunden sind. Heart Spring, in derselben Ecke gelegen, ist ein herzförmiges Becken, es folgt der herrliche **Beehive Geyser**, dessen austretende Fontäne bis 55 Meter hoch schießt. Östlich davon liegt der **Plume Geyser**, ein eher junger Geysir, der alle 20 Minuten ausbricht. Weiter östlich bricht der **Giantess Geyser** selten

Grand Geysir gilt als der größte Geysir der Welt und bricht fast so vorhersehbar aus wie Old Faithful.

(zwei- bis sechsmal im Jahr), dafür aber umso eindrucksvoller aus – mit einem bebenden Untergrund und jeder Menge Dampf. In einer Schleife Richtung Norden befindet sich schließlich der **Solitary Geyser**, der erst in jüngster Zeit ausbricht und früher »nur« eine heiße Quelle war. Heute bricht er alle sechs bis acht Minuten aus, jeder Ausbruch dauert etwa eine Minute.

Am östlichen Rand des Basins liegt der Aussichtspunkt Observation Point auf einer Erhöhung (▶Seite 254). Aus diesem Blickwinkel ist das Panorama über das Upper Geyser Basin und den Old Faithful imposanter als aus unmittelbarer Nähe.

In der nördlichen Verlängerung schließt nahtlos die **North Section** des Upper Geyser Basins an. Im Osten startet die Szenerie mit einem Becken mit dem bezeichnenden Namen **Beauty Pool**. Das blaue Wasser ist von Bakterien in Regenbogenfarben umgeben. In direkter Nachbarschaft liegt ein weiteres Becken namens **Chromatic Spring**, dann folgt **Giant Geyser**, dessen Fontäne bis zu 76 Meter in die Luft steigt. Ein Ausbruch kann sich bis zu einer Stunde hinziehen. Westlich davon befindet sich die **Daisy Group** mit drei Geysiren, wovon **Comet Geyser** den größten Auswurf hat. Nordwestlich bricht der **Splendid Geyser** zwar unregelmäßig und nicht vorhersehbar, aber gewaltig aus mit einer Fontänenhöhe von über 60 Metern. Westlich davon blubbert die **Punch Bowl Spring** in Form einer Bowleschüssel munter vor sich hin. Das seltsame Gebilde mit dem Namen **Grotto Geyser** bricht für eine Zeitspanne von eineinhalb bis zehn Stunden lang aus. Er befindet sich weiter nördlich auf der Runde.

Richtung Norden folgen jetzt nacheinander der **Riverside Geyser** am Firehole River, einer der malerischsten Geysire im Park. Danach folgen praktisch im Doppelpack die beiden Geysire **Fan** und **Mortar**, die meist synchron ausbrechen – in leider unregelmäßigen Zeitspannen (zwischen einem Tag und Monaten). Ein weiteres Highlight ist der **Morning Glory Pool**, einstmals ein farbenfrohes Becken mit orangen und gelben Bakterien am Rand, heute jedoch etwas »ausgebleicht«, nachdem Besucher Münzen, Müll und Steine hineingeworfen haben.

Ein weiteres farbenfrohes Becken, etwa 3,1 mi/5 km vom Old Faithful entfernt, ist das **Biscuit Basin** mit dem **Sapphire Pool**. Damit ist gleichzeitig die Tour durch die North Section des Upper Geyser Basin beschlossen, man landet wieder am Old Faithful.

Übernachten

Old Faithful Inn

In direkter Nachbarschaft zum Geysir Old Faithful befindet sich die gleichnamige, nostalgische Lodge im historischen Gewand. Das Blockhaus aus dem Jahr 1904 ist auch ohne eine Übernachtung einen Besuch wert – es werden sogar Führungen durch das unter Denkmalschutz stehende Haus angeboten. Es war das erste Grand Hotel innerhalb eines Nationalparks. Die

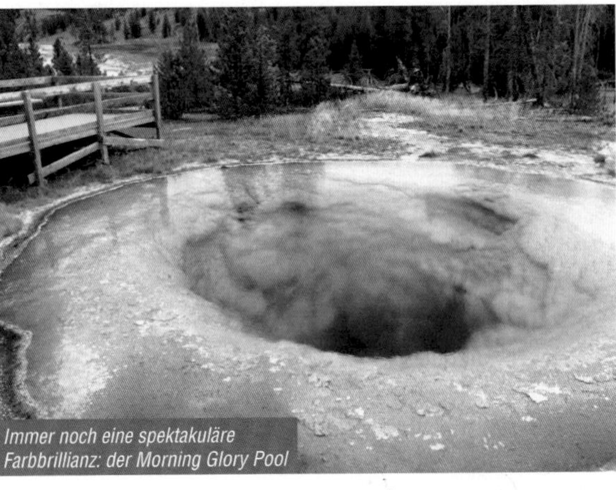

Immer noch eine spektakuläre Farbbrillianz: der Morning Glory Pool

Eingangshalle wird von einem mächtigen Steinkamin dominiert, der inmitten des Raums, von Kronleuchtern umgeben, in Richtung der hohen Decke ragt. Von der Terrasse aus kann man bei einem nachmittäglichen Kaffee dem Old Faithful beim Ausbrechen zuschauen. Es gibt Hotelzimmer, Suites, Zimmer mit und ohne Blick auf den Geysir sowie Old-House-Zimmer und Zimmer mit Gemeinschaftsbädern, zudem einfache Holzhüttchen, manche davon mit Blick auf den Geysir. Zur Lodge gehören ebenfalls ein Restaurant, eine Snackbar und ein Souvenirshop.

In Old Faithful links auf die Old Faithful Rd und der Einbahnstraße bis zum zweiten großen Parkplatz folgen Old Faithful Rd, Yellowstone NP, WY 82190 1-307-344-7311 1-866-439-7375 www.yellowstonenationalparklodges.com/lodging/summer-lodges/old-faithful-inn Ja Nein Anf. Mai–Mitte Okt. Je nach Zimmerkategorie ★–★★★

Snow Lodge & Cabins

Auch wenn es der Name der Lodge anders suggeriert – in der Snow Lodge kann man auch im Sommer übernachten. Die Lodge wurde erst 1999 fertiggestellt und ist die neueste im Nationalpark; dennoch könnte sie auch aus dem Wilden Westen stammen, in dessen Design sie gehalten ist: Holzsäulen, ein Schindeldach aus Zedernholz und die Bauweise in Saloon-Optik machen die Lodge zu einem besonderen Aufenthaltsort. Dem äußeren Ambiente angepasst gibt es Lodge-Zimmer mit entsprechender Möblierung, modern eingerichtete Holzhäuschen und einfache Cabins. Innerhalb der Lodge gibt es ein Restaurant, einen Schnellimbiss und einen Souvenirladen. Für $ 4,95 für eine Stunde kann man in der Lobby ins Internet gehen; dieser Service ist jedoch nur per Kreditkarte bezahlbar, deren Nummer man ins Smartphone oder Tablet eingibt.

In Old Faithful rechts auf die Old Faithful Rd und der Einbahnstraße bis zum zweiten großen Parkplatz folgen. Die Lodge befindet sich zwischen den beiden Parkplätzen. Old Faithful Rd, Yellowstone NP, WY 82190 1-307-344-7311 1-866-439-7375 www.yellowstonenationalparklodges.com/lodging/summer-lodges/old-faithful-snow-lodge-cabins Ja Ja, kostenpflichtig Sommer: Anf. Mai–Mitte Okt., Winter: Mitte Dez.–Anf. Mrz. Je nach Zimmerkategorie ★–★★★

Old Faithful Lodge Cabins

Die dritte Lodge im Bereich Old Faithful befindet sich östlich des Geysirs und sie besteht aus einem einstöckigen Hauptgebäude aus den 1920er-Jahren und ist in massiver Holz- und Steinbauweise errichtet. Im Lobbybereich ergeben sich wunderschöne Blicke auf den Old Faithful. Zum Haus gehören eine Bäckerei, eine Snackbar und eine Cafeteria. Neben den Lodge-Zimmern kann man auch Holzhüttchen mieten, es gibt einfache Frontier Cabins und die nostalgischen Budget Cabins, die allerdings kein eigenes Bad haben (Gemeinschaftsbad in der Nähe).

In Old Faithful links auf die Old Faithful Rd fahren und der Einbahnstraße folgen. Am Ende des ersten Parkplatzes rechts zur Lodge abbiegen. Old Faithful Rd, Yellowstone NP, WY 82190 1-307-344-7311 1-866-439-7375 www.yellowstonenationalparklodges.com/lodging/summer-lodges/old-faithful-lodge-cabins Ja Nein Mitte Mai–Anf. Okt. Je nach Zimmerkategorie ★–★★

*Nachdem Geysire die Sinne beeindruckt haben, geht es nun zur letzten Station und zum letzten der fünf Countrys des Yellowstone National Park: Am **Yellowstone Lake** wird ein kompletter Szenenwechsel stattfinden. Geysire, Wasserfälle, Kalkterrassen und Schluchten haben zwar alle mit Wasser zu tun, aber der große See mit seinen beiden Seitenarmen ist noch einmal ein ganz anderes Ziel und steht unter dem Zeichen der Aktivitäten rund ums nasse Element.*

*Die 17 mi/27 km lange Strecke zwischen Old Faithful und dem westlichen Ufer des Yellowstone Lake bei West Thumb überquert zweimal die **Continental Divide** (jeweils ausgeschildert, man kann sie also nicht verpassen), die uns bereits beim Glacier National Park begegnet ist. Von hier aus fließen der Yellowstone und der Madison River in den Atlantik, während der Snake River zum 1.000 mi/1.600 km entfernten Columbia River fließt und schließlich im Pazifik mündet.*

*3 mi/5 km nach Old Faithful kann man von einer Aussichtsplattform aus die **Kepler Cascades** sehen, die sich 38 Meter in die Tiefe stürzen. Direkt im Anschluss folgt an einem Parkplatz der Startpunkt*

Der Yellowstone Lake vom Westufer aus gesehen

*für die Wanderung zum **Lone Star Geyser** (🕓, 2,5 Std. einfach und eben, 5 mi/8 km). Die Straße steigt an und passiert **Scaup Lake**, dann die **Spring Creek Picnic Area** (hier gab es 1908 einen großen Postkutschenüberfall). Die Strecke ist sehr kurvenreich und führt über den 2.518 Meter hoch gelegenen **Craig Pass** mit dem **Isa Lake** sowie den 2.558 Meter hoch gelegenen Picknickplatz **De Lacy Creek**. Südlich der Fahrstraße liegt der **Shoshone Lake**, den man jedoch von der Straße aus kaum sehen kann. Von einem Rastplatz aus geht es etwa 5,6 mi/9 km weit bergab und in südliche Richtung zum See.*

*Danach wird die Wasserscheide nochmals passiert, bevor es schließlich bergab Richtung Yellowstone Lake geht – erste Panoramablicke vermitteln einen feinen Vorgeschmack. Beim **West Thumb Geyser Basin** teilt sich die Grand Loop Road. Nach rechts führt sie zum **South Entrance** des Nationalparks, das wird später die Ausfahrt der Hauptroute zum Grand Teton National Park sein. Nach links beschreibt die Straße weiter den südöstlichen Bogen der Acht, immer nah am Ufer des Yellowstone Lake entlang, bis zum Bereich **Fishing Bridge**. Doch zunächst ist die Westseite des Sees mit dem Bereich **Grant Village** das Etappenziel. Dazu biegt man an der Kreuzung am West Thumb Geyser Basin nach rechts von der Grand Loop ab und fährt nach 2 mi/3 km links in die Grant Village.*

LAKE COUNTRY/YELLOWSTONE LAKE

Natürlich sind es in erster Linie die Erlebnisse auf und mit dem Wasser, die den Bereich um den **Yellowstone Lake** attraktiv machen, aber auch Wandern ist in der Region ein großer Genuss. 22 mi/35 km Wegstrecke der Grand Loop Road umfahren den See zwischen der Kreuzung **West Thumb** im Westen und **Fishing Bridge** (▶Seite 263) im Norden. In der südlich von der West Thumb Junction gelegenen **Grant Village** (▶Seite 261) sowie in Fishing Bridge gibt es jeweils ein Visitor Center. Die zu Fishing Bridge gehörende **Lake Village** und Grant Village verfügen über alle wichtigen Einrichtungen. Die **Bridge Bay Marina** (südlich von Lake Village) vermietet Motor- und Ruderboote, hat einen Lebensmittelladen, eine Dump Station und eine Ranger Station. Im quirligen Bereich um Fishing Bridge gibt es Duschen und einen Waschsalon, eine Tankstelle (🕓 Mitte Mai–Ende Sep.), einen Lebensmittelladen mit Campingbedarf und ein Yellowstone General Store. An der Marina findet man natürlich auch das Angebot an Wassersportaktivitäten.

Der **Yellowstone Lake**, das Herzstück des Lake Countrys, ist mit 354 Quadratkilometern einer der größten Alpinseen der Welt und der größte Nordamerikas. Am nördlichen Ende des Sees entspringt

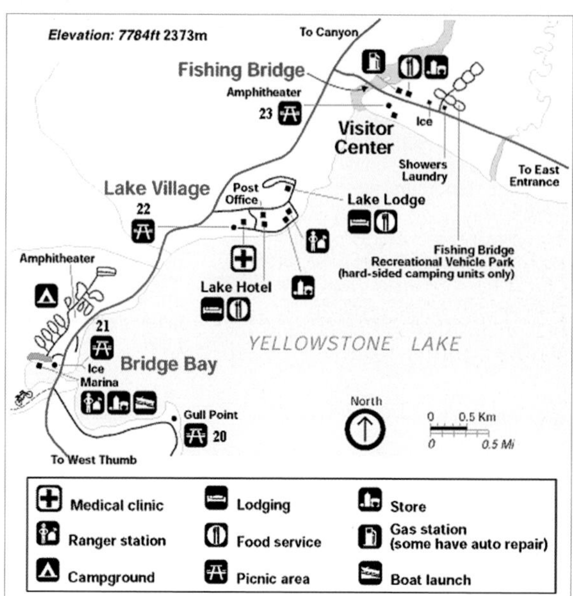

der Yellowstone River, der durch das Hayden Valley zum Grand Canyon of the Yellowstone fließt. Das südliche und östliche Ende des Yellowstone Lakes flankiert die steile **Absaroka Range**. Der 131 Meter tiefe Alpinsee war schon immer eine Attraktion – es wurden rund um seine Ufer 12.000 Jahre alte Artefakte gefunden. Man geht davon aus, dass es hier eine Versammlungsstätte der Ureinwohner gab. Der See ist sehr tief und fast die Hälfte des Jahres über zugefroren (von Januar bis Juli). Im Frühsommer jedoch kann man wunderbar Vögel und wilde Tiere beobachten.

Besonders hoch ist dann das Aufkommen der **Cutthroat-Forelle**, ein Lachsfisch (eine pazifische Forellenart), der unter anderem in den Rocky Mountains vorkommt. Wegen Grizzlys, die nach dem Winter zum Futtern kommen, sind manche Uferbereiche des Sees im Frühjahr und Frühsommer gesperrt.

Auch am und im Yellowstone Lake finden thermische Aktivitäten statt. Roboterkameras haben Unterwasser-Geysire auf dem Seegrund offenbart.

WEST THUMB UND GRANT VILLAGE

Am südwestlichen Ende des Yellowstone Lakes gelegen und 2 mi/3 km südlich von West Thumb umfasst Grant Village ein Visitor Center, den gleichnamigen, reservierbaren Campground (siehe Übernachten) und eine Lodge, ein Restaurant, einen Lebensmittelladen, eine Tankstelle (◷ Mitte Mai–Ende Sep.) sowie einen Waschsalon und Duschen.

Die Village wurde nach Ulysses S. Grant (1822–1885) benannt, der als Präsident den Yellowstone National Park 1872 mit Unterzeichnung des entsprechenden Gesetzes zum ersten Nationalpark der Welt machte.

An der West Thumb Junction befindet sich eine weitere Information Station (◷ Ende Mai–Ende Sep.) mit Buchladen, im Sommer starten hier geführte Touren. Auf dem Weg zur Grant Village befindet sich ein Backcountry Office. Ein geologisches Highlight ist das **West Thumb Geyser Basin** (siehe unten). Die Wärmequelle an dieser Stelle befindet sich offenbar recht nah an der Oberfläche in etwa 3.000 Metern Tiefe.

West Thumb wurde von einem Vulkanausbruch vor etwa 150.000 Jahren geschaffen. Der kollabierte Vulkan hinterließ einen Krater, der sich später mit Wasser füllte und einen Ausläufer des Yellowstone Lake bildete.

GRANT VILLAGE VISITOR CENTER

Das Visitor Center befindet sich an der Grant Village Junction und am Ufer des Yellowstone Lake, etwa 1 mi/1,6 km abseits der Grand Loop Road. Es wird eine Ausstellung zur Bedeutung von Bränden für die Umwelt präsentiert, wozu auch der Film »Ten Years after Fire« gezeigt wird.

Ab West Thumb Jct 2 mi/3 km in südl. Richtung, dann links abbiegen und der Straße 1 mi/1,6 km bis zum Visitor Center folgen.
Yellowstone National Park, WY 82190
1-307-242-2650 www.nps.gov/yell
Ende Mai–Ende Sep. tägl. 8–19 h

Highlight

West Thumb Geyser Basin

Wie oben beschrieben ist das West Thumb Geyser Basin ein kleiner Vulkankrater, der aus dem viel größeren Yellowstone-Krater hervorgegangen ist. Der Krater wurde mit dem Wasser des Yellowstone Lake aufgefüllt und so entstand die **West Thumb Bay**, eine kreisförmige Einbuchtung am Westende des Sees. Täglich stoßen die Geysire des Basins immer noch etwa 11.350 Liter heißes Wasser in den Yellowstone Lake aus. Über einen knapp 0,6 mi/1 km langen Boardwalk kann man einige der thermischen Quellen erkunden. Unterwasseraktivitäten entdeckt man, wenn man aufmerksam nach kleinen Ausbuchtungen Ausschau hält. Obwohl es ein eher kleines Basin ist, hält es alles bereit, was es an geothermischen Erscheinungen im Yellowstone National Park gibt: heiße Quellen und Becken, Matschtümpel, Fumarole und Geysire. Das Basin schmiegt sich an das südwestliche Seeufer des Yellowstone Lake.

Bleibt man nach der Kreuzung West Thumb Basin auf der Grand Loop, zweigt unmittelbar danach rechts eine kurze Zufahrtsstraße zu einem großen Parkplatz ab. Von diesem wird man zum Basin geleitet, durch das ein angelegter Rundweg führt.

Wandern

Yellowstone Lake Overlook

Die familienfreundliche Wanderung startet am südlichen Ende des Parkplatzes von West Thumb. Durch Wald, Graslandschaften und sogar an thermischen Quellen führt der Weg vorbei und steigt zuletzt mehr als 120 Höhenmeter an, um schließlich imposante Blicke auf den Yellowstone Lake und die Absaroka Range freizugeben. Bis auf diese letzte Steigung ist der Weg hauptsächlich eben und einfach zu begehen. Täglich um 10 Uhr bieten Ranger diese Wanderung auch als geführte Tour an.

Ganzj. Nein Trailhead am Parkplatz des West Thrumb Geyser Basin 1,5 Std. Einfach bis anstrengend 3 km 122 m

Bis ans Ufer des Yellowstone heran reichen die Quellen des West Thumb Geysir Basins (hier der Abyss Pool).

Riddle Lake Trail

Es ist eine der klassischen Wanderungen im Yellowstone National Park. Sie führt vorbei an Küstenkiefern und entlang der Continental Divide. Zwar sind einige Felsanhöhen zu überwinden, aber insgesamt verläuft der Weg recht eben. In Sümpfen mit Riedgras steht das Wasser, bevor es den Weg entweder zum Atlantik oder zum Pazifik nimmt. Das Ziel, der kleine Riddle Lake, ist teilweise mit Seerosen bedeckt und hat mehrere kleine Schilfinseln. Der See stellt den Lebensraum für Bären, Elche, Seetaucher, Schwäne, Fischreiher und jede Menge Enten. Am Sandstrand des Riddle Lake lassen sich Huf- und Pfotenabdrücke analysieren. Vom See aus hat man zudem schöne Blicke auf die Berge.

Ab Mitte Juli · Nein · 2,5 mi/4 km südl. der Grant Village Jct an der Continental Divide · 2 Std. · Einfach · 5,6 km · 20 m

Übernachten

Grant Village Lodge

Am südwestlichen Seeufer des Yellowstone Lakes im Bereich von Grant Village liegt diese Lodge mit einem Restaurant direkt am Seeufer. Auf dem Gelände befinden sich sechs je zweigeschossige Häuser mit jeweils 50 Zimmern. Neben dem Restaurant direkt am See gibt es auch einen Souvenirshop. Die Unterkunft eignet sich besonders für alle diejenigen, die eine Übernachtung vor der Fahrt zum südlich gelegenen Grand Teton National Park suchen.

*Ab West Thumb Jct 2 mi/3 km in südl. Richtung, dann links der Straße Richtung Visitor Center folgen · Yellowstone NP, WY 82190 · 1-307-344-7311 · 1-866-439-7375 · www.yellowstonenationalparklodges.com/lodging/summer-lodges/grant-village · Ja · Nein · Ende Mai–Ende Sep. · ***

Grant Village Campground

Vom Campground aus sind die Einrichtungen von Grant Village bequem erreichbar. Es ist ein großer Platz, infolgedessen liegen die Stellplätze näher zusammen als normalerweise in den Nationalparks. Eingebettet in ein teilweise bewaldetes Gebiet liegt der Grant Village Campground am Südwestufer des Yellowstone Lake. Manche Plätze befinden sich nahe beziehungsweise über dem Seeufer, haben jedoch keinen freien Blick auf den See, da hohe Bäume das Ufer säumen. Gebührenpflichtige Duschen (zweimal Duschen pro Übernachtung kostenlos) und ein Waschsalon befinden sich beim nahen Camper Service.

Ab West Thumb Jct 2 mi/3 km in südl. Richtung fahren, dann links abbiegen und der Straße Richtung Visitor Center folgen, nach der Grant Village Lodge links zum Campground abbiegen. · Yellowstone NP, WY 82190 · 1-307-344-7311 · 1-866-439-7375 · www.yellowstonenationalparklodges.com/lodging/camping/grant-village-campground · Mitte/Ende Juni–Mitte/Ende Sep. · Ja · 433 · 105 reine Zeltplätze, 328 gemischt nutzbar · Ja · Ja, kostenpflichtig · Nein · Nein · Nein · $$

Wenn man von der Grant Village aus zurück Richtung Norden fährt, stößt man wieder auf die Grand Loop Road. Dieser folgt man nun nach rechts, umfährt das nordwestliche Ufer des Yellowstone Lake und erreicht nach 17 mi/27 km nach der West Thumb Junction Bridge Bay auf der linken Straßenseite, weitere 2 mi/3 km später Lake Village und noch einmal 1,5 mi/2,5 km weiter Fishing Bridge.

BRIDGE BAY, LAKE VILLAGE UND FISHING BRIDGE

Jetzt ist Bootfahren angesagt! Der nördliche und nordwestliche Bereich des Yellowstone Lake steht ganz im Zeichen der Aktivitäten zu Wasser. **Bridge Bay**, 17 mi/27 km von der West Thumb Junction entfernt, ist dafür die erste Anlaufstelle, denn hier gibt es eine Marina, an der man sowohl Boote mieten als auch Bootstouren unternehmen kann. Wer einfach nur die Umgebung am Wasser genießen möchte, findet ein paar sehr idyllische Picknickplätze, beispielsweise am **Gull Point Drive**, der 2 mi/3 km parallel zur Grand Loop Road verläuft und auch mit dem Fahrrad gefahren werden kann. Oder im Picknickbereich **Sand Point**, von wo aus Wanderwege hinunter zu einer Lagune führen, oder am **Pumice Point**, einem Strand mit schwarzem Sand.

Impressionen vom nördlichen Ufer des Yellowstone Lake

Direkt bei der Marina befinden sich eine Ranger Station und der **Bridge Bay Campground**, danach folgt 2 mi/3 km nordöstlich **Lake Village** mit einiger Infrastruktur: Hier gibt es medizinische Versorgung, ein Hotel und eine Lodge, einen Lebensmittelladen und zwei Restaurants.

Weitere 1,5 mi/2,5 km weiter trifft man auf die Kreuzung mit der East Entrance Road, die zum Osteingang des Nationalparks führt. Biegt man hier rechts ab, findet man beidseits der Straße die Versorgungseinrichtungen von **Fishing Bridge**. Links der Straße befindet sich eine Tankstelle (Mitte Mai–Ende Sep.), ein Restaurant und ein Lebensmittelladen, das Visitor Center mit Museum (siehe unten) sowie Duschen und ein Waschsalon. Außerdem gibt es einen weiteren Campingplatz, allerdings nur für Wohnmobile, den reservierbaren Fishing Bridge RV Park (►Seite 267). Benannt ist Fishing Bridge nach der Originalbrücke von 1902, die ein beliebter Ort zum Angeln war, aber seit 1973 für Angler geschlossen ist.

FISHING BRIDGE MUSEUM AND VISITOR CENTER

Das Visitor Center mit dem integrierten Museum befindet sich 1 mi/1,6 km abseits der Grand Loop Road bereits an der East Entrance Road. Das Gebäude aus dem Jahr 1931 steht unter Denkmalschutz. Seine Architektur, die »**Parkitecture**« genannt wird, wurde zum Vorbild für Gebäude in Nationalparks im ganzen Land. Neben Informationen über den Park und die Region kann man Ausstellungen über Vögel, die Tierwelt und die Geologie des Yellowstone Lake anschauen – ein Relief zeigt den sehr interessanten Grund des Sees. Im Ostflügel des Gebäudes befindet sich ein großer Buchladen.

An der Kreuzung Grand Loop Rd und E Entrance Rd rechts abbiegen, das Visitor Center folgt nach 0,7 mi/1,1 km rechterhand.
East Entrance Rd, Yellowstone NP, WY 82414
1-307-344-2450 www.nps.gov/yell
Ende Mai–Ende Sep. tägl. 8–19 h

Highlights

► Yellowstone Lake Scenicruise

Die einstündige Schifffahrt startet an der Bridge Bay Marina und bringt die Fahrgäste zur **Stevenson Island** und zum Wrack des Dampfers »SS Waters«. Dazu wird die Geschichte erzählt, wie das Schiff gesunken ist. Auch über die Vergangenheit der Region gibt es Informationen, während man nach Adlern, Fischadlern und Wasservögeln Ausschau hält und manchmal am Ufer einen Elch oder Bisons erblickt. Durchgeführt werden die Fahrten von Xanterra Parks & Resorts, das Unternehmen verwaltet auch die Lodges im Park.

Die Bridge Bay Marina befindet sich an der Grand Loop Rd zwischen West Thumb und Lake Village (rechterhand). *Xanterra Parks & Resorts, Yellowstone NP, WY 82190* *1-307-344-7901* *1-866-439-7375* *www.yellowstonenational*

parklodges.com/things-to-do/summer-things-to-do/adventures-on-water ● Mitte Juni–Anf. Aug. tägl. 7x ab 9.15 h, Anf.–Mitte Aug. tägl. 6x ab 9.15 h & Mitte Aug.–Mitte Sep. tägl. 5x ab 9.15 h ● Erw. $ 15, Kinder (3–11 J.) $ 10

► Bootsverleih

Noch schöner als vom Ufer aus kann man den Yellowstone Lake vom Wasser aus erkunden, während man selbst Kapitän ist und sein Boot in alle interessanten Ecken lenken kann. Mit 40-PS-Motorbooten ist das ebenso möglich wie mit einem Ruderboot und reiner Muskelkraft. Die Vermietungen ab der Bridge Bay Marina sind stundenweise möglich (bis zu acht Stunden), Boote können jedoch nicht reserviert werden. Ein normaler Führerschein oder Reisepass ist ausreichend für die Anmietung eines Motorbootes.

Neben diesem Anbieter (Xanterra Parks & Resorts) gibt es eine Reihe weiterer, autorisierter Unternehmen, die Bootsausflüge – mit und ohne Motorisierung – im Yellowstone National Park begleiten. Man findet die Liste im Internet unter ● www.nps.gov/yell/planyourvisit/boatbusn.htm. Für private Bootsfahrten mit einem eigenen Boot braucht man grundsätzlich eine Genehmigung. Diese kostet ● $ 10 pro Woche und ist bei der Bridge Bay Ranger Station erhältlich.

● Die Bridge Bay Marina befindet sich an der Grand Loop Rd zwischen West Thumb und Lake Village (auf der Seeseite). ● Xanterra Parks & Resorts, Yellowstone NP, WY 82190 ● 1-307-344-7901 ● 1-866-439-7375 ● www.yellowstonenationalparklodges.com ● Mitte Juni–Anf. Sep. 8–22 h ● Ruderboot: $ 10 pro Stunde, zus. Stunde $ 8,50, $ 45 für 8 Stunden, über Nacht $ 55; Motorboot: $ 49 pro Stunde

Wandern

► Natural Bridge

1 mi/1,6 km südlich des Bridge Bay Campgrounds startet ein kurzer Weg zu einer Natural Bridge (alternativ führt auch ein Fahrradweg dorthin). Dieses neuerliche Naturwunder ist durch Erosion und mithilfe des Bridge Creek entstanden. Dieser entspringt am nahen Elephant Back Mountain (►Seite 266) und fließt durch ein Tal dem Yellowstone Lake entgegen. Unterwegs passiert er eine Stufe des Rhyolith-Plateaus, aus dem das Wasser einen knapp zehn Meter breiten Durchgang herausgefräst hat, überspannt von einem schmalen Felsüberhang, auf dem eine einsame Kiefer wächst.

Wer auf dem Bridge Bay Campground übernachtet, kann die kleine Naturbrücke erreichen, ohne fahren zu müssen. Die meiste Zeit führt der Weg über eine alte, asphaltierte Straße, die bis in die 1990er-Jahre genutzt wurde, jetzt aber für Fahrzeuge gesperrt ist. Im Frühsommer ist der Weg einen Monat lang nicht zugänglich, weil es dann häufig Grizzlys in der Region gibt, die im Fluss Forellen fangen.

● Ganzj. ● Nein ● Südl. Bridge Bay Campground, Bridge Bay Marina ● 1–2 Std. ● Einfach ● 5 km (Rundweg)

► Pelican Creek Trail

Die Wanderung, die am westlichen Ende der Pelikan Creek Bridge startet (1 mi/1,6 km östlich des Fishing Bridge Visitor Centers) ist kurz, einfach und beinhaltet – wie der Name schon suggeriert – die Möglichkeit, Vögel zu beobachten. Dabei führt der Weg sowohl durch Wald als auch am Seeufer entlang. Ziel ist ein Sandstrand am Nordende des Yellowstone Lakes. Unterwegs kann man die Blicke auf den See genießen und mit etwas Glück Bisons auf der sumpfigen Wiese im Osten grasen sehen. Der Weg verläuft eben, es sind keine Höhenmeter zu bewältigen.

● Ganzj. ● Nein ● Parkplatz an der Südseite der East Entrance Rd ● 1 Std. ● Einfach ● 2 km (Rundweg)

► Storm Point Trail

Ziel der eben verlaufenden Wanderung ist ein herrlicher Aussichtspunkt über den Yellowstone Lake und seine Ufer sowie die umgebende Bergwelt. Zuerst geht es durch eine offene Wiesenlandschaft entlang des Indian Ponds. An einer Kreuzung kann man in jede Richtung gehen, um einen Rundweg aus der Wanderung zu machen. Hier wird die Wanderung im Uhrzeigersinn beschrieben. Nach etwa 600 Metern erreicht man das Seeufer, an dem der Weg in östliche Richtung abzweigt. Nach einer kleinen Brücke geht es durch ein dichtes Waldgebiet am See entlang. Das letzte Wegstück zum Storm Point führt entlang der Ostkante einer Bucht namens Mary Bay und schließlich durch eine offene Graslandschaft geradewegs zum Aussichtspunkt.

Nun geht es am sandigen Uferbereich des Yellowstone Lakes vorbei, bevor man wieder in den dichten Wald eintaucht. Danach erreicht der Weg die westliche Ecke der Wiese und trifft wieder auf den Hauptweg nahe Indian Point.

Ganzj. Nein Indian Pond Parkplatz, 2,8 mi/4,5 km östlich der Fishing Bridge Jct an der East Entrance Rd Einfach 1,5 Std. 3,3 km (Rundweg)

► Elephant Back Mountain ★

Auch am Yellowstone Lake kann man hoch hinaus – in diesem Fall geht es auf den Elephant Mountain, von dem aus man den Blick so schön wie kaum anderswo über den Yellowstone Lake schweifen lassen kann. Es ist einer der am schönsten gelegenen Aussichtspunkte über den See – 1,5 mi/2,5 km vom Seeufer entfernt, aber 270 Meter darüber!

Nahe Lake Village startet der Rundweg, 1,1 mi/1,8 km südlich der Fishing Bridge Junction. Es geht nur ein kurzes Stück am Highway entlang, dann zweigt der Weg in den Wald ab. Da es wenig Gestrüpp gibt, lohnt es sich besonders, die Augen nach Bären offenzuhalten. Es stehen zwei Steigungen an, bevor eine Kreuzung erreicht ist, an der der Rundweg beginnt. Man biegt links ab und geht bald steil an der Ostseite des Berges hinauf. In Serpentinen windet sich der Weg durch eine steile Schlucht bis zu einem Plateau, führt weiter in südwestliche Richtung und betritt schließlich offenes Gelände, das zu einem Viewpoint führt, der den Blick auf das Nordufer des Yellowstone Lakes freigibt. Pelican Creek, Storm Point, Mary Bay und Stevenson Island werden im Vordergrund sichtbar.

Der Pfad bewegt sich nun von der Klippenkante weg in flacheres Terrain mit kleineren Bäumen, wendet sich gen Nordosten und erreicht bald wieder die Felskante. Da der Berg Teil eines alten Lavastroms ist, kann man hier kleine Stückchen vulkanischen Glases finden (Obsidian). Schließlich geht es wieder bergab und hinein in den dichten Wald mit den hohen Bäumen.

Ganzj. Nein 1,1 mi/1,8 km südl. der Fishing Bridge Jct an der Westseite der Grand Loop Rd 3 Std. Moderat bis anstrengend 5,8 km (Rundweg) 244 m

Übernachten

Lake Yellowstone Hotel & Cabins

Mit dem fröhlichen, gelben Anstrich und den weißen Säulen und Zierelementen ist das älteste Hotel im Park im Kolonialstil

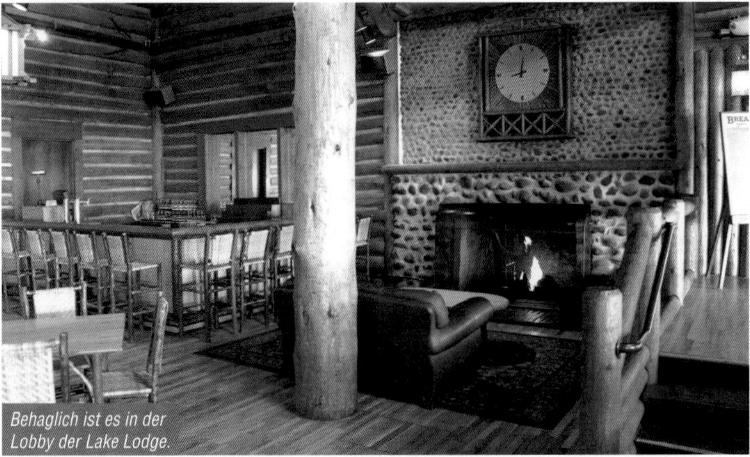

Behaglich ist es in der Lobby der Lake Lodge.

gehalten. Es wurde 1891 erbaut und ist im National Register of Historic Places eingetragen. Das ehrwürdige Gebäude ist innen komplett neu renoviert und erstrahlt nun im modern-klassischen Glanz. Nicht nur die Zimmer, sondern auch alle öffentlichen Räume, das Restaurant und die Bar sind neu gestaltet. Neben den sehr teuren Suiten und den Zimmern mit Seeblick gibt es auch einfachere Standardzimmer und Holzhüttchen. Es ist das einzige Hotel im Park, das W-LAN anbietet.

*Ab der West Thumb Jct nach 19 mi/30 km rechts abbiegen in die Lake Village und die erste Straße wieder rechts zum Hotel abbiegen Yellowstone NP, WY 82190 1-307-344-7311 1-866-439-7375 www.yellowstonenational parklodges.com/lodging/summer-lodges/lake-yellowstone-hotel-cabins Ja Ja Mitte Mai–Anf. Okt. **–****

Lake Lodge Cabins

In direkter Nachbarschaft zum Lake Hotel befindet sich die Lake Lodge, die mit neu renovierten Holzhüttchen zum Übernachten ausgestattet ist. Das Hauptgebäude hat einen Vorbau mit überdachter und bestuhlter Terrasse, von der aus man einen herrlichen Blick auf den Yellowstone Lake genießen kann. In der anheimelnden Lobby gibt es zwei große offene Kamine, eine Bar und ein Souvenirshop sind in der Lodge ebenfalls untergebracht.

*Siehe Lake Yellowstone Hotel Yellowstone NP, WY 82190 1-307-344-7311 1-866-439-7375 ww.yellowstonenationalparklodges.com/lodging/summer-lodges/lake-lodge-cabins Ja Nein Anf. Juni–Ende Sep. *–***

Bridge Bay Campground

Dieser Campground liegt am Westufer des Yellowstone Lake bei der Bridge Bay Marina und eignet sich deshalb besonders gut für alle Aktivitäten am Wasser. Der Platz ist ausgesprochen idyllisch und bietet sowohl Bereiche mit Baumbestand als auch Wiesen und Plätze mit teilweisem Seeblick.

17 mi/27 km nach der West Thumb Jct links zum Campground Yellowstone NP, WY 82190 1-307-344-7311 1-866-439-7375 www.yellowstonenationalparklodges.com/lodging/camping/bridge-bay-campground Ende Mai–Anf. Sep. Ja 400 400 Ja Nein Nein Nein Nein $

Fishing Bridge RV Park

Der reine RV-Park liegt an der Zufahrtsstraße zum Osteingang des Yellowstone National Park im Bereich von Fishing Bridge. Zelten kann man nicht, weil der Campground in Bärengebiet liegt. Wohnmobilreisende sollten deshalb die Vorschriften vor allem bezüglich der Aufbewahrung von Essen streng beachten! Gegen Gebühr kann man den Waschsalon nutzen und duschen, es gibt eine Dump Station. Das Visitor Center, ein Laden und ein Restaurant sind bequem erreichbar. Die Stellplätze sind nicht ganz so naturnah, wie man es von den Plätzen in den Nationalparks gewohnt ist. Sie sind asphaltiert und nah beieinander. Dafür gibt es gute Anschlussmöglichkeiten.

21 mi/34 km nach der West Thumb Jct in Fishing Bridge rechts auf die East Entrance Rd, nach 1 mi/1,6 km links zum Campground Yellowstone NP, WY 82190 1-307-344-7311 1-866-439-7375 www.yellowstonenationalparklodges.com/lodging/camping/fishing-bridge-rv-park Anf. Mai–Mitte Sep. Ja 340 Ja Ja, kostenpflichtig Nein Strom (50 Amp.), Wasser Nein $$$

Für den unteren Bogen der Acht fehlt nun noch das Verbindungsstück zwischen Fishing Bridge und Canyon Village (▶Seite 239). Die 16 mi/26 km lange Strecke auf der Grand Loop Road sollte man jedoch auf keinen Fall auslassen. Nur Reisende in Zeitbedrängnis sollten von Fishing Bridge aus direkt den Südausgang des Parks ansteuern.

Die Fahrt auf der Grand Loop Road vom Yellowstone Lake gen Norden führt immer entlang des Yellowstone Rivers an weiten Wiesenlandschaften vorbei, auf denen man Bisons und Hirsche entdeckt. Es folgen mehrere Picknickplätze, von denen aus man die Idylle genießen kann, und diverse Wanderwege, unter anderem einer zum ***Mud Vulcano****, einem Hügel mit mehreren blubbernden Matschtümpeln. Ein kurzer Weg über ein Boardwalk führt vom ausgeschilderten Parkplatz, etwa 4,5 mi/7 km nördlich der Fishing Bridge Junction, dorthin. Zwei besondere Vertreter des brodelnden Schlamms sind* ***Dragon's Mouth*** *und* ***Black Dragon's Caldron****. Ein Drachenmaul ist auch das, an was man denkt, wenn man das Po-*

Wie aus einem Drachenschlund qualmt es aus dem Dragon's Mouth.

chen und Krachen hört, das aus dem Mund der Höhle hervorbricht, die wie der Eingang zur Untergrundwelt aussieht.

Die austretende und nicht ganz fein riechende Brühe ist eine Mischung aus Regenwasser, Schneeschmelze und Matsch; diese Suppe wird durch Dämpfe vulkanischen Ursprungs erhitzt und bewegt. Um auch die anderen Vertreter dieser thermischen Gattung zu sehen, kann man dem knapp 2,5 mi/4 km langen Boardwalk im Uhrzeigersinn folgen oder man nimmt an einer von einem Ranger geführten, zweistündigen Tour teil, die täglich um 16 Uhr startet. Unterhalb der Straße und gegenüber Dragon's Mouth und Black Dragon's Caldron stößt man auf den Bereich **Sulphur Caldron** mit stark nach faulen Eiern riechenden Schwefelkesseln. Obwohl fast so säurereich wie Batteriesäure, sind auch diese Becken voll Leben – in dem siedendheißen Wasser leben Bakterien, die die buntesten Farben erzeugen.

Im Anschluss ginge die Fahrstrecke über ins **Hayden Valley** (►Seite 242). Da dieses Tal schon im Bereich des Canyon Country auf dem Programm stand, kann man nach dem Mud Vulcano/Sulphur Caldron umkehren und sich auf den Weg Richtung Südausgang des Yellowstone National Park machen. Hierzu kehrt man zurück nach Fishing Bridge, weiter entlang am Westufer des Yellowstone Lake bis zur West Thumb Junction – dann heißt es Abschied nehmen von der Grand Loop Road. An der Kreuzung biegt man nun links auf die **South Entrance Road** (geschlossen von Anfang November bis Mitte Mai) in südliche Richtung ab und passiert nochmals Grant Village. 22 mi/35 km nach der West Thumb Junction verlässt man den Park über den South Entrance. Die South Entrance Road geht über in den **John D. Rockefeller Jr. Memorial Parkway**.

Danach – aber zunächst noch auf dem Gebiet des Yellowstone National Park – steigt die Straße an und erreicht die Continental Divide auf über 2.400 Meter Höhe. Dabei durchfährt man einen schon vor längerer Zeit vom Feuer zerstörten Wald, in dem bereits flächendeckend junge Bäume zwischen den hohen, verbrannten nachgewachsen sind. Währenddessen gibt es erste Blicke auf den **Lewis Lake** an der westlichen Straßenseite, den drittgrößten See des Nationalparks. Mehrere Haltebuchten folgen, von denen aus man auf den See blicken kann. Kurz darauf weist ein hohes Aufkommen an Fahrzeugen auf die **Lewis Falls** hin. Spaziert man ein Stückchen an der Nordseite der Was-

Bizarre Schluchtwände aus Vulkangestein im Lewis Canyon

Namensgebend für den Grand Teton National Park sind die spitzen Berggipfel der Teton Range.

serfälle entlang, gewinnt man die schönsten Blicke darauf – von der Südseite aus ist der Zugang am besten. Bei klarer Sicht kann man schon im Süden die Tetons erblicken und einen kleinen Vorgeschmack auf den nächsten Park erhalten.

Noch einmal folgt älteres Waldbrandgebiet, während man an dem recht breiten Lewis River entlangfährt und gleichzeitig den **Lewis Canyon** *erreicht mit Wänden aus Vulkangestein, begleitet von vielen Haltebuchten an der Straße. Es lohnt sich, eher erst später anzuhalten, denn der Blick wird bei jeder Haltebucht besser.*

Kurz vor dem South Entrance kann man von einem kleinen Parkplatz an einem Brückchen zu den **Moose Falls** *und dem* **Crawish Creek** *gelangen. Direkt an der Entrance Station befindet sich die Snake River Picnic Area – von hier aus sind es 18 mi/29 km bis* **Colter Bay** *(▶Seite 277) und 43 mi/69 km bis zum im Süden liegenden* **Moose Visitor Center** *(Craig Thomas Discovery and Visitor Center, ▶Seite 271), beides zentrale Anlaufstellen im Grand Teton National Park.*

Der Übergang vom Yellowstone National Park in den kleineren Grand Teton National Park ist unspektakulär – der eine geht an der **South Entrance Station** *nahtlos in den anderen über, es wird nicht einmal eine separate Gebühr erhoben. Das 7,5 mi/12 km lange Schutzgebiet* **John D. Rockefeller Jr. Memorial Parkway** *verbindet als Korridor die beiden Nationalparks miteinander.*

Die Route führt zunächst über diesen Parkway, der in den US-89 übergeht. Am südlichen Ende des Jackson Lake (Jackson Junction) führt die Route Richtung Westen über die Teton Park Road bis zur Moose Junction im Süden des Nationalparks. Die Hauptdurchfahrtsstraße (unsere Alternativroute) folgt dem US-89 bis zur Moran Junction und wechselt dort auf den US-26/-89/-191, der den Park gen Süden verlässt.

GRAND TETON NATIONAL PARK

Er geht oft unter im Schatten des großen Bruders Yellowstone, was sehr schade ist, denn der Grand Teton National Park ist selbst ein Juwel. Zwar brodeln in dem 1.255 Quadratkilometer großen Park keine heißen Quellen und keine Geysire spucken Fontänen in die Luft, aber mit dem Artenreichtum, den Seen, der Schlucht des Snake River und dem alles überragenden Berg Grand Teton (mit 4.199 Meter Höhe der höchste Gipfel der Teton-Range) bietet dieser abwechslungsreiche Nationalpark

Ein unberührtes Tal in der Teton Range im Westen des Parks: der Death Canyon

mehr Aktivitäten, als man in einem kurzen Aufenthalt unterbringen kann.

Die **Teton Range** ist eine Bergkette der Rocky Mountains, die sich im Bundesstaat Wyoming auf 62,5 mi/100 km von Nord nach Süd erstreckt und bis zur Grenze von Idaho reicht. Neben dem **Grand Teton** und dem ebenfalls fast 4.000 Meter hohen **Mount Moran** zählen sieben weitere Gipfel zu einer Einheit, die **Cathedral Group** genannt wird. Die Berge liegen zusammen mit den verbliebenen Gletschern des Parks (unter anderem dem **Teton Glacier** als größtem) zwischen den Tälern **Cascade Canyon** und **Death Canyon**.

Der Grand Teton National Park liegt im Westen Wyomings und südlich des Yellowstone National Park. Östlich der Teton Range liegen die drei Seen: **Jackson Lake** als größter und die kleineren Seen **Leigh Lake** und **Jenny Lake** inmitten eines von Bergen eingebetteten Hochplateaus namens **Jackson Hole**. Im Süden und Osten schließt die **Gros Ventre Range** an, im Norden geht diese in die **Absaroka Range** über. Durch das Tal, das in den Rocky Mountains liegt, und durch den Jackson Lake fließt in großen Schleifen der **Snake River**. Entlang der 40 mi/64 km langen und 15 km/24 km breiten Teton Range erstreckt sich der eigentliche Nationalpark. Im Westen der Range befindet sich die Jedediah Smith Wilderness im Targhee National Forest. Im Osten grenzt der Bridger-Teton National Forest an.

Dominiert wird der Grand Teton National Park vom recht mittig gelegenen **Jackson Lake**, flankiert von den Tetons im Westen. Um den See herum gruppieren sich im Südwesten die zentralen **Gipfel der Tetons**, die von alpinen Seen umgeben sind, im Norden der **John D. Rockefeller Jr. Memorial Parkway**, im **Nordwesten** der entlegenste und am wenigsten besuchte Bereich, der nur über eine mehrtägige Rucksacktour erreichbar ist (und deshalb kein Bestandteil dieser Routenbeschreibung ist) und in dem die meisten Grizzlys leben. Der wenig besuchte Ostteil des Parks wird von den bewaldeten Hügeln des **Bridger-Teton National Forest** begrenzt; hier verlaufen die abgelegenen Wanderungen der Teton Wilderness. Bevor schließlich im Süden der Snake River in Idaho anlangt, durchfließt er Glazialablagerungen im südlichen Bereich des Parks.

Das zentrale und ganzjährig geöffnete Visitor Center (Craig Thomas Discovery and Visitor Center) befindet sich bei Moose im Süden des Parks, ein weiteres liegt am Jenny Lake und ein drittes im nördlichen Bereich am Jackson Lake. Im Park gibt es sechs Campgrounds, es sind jedoch nicht alle für RVs geeignet. Vier Lodges stehen für Übernachtungen zur Verfügung. Sind diese ausgebucht, muss man auf ein Quartier außerhalb des Nationalparks in Jackson oder Teton Village ausweichen. Im Juli und August kommen über 2,5 Millionen Besucher in den Park – Campgrounds und Lodges füllen sich dann schnell.

Die Hauptaktivität ist **Wandern**, hierfür steht ein 188 mi/300 km langes Wegenetz zur Verfügung. Sowohl als einfache Variante mit tollen Ausblicken beispielsweise am Jenny Lake oder anstrengend und hochalpin im Bereich der Tetons findet jeder Wanderer etwas nach seinem Geschmack. Auch **Bergsteiger** kommen an den Granitbergen der Teton Range auf ihre Kosten: Routen in allen Schwierigkeitsstufen können erklettert werden, Informationen erhält man bei den Park Rangern, man braucht hierfür eine Genehmigung. Diese braucht man auch für alle Arten von Übernachtungen im Backcountry.

Wegen der hohen Dichte an alpinen Seen wird auch **Bootfahren** großgeschrieben. Mit dem Motorboot geht es über den Jackson Lake und den Jenny Lake oder mit Ruderbooten auf kleinere Seen. Auf Jenny Lake und Jackson Lake verkehren im Sommer Ausflugsboote. Auch den Snake River kann man befahren – mit Schlauchboot, Kanu oder Kajak zwischen dem Jackson Lake-Damm und Moose Village. **Reiten** ist ebenfalls eine beliebte Aktivität; in Colter Bay, am Jenny Lake, und bei der Jackson Lake Lodge kann man in den Sattel steigen. In der kalten Jahreszeit steht der hoch gelegene Nationalpark ganz im Zeichen des **Wintersports**.

Der Grand Teton National Park ist ein noch relativ »junger« Park. Seit 1929 besteht das Schutzgebiet um die Gebirgskette, 1950 kam das Hochplateau Jackson Hole hinzu. Der Großindustrielle John D. Rockefeller Jr. finanzierte den dafür notwendigen Landkauf, als Dank wurde der Parkway nach ihm benannt.

Die Tier- und Pflanzenwelt entspricht im Großen und Ganzen der des Yellowstone National Park. Zu den Grizzlys gesellen sich im Grand Teton noch Schwarzbären; Elche, Hirsche, Kojoten und Gabelantilopen gibt es ebenso wie im Nachbarpark. Im Gegensatz zu den Nadelbäumen beim großen Bruder dominieren im Grand Teton jedoch am Fuße der Bergkette Laubbäume (Erlen, Espen, Weiden, Pappeln und Ahorn), die im Herbst ein wahres Farbspektakel liefern. In den Sommermonaten erfreuen Wildblumen auch in diesem Nationalpark die Augen des Betrachters.

Wer keine Zeit für einen Besuch des Teton National Park hat, sollte zumindest von Teton Village aus mit der Gondel **Jackson Hole Tram** auf einen über 3.000 Meter hohen Berg fahren und von dort den Blick über die Range und das Hochplateau schweifen lassen. Informationen über Fahrzeiten und Preise findet man unter www.jacksonhole.com/aerial-tram.html.

Grand Teton National Park

P.O. Drawer 170, Moose, WY 83012-0170
1-307-739-3300 www.nps.gov/grte $ 25 pro Fahrzeug, Einzelperson $ 12 (auch gültig für den Yellowstone National Park), $ 80 für den Annual Pass

CRAIG THOMAS DISCOVERY & VISITOR CENTER

Es wird auch **Moose Visitor Center** genannt, befindet sich im Süden und ist das zentrale Besucherzentrum des Nationalparks. Neben den gängigen Informationen über den Park ist dem Visitor Center auch ein Museum angeschlossen, das über die Geschichte des Hochplateaus Jackson Hole, seine frühe indianische Besiedlung und die nachfolgenden Trapper und Pioniere infor-

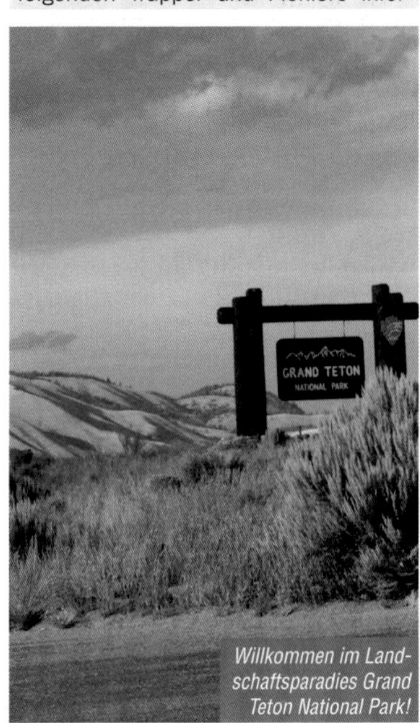

Willkommen im Landschaftsparadies Grand Teton National Park!

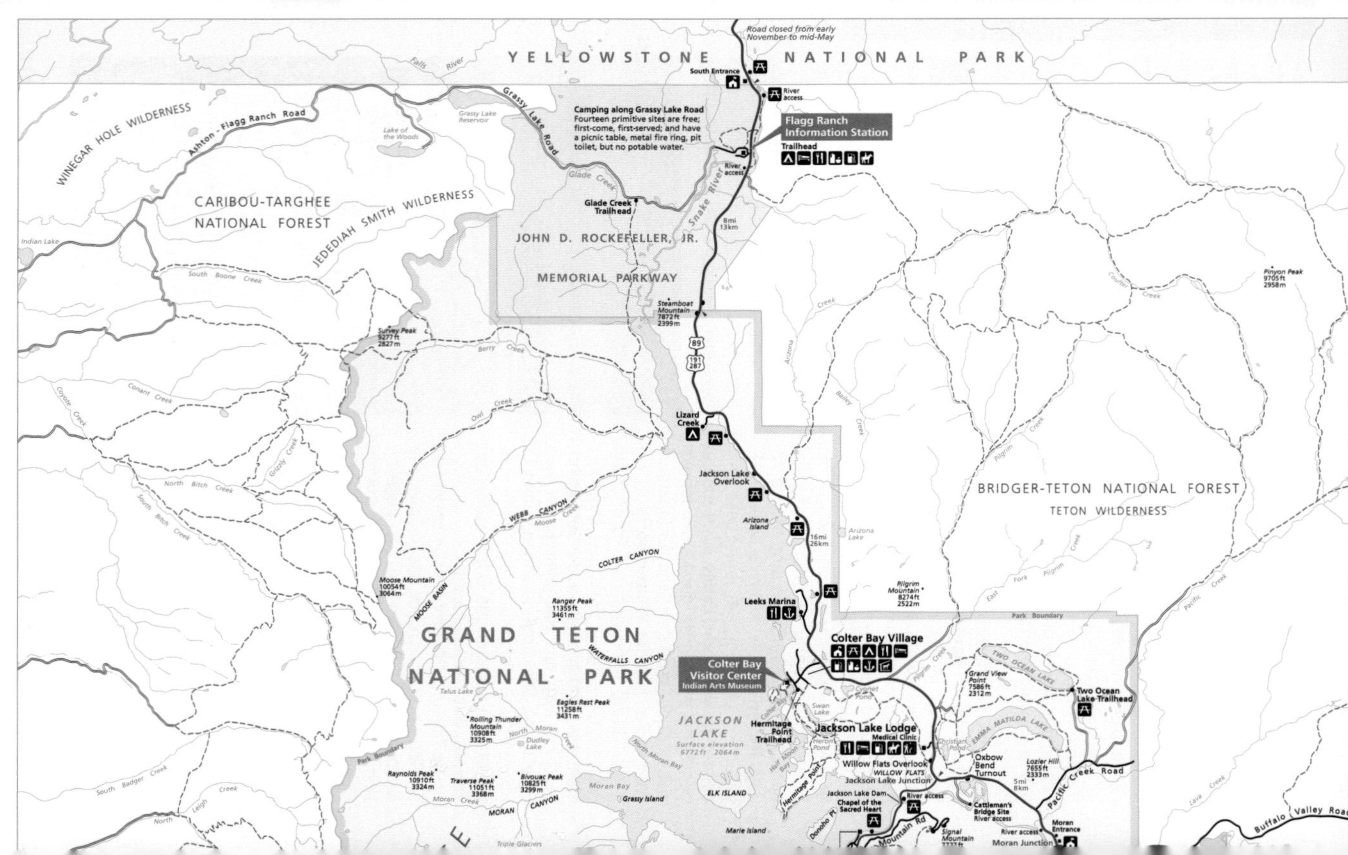

YELLOWSTONE NATIONAL PARK
Road closed from early November to mid-May
South Entrance
River access
Flagg Ranch Information Station
Trailhead
Camping along Grassy Lake Road
Fourteen primitive sites are free; first-come, first-served; and have a picnic table, metal fire ring, pit toilet, but no potable water.
Grassy Lake Road
Grassy Lake Reservoir
Lake of the Woods
Falls River
WINEGAR HOLE WILDERNESS
Ashton - Flagg Ranch Road
CARIBOU-TARGHEE NATIONAL FOREST
JEDEDIAH SMITH WILDERNESS
Indian Lake
Glade Creek
Glade Creek Trailhead
Snake River
8mi 13km
JOHN D. ROCKEFELLER, JR. MEMORIAL PARKWAY
Steamboat Mountain 7872ft 2399m
89
191 287
South Boone Creek
Survey Peak 9277ft 2827m
Berry Creek
Conant Creek
Coyote Creek
Owl Creek
Grizzly Creek
North Bitch Creek
South Bitch Creek
Lizard Creek
Jackson Lake Overlook
Arizona Island
16mi 26km
Arizona Lake
Arizona Creek
Bailey Creek
WEBB CANYON
Moose Creek
COLTER CANYON
Moose Mountain 10054ft 3064m
MOOSE BASIN
Ranger Peak 11355ft 3461m
Leeks Marina
GRAND TETON NATIONAL PARK
WATERFALLS CANYON
Colter Bay Village
Colter Bay Visitor Center
Indian Arts Museum
Talus Lake
Eagles Rest Peak 11258ft 3431m
Rolling Thunder Mountain 10908ft 3325m
North Moran Creek
Dudley Lake
JACKSON LAKE
Surface elevation 6772ft 2064m
Hermitage Point Trailhead
Swan Lake
Cygnet Pond
Heron Pond
Half Moon Bay
Hermitage Point
North Moran Bay
Jackson Lake Lodge
Medical Clinic
Willow Flats Overlook
WILLOW FLATS
Jackson Lake Junction
Jackson Lake Dam
River access
Chapel of the Sacred Heart
Park Boundary
Raynolds Peak 10910ft 3324m
Traverse Peak 11051ft 3368m
Bivouac Peak 10825ft 3299m
Moran Creek
MORAN CANYON
Moran Bay
Grassy Island
ELK ISLAND
Marie Island
Donoho Pt.
Signal Mountain Rd
Triple Glaciers
South Badger Creek
Leigh Creek
North
Pinyon Peak 9705ft 2958m
Coulter Creek
Pilgrim Creek
BRIDGER-TETON NATIONAL FOREST
TETON WILDERNESS
Pilgrim Mountain 8274ft 2522m
East Fork Pilgrim Creek
Pacific Creek
Two Ocean Lake
Two Ocean Lake Trailhead
Grand View Point 7586ft 2312m
Emma Matilda Lake
Christian Pond
Oxbow Bend Turnout
Lozier Hill 7655ft 2333m
5mi 8km
Pacific Creek Road
Cattleman's Bridge Site
River access
Moran Entrance
Moran Junction
Lava Creek
Buffalo Valley Road

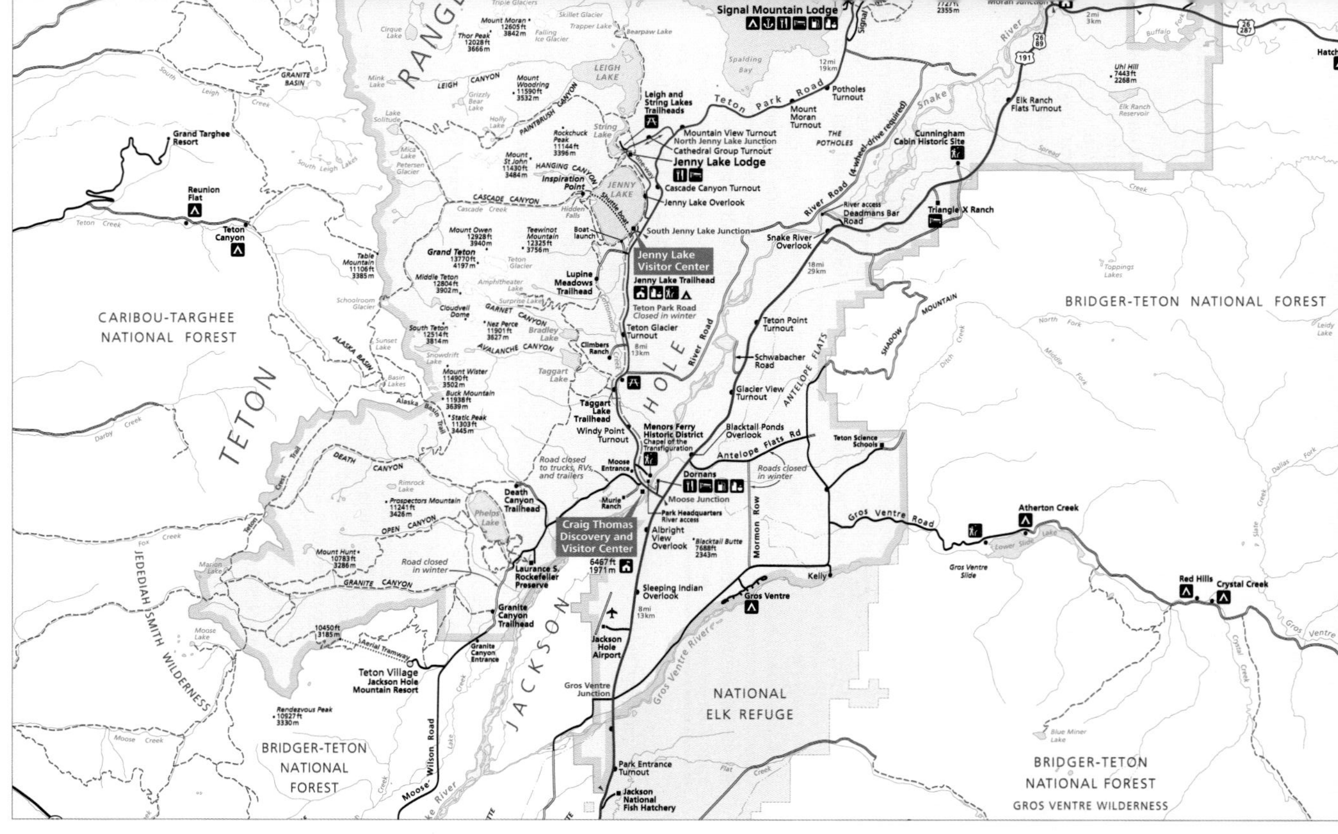

Signal Mountain Lodge
Leigh and String Lakes Trailheads
Mountain View Turnout
North Jenny Lake Junction
Cathedral Group Turnout
Jenny Lake Lodge
Cascade Canyon Turnout
Jenny Lake Overlook
South Jenny Lake Junction
Jenny Lake Visitor Center
Jenny Lake Trailhead
Teton Park Road Closed in winter
Teton Glacier Turnout
Lupine Meadows Trailhead
Climbers Ranch
Taggart Lake Trailhead
Windy Point Turnout
Menors Ferry Historic District
Chapel of the Transfiguration
Moose Entrance
Dornans
Moose Junction
Park Headquarters
River access
Murie Ranch
Craig Thomas Discovery and Visitor Center
6467ft 1971m
Albright View Overlook
Blacktail Butte 7688ft 2343m
Sleeping Indian Overlook
Jackson Hole Airport
Gros Ventre Junction
Park Entrance Turnout
Jackson National Fish Hatchery
Laurance S. Rockefeller Preserve
Death Canyon Trailhead
Granite Canyon Trailhead
Granite Canyon Entrance
Teton Village
Jackson Hole Mountain Resort
Aerial Tramway
10450ft 3185m
Rendezvous Peak 10927ft 3330m
Road closed to trucks, RVs, and trailers
Road closed in winter
Moose-Wilson Road
Teton Park Road
Potholes Turnout
Mount Moran Turnout
THE POTHOLES
River Road (4-wheel-drive required)
River Road
River access
Deadmans Bar Road
Snake River Overlook
Teton Point Turnout
Schwabacher Road
Glacier View Turnout
Blacktail Ponds Overlook
Antelope Flats Rd
Roads closed in winter
Mormon Row
Teton Science Schools
Kelly
Gros Ventre
Gros Ventre Road
Gros Ventre Slide
Lower Slide Lake
Atherton Creek
Red Hills
Crystal Creek
Cunningham Cabin Historic Site
Triangle X Ranch
Elk Ranch Flats Turnout
Elk Ranch Reservoir
Uhl Hill 7443ft 2268m
Moran Junction
Hatchet
2mi 3km
12mi 19km
18mi 29km
8mi 13km
Spalding Bay
LEIGH LAKE
JENNY LAKE
String Lake
Trapper Lake
Bearpaw Lake
Skillet Glacier
Triple Glaciers
Falling Ice Glacier
Mount Moran 12605ft 3842m
Thor Peak 12028ft 3666m
Mount Woodring 11590ft 3532m
Rockchuck Peak 11144ft 3396m
Mount St John 11430ft 3484m
Inspiration Point
Hidden Falls
Boat launch
Shuttle boat
One-way
Mount Owen 12928ft 3940m
Teewinot Mountain 12325ft 3756m
Grand Teton 13770ft 4197m
Teton Glacier
Middle Teton 12804ft 3902m
Amphitheater Lake
Surprise Lake
Cloudveil Dome
Nez Perce 11901ft 3627m
South Teton 12514ft 3814m
Bradley Lake
Taggart Lake
Snowdrift Lake
Mount Wister 11490ft 3502m
Buck Mountain 11938ft 3639m
Static Peak 11303ft 3445m
Table Mountain 11106ft 3385m
Schoolroom Glacier
Sunset Lake
Basin Lakes
Alaska Basin Trail
ALASKA BASIN
Cirque Lake
Mink Lake
Lake Solitude
Mica Lake
Petersen Glacier
Grizzly Bear Lake
Holly Lake
LEIGH CANYON
PAINTBRUSH CANYON
HANGING CANYON
CASCADE CANYON
Cascade Creek
GARNET CANYON
AVALANCHE CANYON
DEATH CANYON
Rimrock Lake
Prospectors Mountain 11241ft 3426m
OPEN CANYON
Phelps Lake
Mount Hunt 10783ft 3286m
GRANITE CANYON
Marion Lake
Moose Lake
Teton Crest Trail
TETON RANGE
JACKSON HOLE
NATIONAL ELK REFUGE
CARIBOU-TARGHEE NATIONAL FOREST
BRIDGER-TETON NATIONAL FOREST
GROS VENTRE WILDERNESS
JEDEDIAH SMITH WILDERNESS
SHADOW MOUNTAIN
ANTELOPE FLATS
Grand Targhee Resort
Reunion Flat
Teton Canyon
GRANITE BASIN
South Leigh Creek
Teton Creek
Darby Creek
Fox Creek
Moose Creek
Snake River
Gros Ventre River
Cottonwood Creek
Toppings Lakes
Blue Miner Lake
Leidy Lake
Flat Creek
Crystal Creek
Slate Creek
Dallas Fork
North Fork
Middle Fork
Ditch Creek
Buffalo Fork
Spread Creek
26 287
26 89
191

miert. Die Ausstellungen in dem neuen, großzügigen und hellen Gebäude sind ansprechend gestaltet und richten den Fokus auf die Wildtiere des Parks. Im Visitor Center gibt es W-LAN, einen großen Buchladen, Kartenmaterial, es werden zahlreiche Programme angeboten und man erhält alle Arten von Permits.

Das Visitor Center liegt an der Kreuzung des US-26/-89/-191 und der Teton Park Rd im Süden des Parks.

Teton Park Rd, Moose, WY 83012 1-307-739-3399 www.nps.gov/grte Mrz.-April tägl. 9–17 h, Anf. Mai-Anf. Juni & Mitte Sep.-Ende Okt. tägl. 8–17 h, Anf. Juni-Mitte Sep. tägl. 8–19 h

! Neben dem Hauptbesucherzentrum in Moose verfügt der Grand Teton über drei weitere Visitor Center (von Nord nach Süd: **Colter Bay** (▶Seite 277), **Jenny Lake** (▶Seite 288) und **Laurance S. Rockefeller** (▶Seite 293), sowie die nahe des Nordeingangs liegende **Flagg Ranch Information Station** und die **Jenny Lake Ranger Station** (▶Seite 289).

Orientieren

Der von Nord nach Süd verlaufende US-26/-89/-191 ist die Hauptdurchgangsstraße durch den Park zwischen Yellowstone und Grand Teton und im weiteren Verlauf die Parkstraße bis zur **Jackson Lake Junction**. Dort, am östlichsten Zipfel des Jackson Lake, gabelt sich die Straße. Am Seeufer entlang führt die **Teton Park Road** weiter bis zur **Moose Junction**, in südöstlicher Richtung folgt eine weitere Gabelung an der **Moran Junction**: Nach Osten und zum Ausgang nach Dubois über den Togwotee Pass leiten die beiden Highways **US-26** und **US-287**. In Richtung Süden übernehmen die Highways **US-26/-89/-191** die Reisenden bis über den Park Entrance hinaus. Viele mittlere und kleinere Straßen umgeben dieses Netz von Hauptverkehrsstraßen; sofern sie relevant sind, werden sie am jeweiligen Ort innerhalb der Parkbeschreibung aufgeführt. Viele davon sind für Wohnmobile gesperrt. Die Teton Park Road entlang der Seen ist im Winter geschlossen. Auskunft über den aktuellen Straßenzustand erhält man telefonisch unter 1-307-739-3682.

Es gibt außerdem drei ausgewiesene Scenic Drives: Die bereits genannte **Teton Park Road** (Routenverlauf), die am Fuße der Teton-Range von der Jackson Lake Junction über den Jenny Lake nach Moose führt, den **Jenny Lake Scenic Drive**, der am Ostufer des Jenny Lakes entlangführt mit herrlichen Blicken auf die Berggipfel. Startpunkt ist die North Jenny Lake Junction; von dort geht es westwärts Richtung Berge, dann in südliche Richtung auf den Scenic Drive (Einbahnstraße). Die Straße trifft nördlich des South Lake Jenny wieder auf die Teton Park Road. Und schließlich die **Signal Mountain Summit Road**, die 242 Meter hoch steigt und ebenfalls spektakuläre Blicke auf die Teton Range, das Jackson Hole Valley und den Jackson Lake präsentiert.

Der Nationalpark verfügt über vier Zugangsmöglichkeiten: Von Norden aus direkt über den Yellowstone National Park und den **North Entrance** (unsere Routenführung), von Osten über den US-26/-287 aus **Dubois** (im Winter gesperrt), von Süden beziehungsweise **Jackson** (▶Seite 294) aus über den US-26/-89/-191 und den **South Entrance** an der Moose Junction. Auf den Streckenabschnitten zwischen Jackson und Moran und der Ostzufahrt über den US-26 ist noch keine Eintrittsgebühr fällig. Die **Moran Entrance Station** befindet sich an der Moran Junction. Aus Richtung Teton Village gelangt man über den **Southwest Entrance** in den Park.

Von dem im Süden des Nationalparks gelegenen Ort **Jackson** startet ein privat betriebener, kostenpflichtiger **Shuttleservice** in den Sommermonaten in den Park hinein, der verschiedene Ziele im Grand Teton National Park ansteuert. Hier kann man beliebig zu- und aussteigen, kann also innerhalb des Parkes den Service nutzen, ohne hierfür nach Jackson fahren zu müssen (www.alltransparkshuttle.com). Einen Fahrplan und nähere Informationen erhält man an den Informationsschaltern der Jackson Lake Lodge (▶Seite 283) und in Colter Bay Village (▶Seite 283).

In der folgenden Beschreibung wird der Grand Teton National Park in vier Berei-

Die Flagg Ranch Information Station ist die erste, die man erreicht, wenn man vom Yellowstone National Park kommt.

che unterteilt: den **John D. Rockefeller Jr. Parkway**, die **Colter Bay Region**, den **Bridger-Teton National Forest** und die zentrale **Teton Range**.

Zusammenfassend stellt sich die Durchquerung des Parks folgendermaßen dar: Vom Yellowstone National Park geht es zunächst über den John D. Rockefeller Jr. Parkway in den Grand Teton National Park hinein. Der Parkway geht über in den US-89, dem die Route bis zur Jackson Lake Junction folgt. Dort zweigt sie in südwestliche Richtung ab auf die Teton Park Road, führt am Jenny Lake vorbei und trifft nördlich davon an der Moose Entrance Station und der Moose Junction auf den Highway aus Richtung Norden, der seit der Moran Junction mehrere Bezeichnungen trägt: US-26/-89/-191. Im südlich der Moose Junction gelegenen Ort Jackson verlässt man schließlich die Ausläufer des Grand Teton National Park.

JOHN D. ROCKEFELLER JR. MEMORIAL PARKWAY

Dieses Schutzgebiet verbindet den Yellowstone und den Grand Teton National Park miteinander. Der Snake River fließt hindurch und mündet in den nördlichen Zipfel des Jackson Lakes, der ebenfalls noch knapp in den Bereich des Parkways fällt. Auch die nördlichen Ausläufer der Rocky Mountains ragen in Form der **Teton Range** noch in das Schutzgebiet hinein und gehen dann im südlich gelegenen in das vulkanisch geprägte Gelände über. Im Süden des Parkways liegt der 2.400 Meter hohe **Steamboat Mountain**. Verwaltet wird der John D. Rockefeller Jr. Memorial Parkway vom National Park Service.

2 mi/3 km nach Passieren des Nordeingangs des Grand Teton National Park geht es rechts über die Ashton-Flagg Ranch Road/Grassy Lake Road in den Bereich von **Flagg Ranch**. Es handelt sich hierbei um ein Resort innerhalb des Rockefeller Parkway, bestehend aus einer Lodge mit Holzhüttchen, einem Campground, einer Tankstelle, einem Laden mit Lebensmitteln und Campingbedarf und einem Restaurant. In der Ranch kann man sich bei der Buchung von Rafting-Trips auf dem Snake River weiter südlich unterstützen lassen, außerdem werden Ausritte angeboten. Bei der **Flagg Ranch Information Station** kann man sich erste Informationen über den Nationalpark beschaffen, außerdem gibt es einen kleinen Buchladen und Kartenmaterial (unter anderem die Broschüre »Flagg Ranch Area Trails«). Die Information Station ist von Anfang Juni bis Anfang September täglich von 9 bis 15.30 Uhr geöffnet (möglicherweise um die Mittagszeit geschlossen). Telefonisch erreicht man die Information Station unter 307-543-2372. Hier erfährt man auch, welche Campgrounds im Grand Teton National Park noch freie Plätze haben.

Richtung Westen führt die Schotterstraße **Grassy Lake Road** auf einer Länge von 52 mi/67 km nach Ashton in Idaho (für Wohnmobile nicht geeignet, im Winter geschlossen). Auf den Spuren der Ureinwohner, für die das eine Handels- und Jagdroute war, kann man tief in den Nationalpark eindringen, wenn man ein hierfür geeignetes Fahrzeug hat. Unzählige Seen liegen auf dem Weg, Backcountry Camping ist möglich.

Highlights

Ausritte

Entspannte Ausritte führen eine Stunde lang durch das idyllische Waldgebiet des John D. Roosevelt Jr. Memorial Parkways. Stündlich kann es an der Headwaters Lodge (siehe unten) losgehen, und Reiter aller Kenntnisstände – vom blutigen Anfänger bis zum Profi-Reiter – können daran teilnehmen. Für Kinder wird Ponyreiten angeboten.

2 mi/3 km nach dem North Entrance rechts zur Lodge abbiegen Headwaters Lodge, Hwy 89, Moran, WY 83013 1-800-443-2311 www.gtlc.com/headwaters/activities/horseback-riding.aspx Erw. & Kinder $ 40, Ponyreiten $ 5

Wildwasser-Rafting

Sowohl wild als auch malerisch geht es zu auf einem Rafting-Trip über den Snake River. 10 mi/16 km weit kann man die Blicke auf die Teton Range genießen und wird dabei von den begleitenden Guides detailliert über Flora und Fauna informiert. Am Ufer treibt sich mit etwas Glück ein Bison oder Elch herum oder es schwebt ein Weißkopfseeadler über der Szene. Auch Biber und Fischadler sind nicht selten.

2 mi/3 km nach dem North Entrance rechts zur Lodge abbiegen Headwaters Lodge, Hwy 89, Moran, WY 83013 1-800-443-2311 www.gtlc.com/headwaters/activities/raft-trip.aspx Erw. $ 69, Kinder (6–11 J.) $ 47

Wandern

Polecat Creek Loop

Am nördlichen Ende des Parkplatzes beim Pferde-Korral und der Information Station überquert man die Straße – hier startet die Wanderung. Zunächst geht es durch einen Küstenkiefernwald, durch den manchmal das Sonnenlicht linst und Wildblumen wachsen lässt. Nach etwa 600 Meter ist eine Kammlinie erreicht, von der aus man auf den schlangenförmig verlaufenden Polecat Creek und ein Gebiet mit vielen Weihern blickt. Wasservögel sind gut von hier aus zu beobachten. Hinter dem Polecat Creek verschwindet der Weg wieder im Wald, bis es an der nächsten Kreuzung rechts abgeht – von hier sind es noch etwa 800 Meter bis zum Parkplatz. Geradeaus weiter geht es zum Flagg Canyon Trail (siehe unten).

Ganzj. Nein Parkplatz der Information Station 2 Std. Einfach 4 km (Rundweg) 24 m

Flagg Canyon Trail

Ab der bei der Polecat Creek Loop beschriebenen Kreuzung geht es auf dem Flagg Canyon Trail am westlichen Rande der Schlucht des Snake Rivers entlang. Die Schlucht ist dadurch entstanden, dass sich der Snake River im Laufe vieler Jahrhunderte durch den erkalteten Lavastrom aus dem Yellowstone National Park gefräst hat. Da der Weg nicht oft begangen wird, können Wanderer mit etwas Glück Elche, Eichhörnchen, Moorhühner und Ottern sehen. Die Wanderung verläuft eine Zeitlang parallel zum Snake River, wendet sich dann aber von ihm ab und führt Richtung Straße. Über mehrere Seitenwege kann man immer wieder zur Canyon-Kante gehen. Nach etwa 3,1 mi/5 km folgt eine Kreuzung mit einem Wegweiser, der über einen Verbindungstrail zurück zum Polecat Creek führt. Hier kann man den Weg abkürzen und oder geradeaus gehen, wenn man dem Flagg Canyon Trail weiter folgen möchte. Der Weg geht abwechselnd durch Waldgebiet und Wiesenlandschaft, bis er einen kleinen Hügel hinabführt, einen kleinen Weiher passiert und schließlich die Brücke über den Snake River erreicht. Auf demselben Weg geht es zurück zum Ausgangspunkt.

Ganzj. Nein Kreuzung an der Polecat Creek Loop 3 Std. Einfach 8 km 46 m

Übernachten

Headwaters Lodge & Cabins at Flagg Ranch

Frisch renoviert und im Western-Stil gehalten sind die Blockhäuschen und bieten einen angenehmen Aufenthalt im Rockefeller-Schutzgebiet. Für Familien geeignet sind die separaten, aneinander angrenzenden Schlafzimmer. Jedes Häuschen ist mit eigenem Bad, Telefon, Kaffeemaschine und einer Veranda ausgestattet. Die Deluxe- und Premium-Zimmer haben außerdem noch Kühlschrank und Mikrowelle. Es gibt in der Lodge ein Restaurant (auch für Nicht-Übernachtungsgäste) und einen Souvenirshop sowie einen kleinen Lebensmittelladen.

*2 mi/3 km nach dem North Entrance rechts zum Campground abbiegen · Hwy 89, Moran, WY 83013 · 1-307-543-2861 · 1-800-443-2311 · www.gtlc.com/headwaters/lodging/headwaters-cabins.aspx · Ja · Ja · Anf. Juni–Ende Sep. · **-****

► Headwaters Campground and RV Sites at Flagg Ranch

Sowohl mit dem RV als auch mit dem Zelt kann man auf diesem herrlich gelegenen Campground übernachten. Von schneebedeckten Berggipfeln und Tälern umgeben, kann man sich in dieser Idylle auch länger aufhalten.

2012 wurden zudem 40 neue Camper-Cabins gebaut, die das Zelt auf diesem Platz ersetzen. Sie sind großzügig über das Gelände verteilt. Im Außenbereich stehen eine Grillstelle und ein Picknicktisch zur Verfügung. Zwar verfügen die Häuschen nicht keine Elektrizität und privaten Badezimmer, aber auf dem dazugehörigen Campground gibt es Duschen und einen Waschsalon.

2 mi/3 km nach dem North Entrance rechts zum Campground abbiegen. · Hwy 89, Moran, WY 83013 · 1-307-543-2861 · 1-800-443-2311 · www.gtlc.com/headwaters/lodging/headwaters-camping-rv.aspx · Anf. Juni–Ende Sep. · Ja · 97 · 34 · Ja · Ja · Nein · Strom (50 Amp.), Wasser, Abwasser · Nein · $$$

Für den Reisenden unbemerkt geht der John D. Rockefeller Jr. Parkway kurz nach Flagg Ranch in den US-89 über, man bleibt dabei auf derselben Straße in Richtung Süden des Parks. Trifft man von Flagg Ranch kommend wieder auf die große Parkstraße, folgt man ihr 16 mi/25 km gen Süden, dann ist der nächste größere Parkbereich erreicht:

COLTER BAY REGION

Diese Region ist bereits im nahtlosen Übergang vom vorangegangenen John D. Rockefeller Jr. Memorial Parkway auf den US-89 erreicht und hat als Highlight den 103 Quadratkilometer großen **Jackson Lake** in seinem Zentrum. Colter Bay Village bildet das Kernstück der gleichnamigen Region und ist Ausgangspunkt für zahlreiche Aktivitäten. Der See ist bis zu 15,6 mi/25 km lang und 6,9 mi/11 km breit, bis zu 134 Meter tief und liegt auf einer Höhe von 2.064 Metern – damit ist er einer der höchstgelegenen Seen der USA. Der Jackson Lake wurde durch den **Jackson Lake Dam** künstlich erweitert, der in drei Bauphasen errichtet wurde – die letzte fand 1989 ihren Abschluss. Jackson Lake ist ein Überbleibsel eiszeitlicher Ausfugungen von der benachbarten Teton Range und dem Yellowstone Plateau. Gespeist wird er vom Snake River, der im Norden in den See mündet und am Damm wieder hinausfließt. Es befinden sich etwa 15 Inseln und Inselchen auf dem Jackson Lake.

Die Parkdurchfahrtsstraße US-89 zieht sich entlang der Ostflanke des Jackson Lakes und gewährt an einigen Stellen Zugang für Bootfahrer. Entlang des Highways liegen von Nord nach Süd zunächst der **Lizard Creek Campground**, gefolgt von ein paar Stränden in entlegenen Winkeln und der **Leeks Marina**, **Colter Bay Village**, die **Jackson Lake Lodge** mit Infrastruktur und die **Signal Mountain Lodge**, ebenfalls ausgestattet mit Service-Einrichtungen. Im Osten an den Jackson Lake und an Colter Bay Village schließen sich die beiden Seen **Two Ocean Lake** und **Emma Matilda Lake** an. Die Westseite des Sees ist nicht erschlossen; es gibt Wanderwege in diese Region und ein paar einfache Zeltplätze. Auf dieser Seite dominiert der **Mount Moran** (3.842 m) die Kulisse.

In **Colter Bay Village** als Dreh- und Angelpunkt der Region gibt es das erste große Visitor Center im Park, wenn man aus Richtung Norden kommt. Ein umfangreiches Ranger-Programm wird angeboten. Dem Visitor Center angeschlossen ist das

Atemberaubend schön liegt der Jackson Lake vor der imposanten Teton Range.

Indian Arts Museum. Südlich des Besucherzentrums findet man eine **Marina**, an der unterschiedliche Aktivitäten zu Wasser angeboten werden; inbegriffen sind sowohl Ausflugsfahrten über den See als auch Bootsvermietungen. Nördlich des Visitor Centers ist ein Schwimmbereich auf dem See abgegrenzt (allerdings gibt es am Seeufer auch entlegenere Plätze zum Schwimmen als diesen sehr beliebten). Zur Marina gehört ein Laden, in dem es von Souvenirs über Angelgenehmigungen bis zur Kanumiete alles gibt. In der Village befinden sich zudem eine Tankstelle, ein Campground, eine Lodge sowie Restaurants und Schnellimbisse.

Die südlich der Village gelegene **Jackson Lake Lodge** (siehe Übernachten) oberhalb der **Jackson Lake Junction** hat innerhalb des Komplexes der Lodge ebenfalls eine Tankstelle, eine medizinische Einrichtung und ein Restaurant. Wer unkompliziert an Informationen herankommen möchte, hat hierfür jeden Tag zwischen 18.30 und 20 Uhr Gelegenheit. Dann beantworten Ranger auf der rückseitigen Terrasse der Lodge Fragen.

2 mi/3 km östlich der Jackson Lake Junction gibt es einen sehr schönen Aussichtspunkt, um unter anderem Tiere zu beobachten (früh morgens und zum Sonnenuntergang sind die Chancen am besten, Elche, Adler und Wasservögel zu sichten): **Oxbow Bend Turnout**. Dem Namen gemäß beschreibt der Snake River an dieser Stelle eine große, hufeisenförmige Schleife – aber auch davor und dahinter schlängelt er sich malerisch durch die Landschaft.

In südwestliche Richtung zweigt an der Junction die 12 mi/19 km lange **Teton Park Road** ab. Über diese sind der **Jackson Lake Dam** und der **Jenny Lake** (▶ Seite 288) erreichbar. Ein dritter Bereich innerhalb der Colter Bay Area ist die **Signal Mountain Lodge** – auch hier findet man neben der Übernachtungsmöglichkeit verschiedene Einrichtungen: eine Tankstelle, einen Campground, ein Restaurant und einen Lebensmittelladen mit verhältnismäßig guter Auswahl.

Bei der Lodge zweigt die 5 mi/8 km lange, für Wohnmobile gesperrte Straße **Signal Mountain Road** ab, die sich bis zur Spitze des Berges Signal Mountain (2.355 m) windet. Von hier aus ergeben sich sagenhafte Ausblicke auf das fast 250 Meter tiefer liegende Tal des Jackson Holes. Im Vordergrund schlängelt sich der Snake River durch eine Pappel- und Fichtenlandschaft und macht dabei seinem Namen alle Ehre. Etwa auf der halben Strecke bietet **Jackson Point Overlook** ebenso herrliche Blicke. Im Winter kann man übrigens auf dieser Straße jede Menge Spaß beim Abfahrtsskifahren haben!

COLTER BAY VISITOR CENTER

Die Mitarbeiter des Visitor Center sind behilflich bei der Planung des Aufenthaltes, geben Auskunft über das Wetter und sind zuständig für Genehmigungen und Fragen rund ums Campen. Ranger bieten außerdem ein umfangreiches Programm an. 2012 wurde das Visitor Center neu gestaltet, es beinhaltet jetzt eine Ausstellung indianischer Artefakte. In den Sommermonaten gibt es Handwerksvorführungen und Museumsführungen.

18 mi/29 km nach der Parkeinfahrt zweigt rechts die Colter Bay Village Rd ab. Dieser bis zu einer T-Kreuzung folgen, dann rechts abbiegen. Colter Bay Marina Rd, Moran, WY 83013 1-307-739-3594 www.nps.gov/grte Anf. Mai–Anf. Juni & Anf. Sep.–Mitte Okt. tägl. 8–17 h, Anf. Juni–Anf. Sep. tägl. 8–19 h

Highlights Colter Bay Village Marina

Die Marina ist zwar Ausgangspunkt für verschiedene Wanderungen, aber in erster Linie bietet sie diverse Möglichkeiten, in See zu stechen.

Ausflugsfahrten

Wer an einer Ausflugsfahrt über den See teilnehmen möchte, kann dies im Rahmen einer **Scenic Lake Cruise** tun. Eineinhalb Stunden geht es quer über den See, unterwegs gibt es Interessantes zu erfahren. Man hat auch verschiedene Möglichkeiten, die Schifffahrt mit einer Mahlzeit zu verbinden. Bei der **Breakfast Cruise**, der **Lunch Cruise** oder der **Dinner Cruise** werden die Fahrgäste jeweils auf **Elk Island** »ausgesetzt«, nehmen dort eine Mahlzeit nach Cowboy-Manier ein und haben anschließend Gelegenheit, die Insel auf eigene Faust zu erkunden..

18 mi/29 km nach der Parkeinfahrt zweigt rechts die Colter Bay Village Rd ab. Dieser bis zur Marina am Seeufer folgen. Colter Bay Marina Rd, Moran, WY 83013 1-307-543-2811 1-800-299-0396 www.gtlc.com/activities/marina-lake-cruise.aspx Ausflüge Anf. Juni–Anf. Sept., Frühstücksfahrt: tägl. außer Do. 7.25 h, Lunch Cruise Mo., Mi., Fr. & Sa. 12.15 h, Dinner Cruise Mo., Mi., Fr. & Sa. 17.15 h Scenic Lake Cruise: Erw. $ 30, Kinder (3–11 J.) $ 13,50, Breakfast Cruise: Erw. $ 45, Kinder $ 23, Lunch Cruise: Erw. $ 43, Kinder $ 20, Dinner Cruise: Erw. $ 64, Kinder $ 37

Bootsvermietungen

Wie die Indianer im Kanu oder Kajak auf dem See zu paddeln, hat seinen besonderen Reiz. Man kann ein solches Fortbewegungsmittel an der Marina mieten wie auch ein 10-PS-starkes Motorboot. Reservierungen sind nicht möglich.

Siehe oben Colter Bay Marina Rd, Moran, WY 83013 1-307-543-2811 1-800-299-0396 www.gtlc.com/activities/marina-overview.aspx Pro Stunde: Kanu/Kajak $ 18, Motorboot $ 42 (pro Tag $ 175)

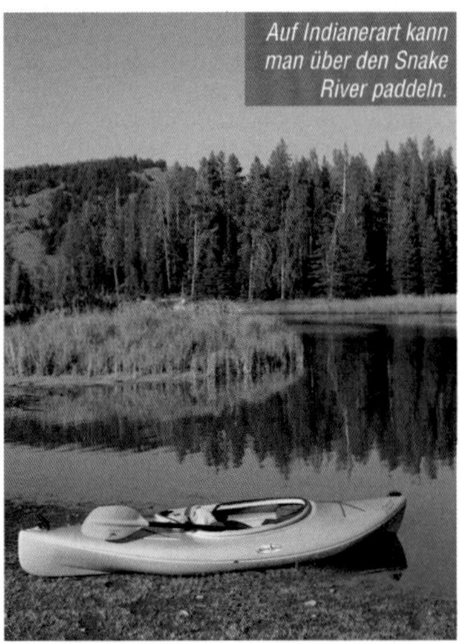

Auf Indianerart kann man über den Snake River paddeln.

► Snake River Rafting Trips

Von der Marina aus starten geführte Raftingtouren den Snake River hinab. Auch diese Ausflüge kann man mit einem Mittagessen (Lunch Trip) oder Abendessen (Dinner Trip) verbinden. Dann wird an einer idyllischen Stelle angehalten und das Essen im Freien zubereitet. Beide Ausflüge dauern je vier Stunden. Wer ohne Essen wild raften möchte, nimmt an einem **Wild and Scenic Rafting Trip** teil. Dann ist man drei Stunden unterwegs.

Siehe oben · Colter Bay Marina Rd, Moran, WY 83013 · 1-307-543-2811 · 1-800-299-0396 · www.gtlc.com/activities/outdoor-fun-floats.aspx · Lunch Trips tägl. 9 & 11:30 h, Dinner Trips Di., Do. & Sa. 16:30 h, Wild and Scenic Rafting Trip tägl. 6.45, 8, 9, 13.30, 14.30 & 17 h · Lunch Trips: Erw. $ 76, Kinder (6-11 J.) $ 53, Dinner Trips: Erw. $ 82, Kinder $ 57, Wild and Scenic Rafting: Erw. $ 67, Kinder $ 45

► Ausritte und Planwagenfahrten

Die Berggipfel der Teton Range vom Rücken eines Pferdes aus zu sehen, ist ein tolles Erlebnis. Sowohl kurze als auch längere Ausritte sind ab Colter Bay Village beziehungsweise ab der Jackson Lake Lodge möglich. Bei allen Varianten reitet man zu schönen Aussichtspunkten über Jackson Hole bis hin zu den Grenzen des Yellowstone National Park.

Der Standardausritt ab Colter Bay Village dauert zwei Stunden und führt entlang der Colter Bay bis zum **Jackson Lake Overlook**. Es geht vorbei an Heron Pond bis Swan Lake und durch Küstenkiefernwald. Das Angebot gibt es jeden Tag am Morgen, jeder Teilnehmer zahlt $ 60. Ein einstündiger Ausritt ohne Heron Pond und Swan Lake kostet $ 40.

Ab der Jackson Lake Lodge ist man ebenfalls zwei Stunden hoch zu Ross unterwegs. Der Ausritt richtet sich gen Norden, zuerst über die Weiden, dann steigt er an bis Emma Matilda Lake. Auf dem Rückweg kommen die Reiter am Oxbow Bend Overlook vorbei. Morgens um 7.30 und 11.45 Uhr starten die Ausritte und kosten $ 75 pro Teilnehmer. Die einstündige Variante findet am Nachmittag um 15 Uhr statt und kostet $ 45.

An beiden Standorten findet täglich am Korral für $ 5 Ponyreiten für Kinder statt.

Eine Wildwest-Erfahrung der ganz authentischen Art erlebt man bei einem **Breakfast** oder **Dinner Wagon Ride**. Dann geht es mit dem Planwagen auf Tour in die Wildnis des Grand Teton. Am Colter Bay Village Korral starten die Fahrten mit dem Pferdefuhrwerk immer montags bis samstags. Das Essen, sowohl Frühstück als auch Abendessen, wird nach Art der »Western Cuisine« zubereitet. Die Abendessen-Ausflüge dauern etwas über vier Stunden.

Corrals in Colter Bay Village und bei der Jackson Lake Lodge · 1-307-543-2811 · 1-800-299-0396 · www.gtlc.com/activities/outdoor-fun-horses.aspx · Frühstücksfahrt 7.15–10.30 h, Abendessenausflug ab 16.15 h · Frühstücksfahrt: Erw. $ 40, Kinder $ 29, Abendessenausflug: Erw. $ 54, Kinder $ 42

► Jackson Lake Boat Rentals

Auch ab dem Bereich der Signal Mountain Lodge kann man in See stechen. Bei dem Unternehmen Jackson Lake Boat Rentals gibt es sechs verschiedene Bootstypen zu mieten. Vom »kleinen Flitzer« über Ponton-Boote bis hin zu Kanus und Kajaks kann man so ziemlich alles mieten, was schwimmt.

24 mi/38 km nach dem John D. Rockefeller Jr. Memorial Pkwy zweigt rechts die Teton Park Rd ab. Dieser 3 mi/5 km folgen, dann rechts auf die Signal Mountain Marina Rd abgeht. Von dieser gleich wieder rechts abbiegen auf die Signal Mountain Resort Rd · Inner Park Rd, Moran, WY 83013 · 1-307-543-2831 · www.signalmountainlodge.com/boat-rentals · tägl. 7.30–19 h · Je nach Bootstyp und Dauer $ 19–$ 675

Wandern

► Lakeshore Trail

Die angenehme Wanderung eignet sich besonders gut für einen Spaziergang am frühen Morgen oder am Abend. Während man am steinigen Seeufer entlangflaniert, hat man schöne Blicke auf den Jackson Lake und die Teton Range. Der Weg windet sich um eine kleine, baumbestandene Insel und passiert unterwegs eine flache Lagune, bei der es Tiere zu beobachten gibt. An der abgewandten Seite der Insel befindet sich ein geschützter Strandbereich. Wenn auch das Wasser die meiste

Zeit zu kalt zum Schwimmen ist, kann man von diesem schönen Platz aus trotzdem den Ausblick auf die Inseln im See und die nördliche Teton-Bergkette genießen.
Ganzj. Nein Amphitheater beim Colter Bay Visitor Center 1 Std. Einfach 3,2 km 30 m

► Hermitage Point ★

Es ist zwar eine lange und nicht ganz einfache Wanderung, aber sie lohnt sich bei entsprechendem Zeitbudget unbedingt. Unglaubliche Landschaftsimpressionen und gute Möglichkeiten zur Tierbeobachtung sind inbegriffen. Das Ziel Hermitage Point befindet sich am äußersten Ende einer großen Halbinsel, die der Jackson Lake von drei Seiten umgibt. Der Rundweg schließt die Wanderungen **Heron Pond & Swan Lake** sowie den Weg zum **Jackson Lake Overlook** ein. Unterwegs ergeben sich viele Anschlusswanderungen, sodass man den Weg in beliebiger Länge und mit beliebigen Zielen gehen kann.

Ausgangspunkt ist die Bootsrampe an der Colter Bay Marina. Zunächst geht es um die Colter Bay mit herrlichen Ausblicken auf die Bucht und die Teton Range im Hintergrund. Je nach Zeit im Sommer verfeinern bunte Wildblumen die Szenerie. Wenn die Küste verlassen wird, geht es rechts Richtung **Heron Pond** und von dort aus weiter Richtung Hermitage Point (sodass die Wanderung gegen den Uhrzeigersinn führt). Den Swan Lake passiert man dann auf dem Rückweg des Rundweges. Zahlreiche Wegweiser erleichtern die Orientierung, ein Verirren ist unmöglich.

Zum Jackson Lake Overlook geht ein kurzer, 500 Meter langer Seitenpfad, der vom Aussichtspunkt aus zur Nordseite des Heron Pond zurückführt und dort wieder auf den Hauptweg trifft. Wenn auch von diesem exponierten Aussichtspunkt sehr schöne Panoramen ins Blickfeld kommen, ist die Bezeichnung irreführend – vom See sieht man eigentlich so gut wie gar nichts, weil seit dem Benennen des Aussichtspunktes wohl die Bäume etwas gewachsen sind ...

Entlang der Ostseite des Heron Ponds nähert man sich dem Südende des Sees, die Spiegelungen der schneebedeckten Gipfel im Weiher sind wunderbar malerisch. An einer Kreuzung hält man sich rechts, Hermitage Point ist weiterhin ausgeschildert. Biegt man hier links ab, kürzt man die Wanderung ab und erreicht den **Swan Lake** auf direktem Weg. Folgt man dem Hauptweg weiter, sind es von hier aus noch fast 3,1 mi/5 km bis zum Zielpunkt.

Wenn der See wieder ins Blickfeld rückt, weiß man, dass man sich Hermitage Point nähert. Am Ende kann man sich dann am Strand niederlassen und die Kulisse in vollen Zügen genießen. Der Rückweg erfolgt über die Ostseite der Halbinsel, sodass die gesamte Wanderung als Rundweg angelegt ist.
Ganzj. Nein Colter Bay Marina 8 Std. Moderat 15,5 km (Rundweg) 213 m

► Lunch Tree Hill

Dieser gemütliche, kurze Spaziergang führt zu einem Aussichtspunkt auf einem Hügel, von dem aus man die Teton Range sehr schön überblicken kann. Da der Blick über offenes Weideland schweifen kann, sollte man die Augen nach Elchen und anderen Wildtieren offenhalten und auf alle Fälle ein Fernglas dabeihaben.

Die Grand Teton Lodge Company bietet von Naturforschern begleitetet Touren zum Lunch Tree Hill an, die sonntags, dienstags und donnerstags jeweils um 8 Uhr an der Jackson Lake Lodge starten.
1-307-543-2811 (Informationen) Ganzj. Nein Jackson Lake Lodge 30 Min. Einfach 1 km 24 m

► Christian Pond Loop

Christian Pond ist einer der kleineren Seen im Grand Teton National Park und liegt zwischen der Jackson Lake Lodge und dem Emma Matilda Lake. Der See ist vor allem für seine Vielfalt an Wasservögeln bekannt. Die nordamerikanische Schwanenart Trumpeter Swan hat hier ihre Nistplätze. Vom Startpunkt an der Jackson Lake Lodge aus erreicht man nach einer kurzen Wanderung hangabwärts eine Kreuzung, an der es rechts Richtung Two Oceans Lake geht. Hier links abbiegen und durch ein grasbewachsenes, sumpfiges Gebiet wandern, bis der Weg zu einem Aussichtspunkt auf Christian Pond ansteigt. Die Szene ist abwechslungsreich: Auf der eine Seite des Sees wachsen Pinien, auf der anderen be-

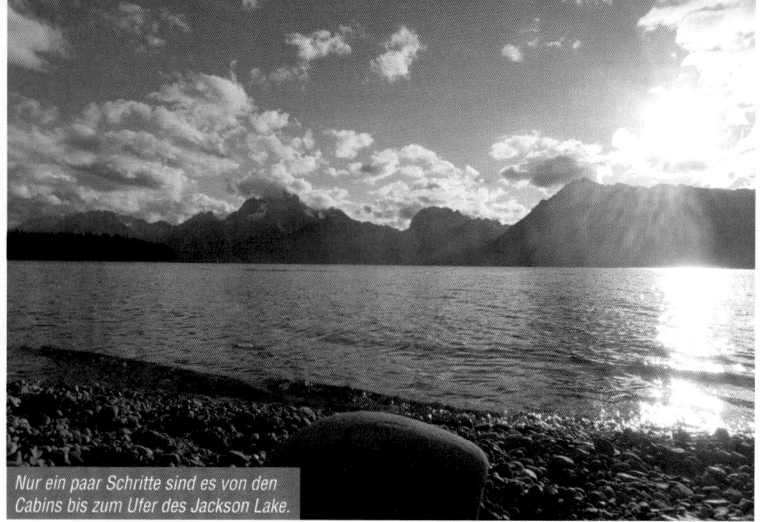
Nur ein paar Schritte sind es von den Cabins bis zum Ufer des Jackson Lake.

finden sich freie Felder – im Hintergrund erheben sich die Berge.
Ganzj. Nein Jackson Lake Lodge 2,5 Std. Einfach 5,3 km 76 m

Emma Matilda Lake

Der etwas größere und südlich dem Two Ocean Lake gelegene Emma Matilda Lake ist ein wenig aufwändiger zu umrunden als der Nachbarsee. Der beste Zugang befindet sich am US-191/-89 nahe der Jackson Lake Lodge, die Wanderung beinhaltet dann auch Christian Pond. Nach knapp 1,9 mi/3 km erreicht man den westlichen Zipfel des Emma Matilda Lake, danach geht es für weitere 9 mi/14,5 km um den kompletten See herum (unterwegs ergibt sich für hartgesottene Wanderer noch ein Verbindungsweg zum Two Ocean Lake).

Zu Beginn windet sich der Weg um die Südseite von Christian Pond, dann aber bald von ihm weg und geradewegs auf den See zu, der das Ziel sein soll. Abwechselnd steigt der Weg an und fällt auch wieder ab, insgesamt verläuft er jedoch hauptsächlich eben. Es folgen Kreuzungen – an der ersten geht es links weiter (rechts ginge es zum Oxbow Bend Overlook), an der zweiten rechts (hier ginge es links zum Two Ocean Lake), dann erscheint schon bald der Emma Matilda Lake auf der Bildfläche. Am See angekommen, führt der Weg abwechselnd an dessen Ufer entlang und durch einen Wald. Der Hauptweg hält sich immer am See entlang, umrundet diesen und gelangt aus Richtung Norden wieder an Christian Pond.
Ganzj. Nein Östliche Seite des US-191/-89 nahe Jackson Lake Lodge 8,5 Std. Anstrengend 17 km 427 m

Signal Mountain

Mit einem machbaren Aufstieg zahlt sich diese Wanderung mit atemberaubenden Panoramablicken über die Grand Tetons, den Jackson Lake und Jackson Hole aus. Auf dem Weg dorthin geht es durch ruhige Waldabschnitte, über sanft geschwungene Wiesen, an kleinen Seen vorbei – stets mit spektakuläreren Landschaftseindrücken.

Los geht es an der Signal Mountain Lodge, bei der man die Teton Park Road überquert und der Straße etwa 300 Meter weit folgt. Nach einem Gatter ist der Signal Mountain Summit Trailhead erreicht. Der bewaldete Pfad steigt moderat an. Nach kurzer Wegstrecke überquert die Wanderung die Signal Mountain Road und passiert danach einen kleinen See. Kurz geht es an dessen Ufer entlang, dann verläuft der Weg wieder im Wald und weiter bergauf. An einer Gabelung hält man sich links Richtung Ridge Trail und folgt dem schmalen, steinigen Pfad. Etwa 1,6 mi/2,5 km später gelangt man erneut an eine Kreuzung. Hier geht es geradeaus weiter über den nicht ausgeschilderten Weg. Es wird steiler und der Pfad felsiger. Nach 600 Meter geht der Weg nach links und wird nochmals steiler, erreicht eine baumlose Wiesenlandschaft und verläuft parallel zu einem kleinen Fluss.

Danach kommt man zum letzten und steilsten Teil der Strecke. Zunächst über einen noch mäßig ansteigenden Hügel folgen bald steilere Serpentinen durch einen Pinienwald. Nach 800 Meter verlässt man den Wald und erreicht Jackson Point Overlook nahe dem Zielpunkt auf dem Gipfel. Nach links legt man die letzten 60 Höhenmeter zurück, um den Gipfel des fast 2.500 Meter hohen Signal Mountain zu erklimmen.

Ganzj. Nein Signal Mountain Lodge, Teton Park Rd, ca. 3 mi/5 km südl. Jackson Lake Jct 4,5 Std. Moderat bis anstrengend 11 km 259 m

Übernachten

Colter Bay Village

Die Blockhütten dieser Unterkunft liegen am Ufer des Jackson Lake, alle Einrichtungen der Village sind gut erreichbar. Im historischen Gewand, aber auf neuesten Standard aufpoliert erscheinen die rustikalen Colter Bay Cabins, die es mit Gemeinschaftsbad oder eigenem Bad gibt. Manche Hütten haben auch zwei Schlafzimmer, diese sind dann mit privatem Badezimmer ausgestattet. Das Übernachten in den Hütten inmitten vom bewaldeten Ufer des Jackson Lake ist ein Abenteuer für sich.

*18 mi/29 km nach der Parkzufahrt rechts in die Colter Bay Village Rd abbiegen, dann links in die Cabin Rd Cabin Rd, Moran, WY 83013 1-800-628-9988 www.gtlc.com/lodging/gtlc-campgrounds-colter-bay-village.aspx Ja Nein Ende Mai–Ende Sep. * (ohne Bad), ** (Gemeinschaftsbad), *** (Zweiraum-Cabins)*

Jackson Lake Lodge

Sowohl Lodge-Zimmer als auch Cottages stehen für die Übernachtung in dieser Unterkunft zur Verfügung. Die Zimmer sind mit und ohne Blick auf die Teton Range zu haben. Eine komfortable, aber pro Nacht über $ 800 teure Suite steht ebenfalls zur Verfügung. Die Cottages befinden sich außerhalb des Komplexes der Hauptlodge und verfügen über einen eigenen Eingang und ein privates Bad. Die King Patio Cottages bieten zusätzlich eine Veranda mit Blick auf den Wald. Alle Zimmer und Cottages haben einen kostenlosen Internetzugang und Telefon, aber keine Fernseher, Radios oder Klimaanlagen. Zum Komplex gehören außerdem Restaurants, ein Laden und ein beheizter Pool.

*23 mi/36 km nach der Parkzufahrt rechts in die Jackson Lake Lodge Rd abzweigen, dieser folgen, bis sie einen Linksknick macht – hier befindet sich die Lodge. 101 Jackson Lake Rd, Moran, WY 83013 1-800-628-9988 www.gtlc.com/lodging/jackson-lake-lodge-overview.aspx Ja Ja Mitte Mai–Anf. Okt. ****

Signal Mountain Lodge

Das Resort am südlichen Ende des Jackson Lake bietet sowohl Apartments mit Küche am Seeufer als auch rustikale Blockhüttchen mit einem oder zwei Schlafzimmern, Bungalows und Motelzimmer. Die Lakefront Retreats sind die einzigen Wohneinheiten im Lodge-Komplex mit Blick auf die Teton Range und den Jackson Lake. Alle Einrichtungen (Lebensmittelladen, Restaurant, Campground) sind zu Fuß erreichbar.

*23 mi/37 km nach Parkzufahrt zweigt rechts die Teton Park Rd ab. Dieser 3 mi/5 km folgen, bis rechts die Signal Mountain Marina Rd abgeht. Von dieser gleich wieder rechts abbiegen auf die Signal Mountain Resort Rd 1 Inner Park Rd, Moran, WY 83013 1-307-543-2831 http://signalmountainlodge.com/lodging Ja Nein Anf. Mai–Mitte Okt. **–****

Die begehrten Campgrounds am Jackson Lake sind nicht reservierbar und meist um die Mittagszeit schon voll. Auf dem Gros Venture Campground (▶Seite 287) im Ostteil des Parks gibt es meist noch am Abend ein schönes Plätzchen, dann muss man zum Übernachten den Park nicht verlassen.

Colter Bay Village Campground

Eine idyllische Lage am See, schattige und geräumige Plätze und eine gute Chance, einen solchen auch am Nachmittag noch zu erwischen, zeichnen diesen Campground aus, auf dem man sowohl

zelten als auch im Wohnwagen/Wohnmobil übernachten kann. Duschen und einen Waschsalon gibt es im Colter Bay Village.
18 mi/28 km nach Parkzufahrt rechts in die Colter Bay Village Rd abbiegen, dann rechts in die Colter Bay Campground Rd und am Colter Bay Village RV Park vorbeifahren Colter Bay Campground Rd, Moran, WY 83013 1-800-628-9988 www.gtlc.com/lodging/gtlc-campgrounds-colter-bay-village.aspx Ende Mai–Mitte/Ende Sep. Nein 175 160 Ja Ja, kostenpflichtig Nein Nein Nein $

Colter Bay Village RV Park

Nicht direkt am Jackson Lake, aber auch nur rein paar Gehminuten von ihm entfernt liegt dieser reine RV-Park. Duschen, Laden, Wäscherei, Marina und Visitor Center sind fußläufig erreichbar. Die Stellplätze liegen schattig und haben viel Privatsphäre.
Siehe Colter Bay Village Campground 100 Colter Bay Village Rd, Moran, WY 83013 1-800-628-9988 www.gtlc.com/lodging/colter-bay-village-rv-park.aspx Ende Mai–Ende Sep. Ja 112 Ja Ja, kostenpflichtig Nein Strom, Wasser, Abwasser Nein $$$

Signal Mountain Campground ★

Auf diesem Campground gibt es fast alles: schattige Plätze unter Fichten und Tannen, am Hang und mit See- oder Bergblick. Wunderschöne, aber schwer zu ergatternde Plätze sind die von Nummer sieben bis zwölf, denn sie thronen idyllisch über dem See. Auf dem ganzen Campground sind die Plätze für die Fahrzeuge kurz (und deshalb auf 30 Feet beschränkt) und meist mit unebenem Untergrund. Tisch, Sitzbänke und Feuerstelle befinden sich bei den meisten Plätzen abseits der Straße und im »eigenen« Waldbereich – von Nachbarn nichts zu sehen. In direkter Nähe befinden sich die Signal Mountain Lodge und die Marina mit einem Laden für Campingbedarf. Da der Platz beliebt ist, ist er zur Mittagszeit meist belegt. Sind noch Stellplätze frei, kann man diese selbst aussuchen und mit dem Abschnitt des Fee Envelopes markieren.
23 mi/27 km nach Parkzufahrt rechts in die Teton Park Rd abzweigen. Dieser 3 mi/5 km folgen, rechts auf die Signal Mountain Marina Rd und danach rechts der Signal Mountain Campground Rd folgen. Signal Mountain Campground Rd, Moran, WY 83013 1-800-672-6012 www.signalmountainlodge.com/signal-mountain-camping Anf. Mai–Mitte Okt. Nein 86 86 Ja Nein Nein 24 RV-Plätze mit Strom Nein $ (Standard-Platz), $$$ (mit Strom)

Von der Zufahrt zur Colter Bay Village sind es noch 6 mi/9 km auf dem US-89, dann ist an der Jackson Lake Junction der Abzweig der Teton Park Road Richtung Westen erreicht. An dieser Stelle trennen sich die Hauptroute und die nachfolgend beschriebene Alternativroute.

Alternativroute durch den östlichen Grand Teton National Park

ÖSTLICHER GRAND TETON NATIONAL PARK

Der nordöstliche Teil des Grand Teton National Park steht unter der Verwaltung des US Forest Services und wird auch **Teton Wilderness** genannt – und das zu Recht. Es gibt keine Zufahrtmöglichkeiten in den National Forest, Rucksackwanderer können diesen Parkteil auf Trails in die Wildnis besuchen. Er ist durchzogen von etlichen Creeks, und im äußersten Nordosten thront der fast 3.000 Meter hohe Berg **Pinyon Peak** über der Kulisse. Der nordöstliche Teil der Teton Wilderness ist für den Besuch des Grand Teton National Park in diesem Routenreiseführer nicht relevant.

Nördlich der Colter Bay Village verläuft die Grenze zwischen dem National Forest und dem Nationalpark. Östlich von Colter Bay Village befinden sich die beiden größeren Seen **Two Ocean Lake** und **Emma Matilda Lake**. Südlich betritt man an der **Moran Junction** über den **Moran Entrance** den Grand Teton National Park, die Eingangsstation für Besucher aus südlicher und östlicher Richtung. Hier zweigt der US-26/-287 ab, der auf 56 mi/89 km bis **Dubois** führt. Südlich verläuft der US-26/-89/-191 auf 25 mi/40 km Länge von West nach Ost und begrenzt den Bridger-

Eines der markantesten Fotomotive im Nordwesten der USA ist die alte Farm Reed Moulton Homestead.

Teton National Forest erneut im Osten. Zahlreiche Turnouts und Overlooks an der Straße laden zu einem Stopp ein, um im Westen die Spitzen der Tetons zu betrachten und zu bewundern.

Ein sehr empfehlenswerter Aussichtspunkt, nicht nur für Fotografen, ist **Schwabacher's Landing**, etwa 8 mi/13 km südlich der Moran Junction. Die gezackten Gipfel der Tetons spiegeln sich traumhaft im sich dahinschlängelnden Snake River. Über die kurze, wenige Meter asphaltierte Straße, die in eine Schotterstraße übergeht (Schwabacher Road, Abzweig vom US-26/-89/-191), gelangt man zu der wenig frequentierten Aussichtsstelle, eine der idyllischsten im Grand Teton National Park.

---

17 mi/27 km südlich der Moran Junction zweigt links die **Antelope Flats Loop Road** vom Highway ab. Diese Straße kreuzt die **Mormon Row**, ein Straßenzug mit einer Ansammlung malersicher Farmen. Die Relikte, bestehend aus Scheunen und Holzhütten namens **Moulton Barns**, stammen von zehn Siedlern, die sich in den 1890ern hier niedergelassen haben. Zwei der Ranches befinden sich nördlich der Kreuzung, einige weitere, darunter auch bewirtschaftete, südlich davon. Die fotogenen Scheunen sind zu einem Symbolmotiv des Grand Teton National Park geworden. Die am meisten fotografierte ist die Scheune **Reed Moulton Homestead**; diese Ansicht mit der spektakulären Teton Range im Hintergrund zählt zu den markantesten Motiven des Nordwestens der USA überhaupt! Auf dieser Seite der Mormon Row versammeln sich auch die meisten Besucher, um dieses berühmte Fotomotiv mit nach Hause zu nehmen.

Beide Straßen, die Antelope Flats Road und die Mormon Row, sind im Winter geschlossen. Im Süden führt die **Gros Ventre Road** auf den US-26/-89/-191. An dieser Straße liegt ein weiterer Nationalpark-Campground, der Gros Ventre Campground (▶Seite 287) und südlich davon befindet sich das **National Elk Refuge**, ein Schutzgebiet für Wapiti-Hirsche. Im Winter ziehen sich die Tiere aus den Höhenlagen des Parks auf die Hochebene von Jackson Hole zurück – dort stehen ihre Chancen besser, Nahrung zu finden. Ab Oktober kann man dann bis zu 7.000 Tiere auf dem etwa 100 Quadratkilometer großen Gelände beobachten. Informationen über das Schutzgebiet findet man auch unter www.fws.gov/nationalelkrefuge.

Die nachfolgende Wanderung startet nördlich der Moran Junction, die weiteren Wanderungen südlich. Sie sind dann chronologisch entlang der Route aufgeführt.

Wandern

► Two Ocean Lake & Grand View Point

Two Ocean Lake ist der nördliche der beiden größeren Seen an der Grenze zwischen dem Grand Teton National Park und dem Bridger-Teton National Forest. Wenn im Juli reichlich Heidel- und andere Beeren wachsen, kann man in diesem Gebiet sowohl mit Schwarzbären als auch mit Grizzlys rechnen.

Zum Startpunkt gelangt man, indem man etwa 1,3 mi/2 km nordwestlich der Moran Junction rechts in die gut befahrbare Schotterstraße Pacific Creek Road einbiegt und dieser 2 mi/3 km weit folgt, bis links die etwas holprigere Stichstraße Two Ocean Lake Road zum Trailhead führt. Nach 2,5 mi/4 km folgt der Parkplatz. Von dort geht es gegen den Uhrzeigersinn um den Two Ocean Lake. Blumenwiesen und Bergketten-Impressionen versüßen den Weg. Am westlichen Ende des Sees kann man die Wanderung bis zum Grand View Point ausdehnen. Dann biegt man rechts ab, passiert den 2.312 Meter hoch gelegenen Aussichtspunkt und biegt anschließend wieder links ab, um dem Rundweg um den See weiter zu folgen. Wer den Aussichtspunkt aussparen will, folgt dem Seerundweg, statt rechts abzubiegen. An der südlichen Seeseite führt der Weg abwechselnd am Seeufer entlang und durch Nadelwald oder offene Wiesenlandschaft.

Ganzj. · Nein · Parkplatz an der Two Ocean Lake Rd · 4,5 Std. · Moderat · 10,2 km · 122 m

CUNNINGHAM CABIN

Das Ziel, Cunningham Cabin, ist eine Blockhütte, die als Bauernhof in Jackson Hole erbaut wurde und eine von wenigen verbliebenen Strukturen der Ära der Farmen darstellt. Der Trapper John Pierce Cunningham baute die kleine Ranch 1888. Der kurze, mit Informationstafeln versehene Weg dorthin startet an der nördlichen Straßenseite an einem kleinen Parkplatz. Das verbliebene Doppelstallgebäude vor dem Hintergrund der Teton Range und inmitten einer prärieartigen Landschaft ist den kurzen Spaziergang ohne nennenswerte Höhenmeter auf alle Fälle wert.

Ganzj. · Nein · 5 mi/8 km südl. der Moran Jct an einem kleinen Parkplatz · 45 Min. · Einfach · 1,3 km

Übernachten

Triangel X Ranch

Es ist eine recht authentische Touristenranch, die mehr als nur einen Hauch vom Wilden Westen vermittelt. Allerdings ist das keine Übernachtungsmöglichkeit, bei der man am nächsten Tag wieder weiterfährt. Vielmehr ist bei einem entsprechenden Zeitbudget ein etwas längerer Aufenthalt angezeigt. Gekoppelt mit Packages, die den Aufenthalt zum Abenteuerurlaub machen, egal für welchen Schwerpunkt man sich entscheidet: Man kann Reiterferien machen und sich wie ein echter Cowboy fühlen (mit und ohne längere Übernacht-Touren in die Wildnis) oder den Aufenthalt mit River Rafting, im Winter mit Schneeschuhlaufen und Skifahren verbinden. Während der Hochsaison gilt ein Mindestaufenthalt von sieben Nächten, vor Anfang Juni und nach Ende August sind es vier Nächte. Die Lodge selbst besteht aus einem Hauptgebäude mit Speisesaal und 20 Cabins mit einem, zwei oder drei Schlafzimmern.

*Von der Moran Jct 6 mi/9 km über den US-26 nach Süden fahren, dann rechts in die Triangle X Ranch Rd fahren (1 mi/1,6 km südl. der Cunningham Cabin). · 2 Triangle X Ranch Rd, Moose, WY 83012 · 1-307-733-2183 · TheRanch@trianglex.com · http://trianglex.com · Ja · Nein · Ganzj. · ****

 MOULTON RANCH CABINS

In der Mormon Row nahe dem berühmten Fotomotiv vom Grand Teton National Park (►Seite 285) befindet sich die privat geführte Unterkunft von Nachkommen ursprünglicher Siedler. Fünf ehemalige Kornspeicher und Schlafstätten der Ranchmitarbeiter wurden zu Cabins für

Feriengäste umgebaut und modern eingerichtet. Von den Terrassen vor den Hüttchen hat man spektakuläre Blicke auf die Berge. Es gibt Cabins für ein bis zwei, ein bis vier oder ein bis sechs Personen.
17 mi/2743 km südl. der Moran Jct zweigt links die Antelope Flats Loop Rd ab. An der Kreuzung mit der Mormon Row rechts auf diese abbiegen.
00 Mormon Row, Kelly, WY 83011
1-307-733-3749 info@moultonranchcabins.com
www.moultonranchcabins.com Ja Nein
*Memorial Day–Sep. * (1–2 Personen), ** (1–4 Personen), *** (1–6 Personen)*

GROS VENTRE CAMPGROUND

Wenn alle anderen, zentraler gelegenen Campgrounds im Grand Teton National Park ausgebucht sind, ist dieser hier eine Option, denn wenn überhaupt, ist er erst abends voll belegt. Der Platz liegt nahe dem Gros Ventre River, den man durch einen kurzen Spaziergang erreichen kann.
Von Moose 10 mi/16 km in südl. Richtung fahren, dann scharf links auf die Lower Gros Ventre Rd und dieser 8 mi/13 km folgen, bis es rechts zum Campground abgeht. Gros Ventre Campground Rd, Jackson, WY 83001 www.gtlc.com/lodging/gtlc-campgrounds-gros-ventre.aspx Anf. Mai–Anf. Okt. Nein 350 350 Nein Nein Nein 36 RV-Plätze mit Strom Nein $ (ohne Strom), $$ (mit Strom)

Ende der Alternativroute

Aus dem östlichen Bereich des Grand Teton National Park kommend stößt man an der Kreuzung der Gros Venture Road mit dem US-26/-89/-191 wieder auf die Hauptroute. Dieser Punkt befindet sich 6 mi/9 km südlich der Moose Junction, an der alle Reisenden von der Teton Park Road zurück auf den US-26/-89/-191 gelangen, das heißt, die Alternativroute trifft erst nach diesen 6 mi/9 km auf die Hauptroute.

Wer anstelle der Alternativroute der Hauptroute über die Teton Park Road und den Jenny Lake im Westen des Parks folgt, zweigt an der Jackson Junction am südöstlichen Ufer des Jackson Lake rechts auf die Teton Park Road ab.

TETON RANGE

Die **Teton Park Road (**im Winter geschlossen) führt in den zentralen Bereich der Tetons. Es geht vorbei an den **Potholes**, das sind Wüstenbeifuß-Flächen, die wie mit Pocken mit kraterartigen Senken übersät sind und »Kessel« genannt werden. Es handelt sich dabei um tellerförmige Vertiefungen, die die Eiszeit hervorgebracht hat. Es gibt sowohl einen Aussichtspunkt auf diese Kessel als auch ein Stückchen weiter einen Aussichtspunkt auf den Mount Moran. Der Potholes Turnout befindet sich 6 mi/9 km hinter dem Abzweig der Teton Park Road linkerhand der Straße, der Mount Moran Turnout folgt nach weiteren 0,8 mi/1,3 km an der rechten Straßenseite der Teton Park Road.

Im Westen des Parks dringt man in die Gebirgskette Teton Range hinein.

Blick auf den Phelps Lake

Nach den beiden Turnouts umrundet man den Südzipfel des Jackson Lake und verlässt ihn im Anschluss auch; die Teton Park Road beschreibt einen Linksknick. Es folgen die beiden großen Seen **Leigh Lake** und **Jenny Lake** mit touristischen Einrichtungen, das Jenny Lake Visitor Center an der South Jenny Lake Junction, viele Turnouts mit Aussichtspunkten, kleinere Scenic Drives und Startpunkte für Wanderungen – und schließlich, wenn die Teton Park Road wieder auf den US-89 trifft, die **Moose Junction**. Rund um diese Kreuzung befinden sich sowohl die Parkverwaltung und das Haupt-Visitor Center (▶Seite 271) als auch die kleine Ansiedlung **Moose** und das **Dornans Resort**. Westlich der Junction gibt es mit dem **Phelps Lake** einen weiteren, etwas größeren See.

Der komplette Bereich westlich der Teton Park Road wird majestätisch dominiert von der **Teton Range**. 3.000 bis 4.000 Meter hohe Berggipfel reihen sich aneinander und bieten aus der Nähe ein noch atemberaubenderes Naturschauspiel als die anderen, bisher beschriebenen Gegenden. Zum großen Teil ist das Gebiet nur zu Fuß zugänglich beziehungsweise über kleine Zufahrtsstraßen, von denen die meisten für Wohnmobile und Wohnwagen gesperrt sind. Da auch das inmitten der Teton Range liegende Resort **Teton Village** nicht für größere Fahrzeuge erreichbar ist und hauptsächlich als Anlaufpunkt für Wintersportaktivitäten dient, bleibt es in diesem Routenreiseführer außen vor. Pkws gelangen über die **Moose-Wilson-Road** ins Teton Village. Ab Jackson kann man Teton Village auch mit dem Bus erreichen, Informationen findet man unter www www.startbus.com.

Der **Jenny Lake** ist der malerische Mittelpunkt der Grand Tetons. Am eindrucksvollsten erlebt man ihn über den **Jenny Lake Scenic Drive**, der 12 mi/19 km nach dem Abzweig der Teton Park Road an der North Jenny Lake Junction Richtung Westen führt. Es ist eine der schönsten Panoramastrecken im Park (mit Wohnmobil problemlos befahrbar). Von der ersten Haltebucht aus kann man die **Cathedral Group** sehen, eine Gruppe spitzer Gipfel der zentralen Tetons. Ein schöner Picknickplatz lädt am **String Lake** ein, den Blick auf den 4.000er Grand Teton von einem Sandstrand aus zu genießen. Die Straße wird kurz vor der Jenny Lake Lodge zur Einbahnstraße. Bevor der Scenic Drive schließlich wieder auf die Teton Park Road mündet, macht der **Jenny Lake Overlook** seinem Namen alle Ehre mit herrlichen Blicken auf die Teton Range.

Auf der Teton Park Road Richtung Moose Junction passiert man den Teton Glacier Turnout mit den besten Blicken auf den Teton Glacier, den größten Gletscher des Parks.

JENNY LAKE VISITOR CENTER

Das Besucherzentrum mit ansprechenden geologischen und ökologischen Ausstellungen und einer 3D-Darstellung von Jackson Hole mit Blick aus der Vogelperspektive auf das Tal, die Canyons, Seen und Gipfel sind einen Besuch wert. Untergebracht ist das Visitor Center in einer Blockhütte, die einst das Studio eines Parkfotografen war. Ein kurzer Film informiert über die Formation der Teton Range.

Von der Jackson Lake Jct auf die Teton Park Rd fahren und dieser 12 mi/19 km folgen, bis rechts die South Jenny Lake Jct abzweigt. South Jenny Lake Jct, Moose, WY 83012 1-307-739-3300 www.nps.gov/grte Mitte Mai-Anf. Juni & Anf.-Ende Sep. tägl. 8-17 h, Anf. Juni-Anf. Sep. tägl. 8-19 h

Highlight

Jenny Lake Boating

Nahe dem Visitor Center befindet sich der Anbieter, bei dem man entweder eine Fährfahrt ans westliche Seeufer zum Ausgangspunkt für den Inspiration Point beziehungsweise zu den Hidden Falls oder eine Ausflugsfahrt über den See unternehmen sowie Boote mieten kann. Die Shuttlefahrten führen vom Ost- zum Westufer, wo am **Fuße des Mount Teewinot** diverse Wandermöglichkeiten zur Verfügung stehen.

Von der Jackson Lake Jct auf die Teton Park Rd fahren und dieser 12 mi/19 km folgen, bis rechts die South Jenny Lake Jct abzweigt. Diese bis zum Parkplatz des Visitor Centers bzw. Boat Docks durchfahren. PO Box 111, Moose, WY 83012 1-307-734-9227 www.jennylakeboating.com

Fährbetrieb

Mitte Mai-Mitte/Ende Sep, tägl. 10-16 h, Juni-Aug. 7-19 h, alle 10-15 Min. Hin- und Rückfahrt: Erw. $ 15 (einf. Fahrt $ 9), Kinder (2-11 J.) $ 8 bzw. $ 6

Eine Ausflugsfahrt dauert etwa eine Stunde und wird von einem kundigen Reiseleiter begleitet. Er informiert die Fahrgäste über die Geschichte und die Geologie der Region und über die Flora und Fauna rund um den Jenny Lake. Unterwegs ergeben sich schöne Möglichkeiten zum Fotografieren. Die Fahrten werden von Mitte Mai bis Mitte/Ende September angeboten.

Ausflugsfahrten

Mitte Mai-Anf. Juni & Sept. tägl. 12 & 15 h, Juni-Aug. 11, 14 & 17 h, Reservierung wird empfohlen Erw. $ 19, Kinder (2-11 J.) $ 11, Sen. (über 2 J.) $ 17

Auf eigene Faust kann man nicht-motorisiert und auf Indianer-Art mit Kanu oder Kajak auf den See gehen, der am Vormittag tendenziell ruhiger ist als am Nachmittag. Kinder dürfen ab fünf Jahren mit an Bord.

Bootstouren

Anf. Juni-Mitte Sep. Pro Stunde $ 20, ein Tag $ 75

Übernachten

Jenny Lake Lodge

Die Lodge ist von hohen Kiefern umgeben, im Hintergrund ragen die noch höheren Gipfel der Teton Range ins Bild.

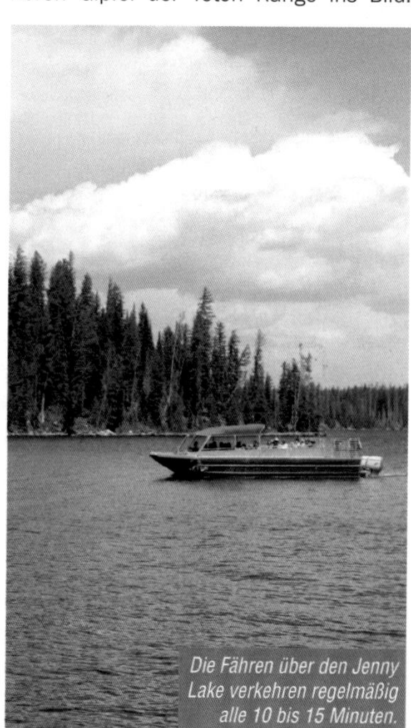

Die Fähren über den Jenny Lake verkehren regelmäßig alle 10 bis 15 Minuten.

Die romantischen Cabins sind ein idealer Übernachtungsort, um die drei Seen Jenny Lake, String Lake und Leigh Lake zu erkunden. Die Hütten sind rustikal-elegant im Western-Stil eingerichtet. In der Lodge werden (auch für Nicht-Übernachtungsgäste) Frühstück, Mittagessen und Abendessen (als Menü) angeboten, man kann reiten gehen und Fahrrad fahren.

*12 mi/19 km nach der Jackson Lake Jct zweigt rechts die Jenny Lake Rd ab; dieser 2 mi/3 km bis zur Lodge folgen. Jenny Lake Rd, Moose, WY 83012 1-307-733-4647 1-800-628-9988 www.gtlc.com/lodging/jenny-lake-lodge-overview.aspx Ja Nein Anf. Juni–Anf. Okt. ****

Jenny Lake Campground

Dieser Campground ist ein reiner Zeltplatz und befindet sich nahe dem Jenny Lake Visitor Center. Der Platz ist sehr beliebt und deshalb meist ab 10 Uhr morgens bereits voll. Eingebettet in viel Grün und zwischen Gletscherblöcken ist Zelten hier Idylle pur.

Von der Jackson Lake Jct auf die Teton Park Rd fahren und dieser 12 mi/19 km folgen, bis rechts die South Jenny Lake Jct abzweigt. Von dieser gleich wieder rechts in die Jenny Lake Campground Rd abbiegen. Jenny Lake Rd, Moose, WY 83012 1-800-628-9988 www.gtlc.com/lodging/gtlc-campgrounds-jenny-lake-lodge.aspx Anf. Mai–Ende Sep. Nein 49 Nein Nein Nein Nein Nein $

Wandern

Leigh & Bearpaw Lakes

Die Wanderung startet am String Lake, ein schmaler, fingerförmiger See zwischen dem Leigh Lake im Norden und dem Jenny Lake im Süden. Der Weg ist gut markiert und verläuft eben ohne nennenswerte Höhenmeter durch ein bewaldetes Gebiet mit Blicken auf den See. Weiter geht es etwa 2,8 mi/4,5 km am östlichen Ufer des Leigh Lake entlang bis zu einer Wiese mit herrlichen Ausblicken, dann ist der kleine See Bearpaw Lake erreicht. Der Rückweg ist derselbe wie der Hinweg, man kann also auch jederzeit umkehren, ohne alle drei Seen zu erreichen. Eine Variation für den Rückweg könnte sein, am Südzipfel des Leigh Lake rechts abzubiegen und am Westufer des String Lake zurückzugehen. Dieser Bogen würde die Wanderung um etwa 0,9 mi/1,5 km verlängern. Rund um den Leigh Lake und den Bearpaw Lake befinden sich Backcountry-Zeltplätze

Ganzj. Ja String Lake Picnic Area 5 Std. Moderat 12 km

Jenny Lake Loop

Der Weg umrundet den Jenny Lake einmal komplett entlang seinem Ufer. Der malerische See ist 2,5 mi/4 km lang und liegt sehr idyllisch am Fuße der Bergkette. Bei der Umrundung ergeben sich unterschiedliche, traumhafte Blicke in die herrliche Landschaft. Unterwegs kann man Elchen begegnen. Da der Jenny Lake eines der beliebtesten Ziele im Park ist, kann der Rundweg voll sein. Deshalb sollte man ihn früh am Tag oder am späten Nachmittag starten. Am Südwestufer zweigen die Wanderwege zu Hidden Falls (siehe unten) und Inspiration Point (siehe unten) ab, am nördlichen Ende geht es über den String Lake zum Leigh Lake.

Wer wenig Zeit zur Verfügung hat, aber den Jenny Lake trotzdem auch aus einer anderen Perspektive sehen will, kann einen Weg per Shuttleboot (▶Seite 289) zurücklegen und dann gegen oder im Uhrzeigersinn am Seeufer entlang zurückwandern.

Ganzj. Nein Am Bootsdock am Ostufer des Jenny Lakes 4 Std. Moderat 10,5 km (Rundweg) 137 m

Hidden Falls & Inspiration Point Trail ★

Aus dieser Wanderung kann man eigentlich alles machen: Man kann sie kurz halten, dann fährt man mit der Fähre (▶Seite 289) auf die Westseite des Sees und wandert nur zu den Hidden Falls – das wären dann von der Bootsanlegestelle aus etwa 0,9 mi/1,5 km.

Oder man wandert ohne Bootstransfer von der Ostseite des Jenny Lake aus, dann sind es hin und zurück 5 mi/8 km. Bei beiden Varianten kann man zusätzlich den 2.195 Meter hoch gelegenen Inspiration Point anschließen, der von den Hidden Falls noch etwa 800 steile Meter weit entfernt ist und sich auf alle Fälle lohnt:

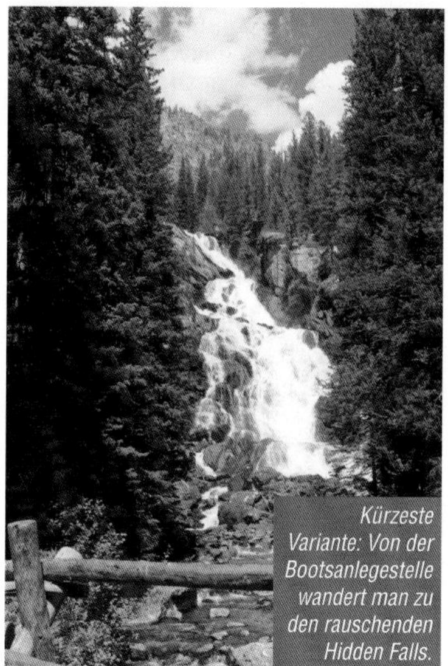
Kürzeste Variante: Von der Bootsanlegestelle wandert man zu den rauschenden Hidden Falls.

Aus dieser exponierten Höhe hat man einen sagenhaften Blick über den Jenny Lake, man sieht sogar die Gletschermoräne, die den See geschaffen hat. Verzichtet man auf den Bootstransfer und umwandert den Jenny Lake zunächst auf dessen Südseite, sind das 2,4 mi/3,8 km. Hinzu kommen 0,9 mi/1,5 km bis zu den Hidden Falls und weitere 0,5 mi/0,8 km zum Inspiration Point. Den Rückweg kann man dann erneut an den Zeitplan anpassen und entweder zurückwandern oder mit dem Boot fahren.

Tickets für Hin- und Rückfahrt zum vergünstigten Preis von $ 15 kann man nur am Ostdock lösen. Ab der westlichen Anlegestelle erhält man nur Tickets für $ 9 pro einfache Fahrt.

Da auch diese Wanderung sehr beliebt ist, sollte man früh am Tag starten. Vom Inspiration Point aus kann man die Wanderung zum Cascade Canyon (▶Seite 292) fortsetzen. In 2014 wurde das Wegenetz um den Jenny Lake großräumig restauriert beziehungsweise neu angelegt, sodass ab 2015 neue Rundweg-Optionen zur Verfügung stehen.

Besonders eindrucksvoll wird das Erlebnis, wenn man bei Jenny Lake Boating ein Kanu mietet, damit eigenständig auf die Westseite des Sees paddelt, das Kanu am Ufer ankert und wandern geht.

Ganzj. Nein Entweder Bootsdock am Ostufer oder am Westufer 2,5 Std. (einfacher Weg) Moderat bis anstrengend 6 km (einfacher Weg ab Ostufer bis Inspiration Point) 213 m (bis Inspiration Point)

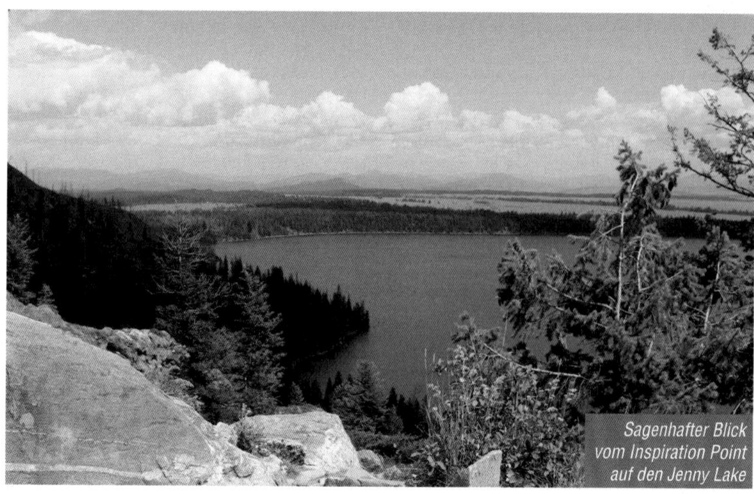
Sagenhafter Blick vom Inspiration Point auf den Jenny Lake

Cascade Canyon Trail

Es ist eher eine Wanderung für Fortgeschrittene – aber jeden Meter wert. Auch diesen Weg kann man wieder mit einer Bootsfahrt variieren und damit 2,2 mi/3,5 km sparen. Die Wanderung entspricht zunächst der zum Hidden Falls/Inspiration Point (siehe oben), von wo aus eine kurze, steile Strecke zu einer Felskante der vom Gletscher ausgehöhlten Schlucht führt. Dann verläuft der Weg ebener und man erlebt dieses Wunder der Natur ganz entspannt. Elche und Bären könnten den Weg kreuzen, man sieht außerdem Wasservögel und Pfeifhasen (Pikas). An der Gabelung des North und South Cascades Canyon hat man zwei Möglichkeiten: Über die South Fork gelangt man zu Hurricane Pass, über die North Fork zum Lake Solitude. Wer diese Ziele ansteuert und nicht nach einer beliebigen Länge entlang des Canyonrandes umdreht, kann dies nur im Rahmen einer Übernachtung im Hinterland tun. In beiden Richtungen steht hierfür je ein Zeltplatz zur Verfügung.

Ganzj. Ja Inspiration Point 7 Std. Moderat bis anstrengend 14,5 km (Rundweg, ab Inspiration Point) 372 m

Taggart Lake Trail

Die Wanderung ist eine Alternative für alle diejenigen, die sich nicht ins Getümmel rund um den Jenny Lake stürzen möchten. Zwischen der South Jenny Lake Junction und der Moose Junction befindet sich der Trailhead, der zunächst durch ein von einem Feuer verbranntes Gebiet, dann aber mitten hinein in die Bergwelt führt. Das Ziel, Taggart Lake, wurde von Bewegungen in der Eiszeit geschaffen. Vom Startpunkt bis zum See sind es 1,6 mi/2,5 km über den südlichen Weg. Am südöstlichen Seeufer angelangt, kann man entscheiden, ob man den Weg um insgesamt weitere knapp 1,9 mi/3 km und 142 Höhenmeter zum Bradley Lake erweitert oder über den nördlichen Weg als Rundweg zurückgeht.

Ganzj. Nein Westl. der Teton Park Rd, etwa 6 mi/10 km südl. des Jenny Lake (gut ausgeschildert) 2,5 Std. Einfach bis moderat 6,2 km (Rundweg) 107 m

Nach dem Jenny Lake geht es noch 8 mi/13 km weiter auf der Teton Park Road, dann trifft die Straße wieder auf den US-26/-89/-191, der aus nördlicher Richtung auf die Teton Park Road stößt. Weitere 6 mi/9 km weiter südlich trifft die Hauptroute wieder auf die Alternativroute, die parallel zum US-26-/-89/-191 durch den Ostteil des Nationalparks verläuft. Von der Moose Junction aus muss man einen kurzen Schlenker nach links fahren, um folgendes geschichtliches Highlight zu besuchen:

MENORS FERRY HISTORIC DISTRICT

Einen Einblick in das frühere Farmerleben in Jackson Hole erhält man anhand des ehemaligen Wohnhauses von Bill Menor. Er lebte alleine am Westufer des Snake River und organisierte einen Floßbetrieb über den Fluss, mit dem er Eselgespanne und Reiter, Jäger und Pilzsucher auf die andere Seite transportierte. 1910 verkaufte er den Betrieb, sein Nachfolger begann, richtig Profit daraus zu schlagen. Heute kann man von Anfang Juli bis August in einem Nachbau der **Menor's Ferry** den Snake River überqueren. Eine Ausstellung mit alten Fotografien, restaurierten Gefährten und dem Originalwagen des Siedlers bieten eine Einblick in das Leben in dieser Region zu Beginn des 20. Jahrhunderts. Ein antiker Krämerladen rundet das authentische Bild ab. Der knapp 0,6 mi/1 km lange **Menor's Ferry Trail** bietet einen Überblick über den historischen Ort.

In der Nähe befindet sich die **Chapel of the Transfiguration** aus dem Jahr 1924, durch deren Altarfenster man die Tetons sehen kann.

0,5 mi/0,8 km nördlich von Moose über eine befestigte Straße zum historischen Distrikt Chapel of the Transfiguration Rd, Moose, WY 93012 www.nps.gov/grte/historyculture/menors.htm Mai–Sep. tägl. 9–16 h

SPUR RANCH CABINS

Es ist eine private Ferienanlage mit Blockhüttchen zum Übernachten, Vermietungen von Kanus, Kajaks und Fahrrädern, einem Restaurant, einem Pizza-Imbiss, einem Weinladen und einem Lebensmittelladen. Die Hütten sind alle frisch renoviert und bieten Platz für bis zu zwei beziehungsweise bis zu vier Personen. Zum Resort gehört das Restaurant Moose Chuckwagon – dem Namen gemäß wird hier deftige Westernküche in passendem Ambiente serviert (nicht nur für Übernachtungsgäste).

Das Resort liegt direkt an der Moose Jct.
*Dornans Rd, Moose, WY 83012 1-307-733-2415 http://dornans.com Ja Nein Ganzj. ****

LAURANCE S. ROCKEFELLER PRESERVE

Nur über die Moose-Wilson-Road erreichbar und deshalb für Wohnmobile unzugänglich ist dieses Naturschutzgebiet, das eines der neueren Gebiete im Grand Teton National Park darstellt. Die Intention für das Schutzgebiet ist, in Verbindung mit der Natur einen Ort der Zuflucht und Erneuerung zu schaffen. Ein 5 mi/8 km langes Netz an Wanderwegen verbindet das Visitor Center mit dem nordwestlich gelegenen **Phelps Lake**. Im Mittelpunkt des Gebietes steht das **Laurance S. Rockefeller Preserve Center**, in dem man anhand ansprechend aufgemachter Ausstellungen mehr über Rockefellers Intention für dieses Schutzgebiet erfährt. Das Center dient als Vorbild für innovative Design-Technik und Umweltgestaltung.

4 mi/6,5 km südl. der Moose Jct an der Moose-Wilson-Rd Moose-Wilson Rd, Teton Country, WY 83001 1-307-729-3654 www.nps.gov/grte/planyourvisit/lsr.htm Preserve Center: Ende Mai–Anf. Juni tägl. 9–18 h, Anf. Juni–Anf. Sep. tägl. 8–18 h

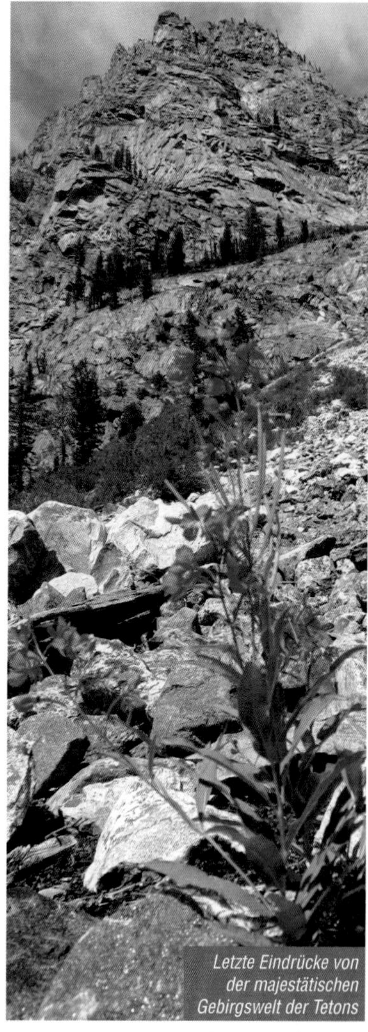

Letzte Eindrücke von der majestätischen Gebirgswelt der Tetons

*Mit Sicherheit waren der Yellowstone und der Grand Teton National Park zwei erstklassige Highlights der Reise. Das heißt aber nicht, dass nicht noch etwas Spektakuläres nachkommen kann! Über den Highway US-26/-89/-191 wird der Grand Teton National Park Richtung Süden verlassen. 8 mi/13 km nach der Moose Junction erfolgt die Parkausfahrt. Weitere 4 mi/7 km später ist mit **Jackson** der südliche Versorgungsort des Grand Teton National Park erreicht. Von den beiden Nationalparks kommend hat man nun auch sicherlich Bedarf an einem umfangreichen Angebot an Supermärkten, Tankstellen und Restaurants. Die Grand-Teton-Parkstraße US-26/-89/-191 führt geradewegs in das Zentrum der Stadt.*

In der netten Kleinstadt Jackson kann man die Vorräte auffrischen und sich für die Weiterfahrt rüsten.

JACKSON

		Jackson	Wiesbaden
	Stadt	9.850	274.000
	Metropolregion	-	560.000
	pro km²	1.331	1.337
	km²	7,4	204
	über NN	1.901 m	117 m
	mm	356	638
	°C	21,8	20,5
	°C	7,1	7,2
	Butte		444 mi/ 710 km
	Salt Lake City		271 mi/ 434 km

Jackson befindet sich rund um die Kreuzung des US-26/-89/-191 mit dem nach Westen führenden **WY-22 (Teton Pass Highway)**. So nett die Stadt im Western-Look auch aufgemacht ist – sie setzt ausschließlich auf Tourismus. Reisende in Richtung der beiden Nationalparks versorgen sich vorab in Jackson, Reisende, die von dort kommen, frischen alle Vorräte auf. In der Innenstadt kann man sich rund um den **Town Square** in Boutiquen und Galerien austoben und das Nachtleben in einer der zahlreichen Bars und Cafés genießen. Im Sommer ist die Stadt sehr voll, dann sind die zahlreichen und sehr teuren Beherbergungsbetriebe oft ausgebucht.

Auch wenn Jackson keine entsprechende Vergangenheit hat, ist die Stadt vollständig auf Wildwest getrimmt. Bars und Saloons säumen die Straße und es gibt etliche Läden, in denen man sich mit Cowboy-Utensilien eindecken kann. Ansonsten ist Jackson vor allem auf Outdoor-Enthusiasten ausgerichtet. Viele Exkursionen (River Rafting, Reittouren, Bergsteigen) führen zurück in den Grand Teton National Park und sind deshalb an dieser Stelle der Reise nicht relevant. Wer dennoch Zeit für einen Abenteuertrip hat, findet zwei namhafte Anbieter:

Lewis & Clark River Expeditions

335 N Cache St (nahe dem Town Square), Jackson, WY 83001 1-800-824-5375
www.lewisandclarkriverrafting.com
Mitte/Ende Mai–Mitte Sep.

Barker-Ewing Float Trips

945 West Broadway (nahe dem Town Square), Jackson, WY 83001 1-800-365-1800
floattrips@barkerewing.com
http://barkerewing.com
Mitte/Ende Mai–Ende Sep.

Im Winter stehen Jackson und Umgebung ausschließlich im Zeichen des Schnees und der vielfältigen Möglichkeiten des Wintersports. Vor allem die **Snow King Mountain Ski Area** (East Snow King Ave) ist ein beliebtes Ziel für Aktivitäten im Schnee.
www.snowkingmountain.com

JACKSON HOLE AND GREATER YELLOWSTONE VISITOR CENTER

Das Visitor Center befindet sich an der südwestlichen Ecke des National Elk Refuge (▶Seite 285). Verschiedene Organisationen sind hier vertreten: das National Elk Refuge, der Bridger-Teton National Forest, die Jackson Chamber of Commerce, die Grand Teton Association und saisonal der Grand Teton National Park.

Das Besucherzentrum dient nicht nur Reisenden aus südlicher Richtung als erste Anlaufstelle für die beiden Nationalparks, sondern ist auch ein schöner Rückblick auf das soeben Erlebte. Fragen zu Jackson und einem Aufenthalt in der Stadt werden ebenfalls beantwortet.

Über den US-26/-89/-191 in südl. Richtung nach Jackson fahren. Das Visitor Center befindet sich direkt am Highway am nördl. Stadtrand noch vor Erreichen des Stadtzentrums.
532 N Cache St, Jackson, WY 1-307-733-3616 Sommer: tägl. 8–19 h

Orientieren

Die Orientierung in der knapp 10.000-Seelen-Gemeinde ist einfach: Aus Richtung Grand Teton National Park gelangt man über den US-26/-89/-191 automatisch in die Innenstadt. Wenn der Highway einen 90-Grad-Knick nach rechts macht, befindet sich linkerhand mit der **Town Square** das Stadtzentrum Jacksons.

Versorgen und einkaufen

Attraktiv ist vor allem der Einkauf von Wildwest-Utensilien wie zum Beispiel Cowboyhüten. Solche kann man zu angemessenen Preisen bei der **Jackson Hole Hat Company** erwerben.
45 W Deloney Ave, Jackson, WY 83001 1-307-733-7687 www.jhhatco.com Tägl. 10–18 h

Wem der Sinn nach Wild und vor allem Bisonfleisch steht, sollte sich bei **Jackson Hole Buffalo Co.** umschauen. Das Fleisch gibt es in allen Variationen frisch von der Ranch, man kann es auch verpackt mitnehmen.
1325 S US-89, Jackson, WY 83001 1-307-733-4159 www.jhbuffalomeat.com Mo. –Fr. 8.30–18 h, Sa. 9–17 h, So. nach Vereinbarung

Für einen ganz normalen Einkauf stehen entlang des US-26/-89/-191 zahlreiche kleine und mittelgroße Supermärkte zur Verfügung, sowohl vor dem Stadtzentrum als auch danach. **Smith's Grocery**, am südlichen Ende der Stadt und bereits auf der Weiterfahrt Richtung Salt Lake City gelegen, ist einer der größeren Märkte (1425 S US-89).

Essen und trinken

Es gibt ein breites Angebot an Bars und Restaurants, das für jeden Geschmack etwas bereithält. Erwähnenswert ist **»The Bunnery«**, wo es ein reichhaltiges Frühstück gibt mit eigener Bäckerei und hausgemachtem Kuchen. Auch das Mittagessen ist empfehlenswert. Die Speisekarte umfasst vom typischen Wildwest-Essen (Hamburger, Omelettes, Steaks mit Bohnen und Reibekuchen) über leckere Suppen und Salate bis zu warmen und kalten Riesen-Sandwiches eine abwechslungsreiche Auswahl, vieles ist hausgemacht (vor allem beim Frühstück). Man sitzt bei gutem Wetter sehr schön von der Straße zurückversetzt auf einer Terrasse.

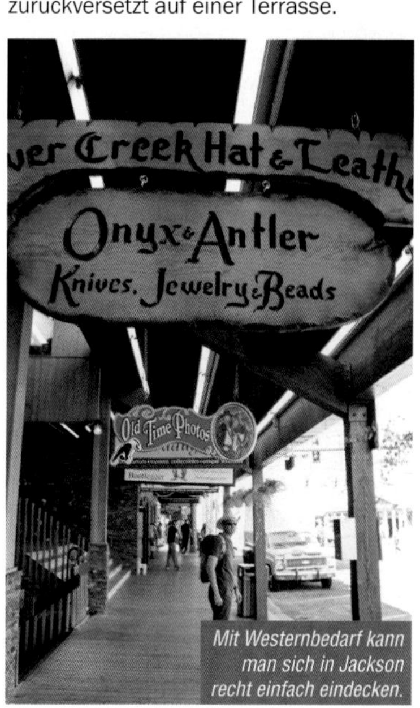

Mit Westernbedarf kann man sich in Jackson recht einfach eindecken.

130 N Cache St, Jackson, WY 83001 1-307-733-5474 http://bunnery.com Tägl. Frühstück 7-11.30 h, Lunch 11.30-15 h; Dinner (Memorial Day-Labor Day) Di.-Sa 17-21 h

Highlights

National Museum of Wildlife Art

Tiere und Kunst - dass beides gut zusammenpasst, zeigen die Ausstellungen in diesem Museum. Die Werke reichen zurück bis 2500 v. Chr. und hinein bis in die Gegenwart. Im Mittelpunkt stehen europäische und amerikanische Gemälde und Skulpturen. Interaktive Mitmachprogramme sprechen nicht nur Kinder an.

Aus Richtung Grand Teton National Park kommend 2,5 mi/4 km vor dem Stadtzentrum rechts abbiegen 2820 Rungius Rd, Jackson, WY 83001 1-307-733-5771 1-800-313-9553 www.wildlifeart.org Mo.-Sa. 9-17 h, So. 11-17 h Erw. $ 14, Kinder (5-18 J.) $ 6, Sen. (über 60 J.) $ 12

Jackson Hole Museum

In diesem Museum sammelt die History Community Artefakte aus dem Leben früherer Bewohner der Region. Liebevoll werden Szenen und Orte des letzten Jahrhunderts in originalgetreuen Szenen nachgebildet, dabei spielt natürlich auch die indianische Vergangenheit der Region eine Rolle.

Letzter Gruß aus dem Wilden Westen vor dem Szenenwechsel!

300 m nördlich des Stadtzentrums an der US-191 225 N Cache St, Jackson, WY 83001 1-307-733-2414 info@jacksonholehistory.org www.jacksonholehistory.org Di.-Sa. 10-17 h Erw. & Kinder ab 12 J. $ 5, Sen. (über 60 J.) $ 4

Übernachten

Da im Grand Teton National Park in allen Regionen ausreichend Übernachtungsmöglichkeiten in Form von Lodges und Campgrounds vorhanden waren, man an dieser Stelle der Reise erst wenige Kilometer von der letzten Übernachtungsstätte entfernt ist und zudem das Umfeld im Nationalpark attraktiver ist, werden im Folgenden nur ein Hotel und ein Campground im Stadtgebiet für den dringenden Bedarf beschrieben.

Cowboy Village Resort

Wenn schon alles auf Wildwest getrimmt ist, sollte man auch authentisch übernachten. Die Hüttchen sind behaglich eingerichtet, die Anlage verfügt über einen Pool und einen Fitnessraum. Das Resort liegt zentral innerhalb Jacksons und ist nur 10 mi/16 km vom Grand Teton National Park entfernt.

*Im Stadtzentrum am Rechtsknick dem US-26/-89/-191 weiter folgen bis links der Flat Creek Dr abzweigt. 120 S Flat Creek Dr, Jackson, WY 83001 1-307-733-3121 1-800-962-4088 cowboy@townsquareinns.com www.townsquareinns.com Ja Ja Ganzj. *-****

Jackson Hole/Snake River KOA

Der Campground befindet sich südlich der Stadt Jackson auf der Weiterreise Richtung Salt Lake City am US-26/-89/-191. In unmittelbarer Nähe zum Snake River gelegen, werden Blockhüttchen mit Blick auf den Fluss oder wahlweise schattige RV- und Zeltplätze angeboten. Manche Plätze kann man online nur ab zwei Nächten reservieren.

Ab der Stadtmitte dem US-26/-89/-191 12 mi/19 km in südl. Richtung folgen; der Campground befindet sich rechts des Highways. 9705 S US-89, Jackson, WY 83001 1-307-733-7078 1-800-562-1878 reservations@snakeriverpark.com http://koa.com/campgrounds/jackson-hole Mitte Apr.-Mitte Okt. Ja 16 24 Ja Ja Ja Strom (30/50 Amp.), Wasser, Abwasser Nein $$$

Ranches und Pferdeherden säumen den Wegesrand auf dem letzten Streckenabschnitt durch Wyoming.

Nach so viel Naturerlebnis sind wir auch wieder bereit für ein wenig Stadtluft. Die haben wir auf dieser Reise so richtig erst einmal zu Beginn in Seattle geschnuppert. Viele Wege führen nach Rom und so scheint es sich auch mit der Strecke Jackson-Salt Lake City zu verhalten. Es gibt schnelle Optionen, beispielsweise über Idaho Falls und die ***I-15****, und es gibt landschaftlich reizvolle Varianten, die erfreulicherweise auch zeitlich gesehen keinen Mehraufwand bedeuten (kilometermäßig sind sie sogar kürzer als die Interstate-Version). Hier wurde von Parkrangern und Mitarbeitern im Visitor Center des Grand Teton National Park sowie in Jackson eindeutig die Route empfohlen, die ab Jackson ausschließlich und 270 mi/432 km weit über den* ***US-89*** *nach Salt Lake City führt – und die sich wirklich sehr lohnt.*

Nach Verlassen der Stadt Jackson führt die Fahrt durch das ***Tal des Snake River****, flankiert vom Teton National Forest auf der linken Seite. Hier herrscht ein reger Wildwechsel, worauf zahlreiche Verkehrsschilder hinweisen und was noch zahlreichere Bremsspuren auf der Straße bestätigen. Tatsächlich erfassen die Scheinwerfer in den Abendstunden auch so manches Reh-Augenpaar am Straßenrand.*

! Hier sollte man unbedingt in angemessener Geschwindigkeit fahren und jederzeit reagieren können, wenn ein Tier auf die Fahrbahn läuft!

In ***Alpine****, dem nächsten größeren Ort 37 mi/60 km nach Jackson mit knapp 1.000 Einwohnern, Tankstellen, einer Post und Einkaufsmöglichkeiten zweigt der Highway nach links ab und überquert den Snake River. An dieser Kreuzung ist Salt Lake bereits ausgeschildert. Nach der Peripherie von Alpine wird es schnell wieder ländlich und dank der vielen Pferderanches kommt auch kurz noch einmal Wildwest-Stimmung auf, wenngleich alles saftig grün ist.*

Die auf dieser Reise schon oft erlebte prärieartige Einsamkeit stellt sich deshalb zunächst nicht ein. Immer wieder kreuzen kleinere Ortschaften den Weg. Auf einem Campground zu übernachten ist auf diesem Streckenabschnitt unproblematisch, ständig wird auf einen Platz hingewiesen. Aber plötzlich endet dann doch wieder jede Besiedelung, es geht hinein in die tiefste Nadelwaldvegetation, dabei wird es bergiger und ab und zu erscheint der ***Salt River*** *am Wegesrand.*

Mit ***Afton*** *(knapp 2.000 Einwohner) ist 33 mi/53 km nach Alpine ein eher größerer Ort erreicht, danach durchfahren wir eine fruchtbare Ebene, die Ranches werden seltener. Auf der linken Seite begleitet der Bridger-Teton National Forest die*

Reise. Derweil bleibt man auf der Höhe, es folgen sogar weiterhin immer wieder leichte Anstiege, beispielsweise über den **Salt River Pass**. *Nach diesem führt die Straße jedoch deutlich bergab in eine sanfte Hügellandschaft hinein. Während es ins Tal geht, wird es kurvenreich und es fehlt jegliche Zivilisation. In diesem Tal verlassen wir den Bridger-Teton National Forest als letztes Relikt des Nationalparks.*

Nach vielen Kilometern durch absolutes Nichts taucht urplötzlich ein Motel auf – das hat schon etwas sehr Skurriles. Im direkten Anschluss wird wieder einmal eine Staatengrenze überfahren, wir sind wieder in **Idaho**. *Es machen sich kurzzeitig leichte Anzeichen von Zivilisation bemerkbar, schließlich folgt die Ortschaft* **Geneva** *– direkt danach tauchen wir wieder ab in die endlose Weite der unbesiedelten Landschaft. Ein kurzes Stück weit geht es durch den Caribou National Forest und über die Passhöhe Geneva Summit. Abseits jeglicher Zivilisation folgt idyllisch in die Landschaft gebettet der KOA Campground Montpelier Creek (www http://koa.com/campgrounds/montpelier-creek), ein kleiner Vorbote dessen, was danach folgt: Ein kleines Stück Frankreich! 2 mi/3 km nach dem Campground landen wir unverhofft in* **Montpelier** *einer 3.000-Einwohner-Gemeinde mitten in Idaho.*

Danach bleibt es erst einmal französisch, denn nach einer kurzen Strecke durch die Ebene und vorbei an Rinderherden ist **Paris** *erreicht, zu unterscheiden von der französischen Hauptstadt nicht nur durch die geringere Einwohnerzahl von wenigen hundert Menschen, sondern auch durch die Höhenlage auf über 1.800 Metern. Auch das Stadtbild mit recht hübschen Gebäuden (zum Beispiel einer recht eindrucksvollen Mormonenkirche) will nicht so recht französisch wirken. Einen Nachbau des Eiffelturms sucht man natürlich vergebens …*

Nach Paris führt die Fahrstrecke wieder durch eine Ebene, begleitet von den Ausläufern der Rocky Mountains auf der linken Seite. Nach dem nächsten Ort **Bloomington** *taucht – ebenfalls links – der etwas größere Bear Lake mit seinem herrlich türkisfarbenen Wasser auf. Hat man den See etwa zur Hälfte passiert, überfährt man nach dem Ort* **Fish Haven** *die Staatengrenze nach Utah, dem südlichsten Bundesstaat dieser Rundreise. Hier folgt am Seeufer der Bear Lake State Park mit einer Marina und einem Campground – für alle, die Bedarf an einem Campingplatz haben, kommt der Park gerade recht, da lange keiner mehr auf der Strecke lag (www http://stateparks.utah.gov/park/bear-lake-state-park). Im direkten Anschluss gibt es in* **Garden City** *den Bear Lake KOA Campground.*

Montpelier – eine amerikanische Kleinstadt mit französischem Namen

Blick vom Aussichtspunkt zurück auf den Bear Lake

Bear Lake KOA Campground
485 N Bear Lake Rd, Garden City, UT 84028
1-435-946-3454 1-800-562-3442
bearlakeutkoa@yahoo.com http://koa.com/campgrounds/bear-lake Anf. Apr.–Mitte Okt.
Ja 107 36 Ja Ja Ja Wasser, Strom (20/30/50 Amp.), Abwasser Ja $$$

Weiter am Seeufer entlang folgt ein entzückendes Seebad nach dem anderen (auch wenn die Straße nicht direkt am See entlangführt). Zu Recht ist die Straße nun zum **Scenic Byway** *geworden.*

Noch bevor das südliche Ufer des Bear Lake erreicht ist, macht der US-89 in **Garden City** *einen Rechtsknick in westliche Richtung und mitten hinein in die Berge. Hier beginnt die Fahrt in den* **Logan Canyon** *– der Scenic Byway macht seinem Namen alle Ehre. Zuerst präsentiert sich ein sensationell schöner Blick zurück auf den Bear Lake, während es steil bergauf in den Cache National Forest geht. Hat man den höchsten Punkt erreicht, gibt es einen Aussichtspunkt inmitten einer gepflegten Anlage mit einem großen Parkplatz und einem eigenen kleinen Visitor Center. Auf Informationstafeln entdeckt man Interessantes über den Bear Lake und den Logan Canyon.*

Die Strecke ist malerisch, hügelig und waldig, immer wieder plätschert am Wegesrand ein kleines Flüsschen, die Landschaft ist saftig-grün. Langsam schieben sich Felsblöcke und -wände ins Bild, bis das Ganze richtigen Canyoncharakter annimmt. Dabei wird die Streckenführung zunehmend kurvenreich. Mehrfach führt die Straße über den Logan River, sodass dieser die Straßenseite wechselt. Die Teilstrecke zwischen Garden City und Logan (insgesamt 39 mi/62 km lang) ist so wunderschön, dass sie ganz alleine schon die komplette Fahrt über den US-89 wert ist!

Der Ort **Logan** *selbst ist sehr gepflegt, was man auf den ersten Blick sieht, wenn man über die Einfallstraße von oben hineinfährt und einige schöne, auch historische Gebäude erblickt. Logan hat fast 50.000 Einwohner und zählt in diesen Gefilden definitiv als Großstadt. Es gibt Einkaufsmöglichkeiten (zum Beispiel Smith's direkt an der Durchfahrtsstraße, 442 North 175 East, Logan, UT 84321) und etliche Tankstellen direkt am Highway. Von Logan aus sind es noch 85 mi/136 km bis nach Salt Lake City. Der Großeinkauf muss also nicht zwingend hier erledigt werden, es wäre aber eine gute Unterbrechung der langen Anfahrt in die Stadt am großen Salzsee. Im Zentrum von Logan vereinigt sich der US-89 mit dem US-91, beide führen nun gemeinsam südwärts nach Salt Lake City.*

Erstmals seit langen Teilen der Reise wird die Straße wieder vierspurig. Auf dieser Straße folgt eine abenteuerliche Fahrt hinab nach **Brigham City** *(25 mi/40 km), die den allerersten Blick auf den* **Salt Lake** *offenbart. Mit diesem Ausblick wird die Landschaft spontan karger, man blickt in die Ebene des Salt Lake Valleys mit den Ausläufern des Sees und fühlt sich sogleich wie in der Wüste – die Stadt Salt Lake City ist indes noch 60 mi/96 km entfernt. Jetzt ist ein guter Zeitpunkt zum Tanken, denn auf der ganzen Reise war das Benzin noch nie so günstig wie hier.*

Von Wüste und den Rockies umgeben – die Großstadt Salt Lake City

Im Bereich von Brigham City kann man entscheiden, ob man nun auch die restlichen Kilometer über den US-89 oder parallel über die westlichere ***I-15*** *fährt. Da beide quasi nebeneinander verlaufen, es über keine der beiden Straßen schneller geht und außerdem auch die Landschaftsimpressionen dieselben sind (links Gebirgszug, rechts Ebene), ist es egal, welche Straße man Richtung Süden fährt. Auf beiden nähert man sich merklich einer Großstadt, die Natur und Einsamkeit bleiben hinter uns. Etwa 15 mi/24 km vor der Stadtgrenze vereinigen sich US-89 und I-15 dann ohnehin miteinander.*

SALT LAKE CITY

		Salt Lake City	Bremen
	Stadt	191.000	655.000
	Metropolregion	1.000.000	1.000.000
	pro km²	643	1.562
	km²	286	419
	über NN	1.288	117
	mm	453	711
	°C	26,2	16,8
	°C	8,8	6,8
	Jackson		271 mi/ 434 km
	Boise		341 mi/ 545 km

Salt Lake City (SLC, Salt Lake) ist nicht nur die Hauptstadt des Bundesstaates Utah, sondern die größte Stadt überhaupt zwischen San Francisco und Sacramento im Westen, Denver im Osten, Phoenix im Süden und Calgary (Kanada) im Norden. Sie liegt recht malerisch zwischen zwei Gebirgszügen der Rocky Mountains, den **Wasatch Mountains** und den **Oquirrh Mountains** im **Salt Lake Valley**. Es ist die einzige Metropolstadt im zentralen Westen der USA; die Metropolregion heißt **Wasatch Front** und umfasst auf einem schmalen Streifen einige Städte entlang der Wasatch Range von Nephi im Süden bis Brigham City im Norden. Vier Fünftel aller Einwohner Utahs leben in dieser Metropolregion. Nach der Einsamkeit der Natur erscheint vermutlich jede Stadt riesig – SLC inmitten der Wüste erfüllt jedoch mit knapp 200.000 Einwohnern tatsächlich die Kriterien einer Großstadt. Dabei fällt schnell ins Auge, dass die Stadt ungewöhnlich sauber und gepflegt ist und sehr sympathisch wirkt. Ebenso augenscheinlich ist aber auch eine hohe Zahl von Bettlern; vor allem Kriegsveteranen und junge Menschen bitten um Almosen.

Das moderne Stadtbild mischt sich mit historischen Eindrücken. Auf der einen Seite findet man ehrwürdige Gebäude wie das auf dem **Capitol Hill** thronende **State Capitol**, welches das Utahs House of Government beherbergt und sich zusammen mit der Skyline Downtowns und den futuristischen Hochhäusern kontrastreich vor den meist schneebedeckten Gipfeln der Wasatchi Mountains präsentiert. Auf der anderen Seite wird das Stadtbild von den herrlichen sakralen Bauwerken im **Temple District** (▶Seite 306) ergänzt.

Mit dem Temple District sind wir auch schon bei der Hauptsehenswürdigkeit der Stadt in der Wüste, denn sie wurde 1847 von Mormonen gegründet und präsentiert diese Wurzeln auch heute noch eindrucksvoll in Form von historischen Stätten ehemaliger Siedler. Mormonenführer **Brigham Young** kam mit 143 Männern, drei Frauen und drei Kindern im Gefolge auf einem Planwagen auf der Suche nach einem Ort der religiösen Toleranz hier am Rande der Salzwüste an. Spontan hat er die Stelle wohl für gut befunden, denn er soll ausgerufen haben: »This is the Place!« Aus diesem Grund haben manche Orte und Sehenswürdigkeiten in der Stadt auch heute noch den mitunter etwas sperrigen Beinamen »This is the Place«. Die Anhänger der mormonischen Glaubensrichtung nannten sich damals (und auch heute noch) »**Church of Jesus Christ of Latter-Day Saints**«, also die »Kirche Jesu Christi der Heiligen der letzten Tage«. Laut der Glaubensauffassung der Mormonen ist damit gemeint, dass wir uns in den letzten Tagen befinden, bevor Jesus ein weiteres Mal auf die Welt kommt.

Young folgten weitere Siedler derselben Glaubensrichtung und es gelang ihnen mit Fleiß und Entbehrungen, die Wüste fruchtbar zu machen. Passend dazu wurde 1848 der »**State of Deseret**« ausgerufen. »Deseret« entstammt einem mormonischen Wort für **Honigbienen**, die ein Symbol der Emsigkeit sind. Gleichzeitig wurde Salt Lake City offiziell als Stadt gegründet. Utah wurde zwar erst 1896 zum Bundesstaat, aber der Beiname »Bienenstaat« ist geblieben und auch im Wappen des Staates in Form eines Bienenkorbes verewigt. Salt Lake City wurde Hauptstadt und ist bis heute »**The City of the Saints**«.

Die hohe Einwohnerzahl Salt Lake Citys besteht mitnichten nur aus Mormonen, im Gegenteil macht sich ein zunehmender Zuzug von Nicht-Mormonen bemerkbar, und es lassen sich viele große Firmen nieder. Längst schon ist SLC vor allem wegen der Hightech-Industrie zu einem lebhaften Industriestandort geworden – der Einfluss der Mormonenkirche auf Wirtschaft, Kultur und Politik ist allerdings überall noch spürbar.

Zu einiger Berühmtheit gelangte Salt Lake City vor allem im Jahr 2002, als rund um die Stadt die **Olympischen Winterspiele** ausgetragen wurden. Die Wettkampfstätten waren über die Metropolregion und die Wasatch Mountains verteilt, in der City selbst fanden außer der Eröffnungs- und Schlusszeremonie (jeweils in der EnergySolutions Arena in Downtown) keine Aktionen statt. Skifahren und Snowboarding zählen – von den

Kontrastreich präsentiert sich die Stadt: auf der einen Seite die Hochhaus-Skyline, auf der anderen Tempelbauten.

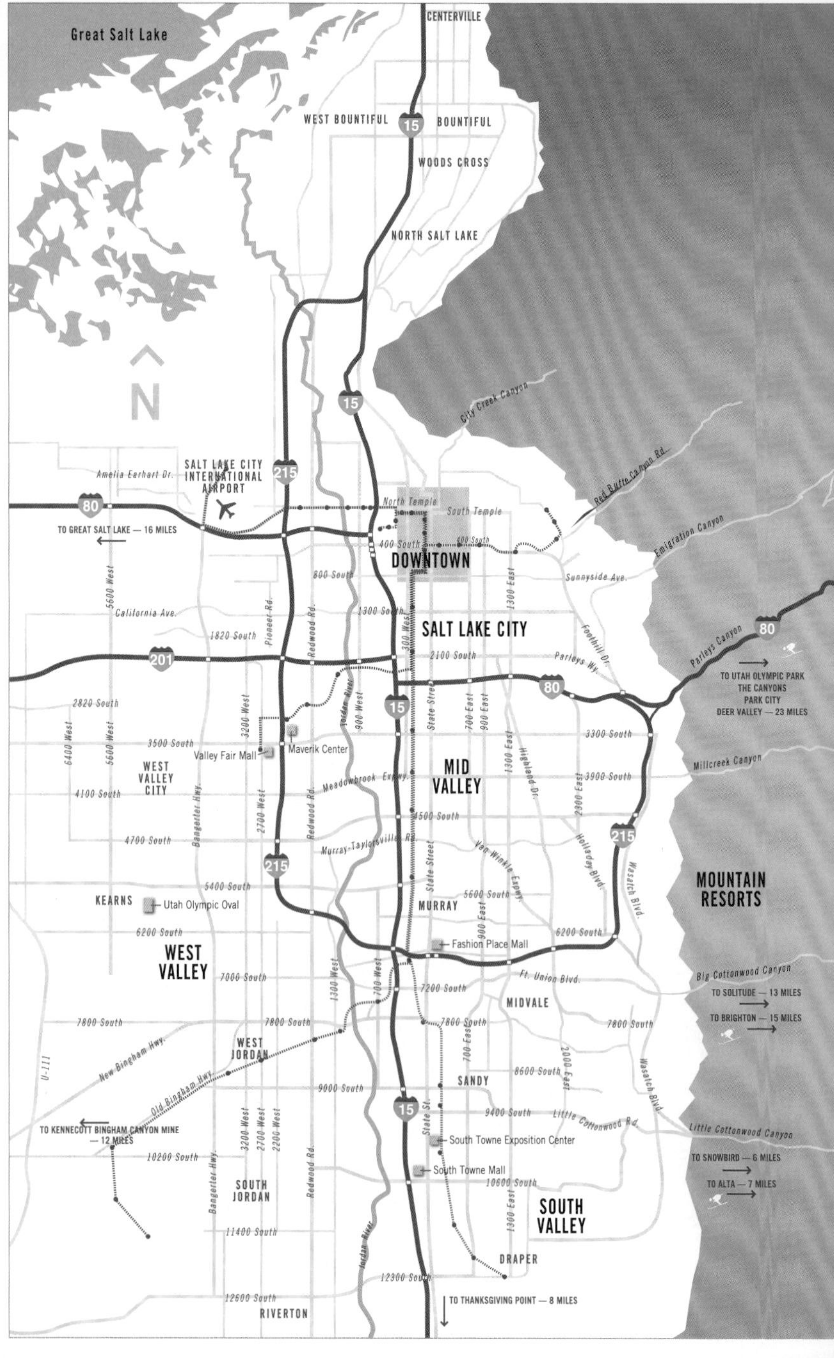

Great Salt Lake
CENTERVILLE
WEST BOUNTIFUL
BOUNTIFUL
WOODS CROSS
NORTH SALT LAKE
N
City Creek Canyon
Red Butte Canyon Rd.
Emigration Canyon
SALT LAKE CITY INTERNATIONAL AIRPORT
Amelia Earhart Dr.
TO GREAT SALT LAKE — 16 MILES
North Temple
South Temple
400 South
DOWNTOWN
800 South
1300 South
1300 East
Sunnyside Ave.
5600 West
California Ave.
Pioneer Rd.
Redwood Rd.
300 West
SALT LAKE CITY
1820 South
2100 South
Foothill Dr.
Parleys Wy.
Parleys Canyon
TO UTAH OLYMPIC PARK
THE CANYONS
PARK CITY
DEER VALLEY — 23 MILES
2820 South
3200 West
Jordan River
900 West
State Street
700 East
900 East
3300 South
6400 West
3500 South
Valley Fair Mall
Maverik Center
MID VALLEY
Highland Dr.
2300 East
3900 South
Millcreek Canyon
WEST VALLEY CITY
4100 South
Bangerter Hwy.
2700 West
Meadowbrook Expwy.
4500 South
4700 South
Murray-Taylorsville Rd.
Van Winkle Expwy.
Holladay Blvd.
Wasatch Blvd.
5400 South
5600 South
MOUNTAIN RESORTS
KEARNS
Utah Olympic Oval
MURRAY
6200 South
Fashion Place Mall
WEST VALLEY
7000 South
1300 West
700 West
7200 South
Ft. Union Blvd.
Big Cottonwood Canyon
TO SOLITUDE — 13 MILES
TO BRIGHTON — 15 MILES
MIDVALE
7800 South
WEST JORDAN
New Bingham Hwy.
Old Bingham Hwy.
U-111
9000 South
SANDY
8600 South
2000 East
9400 South
Little Cottonwood Rd.
Little Cottonwood Canyon
State St.
TO KENNECOTT BINGHAM CANYON MINE — 12 MILES
2200 West
South Towne Exposition Center
10200 South
South Towne Mall
TO SNOWBIRD — 6 MILES
TO ALTA — 7 MILES
10600 South
SOUTH JORDAN
SOUTH VALLEY
11400 South
DRAPER
12300 South
12600 South
RIVERTON
TO THANKSGIVING POINT — 8 MILES
15
215
80
201

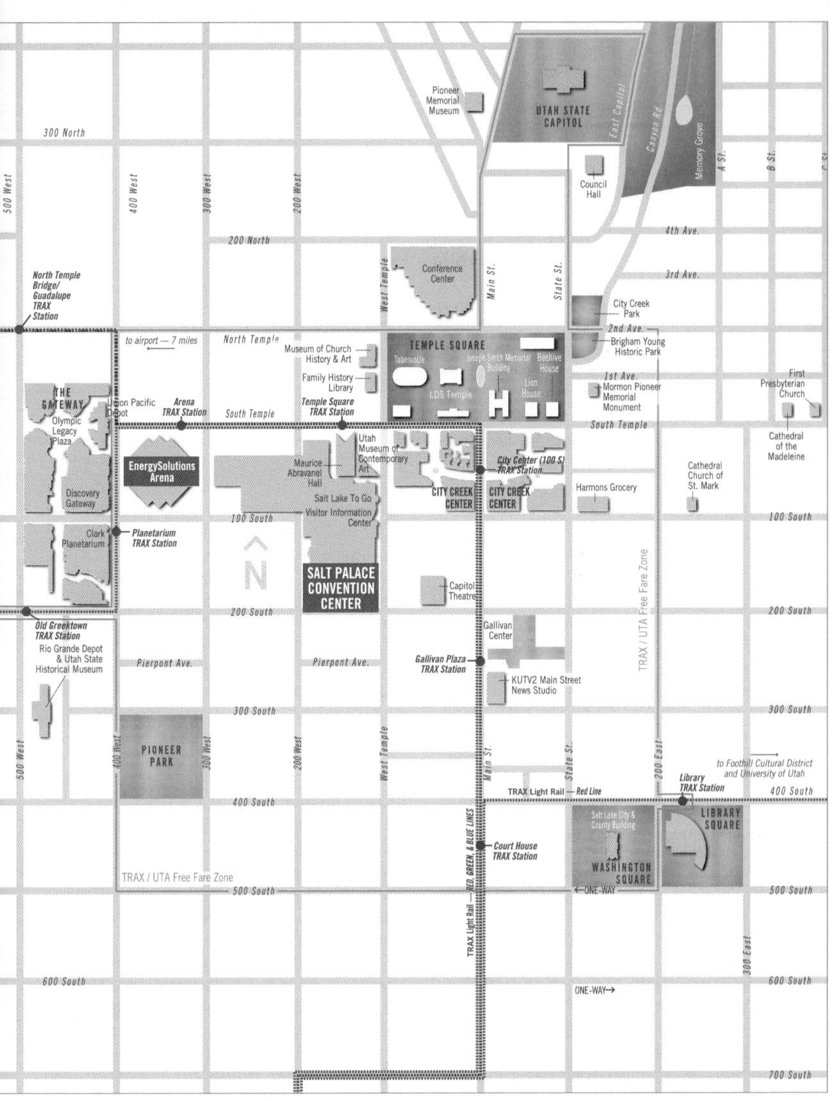

UTAH STATE CAPITOL
Pioneer Memorial Museum
East Capitol
Canyon Rd
Memory Grove
A St.
B St.
C St.
300 North
500 West
400 West
300 West
200 West
Council Hall
200 North
4th Ave.
3rd Ave.
Conference Center
West Temple
Main St.
State St.
City Creek Park
2nd Ave.
North Temple Bridge/ Guadalupe TRAX Station
to airport — 7 miles
North Temple
TEMPLE SQUARE
Tabernacle
Joseph Smith Memorial Building
Beehive House
Lion House
LDS Temple
Museum of Church History & Art
Family History Library
Brigham Young Historic Park
1st Ave.
Mormon Pioneer Memorial Monument
First Presbyterian Church
THE GATEWAY
Union Pacific Depot
Arena TRAX Station
Temple Square TRAX Station
South Temple
Olympic Legacy Plaza
EnergySolutions Arena
Utah Museum of Contemporary Art
Maurice Abravanel Hall
City Center (100 S) TRAX Station
CITY CREEK CENTER
Harmons Grocery
Cathedral Church of St. Mark
Cathedral of the Madeleine
Discovery Gateway
Salt Lake To Go Visitor Information Center
100 South
Clark Planetarium
Planetarium TRAX Station
N
SALT PALACE CONVENTION CENTER
Capitol Theatre
TRAX / UTA Free Fare Zone
200 South
Old Greektown TRAX Station
Rio Grande Depot & Utah State Historical Museum
Gallivan Center
Pierpont Ave.
Gallivan Plaza TRAX Station
KUTV2 Main Street News Studio
300 South
PIONEER PARK
200 East
to Foothill Cultural District and University of Utah
Library TRAX Station
TRAX Light Rail — Red Line
400 South
Salt Lake City & County Building
LIBRARY SQUARE
WASHINGTON SQUARE
Court House TRAX Station
TRAX Light Rail — RED, GREEN, & BLUE LINES
500 South
ONE-WAY
300 East
600 South
700 South

Ein atemberaubendes Landschaftsbild liefert der Große Salzsee inmitten der Wüste.

Olympischen Wettkämpfen unabhängig – zu den beliebtesten Sportarten der Region. Die östlichen Wasatch Mountains liefern hierfür beste Bedingungen und im südöstlich der Stadt gelegenen **Snowbird Ski & Summer Resort** (▶Seite 311) kann man sich entsprechend austoben. Die Schneesicherheit ist gegeben durch das extreme Steppenklima, das sich durch heiße Sommer und schneereiche Winter auszeichnet. Auch die Höhenlage der Stadt selbst mit knapp 1.300 Metern und dem höchsten Gipfel der Wasatch Mountains auf über 3.600 Metern tun ihr Übriges, um Schneespaß mitten in der Wüste zu garantieren.

Als Kontrastprogramm zum Schnee im Winter gibt es im Norden der Stadt den **Great Salt Lake** (▶Seite 311), einen 75 mi/120 km langen und bis zu 50 mi/80 km breiten Salzsee mit dem zweithöchsten Salzgehalt eines Gewässers nach dem Toten Meer. Eingebettet in die Steppen- und Wüstenlandschaft ist er der komplette Gegensatz zu der feinen, gepflegten Stadt, aber deshalb nicht minder sehenswert. Beste Zugangsmöglichkeiten bestehen über den **Antelope Island State Park** (▶Seite 312).

SALT LAKE VISITOR INFORMATION CENTER

Das Visitor Center unterhalb des weithin sichtbaren State Capitols ist eine städtische Einrichtung und nicht zu verwechseln mit den beiden Informationszentren innerhalb des Temple Districts, die zur Mormonenkirche gehören und darüber hinaus auch wenig Information bieten. Im städtischen Visitor Center dagegen erhält man Auskunft zur Stadt allgemein und Unterstützung bei der Planung der Aktivitäten sowie den unten als Tipp beschriebenen Connect Pass (▶Seite 306).

Aus nördlicher Richtung über den US-89 (I-15, Ausfahrt 312) nach SLC fahren, in Downtown links auf den W North Temple abbiegen, dann rechts auf den N West Temple – diese geht in den S West Temple über. 90 S West Temple, Salt Lake City, UT 84101 Die nächstgelegene TRAX-Haltestelle ist Temple Square Station 1-801-534-4900 1-800-541-4955 www.visitsaltlake.com Tägl. 9–17 h

Orientieren

In SLC kann man sich einfach zurechtfinden, da die Stadt im Schachbrettmuster angelegt ist. Den Mittelpunkt bildet der Historic Temple Square beziehungsweise Temple District nordwestlich der Kreuzung South Temple/State Street. Südlich des Tempels sind die Straßen durchnummeriert und mit dem Zusatz »South« versehen. Befindet sich ein Gebäude rechts (östlich) der State Street, wird die Hausnummer um »East« ergänzt, befindet es sich westlich, um »West«. Nördlich des Tempels führen die Straßen den Zusatz »North« und die westlichen Straßen sind die »North Streets«, die östlichen heißen »North Avenues«.

Entlang der South Temple Street findet man die Hauptattraktionen der Innenstadt, die fußläufig voneinander entfernt sind. Südlich und westlich des Historic Temple Squares befindet sich das Geschäftszentrum.

Um den Innenstadtbereich herum gruppieren sich die Stadtviertel. Im Uhrzeigersinn sind dies im Norden **Capitol Hill** mit dem State Capitol als Mittelpunkt, im Nordosten **East Bench**, im Osten **Federal Heights**, **Sugar House** im Südosten und **Rose Park** im Westen.

Parken ist in SLC keine so große Herausforderung wie in anderen amerikanischen Großstädten. Zentral in der City,

beispielsweise entlang der South Temple Street, befinden sich rechts und links der Straße Parkflächen im Freien, auf denen man auch mit einem Wohnmobil für $ 5 parken kann. Mit Parkuhr am Straßenrand kostet es montags bis freitags von 8 bis 20 Uhr $ 0,25 für 7 Minuten und $ 1 für 30 Minuten (maximal zwei Stunden Parken erlaubt). Samstags ist das Parken kostenlos (aber ebenfalls nur für zwei Stunden möglich) und sonntags ohne Beschränkungen. Die Hauptverkehrsachsen sind recht breit angelegt; das ist angeblich darauf zurückzuführen, dass Mormonenführer Brigham Young wollte, dass ein Kutscher sein Fuhrwerk problemlos wenden konnte. Heute kommt das den Autofahrern in der Innenstadt zugute.

► Öffentlicher Personennahverkehr

Innerhalb der Innenstadt bietet das Light Rail System **TRAX** eine Zone für kostenlosen Busverkehr an. Ansonsten verkehrt TRAX auf vier Linien mit Straßenbahnen (eine kürzere fünfte Linie führt in den Stadtteil Sugar House). Weitere Linien sind bereits in Planung.

Einf. Fahrt $ 2,50, Tagesticket $ 6,25
www.rideuta.com

Versorgen und einkaufen

Die großen Supermärkte (in und um Salt Lake City gibt es einige Walmart Supercenter) befinden sich nicht unmittelbar im Zentrum der Stadt, aber zum Teil auch nicht weit davon entfernt. Das am zentralsten gelegene Walmart Supercenter befindet sich in der 350 W Hope Avenue, erreichbar über die Ausfahrt 305C der I-15 (oder von der US-89 links auf die E 1300 S, danach rechts auf die S 300 W und rechts auf die W Hope Ave), dann links auf die W 1300 S, rechts auf die S 400 W und noch einmal links auf die W Hope Avenue, ein Smith's Food & Drug Center in der 1174 W 600 N, Ausfahrt 309 von der I-15 Richtung 600 N/600 N West auf den UT-268 bis zur W 600 N (oder von der US-89 von Downtown kommend links auf die UT-268 bis zur W 600 N).

Wer richtig shoppen gehen möchte, dem sei die sehr schöne, luftig gestaltete und mit vielen Markenshops ausgestattete Mall **The Gateway** empfohlen. Auf zwei Ebenen erstrecken sich die Shops und Restaurants, die alle einen Zugang von außen haben. In der gepflegten Anlage findet man immer überall Sitzgruppen, auf denen man sich bei unaufdringlicher Musik aus Lautsprechern vom Einkaufen erholen kann. Parken kann man in der Triad Parking Garage direkt neben dem Shopping-Center.

Vom US-89 rechts abbiegen auf W 100 S und noch einmal rechts auf S Rio Grande St 18 North Rio Grande St, Salt Lake City, UT 84101 www.shopthegateway.com Mo.-Sa. 10-21 h, So. 12-18 h, Memorial Day-Labor Day Fr. & Sa. 10-22 h

Essen und trinken

Im Shopping-Komplex The Gateway gibt es auch zahlreiche Restaurants, darunter das exquisite »**Fleming's Prime Steakhouse**« auf der oberen Ebene. Die Preise sind saftig – die Steaks sind es auch! Feinste Rindersteaks vom Grill in allen Variationen werden angeboten, der Service und die Beratung bei der Wahl der Speisen und den passenden Weinen sind dem gehobenen Niveau des Restaurants angemessen. Ein Steak kostet um die $ 50, dazu kommt noch eine Beilage mit bis zu $ 10 – ein Besuch dieses empfehlenswerten Restaurants mit dem schönen Ambiente steht demnach definitiv unter dem Motto »besonderes Urlaubserlebnis«. Und das ist es letztlich auch.

Der märchenhafte Tempel ist das Herzstück des Temple Square.

20 S 400 W, Salt Lake City, UT 84101
Reservierung 1-801-355-3704
www.flemingssteakhouse.com

Highlights Downtown

Wer sich in Salt Lake mehrere Sehenswürdigkeiten anschauen möchte, sollte sich den **Salt Lake Connect Pass** kaufen. Man kann mit dem Pass bis zu 13 Sehenswürdigkeiten zu vergünstigten Preisen besuchen. Informationen 1-801-534-4900 (Salt Lake Visitor Information Center) www.visitsaltlake.com/things-to-do/connect-pass Ein-Tages-Pass: Erw. $ 32, Kinder (3–12 J.) $ 26, Sen. (ab 65 J.) $ 28; Zwei-Tages-Pass: Erw. $ 48, Kinder $ 40, Sen. $ 43, Drei-Tages-Pass: Erw. $ 60, Kinder $ 50, Sen. $ 54

Historic Temple Square ★

Es sei vorweggenommen: Auch wer keine ausgeprägten religiösen Ambitionen hat, sollte sich den Temple Square anschauen, es lohnt sich. Dies ist im Rahmen einer kostenlosen Führung möglich, die Missionarinnen der Mormonenkirche anbieten. Sie heißen »Sister + Nachname« und da sie aus aller Herrenländern kommen, um im Rahmen eines selbst finanzierten, 18-monatigen Aufenthaltes die Lehre ihres Propheten **Joseph Smith** zu verbreiten, bekommt man zuverlässig eine Führung in der eigenen Sprache (200 Missionarinnen arbeiten im Temple Square). Man kann die Länge und den Inhalt selbst steuern, jede Menge Fragen stellen und bekommt vor allem Zugang zu den einzelnen historischen Gebäuden. Man erfährt außerdem viel Geschichtliches über die Gründung der Stadt Salt Lake, die frühen Siedler und deren mühselige Bemühungen, die Salzwüste fruchtbar zu machen. Und man erfährt, dass die Mormonen nicht nur die Stadt, sondern den ganzen Bundesstaat Utah gegründet haben. Diese seltene Quelle historischer Informationen und Darstellungen sollte man nicht verpassen.

In manchen Reiseführern heißt es, die Führungen hätten »bekehrerischen Charakter« – das konnten wir so nicht feststellen, vielmehr erhielten wir einen Einblick in die Grundlagen und die Philosophie der Mormonen und ihre geschichtlichen Wurzeln, bekamen aber auch Antworten auf kritische Fragen. Auf keinen Fall hatten wir den Eindruck, dass diese Führungen dazu dienen, Anhänger für die Glaubensrichtung zu rekrutieren.

In die meisten Gebäude des Temple Squares kommt man ohne Führung nicht hinein. Das Herzstück des vier Hektar großen Geländes ist der **Salt Lake Tempel**, der aussieht wie ein Märchenschloss. Diesen kann man nicht besichtigen, der Zugang ist nur Mormonen gestattet. Allerdings gibt es in dem gegenüberliegenden Gebäude Temple Annex eine interaktive Station, an der man die einzelnen Räume im Tempel anklicken kann. Jeder Raum hat eine eigene Bedeutung, die die Missionarin erklärt. Die Pioniere haben den Tempel zwischen 1853 und 1893 gebaut. In ihm finden heute Taufen und Hochzeiten statt; die Mormonen dürfen ihn nur in Sonntagskleidung betreten (weiße Gewänder).

Inmitten der mit herrlichen Blumenrabatten schön angelegten Gartenanlagen ist ein weiteres, interessantes Gebäude der **Tabernacle**, das vor allem durch seine Akustik beeindruckt. Das kuppelartige Dach besteht aus einer Konstruktion von neun Brücken, die für eine umwerfende Resonanz im Inneren sorgen. Wenn man Glück hat, kann man während der Führung die Demonstration einer Stecknadel erleben, die, vorne auf ein Stück Holz fallend, bis in den letzten Winkel zu hören ist. Hier probt der Mormon Tabernacle Choir, musikalisch untermalt von einer eindrucksvollen Orgel.

In der **Assembly Hall** steht die Geschichte im Vordergrund. Das Gebäude wirkt von außen ebenfalls wie eine Kirche, wurde 1882 erbaut und bietet wöchentliche, frei zugängliche Konzerte und Vorträge. An die Decke ist ein Fresko mit einer Lilie gemalt – es ist die **Sego Lily**, eines der Staatssymbole Utahs. Ihre Wurzeln sind essbar und dienten den Mormonen lange Monate als Nahrungsmittel, als sie sich in der Salzwüste niederließen. Dies sind nur zwei Beispiele für die historischen Gebäude auf dem Campus, in die man geführt wird.

Am Ende der Führung kann man sich vor dem höchsten Gebäude auf dem Campus, dem **Church Office Building**, abliefern lassen. Es ist das Verwaltungsgebäude der Church of Jesus Christ of Latter-Day Saints. Das Hochhaus an sich ist nicht besonders sehenswert, aber von ganz oben, vom 26. Stock aus, hat man fantastische Rundumblicke über die Stadt, die Berge und den Salzsee in der Ferne. Zwar ist die Prozedur nicht ganz einfach, da man nur begleitet mit dem Fahrstuhl nach oben fahren darf und erst eine Gruppe suchen muss, der man sich anschließen kann – aber die Mühe lohnt sich.

Der Temple Square verfügt über zwei Besucherzentren, bei denen man sich auch für die Führungen anmelden kann, die täglich von 9 bis 20.15 Uhr stattfinden.

Das **North Visitor Center** an der ✉ North Temple Street mit einer Christus-Marmorstatue, Kunstgalerien, interaktiven Ausstellungen und einer interaktiven Karte von Jerusalem. Zwei jeweils einstündige Filme werden gezeigt. Das **South Visitor Center** befindet sich an der ✉ South Temple Street und zeigt vor allem interaktive Ausstellungen. Beide Visitor Center sind erreichbar unter ☎ 1-801-240-1706 ⌚ 9 bis 21 Uhr.

Der Historic Temple Square wird begrenzt von der North Temple Street im Norden, der State Street im Osten, der South Temple Street im Süden und der West Temple Street im Westen.

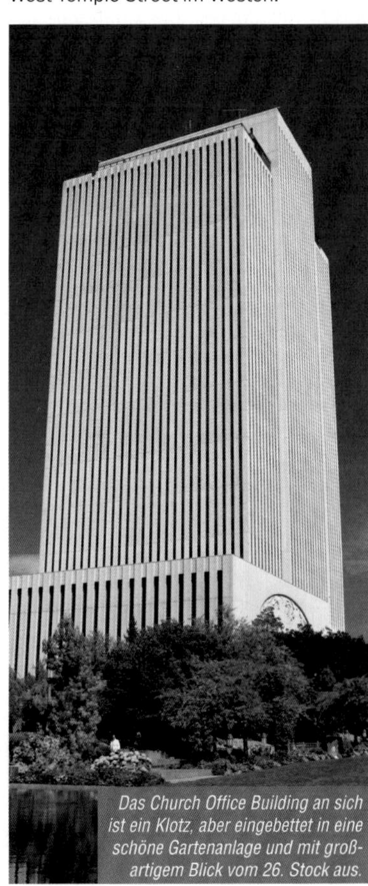

Das Church Office Building an sich ist ein Klotz, aber eingebettet in eine schöne Gartenanlage und mit großartigem Blick vom 26. Stock aus.

Über den US-89 in die Innenstadt fahren, bis linkerhand die North Temple St abzweigt. Rechterhand folgt auf der Straße das North Visitor Center. Salt Lake Temple: 50 W North Temple, Salt Lake City, UT 84150 Zugänglich mit Führung tägl. von 9–20.15 h Frei

Utah State Capitol

Neben den Gebäuden des Temple Squares ist das Capitol das zweite, markante Bauwerk der Stadt. Nur wenige Gehminuten vom Tempelviertel entfernt, hat es eine exponierte Lage auf dem **Capitol Hill** über der Stadt. Auf der einen Seite blickt man auf Salt Lake City, auf der anderen auf die Schneegipfel der Wasatch Mountains. Das Utah State Capitol ist Sitz des **Houses of Government** des Bundesstaates. In dem herrschaftlichen Gebäude residieren der Gouverneur, dessen Mitarbeiter und die **Legislative**. Erbaut zwischen 1913 und 1915 ist das Capitol erfasst im **National Register of Historic Places**. Besonders imposant ist das Deckengemälde mit der Darstellung des Mormonensiedlertrecks. Das State Capitol ist frei zugänglich, stündlich von 9 bis 16 Uhr werden montags bis freitags Führungen angeboten. Sie dauern 45 Minuten und starten in der Hall of Governors im Erdgeschoss. Wenn man sich das Gebäude selbständig anschauen möchte, unterstützt die Besucherauskunft im Gebäude mit Informationsbroschüren.

Über den US-89 in die Stadt fahren, bis an einer Gabelung links die Victory Rd abzweigt (geht über in die N Columbus St). Dieser folgen, dann links in die E 300 N und wieder rechts auf die N State St 350 N State St, 120 State Capitol, Salt Lake City, UT 84114 Haltestelle State Capitol (Buslinie 500) 1-801-538-1800 https://utahstatecapitol.utah.gov Mo.–Fr. 7–20 h, Sa., So. & Feiertage 8–18 h Frei

Pioneer Memorial Museum

Bekannt ist das Museum der Pioniere vor allem dafür, dass es die größte Kollektion von Artefakten zu einem einzigen Thema besitzt. Alles in diesem hübschen Gebäude dreht sich um die Zeit, als die Siedler 1847 im Salt Lake Valley ansässig wurden, und umfasst die Zeitspanne bis 1869, als die Eisenbahn nach Promontory (nördlich von Salt Lake City) kam. In allen Facetten wird der Treck der Mormonen beleuchtet, der 2.000 Meilen zurückgelegt hat, um einen Ort der religiösen Toleranz zu finden und den Ort Zion im Great Salt Lake Basin zu gründen. Das Museum wird unterhalten von den »Daughters of Utah Pioneers« und präsentiert auf mehreren Stockwerken die Zeit Ende des 19. Jahrhunderts. Zu den Exponaten gehören Fahrzeuge der Siedler, ihre Musikinstrumente, militärische Kleidung und Handwerkskunst.

Geführte Touren kann man telefonisch vereinbaren. Mithilfe von Informationsbroschüren in verschiedenen Sprachen kann

Blick vom Church Office Building auf den Tempel und den Tabernacle dahinter

man aber auch selbst einen Museumsrundgang starten. Auf Anfrage wird auch ein Museumsfilm gezeigt.

Das Museum ist (jedoch nicht nur!) für alle diejenigen geeignet, die sich für die Geschichte der frühen Siedler der Stadt interessieren und denen der Temple Square zu religiös angehaucht ist.

Über den US-89 in die Stadt fahren, bis an einer Gabelung links die Victory Rd abzweigt. Dieser folgen, bis in einer scharfen Rechtskurve die Main St abzweigt. 300 N Main St, Salt Lake City, UT 84103 State Capitol Building 1-801-532-6479 (auch Anmeldung f. geführte Touren) info@dupinternational.org www.dupinternational.org Mo.-Sa. 9-17 h, Mi. 9-20 h Frei, Spenden erwünscht

► Utah Museum of Fine Arts

Um künstlerische Kreativität drehen sich die Exponate in diesem Museum, die 5.000 Jahre Kunst dokumentieren. Es ist Utahs erstes Kunstmuseum, in dem fast 18.000 Exponate aus der ganzen Welt gezeigt werden: Das sind im Wesentlichen afrikanische, amerikanische, asiatische und europäische Kunstwerke in den Stilrichtungen griechisch-römische Antike, Moderne und zeitgenössische Kunst sowie indianische und regionale Kunst. Das gesamte Angebot besteht aus einer Dauerausstellung und Sonderausstellungen, Veranstaltungen und Familienprogrammen. Das Museum befindet sich auf dem Universitätsgelände im **Marcia & John Price Museum Building**.

Über den US-89 in die Stadt fahren, bis der University Blvd kreuzt. Auf diesen links abbiegen, dann links in den S Campus Dr. 410 Campus Center Dr, Salt Lake City, UT 84112-0350 South Campus Dr der University Line 1-801-581-7332 http://umfa.utah.edu Di.-Fr. 10-17 h, Mi. 10-20 h, Sa. & So. 11-17 h Erw. $ 9, Kinder (6-18 J.) & Sen. (über 65 J.) $ 7

► Natural History Museum of Utah

Dieses Museum befindet sich auf dem Campus der Universität innerhalb des **Rio Tinto Centers** und beinhaltet hauptsächlich Ausstellungen über die Naturgeschichte Utahs. Schwerpunkte liegen auf den Exponaten aus den Bereichen Anthropologie (prähistorische Kulturen sind ebenso dargestellt wie kulturelle Gesichtspunkte der Olympiade 2002), Biologie (Säugetiere, Vögel, Insekten) und Geologie (vom Dinosaurier über Fossilien und Skelette bis zu Wandgemälden). Wer einen Einblick in die Geschichte Utahs und der frühen Siedler erlangen möchte, ist hier richtig. Mit dem Umzug 2011 an den aktuellen Ort änderte das Museum auch den Namen. Das schöne neue Gebäude hat fünf Stockwerke, vom obersten hat man - als Zugabe zum Museumsangebot - einen schönen Blick über SLC.

Über den US-89 in die Stadt fahren, dann links über die North Temple St vorbei am Temple Square bis zur Kreuzung mit der S State St. Rechts abbiegen, bis die University St kreuzt, auf diese links fahren und ihr folgen, bis nach einer Rechtskurve links der Wakara Way abzweigt. 301 Wakara Way, Salt Lake City, UT 84108 Haltestelle University of Utah Black Shuttle Line direkt vor dem Haupteingang 1-801-581-4303 http://nhmu.utah.edu So.-Di. & Do.-Sa. 10-17 h, Mi. 10-19 h Erw. $ 13, Kinder (3-12 J.) $ 9, Jugendl. (13-24 J.) & Sen. (ab 65 J.) $ 11

► This is the Place Heritage State Park

Nordöstlich der Downtown befindet sich dieser schön gelegene Park, in dem es um den Westen geht, so wie er früher war - das hier ist also eine kleine Zeitreise. Der State Park ist eine Mischung aus Freilichtmuseum, verschiedenen Veranstaltungen, Spaßpark und geschichtlichem Museum. Mehr als 50 historische Gebäude wurden von Fachleuten wieder zum Leben erweckt; man kann sie mit einer Bimmelbahn abfahren, aber natürlich auch besichtigen (Montag bis Samstag). Es sind größtenteils Blockhütten, die von ihrer ursprünglichen Stelle hierher gebracht wurden. Das Wohnhaus von Brigham Young ist auch darunter. Man kann einem Hufschmied oder einem Klempner über die Schultern schauen, die so arbeiten wie die Siedler vor über 100 Jahren. In einem kleinen indianischen Dorf kann man sich ein Bild von der Zeit machen, bevor die Siedler hier ankamen.

Groß und Klein sind gleichermaßen begeistert davon, Gold zu waschen und an Spielen teilzunehmen. Für die Kids werden Ponyreiten angeboten und spezielle Activity Days, an denen die Kinder beim Pflügen helfen oder Kunsthandwerk herstellen dürfen.

Innerhalb des Parks gibt es einen Souvenirladen und ein Restaurant sowie Donuts und Eis.

Über den US-89 in die Stadt fahren, bis der University Blvd kreuzt. Diesem nach links folgen, bis links die Sunnyside Ave abbiegt. 2601 E Sunnyside Ave, Salt Lake City, UT 84108 1-801-582-1847 @ cservice@thisistheplace.org www.thisistheplace.org Tägl. 9–17 h (Visitor Info bis 18 h) Mo.–So.: Erw. $ 11, Kinder (3–11 J.) & Sen. (über 55 J.) $ 8; So.: Erw. $ 5, Kinder & Sen. $ 3

Übernachten Downtown

Little America Hotel

Das Hotel befindet sich nur 0,9 mi/1,5 km vom Tempel entfernt inmitten der Innenstadt und nahe bei der Universität mit den Museen auf dem Gelände. Die kostenlose Zone des Verkehrsunternehmens TRAX ist ebenfalls in unmittelbarer Nähe – eine perfekte Ausgangslage für die Stadtbesichtigung. Im Hotel gibt es ein Restaurant, einen Innen- und einen Außenpool sowie eine Bar und ein Café. Die Hotelzimmer sind sauber, ruhig und geräumig.

*Über den US-89 Richtung Innenstadt, links abbiegen auf den E 400 S (University Blvd), dann rechts in die S Main St abbiegen 500 S Main St, Salt Lake City, UT 84101 Courthouse Station 1-801-596-5700 1-800-281-7899 http://saltlake.littleamerica.com Ja Ja Ganzj. *–***

Hilton Garden Inn Salt Lake City Downtown

Auch von diesem Hotel ist der Temple District nur 1 mi/1,6 km entfernt und es liegt südlich des Universitätsgeländes. Neben den gut erreichbaren Sehenswürdigkeiten findet man in der Umgebung des Hiltons einige Restaurants. Besonders empfehlenswert ist eine Suite (sehr geräumig!) mit privatem Whirlpool. Im Haus befinden sich zudem ein Hallenbad und ein Fitnessraum, außerdem sind ein Restaurant, eine Bar und ein Café vorhanden.

*Über den US-89 Richtung Innenstadt, von dieser zweigt links die W 600 S ab 250 W 600 South, Salt Lake City, UT 84101 Courthouse Station in der S Main St 1-801-364-5200 1-801-364-5202 http://hiltongardeninn3.hilton.com Ja Ja Ganzj. ***

Salt Lake City KOA

Zwar in direkter Nachbarschaft zum Salt Lake International Airport und schon deshalb mit einiger Geräuschkulisse versehen liegt dieser Campground ausgesprochen zentral. Für die Nähe zur Stadt ist es jedoch keineswegs zu laut (am besten einen Stellplatz weiter hinten nehmen!). Direkt vor der Haustür befindet sich eine Haltestelle der Straßenbahn, die nach Downtown und in den Temple Square fährt. Der Campground selbst bietet aber auch einen kostenlosen Shuttleservice zum Temple Square an, der täglich von 9.10 Uhr morgens bis abends um 19.20 Uhr alle halbe Stunde (sonntags stündlich und zwischen 14.10 und 15.30 Uhr) verkehrt. Man muss sich jedoch im Klaren sein, dass der Service von der Kirche betrieben wird und man automatisch in der Führung einer Missionarin landet, wenn man ihn in Anspruch nimmt.

Der Campground bietet alle Annehmlichkeiten vom Pool und Whirlpool über den Waschsalon bis hin zu einem kleinen Laden mit Lebensmitteln und Campingbedarf, in dem es kostenlosen Kaffee gibt. Man kann auf dem Platz Propangas kaufen.

Auf dem US-89 Richtung Innenstadt fahren, bis es rechts auf den N 400 West geht. Nach etwa 0,6i/1 km rechts auf den UT-268 einbiegen und nach 1 mi/1,6 km links auf den N 100 West, dann rechts auf den W North Temple. Der Campground folgt rechterhand. 1400 W North Temple, Salt Lake City, UT 84116 Power Station 1-801-0224 1-800-562-9510 @ slckoa@utah-inter.net oder saltlakekoa@gmail.com http://koa.com/campgrounds/salt-lake-city Ganzj. Ja 200 18 Ja Ja Ja Strom (30/50 Amp.), Wasser, Abwasser Ja $$$

Highlights außerhalb Salt Lake City

Utah Olympic Park

Wer die Olympischen Winterspiele 2002 verfolgt hat und nun die Erinnerung daran an den Original-Schauplätzen aufleben lassen möchte, dem sei der Olympic Park empfohlen. Es ist ein Konglomerat aus verschiedenen Attraktionen. Beispielsweise einmal wie ein Olympionike die Bobbahn entlangbrettern, sich im Kletterparcours erproben oder im fast freien Fall in einer Art Sessellift eine Seilrutsche bergab sausen – das und noch viel mehr kann man im Olympic Park erleben. Außerdem kann man athletische Vorführungen anschauen und in Museen die Winterspiele noch einmal Revue passieren lassen. Im Sommer kann man zudem wandern gehen, im Winter die Bobbahn unter realen Konditionen testen – also auf einer echten Eisfläche – bei einer Geschwindigkeit von fast 130 km/h!

Der Park wurde im Anschluss an die Olympischen Spiele gegründet. Während der Olympiade fanden hier (in den Wasatch Mountains) Rodelrennen, Nordic Skispringen und Nordische Kombinationen statt. Man kann täglich an Führungen teilnehmen.

Vom US-89 im Stadtbereich auf die I-80 fahren, dieser 21 mi/33 km folgen bis Abfahrt 145. Über den UT-224 in Richtung Kimball Jct/Park City fahren, bis rechts der Olympic Pkwy abzweigt. Der Park befindet sich östlich von Downtown Salt Lake City. 3419 Olympic Parkway, Park City, UT 84098 1-435-658-4200 park@utaholympiclegacy.com http://utaholympiclegacy.com Tägl. 10–18 h, Führungen tägl. 11, 13 & 15 h Führungen: Erw. $ 10, Kinder (bis 12 J.) & Sen. (ab 65 J.) $ 5 Je nach Angebot

▶ Snowbird Ski & Summer Resort

Es ist ein Ganzjahresziel im **Little Cottonwood Canyon** mit Action, Bergaktivitäten und ausgefallenen Fahrgeschäften wie einer Riesen-Sommerrodelbahn. Nur 40 Fahrminuten von Downtown Salt Lake City entfernt befindet sich das Resort, in dem die Skisaison bis Mai andauert und die Sommermonate mit Konzerten, Festivals und Seilbahnfahrten zum Gipfel Hidden Peak angefüllt sind. Für Wagemutige geht es an einer Seilrutsche rasant bergab, Sesselbahnfahrten, Bungy-Trampoline und Rodeoreiten auf einem mechanischen Bullen sowie Ponyreiten für Kinder stehen auf dem Sommerprogramm. Wer es natürlicher mag, kann wandern gehen oder mit dem Mountainbike die Bergwelt erkunden. Im Winter kann man sich mit der Gondel der **Aerial Tram** von 2.500 Metern Höhe auf 3.350 Meter befördern lassen, um sich dann im Skigebiet bei zuverlässigen Schneekonditionen auszutoben. Die Seilbahn verkehrt im Sommer täglich von 11 bis 20 Uhr, im Winter 9 bis 15.30 Uhr. Mehrere Lodges stehen für die Übernachtung zur Verfügung (zu finden unter www.snowbird.com/about/contact, ▶Seite 316), außerdem mehrere Restaurants, vom Steakhaus über die Pizzeria bis zum mexikanischen Essen und Cafés ist alles vertreten.

Vom US-89 im Stadtbereich auf die I-80 fahren, dieser 4 mi/7 km folgen, danach auf die I-215 wechseln bis Abfahrt 6 in Richtung Cottonwoods Heights. Links auf den UT-190 (geht über in S Wasatch Blvd) und rechts auf E Snowbord Center Dr. Das Resort befindet sich 27,5 mi/44 km südöstlich der Downtown Salt Lake City. 9385 S Snowbird Center Dr, Snowbird, UT 84121-9000 1-801-933-2222 1-800-232-9542 www.snowbird.com Ganzj. Je nach Angebot

Bereits bei der Anfahrt nach Salt Lake City konnte man nach rechts zum Great Salt Lake abbiegen. Den haben wir dort aber links liegen gelassen, da der Stadtbesuch gelockt hat und man nun auf dem Rückweg Richtung Idaho ohnehin wieder am Salzsee vorbeikommt.

Hierzu verlässt man die Downtown von SLC wieder über den US-89 und folgt diesem etwa 26 mi/41 km km Richtung Norden, dann erreicht man rechterhand die Zufahrtsstraße zu Antelope Island, von wo aus man den Great Salt Lake am besten erkunden kann.

GREAT SALT LAKE

Der Große Salzsee ist ein Naturphänomen, denn sein Salzgehalt (25 bis 27 Prozent) ist fast so hoch wie der des Toten Meeres (28 Prozent) – in der westlichen Hemisphäre ist es der größte Salzsee und er ist der größte See westlich des Mississippis. Er ist mit einer Fläche von 4.400 Quadratkilometern etwa 75 mi/120 km lang und zwischen 30 mi/48 km und 50 mi/80 km breit und liegt auf einer Höhe von knapp 1.300 Metern. Östlich des Great Salt Lake liegen die Ausläufer der nach ihm benannten Stadt Salt Lake City, Downtown und die Innenstadt befinden sich südöstlich des Sees. Südwestlich und im Westen schließt die **Große Salzwüste** an.

Landschaftlich spektakulär ist die Szene um den Großen Salzsee, auf dessen Wasser man schwerelos liegen kann, ohne sich zu bewegen.

Der Salzsee ist aus dem größeren prähistorischen See **Lake Bonneville** hervorgegangen. Hauptsächlich wird er aus vier großen Flüssen und einigen kleineren gespeist. Vor fast 17.000 Jahren erreichte der bis dahin kontinuierlich gestiegene Wasserspiegel ein Niveau, das eine Entwässerung in den Snake River ermöglichte. Die darauffolgende Flut aus dem Salzsee heraus führte dazu, dass der Wasserspiegel um 100 Meter sank und sich der See stabilisierte. Als es nach der Eiszeit wärmer und trockener wurde, begann der See zu schrumpfen und vor 11.000 Jahren schließlich auch zu versalzen. Da der See sehr flach ist (die Durchschnittstiefe beträgt nur etwa vier Meter), schwankt sein Wasserstand ständig. Erhöhte Niederschläge haben große Auswirkungen auf den Wasserspiegel, der in einem regenreichen Jahr anwächst. Da er keine Abflüsse besitzt, erfolgt der einzige Wasserverlust durch starke Sonneneinstrahlung und Verdunstung. Das wiederum führt zu dem hohen Salzgehalt, der etwa acht- bis zehnmal höher ist als bei Ozeanwasser. Die durch den Salzgehalt erzeugte Färbung (Rot im nördlichen Teil und Blau im südlichen) ermöglicht es, den See auch aus dem All zu sehen.

Wenn die mit Schlamm überzogenen Teile des Sees austrocknen, werden sie für die »**Bonneville Salt Flats**« genutzt – eine Aktion, die für gewöhnlich mit Salt Lake City assoziiert wird. Es handelt sich dabei um Hochgeschwindigkeitsrennen auf dem **Bonneville Speedway**, bei dem Autos, Motorräder und Trucks um die Wette rasen. Die Rennen finden im August, September und Oktober statt. Zuschauen kann man kostenlos – und auch selbst auf den Flats fahren.

Zwar wird der Great Salt Lake, in dem wegen des Salzgehaltes keine Fische leben können, »**America's Dead Sea**« genannt, aber einige Vogelarten, Salinenkrebse, Salzfliegen und Watvögel leben hier trotzdem. Wenn man im See schwimmen geht, muss man nur mit der offenen Hand unter Wasser gehen und hat schon ein paar Krebse gefangen. Allerdings liegen auffällig viele tote Vögel an den Sandufern.

Je nach Wasserstand gibt es Inseln auf dem See. Steigt der Wasserpegel, verschwinden kleinere Inseln. Lediglich acht größere Inseln waren in der Vergangenheit immer über dem Wasserspiegel; die größte davon ist **Antelope Island**.

Antelope Island State Park ★

Es ist ein echtes Highlight im Bereich Salt Lake City und eigentlich schon alleine den Besuch wert. Die 15 mi/24 km lange Insel liegt in der südöstlichen Ecke des Sees und hat ihren Zugang über einen 6 mi/10 km langen Damm, der von **Syracuse** zum Nordufer der Insel führt (die Downtown von Salt Lake City ist von der Zufahrt zum Damm aus etwa 26 mi/41 km entfernt). Auf dem Damm kann es mitunter streng und ein wenig nach Schlacke riechen – glücklicherweise verflüchtigt sich der Geruch sofort, wenn die Insel erreicht ist. Die komplette Fläche

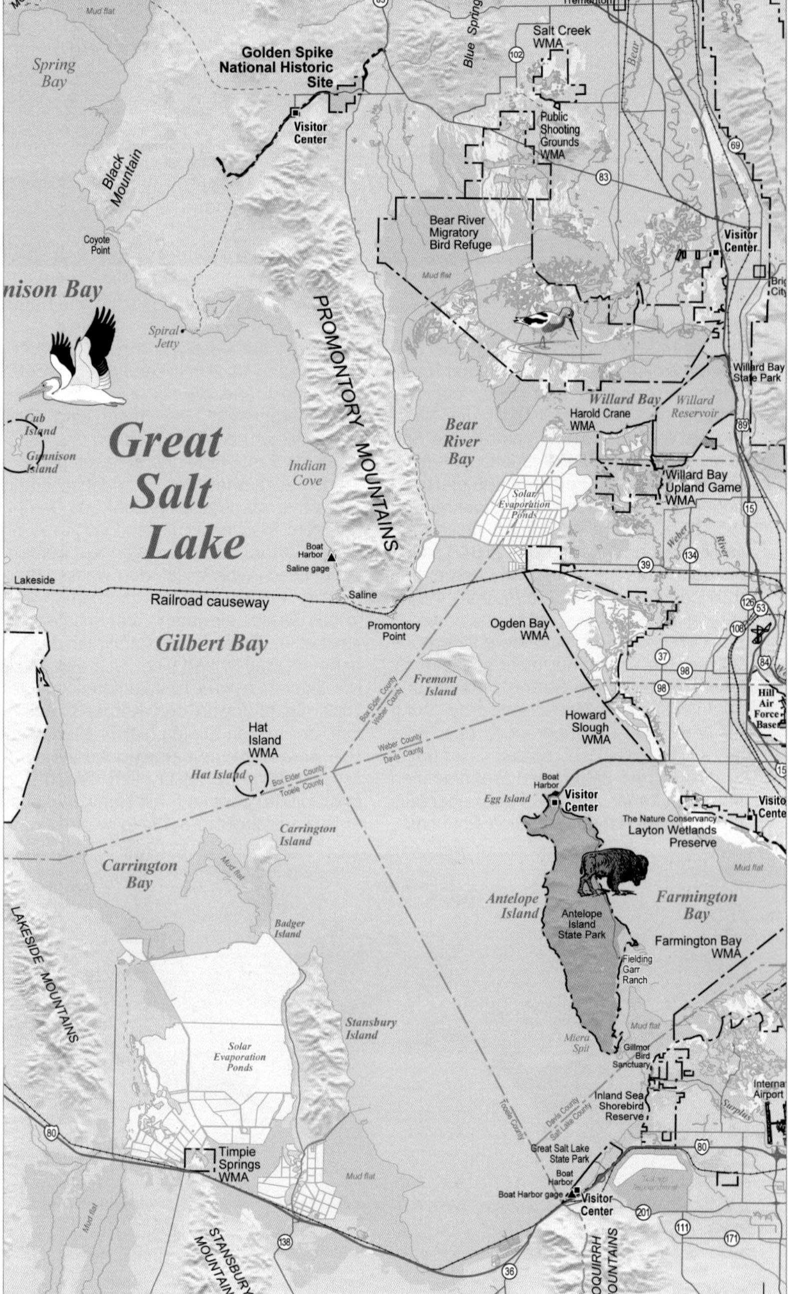
Great Salt Lake
Golden Spike National Historic Site
Visitor Center
Spring Bay
Black Mountain
Coyote Point
Spiral Jetty
Cub Island
Gunnison Island
PROMONTORY MOUNTAINS
Indian Cove
Boat Harbor
Saline gage
Saline
Lakeside
Railroad causeway
Promontory Point
Gilbert Bay
Tremonton
Blue Spring Hills
Salt Creek WMA
Public Shooting Grounds WMA
Bear River Migratory Bird Refuge
Mud flat
Willard Bay State Park
Willard Bay
Willard Reservoir
Harold Crane WMA
Bear River Bay
Willard Bay Upland Game WMA
Solar Evaporation Ponds
Weber River
Ogden Bay WMA
Fremont Island
Howard Slough WMA
Hill Air Force Base
Box Elder County
Weber County
Davis County
Tooele County
Salt Lake County
Hat Island WMA
Hat Island
Egg Island
Carrington Island
Carrington Bay
The Nature Conservancy Layton Wetlands Preserve
Antelope Island
Antelope Island State Park
Farmington Bay
Farmington Bay WMA
Fielding Garr Ranch
Miera Spit
Gillmor Bird Sanctuary
Inland Sea Shorebird Reserve
Badger Island
LAKESIDE MOUNTAINS
Stansbury Island
Timpie Springs WMA
Great Salt Lake State Park
Boat Harbor gage
STANSBURY MOUNTAINS
OQUIRRH MOUNTAINS
83
102
69
89
15
39
134
126
53
108
37
98
84
80
201
111
171
138
36

Sonnenuntergang am Strand bei der Day Use Area

der Insel, 109 Quadratkilometer, ist als State Park ausgewiesen. Es führt im Wesentlichen eine Straße über die Insel und zu allen Zielen, die **Antelope Island Road**.

Ihre malerische Schönheit, die Einsamkeit und Ursprünglichkeit der Natur und die verschiedenen Facetten des Salt Lakes machen die Faszination von Antelope Island aus. In einer steppenartigen Einöde grasen abwechselnd **Bisonherden** und Gruppen von **Antilopen**, welche die Namensgeber der Insel sind (1845 sollen hier John C. Fremont und Kit Carson eine Antilopenjagd veranstaltet haben). Heute werden die Antilopen nicht mehr gejagt und bereichern die faszinierend schöne Kulisse. Die überhaupt nicht scheuen Bisons spazieren am Strand entlang und ungeniert an den Menschen vorbei. Auch auf den beiden Campgrounds des State Parks (▶Seite 316) trotten sie ungerührt zwischen Zelten und Wohnmobilen umher. Seltener zu sehen aber ebenfalls auf der Insel beheimatet sind Rotluchse, Kojoten, diverse Reptilienarten und Raubvögel.

Bis auf die westliche Inselseite ist Antilope Island flach mit sandigen Stränden und einer Prärie, die bis an die Berge der Insel heranreicht. Die Berge sind über 2.000 Meter hoch und machen das Panorama mit See, Prärie und Bergwelt perfekt. An den ausgewiesenen Strandabschnitten muss man ins Wasser gehen! Das Gefühl, auf dem Wasser zu liegen und ohne eigenes Zutun davongetragen zu werden, ist unbeschreiblich. Ist der Wasserstand niedrig, muss man dafür ganz schön weit in den See hineinwaten. Aber sobald man knietief im Wasser steht, kann man das Experiment wagen und sich flach aufs Wasser legen: Es wird funktionieren (kleiner Trick: Spannung in den Körper bringen). Eine der besten Stellen hierfür ist die **Day Use Area** Richtung Campground am nördlichsten Zipfel der Insel beim »Island Buffalo Grill« (in dem es – ein wenig makaber angesichts der Bisons, die teilweise vor der

Namensgebend für den State Park sind die Antilopen.

Tür herumspazieren – Bisonburger gibt; Montag bis Samstag 11 bis 19 Uhr, Sonntag 12 bis 18 Uhr). Sobald man auf der Insel angekommen ist, hält man sich rechts und erreicht die Day Use Area nach 2 mi/3 km. An das Restaurant und die Day Use Area schließt sich nicht nur ein schöner Strandabschnitt an, sondern es gibt vor allem kostenlose kalte und gebührenpflichtige warme Duschen, die man nach dem Bad in der Salzlauge dringend nötig hat.

Neben Baden und dem Beobachten von Wildtieren kann man im State Park wandern gehen. Besonders empfehlenswert, vor allem zum Sonnenuntergang, ist der **Buffalo Point Trail**, der zwar 100 Meter steil bergauf führt, aber zur Belohnung einen tollen Ausblick liefert. Der Aufstieg ist steil, es stehen unterwegs Bänke zum Ausruhen und Genießen des Ausblicks bereit.

Nach der Zufahrtsstraße auf die Insel rechts halten, bis zum Bridger Bay Campground und zur westl. Ecke fahren Ganzj. Ja Parkplatz des Buffalo Point Overlook 1 Std. Moderat 1.3 km 182 m

Oder soll es lieber der Umgebung angemessen ein Ritt auf dem Pferderücken sein? Auch das ist möglich. Gleich nach der Brückenüberfahrt zweigt nach links die Zufahrtsstraße zur **Fielding Garr Ranch** ab. Das Gebäude selbst ist Utahs ältestes, im angelsächsischen Stil errichtetes Gebäude (1848 von Fielding Garr erbaut), das noch auf seinen Original-Fundamenten steht. Das Haus kann man besichtigen und dabei in die Historie einer Westernranch eintauchen. Die Farm befindet sich 11 mi/17,5 km südlich des Visitor Centers.

Nach der Zufahrt auf die Insel sofort links fahren, der Straße immer am See entlang 13 mi/20 km folgen, die Ranch folgt linkerhand 4528 West 1700 South Syracuse, UT 84075 1-801-773-2941 www.utahoutdooractivities.com/fieldingranch.html Mitte Mai–Mitte Sep. 9–18 h, Mitte Sep.–Mitte Mai 9–17 h; danach ist auch die Zufahrtsstraße geschlossen

Über diese und andere Aktivitäten auf der Insel kann man sich im Visitor Center (siehe unten) informieren. Dort kann man sich auch für Wildtier-Safaris, geführte Reittouren und Planwagenfahrten sowie Schifffahrten auf dem See anmelden. Außerdem kann man dort Kajaks mieten beziehungsweise an Kajaktouren teilnehmen.

Der I-15 aus Downtown Salt Lake City 25 mi/40 km bis Abfahrt 332 folgen, dann auf der UT-108/Antelope Dr Richtung Westen fahren. Es folgt der 6 mi/10 km langen Davis County Cswy auf die Insel. 4528 W 1700 S, Syracuse, UT 84075 1-801-773-2941 Mrz.–Okt. tägl. 6–22 h, Nov.–Feb. tägl. 6–18 h $ 10 pro Fahrzeug, $ 3 pro Fußgänger bzw. Radfahrer

VISITOR INFORMATION

Neben Informationen über die Freizeitaktivitäten auf der Insel (siehe oben) ist im Besucherzentrum eine Ausstellung zu sehen und man kann einen 20-minütigen Film über Antelope Island anschauen. Die Visitor Information bezieht sich zwar speziell auf Antelope Island, es gibt aber auch Informationsbroschüren und Auskünfte über Salt Lake City. Ein Buchladen mit Souvenirs ist angeschlossen. Das Visitor Center thront auf einer kleinen Erhebung mitten im Nichts, umgeben von Prärie, Bisons und dem Salzsee.

Nach der Zufahrt über den Damm und die Eingangsstation geht es links zur VI (weithin sichtbar, da auf einem Hügel). 4528 W 1700 S, Syracuse, UT 84075 1-801-725-9263 Mitte Apr.–Mitte Sep. tägl. 9–18 h, Mitte Sep.–Mitte Apr. tägl. 9–17 h

Wer einen Campground in der absoluten Einsamkeit sucht, ist hier richtig.

Übernachten

Bridger Bay Campground

Der Campground liegt so einsam wie idyllisch und ist auch in der Hochsaison nicht voll. Das liegt mit Sicherheit an der abgeschiedenen Lage – nur verirrte Bisons scheinen hierher zu finden. Romantisch und ein Abenteuer in der Wildnis ist eine Übernachtung allemal, nur gestört durch den Fluglärm des nahen Salt Lake City International Airports – und der dauert leider bis in die Nacht hinein an. Es gibt kaum Schatten (manche Plätze haben ein Dach über dem Essplatz), kein Wasser und lediglich ein Plumpsklo. Eine besondere Empfehlung ist der Stellplatz 08, der ein wenig abseits liegt, über dem See thront und in Sachen Romantik kaum zu schlagen ist. Von April bis Juli haben Stechmücken Hochsaison ...

Übernachtungsgäste des Campgrounds zahlen keine Eintrittsgebühr für den State Park. Man muss vor 22 Uhr auf dem Campground sein, da danach die Schranke der Zugangsstation geschlossen wird.

Nach der Zufahrt über den Damm rechts halten, vorbei am Hafen und dem »Island Buffalo Grill«, dann rechts – die Sackgasse endet am Campground. *4528 W 1700 S, Syracuse, UT 84075* *1-801-773-2941* *www.reserveamerica.com* *Ganzj.* *Ja* *26* *26* *Nein* *Nein* *Nein* *Nein* *Nein* *$*

Übernachten außerhalb von Salt Lake City

The Cliff Lodge and Spa

Es ist eines der Hotels des Snowbird Resorts und vor allem dann geeignet, wenn man sich die Aktivitäten des Resorts genauer anschauen und statt in Downtown von Salt Lake City idyllisch inmitten der Wasatch Mountains residieren möchte. Auf der Dachterrasse des obersten Stockwerks gibt es einen Außenpool und Whirlpools mit sensationellen Ausblicken in die unter der Lodge liegende Schlucht. Die oberen Etagen bieten außerdem Spa, ein Yoga-Studio und einen Fitnessraum. Es gibt in der Lodge drei Restaurants und zwei Bars. Die modern eingerichteten und sehr großen Zimmer mit allerlei technischer Ausstattung haben entweder Berg- oder Canyonblick. Im Hotel kann man Skiausrüstungen mieten.

Aus der Downtown Salt Lake City über I-80 E Richtung Osten und die I-215 Richtung Süden fahren bis Abfahrt 6 in Richtung Cottonwood Heights fahren. Dann links auf den UT-190 (geht über in S Wasatch Blvd und N Little Cottonwood Rd/UT-210). Diesem in die Berge hinein folgen. *Hwy 210, Snowbird, UT 84092* *1-800-232-9542* *www.snowbird.com/lodging/thecliffloddge* *Ja* *Ja* *Ganzj.* ★★–★★★

Best Western Plus Layton Park Hotel

Das Hotel liegt nördlich von Salt Lake City und damit sehr günstig zur Antelope Island, auf der es außer den Campgrounds keine Übernachtungsmöglichkeiten gibt. Das Hotel hat einen Innenpool und einen Whirlpool sowie einen Waschsalon. Die Zimmer sind groß und sauber, ein Frühstück ist inbegriffen.

Von der I-15 die Ausfahrt 332 nehmen und auf den Antelope Dr nach Osten fahren, dann auf den Woodland Park Dr Richtung Süden; das Hotel ist auf der östl. Straßenseite. Aus Richtung Norden 798 W 1425 N, Layton, UT 84041 1-801-896-0271 www.bestwestern.com Ja (auch für RVs) Ja Ganzj. *

Super 8 Salt Lake City/Airport

Das Hotel liegt etwas außerhalb der Stadt in der Nähe zum Flughafen mit trotzdem ruhiger Lage und einem kostenlosen Shuttleservice zum Flughafen. Die Zimmer sind groß und gut ausgestattet. Es gibt ein Hallenbad und einen Fitnessraum. Das Frühstück ist inbegriffen, fußläufig befinden sich andere Motels und Restaurants.

Von der I-80 die Abfahrt 113 nehmen 223 N Jimmy Doolittle Rd, Salt Lake City, UT 84116 Reservierungen: 1-801-533-8878 gm.s8slc@statushospitality.com www.super8slc.com Ja Ja Ganzj. *

Für alle Urlauber, die der Empfehlung dieses Routenreiseführers gemäß ab Salt Lake City zurück nach Hause fliegen, endet die Reise nun. Salt Lake City war das Tüpfelchen auf dem i einer imposanten, vielseitigen und erlebnisreichen Reise, auf der man vom Regenwald über die raue Küste, Vulkane und Gletscher, Geysire und eine beeindruckende Tierwelt mehr gesehen hat, als man in einem Urlaub verarbeiten kann. Dass am Schluss die Mormonenstadt mit den sakralen Bauwerken und dem nahen Salzsee inmitten der Wüste einen so markanten Gegensatz zu der Naturgewalt der Nationalparks und der Bergwelt der Rocky Mountains setzt, verleiht der Reise einen mehr als würdigen Abschluss.

*Nach dem Erlebnis Great Salt Lake und der Stadterkundung Salt Lake City steht nun also der stadtnahe Flughafen **Salt Lake City International Airport** auf dem Programm. Er befindet sich nordwestlich der Innenstadt Salt Lakes und ist von den Downtown-Hotels gut erreichbar. Oben wurde mit dem Hotel Super 8 Salt Lake City/Airport aber auch eine Übernachtungsmöglichkeit ganz in Flughafennähe und mit kostenlosem Shuttleservice dorthin vorgestellt. Wer mit dem Wohnmobil unterwegs war, übernachtet auf dem beschriebenen Salt Lake City KOA Campground (▶Seite 310) ebenfalls sehr nahe zum Flughafen. Die beiden Vermietstationen von Cruise America und El Monte befinden sich recht zentral in der Stadt.*

*Die Vermietstation **Cruise America** ist in der 4125 South State Street, Salt Lake City, UT 84107, das ist südlich des Temple District und vom Campground aus über die I-80 und die I-15 bis Ausfahrt 301 und den UT-266 Richtung Osten erreichbar, von dem aus es links auf die South State Street geht (insgesamt ab KOA 9 mi/14 km und 13 mi/20 km zum Flughafen). Kunden, die Early Bird gebucht haben, erhalten einen Shuttleservice zum Flughafen, ansonsten muss man für eine Taxifahrt etwa $ 37 zum Flughafen und $ 18 in die Innenstadt kalkulieren.*

*Die Adresse von **El Monte** lautet 250 South Highway 89, North Salt Lake City, UT 84054. Das ist nördlich der Innenstadt und vom Campground aus erreichbar über die I-15 Richtung Norden bis Abfahrt 312 auf die US-89 – der Straßenname ändert sich in US-89 (insgesamt 6 mi/9 km zum KOA und 12 mi/19 km zum Flughafen). El Monte bietet keinen Transfer zum Flughafen an, die Preise für ein Taxi entsprechen denen von Cruise America.*

*Alle großen Mietwagenanbieter haben eine Dependance innerhalb des Salt Lake City International Airport. In diesem Fall können die Reisenden ihr Fahrzeug direkt am Flughafen abgeben und den Heimweg antreten. Hierfür fährt man im Bereich Downtown auf die **I-80** in westliche Richtung und folgt dieser 3 mi/5 km bis zur Abfahrt 115B in Richtung Salt Lake City International Airport auf den **Terminal Drive**. Die Straße führt direkt auf das Flughafengelände zu, das in wenigen hundert Metern erreicht ist.*

Die letzte Nacht auf amerikanischem Boden ist verbracht, die Fahrzeuge sind abgegeben. Nun heißt es endgültig Abschied nehmen von einem traumhaften Landstrich im Nordwesten der USA!

VON SALT LAKE CITY ÜBER PORTLAND ZURÜCK NACH SEATTLE

Von Salt Lake City über Portland zurück nach Seattle

Für alle Urlauber, die eine Rundreise machen und als Start- und Zielpunkt Seattle gewählt haben, führt die Route nun wieder an die Westküste und über **Portland** *und den* **Mount Rainier National Park** *(den man in diesem Fall im ersten Routenabschnitt ausgelassen hat, ▶Seite 86) zurück nach Seattle.*

Es folgt nun eine lange Strecke über etwa 950 mi/1.500 km nach Portland, die leider nicht von so herausragenden Highlights unterbrochen wird wie die bisherigen Fahrten. Schöne Stopps gibt es unterwegs trotzdem, dennoch steht die folgende Etappe unter dem Motto, Kilometer abzufahren – zumal große Teile durch Idaho auch landschaftlich wenig reizvoll sind. Die Reise nach Portland sollte auf zwei, mit dem Wohnmobil auf jeden Fall auf drei Fahrtage verteilt werden. Im Folgenden werden ein paar wenige Ziele vorgeschlagen, die das stupide Fahren von Zeit zu Zeit unterbrechen, jedoch nicht unnötig weit hinauszögern.

Die Anreise nach Salt Lake City war schön und abwechslungsreich. Da die Rückfahrt entlang des Großen Salzsees zunächst identisch mit der Anfahrt ist und erst am Nordufer des Sees Richtung Nordwesten abzweigt, ist es legitim, Salt Lake City über die Autobahn, also über die ***I-15****, zu verlassen. Auf diese kann man bereits in Downtown auffahren. Der großstädtische Bereich wird allmählich verlassen und bald wird es wieder ländlich mit dem bereits gewohnten Bild: Rinderherden grasen in grüner Landschaft, die Gegend ist kaum besiedelt, während die Fahrt durch das Salt Lake Valley führt. Die Abfahrt nach Logan wird passiert (von wo man gekommen ist) und sowohl rechts und links als auch vorne begleiten Gebirgszüge die Fahrt.*

Nach 76 mi/122 km (im Bereich Tremonton) zweigt die I-15 nach rechts ab und es geht geradeaus weiter über die ***I-84****. Es folgt ein sich lang dahinziehender Streckenabschnitt – reizvoll wird es nun*

Flach, aber wieder besiedelt ist es entlang der I-84 nach Erreichen von Idaho.

lange Zeit nicht. Stattdessen: Ebenes, flaches, weites und karges Land, auch die Berge werden flacher. Zwischendurch geht es noch einmal für einen kurzen Moment in die Berge hinein und linkerhand lugt ein letztes Mal ein Zipfel des Great Salt Lakes hervor. Dann wird die Vegetation endgültig wüstenartig.

Wir erreichen Snowville, zwei Autobahnabfahrten für diesen Ort gaukeln eine größere Stadt vor – tatsächlich bringt es Snowville auf nicht einmal 200 Einwohner. Es folgen weitere Abfahrten ins gefühlte Nirgendwo, dann ist kurz nach Snowville die Staatengrenze nach ***Idaho*** *erreicht. Die Landschaft hat indes jeglichen Reiz verloren, nicht einmal mehr die obligatorischen Rinderherden bereichern die Kulisse. Es tauchen vereinzelt Silos am Wegesrand auf und vermitteln den Eindruck, dass das Land wieder bebaut wird. In dieser aber immer noch prärieartigen Landschaft kommt man an der »Dust Storm Area« vorbei – der Name passt wie kein anderer zu diesem kompletten Flachland! 171 mi/273 km nach Salt Lake City ändert die I-84 abrupt die Himmelsrichtung und schwenkt nun vom nördlichen Verlauf in westliche Richtung ab (an dieser Stelle zweigen nach Osten die* ***I-86*** *und der* ***US-30*** *ab).*

Direkt danach mehren sich Anzeichen der Zivilisation: Es tauchen Häuser am Straßenrand auf, die üblichen Werbeplakate einer Interstate nehmen zu und plötzlich stehen da auch wieder Häuser. Der an dieser Stelle recht breite ***Snake River*** *wird überquert (der Verkehr wird über zwei getrennte Brücken geleitet, pro Fahrtrichtung eine Brücke). Jetzt folgt ein erstes Ausflugsziel, das die Fahrt ungemein auflockert und keinen großen Umweg darstellt: die* ***Shoshone Falls****.*

Ausflug zu den Shoshone Falls

Um dorthin zu gelangen, nimmt man nach weiteren 40 mi/64 km Fahrt auf der I-84 die Abfahrt 182 Richtung Kimberly/Twin Falls und fährt auf den ***ID-50****. Die 9 mi/14,5 km entfernten Shoshone Falls sind ab hier auf braunen Wegweisern sehr gut ausgeschildert. Erneut geht es über den Snake River (diesmal ist er jedoch nur ein Rinnsal) in den Canyon hinein. Die Fahrt ist reizvoll und führt kreuz und quer, immer der Beschilderung folgend, vorbei an Gehöften, auf denen Schafe, Ziegen, Hühner und Menschen durcheinander laufen, und kleinen Wohnorten. Da man die Wasserfälle von oben her anfährt, eröffnet sich ein herrlicher Blick in die Schlucht hinein und auf die Fälle, die darin hinabstürzen.*

SHOSHONE FALLS PARK ⊠

Das Naturspektakel darf sich wiederum mit einem Superlativ schmücken: Die Wasserfälle sind mit ihren 65 Metern höher als die Niagara-Fälle, welche es »nur« auf etwa 51 Meter bringen – deshalb werden die Wasserfälle bei Twin Falls auch »**Niagara of the West**« genannt. Besonders eindrucksvoll ist das Schauspiel nach der Schneeschmelze im Frühjahr oder Frühsommer, wenn der Wasserstand hoch ist. Aber auch im Hochsommer sind die Fälle des Snake River wunderschön anzusehen, wenn sie sich über eine knapp 300 Meter breite Felskante in die Tiefe stürzen. In direkter Verbindung stehen die heutigen Wasserfälle mit dem Lake Bonneville, dem Vorgänger des Great Salt Lake (▶Seite 311). Als in der letzten Eiszeit Wassermassen das nördliche Seeufer durchbrachen und sich als Flutwelle in die Ebene des Snake River ergossen, bildeten sich tiefe Schluchten mit scharfen Kanten. Im Laufe der Zeit grub sich der Fluss immer tiefer und ist dabei auf unterschiedlich harte Gesteinsschichten gestoßen. Die Shoshone Falls haben sich dort gebildet, wo sich unter widerstandsfähigem Gestein leicht Ausräumbares befand.

Der Aussichtspunkt auf die Wasserfälle liegt inmitten einer sehr gepflegten Grünanlage des **Shoshone Falls Parks**. An Picknicktischen kann man den Ausblick auf die Naturgewalt genießen und an Infotafeln mehr über die Wasserfälle erfahren. Es gibt einen kleinen Imbiss mit

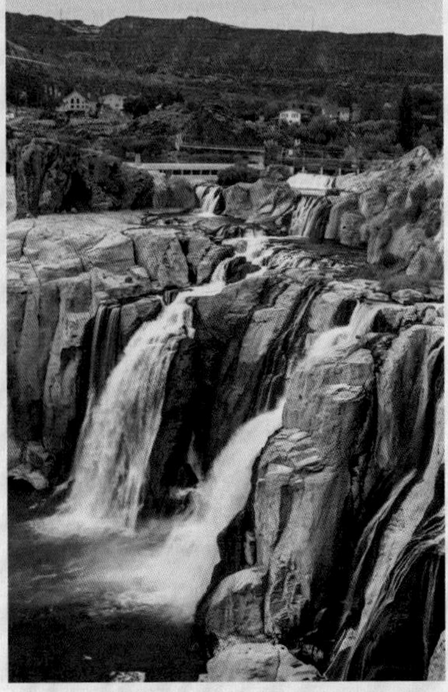
Über mehrere Kaskaden stürzen sich eindrucksvoll die Shoshone Falls in die Tiefe.

Toiletten. Weitere Freizeitaktivitäten sind auf dem Gelände bis zum angrenzenden **Dierkes Lake Park** möglich, inklusive Wanderwegen, einer Badestelle (oberhalb der Wasserfälle mit Badeaufsicht von Juni bis August) und Spielplätzen für die Kids.

An den Wasserfällen (vom Aussichtspunkt aus gesehen auf der anderen Flussseite) gibt es ein Wasserkraftwerk, das seit 1907 Energie erzeugt und heute von der Idaho Power Company betrieben wird. Über den ID-50 und die N 3300 E zum Parkeingang N 3300 East, Twin Falls, ID 83303 1-208-736-2265 www.visitidaho.org/attraction/natural-attractions/shoshone-falls Ganzj., tägl. 7–21 h $ 3 pro Fahrzeug (nur Ende Mrz.–Sep.)

Zur Interstate müssen wir nun nicht den ganzen Weg wieder zurückfahren, sondern steuern von den Wasserfällen aus gleich die nordwestliche Richtung an und sparen so ein Stück I-84 aus. Hierfür fährt man nach dem Zugangshäuschen des Parks zunächst bis zum Stoppschild, dann nach rechts und nach 2 mi/3 km wieder rechts auf den ***Eastland Drive North*** *(an einer Ampel). Nach weiteren 1,5 mi/2,5 km geht es rechts in den* ***Bridgeview Boulevard*** *und nach dem Shopping Center an der Ampel rechts. Noch einmal fährt man über den Snake River, der an dieser Stelle aber tief unten in einer Schlucht liegt und sich nicht wie zuvor auf Straßenniveau befindet. Weitere 3,3 mi/5,3 km später gelangt man zurück auf die I-84, wo man auf die Reisenden trifft, die den Ausflug zu den Shoshone Falls nicht unternommen haben.*

Ende des Ausflugs

*Für alle heißt das nächste Ziel Boise, die Hauptstadt des Bundesstaates Idaho. Da man seit Salt Lake City bereits 234 mi/374 km zurückgelegt hat, kann man sich langsam Gedanken über eine Übernachtungsmöglichkeit machen. Bis Boise sind es immerhin noch 119 mi/190 km. Das ist noch ein ziemliches Stück, zumal die privaten Campingplätze im Umfeld der Stadt (**▶Seite 328**) wenig attraktiv und ansonsten auf dem folgenden Streckenabschnitt eher rar sind. Wem hingegen der Sinn nach einer Übernachtung in der absoluten Einsamkeit Idahos steht, wo sich buchstäblich Fuchs und Hase Gute Nacht sagen, dem sei eine Übernachtung im* ***Bruneau Dunes State Park*** *empfohlen (siehe Ausflug unten). Das sind ab dem Zurücktreffen des Abstechers zu den Shoshone Falls auf die I-84 noch 77 mi/123 km Fahrstrecke – zusammen mit den Kilometern von Salt Lake City hierher alles in allem ein gutes Tagespensum. Wer es ein wenig komfortabler haben möchte und nicht (mehr) die Strecke zum State Park fahren will, kann in Twin Falls auf den Twin Falls/Jerome KOA ausweichen, der 1 mi/1,6 km rechts neben der I-84 liegt und über die Abfahrt 173 und den US-93 erreichbar ist (http://koa.com/campgrounds/twin-falls).*

Man bleibt noch etwa 59 mi/94 km auf der Interstate und wundert sich weiter über die eintönige Landschaft. Lediglich in weiter Ferne unterbricht eine

Bergkette am Horizont die Monotonie. Wieder geht es über den Snake River, der jetzt ganz schmal ist. Dass die Mondlandschaft etwas hügeliger wird, empfindet man als willkommene Abwechslung. Alles, was rechts und links direkt an der Straße fast schon unnatürlich grün ist, ist mit Bewässerungsanlagen versehen, alles andere ist karg und braun. Der Snake River fließt in engen Schlingen, sodass man ihn immer wieder kreuzt. Langsam erhebt er sich auch wieder auf Straßenniveau.

Ausflug zum Bruneau Dunes State Park

*Man nimmt die Abfahrt 114 in Richtung **ID-78/Cold Spring Road/Hammett**. Der State Park liegt südwestlich der I-84, eine Übernachtung auf dem Campground bedeutet einen Umweg von etwa 19 mi/30 km.*

*Der Snake River begleitet uns linkerhand, während wir auf Hammett zusteuern und uns an der Ausschilderung zum Bruneau Dunes State Park orientieren. Dem ID-78 folgt man 16 mi/26 km weit, stets den Snake River (nun wieder als breiten Fluss) im Blick. Dann zweigt links die **Sand Dunes Road** ab und man möchte nicht glauben, dass man im Folgenden noch auf Zivilisation oder gar Menschen trifft. Man passiert das Visitor Center und den Parkzugang mit Self-Registration für die Übernachtungsgäste, die keinen Platz reserviert haben.*

BRUNEAU DUNES STATE PARK

Es soll in erster Linie tatsächlich eine Übernachtungsmöglichkeit sein, denn die Sanddünen alleine sind den kleinen Umweg nicht unbedingt wert. Einzelne Sanddünen, die höchstens etwa 1,40 Meter hoch sind, und ein kleiner See stehen im Mittelpunkt des Parks. Die Flutwelle des Lake Bonnevilles war erneut beteiligt, denn sie trieb den Sand vor 15.000 Jahren hierher. Da der Wind aus Südost fast gleich stark wie der aus Nordwest pustet, bleiben die Dünen in ihrer Form immer gleich und wandern so gut wie gar nicht.

Im State Park vereinigen sich Wüste, Dünen und Prärie mit See und Sumpfgebiet. Am Fuße der Dünen sind Wanderwege angelegt, ansonsten kann man im Park schwimmen und Vögel beobachten. Und außerdem natürlich die Dünen hinaufklettern.

Freitags- und samstagabends hat von Anfang April bis Mitte Oktober ein Observatorium (direkt neben einem Education Center, am See gelegen) geöffnet, von dem aus man mit dem Teleskop Sterne anschauen kann ($ 3 Erw. & Kinder (ab 5 J.)). Der Nachthimmel fernab jeder Zivilisation ist um ein Vielfaches beeindruckender als er in der Nähe einer Stadt ist. Informationen, auch bezüglich Präsentationen und Touren, erhält man unter 1-208-366-7919.

INFORMATION CENTER

Neben Informationen über Greifvögel, die in der Gegend häufig vorkommen, Insekten und Fossilien, wilde Tiere und natürlich die Sanddünen gibt es einen kleinen Souvenirladen und Snacks sowie Getränke. Im Visitor Center kann man außerdem Sandboards mieten, mit denen man die Dünen hinabbrettern kann.

Von der I-84 über den ID-78 und die Sand Dunes Rd 27608 Sand Dunes Rd, Mountain Home, ID 83647 1-208-366-7919 bru@idpr.idaho.gov http://parksandrecreation.idaho.gov/parks/bruneau-dunes Tägl. (im Winter unregelmäßig) $ 5 pro Fahrzeug, Sandboards $ 15 pro Tag

Übernachten

Bruneau Dunes State Park Campground

Mitten in der Hochsaison und nur zwei Mit-Camper – das spricht für sich. Es verirrt sich wohl kaum versehentlich jemand hierher. An Idylle ist der Campground indes nicht zu übertreffen, die Ursprünglichkeit der Natur wird nicht einmal von den Plätzen in den Nationalparks überboten!

An Idylle ist der Broken Wheel Campground kaum zu schlagen; aber man muss es mögen ...

Dass man dabei noch in den Luxus von Stellplätzen mit allen Anschlussmöglichkeiten kommt und mitten in der Prärie sogar W-LAN zur Verfügung hat, ist ein netter Bonus des Platzes. Ab September suchen Fliegen in rauen Mengen den Campground heim; dann ist laut den Campground-Hosts das Sitzen im Freien abends kein Vergnügen mehr.

Es gibt zwei Campingplätze auf dem Gelände des State Park, den **Broken Wheel Campground** und die **Eagle Coves Campgrounds**, die nah beieinander liegen und deren Plätze zusammenzählen. Es gibt auch einfache Stellplätze ohne Anschlussmöglichkeiten.

27608 Sand Dunes Rd, Mountain Home, ID 83647 1-208-366-7919 Idaho State Parks Reservierung: 1-888-922-6743 inquiry@idpr.idaho.gov http://idahostateparks.reserveamerica.com Ganzj. Ja 100 16 Ja Ja Ja, ab 20 Min. $ 3 pro Tag Strom (50 Amp.), Wasser Nein $

Während die Interstate im relativ geraden Verlauf Richtung Nordwesten führte, haben alle, die im State Park übernachtet haben, einen Bogen Richtung Südwesten beschrieben. Zurück zur I-84 geht es direkt in nördlicher Richtung, gegenüber der Hauptroute hat man ein Teilstück der Interstate ausgespart. Von der Sand Dunes Road fährt man zurück zum ID-78, auf den man nun aber nach links einbiegt. Nach 2 mi/3 km trifft man auf den ***ID-51****, dem man 14 mi/23 km weit folgt, bis er im Ort* ***Mountain Home*** *einen Rechtsknick macht und nach 1 mi/1,6 km auf die* ***I-84-BL*** *Richtung Norden führt. Mountain Home ist eine »Großstadt« (für hiesige Verhältnisse) mit knapp 14.000 Einwohnern. Wer also gar nichts mehr zu essen an Bord oder einen völlig leeren Tank hat, kann die Gelegenheit nutzen und tanken beziehungsweise einkaufen. Ansonsten empfiehlt es sich, damit bis Boise zu warten und sich dort einzudecken.*

Die I-84BL trifft schließlich wieder auf die I-84 und damit auf die Reisenden aus südlicher Richtung, die eine Nacht in der Wildnis Idahos versäumt haben.

Ende des Ausflugs

Mit Anfahrt nach Boise nähert man sich erstmals wieder Großstadtgefilden, es geht quasi direkt aus dem Nichts in die Zivilisation zurück. Von der Stelle, an der die I-84BL bei Mountain Home vom Ausflug wieder auf die I-84 trifft, sind es 44 mi/70 km bis zur Hauptstadt Idahos.

BOISE

Auf den ersten Blick wirkt Boise noch größer in diesem ansonsten ländlichen

Umfeld, weil die Stadt recht nahtlos in die beiden im Westen folgenden Nachbarstädte **Meridian** und **Nampa** überzugehen scheint. Trotz der Größe und der Tatsache, dass es die Hauptstadt des Bundesstaates Idaho ist, hat Boise wenig touristische Anziehungspunkte. Vielmehr ist es eine Universitäts- und Sportstadt. Zum einen ist hier die Boise State University als größte Universität Idahos angesiedelt, zum anderen spielen namhafte Eishockey-, Basketball- und Baseballmannschaften in der Stadt.

		Boise	Nürnberg
	Stadt	214.000	499.000
	Metropolregion	616.500	3.500.000
	pro km²	1.151	2.676
	km²	186	186
	über NN	830 m	309 m
	mm	453	629
	°C	25,8	20,3
	°C	8,7	5,7
	Salt Lake City		341 mi/ 545 km
	Portland		433 mi/ 693 km

Nachdem 1862 Gold- und Erzsucher in der Region fündig geworden waren, wurde Boise ein Jahr später gegründet. Bereits ein weiteres Jahr später, also 1864, wurde der Ort zur neuen Hauptstadt des Idaho-Territoriums erklärt, 1890 dann zur Hauptstadt des neuen Bundesstaates. Nach dem Goldrausch war Boise zunächst unbedeutend und erwachte erst in den 1980er-Jahren nach fast hundertjährigem Schlaf zu neuem Leben. Große Firmen sind hier angesiedelt, das Klima ist sehr ausgeglichen und der Freizeitwert hoch. Nach Seattle und Portland ist Boise die drittbevölkerungsreichste Metropolregion im Pazifischen Nordwesten der USA.

Den Namen haben französische Trapper der Stadt gegeben, denn »boisé« ist Französisch für »bewaldet«. Ausgesprochen wird es »bɔɪzi«, also mit einem i am Ende. Im 18. Jahrhundert freuten sie sich nach Durchquerung der kargen Landschaft östlich der heutigen Hauptstadt über die zahlreichen Bäume in der Talsenke – tatsächlich ist Boise auch heute noch eine Stadt mit viel Grün. Beispielsweise liegt entlang des Ufers des Boise Rivers der **Boise Greenbelt** (▶Seite 328), ein großes Erholungsgebiet.

Zentrum der Stadt ist **Downtown** als Kulturzentrum, dort sind auch einige kleinere und mittlere Unternehmen angesiedelt. Im Zentrum Downtowns befindet sich auf der 8th Street eine **Fußgängerzone** mit Cafés und Restaurants. Hauptattraktionen in der Downtown sind das **Idaho State Capitol** (▶Seite 327), in dem die Regierung des Bundesstaates untergebracht ist, das **Egyptian Theatre**, das **Boise Art Museum** und der **Zoo**. Die Innenstadt ist übersichtlich und fahrradfreundlich mit breiten Straßen, großen Grundstücken und wenigen Hochhäusern.

i BOISE CONVENTION & VISITORS BUREAU

Aus Richtung Süden über die I-84 bis Abfahrt 54 in Richtung City Center auf den US-26/US-20 fahren. Nach 3 mi/4,5 km links dem US-20 folgen, dann nach knapp 0,6 mi/1 km rechts in die S 5th St. 250 S 5th St, Suite 300, Boise, ID 83702 1-208-344-7777 1-800-635-5240 www.boise.org Mo.–Fr. 9–17 h

Orientieren

Um die Innenstadt zu erreichen, fährt man am besten an der Ausfahrt 54 von der I-84 ab und folgt der Wegbeschreibung zur Visitor Information (siehe oben). Will man das **State Capitol** im Zentrum Downtowns ansteuern, biegt man nicht in die South 5th Street zur Visitor Information ab, sondern fährt erst die übernächste Straße in nördliche Richtung auf den North Capitol Boulevard. Auf diesem fährt man direkt auf das Gebäude zu. Vom Capitol aus sind auch die Parks und die Grünanlagen am Flussufer gut erreichbar. Da die Stadt aufgrund ihres Einbahnstraßensystems recht umständlich ist, sollte man sein Fahrzeug abstellen und Boise zu Fuß erkunden oder die Öffentlichen Verkehrsmittel nutzen. Im Umfeld des Capitols kann man entweder am Straßenrand parken (die ersten 20 Minuten sind kostenlos, danach $ 1 pro Stunde) oder bis zu drei Stunden im Capitol Mall Visitor Parking. Längeres Parken ist möglich in den Parkgaragen und auf Parkplätzen (auf denen auch ein Wohnmobil parken kann). Die Parkgaragen kosten $ 2,50 pro Stunde (die erste Stunde ist kostenlos).

Südlich an Downtown schließt sich der Campus der **Boise State University** an, gegenüberliegend befindet sich das **North End** mit einigen etwas älteren Häusern. Um die Downtown gruppieren sich die diversen Stadtteile. Die Stadt wird straßenmäßig erschlossen vom US-27/ US-26, der von der I-84 abzweigt, in den Norden der Stadt vordringt und in Downtown einen Bogen Richtung Nordwesten beschreibt. Dort geht der Highway über in die I-184, die in einem südwestlichen Schlenker wieder zurück auf die I-84 führt. Der US-26 (Einbahnstraße) heißt Richtung Nordwesten West Front Street und von Nordwesten nach Südosten West Myrtle Street.

Öffentlicher Personennahverkehr

Betrieben von **Valleyride Bus Transportation** verkehren Busse auf drei Linien innerhalb Downtowns und bis in die einzelnen Stadtteile beziehungsweise in die Nachbarstädte. Eine einfache Fahrt im Stadtgebiet Boise kostet $ 1.

Versorgen und einkaufen

Warum nicht shoppen gehen in Boise? Hier findet man die größte Mall Idahos, den **Boise Towne Square**. In 186 Läden und Shops kann man sich so richtig austoben. Die Mall liegt nahe der I-184 (stadtauswärts) und der Kreuzung, an der diese wieder auf die I-84 trifft, ist also auch ohne einen Besuch der Stadt von der Autobahn aus gut erreichbar.

350 N Milwaukee, Boise, ID 83704
www.boisetownesquare.com Mo.-Sa. 10-21 h, So. 11-19 h

Für einen richtigen Großeinkauf für die letzte Reiseetappe empfiehlt es sich, einen **WinCo** aufzusuchen, den es in Boise gleich dreimal gibt. Beim Ersteinkauf auf dem Weg nach Olympia wurde der Supermarkt bereits empfohlen, weil er sehr günstig ist und ein riesengroßes Sortiment hat. Recht zentral in Downtown und in der Nähe der Universität findet man einen der drei Läden in der 110 E Myrtle Street. Dorthin gelangt man, indem man auf dem South Capitol Boulevard an der Universität und dem Zoo vorbeifährt und dann rechts in die West Myrtle Street abbiegt (auf dem Weg zur Visitor Information kann man links über die S 2nd Street, die auf die W Myrtle Street trifft, zu WinCo abbiegen).

Wer mit seiner Tankfüllung noch etwas haushalten kann, sollte in Boise nicht tanken. Rund um die Stadt ist das Benzin erstaunlich teuer, es lohnt sich, noch ein wenig Strecke Richtung Portland zurückzulegen, dann wird es günstiger.

Essen und trinken

Wenn man vom State Capitol aus die North 8th Street (Parallelstraße zum North Capitol Boulevard, der auf das State Capitol zuführt) in südwestliche Richtung geht, reiht sich ein Restaurant an das nächste. Auch in den Seitenstraßen findet man Restaurants aller Nationalitäten; von der amerikanischen Küche über den Thailänder bis hin zum mongolischen Restaurant und der Creperie ist für alle Geschmacksrichtungen etwas vorhanden. Wenn es eine richtig gute Pizza sein soll, ist die recht neue Pizzeria »**Flatbread**« eine Empfehlung. Mitten in Downtown Boise bietet die »Neapolitan Pizzeria« leckere Steinofenpizza. Fladenbrote in allen Variationen, ebenfalls im Holzofen zubereitet und mit allerhand Leckereien belegt, sind die Spezialität des Hauses und Namensgeber des Restaurants.

800 W Main St, Suite 230, Boise, ID 83702
http://flatbreadpizza.com/downtown-boise-idaho Mo.-Do. 11-22 h, Fr. & Sa. bis 23 h, So. 12-21 h

Abends kann man am besten in der Nähe des Universitätsgeländes etwas trinken gehen. Kleine Bars mit hauseigenen Brauereien bieten gutes, günstiges Bier an, zum Beispiel das **Boise River Ram & Big Horn Brewing Co**.

709 Park Blvd. Boise, ID 83712-7715 1-208-345-2929 11-23 h

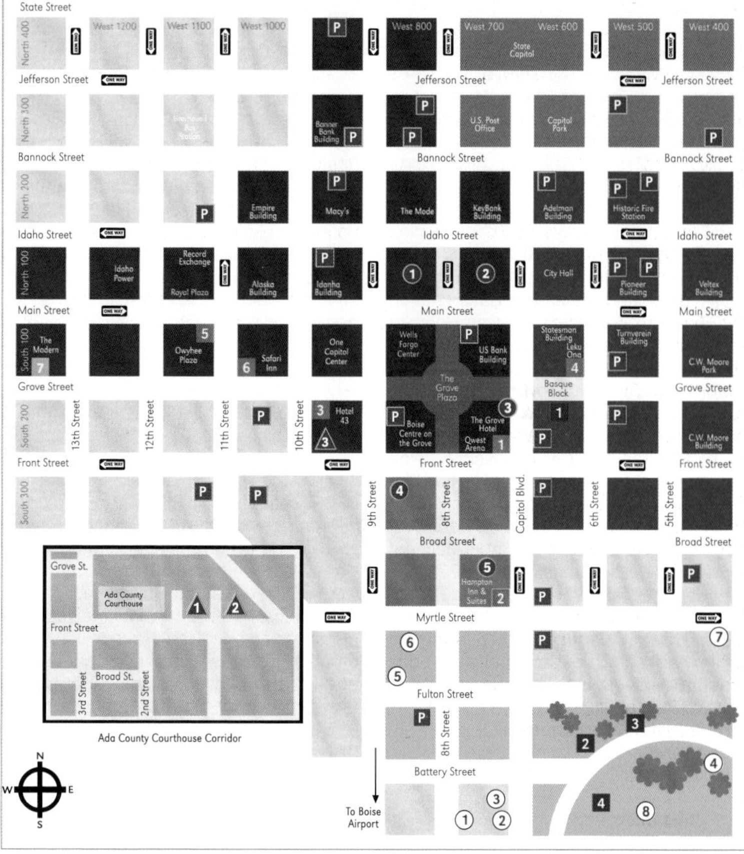

Highlights

► Idaho State Capitol

Das State Capitol gehört zu Boise wie die Space Needle zu Seattle. Innerhalb der mit Marmor verkleideten Sandsteinmauern werden seit fast 100 Jahren Gesetze verabschiedet und Erlasse diskutiert. Das prachtvolle Bauwerk bildet optisch und geografisch den Mittelpunkt der Hauptstadt. Erbaut zwischen 1905 und 1920 ist der Stil des Kuppelbaus der Renaissance nachempfunden. Die Kuppel befindet sich auf 63 Metern Höhe und wird von einer goldenen Version des amerikanischen Wappentiers (Weißkopfseeadler) gekrönt. Allerdings überragen zwischenzeitlich höhere Gebäude innerhalb Downtowns den imposanten Bau. Durch Untergrundtunnels ist das Capitol mit anderen Regierungsgebäuden verbunden. Diese sind für die Öffentlichkeit jedoch nicht zugänglich und dienen den Regierungsmitgliedern als Zuflucht bei Bombenalarm. Ansonsten kann das Gebäude besichtigt werden, es finden auch geführte Touren statt (ab fünf Teilnehmern). Diese dauern etwa 75 Minuten, man kann montags bis freitags um 10 und 13 Uhr daran teilnehmen. Die Touren müssen jedoch mindestens zwei Wochen im Voraus reserviert werden.

Aus Richtung Süden über die I-84 bis Abfahrt 54 in Richtung City Center auf den US-26/US-20 fahren. Nach 3 mi/4,5 km links dem US-26/US-20 folgen, bis rechts der S Capitol Blvd abzweigt. Auf diesem fährt man direkt auf das Capitol zu. 700 W Jefferson St, Boise, ID 83720 1-208-334-2475, Reservierungen: 1-208- 332-1012 Reservierungen: capitoltours@ lso.idaho.gov www.capitolcommission.idaho.gov Apr.-Dez. Mo.-Fr. 6-18 h, Jan.-Mrz. Mo.-Fr. 6-22 h; WE & Feiertag 9-17 h, geführte Touren Mo.-Fr. 10 & 13 h

► Boise River Greenbelt

Der »grüne Gürtel« liegt entlang des Boise River und zieht sich mitten durch das Zentrum der Stadt. Insgesamt ist er 25 mi/40 km lang - genug Fläche, um spazieren zu gehen, Fahrrad zu fahren, Vögel zu beobachten oder zu picknicken. Ein von Bäumen gesäumter, asphaltierter Weg bietet schöne Ausblicke und Zugänge zu zahlreichen Parks am Flussufer. Grob erstreckt sich das Gelände zwischen der Eckert Road im Südosten und der Harbor Lane im Nordwesten. Zwischen dem Central Boulevard und der 9th Street befindet sich am Ende der 8th Street (777 S 8th St) das **Idaho Anne Frank Human Rights Memorial**, ein Denkmal bestehend aus lebensgroßen Statuen, unter anderem von Anne Frank. Zum Denkmal gehört das **Idaho Human Rights Education Center**.
http://parks.cityofboise.org/parks-locations/parks/greenbelt Parkmap: http://parks.cityofboise.org/media/4163/GreenbeltReservationMapcommunityevent.pdf

► Julia Davis Park

In diesem Park ist einiges vertreten: der Zoo, das Art Museum, das Idaho State Historical Museum, das Discovery Center of Idaho und das Idaho Black History Museum. Daneben locken eine Lagune und ein Rosengarten sowie weitere schöne Plätzchen. Neben einem Spielplatz für Kinder gibt es auch einen Ententeich. Vom Julia Davis Park aus gelangt man auch zum Boise River Greenbelt. Es ist der älteste Park in Boise und er umfasst das Gebiet zwischen dem Capitol Boulevard, der Myrtle Street, der Broadway Avenue und dem Boise River.
700 S Capitol Blvd, Boise, ID 83702 http://parks.cityofboise.org/parks-locations/parks/julia-davis-park Parkmap: http://parks.cityofboise.org/media/376372/julia-davis-park-narrative-map.pdf Sonnenauf- bis Sonnenuntergang

Übernachten

Hampton Inn & Suites Boise Downtown

Die Lage in Downtown ist ideal für Besichtigungen aller Sehenswürdigkeiten und Restaurantbesuche in der Innenstadt. Die Zimmer sind schön eingerichtet, groß und sauber. Es gibt ein Hallenbad mit Whirlpool und ein Fitnesscenter. Parken kann man gegen Gebühr im benachbarten Parkhaus Myrtle Street Garage ($ 12). Im Haus gibt es einen Wäscheservice.
*Von der I-84 die Ausfahrt City Center nehmen und auf die I-184 fahren. Nach 5 mi/8 km wird die I-184 zur Myrtle St. Das Hotel befindet sich an der Kreuzung Capitol Blvd und Myrtle St. 495 S Capitol Blvd, Boise, ID 83702 Capitol & Myrtle, R3 und R1 1-208-331-1900 http://hamptoninn3.hilton.com Ja Ja Ganzj. ***

Mountain View RV Park

Von den stadtnahen RV-Parks ist das der grünste, da er Baumbestand und Grasflächen zwischen den Stellplätzen hat - die, wie auf Stadtplätzen üblich, jedoch nah beieinander liegen. Der Platz ist von der nahen Interstate (I-84) aus gut erreichbar, dafür hört man sie jedoch auch. Gut erreichbar sind ebenfalls Downtown, die Universität und die Towne Square Mall (►Seite 326).
Von der I-84 die Ausfahrt 54 (Broadway) nehmen, dann links über die Commerce Ave und rechts über die Development Ave, bis rechts der Airport Way abzweigt. Der Campground ist gut ausgeschildert. 2040 Airport Way, Boise, ID 83705 1-208-345-4141 1-877-610-4141 www.boiservpark.com Ganzj. Ja 63 Ja Ja Ja Strom (50 Amp.), Wasser, Abwasser Nein $$

Das war das letzte Gastspiel im Bundesstaat Idaho. Zurück auf die Interstate geht es von Downtown aus in nordwestliche Richtung 4 mi/7 km weit über die I-184, die direkt auf die I-84 überleitet. Es werden die beiden ebenfalls größeren Städte Meridian und Nampa passiert. In Meridian gibt es einen großen Walmart (795 Overland Rd, Meridian, ID 83642, Ausfahrt 44 von der I-84, dann links Richtung Kuna auf die S Meridian Rd und wieder rechts auf die E Overland

Oregon ist erreicht und die Straße schlängelt sich durch eine karge Bergwelt.

Rd) und in Nampa noch einmal einen WinCo (✉ 2020 Caldwell Blvd, Nampa, ID 83651, Ausfahrt 33A von der I-84 Richtung Nampa, dann rechts auf den Caldwell Blvd). Für die Strecke bis Portland, die noch eine Übernachtung und viele Kilometer bereithält, sollte man damit proviantmäßig versorgt sein.

Die Fahrt führt weiter auf der I-84 zunächst noch in nördliche Richtung. Es folgen der Ort ***Ontario*** *und eine weitere Brücke über den Snake River – auf dieser überfährt man die Grenze zum nächsten Bundesstaat* ***Oregon*** *(etwa 63 mi/100 km hinter Boise). Damit ändert sich landschaftlich gesehen jedoch kaum etwas. Es bleibt bei einer kargen Berglandschaft, durch die sich die Straße jedoch recht abenteuerlich hindurchschlängelt – der Blick auf dieses Szenario am Horizont ist umso beeindruckender, da man weiß, dass man sich selbst in absehbarer Zeit auf diesem Streckenabschnitt befinden wird. Besiedelung gibt es erneut keine.*

Mitten in der Bergwelt, in einer Senke, fließt sehr breit am Straßenrand der Snake River ein kurzes Stück weit, bevor er am Farewell Bend Richtung Nordosten abbiegt.

! 81 mi/130 km nach Boise und 48 mi/77 km vor Baker City wechselt die Zeitzone! Wir kommen wieder in die **Pacific Standard Time**, was unvermittelt ist, da die Staatengrenze zwischen Idaho und Oregon bereits 18 mi/29 km zurückliegt, der Zeitzonenwechsel also nicht an der Grenze zwischen Idaho und Oregon stattfindet. Die Uhr wird um eine Stunde zurückgestellt; der Zeitzonenwechsel ist ausgeschildert.

Auffallend viele Baustellen begleiten die Fahrstrecke. Glücklicherweise ist die I-84 die meiste Zeit vierspurig, sodass es auch zu Stoßzeiten kaum zu Staus kommt. Es taucht eine Bahntrasse am Wegesrand auf, auf der reger Güterzugverkehr herrscht – das wirkt mitunter surreal in dieser spärlichen, nahezu bevölkerungsfreien Umgebung! So langsam nähern wir uns den Vorboten der ***Blue Mountains*** *und fahren hinein in die Kulisse, die zuvor schon aus der Ferne zu sehen war. Die Bergkette wird im Norden von den Hochwüsten des* ***Columbia Plateaus*** *begrenzt, im Süden vom* ***Great Basin****. Meist verteilen sich die Fahrbahnen der Interstate über zwei Ebenen auf die*

Berghänge – die in Fahrtrichtung Portland ist die höher gelegene.

Kurz vor ***Baker City*** *(etwa 68 mi/109 km nach Erreichen von Oregon) wird es vorübergehend flacher, verbrannte Hänge säumen den Weg. Dann folgt die knapp 10.000-Einwohner-Stadt, bei der vor allem ein Abstecher in die Historie des Bundesstaates Oregon lohnt.*

Ausflug zum Oregon Trail Interpretive Center

Der Oregon Trail war bereits mehrfach Thema. Man legt sehr viele Kilometer in Oregon zurück und stößt immer wieder auf diesen Begriff – einen kurzen Eindruck, was es mit dem Trail auf sich hat, sollte man sich mindestens verschaffen. Hierfür ist ein exzellent aufgemachtes Visitor Center, das nur wenige Kilometer abseits der Route liegt, bestens geeignet.

Es ist von der I-84 über die Ausfahrt 302 Richtung ***Richland/Hells Canyon*** *ausgeschildert. Man fährt auf den* ***OR-86*** *(Baker-Copperfield Highway) und folgt den braunen Wegweisern. Sie führen über eine 5 mi/8 km lange Fahrt auf dem Highway in den Canyon hinein. Dann geht es im vermeintlichen Nirgendwo links ab und bergauf zum Interpretive Center.*

OREGON TRAIL INTERPRETIVE CENTER

Hoch oben in den kahlen Bergen thront das Visitor Center im absoluten Wildwest-Outfit – und das liegt nicht allein an den Planwagen, die neben dem großen Besucherparkplatz so zu einem Camp zusammengestellt sind, dass man sich förmlich in die Zeit der Trecks des 19. Jahrhunderts zurückversetzt fühlt. Geschichte wird hier lebendig erzählt anhand aufwändig gestalteter Szenen aus der Vergangenheit, Vorführungen, Ausstellungen, multimedialer Darbietungen und interaktiver Erlebnisstationen. Beispielsweise soll der Besucher mit Holzteilchen einen Planwagen mit nützlichen Dingen für eine lange, ungewisse Reise beladen, während Unnützes nicht aufgeladen werden soll – wie zum Beispiel Whisky-Fässer. Viele Erläuterungen kann man sich über Lautsprecher anhören, es gibt Texte in angemessenen Längen zu lesen und viele Fotografien aus der Zeit.

Der Besucher erfährt in erster Linie, dass die allererste Siedlerroute über die Rocky Mountains über den Oregon Trail verlief. Die Pioniere kamen aus dem Osten und aus der Mitte der USA und legten in ihren Planwagen etwa 3.500 Kilometer durch Steppe, Wüste und Berge zurück, um neue Regionen zu besiedeln. Für manche Auswanderer begann der Weg

Schon außerhalb des Interpretive Centers unternimmt man eine Zeitreise in den Wilden Westen.

Mit authentisch nachgestellten Szenen können sich die Besucher ein Bild der bedeutenden Zeiten des Oregon Trail machen.

nach Oregon in Maine, Illinois oder Iowa und endete in Kalifornien (beziehungsweise dem späteren Washington) oder Idaho. Aber trotzdem wird der Oregon Trail definiert als eine schmale Fahrrinne, die in den Grenzstädten des Missouri startete und Oregon City (südlich von Portland) erreichte. Viele Menschen und vor allem Kinder verloren aufgrund widriger Umstände wie Krankheiten, Überfälle oder Kälte ihr Leben. Manchmal versuchten die Pioniere auch, einen einfacheren Weg zu finden – die Entscheidung, ein solches Risiko auf sich zu nehmen, splittete manchen Treck und setzte die Menschen weiteren Gefahren aus.

Das Visitor Center ist eine sehr lohnenswerte Unterbrechung der ansonsten eher eintönigen Fahrtroute. Man kann einen Besuch nach Lust und Zeit kurz halten (sollte aber trotzdem mindestens eine Stunde Zeit einplanen) oder länger ausdehnen. Für Kinder sind die anschaulichen und lebensecht nachgestellten Szenen mit Figuren und Tieren ansprechend und Erwachsene können sich in die Geschichte des pazifischen Nordwestens vertiefen.

22267 Oregon Hwy 86, Baker City, OR 97814-0987 1-541-523-1843 www.blm.gov/or/oregontrail Sommer tägl. 9–18 h, ab Mitte Okt. 9–16 h (jeweils wetterabhängig) Dez.–Mitte Feb. Do–So 9–16 h Apr.-Okt. Erw. & Jugendl. (ab 16 J.) $ 8, Kinder (bis 15 J.) frei, Sen. (über 62 J.) $ 4,50; Nov.-Mrz. Erw. & Jugendl. $ 5, Sen. $ 3,50; mit dem Nationalpark-Jahrespass frei

Zurück geht es auf demselben Weg, den man gekommen ist. Man fährt auch wieder an derselben Auffahrt auf die Interstate, die man zum Oregon Trail Interpretive Center abgefahren ist.

Ende des Ausflugs

*35 mi/56 km nach Verlassen von Baker City geht die Fahrt geradewegs in einen Canyon hinein, danach sind es nur noch wenige Meilen bis **La Grande**, der nächsten etwas größeren Stadt auf der Route (ca. 13.000 Einwohner). Da Campgrounds streckenweise rar sind, kann man bei Bedarf in La Grande auf dem nahe der Interstate gelegenen und mit allen Annehmlichkeiten ausgestatteten, jedoch recht nüchternen Wohnmobil-Campground **Rendezvous RV Resort** einkehren (2632 Bearco Loop, La Grande, Oregon 97850, von der I-84 die Abfahrt 261 in Richtung La Grande City nehmen, rechts auf den OR-82 abbiegen, dann links auf die Riddle Rd und wieder links auf den Bearco Loop, www.lagrandeonline.com/LaGrandeRendezvousRVResort). Eine naturnahere Unterkunft folgt nach La Grande (siehe unten).*

*8 mi/13 km nach La Grande ist kurz vor der Hilgard Junction die **Passhöhe der Blue Mountains** erreicht, auch wenn in diese Fahrtrichtung gar nicht mehr viel von Bergen zu sehen war. Man durchfährt Nadelbaumwald, es ist hügelig und man fühlt sich wie im Nordschwarzwald. 26 mi/42 km nach La Grande kann man idyllisch auf dem Campground der **Emigrant Springs State Heritage Area** übernachten*

 EMIGRANT SPRINGS STATE HERITAGE AREA CAMPGROUND

In der Nähe der Blue Mountains kann man auf diesem Campground nicht nur beschaulich campieren, sondern befindet sich dabei auch noch auf den Spuren der Siedler des Oregon Trail, für die die Gegend ebenfalls ein beliebter Reisestopp war. Der Park hat auch Full Hook-up-Plätze und ein sehr gutes Preis-Leistungs-Verhältnis.

Abfahrt 234 von der I-84, links halten, über die I-84 bis zum Park 65068 Old Oregon Trail Hwy, Meacham, OR 97859 1-541-983-2277 Reservierungen: 1-800-452-5687 Ganzj. (teilweise) Ja 19 32 Ja (in der Nähe) Ja Nein Strom, Wasser, Abwasser Nein $

Wer alles in allem noch ein Stückchen (24 mi/38 km) fahren kann, dem sei der KOA in Pendleton (siehe unten) empfohlen.

Ab 12 mi/19 km vor Pendleton geht die Fahrt hinab in die Ebene, das Hochplateau wird verlassen und die Landschaft ist flach so weit das Auge reicht. Die Höhenlage wird komplett verlassen und es geht – immer am Berghang entlang – abenteuerlich bergab.

! In diesem Teil Oregons ist das Benzin wieder billiger als in Idaho und Utah.

*Die nächste größere Stadt auf der Route ist **Pendleton**. Wer das letzte Mal im Bruneau Dunes State Park übernachtet hat, ist seitdem 282 mi/451 km gefahren. Dann wird es Zeit für eine Übernachtung. Bis Portland durchfahren (weitere 211 mi/337 km) ist für einen Tag ein sehr großes Pensum. Campgrounds sind an der I-84 jedoch nicht allzu zahlreich vorhanden. Deshalb bietet sich in der 17.000 Einwohner-Stadt Pendleton ein günstig gelegener KOA-Platz an.*

 PENDLETON KOA

Von der I-84 sehr schnell zu erreichen, aber nicht direkt an ihr gelegen, geht es auf diesem KOA-Platz recht ruhig zu. Die meisten Plätze dieses Betreibers liegen nah an Bahnlinien oder Einflugschneisen – in Pendleton kann man mit ganz ungestörter Nachtruhe rechnen und hat zudem noch einen herrlichen Blick über die weite Ebene. Zwar liegen die asphaltierten Plätze dicht beisammen, aber alles ist sehr sauber und gepflegt – für den reinen Übernachtungszweck vollkommen

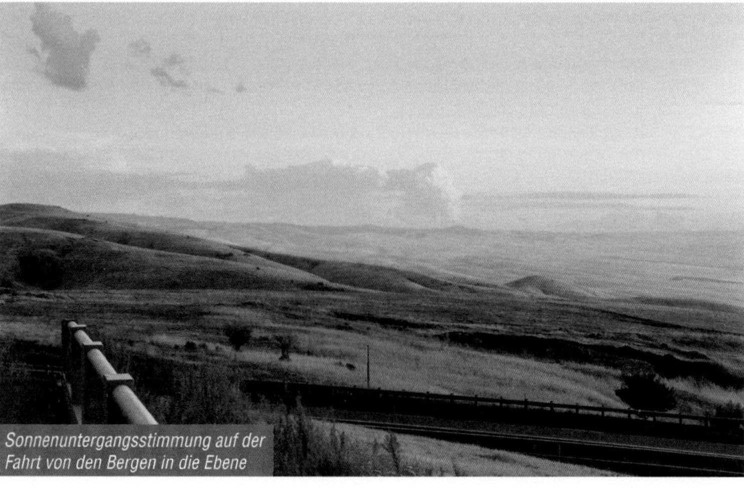

Sonnenuntergangsstimmung auf der Fahrt von den Bergen in die Ebene

Durch eine inzwischen wieder spektakuläre Landschaftskulisse windet sich ein Güterzug.

ausreichend. Wenn das Büro bei der Ankunft bereits geschlossen ist, sind die freien Plätze auf einer Tafel ausgeschrieben. Dann sucht man sich einen aus, wischt ihn von der Tafel und hinterlässt das Geld oder seine Kreditkartennummer in einem Briefumschlag.

Von der I-84 die Ausfahrt 210 nehmen, dann kurz in südliche Richtung über den OR-11, gleich danach rechts in die SE Nye Ave und dann links in die SE 3rd St. Der Park folgt rechterhand. 1375 SE 3rd St, Pendleton, OR 97801-4101 1-541-276-1041 1-800-562-7560 @ pndkoa@gmail.com http://koa.com/campgrounds/pendleton Ganzj. Ja 101 10 Ja Ja Ja Strom (30/50 Amp.), Wasser, Abwasser Ja $$-$$$

*Frisch gestärkt geht es in den direkten Landeanflug Richtung Küste und **Portland**, der größten Stadt des Bundestaates Oregon, wenn auch nicht dessen Hauptstadt. Die Landschaft schickt sich nun deutlich an, für die vorangegangene Strecke durch Idaho zu entschädigen. Erste malerische Abwechslung am Wegesrand ist der **Lake Umatilla** rechts der Straße, der vom **Columbia River** durchflossen wird. Der Fluss stößt kurz nach Pendelton aus nordöstlicher Richtung auf unsere Route und wird uns nun den kompletten Weg bis Portland begleiten – mal mehr, mal weniger sichtbar und in ständig wechselnder Breite.*

*Nach dem Lake Umatilla ist der Columbia River sehr breit, selbst fast wie ein See. Mit dem Auftauchen des Flusses geht ein abrupter Szenenwechsel vor sich. Es wird schluchtartig, sowohl am Flussufer als auch am Horizont tun sich die Wände des **Blalock Canyon** auf. Durch den Columbia River verläuft im Übrigen auch die Grenze zwischen den beiden Bundesstaaten Oregon und Washington – zumindest für den Streckenabschnitt, wenn der Fluss an der Interstate entlangfließt. Die Straße führt derweil entlang der linken Canyonwand.*

*Nach der nächsten Schlucht, **Philippi Canyon**, folgt die große Staumauer **John Day Damm**. 113 mi/181 km nach Pendleton weist ein Schild auf die **Columbia River National Scenic Area** hin. Hier beginnt eine Schlucht, die sich zwischen zwei Flussmündungen über das Gebiet des südlichen Washington und östlichen Oregon erstreckt. Später, kurz vor Portland, kann man die Route durch einen besonders schönen Teil dieser Schlucht verlegen.*

*Die Schlucht wird wieder etwas breiter, es folgt eine abwechslungsreiche Straßenführung, zum Teil über Brücken und Dämme. Am **Dalles Damm** kann man sehr anschaulich die Art der Stromgewinnung nachvollziehen. Danach registriert man für einen kurzen Moment eine deutlich dichtere Zivilisation, während im Hintergrund bei schönem Wetter und guter Sicht ein ganz berühmter Berg im südöstlichen*

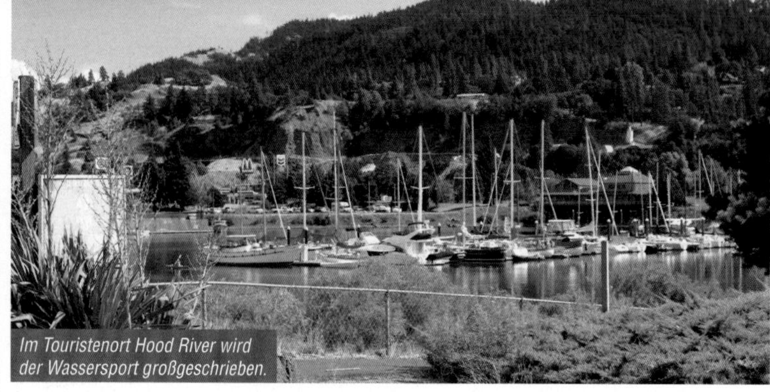
Im Touristenort Hood River wird der Wassersport großgeschrieben.

Blickfeld auftaucht: der Vulkan **Mount Hood**. *1810 ist er zuletzt ausgebrochen und im 20. Jahrhundert gab es noch aktive Dampfaustrittsstellen, weshalb er auch heute noch ständig überwacht wird. Seine Hänge sind von Gletschern überzogen, was ihm den durchgehenden Puderzuckerüberzug verleiht.*

Mit **Hood River** *ist ein Touristenort wie aus dem Bilderbuch erreicht. Ausgestattet mit einem Strand und diversen Wassersportmöglichkeiten kann man sich hier ein wenig die Zeit vertreiben. An Verleihstationen kann man Jetskis, Motorboote, Standup Paddles und Surfbretter mieten oder am Strand picknicken. Wenn man in Hood River die Brücke überquert (✪ $ 1 bzw. $ 2 für RVs) kann man ein Stück auf Washingtonseite an der Nordseite des Columbia Rivers und über den WA-14 (Lewis and Clark Highway) fahren. Nach 25 mi/40 km gelangt man über die* **Bridge of the Gods** *wieder auf Oregonseite zurück und zahlt hierfür noch einmal dieselbe Gebühr. Der WA-14 ist auf diesem Teilstück sehr malerisch und man begegnet kaum Mitfahrern. Die Landschaft ähnelt der des Rheintals (nur ein wenig wilder), man durchquert Felsvorsprünge durch Tunnel, die Straße ist kurvenreich und etwas hügelig. Ein wirkliches Highlight, das man unbedingt mitgenommen haben muss, ist der kleine Umweg für insgesamt $ 4 zwar nicht, aber sicherlich eine Abwechslung.*

Was man indes bei gutem Zeitbudget auf alle Fälle »mitnehmen« sollte, ist eine Fahrt in beliebiger Länge durch die **Columbia Gorge**. *Vor allem für Wasserfallfans ein absolutes Muss! Bei der* **Ausfahrt 35** *von der I-84 in* **Dodson** *geht es ab in die Schlucht.*

Alternativroute durch die Columbia River Gorge

Das Streckenstück, das im Folgenden anstelle der uninteressanten Interstate auf dem Oregon Scenic Byway **Historic Columbia River Highway (US-30)** *zurückgelegt wird, erstreckt sich von der gut ausgeschilderten Abfahrt in* **Dodson** *über 17 mi/27 km bis nach* **Corbett**, *wo man*

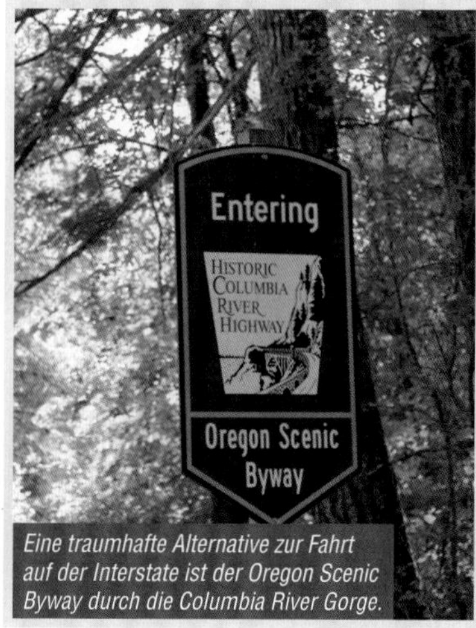

Eine traumhafte Alternative zur Fahrt auf der Interstate ist der Oregon Scenic Byway durch die Columbia River Gorge.

an der Auffahrt 22 wieder auf die Autobahn auffährt. Der Highway, der auf seiner ganzen Länge von Portland bis Hood River führt, wurde 1916 eröffnet.

Die Columbia River Gorge bietet die größte Konzentration hoher Wasserfälle in Nordamerika. Fünf Wasserfälle, die sich über die Wände der Schlucht hinabstürzen, befinden sich fast direkt am Straßenrand, einige weitere können über kurze Wege erwandert werden. An den Haltepunkten direkt am Highway herrscht ein unglaublicher Andrang, sodass man mitunter sehr weit weg von der Attraktion parkt. Wem das ein zu hohes Aufkommen ist, kann die Schlucht an den zahlreichen Picknickplätzen oder über die Wanderwege genießen. Neben den zahlreichen Wasserfällen ist die Strecke charakterisiert durch dichtes Waldgebiet – auch an heißen Tagen ist es hier schattig und angenehm kühl.

Erster Wasserfall am Weg sind die **Horsetail Falls**, ein ganz besonderer Vertreter seiner Sorte: Er stürzt frei über die Felskante und verliert dabei den Kontakt zum felsigen Untergrund. Der 2,6 mi/4 km lange und steile Horsetail Falls Trail (186 m) führt hinter die Upper Horsetail Falls und weiter zu Aussichtspunkten über den Columbia River. Man braucht für die Wanderung insgesamt ungefähr eineinhalb Stunden. Informationstafeln über Wasserfall und Wanderweg findet man an der Straße beim Wasserfall.

Der Star unter den Wasserfällen ist sicherlich der übernächste auf der Strecke: Die **Multnomah Falls** sind so eindrucksvoll wie von Besuchern überlaufen (etwa zwei Millionen Besucher jährlich!). Die Fälle stürzen sich aus 190 Metern Höhe in die Tiefe. Es gibt einen unteren Aussichtspunkt und auf etwa einem Drittel der Höhe eine Brücke, zu der man durch den Wald wandern kann und dann über einer Kaskade des Wasserfalls steht. Rund um den unteren Aussichtspunkt herrscht Jahrmarkstimmung. Neben einem sehr schönen, aber wenig beachteten Visitor Center werden gebrannte Mandeln und Donuts verkauft und es gibt einen Imbiss. Mit dem Wohnmobil ist das Rangieren und Ergattern eines Parkplatzes in der ohnehin engen Schlucht – vor allem an Wochenenden – eine Herausforderung.

Aus imposanten 190 Metern Höhe stürzen sich die Mutnomah Falls in die Tiefe.

Es folgen die **Wahkeena Falls** und die **Bridal Falls** – wer der Wasserfälle überdrüssig ist, kann hier über die Ausfahrt 28 wieder zurück auf die I-84 fahren.

Auch Wohnmobilfahrer sollten sich nun von der zunehmend engen Schlucht verabschieden, denn jetzt wird es nicht nur in Kurvenbereichen problematisch.

Alle anderen Reisenden können nach den beiden Wasserfällen **Shepperds Dell** und **Latourell Falls** den wunderschönen Aussichtspunkt **Crown Point Vista House** ansteuern. Kurvenreich führt die enge Straße auf den 220 Meter hoch gelegenen **Crown Point Rock**, auf dem 1916 die Einweihung des Highways US-30 stattgefunden hat und sich heute noch der Rundbau aus Sandstein befindet, das **Vista House**. Spektakulär ist die Aussicht von hier auf den Columbia River und seine Schlucht. Es folgt ein nicht minder schöner Viewpoint, der **Women's Forum Overlook**, von dem aus man das eben noch besuchte Vista House noch zusätzlich im Panoramablick hat.

Danach wird es Zeit für die Rückkehr auf die Interstate und die letzten Kilometer bis Portland, dem nächsten Etappenziel auf der Route. Die Abfahrt 22 in Corbett führt zurück auf die Hauptroute.

Ende der Alternativroute

*An der Abfahrt 22 in **Corbett** treffen Reisende von Haupt- und Alternativroute wieder zusammen. Ab hier sind es noch 23 mi/36 km bis in die Innenstadt von Portland. Es folgt ein nicht besonders aufsehenerregender letzter Abschnitt auf der I-84. Die Gegend wird nun – in Anbetracht der nahen Großstadt – deutlich städtisch. Das Benzin ist im Vergleich zu Pendleton wieder merklich teurer.*

PORTLAND

		Portland	Stuttgart
	Stadt	609.500	600.000
	Metropolregion	2.300.000	5.300.000
	pro km²	1.619	2.893
	km²	376,5	207,4
	über NN	15 m	247 m
	mm	922	665
	°C	22,8	19,8
	°C	11,3	6,3
	Boise		433 mi/ 693 km
	Seattle		173 mi/ 277 km

Eine hohe Lebensqualität wird Portland – ebenso wie Seattle – attestiert. Woran mag es liegen? An der schönen Lage direkt am **Willamette River** und nur 63 mi/100 km von der Küste entfernt? An den zahlreichen Grünanlagen und Parks? Den Mikrobrauereien, die über die ganze Stadt verteilt sind und als Privatbrauereien nur kleine, aber feine Mengen Bier produzieren? Oder dem milden Klima mit zwar hohen Niederschlägen, aber warmen Sommermonaten und milden Wintern? Es ist sicherlich von allem ein bisschen etwas, jedoch vermisst man eines: den Charme, den die berühmtere Nachbarstadt Seattle im Norden versprüht, mit der man Portland unwillkürlich ständig vergleicht.

Portland wurde 1844 als Etappe auf einer Kanuroute gegründet, die zwischen dem südlichen Oregon City und dem (US-amerikanischen) Vancouver am Columbia River entlangführte. Beide Städte waren Handelsposten. Das heutige Portland, geschickt an der Mündung des Willamette River in den Columbia River gelegen, war damals nicht mehr als eine Lichtung, die »Clearing« genannt wurde. 1833 kam die Eisenbahn – wie so oft veränderte das vieles. Im Jahr 1851 entschieden zwei Siedler von der Ostküste, die Siedlung zu einer Stadt auszubauen. Der eine Siedler kam aus Portland/Maine, der andere aus Boston/Massachusetts. Beide bestanden bei der Namensgebung der frisch geborenen Stadt auf dem jeweiligen Namen ihrer Herkunftsstadt. Da sie sich nicht einigen konnten, warfen sie eine Münze. Der Siedler aus Portland/Maine gewann. Zur Jahrhundertwende hatte Portland bereits 80.000 Einwohner und war zur wichtigsten Stadt zwischen San Francisco und Seattle geworden. Als jedoch die Häfen von Vancouver und Seattle Anfang des 20. Jahrhunderts ausgebaut wurden, geriet Portland ins Abseits.

Zwar kam der wirtschaftliche Aufschwung bis in die 80er-Jahre des 20. Jahrhunderts ins Stocken, in dieser Zeit wurden jedoch keine alten Häuser abgerissen und keine Unmengen von neuen Straßen gebaut. So wurde eine behutsame Wachstumspolitik betrieben, wurden historische Gebäude wiederbelebt und Parkanlagen geschaffen. Der 1907 errichtete **International Rose Test Garden** (▶Seite 343) schließlich hat Portland zu seinem heutigen Spitznamen verholfen: City of Roses. Nicht nur dieser älteste Rosengarten Nordamerikas zeichnet Portland aus, sondern auch die Tatsache, dass sich mit »**Powell's City of Books**« der größte Buchladen der USA in Portland befindet, die Kupferstatue »**Portlandia**« die zweitgrößte nach der Freiheitsstatue ist (zu finden beim Portland Public Service Building in der 1120 SW 5th Ave) und **Nike** als größter Sportartikelhersteller der Welt seinen Firmensitz in der Stadt hat. Da Portland zudem auch sehr fahrradfreundlich ist, wurde der Spitzname erweitert zu der schönen Alliteration »**City of Books, Beers, Bikes and Blooms**«.

Die Skyline von Portland mit einer von vielen Brücken über den Willamette River

Die Stadt ist hügelig und erinnert an San Francisco. Sie hat eine vielseitige Kulturszene mit Museen, Bühnen und Musikclubs. Es gibt eine europäisch anmutende Downtown, die im Vergleich zu anderen amerikanischen Innenstadtbereichen überschaubar ist und – das ist das eigentlich Überraschende – über eine Fußgängerzone (»Mall« genannt) verfügt. Sie befindet sich zwischen der 5th und 6th Avenue und wird begrenzt vom Pioneer Courthouse Square als Zentrum Downtowns und der Jefferson Street. Der zentrale Platz ist vor allem Veranstaltungsort diverser Events und man findet zahlreiche Shops, Modeboutiquen, Kaufhäuser und Restaurants um den Platz herum und in der angeschlossenen Fußgängerzone. In der Innenstadt ist alles bequem zu Fuß erreichbar, ansonsten steht ein gut ausgebautes Straßenbahn- und Busnetz zur Verfügung, um auch in die äußeren Stadtbereiche zu gelangen (▶Seite 338).

Portland liegt eigentlich nicht unmittelbar auf dem Weg von Salt Lake City nach Seattle beziehungsweise zum Mount Rainier. Es ist ein Abstecher von 92 mi/147 km Länge im Vergleich zur direkten Route Salt Lake City-Seattle, die westlich von Pendleton über die I-82 und I-90 geführt hätte. Wenn auch die Stadt kein absolutes Muss auf der Route ist, so beeinflusst ein Faktor die Entscheidung, den kleinen Umweg in Kauf zu nehmen: Portland (beziehungsweise Oregon) hat keine Umsatzsteuer. Es gibt nur fünf Staaten in den USA, die **keine Umsatzsteuer** erheben: Das sind neben Oregon Alaska, Delaware, Montana und New Hampshire. Das ist einer der Gründe, warum namhafte Unternehmen rund um Portland ihren Sitz haben, denn dadurch haben sie einen wirtschaftlichen Vorteil. Für europäische Touristen bedeutet diese Tatsache vor allem eines: **Shoppen** zu Top-Preisen nach Lust und Laune! Bei allen Waren und Dienstleistungen, die nichts mit dem Fremdenverkehr zu tun haben, wird beim Bezahlen keine Sales Tax aufgeschlagen – der auf Preisschildern ausgewiesene Preis ist der finale Kaufpreis. Die Befreiung von der Umsatzsteuer gilt jedoch nicht für Hotels, Campgrounds und andere touristische Bereiche. Da Portland die größte Stadt Oregons ist, bietet es sich an, sich in dieser Stadt ins Shoppingvergnügen zu stürzen. Ein paar Highlights sollte man aber, auch zur Erholung vom Einkaufsstress, dennoch gesehen haben – nachfolgend ist eine kleine Auswahl an Sehenswürdigkeiten angeführt. Wer mehr Zeit in Portland verbringen möchte beziehungsweise keinen Shoppingmarathon plant, sollte sich mit einem zusätzlichen, detaillierten Städteführer für Portland ausrüsten (▶Seite 403).

Zentrales Bauwerk am Pioneer Courthouse Square ist das gleichnamige Gerichtsgebäude.

Für einen umfassenden Überblick über Portland empfiehlt sich der Stadtrundgang »**Best of Portland Walking Tours**«. Informationen, auch zu weiteren Touren, erhält man im Internet unter www.portlandwalkingtours.com oder am Telefon 1-503-774-4522. Im Visitor Center kann man sich für die Touren anmelden.

TRAVEL PORTLAND VISITOR INFORMATION CENTER

Das Visitor Center befindet sich zentral gelegen am Pioneer Courthouse Square. Dort kann man sich über Sehenswürdigkeiten und Veranstaltungen in Portland informieren, erhält Tipps zu den besten Shoppingzielen und Straßenkarten der Stadt.

Über die I-84 Richtung Stadt fahren, links auf die I-5 (Richtung City Center), dann rechts über die Morrison Bridge über den Willamette River. Dann in einem großen Rechtsbogen auf den SW Naito Pkwy in Richtung Naito und gleich wieder rechts auf SW Taylor St. Nach 0,3 mi/0,5 km rechts auf die SW 6th Ave. 701 SW 6th Ave, Portland, OR 97204 Pioneer Courthouse/ SW 6th Ave MAX Station 1-503-275-8355 1-877-678-5263 www.travelportland.com Mo.–Fr. 8.30–17.30 h, Sa. 10–16 h, So. (nur Mai–Okt.) 10–14 h

Orientieren

Downtown beziehungsweise der zentrale Pioneer Courthouse Square ist der Ausgangspunkt für die Unternehmungen in der Innenstadt. Man steuert zunächst über die I-84 die Stadt an und überquert dann auf einer der acht Brücken den Willamette River (hierzu befährt man ein kurzes Stück die von Süd nach Nord parallel zum Flussufer verlaufende I-5 in nördliche Richtung). Downtown mit den schachbrettartig angeordneten Straßen liegt eingebettet zwischen dem Fluss im Osten und der **I-405** im Westen.

Die unten vorgeschlagenen Attraktionen befinden sich im Bereich Downtown. Der **Washington Park** mit seinen verschiedenen Gärten liegt westlich der Innenstadt und der I-405.

Es sind mehrere große Parkplätze rund um die Innenstadt vorhanden ($ 4–5 pro Std.), man kann am Straßenrand sein Fahrzeug abstellen (ca. $ 1,60 pro Std.) oder eines der zahlreichen Parkhäuser anfahren. Die Preise hierfür sind $ 3 für die erste und $ 5 für jede zusätzliche Stunde (maximal $ 16 für einen ganzen Tag).

► Öffentlicher Personennahverkehr

Der Verkehrsbetrieb **TriMet** versorgt mit **MAX Light Rail Service** und **Portland**

Streetcar die Innenstadt und die Stadtteile mit einem flächendeckenden Schienennetz. Auf fünf Linien (blaue, grüne, rote, orangefarbene und gelbe Linie) bedient die Straßenbahn 87 Stationen in der Metropolregion von Portland. An den Haltestellen Pioneer Courthouse Square und Rose Quarter befinden sich Knotenpunkte aller vier Linien, hier bestehen Umsteigmöglichkeiten. TriMet betreibt außerdem diverse Buslinien, manche davon sind an das Straßenbahnnetz angeknüpft.
Informationen und Fahrpläne: http://trimet.org/max Tagespass: Erw. $ 5, Kinder (7–17 J.) $ 2,50, Einzelfahrt: Erw. $ 2,50, Kinder $ 1,25

Versorgen und einkaufen

Dies ist in Anbetracht der fehlenden Umsatzsteuer in der Stadt natürlich ein großes Kapitel. Hier steht demnach nicht die Grundversorgung auf dem Programm, sondern Waren, bei denen sich ein Großeinkauf richtig lohnt – wie zum Beispiel Kleidung und Schuhe, Sportausrüstung oder elektronische Geräte.

Passenderweise befindet sich in Portland die größte Mall Oregons, das **Lloyd Center**. 200 Shops sind darin untergebracht und es gibt nichts, was man nicht findet. Markenkleidung aller namhafter Hersteller, Elektronik-Fachgeräte, Handy-Shops , Schuhläden und Juweliere – es ist alles an einem Ort vorhanden. Wer genug eingekauft hat, kann eines der 18 Kinos besuchen, in einem der ebenso zahlreichen Restaurants speisen oder – ein ganz besonderes Event im Sommer – ein paar Runden auf Schlittschuhen auf der Indoor-Eisfläche drehen. Das gigantisch große Einkaufszentrum hat ein Parkhaus und einen großen, Wohnmobil-tauglichen Parkplatz.
I-84 Ausfahrt 1 Richtung Lloyd Center auf die 13th Ave, dann rechts auf NE Multnomah St, rechts ab zum Center 2201 Lloyd Center, Portland, OR 97232 MAX Haltestelle Lloyd Center www.lloydcenter.com Mo.-Sa. 10–21 h, So. 11–18 h

Da der Sportartikelhersteller **Nike** seinen Firmensitz in Portland hat, ist es fast logisch, dass es auch ein Outlet gibt. Im **Portland Factory Store** gibt es Nike-Produkte zu reduzierten Preisen, und Männer, Damen und Kinder finden jeweils das gesamte Sortiment des Herstellers.
Wie Lloyd Center, danach nach Westen weiter auf der NE Multnomah bis NE Grand Ave, auf dieser nach Norden, sie wird zum NE Martin Luther King Jr Blvd 2650 NE Martin Luther Grande Ave, Portland, OR 97212 NE M L King & Knott www.nike.com/us/en_us/c/sl/factory-store Fabrikverkauf Mo.-Sa 10–20 h, So. 11–18 h

Eine Buchhandlung der absolut besonderen Art ist **Powell's City of Books**. Der Laden trägt den Namen »City of Books« zu Recht, denn er nimmt einen ganzen Häuserblock ein. Hier befindet sich das Flaggschiff dieser größten, unabhängigen Buchhandelskette der Welt (mit weiteren Zweigstellen in Portland). Und dass man eine Karte zur Orientierung braucht, um sich in dem Laden zurechtzufinden, ist nicht nur so dahergesagt – die gibt es im Laden nämlich wirklich! Bei Powell's werden sowohl neue als auch gebrauchte (auch antiquarische) Bücher verkauft. Nicht nur für Leseratten ist der Besuch ein Erlebnis. Im zugehörigen Anne Hughes Coffee Room kann man bei einem Kaffee ausruhen und in den neu erworbenen Büchern schmökern.
Abfahrt 1 von der I-84 Richtung Lloyd Center, links auf die NE Multnomah St und dann links auf den NE Martin Luther King Jr Blvd abbiegen. Von diesem rechts ab auf die E Burnside St 1005 W Burnside St, Portland, OR 97209 W Burnside SW 10th 1-503-228-4651 www.powells.com Tägl. 9–23 h

Wer mit Kleidern, Büchern und Sportschuhen eingedeckt ist und noch Lust auf Kunsthandwerk hat, dem sei der **Portland Saturday Market** (der auch sonntags stattfindet) ans Herz gelegt; er ist zwischen dem Waterfront Park und dem Naito Parkway von der Burnside Bridge/1st Avenue bis Chinatown aufgebaut. Der Markt findet von März bis Weihnachten an den Samstagen von 10 bis 17 Uhr statt, sonntags von 11 bis 18.30 Uhr. An über 300 Ständen wird regionales Kunsthandwerk angeboten, dazwischen gibt es aber auch jede Menge touristischen Kitsch und Souvenirs. Die nächstgelegene MAX-Haltestelle ist Skidmore Fountain Station.

Essen und trinken

Voodoo Doughnut – der Name sagt schon alles. Der Laden selbst bezeichnet sein Süßgebäck als »Avant-garde Doughnuts«. Das ist schmeichelhaft für beispielsweise einen Donut mit Schokoladenüberzug und gebratenem Speck obendrauf. Auf der Internetseite kann man sich ein Bild von den weiteren Absonderlichkeiten machen, die in diesem Laden angeboten werden. Natürlich gibt es aber auch ganz normale Donuts, die Auswahl insgesamt ist riesengroß. Zweimal gibt es Voodoo Doughnut in Portland:

Von der I-84 auf die I-5 Richtung Seattle wechseln, rechts halten und auf die NE 1st Ave Richtung Convention Center/Rose Quarter. Dann links auf die NE Multnomah St, halb links auf die N Multnomah S und weiter über die Steel Brg, der Straßenname ändert sich danach in NW Glisan St. Dann links auf die NW 3rd Ave. Abfahrt 1 von der I-84 in Richtung Lloyd Center, links abbiegen auf die NE 12th Ave und links auf die NE Davis St
22 SW 3rd Ave, Portland, OR 97013 & 1501 NE Davis St, Portland, OR 97029 NW Everett & 14th
1-503-241-4704 & 1-503-235-2666
http://voodoodoughnut.com Tägl. 24 Std.

Schmackhaft und originell wird im Restaurant **Park Kitchen** gekocht. Die Gäste schauen bei der Zubereitung zu, die regionale Küche hat einen mediterranen Einschlag. Dazu gibt es Portland-Biere. Das Restaurant befindet sich im Stadtteil Pearl.
Von der I-84 auf die I-5 Richtung Seattle wechseln, rechts halten und auf die NE 1st Ave Richtung Convention Center/Rose Quarter. Dann links auf die NE Multnomah St, halb links auf die N Multnomah S und weiter über die Steel Brg, der

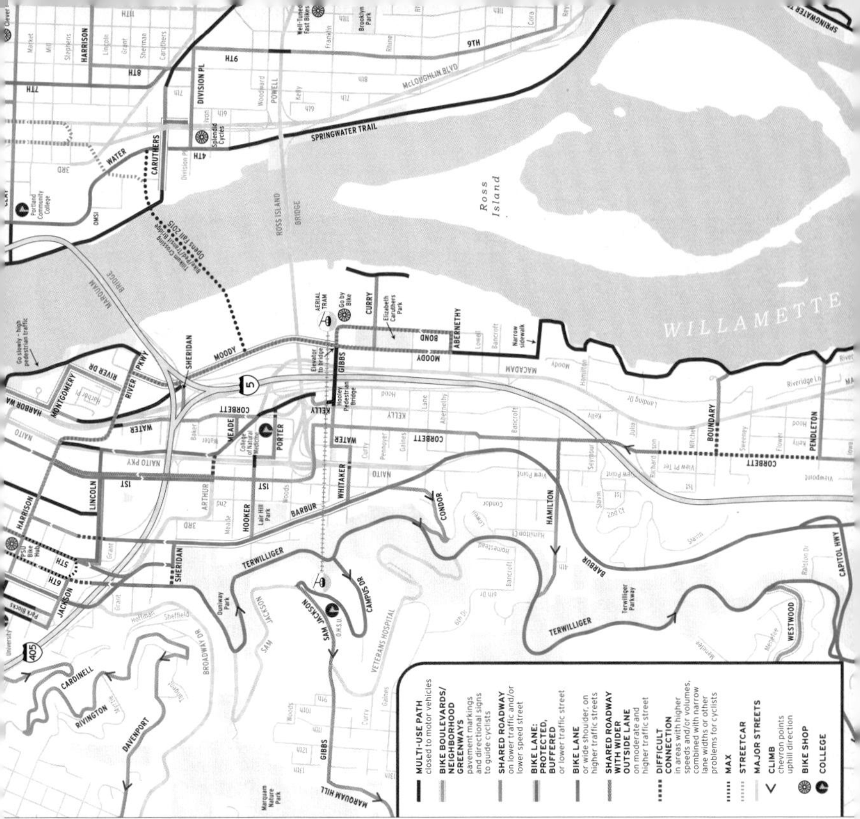

Straßenname ändert sich danach in NW Glisan St. Dann links auf die NW 8th Ave ✉ 422 NW 8th Ave, Portland, OR 97209 Ⓗ Union Station/NW 5th & Glisan MAX Stn ☎ 1-503-223-7275 www. parkkitchen.com ⏱ Dinner 17–21 h

Das Nachtleben in Portland kann sich sehen lassen. Da es Mikrobrauereien wie den sprichwörtlichen Sand am Meer gibt, kann die Qual der Wahl schwer sein – dann bietet es sich an, einfach bei Portlands ältester Kleinbrauerei **MacTarnahan's Brewing Company** vorbeizuschauen. Auch originelle Biersorten wie Oregon Honey Beer oder Black Watch Cream Porter werden angeboten und es gibt Kleinigkeiten zu essen.

Von der I-84 auf die I-5 Richtung Seattle wechseln, bis Abfahrt 302B Richtung St. Helens auf die I-405, von dieser Abfahrt 3 auf den Lower Columbia River Hwy nehmen, dann links auf die NW Nicolai St, rechts auf die NW 26th Ave, der Straßenname ändert sich in NW Industrial St, von dieser rechts abbiegen auf die NW 31st Ave ✉ 2730 NW 31st Ave, Portland, OR 97210 Ⓗ NW 29th & Industrial ☎ 1-503-226-7623 www.portlandbrewing.com ⏱ Mo. 11–21 h, Di.-Do. 11–22 h, Fr. 11–23 h, Sa. 12–23 h, So 12–21 h

Wer Kino und Brauerei verbinden möchte, sollte es mal mit einem der **Movie Brewpubs** probieren. In bequeme Sofas gefläzt kann man einen Kinofilm, etwas Herzhaftes zu essen und hausgebrautes Bier miteinander kombinieren. Ein aktueller Film kostet nur $ 3. Auch hier ist das Angebot groß, sodass es sinnvoll ist, beim Begründer dieses Konzepts vorbeizuschauen. Das ist **McMenamins**, er führt drei solcher Einrichtungen:

Auf einer Länge von zwei Kilometern kann man am Fluss entlang flanieren.

Kennedy School

5736 NE 33rd Ave, Portland, OR 97211
1-503-249-3983 www.mcmenamins.com/KennedySchool

The Mission

1624 NW Glisan St, Portland, OR 97209
1-503-223-4527 http://missiontheaterpdx.com

The Bagdad

3702 SE Hawthorne Blvd, Portland, OR 97214
1-503-467-7521 www.mcmenamins.com/Bagdad

Highlights

► Tom McCall Waterfront Park

Es ist eine etwa 1,2 mi/2 km lange Promenade entlang des **Willamette River** und am Rande der Downtown gelegen (etwa zehn Minuten zu Fuß vom Pioneer Courthouse Square entfernt). Sie wird begrenzt vom River Place im Süden, der Steel Bridge im Norden, im Westen verläuft der Naito Parkway und im Osten der Willamette River. Viele Einheimische sind hier, vor allem am Wochenende, aber auch Berufstätige genießen in der Mittagspause (vor allem zwischen 11 und 13 Uhr) oder nach Feierabend den Blick auf den Fluss fernab von Verkehrslärm. Acht Brücken über den Willamette River sind vom Waterfront Park aus auf einen Blick sichtbar! Es gibt eine Bootsanlegestelle, an der man Tickets für Ausflugsfahrten kaufen kann (die Jetboat-Touren starten auf der anderen Flussseite).

Man kann hier entlang flanieren und den wild auf dem Fluss herumwirbelnden Jetboats zuschauen und dabei ein Picknick einnehmen. Viele Festivals finden auf dem Parkgelände statt, unter anderem das berühmte **Portland Rose Festival** Ende Mai/Anfang Juni. Benannt wurde die Flusspromenade nach dem Gouverneur Tom McCall, der sich um die Verschönerung des Westufers des Willamette River verdient gemacht hat.

Innerhalb des Waterfront Parks gibt es einen weiteren Park, den Mills End Park. Wer hier eine ausgedehnte Parkfläche erwartet, wundert sich. Der »Park« hat gerade mal einen Durchmesser von 60 Zentimetern, was ihm einen Eintrag ins Guinness Buch der Rekorde eingebracht hat. Der Mills Ende Park befindet sich an der Ecke Naito Parkway/SW Taylor Street.

Naito Pkwy zwischen SW Harrison St & NW Glisan St, Portland, OR 97204 1-503-823-7529 5–24 h

► Portland Aerial Tram

Sehr futuristisch sehen die Gondeln dieser Seilbahn aus, die vor allem zum Ziel hat, die Stadtviertel Portlands an den

Fluss Willamette River anzubinden. Die Seilbahn transportiert die Fahrgäste aus dem Bereich **South Waterfront District** nach oben auf den **Marquam Hill**, von wo aus man - bei schönem Wetter und guter Sicht - den Mount St. Helens und den Mount Hood sehen kann - aber natürlich auch den Blick über Portland schweifen lassen kann. An der »Bergstation« befindet sich die Oregon Health and Science University, die sowohl im Bereich South Waterfront als auch auf dem Marquam Hill ein Universitäts- und Klinikviertel betreibt.

Man kann alle sechs Minuten bergauf gondeln, eine Fahrt dauert etwa vier Minuten. Da viele Beschäftigte und Studenten der Health and Service University die Luftseilbahn für die Anfahrt zur Arbeitsstätte nutzen, dient die Seilbahn primär als Verkehrsmittel des Öffentlichen Personennahverkehrs. Sie wurde 2006 in Betrieb genommen und 2007 für das allgemeine Publikum eröffnet.

Über die I-84 und die I-5 nach Portland, dann der Beschilderung South Waterfront folgen 3303 SW Bond Ave (Talstation), Portland, OR 97239 Moody & Gibbs (Bus und Straßenbahn) www.gobytram.com Mo.-Fr. 5.30-21.30 h, Sa. 9-17 h, So. (Mai-Labor Day) 13-17 h Erw. & Kinder (ab 6 J.) $ 4,35 (Hin- und Rückfahrt)

► Washington Park

Der Washington Park ist ein Konglomerat vieler Parks und kann durchaus einen ganztägigen Besuch rechtfertigen. Im südlichen Teil des Parkgeländes befindet sich beispielsweise der **Oregon Zoo**. Es ist Portlands erster Zoo, der mit einem Grizzlybären und einem Braunbären und ein paar Tieren seefahrender Freunde begonnen hat.

4001 SW Canyon Rd, Portland, OR 97221 1-503-226-1561 www.oregonzoo.org Mai-Sep. tägl. 8-18 h, Sep.-Mai 9-16 h Erw. $ 11,50, Kinder (3-11 J.) $ 8,50, Sen. (ab 65 J.) $ 10

Nebenan befinden sich das **Portland Children's Museum** und das **World Forestry Center**. Diese drei Ziele im Park sind direkt an das MAX-Netz mit einer eigenen Haltestelle angeschlossen (Washington Park), wenn man eine Bahn der Red Line Richtung Beaverton nimmt.

Mit einer Gondel der Aerial Tram kann man sich über die Dächer Portlands transportieren lassen.

Portland Children's Museum

4015 SW Canyon Rd, Portland, OR 97221 www.portlandcm.org Tägl. 9-17 h Erw. & Kinder (1-54 J.) $ 10, Sen. (ab 55 J.) $ 9

Wild Forestry Center

4033 SW Canyon Rd, Portland, OR 97221 www.worldforestry.org Okt.-Memorial Day Di. & Do. geschlossen, sonst: 10-17 h Erw. $ 9, Kinder (3-18 J.) $ 6, Sen. (ab 62 J.) $ 8

Freien Eintritt erhält man beim **Hoyt Arboretum** in der Mitte des Parkgeländes. 8.000 Bäume aus aller Welt sind ganzjährig zu bewundern.

4000 SW Fairview Blvd, Portland, OR 97221 www.hoytarboretum.org tägl. 5-21.30 h

Es folgt nördlich des Arboretums der **Japanese Garden**, bestehend aus fünf verschiedenartig angelegten Gärten auf einer Fläche von zwei Hektar.

611 SW Kingston Ave, Portland, OR 07205 1-503-223-1321 www.japanesegarden.com Mitte Mrz.-Ende Sep. Mo. 12-19 h, Di. -So. 10-19 h; Anf. Okt.-Mitte Mrz. Mo. 12-16 h, Di.-So 10-16 h Erw. $ 9,50, Kinder/Jugendl. (6-17 J.) & Sen. (ab 65 J.) $ 7,75

Östlich an den Japanese Garden schließt das Highlight des Washington Parks an: der **International Rose Test Garden**, seit 1940 offizieller Testgarten der All

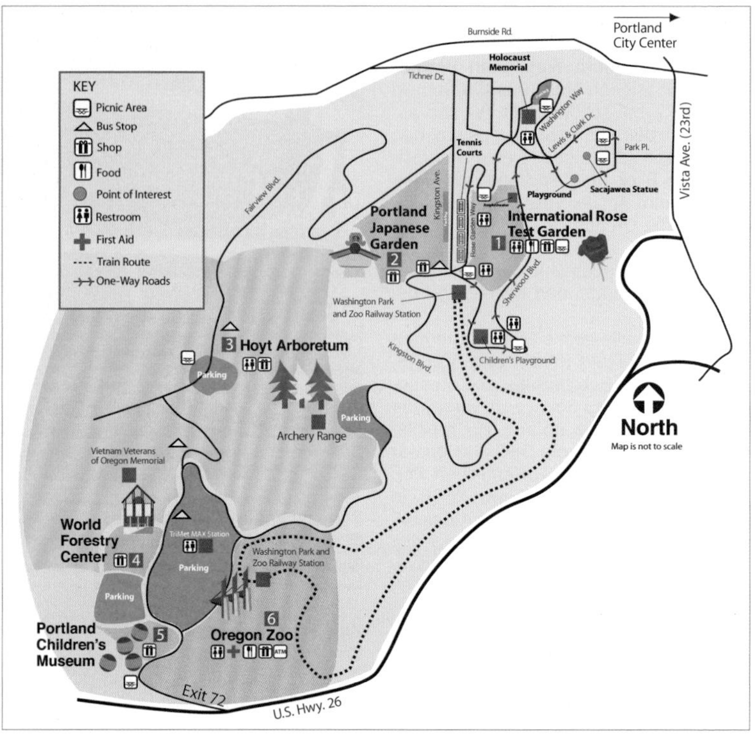

American Rose Selection. Rosen in allen Farben und Variationen erfreuen das Auge – es gibt mehr als 8.000 Pflanzen und über 600 verschiedene Arten! Der Duft an einem lauen Sommerabend ist unbeschreiblich und man kann die Seele baumeln lassen, während man durch das herrlich angelegte Blütenmeer flaniert. Von hier aus hat man schöne Blicke auf Portland und mit etwas Glück auch auf Mount Hood und Mount St. Helens.

Mitte November werden die Rosen zurückgeschnitten und blühen erst im Frühsommer wieder!

400 SW Kingston Ave, Portland, OR 97204
Ganzj. 7:30–21 h, geführte, kostenlose Touren Memorial Day–Labor Day tägl. 13 h *Frei*

Rose Test Garden liegt am nordöstlichsten Zipfel des Parks zwischen der Burnside Road und der Vista Avenue. Mit der Straßenbahn kann man bis Washington Park fahren und dann einen idyllischen Spaziergang durch den Park unternehmen, der teilweise wie durch den Dschungel führt. Der Weg führt über den **Viewpoint Trail** an einem Aussichtspunkt vorbei, von dem aus man auf Portland blicken kann. Die Straßenbahn fährt unterirdisch durch den Washington Park hindurch, der Ausstieg befindet sich an der tiefsten Stelle des Tunnels – kein anderer Tunnel in Nordamerika hat einen so tiefen Ausstieg.

Alternativ fährt man bis zur Haltestelle Goose Valley und läuft dann durch ein Wohngebiet über die Salmon Street hinauf zu den Rosengärten oder nimmt den Bus 83 dorthin (innerhalb des Parkgeländes verkehrt der Bus 63). Auf dem Gelände gibt es bei den einzelnen Bereichen mehrere Parkplätze.

Blick vom Rosengarten auf Portland

Zwischen den verschiedenen Parkbereichen befinden sich immer wieder Denkmäler, ein Spielplatz, Statuen und Aussichtpunkte, zudem viele, gut ausgeschilderte Wanderwege. Washington Park ist der berühmteste, beliebteste und größte Park der Stadt und einer der ältesten. Er ist mit seiner fast 500 Hektar großen Fläche eingerahmt von der West Burnside Road und dem Sunside Highway und liegt auf einem Höhenzug westlich von Downtown.

Washington Park 5–22 h Kein Gesamteintritt, nur in einzelne Bereiche (siehe oben)

Übernachten

Double Tree by Hilton Portland

Der große Hotelkomplex mit den beiden Hoteltürmen hat einen entscheidenden Vorteil: Von ganz oben kann man sowohl die Downtown Portlands überblicken als auch den Mount St. Helens und den Mount Hood sehen. Das gut gelegene Hotel im Nordosten von Downtown bietet moderne, frisch renovierte Zimmer und Suiten. Es gibt einen Außenpool, einen Fitnessraum und einen Waschsalon im Haus. In den Zimmern bekommt man auf Wunsch Kühlschrank und/oder Mikrowelle. Das Auto kann man am Hotel stehenlassen ($ 20 pro Nacht von Sonntag bis Donnerstag und $ 10 für Freitag und Samstag), denn der Straßenbahnanschluss befindet sich fast direkt vor der Tür.

*Von der I-84 Richtung Portland die Abfahrt 1 Richtung Lloyd Center nehmen (NE 13th Ave), dann links auf die Multnomah St und nach dem Holladay Park links in die 11th Ave abbiegen. Das Hotel befindet sich rechterhand. 1000 NE Multnomah St, Portland, OR 97232 Lloyd Center/NE 11th Ave 1-503-281-6111 info@portlanddoubletree.com www.doubletreeportland.com Ja Ja, kostenpflichtig Ganzj. **–****

Hotel Modera

Das Boutique-Hotel ist schick und obendrein mitten in Downtown gelegen. Es ist gepflegt und modern und hat ein wunderschönes Ambiente – zum Beispiel ist die stimmungsvolle Longe im Innenhof herrlich geeignet, um an schönen Sommerabenden am offenen Feuer einen Cocktail zu trinken. Zimmer und Suiten sind sehr stilvoll eingerichtet. Zu Fuß erreicht man die meisten Attraktionen in Downtown, ansonsten ist eine Straßenbahnhaltestelle fast direkt vor der Tür. Einziger Nachteil: Das Hotel bietet nur Valet Parking an und dieser Service ist sehr teuer ($ 30 pro Tag).

*Über die I-84 und die I-5 über die Morrison Bridge nach Downtown fahren. Direkt nach der Brücke auf den SW Naito Pkwy in südliche Richtung fahren, bis rechts die SW Clay St abzweigt. 515 SW Clay St, Portland, OR 97201 SW Market/5th 1-503-484-1084 1-877-484-1084 contact@hotelmodera.com www.hotelmodera.com Ja Ja Ganzj. ****

Portland Fairview RV Park

Aus Osten kommend liegt dieser Campground sehr praktisch auf dem direkten Weg nach Portland (etwa 15 mi/24 km vor Downtown). In unmittelbarer Nähe zum Campground wird Park & Ride angeboten – auf dem Parkplatz kann man auch ein Wohnmobil stehenlassen. Die Campground-Hosts geben gerne Auskunft.

Für einen stadtnahen Platz ist der Fairview RV Park in Ordnung. Es gibt neben vielen Dauercamper-Stellplätzen ein paar schöne Plätze mit etwas Privatsphäre, zum Beispiel die Plätze 10 bis 15 und 85/86. Ansonsten soll der Campground nur der reinen Übernachtung dienen. Es gibt einen Pool, einen Waschsalon und einen Fitnessraum. Der nahe Flughafen beschert allerdings Fluglärm bis in die Abendstunden.

Über die I-84 Richtung Portland bis Ausfahrt 14 Fairview Pkwy, dann wieder rechts auf NE Sandy Blvd 21401 NE Sandy Blvd, Portland, OR 97024 1-503-661-1047 1-877-777-1047 customerservice@portlandfairviewrv.com www.portlandfairviewrv.com Ganzj. Ja 407 Ja Ja Ja Strom (50 Amp.), Wasser, Abwasser Nein $$$

Jantzen Beach RV Park

Dieser Campingplatz liegt auf einer »Insel« des Columbia Rivers im Norden der Stadt – eignet sich also gut für die spätere Fahrtrichtung Seattle beziehungsweise Mount Rainier. Umgeben von gepflegten Grasflächen ist auch dieser RV Park ein stadtnaher Platz, der aber mit Bäumen und Grünflächen nicht das manchmal übliche Parkplatz-Ambiente ausstrahlt. Es gibt drei große Pools und einen Waschsalon. Downtown Portland ist ungefähr 7,5 mi/12 km entfernt.

Über die I-84 Richtung Portland fahren, bis die I-5 quert: Auf diese Richtung Seattle auffahren bis Ausfahrt 308, danach links auf den N Hayden Island abbiegen 1503 N Hayden Island Dr, Portland, OR 97217 1-503-289-7626 1-800-443-7248 mail@jbrv.com www.jantzenbeachrv.com Ganzj. Ja 180 Ja Ja Ja Strom, Wasser, Abwasser Ja $$

Unweigerlich neigt sich die Rundreise durch den Nordwesten der USA dem Ende entgegen. Wer sich entschlossen hat, die Route nicht in Salt Lake City zu beenden und demnach nach dem Stadtbesuch von Seattle nicht den Mount Rainier National Park besucht hat, darf sich jetzt noch auf ein absolutes Highlight freuen. Auch wenn es schwierig ist, bei dieser Reise »das Highlight« auszuloten, kommt man doch fast nicht umhin, dem Mount Rainier an dieser Stelle das Prädikat »das Beste kommt zum Schluss« zu verleihen.

Für die Fahrstrecke von Downtown Portland bis Seattle wären jetzt 174 mi/279 km unspektakuläre Fahrt bis nach Seattle zurückzulegen, das meiste davon auf der Autobahn. Zunächst bleiben beide Routenoptionen – mit und ohne Mount Rainier National Park – identisch. Von Downtown Portland aus geht es zurück auf die I-5, die auch fast die ganze Strecke nach Seattle führt. Der Columbia River wird überquert und damit erneut eine Staatengrenze: Wir sind zurück in ***Washington****, dem Ausgangs-Bundesstaat der Rundreise durch insgesamt sechs Staaten.*

Die Fahrt über die Interstate startet eintönig. Dann aber ist nach und nach alles nicht mehr so grau, rundherum wird es hügelig mit Nadelbaumbewuchs. Wenn der Ort ***Woodland*** *passiert ist, taucht linkerhand wieder der Columbia River auf. Da auch weiterhin die Staatengrenze durch den Fluss verläuft, befinden wir uns rechts des Flusses auf Washington-Seite, während links davon noch Oregon-Staatsgebiet ist. Auch wenn der Columbia River nah an der Interstate fließt, sieht man ihn nur selten – bis er schließlich nach* ***Carrolls*** *ganz gen Westen verschwindet. Die nächsten 78 mi/125 km sind wieder verhältnismäßig langweilig, dann biegen die Besucher des Mount Rainier National Park rechts ab auf den* ***US-12****, während alle anderen auf der I-5 bleiben, auf der später und weiter nördlich wieder alle Reisenden zusammentreffen.*

Alternativroute über den Mount Rainier National Park

Der Mount Rainier ist bereits ab der Interstate-Ausfahrt auf braunen Wegweisern ausgeschildert und deshalb kann man auf der Fahrt dorthin überhaupt nichts falsch machen. Es geht auf dem US-12 zunächst Richtung Morton und über den ***White Pass Scenic Byway****. Rundherum ist alles grün und ländlich und wirkt gut gepflegt – und das, obwohl gerade im Sommer alles wuchert und wächst, vor allem in diesen nicht gerade regenarmen Gefilden. Ganz allmählich nähern wir uns wieder der Bergwelt – seit langem das erste Mal wieder auf dieser Reise. Links linst ab und zu der schneebedeckte Berg durch die Bäume, der unser Ziel sein soll. Der* ***Mayfield Lake*** *wird überquert und kurz vor Morton taucht am rechten Fahrbahnrand der große* ***Riffle Lake*** *auf.*

In der typisch amerikanischen Kleinstadt ***Morton****, die immer noch deutlich ihren Schwerpunkt in der Holzverarbeitung hat, zweigt die Straße nach links auf den* ***WA-7*** *ab. Von dieser Ortschaft aus sind es noch 29 mi/46 km bis zum Eingang in den Mount Rainier National Park. Die Straße steigt kontinuierlich an, irgendwann muss man schließlich an Höhe gewinnen, bis man die Bergwelt des Mount Rainiers erreicht hat. Korrespondierend damit wird die Straße auch schmaler und kurviger. Die Landschaft wird geprägt von vielen kahlgeschlagenen Lichtungen, die Abholzung ist hier noch in vollem Gang. Im Ort Elbe geht es – aufwändig ausgeschildert – auf den* ***WA-706*** *Richtung Osten. Es sind noch 13 mi/21 km bis zum Nationalpark beziehungsweise 31 mi/50 km bis* ***Paradise*** *(▶Seite 100) innerhalb des Nationalparks.*

Die Straße ist im Moment wieder etwas breiter und nichts weist darauf hin, dass man sich einem so berühmten Ort wie dem Mount Rainier National Park nähert – der touristische Rummel, den man oft bei der Zufahrt zu einem Nationalpark beobachtet, fehlt hier gänzlich, was sehr angenehm ist. Eine lohnenswerte Anlaufstelle am Weg gibt es aber doch; sie befindet sich direkt am Straßenrand und ist einen Stopp unbedingt wert:

RECYCLED SPIRITS OF IRON SCULPTURE PARK

Es ist eine »Road Side Attraction«, die ihren Namen verdient. Der Künstler Dan Klennert zaubert aus ausrangiertem Material, vorwiegend Eisen, unglaublich filigrane und echt wirkende Skulpturen, Tiere und Fahrzeuge. Neben einem überdimensional großen Hochrad steht ein nicht minder riesiges Pferd, dessen Hinterteil aus tausenden von einzelnen Hufeisen besteht. Ein Skelett fährt auf einer Harley Davidson über das Gelände und ein Elch mit echt wirkendem Geweih schaut sich neugierig um. Knochen, Holz und sogar Totenköpfe

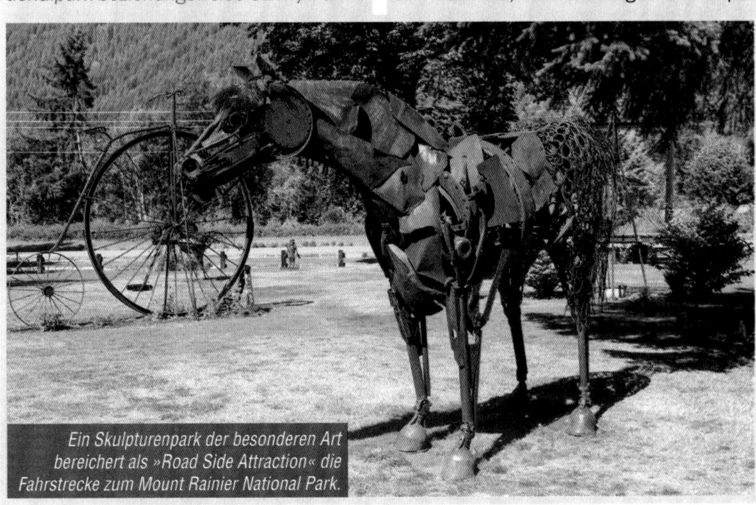

Ein Skulpturenpark der besonderen Art bereichert als »Road Side Attraction« die Fahrstrecke zum Mount Rainier National Park.

sind verarbeitet – alles eben, was dem Künstler in die Finger zu kommen scheint. Beschallt wird die surreal anmutende Freiluftausstellung dieser außergewöhnlichen Kunstwerke von passender, fast meditativer Musik – es ist ein friedlicher Ort der Stille und der Inspiration, den man genießen sollte. Die Kunstwerke sind auf ein großes Außengelände vor und hinter dem Wohnhaus beziehungsweise der Werkstatt verteilt und es gibt einen kleinen Laden, in dem man Souvenirs kaufen kann (aber leider keine Mini-Modelle der Skulpturen). Der Skulpturenpark wird auch »Ex-Nihilo« genannt, was Lateinisch ist für »Aus Nichts etwas erschaffen« – in diesem Fall aus Abfallprodukten.

Man kann den Skulpturenpark nicht übersehen, da das Grundstück direkt an die Straße grenzt und die fröhlichen Skulpturen unmittelbar sichtbar werden.
3 mi/5 km östlich von Elbe am WA-706 (rechte Straßenseite) 22410 WA-706, Elbe, WA 98330 1-360-569-2280 http://visitrainier.com/ex-nihilo-sculpture-park Sonnenauf- bis Sonnenuntergang Eintritt frei, Spendenboxen vorhanden

5 mi/8 km nach dieser ungewöhnlichen Fahrtunterbrechung folgt der Ort Ashford mit einem kleinen Laden und einer Tankstelle.

Das ist die letzte Tankmöglichkeit für die nächsten 83 mi/133 km!

Auf der verbleibenden Strecke zum Nationalpark folgen nun noch einige Lodges und Cabins, letzte Übernachtungsstandorte außerhalb des Mount Rainier National Park. Auch Restaurants findet man hier – diese gibt es im nahen Park nicht, man sollte also möglicherweise die Gunst der Stunde noch einmal nutzen. Dann ist die Entrance Station erreicht und dem Abenteuer Mount Rainier National Park steht nichts mehr im Wege. *▶Seite 86*

Der Mount Rainier National Park wurde bereits ausführlich im ersten Routenabschnitt vorgestellt. Allerdings wird er jetzt aus Reiserichtung Portland in entgegengesetzter Richtung bereist. Das heißt, man muss nun den Park in der Beschreibung von hinten aufrollen. Am **White River Entrance** wird der Park dann dort verlassen, wo man aus Reiserichtung Seattle in ihn hineinfährt.

*Auf dem **WA-410** geht es, nach dem Besuch des Mount Rainiers, zunächst östlich, dann nördlich um den Nationalpark herum. In **Enumclaw** wechselt man auf den WA-164, der in **Auburn** in den **WA-18** übergeht, dem man in westliche Richtung folgt. Es kreuzt die I-5, auf die man auffährt und damit auf die Reisenden trifft, die ohne Abstecher zum Mount Rainier aus Portland kommen.*

Ende der Alternativroute

*Seattle ist Start- und Zielpunkt der Rundreise. Ab der Kreuzung des WA-18 mit der I-5, bei der alle Reisenden wieder zusammentreffen, folgt man der I-5 weitere 25 mi/40 km, dann erreicht man wieder die Innenstadt von Seattle. Zum **Seattle-Tacoma International Airport** sind es ab dieser Kreuzung 16 mi/26 km. Der Wohnmobilvermieter Campingworld ist 6 mi/9 km entfernt (Richtung Süden), Cruise America Tacoma 18 mi/28 km und El Monte 6 mi/9 km.*

Da Wohnmobilreisende, vom Mount Rainier kommend, vermutlich nicht am selben Tag das Wohnmobil abgeben, sondern noch eine Nacht in oder rund um Seattle verbringen, empfiehlt es sich, in Flughafennähe zu übernachten und nicht noch einmal in die Stadt zu fahren (sofern man bei Ankunft das Stadtprogramm Seattle schon »erledigt« hat). Hierfür gut geeignet sind die beiden bei Seattle beschriebenen Plätze, die zwischen dem Flughafen und der Abgabestation des Campers in Tacoma liegen: **Saltwater State Park Campground** (▶Seite 83) und **Dash Point State Park Campground** (▶Seite 83). Der ebenfalls bei Seattle beschriebene **Seattle/Tacoma KOA** (▶Seite 83) eignet sich nur als Übernachtungsort, wenn der Rückflug am späten Nachmittag startet, da er von Campingworld und Cruise America Tacoma weiter als die beiden anderen Plätze entfernt liegt und man die Strecke und die

Rückgabe des Campers zeitlich mit Puffer versehen sollte.

Will man noch einmal ins Zentrum von ***Seattle****, bleibt man auf der I-5 und gelangt automatisch in die Stadt. Wer das Wohnmobil gleich im Anschluss an den Besuch des Mount Rainier National Park abgeben möchte und hierfür nach* ***Fife*** *bei Tacoma muss, fährt in südliche Richtung (Tacoma) auf die I-5. Dieser folgt man dann 4,5 mi/7,5 km bis zur Abfahrt 137 Richtung Five. Dann fährt man ein ganz kurzes Stück auf die 54th Avenue E und gleich wieder links auf den Pacific Highway East, von dem die 16th Street E zum Wohnmobilvermieter abzweigt.*

Mit oder ohne letzte Übernachtung im Stadtbereich von Seattle – irgendwann folgt die unvermeidliche, letzte Fahrt zum ***Flughafen****. Wer nach dem Besuch des Mount Rainier National Park direkt zum Flughafen fährt und dort unter Umständen auch den Mietwagen abgibt, folgt ab der Kreuzung mit dem WA-18 der I-5 für 12 mi/19 km. Dann biegt man an der Abfahrt 193 links Richtung Southcenter Pkwy/Tukwila ab auf den* ***WA-518****. Es folgt die Abfahrt Richtung Sea-Tac Airport, der nach 2 mi/3 km erreicht ist.*

Ein Traumurlaub durch eine spektakuläre Region der USA geht zu Ende. Unterwegs hat man alles erlebt: Von der charmanten Stadt Seattle über die Olympic-Halbinsel mit den Regenwäldern und der rauen Küste des Pazifiks, entlang der kanadischen Grenze durch ständig wechselnde Landschaften – Prärie, eine sagenhafte alpine Bergweltkulisse und Nadelwälder wie im Schwarzwald. Wildtiere in ungeahnter Vielfalt haben den Weg des Reisenden gekreuzt, man hat ausbrechende Geysire bestaunt, Schluchten durchwandert und Bergspitzen erklommen. Dann die Tempelstadt Salt Lake City und die unendlichen Weiten Idahos bis nach Oregon besucht, wo man sich nach so viel Naturgewalt dem Shoppingvergnügen hingeben darf. Und zum Abschluss einen sagenhaften Nationalpark mit einem von Puderzucker überzogenen Vulkan erlebt. Mehr kann eine Reise kaum bieten!

Man kann also getrost nach Hause fliegen in dem sicheren Wissen, dass man in einem so begrenzten Zeitraum kaum vielfältigere Eindrücke gewinnen kann – und lange von den Erinnerungen zehren wird – man verlässt die USA mit dem sprichwörtlichen lachenden und weinenden Auge ...

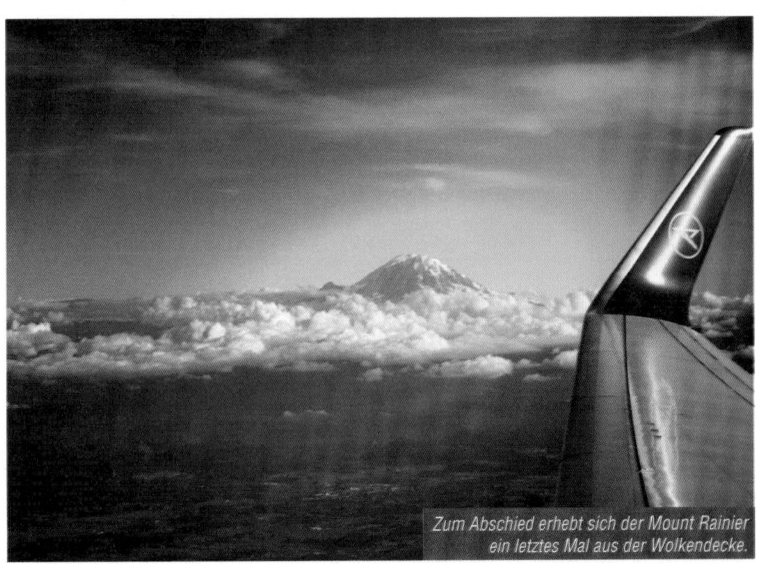

Zum Abschied erhebt sich der Mount Rainier ein letztes Mal aus der Wolkendecke.

WISSENSWERTES

Zur besseren Strukturierung der Reiseinformationen in diesem Routenreiseführer ist das Kapitel Wissenswertes in vier Abschnitte unterteilt, in die Bereiche »Allgemeine Reiseinformationen«, »Sprachhilfe« (▶Seite 393), »Checklisten« (▶Seite 400), und »Medienliste« (▶Seite 403). In diesen Bereichen sind alle wichtigen Reiseinformationen untergebracht, die als Grundlage sowohl für die Vorbereitung der Reise als auch für unterwegs dienen.

Allgemeine Reiseinformationen

ÄRZTLICHE HILFE

In den großen Städten der Reise gibt es Ärzte und Krankenhäuser, an die man sich im Falle einer Erkrankung oder Verletzung wenden kann. In den größeren Nationalparks mit einer ausgeprägteren Infrastruktur gibt es meist entweder eine **Medical Clinic** oder **Medical Services**. Darunter darf man sich keinesfalls ein Krankenhaus vorstellen, sondern lediglich eine medizinische Versorgungseinrichtung mit einigen Ärzten und Helfern, die man eher als »Gemeinschaftspraxis« bezeichnen würde.

Die Praxisausstattung ist meist bescheiden. Bei den Fahrten durch die Einsamkeit kann man in den etwas größeren Ortschaften immer damit rechnen, dass es einen Allgemeinmediziner beziehungsweise Zahnarzt gibt. Oft sind die Praxen auf Hinweisschildern im Stadtbereich zu finden, und die entsprechenden Häuser sind an gut sichtbaren Praxisschildern erkennbar.

Hilfe im Notfall ruft man über die Telefonnummer »1« (Operator) oder »911« (landesweiter Notruf).

Medikamente, insbesondere solche für chronische Erkrankungen, sollten Sie in der für die Dauer der Reise ausreichenden Menge mitnehmen. Zusätzlich ist ein in englischer Sprache verfasster Brief des Arztes Pflicht, in dem die Medikation begründet wird. Für gewöhnliche Befindlichkeiten wie Kopfschmerzen erhält man in den größeren Supermärkten beziehungsweise in der Apothekenkette **Walgreens** rezeptfrei Medizin wie Aspirin, Nasensprays, Vitamintabletten etc. Die **Drugstores** oder manchmal auch **Pharmacies** belegen in den Supermärkten meist einen eigenen Verkaufsraum.

ALKOHOL

Leichte Alkoholika und Bier gibt es in den Supermärkten und meist auch in den kleinen Läden der Campgrounds, Spirituosen verkaufen die »**Liquor Stores**« und die Tankstellen. Um Alkohol kaufen zu können, müssen Sie mindestens 21 Jahre alt sein, im Zweifelsfall ist ein Ausweis vorzulegen. Alkoholische Getränke sollte man im Kofferraum des Fahrzeuges verstauen.

Eine Ausnahme bildet **Salt Lake City**. Die Stadt wurde von Mormonen gegründet, die prinzipiell keinen Alkohol trinken, um Gottes Gesetz zur physischen und geistigen Gesundheit zu befolgen. Deshalb gab es lange keine alkoholischen Getränke in der Stadt. Heute kann man in den Restaurants Bier, Wein und Mixgetränke bestellen und im Supermarkt Bier bis zu 3,2 Vol.-% kaufen. »Härtere« Getränke sind jedoch immer noch eine Ausnahme und ausschließlich in Liquor Stores erhältlich (beziehungsweise in Clubs, bei denen man aber für $ 5 Mitglied werden muss).

Die Gesetze und Bestimmungen zum Alkoholkonsum sind nicht nur Sache der einzelnen Bundesstaaten, sondern sogar der einzelnen Counties und demnach nicht einheitlich geregelt. In öffentlich zugänglichen Anlagen wie zum Beispiel National und State Parks sowie Recreation Areas sollte kein Alkohol getrunken werden. In der Öffentlichkeit zu trinken, ist generell im ganzen Land kritisch, es ist manchmal verboten, manchmal wird es toleriert.

Autofahren unter Alkoholeinfluss wird streng bestraft. Die gesetzliche **Promillegrenze** beträgt 0,8. Es ist aber eindeutig zu empfehlen, sich nach Alkoholkonsum generell nicht ans Steuer zu begeben, im Falle eines Unfalls zahlt die Versicherung nicht.

APOTHEKEN (▶ ÄRZTLICHE HILFE)

AUTOFAHREN (▶ VERKEHRSREGELN)

AUTOVERMIETUNG

Wird die Rundreise mit einem **Mietwagen** unternommen, ist es sinnvoll, diesen am Flughafen Sea-Tac in Seattle aufzunehmen. Der Weg in die Stadt ist weit und die Kosten für ein Taxi zum Hotel kann man so sparen. Bei Reiseende in Salt Lake City kann man den Mietwagen auch problemlos dort am Flughafen abgeben. Dort haben alle unten aufgeführten Vermieter eine Dependance. Dann sollte man sich bei den jeweiligen Vermietern jedoch rechtzeitig über die Option informieren, das Fahrzeug an einer anderen als der Anmietstation zurückzugeben.

Die meisten großen Vermieter sind am Flughafen Sea-Tac vertreten.

3150 S 160th St, SeaTac, WA 98188

Wenn man aus der Gepäckausgabe kommt, befinden sich am nördlichen und am südlichen Ende (bei den Gepäckausgaben 1 oder 15) des Hauptterminals zwei Bereiche, an denen man von einem Shuttleservice der Mietwagenfirmen abgeholt wird. Die Busse verkehren regelmäßig. Wenn man einen Mietwagen zurückbringt, folgt man der Beschilderung »Rental Car Facility«.

Die namhaften Anbieter am Flughafen sind:

Alamo
1-800-462-5266 www.alamo.com

Avis
1-800-331-1212 www.avis.com

Budget
1-800-527-7000 (für Reservierungen vor Ort) oder 1-800-527-0700 (für Reservierungen von außerhalb) www.budget.com

Hertz
1-800-654-3131 www.hertz.com

Enterprise
1-206-246-1953 www.enteroprise.com

Sixt Rent a Car
1-888-749-8227 www.sixt.com

Alle Vermieter haben auch Dependancen (zum Teil auch mehrere) innerhalb Seattles beziehungsweise Downtowns.

Beim Abholen des Mietwagens werden Sie von manchen Vermietern darauf hingewiesen, dass Sie – gegen entsprechende Gebühr natürlich – ein Upgrade für Ihr Fahrzeug wählen können. Dann bekommen Sie eine höhere Kategorie und/oder eine besser Ausstattung. Sie sollten sich vor Abholung darüber im Klaren sein, ob das angemietete Fahrzeug das Fahrzeug Ihrer Wahl ist. Damit können Sie den Verhandlungsprozess beim Vermieter abkürzen.

Bei allen Vermietern muss der Fahrer mindestens 21 Jahre alt sein, Mieter unter 25 Jahren müssen außerdem in aller Regel einen Risikozuschlag bezahlen. Es wird ein gültiger Führerschein Klasse 3 benötigt, ein Internationaler Führerschein ist nicht notwendig.

Erkundigen Sie sich bei Ihrem Automobilclub über mögliche Rabatte bei bestimmten Anbietern.

Was die **Anmietung eines Wohnmobils** anbelangt, so gibt es nur drei große Anbieter, von denen keiner den Sitz im Stadtbereich Seattle oder zumindest in den Peripherien hat. Die namhaften Anbieter im Nordwesten sind:

Cruise America Tacoma
7014 6th Ave, Tacoma, WA 98406
1-253-566-4373 1-800-983-3186
www.cruiseamerica.com/rent/locations

Die Vermietstation befindet sich 26 mi/41 km vom Seattle-Tacoma International Airport entfernt beziehungsweise 38 mi/61 km von der Innenstadt Seattle. Wer die Option »Early Bird« gewählt hat, genießt einen kostenlosen Transfer vom Hotel zur Vermietstation.

Cruise America Everett
12201 WA-99, Everett, WA 98204
1-800-983-3186
www.cruiseamerica.com/rent/locations

Die zweite Vermietstation dieses Anbieters befindet sich 42 mi/68 km vom Seattle-Tacoma International Airport entfernt beziehungsweise 22 mi/35 km von der Innenstadt Seattles in Everett, nördlich der Stadt. Mit dem »Early Bird« wird man von einem Hotel in der Innenstadt Seattle abgeholt.

Diese Vermietstation eignet sich vor allem für die Reisenden, die die Olympic Peninsula nicht umrunden und ab Seattle Richtung Norden fahren, denn dann liegt die Station in der richtigen Fahrtrichtung.

El Monte

27802 Pacific Highway S, Federal Way, WA 98003
1-253-941-3111 1-888-337-2214
www.elmonterv.com

El Monte ist 21,5 mi/35 km von der Innenstadt Seattles und 13 mi/21 km vom Flughafen entfernt und befindet sich zwischen Downtown und Flughafen. Es wird kein Transferservice angeboten, man kann aber mit dem Flughafenzubringer Link Light Rail für $ 2 pro Person bis zur Haltestelle Tukwila International Boulevard fahren.

Moturis

4650 16th St, Fife, WA 98424
1-800-526-4165
www.moturis.com/RV-Rental-Location/WA/Tacoma/SEA

Die Vermietung der Fahrzeuge von Moturis wird von dem Unternehmen Camping World abgewickelt. Die Niederlassung befindet sich 21 mi/34 km vom Flughafen und 29 mi/46 km von der Innenstadt entfernt südlich von beidem. Der Vorteil dieses Anbieters ist, dass es einen kostenlosen Shuttleservice zu dem Flughafenhotel Quality Inn Sea-Tac Airport gibt (▶Seite 81).

Cruise America und El Monte haben zentral gelegene Vermietstationen in Salt Lake City. Wer die Reise dort beendet, sollte kein Wohnmobil von Moturis anmieten, da das Fahrzeug in und um Salt Lake City nicht zurückgegeben werden kann.

Wenn Sie sich frühzeitig auf den Nordwesten als Reiseziel festlegen und über das Reisebüro buchen wollen, sollten Sie so früh wie möglich auch Ihr Wohnmobil oder Ihren Mietwagen buchen, da die Reiseveranstalter mit sogenannten **Flex Rates** arbeiten: Die Reisebüros erhalten über die Veranstalter unterschiedliche Kontingente der Autovermieter, die sich nach der Nachfrage für den betreffenden Reisezeitraum richten. Je nach Auslastung der Fahrzeuge bei den infragekommenden Anmietstationen, werden die Raten dem aktuellen Angebot und der Nachfrage entsprechend wöchentlich angepasst – eine hohe Nachfrage bedeutet also einen höheren Mietpreis. Es ist ein kleines Glücksspiel, einen diesbezüglich günstigen Buchungszeitpunkt zu erwischen. Generell kann man aber davon ausgehen, dass die Nachfrage kleiner ist, je weiter entfernt man noch vom avisierten Reisetermin ist. Anders verhält es sich bei einer Buchung über das Internet. Hier fallen die Preise, wenn das Reisedatum näher rückt. Im Zweifelsfall kann es dann aber passieren, dass von den drei Wohnmobilanbietern keiner mehr ein Fahrzeug in der gewünschten Kategorie zur Verfügung hat. Auch das ist ein Pokerspiel.

AUTOVERSICHERUNGEN

Da die Vermieter vor Ort ein Wirrwarr unterschiedlicher Versicherungen anbieten, ist die Preiszusammensetzung nicht ganz transparent. Sobald man die wirklich notwendigen Versicherungen zum Auto auswählt, erhöhen sich die Preise zum Teil auf mehr als das Doppelte. Die Mindestversicherung sollte eine Kasko- und eine Zusatzhaftpflichtversicherung beinhalten, die bei Schadensfällen bis zu einer Deckungssumme bis $ 1.000.000 schützt. Im Schadensfall (Verlust oder Beschädigung) verbleiben $ 1.000 Selbstbehalt beim Mieter, vorausgesetzt, die Mietbedingungen wurden eingehalten und Unfälle und Beschädigungen dem Vermieter unvermittelt gemeldet (Polizeibericht zwingend erforderlich!). Schäden im Innenbereich von Wohnmobilen sind in der Regel versicherungstechnisch nicht abgedeckt. Für eine Zusatzgebühr (unterschiedlich je Anbieter) kann man eine Vollkaskoversicherung abschließen. Schäden, die auf unerlaubten Straßen oder in verbotenen Gebieten entstehen, sind grundsätzlich nicht versichert.

Mieten Sie das Fahrzeug schon von zu Hause aus entweder direkt über das Internet oder beim Reisebüro an. Damit sparen Sie sich aufwändige Recherchen am Ankunftsort, meist ist es auch günstiger, weit im Voraus zu buchen (siehe oben). Die passende und wirklich sinnvolle Versicherung ist dann auch schon inklusive, sodass Sie sich nicht durch die einzelnen Tarife und Varianten forsten müssen.

BACKCOUNTRY PERMIT

Auf unserer bereisten Strecke gibt es große Backcountry-Bereiche, unter denen man besonders geschützte Naturgebiete versteht. Hier gibt es keine Infrastruktur, also keine Straßen, Gebäude, Campingplätze oder sonstige Einrichtungen. Gebietsweise werden Wege gepflegt, jedoch nicht sehr ausgeprägt. Um diese Gebiete im Rahmen einer Wanderung mit Übernachtung oder zum Teil auch nur für Tageswanderungen zu betreten, braucht man eine Backcountry Permit. Damit wird die Zahl der Wanderer in diesem fragilen Schutzgebiet besser kontrolliert. Da die Ranger zudem einen Überblick haben, wer gerade unterwegs ist, können sie Maßnahmen ergreifen, wenn Wanderer nicht zur vereinbarten Zeit wieder zurück sind und ihnen möglicherweise in der einsamen Wildnis etwas zugestoßen sein könnte. Die Genehmigungen sind im unerschlossenen Hinterland aller auf der Route liegenden Nationalparks erforderlich. Informationen erhält man jeweils unter den entsprechenden offiziellen Seiten des Parks oder des Gebiets.

BEHINDERUNG

Alle Einrichtungen in den USA sind behindertengerechter, als wir es aus Europa kennen. Überall gibt es Angebote für »Handicapped Persons« wie Rollstühle an den Flughäfen und in den Visitor Centern, ausgewiesene Parkplätze, spezielle Toiletten und Rampen zu öffentlichen Gebäuden und Restaurants. Die Amerikaner sind behinderten Menschen gegenüber sehr entgegenkommend und hilfsbereit. In den Hotelbeschreibungen im Internet findet man auch meist den Hinweis auf Zimmer für körperbehinderte Gäste (»Persons with disabilities« oder »**Disabled persons**«). In Seattle beziehungsweise im südlich davon gelegenen Tacoma kann man rollstuhlgerechte Vans mieten:

Seattle Wheelchair Van Rentals
6053 Tacoma Mall Blvd, Tacoma, WA 98409
1-253-267-5280 www.absolutemobilitycenter.com/wheelchair-van-rental.html
Mo.-Fr. 9-17 h, Sa. 10-14 h

Ein ähnliches Angebot gibt es im 25 mi/40 km nördlich von Seattle gelegenen Everett:

AMS Access Mobility Systems
7202 Evergreen Way, Everett, WA 98203
1-425-353-6563 www.accessams.com/Rental_Page/rental_page.html Mo.-Fr. 8-17 h, Sa. 10-14 h

Bei **Go RVing** kann man in Erfahrung bringen, welche Anbieter behindertengerechte Wohnmobile vermieten. Auf der Internetseite http://gorving.com/explore-rvs/specialty-rvs/rvs-for-the-disabled findet man außerdem die entsprechend ausgestatteten Campgrounds.

Ganz auf die Bedürfnisse behinderter Reisender stellen sich die Informationsseiten www.disabledtravelers.com und www.access-able.com ein.

BOTSCHAFTEN (► VERTRETUNGEN)

CAMPER (► WOHNMOBILE)

CAMPING

Campen ist in den USA eines der populärsten Freizeitvergnügen, für ausreichend viele Campingplätze ist folglich gesorgt. Diese können trotzdem, vor allem in den begehrten Reisemonaten des Sommers, recht schnell ausgebucht sein. Auf den vom **National Park Service** verwalteten

Campen in den Nationalparks ist das Schönste überhaupt: Man hat viel Platz, ist mitten in der Natur und genießt die Idylle.

Campgrounds in den State Parks und in den Nationalparks bekommt jeder Camper in der Regel einen großzügigen Stellplatz und man kann dem Nachbarn normalerweise nicht auf den Teller schauen. Standardausstattung der Plätze ist eine weitläufige Parzelle mit Stellplatz, Tisch-Bank-Garnitur und Feuer- beziehungsweise Grillstelle. Diese Plätze haben fast immer ein Abendprogramm mit regionalem Schwerpunkt, meist finden die Veranstaltungen in einem direkt am Campground gelegenen Amphitheater statt.

Nicht alle Campgrounds in den Nationalparks kann man reservieren. Man sollte jedoch die, bei denen es möglich ist, so früh wie möglich im Voraus reservieren! Sie sind sehr begehrt und man sollte sich nicht auf einen first-come, first-served-Platz verlassen, da man hierfür früh vor Ort sein muss, um einen Stellplatz zu ergattern.

Die zumeist großzügig angelegten und gut gepflegten, staatlichen Plätze innerhalb der Nationalparks kann man unter einer zentralen Internetadresse reservieren:
www.recreation.gov oder
www.reserveamerica.com
Reservierungen und Reservierungsänderungen: 1-877-444-6777 In Problemfällen und bei Erstattungen: 1-888-448-1474

Nach Eingabe des entsprechenden Nationalparks finden Sie die Campgrounds, die jeweils einen eigenen Menüpunkt haben. Reservierungsgebühren fallen bei den staatlichen Plätzen in dieser Region selten an, aber bei Änderungen oder Stornierungen wird meist eine Gebühr einbehalten (ca. $ 8–10).

Alle staatlichen Campgrounds innerhalb der Parks, die um die Parks herum verteilten Plätze sowie die privaten Parks in den Städten finden Sie ohnehin in diesem Routenreiseführer aufgelistet.

Die staatlichen Plätze in den Nationalparks sind meist erfreulich günstig. Auf der Route durch den Nordwesten bewegen sie sich innerhalb einer Preiskategorie zwischen $ 15 und 25 pro Nacht.

Neben dem National Park Service verwaltet auch der Anbieter **Xanterra Parks & Resorts** Campingplätze in den Nationalparks (beispielsweise stark vertreten im Yellowstone National Park). Das sind meist Campgrounds mit einer großen Anzahl an Stellplätzen, die dadurch ein wenig enger zusammenrücken, aber dennoch in der herrlichen Natur des Nationalparks liegen. Außerdem sind sie in aller Regel reservierbar, Näheres findet man unter: www.xanterra.com/home/contact-us/national-parks

In den Städten gibt es diese einzigartige Idylle, wie sie eine Übernachtung in einem Nationalpark bietet, nur selten. Während man auf den naturbelassenen Nationalpark-Plätzen niemals asphaltierten Untergrund hat, ist dies bei den meist **privat betriebenen Plätzen** der Städte oder an der Reiseroute durchaus üblich. Dann reiht sich auf dem unnatürlichen Untergrund Camper an Camper, die Platzverhältnisse sind deutlich eingeschränkt. Hier ist eine Übernachtung nur Mittel zum Zweck und kein Abenteuer in der Natur.

Es liegen ebenfalls einige privat betriebene KOA-Campgrounds auf der Route. **KOA (Kampgrounds of America)** ist der Mercedes unter den Campingplätzen. Meist haben diese Plätze einen hohen Standard mit Freizeitaktivitäten, Pools und sehr gepflegten sanitären Anlagen und Duschen. Im Schnitt sind sie dafür einige Dollar teurer als die staatlichen Plätze. Auf den meisten Plätzen kann man auch kleine Blockhütten mieten. Einen Überblick erhalten Sie im Internet unter: www.koa.com

Manchmal gehören zusätzliche Einrichtungen wie Lebensmittelläden, Souvenirshops und Campingbedarf sowie Waschräume mit Münzwaschmaschinen und -trocknern zum Angebot der Campgrounds. Auf der Reiseroute durch den Nordwesten der USA findet sich diese Ausstaffierung aber meist nur auf den privaten Plätzen. Die Campgrounds innerhalb der Nationalparks sind recht minimalistisch ausgestattet, dafür aber umso naturnäher.

EIN- UND AUSFUHRBESTIMMUNGEN

Da die nachfolgenden Ein- und Ausfuhrbestimmungen immer mal wieder geändert werden, sollten Sie sich frühzeitig über eventuelle Änderungen informieren.

Einfuhr

Neben den Gegenständen des persönlichen Bedarfs (Kleidung, Kamera etc.) dürfen folgende Waren zollfrei in die USA eingeführt werden:

- 200 Zigaretten oder 50 Zigarren oder 3 Pfund Tabak
- 1 Liter alkoholische Getränke pro Person ab 21 Jahren
- Geschenke im Wert von $ 100
- Zahlungsmittel bis $ 10.000
- Wegen Seucheneinschleppungsgefahr dürfen tierische und pflanzliche Frischprodukte (Obst, Wurst, Gemüse) nicht eingeführt werden. Gebäck, haltbar gemachter Käse und Süßigkeiten (ohne Alkoholfüllung!) sind erlaubt.
- Hunde und Katzen dürfen Sie in die USA mitnehmen, wenn die Tiere nicht in den USA bleiben sollen und sie gemäß einem tierärztlichen Attest frei von auf den Menschen übertragbaren Krankheiten sind. Hunde müssen mindestens 30 Tage vor der Einreise gegen Tollwut geimpft worden sein.
- Für die Einfuhr von gefährlichen Arzneimitteln für den eigenen Bedarf ist ein Rezept in englischer Sprache notwendig, das bestätigt, dass Sie diese Medikamente brauchen. Dabei haben müssen Sie außerdem den Beipackzettel und einen entsprechenden Arztbrief. Das betrifft auch scheinbar harmlose Hustenmittel, die aber zum Beispiel Kodein beinhalten, einen Abkömmling des Opiums.

Ausfuhr

Deutschland

Bei der Rückreise nach Deutschland dürfen Sie folgende Waren zollfrei mitnehmen:

- 200 Zigaretten oder 100 Zigarillos oder 50 Zigarren oder 250 g Rauchtabak oder eine anteilige Zusammenstellung dieser Waren
- 1 Liter Spirituosen mit einem Alkoholgehalt von mehr als 22 Vol.-% oder 2 Liter Alkohol und alkoholische Getränke mit einem Alkoholgehalt von 22 Vol.-% oder weniger oder eine anteilige Zusammenstellung dieser Waren und 4 Liter nicht schäumende Weine und 16 Liter Bier
- Personen, die Alkohol oder Tabakwaren einführen, müssen mindestens 17 Jahre alt sein.

Außerdem darf mitgeführt werden:

- 500 g Kaffee oder 200 g Auszüge, Essenzen oder Konzentrate aus Kaffee oder Zubereitungen auf der Grundlage dieser Waren oder auf der Grundlage von Kaffee
- Bei Kaffee gilt ein Mindestalter von 15 Jahren
- 50 g Parfüms und 0,25 Liter Eau de Toilette
- Arzneimittel für den persönlichen Bedarf
- Waren bis zu einem Warenwert von 430 Euro (bei Reisenden unter 15 Jahren bis zu einem Warenwert von 175 Euro)

Bei Überschreiten der Reisefreigrenzen sind Einfuhrabgaben zu entrichten. Weitere Informationen und Links findet man unter: www.zoll.de

Österreich

Für die Rückreise nach Österreich gilt:

- 200 Zigaretten oder 100 Zigarillos oder 50 Zigarren oder 250 g Rauchtabak
- 1 Liter Alkohol oder alkoholische Getränke mit einem Alkoholgehalt von mehr als 22 Vol.-% oder 2 Liter Alkohol und alkoholische Getränke von höchstens 22 Vol.-% oder eine anteilige Zusammensetzung dieser Waren und 4 Liter nicht schäumende Weine und 16 Liter Bier
- 500 g Kaffee oder 200 g Kaffee-Extrakt
- 100 g Tee oder 40 g Tee-Extrakt
- 50 g Parfum
- Für die Einfuhr von Alkohol und Tabakwaren nach Österreich müssen die Personen ebenfalls mindestens 17 Jahre alt sein.
- Katzen und Hunde dürfen mit Tollwutimpfzeugnis nach Österreich reisen. Das Impfzeugnis muss mindestens 30 Tage und höchstens ein Jahr alt sein.
- Arzneimittel für den persönlichen Bedarf
- Waren bis zu einem Warenwert von 430 Euro (bei Reisenden unter 15 Jahren bis zu einem Warenwert von 150 Euro)

Weitere Informationen unter:
www.bmf.gv.at/zoll

Schweiz

Zollfreie Mengen von Waren bei Einreise in die Schweiz sind:

- 200 Zigaretten oder 50 Zigarren oder 150 g Tabak
- 2 Liter alkoholische Getränke bis zu 15 Vol.-% Alkoholgehalt, 1 Liter alkoholische Getränke über 15 Vol.-% Alkoholgehalt
- Beides wieder nur für Personen über 17 Jahre wirksam
- Waren sind bis zu einem Wert von SFr 300 pro Person zollfrei. Wird dieser Gesamtwert aller Waren überschritten, sind alle Waren abgabepflichtig. Ausgenommen von dieser Wertfreigrenze sind alkoholische Getränke und Tabakwaren, die in oben angegebenen Mengen abgabefrei sind! Personen unter 17 Jahren dürfen Geschenke bis zu SFr 50 zollfrei in die Schweiz mitnehmen.

Weitere Informationen unter:
www.ezv.admin.ch

! Bei ganz konkreten Fragen zu den Zoll- und Einreisebestimmungen kann man sich im Heimatland jederzeit an die nächstgelegene diplomatische Vertretung der USA wenden.

Allgemeine Regelungen

Grundsätzlich darf in keines der drei Länder Folgendes mitgenommen werden beziehungsweise nur unter strengen Auflagen: Dinge, die unter den Artenschutz fallen (z. B. Elfenbein), Betäubungsmittel, Fleisch und Fleischwaren, Lebensmittel, gefährliche Hunde (Kampfhunde), Gift, Feuerwerkskörper, Schusswaffen und Munition.

Gepäckbestimmungen

Seit Juni 2011 darf das Gepäck, das aufgegeben wird, bestimmte Maße nicht mehr überschreiten. Bei Lufthansa beispielsweise dürfen Länge, Höhe und Breite eines Gepäckstücks zusammengerechnet maximal 158 Zentimeter betragen. In der Economy-Klasse gilt grundsätzlich ein Freigepäckgewicht von 23 Kilogramm pro Gepäckstück. Da diese Vorgaben von Fluggesellschaft zu Fluggesellschaft variieren, sollte man sich nach der auf dem Flugschein ausgewiesenen Freigepäckmenge richten und sich auf der Internetseite der Gesellschaft über die jeweiligen Bestimmungen informieren.

Auch das Handgepäck unterliegt besonderen Bestimmungen, die jede Fluggesellschaft individuell aufstellt. In die Economy-Klasse darf gewöhnlich ein Handgepäckstück mitgenommen werden, aber auch für dieses gelten je nach Fluggesellschaft unterschiedliche Maßvorgaben. In der Regel dürfen für ein Handgepäckstück die Maße 55 x 40 x 20 Zentimeter und ein Gewicht von 8 Kilogramm nicht überschritten werden. Elektronische Geräte wie Laptop, Tablet und tragbare CD-Player sind meist an Bord erlaubt.

! Als neue und noch nicht einheitlich an allen deutschen Flughäfen umgesetzte Maßnahme gilt, dass die Akkus der elektronischen Geräte, die man mit an Bord nimmt, voll aufgeladen sein müssen.

Beide Vorgaben, die für das aufgegebene Gepäck und die für das Handgepäck, werden recht streng am Flughafen überprüft. Verlassen Sie sich niemals auf eine mögliche Kulanz der Angestellten der Airlines – sie sind rigoros: Zu schweres Gepäck muss »erleichtert« oder das Übergepäck recht teuer bezahlt werden, ein zu großes Handgepäck kommt nicht mit an Bord.

Zu einer nicht sehr angenehmen Erfahrung kann es werden, wenn die **Transportation Security Administration (TSA)** die aufgegebenen Gepäckstücke öffnet und überprüft (wozu sie berechtigt ist!). Man darf seinen Koffer auf keinen Fall abschließen, da im Verdachtsfall die Behörde befugt ist, den Koffer gewaltsam und auf Ihre Kosten zu öffnen. Lediglich ein TSA-Schloss ist erlaubt, das die Beamten mit einem Generalschlüssel öffnen können. Leider kommt es bei solchen Kontrollen vor, dass das Gepäck ziemlich durchwühlt am Zielort ankommt beziehungsweise Lebensmittel geöffnet werden, die anschließend im Koffer alles verdrecken. Verlassen Sie sich nicht auf die Sorgfalt der Kontrolleure, sondern packen Sie Ihre Koffer vorausschauend und vermeiden Sie Dinge, die in geöffnetem Zustand im Koffer Schaden anrichten können.

Bezüglich des Handgepäcks gilt, dass Flüssigkeiten beziehungsweise Gele in das Gepäck müssen, das Sie aufgeben. Die Flüssigkeiten, auf die Sie nicht verzichten können, dürfen Sie in einem Klarsichtplastikbeutel (Fassungsvermögen von knapp einem Liter) mit Reißverschluss im Handgepäck mitführen. Dieser Klarsichtbeutel darf nur Flüssigkeits- oder Gelbehälter mit einem Fassungsvermögen von jeweils höchstens 100 Milliliter enthalten. Pro Passagier ist nur ein solcher Beutel erlaubt.

Wenn Sie mit einem Kleinkind an Bord gehen, dürfen Sie außerdem Säuglingsnahrung, Muttermilch und Babynahrung mit ins Handgepäck nehmen. Des Weiteren sind Medikamente, Flüssigkeiten (inklusive Wasser, Säfte oder Flüssignahrung) oder Gelees für Diabetiker und andere medizinische Bedürfnisse erlaubt. Einen Nachweis der Notwendigkeit Ihres Arztes sollten Sie mitführen.

Die aktuellen Sicherheitsrichtlinien finden Sie auf der Homepage der Transportation Security Administration unter www.tsa.gov

Für die Durchleuchtung des Gepäcks und Ihrer Person müssen Sie am Flughafen Zeit einplanen. Schuhe und Jacken müssen ausgezogen und aufs Band gelegt werden, Handys und andere elektronische Geräte, Schlüssel, Münzgeld, Schmuck und größere Metallgegenstände müssen ausgepackt und in einem Container durch die Röntgenschleuse geschickt werden.

Aufgrund der umfangreichen Sicherheitschecks empfehlen die Airlines, bei einem Flug in die USA drei Stunden vor Abflug am Flughafen zu sein. Diese Empfehlung ist sinnvoll, Sie müssen mit langen Warteschlangen rechnen.

EINKAUFEN

Trotz entlegener Gebiete, durch die die Reiseroute führt, ist Einkaufen nie wirklich ein Problem (wenn es über längere Strecken keine oder nur eingeschränkte Einkaufsmöglichkeiten gibt, wird auf größere Städte hingewiesen, in denen man Supermärkte findet; die dazugehörigen Adressen sind dann ebenfalls genannt). Flächendeckend stehen **Einkaufszentren** zur Verfügung, die den Namen »Supermarkt« eigentlich sprengen. Neben den gängigen Ketten wie Walmart und Safeway gibt es im Nordwesten der USA einige weitere große, häufig vertretene Einkaufsmöglichkeiten, das sind Smith's, Super 1 Food und WinCo Foods.

Smith's zeichnet sich durch ein stimmiges Preis-Leistungsverhältnis aus, ist gut sortiert, hat viel frisches Obst und Gemüse im Sortiment und ist alles in allem ein sehr gepflegter Laden. **Super 1 Food** ist die Edelversion eines amerikanischen Einkaufszentrums. Es gibt ein großes Sortiment ökologischer Lebensmittel aus

Von außen unterscheidet Super 1 Foods nichts von anderen Einkaufszentren – innen ist er eine echte Überraschung!

dem Bio-Bereich (das heißt hier »organic«) mit wunderbaren Obst- und Gemüseabteilungen. Mitarbeiter sind nur zu dem Zweck im Laden unterwegs, Kunden anzusprechen und behilflich zu sein.

Ganz im Gegenteil dazu ist **WinCo** eher ein Laden mit Massenabfertigung. Hier gibt es alles und das zu super günstigen Preisen. Das Ambiente kann zwar nicht mit Super 1 Food mithalten, aber die gängigen Artikel aus anderen Läden gibt es hier ebenfalls, auch eine ansprechende Obst- und Gemüseabteilung ist vorhanden. Dieser Laden lohnt sich vor allem für den Großeinkauf.

Das Sortiment an **Softdrinks** in Supermärkten füllt viele Regalreihen. Neben Cola in unzähligen Variationen (diet, coffeine free etc.) gibt es das typische Root Beer (eine Art Wurzelbier ohne Alkohol, sehr gewöhnungsbedürftig), das legendäre Dr. Peppers, das ebenfalls weit verbreitete Mountain Dew – und viele Zuckerlimonaden mehr. Eher durstlöschend sind die verschiedenen, mit Kohlensäure versetzten Fruchtsäfte oder der Ice Tea in allen Geschmacksrichtungen. Orangensaft wird meist im Kühlregal und in Behältern mit fünf Litern Füllmenge zu einem günstigen Preis verkauft und hat die Qualität eines frisch gepressten Saftes. Hier muss man allerdings genau auf die Etiketten schauen, um nicht an einen Kanister aus Pulver angerührten »Saftes« zu geraten.

Eine echte Überraschung ist das amerikanische **Bier**. Im Nordwesten gibt es je nach Landstrichen regionale Sorten, man sollte also nach den »local beers« Ausschau halten.

Der **Wein** kommt aus der ganzen Welt, die wenigsten Weinsorten stammen aus den USA. Stellvertreter für die »harten« Getränke sind Whiskey und Brandy, die typischen Cocktails sind unter anderem Piña Colada und vor allem Margarita, die man meist aus vielen verschiedenen Mixturen wählen kann.

Bei einer Reise über Portland zurück nach Seattle kommt man in den Genuss, shoppen gehen zu können, ohne Umsatzsteuer zu bezahlen. Ganz Oregon ist umsatzsteuerbefreit (mit Ausnahme von Dienstleistungen im touristischen Bereich – beispielsweise für Hotels und Campgrounds gilt diese Befreiung nicht), die auf den Waren ausgezeichneten Preise sind also Bruttopreise.

Ansonsten sind für ungezügelte Klamotteneinkäufe am besten die **Factory Outlets** geeignet. Nike beispielsweise hat seinen Firmensitz in Portland, es verwundert also nicht, dass es eine Niketown in Portland gibt (▶Seite 339). Für ein breit gefächertes Angebot gibt es Outlet Malls mit unzähligen Shops und Läden für Markenartikel. Die günstigsten mit dem größten Angebot sind die **Premium Outlets**, auf die man auf der Reise mehrfach trifft.

In den Einkaufszentren gibt es für gewöhnlich nicht nur Lebensmittel, sondern auch Kleidung und alle Artikel des täglichen Lebens. Wirkliche Schnäppchen bei Markenkleidung kann man zum Beispiel bei Walmart machen (vor allem Jeans von Levi's und Wrangler).

ELEKTRIZITÄT

In den USA werden nur 110 bis 120 Volt in die Stromleitungen eingespeist (die europäische Norm beträgt 230 Volt), aber alle mitgebrachten Geräte funktionieren mit einem entsprechenden Adapter, wenn sie auf 110 Volt umgeschaltet werden können beziehungsweise sich automatisch umschalten können (wie beispielsweise Laptops). Umgekehrt ist es aber nicht möglich, ein amerikanisches Gerät (zum Beispiel einen Toaster) mit nach Hause zu nehmen und in die Steckdose zu stecken, weil abgesehen vom nicht passenden Netzstecker diese Geräte die Spannung nicht umschalten.

Bereits von zu Hause mitnehmen sollte man den Adapter für die amerikanischen Steckdosen, da dieser Anschlussstecker vor Ort schwierig zu bekommen ist. Wer unterwegs im Mietwagen oder im Wohnmobil Kameras und Handys aufladen möchte, kann dies über spezielle Kfz-Adapter tun, die man an den mehrfach vorhandenen 12-Volt-Anschlüssen betreiben kann (Zigarettenanzünder). Auch diesen Adapter sollte man bereits zu Hause besorgen und mitnehmen.

ESSEN UND TRINKEN

Ein Hinweis vorneweg: Einen Gourmeturlaub dürfen Sie nicht erwarten. Der Anteil an **Fast Food** ist wie überall in Amerika groß. McDonald's, Burger King und Subway sind als Klassiker ebenso vertreten wie Kentucky Fried Chicken, Wendy's oder Taco Bell. Die gute Nachricht jedoch ist: Es gibt mannigfaltige Alternativen zur Nahrungsaufnahme in einem Restaurant einer Fast-Food-Kette. Des Öfteren wird man auf der Reise auf die »**Pacific Northwest Cuisine**« aufmerksam. Der hier praktizierte Kochstil ist vor allem charakteristisch für die Staaten Oregon und Washington und besteht aus den häufig verwendeten Zutaten Lachs, Krebse und anderen frischen Meeresfrüchten, Fleisch vom Elch und Rentier, Pilzen, Beeren, Kartoffeln und Kohl. Geräucherter Fisch oder gegrillte Meeresfrüchte auf Zedernholzbohlen sind gängige Techniken bei der Speisezubereitung. Die Zutaten stammen meist aus lokalem Anbau. Es gibt spezielle Restaurants der Northwest Cuisine, alleine in Seattle sind es zehn hochbewertete (siehe www.gayot.com/restaurants/best-seattle-wa-top10-northwest-cuisine_25se.html).

Gehobeneres Essen findet man in einem **Steakhaus**. Rindersteaks aller Art und in jeder Zubereitungsversion sind hier das Highlight. Rindfleisch gibt es im Vergleich zu Europa recht günstig in den Supermärkten – teilweise günstiger als Geflügel oder marinierte Steaks. Ganz wichtig bei der Bestellung im Restaurant ist, dass der deutsche Bratzustand »blutig« nicht zu »bloody« im Englischen wird, sondern »(extra) rare« heißt. So richtig blutig wie in Europa bekommen Sie das Fleisch sowieso nicht, in Amerika wird in den einzelnen Stufen jeweils etwas stärker durchgebraten. Beliebt sind auch Hühnchenfleisch (z. B. als gebackene Hühnerbruststücke oder Geflügelteile zubereitet) und Schweinefleisch, z. B. Spare Ribs. Als Beilage kann man zwischen Baked Potato mit Sour Creme oder Pommes Frites (die hier »French Fries« heißen) wählen. Nicht nur in Küstennähe sind in den meisten Restaurants verschiedene Fischsorten und Meerestiere zu haben. Möglicherweise stehen noch zwei oder drei Pastagerichte mit auf dem Plan, das war's dann im Großen und Ganzen mit der Essensauswahl.

Ein kleines Abenteuer kann das **Frühstück** sein. Den Tag mit süßen Pancakes und noch süßerem Sirup zu starten, ist nicht jedermanns Sache. Man unterscheidet zwischen dem süßen Continental Breakfast und dem mächtigen American Breakfast mit jeder Menge Eier, Schinken, Speck und Cornflakes. Bei einem normalen Motel-Frühstück kann es durchaus passieren, dass Pancakes, Muffins, Waffeln oder gar frittierte Leckereien das Angebot dominieren. Ein Frühstückscafé, sofern greifbar, wäre eine Alternative. Insgesamt kann man sich durchaus ein »europäisches« Frühstück arrangieren, auch wenn solche Angebote auf den Frühstückskarten der Cafés mit der Lupe zu suchen sind.

Burger – das Nationalgericht der USA!

Das **Mittagessen** hat in den USA weniger Bedeutung und wird meist aus den Fast-Food-Restaurants bedient. Erst das **Abendessen** (Dinner) ist wie das Frühstück wieder eine große Mahlzeit und wird recht früh eingenommen – die Küchen mancher Restaurants sind entsprechend früh auch wieder »kalt«.

Was Ihnen am Anfang sicher befremdlich vorkommen wird, ist die **Verweildauer im Restaurant**. Kaum haben Sie den letzten Bissen hinuntergeschluckt, wird Ihnen ohne Aufforderung die Rechnung auf den Tisch gelegt. Das dürfen Sie nicht persönlich nehmen, die Essenszeiten pro Gast sind einfach kürzer getaktet, auch wenn gerade offensichtlich nicht viel los ist. Auch in unseren heimischen Restaurants wird es immer gängiger, sich nicht einfach einen Platz zu suchen. In Amerika ist dies völlig unüblich, Sie müssen immer warten, bis Ihnen ein Tisch zugewiesen wird (»wait to be seated«).

Eine Überraschung ist der **Kaffee**. Gerade die Kaffees zum Mitnehmen sind exzellent und haben in den meisten Fällen Starbucks-Qualität. Auch der zum Frühstück gereichte Kaffee ist längst keine dünne Brühe mehr, sondern ganz guter Filterkaffee, der jederzeit kostenlos nachgefüllt wird. Sie können außerdem überall auch Latte Macchiato und Cappuccino bestellen, ohne ratlose Blicke zu ernten.

Mittlerweile nicht nur in Restaurants des Fast-Food-Bereichs werden Sie sich an das erfreuliche »**Free Refill**« der Softgetränke (Cola, Fanta, Eistee etc.) gewöhnen. Es bedeutet, wie beim Frühstückskaffee auch, dass Sie sich jederzeit an den Getränkeautomaten die Becher neu auffüllen dürfen, ohne extra zu bezahlen – alternativ wird Ihnen der Kellner unaufgefordert ein frisch gefülltes Glas des bestellten Getränkes bringen (befremdlicherweise auch oft, bevor das erste Glas geleert ist).

In Oregon und vor allem in und rund um Portland kann man in Restaurants aus einer großen Auswahl lokaler Biere wählen, die man den zahlreichen **Microbreweries** der Stadt zu verdanken hat. Das sind kleine Privatbrauereien mit sehr leckerem Bier, das man auch in den örtlichen Supermärkten kaufen kann.

ⓘ ETIKETTE (► UMGANGSFORMEN)

ⓘ FEIERTAGE

Weihnachten »beschränkt« sich in den USA auf den ersten Weihnachtsfeiertag, den 25. Dezember; Thanksgiving findet immer am vierten Donnerstag im November statt. Ansonsten gibt es relativ wenige solcher offiziellen Feiertage und selbst an diesen sind mit Ausnahme von Thanksgiving, Ostersonntag, Weihnachten und Neujahr die meisten Geschäfte geöffnet. Die wenigsten Feiertage sind terminlich fest datiert. Im Gegensatz zu uns haben die Amerikaner an Ostern und Pfingsten jeweils keinen zweiten Feiertag.

Fällt ein Feiertag auf ein Wochenende, wird er am darauffolgenden Montag »nachgeholt«. Den **Auftakt der Reisezeit** innerhalb Amerikas bildet der Memorial Day (letzter Montag im Mai) und das Ende der Saison läutet der Labor Day ein (erster Montag im September).

Einheitliche Feiertage sind außerdem:

New Year (Neujahr)	1. Januar
Geburtstag von Martin Luther King	3. Montag im Januar
President's Day	3. Montag im Februar
Karwoche	Good Friday (Karfreitag, nur regional)
Memorial Day (Soldatengedenktag)	letzter Montag im Mai
Independence Day (Unabhängigkeitstag)	4. Juli
Labor Day (Tag der Arbeit)	erster Montag im September
Columbus Day	zweiter Montag im Oktober
Veteran's Day (Tag der Veteranen)	11. November
Thanksgiving Day (Erntedankfest)	vierter Donnerstag im November
Christmas Day (Weihnachten)	25. Dezember

Feiertag	2015	2016	2017
Martin Luther King Day	19.01.	18.01.	16.01.
President's Day	16.02.	15.02.	20.02.
Good Friday	05.04.	27.03.	16.04.
Memorial Day	25.05.	30.05.	29.05.
Independence Day	04.07.	04.07.	04.07.
Labor Day	07.09.	05.09.	04.09.
Columbus Day	12.10.	10.10.	09.10.
Veteran's Day	11.11.	11.11.	11.11.
Thanksgiving	26.11.	24.11.	23.11.

FLUGVERKEHR

Die schnellste und bequemste Art der Anreise auf den nordamerikanischen Kontinent ist das Fliegen. Es gibt ein sehr großes Angebot an internationalen Airlines, wobei man meistens eine Zwischenlandung im Heimatland der jeweiligen Airline einkalkulieren muss (Alitalia beispielsweise legt einen Zwischenstopp in Rom ein). Nur **Condor** steuert Seattle von Deutschland aus als **Direktflug** an, Startflughafen ist Frankfurt/Main. Diese Flüge werden allerdings nur von April bis Oktober angeboten; außerhalb der Saison kann man mit Condor nach Las Vegas fliegen und von dort mit Alaska Airlines nach Seattle.

Ab Juni 2015 fliegt Condor im Sommer auch zweimal pro Woche (donnerstags und freitags) Portland von Frankfurt aus nonstop an. Nach Salt Lake City fliegt Lufthansa ab Frankfurt über Denver – für die Destination Salt Lake City gibt es keine Direktflugverbindung. Wenn Sie von anderen deutschen Flughäfen abfliegen, kann es sein, dass es innerhalb Deutschlands oder, je nach Fluggesellschaft, in einer europäischen Hauptstadt noch einen Zwischenstopp gibt. Dies gilt auch für Flüge aus Österreich und der Schweiz.

Die **Flugzeit** nach Seattle beträgt 10 Stunden und 45 Minuten, der Rückflug 10 Stunden und 25 Minuten. Wundern Sie sich nicht, wenn der Hinflug länger dauert als der Rückflug – das ist normal. In westliche Richtung fliegt man mit der Erdumdrehung, der Flieger wird aber gleichzeitig von der zurückweichenden Luft gebremst. Beim Flug in Richtung Osten dagegen schiebt dieser Wind zusätzlich an. In Bezug zur umgebenden Luft fliegt das Flugzeug zwar in beiden Richtungen gleich schnell. Aber im Verhältnis zur Erdoberfläche spielt die Windgeschwindigkeit eine Rolle.

! Wenn man keinen Direktflug nach Seattle und innerhalb der USA einen Zwischenstopp hat, muss man an diesem Flughafen auch einreisen. Das heißt, die Einreiseprozedur findet an dem Flughafen statt, an dem man zuerst einen Fuß auf amerikanischen Boden setzt. Sie besteht aus einer kurzen Befragung, der Abnahme von Fingerabdrücken und einem digitalen Foto jeweils von jedem Mitreisenden. Diesen Vorgang, bei dem sich lange Warteschlangen bilden können, müssen Sie bei der Planung von inländischen Anschlussflügen unbedingt einkalkulieren – den Folgeflug also nicht zu knapp nach der Landung des Transatlantikfluges auswählen. Bedenken Sie auch, dass Sie, wenn Sie umsteigen, auch Ihr Gepäck abholen und neu aufgeben müssen.

Es gibt eine große Zahl von Billigfluganbietern und Flugsuchmaschinen im Internet, die Sie ebenfalls unter die Lupe nehmen können. Da kommen Sie zwar unter

Bei der Einreise in die USA kann es zu langen Wartezeiten kommen.

dem Strich etwas günstiger weg, müssen sich aber durch ein nahezu unübersichtliches Angebot forsten. Es ist ratsam, auch hier auf die Buchung über ein Reisebüro zurückzugreifen. Dort erhalten Sie gezielte Informationen zu Ihren Flugabsichten und werden beraten.

Wollen Sie aus Kostenersparnis einen anderen amerikanischen Flughafen anfliegen und im Inland einen der günstigen Weiterflüge nach Seattle nehmen, gibt es dafür zwar vor Ort wiederum eine große Auswahl an Möglichkeiten. Sie sollten aber bedenken, dass man in den USA große Distanzen zurücklegen muss und ein Inlandsflug Sie wertvolle Urlaubszeit kostet. Allein der Anflug auf einen Flughafen, der im Normalfall nicht unmittelbar auf der direkten Flugroute liegt, mitsamt dem Landeprozess, den Einreiseformalitäten, dem Umsteigen innerhalb eines in den meisten Fällen großen Flughafens und dem neuerlichen Einchecken und Starten kostet Zeit. Fliegt man nicht nonstop, ist dies zwar auch ein gewisser Zeitverlust, hat aber den Vorteil, dass man zumindest annähernd auf der Route Richtung Westen zwischenlandet.

Fluggesellschaft	Kontaktdaten
Alaska Airlines	☎ International 00-800-252-75200
Condor	☎ Deutschland: +49-(0)180-6767767
Lufthansa	☎ +49-(0)69-86-799799

FRAUEN UNTERWEGS

Nordamerika ist in der Regel für alleinreisende Frauen ein sicheres Pflaster, wenn man keine unnötigen Risiken eingeht (wie zum Beispiel nachts alleine unterwegs zu sein oder alleine zu trampen). Wir haben im ländlichen Bereich des Nordwestens auffällig viele alleinreisende Damen getroffen, die aber auf Nachfrage sehr darauf geachtet haben, auch tagsüber in der Nähe anderer Urlauber unterwegs zu sein.

FÜHRERSCHEIN

Ein internationaler Führerschein ist für das Fahren in den USA nicht nötig – auch nicht für ein Wohnmobil. Der EU-Führerschein ist ausreichend. Ein Wohnmobil kann man mit dem normalen Führerschein Klasse B (frühere Klasse 3) fahren. Siehe auch ▶Seite 353.

GELD

Die Währungseinheit der USA ist der US-Dollar. Die Reisekasse kann man auf drei Zahlungsmittel verteilen: Bargeld, Reiseschecks (Travellerschecks auf US-Dollar ausgestellt) und natürlich die Kreditkarte (Visa, Eurocard, American Express etc.). An **Bargeld** dürfen Sie theoretisch bis zu $ 10.000 ins Land einführen.

Ungewohnt ist, dass auch die **EC-Karte** in den USA an Bedeutung gewinnt. In manchen Supermärkten – zum Beispiel die im Nordwesten häufig vertretene Kette WinCo (▶Seite 359) – kann man sogar nur mit dieser Karte oder bar bezahlen, dasselbe gilt für manche Tankstellen!

Kreditkarte

Da die Zahlung mit Kreditkarte neuerdings deutlich eingeschränkt ist und gelegentlich nur bar bezahlt werden kann, sollten Sie auch Bargeld mit auf die Reise nehmen. »Cash only« hört oder liest man nicht selten, was für die USA schon etwas verwunderlich ist. Mit der Kreditkarte können Sie sowohl Bargeld bei den Banken abheben (allerdings ist hierfür eine Kreditkarte mit Geheimzahl nötig) als auch in den Supermärkten, Hotels, Restaurants und Souvenirläden bezahlen. Ein Muss ist die Karte beispielsweise für die Miete des Campers oder Mietwagens, denn sie wird mit der Kaution belastet. Bargeld wird an dieser Stelle nicht akzeptiert. Auch im Gesundheitsbereich ist die Kreditkarte unverzichtbar, weil viele Praxen oder Einrichtungen den Patienten ansonsten gar nicht behandeln würden.

Bei Verlust oder Diebstahl sollte man die Karte sofort sperren lassen. Für alle sperrbaren elektronischen Geräte und für Kreditkarten gibt es Notfall-Nummern: ☎ +49-116116 oder +49-30-40504050.

Ansonsten können Sie bei Problemen mit der Kreditkarte auch direkt beim entsprechenden 24-Stunden-Service kostenlos in Amerika anrufen (in Klammern stehen die Telefonnummern der entsprechenden Institutionen in Deutschland):

American Express
☎ 1-800-528-4800 (069-9797-2000)

Master Card
☎ 1-800-627-8372 (0800-819-1040 aus dem deutschen Festnetz, von außerhalb der USA: +1-6367227111 (R-Gespräch))

Visa
☎ 1-800-847-2911 oder 1-800-336-8472 (0800-811-8440 aus Deutschland, aus dem Ausland +1-303-967-1096 (R-Gespräch))

Diners Club
☎ 1-800-525-9150 (0049-69-66166123)

Bargeld
In den Städten, den großen Einkaufszentren und an den Flughäfen gibt es Banken. Auch wenn man inzwischen an einigen Bankautomaten mit der Maestro/EC-Karte Geld abheben kann (achten Sie auf das Maestro-Zeichen am Automaten), sollte man sich auf Barabhebungen mit der EC-Karte noch nicht ausschließlich verlassen. Man braucht hierzu eine Karte mit persönlicher PIN und muss je nach Höhe der Abhebung Gebühren bezahlen.

Einen gewissen Bargeld-Vorrat sollten Sie auf jeden Fall von zu Hause mitnehmen. Denken Sie daran, dass die meisten Banken zu Hause jedoch größere Mengen ausländischer Währungen ein paar Tage im Voraus bestellen müssen, sodass Sie mit Ihrer Order nicht zu knapp vor dem Reisestart sein sollten. Sie sollten möglichst kleine Scheine bestellen, 100-Dollar-Noten sind nicht sehr beliebt bei den Empfängern.

Der US-Dollar ist in 100 Cent unterteilt, die meisten Cent-Beträge haben einen Spitznamen, den Sie verinnerlichen sollten: Es gibt Münzen zu 1 Cent (»Penny«), 5 Cent (»Nickel«), 10 Cent (»Dime«), 25 Cent (»Quarter«), 50 Cent (»Half Dollar«) und 1 Dollar (selten).

Die Banknoten, die sich derzeit im Umlauf befinden, sind: 1, 2, 5, 10, 20, 50 und 100 Dollar. Die Scheine sehen alle gleich aus und haben auch noch dieselbe Größe, sodass man schon genau hinschauen muss. Am häufigsten sind die 1- und 5-Dollar-Scheine.

Sales Tax
Zu guter Letzt werden Sie sich anfangs wundern, dass beim Einkauf die von Ihnen gewählten Artikel an der Kasse immer mehr kosten als auf der Ware ausgewiesen. Die Preise werden meist ohne Umsatzsteuer (Sales Tax) angegeben, diese wird erst an der Kasse berechnet. Es gibt keinen einheitlichen Umsatzsteuersatz, grob liegt dieser je nach Produktbereich zwischen 3 und 6,5 Prozent, für Übernachtungen bis zu 15 Prozent des Nettobetrages.

Nur wenige Bundesstaaten erheben keine Umsatzsteuer. Auf der vorliegenden Reiseroute ist einer darunter, nämlich Oregon. Hier sind die auf den Waren ausgezeichneten Preise die Bruttopreise. Ausnahme bilden nur die Dienstleistungen im touristischen Bereich (▶ Seite 383). In Montana wird teilweise in verschiedenen Regionen und auf bestimmte Waren beziehungsweise Dienstleistungen ebenfalls keine Umsatzsteuer erhoben.

ⓘ GEPÄCK (▶ EIN- UND AUSFUHRBESTIMMUNGEN)

ⓘ GESUNDHEIT

Impfungen sind für Amerika nicht erforderlich. Vorsichtig sein sollte man jedoch mit den überall auf der Reise präsenten Stechmücken, die unter anderem das West-Nil-Virus übertragen können. Das kann zu grippeähnlichen Symptomen führen und in sehr wenigen Fällen auch ernsthafte Erkrankungen (vor allem im Gehirn) auslösen. Ein guter Mückenschutz ist deshalb empfehlenswert (▶ Seite 382).

Was leicht unterschätzt wird, ist die intensive Sonneneinstrahlung in großen Höhen. Weite Teile der Route bewegen sich auf Höhenlagen über 2.000 Metern. Auch wenn der Himmel nicht strahlend blau ist, sollte man sich mit einem Sonnenschutz mit entsprechend hohem Lichtschutzfaktor eincremen. Dasselbe gilt für die Flüssigkeitszufuhr: Eine ausreichend große Menge an Wasser ist nicht nur für die Wanderungen wichtig.

Gewöhnungsbedürftig ist die zum Teil sehr kalte Einstellung von Klimaanlagen. Das betrifft vor allem Hotelzimmer und öffentliche Gebäude. Hier sollte man immer einen Pullover oder eine leichte Jacke bereithalten, um sich vor einer Erkältung zu schützen.

INTERNET (▶ TELEFON & INTERNET)

KARTEN

Die Kartenausschnitte in diesem Routenreiseführer dienen als Orientierungshilfe. Mit ihrer Hilfe erhält man einen Überblick über die Routenführung, alle relevanten Fixpunkte sind eingezeichnet und können auf einen Blick erfasst werden. Ausführlicheres Kartenmaterial finden Sie in der Medienliste im Anhang (▶Seite 403).

In den Visitor Informationen der Nationalparks und der Städte gibt es kostenloses Informationsmaterial, darunter auch einfaches Kartenmaterial (z. B. Innenstadtkarten der Städte); detailliertere Karten sind meist kostenpflichtig, aber sehr empfehlenswert.

Im Internet sind bei der Reiseplanung außerdem hilfreich:

- *maps.google.com*
- *www.mapquest.com*
- *www.nationalatlas.gov*
- *www.map24.de*

KINDER UND FAMILIEN

So kinderfreundlich die Amerikaner sind, so kinderfreundlich sind die Einrichtungen ihres Landes. Sei es das Kindermenü im Restaurant, sei es die kostenlose Unterbringung der Kinder im Motelzimmer der Eltern oder sei es die überschwängliche Freundlichkeit, mit der die Menschen auf die lieben Kleinen zugehen. Auch pädagogisch werden Kinder lehrreich versorgt: In den Nationalparks bieten die Ranger eigens für Kinder konzipierte Programme an, in den Museen gibt es Führungen und Videovorträge nur für Kinder. Neben dem Naturerlebnis so berühmter Nationalparks wie dem Yellowstone und den spannenden Städten Seattle und Salt Lake City machen solche interaktiven Programme das Land zu einem familienfreundlichen Ziel.

Ist man mit einem Wohnmobil unterwegs, ist das für Kinder der reinste Abenteuerurlaub, vor allem auf den zahlreichen Nationalpark-Plätzen inmitten der Natur. Die Fahrten verlaufen entspannter als mit einem Pkw, jedoch sollte man die Fahrstrecke dennoch in kürzere Etappen einteilen, auch wenn die Kinder am Tisch sitzen und spielen oder lesen können, also während der Fahrt die Möglichkeit haben, sich zu beschäftigen. Auch mehrere Tage am selben Campingplatz zu verbringen und kinderfreundliche Aktivitäten wie Reiten, Kanufahren oder die Teilnahme an einem Junior-Ranger-Programm einzubauen, entspannt den Urlaub für alle. Wer zelten möchte, sollte nicht allzu kleine Kinder dabei haben und auch nicht solche, die erkältungsanfällig sind. In den Rocky Mountains und insbesondere im Yellowstone National Park und im Grand Teton National Park wird es nachts empfindlich kalt. Die Kinder sollten dann schon etwas abgehärtet sein und das Frühstück mit warmem Tee am prasselnden Lagerfeuer als besonderes Erlebnis betrachten können – und nicht als Tortur. Dann sind sie auch empfänglich für das Gefühl von Freiheit und Wildem Westen – auch bei 10 Grad Celsius am Frühstückstisch ...

Eine Herausforderung für Kinder ist der Langstreckenflug. Obwohl Kinder und Jugendliche den Jetlag besser wegstecken als Erwachsene, sollte man den Rückflug nicht so planen, dass sofort nach der Rückkehr die Schule wieder beginnt, sondern die Kinder den Zeitunterschied verarbeitet haben, bevor sie wieder konzentriert in der Schule sitzen müssen.

KLEIDUNG

Neben Stadterkundungen und Ausflügen zu Attraktionen, für die **bequeme Kleidung** sinnvoll ist, stehen die Natur und der Aufenthalt im Freien im Vordergrund der Reise. Sie müssen also für Wanderungen und verschiedene Wetterlagen gerüstet sein. Ganz wichtig sind gute und robuste **Wanderschuhe**, die im besten Fall schon zu Hause eingelaufen wurden. Der Nordwesten der USA hat den Ruf, sehr regenreich zu sein (▶Seite 367). Man kann vier Wochen herrliches Wetter mit wenigen kleinen Regenschauern haben, sollte sich darauf aber nicht verlassen. Eine wind- und wasserabweisende Funktionsjacke sollte unbedingt ins Gepäck – diese wird auch beim Whale Watching gebraucht.

Auch wenn das Wetter schön ist, sind die Abende und Nächte kalt. Dann braucht man vor allem beim Campen dicke Pullover oder Strickjacken. Wenn Sie zelten, sollten Sie neben dem warmen Schlafsack unbedingt etwas Warmes dabei haben, worin Sie bequem schlafen können. Strandutensilien und Badebekleidung dürfen ebenfalls nicht fehlen. Lockere und luftige Kleidung sollte aber ebenfalls ins Gepäck, denn an schönen Tagen können im Sommer auch Temperaturen um die 30 Grad Celsius herrschen. Wollen Sie in den Städten nicht gerade nobel essen gehen, reicht legere und bequeme Kleidung in den Restaurants. Für kulturelle Veranstaltungen sollte man sich hingegen auf alle Fälle angemessen kleiden. Wegen der Höhenlagen auf der Reiseroute und der damit verbundenen hohen Sonnenintensität ist ein ausreichender **Sonnenschutz** ein absolutes Muss. Nehmen Sie neben der Sonnencreme mit hohem Lichtschutzfaktor auch schützende Kleidung (Kopfbedeckungen) mit.

KLIMA

Das Klima im Nordwesten ist im wahrsten Sinne des Wortes ein eigenes Kapitel.

Der Pazifische Nordwesten ist für seine teilweise reichlichen **Niederschläge** recht verrufen. So pauschal kann man das jedoch nicht beurteilen. Vielmehr befinden sich innerhalb des Reisegebietes gleich mehrere Klimazonen. Die häufigen Niederschläge betreffen vor allem die Küste Washingtons und Oregons, hervorgerufen durch die Lage am Pazifik (Pazifischer Nordwesten) in Kombination mit Ausläufern der westlichen Kordilleren mit ganzjährig schneebedeckten, hohen Gipfeln. Westwinde »drücken« die feuchte Meeresluft an die steilen Hänge und zwingen sie somit zum Aufsteigen. Dadurch kühlt die Luft ab, was wiederum die Aufnahmekapazität für Feuchtigkeit reduziert, sodass sich Wolken bilden, die dann abregnen.

Die **Temperaturen** schwanken über das Jahr gesehen kaum. Die Winter sind mild und die Sommer nicht extrem heiß. Der meiste Regen fällt in der kalten Jahreszeit. Oft ist es an der Pazifikküste auch neblig, was die Sonneneinstrahlung zusätzlich mildert und die Temperaturen senkt.

Die Temperaturen werden in den USA in **Grad Fahrenheit** gemessen (▶Seite 382).

Richtung Osten in Idaho, Montana und Wyoming sind die Niederschläge weniger ergiebig, da die Gebirge im Westen die feuchte Luft vom Pazifik vorher abregnen lassen. Im gesamten Gebiet der Rocky Mountains, die sich über die genannten drei Bundesstaaten erstrecken, herrschen große Temperaturunterschiede. Während es westlich der Rockies noch häufiger regnet, liegen die intermontanen Gebiete östlich der Rocky Mountains in deren Regenschatten mit wenigen Niederschlägen. Die Grenze liegt östlich des North Cascades National Park, sie beschreibt den Übergang zum Columbia Plateau.

Für alle Bereiche, vor allem die Bergwelt, gilt: **Das Wetter ist sehr wechselhaft**. Startet man einen Tag bei strahlend blauem Himmel im Yellowstone National Park, kann man nur wenige Stunden später im strömenden Regen stehen, um kurz darauf wieder in der Sonne zu brutzeln.

! In nahezu allen Visitor Center auf der Reiseroute hängen die aktuellen Wettervorhersagen für den aktuellen Tag und mindestens die beiden Folgetage aus. Auch die Ranger wissen immer über die Wetterentwicklung Bescheid. Gerade weil das Wetter sehr unberechenbar ist, ist dieser Service eine gute Planungshilfe bei den Aktivitäten.

KOSTEN EINER REISE

Dass dieser Individualtrip kein Billig-Urlaub wird, ist im Vorfeld schon klar. Es gibt allerdings beeinflussbare Faktoren, mit denen man die Kosten reduzieren kann. Das ist in erster Linie die **Wahl des Fortbewegungsmittels**. Der Camper ist zwar auch aus vielen anderen Gründen das Fahrzeug der Wahl, der Preis spielt aber eine überzeugende Rolle bei der Entscheidung. Sind Sie mit einem Mietwagen unterwegs, müssen Sie, beim Frühstück angefangen, zu allen Mahlzeiten essen gehen (in den Motels wird zwar oft auch Frühstück angeboten, ist aber nicht immer im Zimmerpreis inbegriffen). Davon abgesehen, dass viel Zeit bei der Wahl eines Restaurants verlorengeht beziehungsweise es streckenweise bei der Fahrt durch die Berge und in den Nationalparks gar nicht so einfach ist, überhaupt ein Restaurant zu finden, geht das ständige Auswärtsessen ganz schön ins Geld. Zu der Miete für den Wagen kommen die Übernachtungskosten, die in Motels am günstigsten sind. Aber auch diese können in den Städten und den Peripherien der Nationalparks teuer sein.

Natürlich könnten Sie all das umgehen, indem Sie eine organisierte **Pauschalreise** buchen. Allerdings verlieren Sie dadurch einiges an Freiheit und Erlebniswert. Pauschalreisen übernehmen zwar ebenfalls die grundsätzliche Organisation, schnüren das Korsett aber zeitlich meist so eng, dass für eigene Schwerpunkte und/oder spontane Änderungen des Zeitplans keine Möglichkeit besteht. Gerade im Land der großen Weite und Freiheit kann dies das schöne Erlebnis trüben. Wanderungen und persönliche Erkundungstouren entfallen meist komplett, allein dafür ist der Nordwesten einfach zu schade. Man sollte auch mal die Möglichkeit haben, sich auf einen Felsen zu setzen und eine Stunde lang auf den Sonnenuntergang zu warten.

Konkret müssen Sie für die Campgrounds im Schnitt mit etwa $ 25 pro Nacht rechnen. Ein Doppelzimmer im Motel startet in der Nebensaison ohne Frühstück und außerhalb der Nationalparks und Städte ab einem Preis von $ 80 aufwärts.

Je nach Anbieter und Reisezeit und mit einer günstigen Flex Rate oder mit Frühbucher-Rabatt gebucht, kostet der Camper für 21 Tage ab € 2.500 (Achtung, Angaben in Euro, da üblicherweise ab Deutschland gebucht!). In einem solchen Mietpreis sind meist noch keine Meilen enthalten. Diese können als Package dazu gebucht werden. Man muss mit ca. € 400–500 pro 1.000 Meilen rechnen. Für die vorgegebene Rundreise brauchen Sie etwa 4.000 Meilen. Ein realistischer Preis inklusive Freimeilen (meist bis zu 1.000) fängt also bei € 3.500 an.

Die **Spritkosten** sind ein hoher und schwierig zu veranschlagender Kostenpunkt, da auch in Amerika die Preise stark schwanken. In der Hochsaison sind sie an der oberen Grenze, in der Nachsaison niedrig. Zusätzlich sind die Preise allein innerhalb der einzelnen Bundesstaaten je nach Abgeschiedenheit des Gebietes extrem unterschiedlich. In den großen Städten und deren Peripherien ist das Benzin günstiger als in den Rocky Mountains, in unbesiedelten Gebieten und innerhalb und in der Umgebung der Nationalparks. Zahlt man beispielsweise in der Peripherie von Seattle etwa $ 3,15 pro Gallone Sprit (eine Gallone entspricht 3,79 Litern), wird an Zufahrtsorten zu den Nationalparks auch mal $ 3,95 pro Gallone verlangt, innerhalb der Nationalparks auch über $ 4. Diese Werte können sich aber innerhalb kürzester Zeit grundlegend ändern. Grob muss man auf der Hauptroute von 3.500 Kilometern (Seattle bis Salt Lake City) ohne die Abstecher Gesamtkosten von ca. $ 1.200 veranschlagen.

Ein weiterer hoher Kostenfaktor ist der **Flug**, bei dem Sie mit einem Betrag zwischen € 900 und € 1.200 inklusive Steuern und Treibstoffzuschlag pro Person rechnen müssen. Dieser Preis gilt für einen Direktflug Frankfurt–Seattle und zurück. Kinder bis einschließlich 11 Jahre zahlen nur etwa € 200 weniger, ab zwölf Jahren zahlen sie den vollen Erwachsenenpreis.

Innerhalb der Nationalparks kommen keine weiteren großen und unvorhersehbaren Kosten auf Sie zu. Der Parkeintritt kostet zwischen $ 15 und 25 beziehungsweise mit dem Jahrespass $ 80 für uneingeschränkt viele Parkeintritte. Die Dienstleistungen in den Parks wie Shuttlebusse oder Ranger-Service sind generell kostenlos (gilt nicht für geführte Touren!). Kostspielig wird es allerdings in den Städten, vor allem Seattle ist ein teures Pflaster. Eintritte, Unternehmungen, Unterkünfte und Restaurantbesuche sowie spezielle Ausflüge, Schifffahrten und Führungen schlagen hier noch einmal richtig zu Buche.

ⓘ KREDITKARTEN (► GELD)

MASSE UND GEWICHTE

USA	EU
1 inch (in)	2,54 cm
1 foot (ft)	30,48 cm
1 yard (yd) = 3 ft	91,44 cm
1 mile (mi) = 1.760 yd	1,609 km
1 fluid ounce (fl.oz.)	29,57 ml
1 gallon (gal)	3,79 l
1 ounce (oz)	28,35 g
1 pound (lb)	453,59 g

EU	USA
1 cm	0,39 in
10 cm	0,33 ft
1 m	1,09 yd
1 km	0,62 mi
1 l	0,624 gal
100 g	3,527 oz
1 kg	2,205 lb
10 kg	1,57 stone

NATIONALPARKS

Es handelt sich bei Nationalparks um speziell geschützte Gebiete der Natur. Neben den Naturparks gibt es die **National Monuments**, das sind zumeist historisch oder archäologisch bedeutsame Stätten, die ebenfalls unter Schutz stehen. Zuletzt nehmen einen Großteil der Schutzgebiete auch die Erholungsgebiete ein, die sogenannten **Recreation Areas**.

Sie erkennen ein Schutzgebiet schon daran, dass es den umfangreichen Ranger-Service bietet und von diesen auch verwaltet wird. Innerhalb der Gebiete gibt es Regeln, die zum Beispiel Erkundigungen auf eigene Faust einschränken oder ganz untersagen. In vielen Fällen brauchen Sie für besonders tief in die Landschaft eindringende Wanderungen sogenannte Permits, Erlaubnisse der Ranger, dass Sie diese Wanderung unternehmen dürfen (▶Seite 389).

Im Internet findet man fast alle amerikanischen Schutzgebiete unter www.nps.gov.

Auf dem Zirkel dieser Reise liegen sechs Nationalparks, die – mit Ausnahme des North Cascades National Park – Eintritt kosten. Im Normalfall kostet ein Park pro Fahrzeug $ 25, egal, wie viele Insassen im Pkw oder Wohnmobil in den Park fahren. Wer plant, mehrere Nationalparks zu besuchen, sollte gleich beim ersten Park den **America the Beautiful Pass** für $ 80 kaufen, der sich bereits ab dem vierten Parkbesuch lohnt. Damit hat man Zugang zu allen Parks, manchmal erhält man mit dem Pass auch an anderen Stellen freien Eintritt (beispielsweise in manche State Parks und Forests beziehungsweise zu den National Monuments). Der Pass ist ein Jahr lang gültig und berechtigt zu weiteren Eintritten, falls Sie innerhalb dieses Zeitraumes eine erneute Reise in die USA antreten. Für die Hauptroute die-

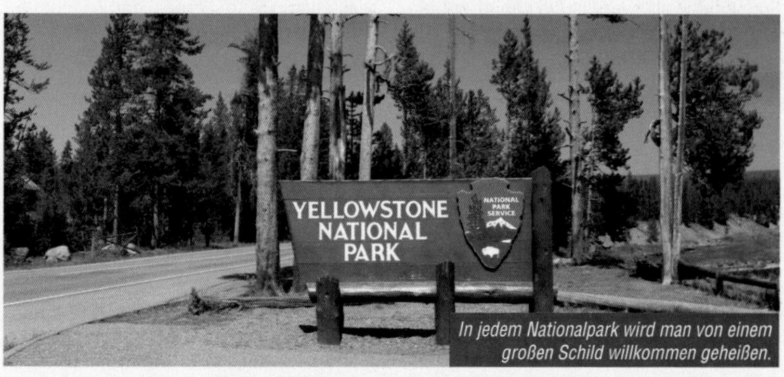

In jedem Nationalpark wird man von einem großen Schild willkommen geheißen.

ses Routenreiseführers ist der Jahrespass eine klare Empfehlung.

Die Nationalparks und die anderen Schutzgebiete sind jeden Dollar Eintrittsgeld wert. Überall findet man liebevoll und gebäudetechnisch sehr anspruchsvoll gestaltete Visitor Center, die ausführliches Informationsmaterial zur Verfügung stellen. Hier stehen auch die Park Ranger bereit, um geduldig alle Fragen zu beantworten, Tipps zu geben und geführte Touren anzubieten. In den allermeisten Fällen schließt sich noch ein Museum an (meist sind die Exponate aufwändig und ansprechend dargestellt), es gibt Erfrischungen, Souvenirs und Literatur zu kaufen, und Sie finden überall blitzsaubere sanitäre Anlagen.

Unzählige Wanderungen (Trails) sind in den Schutzgebieten für die Besucher angelegt und werden auch gut gepflegt. Die »Highlights« finden Sie stets ausführlich in den Besucherzeitungen beschrieben. An den Parkeingängen wird Ihnen diese Zeitung direkt bei Ankunft ausgehändigt. Sie finden darin alles für diesen Nationalpark Relevante: die Übernachtungsmöglichkeiten, klimatischen Bedingungen, Wissenswertes über Flora und Fauna, das Angebot der Ranger, Aktivitäten aller Art, Wandervorschläge, Tipps für Ihre Erkundigungen, einfaches Kartenmaterial und vieles mehr.

Die Nationalparks sind ganzjährig geöffnet, teilweise mit Einschränkungen bei der Verkehrsführung in den Wintermonaten.

NOTFALL

Für Notfälle aller Art gilt die gebührenfreie Notfallnummer 911.

Die deutschsprachige Notfallnummer des ADAC ist die ☎ 1-888-222-1373 (für ADAC-Mitglieder).

Ist man Opfer eines Diebstahls oder Verbrechens geworden, muss man in der nächstgelegenen Polizeidienststelle Anzeige erstatten, damit die Versicherung später den entstandenen Schaden übernimmt. Bei Verlust oder Diebstahl der Kreditkarte muss diese unverzüglich unter der einheitlichen Sperrnummer ☎ +49-116116 für deutsche Karten und unter ☎ +43-1-2048800 für österreichische gesperrt werden (eine entsprechende zentrale Nummer für die Schweiz gibt es nicht).

Bei ernsthaften Erkrankungen, schweren Unfällen oder schwerwiegenden Verbrechen muss man zusätzlich zu der Anzeige bei der Polizei auch die nächste Botschaft beziehungsweise das nächste Konsulat informieren. Vor allem bei Passverlust bekommt man hier ein Ersatzdokument und weitere Hilfe, zum Beispiel auch, wenn Kreditkarte und Flugtickets gestohlen wurden.

Bei Pannen mit dem Mietwagen oder dem Wohnmobil signalisiert eine hochgeklappte Motorhaube, dass man Hilfe braucht.

Siehe auch Ärztliche Hilfe ►Seite 352
Siehe auch Kreditkarte ►Seite 364

ÖFFENTLICHE VERKEHRSMITTEL

Ein flächendeckendes Netz von öffentlichen Verkehrsmitteln, wie wir es kennen, gibt es in den USA nicht. Die Städte Seattle, Salt Lake City und Portland sind allerdings überraschend gut mit einem Bus- und Schienenverkehr ausgestattet, sodass man das gemietete Fahrzeug bei der Unterkunft beziehungsweise dem Campground stehenlassen kann. Mit dem Nahverkehr ist man deutlich schneller unterwegs als mit dem Auto oder dem Wohnmobil. Auch die jeweiligen Flughäfen sind bestens an die Innenstädte angeschlossen. Busse und Straßenbahnen sind tendenziell günstiger als in Europa, zudem werden Sondertarife (Tages- oder Mehrtagestickets) angeboten. In Seattle ergänzt ein ausgeprägtes Fährnetz, die Washington State Ferries, das Angebot an Öffentlichen Verkehrsmitteln.

In manchen Nationalparks gibt es einen kostenlosen Shuttleservice, den der National Park Service anbietet, in anderen unterhalten diesen Service private Unternehmen, dann ist er kostenpflichtig – manchmal gibt es wegen der Weitläufigkeit und Inhomogenität des Gebietes auch gar keinen Shuttleservice wie beispielsweise im Olympic National Park.

Trotz der erfreulichen Entwicklung des Nahverkehrs in amerikanischen Städten ist der Öffentliche Personennahverkehr auf dem Land und in kleineren und mittelgroßen Städten noch so gut wie gar nicht ausgeprägt. Im Reisegebiet Nordwesten ohne eigenes Fahrzeug von einem Ziel zum anderen zu gelangen, ist nahezu unmöglich. Die meisten Bahnlinien in den abgelegeneren Regionen werden ausschließlich von Güterzügen befahren, ein lückenloses Bahnnetz durch die Bundesstaaten des Nordwestens für den Personenverkehr gibt es nicht.

ÖFFNUNGSZEITEN

Normalerweise haben alle öffentlichen Institutionen das ganze Jahr über geöffnet, nur wenige sind saisonal geschlossen. In diesem Routenreiseführer wurde meist »ganzjährig geöffnet« angegeben, da dies bis auf die Ausnahme zweier Tage zutrifft. Diese beiden Tage, an denen überall und alles geschlossen bleibt, sind **Thanksgiving** und der **25. Dezember**. An diesen Tagen haben auch die Visitor Center und Museen geschlossen, die ansonsten wirklich durchgehend das ganze Jahr geöffnet haben.

In den USA existiert kein verbindliches Ladenschlussgesetz. Die Supermärkte in den Großstädten haben meist rund um die Uhr inklusive sonntags geöffnet (»**24/7**«, das heißt sieben Tage rund um die Uhr am Stück geöffnet), Malls und Einkaufszentren im Allgemeinen außer sonntags bis etwa 21 Uhr. Ansonsten kann man in Supermärkten außerhalb der Städte normalerweise von 8 bis 21 Uhr, in manchen auch bis 24 Uhr einkaufen, bei Walmart überall rund um die Uhr. Öffentliche Einrichtungen wie Postämter oder Touristeninformationen sind meist von 9 bis 17 Uhr geöffnet, die touristischen Anlaufstellen in der Sommersaison meist auch länger. Banken haben in der Regel nur von 10 bis 14 Uhr, maximal bis 15 Uhr geöffnet.

In den Restaurants wird mittags zwischen 11.30 und 14.30 Uhr Mittagessen serviert, Abendessen gibt es zwischen 17.30 und 22 Uhr. Fast-Food-Ketten haben meist von etwa 8 Uhr bis Mitternacht, oft auch 24 Stunden geöffnet.

Wenn bei den im Routenverlauf angegebenen Öffnungszeiten der Sehenswürdigkeiten »ganzjährig« angegeben ist, schließt das Thanksgiving und den 25. Dezember nicht mit ein!

RAUCHEN

Rauchverbot besteht in öffentlichen Gebäuden und Verkehrsmitteln. In Hotels gibt es oft ausgewiesene Raucherzimmer, die aber meist schlechter und teurer sind als Nichtraucherzimmer. Rauchwaren dürfen nur an über 18-Jährige verkauft werden. Insgesamt ist die Einstellung gegenüber Tabakkonsum nicht so rigoros wie in Bezug auf Alkohol.

Besonders strenge Regeln gibt es in Salt Lake City. Dort ist Rauchen gar nicht erlaubt, weil hier die von den Mormonen verfolgten strengen Grundsätze gelten (▶Seite 352).

REISEDAUER

Eine Reisedauer von drei Wochen ist das Minimum für die Rundreise von Seattle bis Salt Lake City mit den herausragenden Attraktionen auf der Route. Drei bis fünf Tage zusätzlich sollte man einplanen, wenn man die Reise in Seattle startet und beendet – optimal wären für diese Variante vier Wochen. Nur so ist gewährleistet, dass Sie auch einmal zur Entspannung einen Tag länger bleiben können beziehungsweise für den Notfall (Panne, Krankheit etc.) einen Puffer haben. Im Zeitplan inbegriffen sind ausgiebige Wanderungen, die Sie sich »leisten« können und die mit einer oder zwei Übernachtungen pro Nationalpark verbunden sind. Mit den unaufwändigeren Abstechern, die Sie als Alternativroute beschrieben finden, bleiben Sie ebenfalls im selben Zeitraum. Drei Wochen reichen jedoch definitiv nicht mehr, wenn Sie alle Abstecher und Umwege mitnehmen und/oder eine der Städte noch ausgiebiger erleben wollen. Dann müssen Sie auf alle Fälle vier Wochen ansetzen.

Steht bei Ihrem Aufenthalt in den USA nicht das Wandern im Vordergrund, sondern möchten Sie die Nationalparks weniger bewegungsfreudig erleben und mehr Ihr Fahrzeug benutzen, brauchen Sie dennoch einen Zeitrahmen von nur knapp weniger als drei Wochen. Denn die großen Fahrdistanzen zwischen den einzelnen Zielen verschlingen einige Zeit. Wird beispielsweise der Glacier National Park ausgelassen, ist ein wenig Zeit gewonnen, die man möglicherweise an der Küste oder an einem besonders schönen See, in den Bergen oder in einem anderen reizvollen Nationalpark in Form eines Erholungsaufenthaltes investieren kann.

Aufgrund der Anhäufung von Zielen rechts und links der ganz großen Attraktionen versucht dieser Routenreiseführer, die zusätzlichen Ziele überschaubar zu halten. So können Sie sich innerhalb der Routenbeschreibung bereits auf sehr konkrete zeitliche Orientierungspunkte stützen. Die Strecke nimmt alles mit auf, was an essentiellen Attraktionen im Umfeld liegt. Sie laufen also nicht Gefahr, eine völlig utopische Planung aufzustellen, wenn Sie sich innerhalb dieses Rahmens bewegen. Ihrer Entscheidung obliegt es vielmehr, nach persönlichen Prioritäten einzuteilen, an welchem Ort Sie sich wie lange aufhalten möchten.

REISEDOKUMENTE

Die Vereinigten Staaten sind sehr kreativ, was Einreisebedingungen betrifft. Bis 2008 genügte für deutsche, österreichische und Schweizer Staatsbürger für die Einreise allein ein noch mindestens drei Monate gültiger, maschinenlesbarer Reisepass. Auch der Kinder-Reisepass berechtigt zur visafreien Einreise, sofern er vor dem 26. Oktober 2006 ausgestellt und seitdem nicht verlängert oder verändert wurde. Der Kinder-Reisepass muss ein Lichtbild enthalten. An diesen Bestimmungen hat sich nichts geändert, zusätzlich zum Reisedokument ist seit Anfang 2009 jedoch eine vorherige Autorisation über das Internet vorgeschrieben. Vor einer beabsichtigten, visumfreien Einreise müssen Sie eine elektronische Einreiseerlaubnis (**Electronic System for Travel Authorization/ESTA**) einholen. Diese Autorisation ist für zwei Jahre oder bis zum Ablauf des Reisepasses gültig, innerhalb dieser Zeit dürfen Sie unbegrenzt oft einreisen, müssen die Prozedur also nicht jedes Mal wiederholen. Online (auch in Deutsch und vielen weiteren Sprachen) zu finden unter www https://esta.cbp.dhs.gov/esta

Seit 2010 wird außerdem eine **Einreisegebühr** in die USA in Höhe von $ 14 pro Person erhoben. Die Gebühr für die elektronische Reiseerlaubnis fällt bei der Nutzung des elektronischen Einreisesystems an. Sie setzt sich aus $ 4 für die Bearbeitung des Einreiseantrags und $ 10 für die Genehmigung zusammen. Als Zahlungsmittel werden nur die gängigen Kreditkarten anerkannt. Diese »Eintrittsgebühr« ist zwei Jahre lang gültig und berechtigt zu mehreren Einreisen in die USA innerhalb dieses Zeitraums. Verliert Ihr Reisepass innerhalb dieser zwei Jahre seine Gültigkeit, muss der Antrag für eine erneute Einreise neu gestellt werden. Ebenso dann, wenn Sie während dieser Zeit Ihren Namen oder das Geschlecht ändern.

Sie brauchen für die USA keinen Internationalen Führerschein, aber der deutsche beziehungsweise EU-Führerschein muss gültig sein. Selbstverständlich ebenfalls gültig sein müssen die Kreditkarte und der EU-Reisepass, den übrigens auch Kinder haben müssen (der normale deutsche Kinderpass gilt nicht!). Ihr Reisepass muss mindestens für die Dauer des geplanten Aufenthaltes gültig sein.

Muss man aufgrund einer chronischen Erkrankung regelmäßig Medikamente einnehmen, sollte man vom behandelnden Arzt ein entsprechendes Rezept möglichst in englischer Sprache mit sich führen (vor allem, wenn man die Medikamente im Handgepäck mit an Bord des Flugzeuges nimmt).

REISEVERSICHERUNGEN

Ist während Ihres Aufenthaltes in den USA ein Arztbesuch vonnöten, müssen Sie diesen zunächst selbst in voller Höhe bezahlen. Da die Gesetzlichen Krankenkassen diese Kosten aber auch nachträglich nicht übernehmen, empfiehlt sich eine **Auslandskranken- und/oder Unfallversicherung**, die auch die USA abdeckt. Besonders günstige Versicherungen, auch für eine ganze Familie, bietet beispielsweise der ADAC an.

Private Krankenversicherungen übernehmen im Normalfall die in Nordamerika entstandenen Behandlungskosten. Um diesbezüglich aber ganz sicher zu sein, sollten Sie das Kleingedruckte Ihres Tarifvertrages studieren beziehungsweise bei Ihrer Versicherung anfragen. Rückversichern sollten Sie sich auch, was konkret im Falle eines Krankenhausaufenthaltes erstattet wird. Rechnungen über stationäre Behandlungen können leicht einmal die Höhe eines neuen Kleinwagens erreichen. Es gibt Tarifvereinbarungen zwischen den Behandelnden und den Versicherern, die eine Rechnung rabattieren. Fragen Sie auch danach.

In allen Fällen sollten Sie, wenn vorhanden, eine deutsche Versicherungskarte dabei haben (gilt auch für Privatpatienten!). Auch wenn die Amerikaner zunächst nichts damit anfangen können, weil sie ja nicht direkt, sondern über den Patienten abrechnen, ist die Versicherungsnummer und das Vorhandensein eines Versicherungsschutzes für amerikanische Ärzte und Krankenhäuser ein wichtiger Faktor.

Mit der Buchung der Reise auch eine **Reiserücktrittsversicherung** abzuschließen, ist in jedem Fall wichtig. Sollten Sie vor Ihrer Abreise ernsthaft krank werden oder es in der Familie einen schlimmen Notfall geben, springt diese Versicherung ein und erstattet die Kosten für die stornierte Reise. Bei einer Reise dieser Größenordnung und Kostenhöhe sollten Sie sich gut absichern, sodass außerplanmäßige Ereignisse, die die Reise unmöglich machen, von einer Versicherung aufgefangen werden. Verreisen Sie häufig, lohnt es sich, eine Jahresversicherung abzuschließen. Wenn Sie mit Kindern unterwegs sind, gibt es günstige Familienvarianten. Gold-Kreditkarten beinhalten ebenfalls Versicherungen. Prüfen Sie deren Bestimmungen vor Abschluss einer neuen Versicherung.

ⓘ REISEVORBEREITUNG

Die Vorbereitung für diese Reise, die in jeder Beziehung eine Traumreise werden soll, ist knifflig und erfordert eine prinzipielle Entscheidung: Möchten Sie in der Gewissheit losfliegen, alles genau durchgeplant zu haben, damit unterwegs nichts schiefgehen kann und Sie sich wirklich auf die Erlebnisse konzentrieren können? Oder möchten Sie aufs Geratewohl ins Abenteuer starten und die Freiheit genießen, sich Ihre Zeit nach Belieben einteilen zu können? Beides hat seine Reize, und es hängt nicht nur von Ihren Gewohnheiten und Vorlieben ab, wie Sie sich entscheiden, sondern auch vom Zeitpunkt im Jahr, zu dem die Reise stattfinden soll.

Soll es in der **Hochsaison** über den großen Teich gehen, also zwischen Juni und August, ist es unabdingbar, dass Sie in den Städten und in den Nationalparks die Campgrounds vorab reservieren (▶Seite 355). Übers Internet geht dies sehr einfach, ebenso per Telefon. Die entsprechenden Adressen und Nummern finden Sie jeweils bei der Beschreibung des Campgrounds. Sie müssen sich im Normalfall selbst darum kümmern, da Reisebüros auf diese Dienstleistungen nicht eingerichtet sind (und meist auch gar nicht wissen, dass solche Reservierungen überhaupt möglich sind). Übernachtungen während der großen Fahrdistanzen sind im Normalfall kein Problem, da sich der große Besucherstrom auf die attraktiven Ziele konzentriert. Sie finden in diesem Routenreiseführer auch stets Übernachtungsoptionen auf den Fahrstrecken, die zeitlich und entfernungsmäßig günstig zum letzten und nächsten Ziel liegen.

Zu allen Jahreszeiten kann es durchaus reizvoll sein, ohne detaillierte Vorabplanung loszuziehen und die Reise auf sich zukommen zu lassen. Aber wirklich empfehlenswert ist es nicht, vor allem nicht, wenn man das erste Mal in diesem Gebiet unterwegs ist! Es kann die Reise ganz schön beeinträchtigen, wenn man täglich spätestens ab der Mittagszeit damit beschäftigt ist, sich das potenzielle abendliche Ziel zu überlegen und daraufhin nach passenden Campgrounds oder Motels Ausschau zu halten. Dann geht das Telefonieren los, denn ganz entspannt darauf hoffen, dass es sicher noch ein Plätzchen für Sie geben wird, sollten Sie je nach Ziel nicht. Bedenken Sie, dass gerade in den Nationalparks die Anzahl der Campgrounds und damit die Kapazitäten begrenzt sind. Noch viel mehr gilt dies für die Städte.

Neben diesen freien und persönlichen Entscheidungen gibt es allerdings eine Reihe von unbedingt erforderlichen Vorbereitungen: Auf jeden Fall sollten Sie bereits zu Hause Ihr Gefährt mieten, sei es über das Reisebüro oder direkt vor Ort über das Internet.

Was Sie ebenfalls schon von zu Hause aus erledigen sollten, ist das Reservieren des Hotels für die erste Nacht. Um sich eine frustrierende Zimmersuche nach der Ankunft zu ersparen, legen Sie sich lieber im Voraus schon auf Ihr Wunschhotel fest, das Sie direkt, übers Reisebüro oder über Internet-Vermittler wie www.expedia.de oder www.hrs.de reservieren können.

REISEZEIT

Aufgrund des sehr großen Reisegebietes und vor allem der wettermäßigen Unterschiede (▶Seite 367) ist es schwierig, eine Empfehlung auszusprechen. Wenn man aufgrund der Reisedauer nicht auf die ausgedehnten Sommerferien angewiesen ist, sind die besten Reisezeiten das Frühjahr (April/Mai) und der Herbst (September/Oktober). Das Frühjahr ist wettermäßig etwas wechselhafter als der Herbst, wohingegen im Herbst die Tage bereits kürzer werden. Der Vorteil der Vor- und Nachsaison ist jedoch, dass der touristische Ansturm deutlich geringer ist als während der amerikanischen Sommerferien (von Mitte Juni bis Mitte September) und während die meisten europäischen Länder Ferien haben – was im Juli/Augst der Fall ist. Wer allerdings schulpflichtige Kinder hat beziehungsweise campen oder zelten möchte, kann die Reise nur im Hochsommer unternehmen. Denn keine anderen Ferien decken die notwendige Reisezeit von mindestens drei Wochen ab. Außerdem können die Nächte im Zelt im August schon mitunter bitterkalt werden – im Oktober wäre dies kaum mehr machbar (manche Campgrounds schließen sogar schon recht früh Ende September/Anfang Oktober). Zu bedenken ist außerdem, dass auch Hotels von Oktober bis April oft geschlossen haben.

Auch für Wanderungen und andere Outdoor-Aktivitäten wie Kajakfahren sowie Strandbesuche an der Küste gilt als einzig möglicher Reisezeitraum der Sommer.

Im Winter sind alle Schneehasen im Nordwesten gut aufgehoben. Während es an der Küste häufig schneit und stürmt, dabei aber weitgehend mild bleibt, sind die eisigen und tief verschneiten Rocky Mountains ein Paradies für Wintersportler.

SICHERHEIT

Auf der Reiseroute liegen keine Millionenstädte, aber dennoch gilt: Es herrschen in den USA keine kriminelleren oder gefährlicheren Zustände als in anderen Reisegebieten. Denn es ist wie überall auf der Welt auch im Nordwesten so, dass beliebte Touristengegenden und Sehenswürdigkeiten einigermaßen sicher sind. Dennoch sollte man sich jederzeit vor Taschendieben in Acht nehmen. Mit sichtbar kostspieliger Fotoausrüstung, Handtaschen und lose eingesteckten Geldbeuteln und Brieftaschen sollte man sorgsam umgehen und stets auf Wertgegenstände achten. Am besten ist es, Geld und Geldbeutel am Körper zu tragen. Besondere Vorsicht ist in den Öffentlichen Verkehrsmitteln und bei großen Menschenansammlungen geboten. Zudem sollte man sich vorab erkundigen, welche Gebiete man in Großstädten zum Beispiel auf keinen Fall betreten darf. Leere Straßen, verfallene Häuser und Müll auf den Straßen sind ein eindeutiges Zeichen für »Bad Neighborhoods«. Wenn Sie unsicher sind, wo es für Sie als Tourist sicher ist und wo nicht, fragen Sie im Hotel/Motel danach.

Es gibt einige Vorkehrungen, die zur Minimierung des Schadens bei einem Überfall beitragen können: Nie zu viel Bargeld bei sich tragen, Wertgegenstände und größere Bargeldmengen sollten im Hotelsafe bleiben. Statt Schultertaschen nehmen Sie lieber eine feste und nicht sichtbare Gürteltasche mit. Den Schmuck lassen Sie am besten ganz zu Hause. Wer ein vollbepacktes Fahrzeug abstellen muss, sollte dies am besten auf einem bewachten Parkplatz tun und die Gegenstände im Auto von außen nicht sichtbar verstauen.

Am besten fertigt man zu Hause Kopien von allen wichtigen Reisedokumenten an, sodass man im Falle eines Diebstahls der Originale nicht mit ganz leeren Händen dasteht.

Bei Problemen wählen Sie die **Notrufnummer** der Polizei, das ist in den gesamten Vereinigten Staaten die 911. Damit alarmieren Sie auch die Feuerwehr und rufen einen Krankenwagen.

Im Großen und Ganzen gilt das Reisegebiet Nordwesten aber als relativ sicher.

Die Risiken in der unberührten Natur »draußen« sind ganz anderer Art. In die-

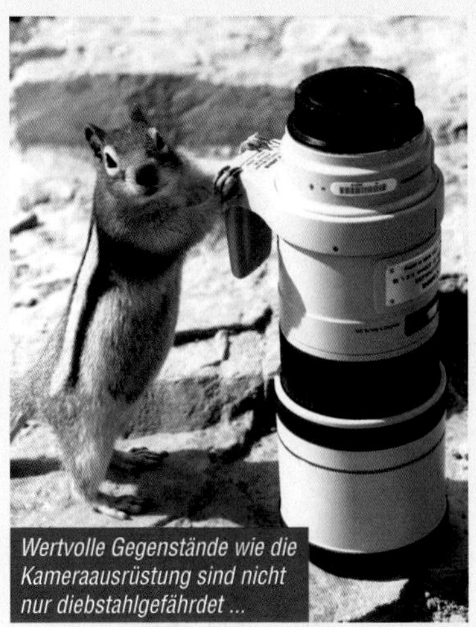
Wertvolle Gegenstände wie die Kameraausrüstung sind nicht nur diebstahlgefährdet ...

sen nördlichen Gefilden der USA sind es vor allem die Grizzlybären (▶Seite 382), vor denen Sie sich in Acht nehmen sollten. Auch Schwarzbären, Bisons, Elche und Kojoten haben hier ihren Lebensraum – es sind Wildtiere, dessen sollte man sich stets bewusst sein. Bären stellen keine unmittelbare Gefahr dar, solange sie ihre natürliche Scheu vor den Menschen behalten; deshalb sollte man die Regeln streng beachten, beginnend beim Wegsperren von Lebensmitteln bis hin zu richtigem Verhalten bei einem direkten Kontakt.

Auch das Meer birgt durchaus Gefahren. Am Pazifik gibt es Ebbe und Flut, was bei abziehendem Wasser zu gefährlichen Strömungen und bei steigendem Pegel zu einer starken Brandung führen kann. Hinzu kommen teilweise extrem kalte Wassertemperaturen, was vor allem für den Norden gilt. Um einen Strand richtig einordnen zu können, erkundigen Sie sich beim nächstgelegenen Visitor Center und beschaffen Sie sich die aktuellen Gezeitentabellen.

SOMMERZEIT

Die Sommerzeit gibt es in Amerika auch und sie heißt **Daylight Saving Time**. In den meisten Teilen der USA werden die Uhren von Mitte März (zweiter Sonntag im März) bis Anfang November (erster Sonntag im November) eine Stunde vor auf Sommerzeit gestellt. Der Zeitraum, in dem die Uhren auf Daylight Saving Time umgestellt werden, entspricht fast exakt dem der europäischen Sommerzeit.

SPORT

Bewegungsfreudige Menschen und Outdoor-Enthusiasten kommen im Nordwesten der USA voll auf ihre Kosten. Von Betätigungen zu Wasser wie Kanu- oder Kajakfahren, Wildwasser-Rafting oder Surfen über Klettern und Bergsteigen bis hin zu Reittouren ist alles geboten.

Angeln

Da unsere Reise nicht nur am Pazifik, sondern an großen und kleinen Bergseen, Stauseen und einigen idyllischen Flüssen vorbeiführt, sollte jeder Angelfreund seine Ausrüstung mit dabei haben. Angeln ist Nationalsport in den USA und deshalb perfekt organisiert. Das zeigt sich schon an den vielen Möglichkeiten, sich mit Anglerbedarf auszustatten. Zum Angeln braucht man jedoch eine **Genehmigung**, die man in den Visitor Centern oder Ranger-Stationen der Nationalparks, in kleinen Orten auch im Lebensmittelladen erhält, wofür man sich mit Ausweis legitimieren muss. Sie sind recht günstig (im Yellowstone National Park kostet eine Dreitageslizenz beispielsweise ⊛ $ 15). Da die Regelungen und Preise von Bun-

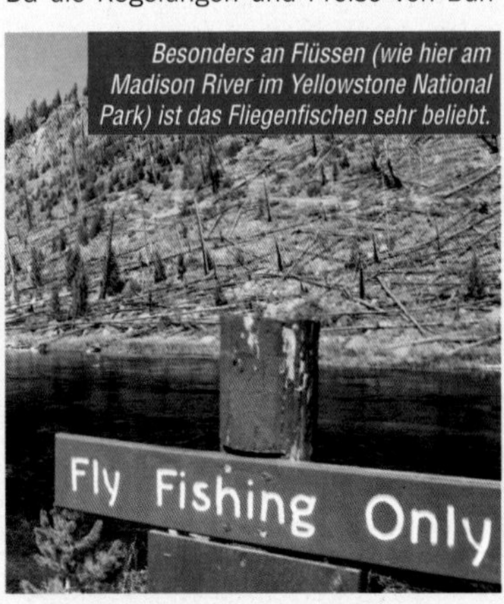

Besonders an Flüssen (wie hier am Madison River im Yellowstone National Park) ist das Fliegenfischen sehr beliebt.

desstaat zu Bundesstaat unterschiedlich sind, sollte man sich im Vorfeld über die Internetseiten des Staates über die Konditionen informieren.

Besonders populär im Nordwesten ist das sogenannte Fliegenfischen (Fly Fishing), bei dem die Angler meist hüfttief im Wasser stehen und die etwas biegsamere Route mit einem künstlichen Köder versehen ist. Durch die hierfür notwendige, spezielle Wurftechnik kann man einen Angler vom Straßenrand aus sofort als Fliegenfischer identifizieren.

Mountainbiking

Kaum zu glauben, dass das Land des Automobils immer fahrradfreundlicher wird. In den Städten gehört der Drahtesel mit zahlreichen Vermietstationen ebenso zum Stadtbild wie in den Nationalparks, in denen man an vielen Stellen Fahrräder mieten kann. Zwar darf man nicht überall auf den Wanderwegen radeln, aber meist stehen separate Radwege zur Verfügung. Wer eine richtige Tour starten will, kann sich aus verschiedenen Organisationen speziell zusammengestellte Touren aussuchen, eine Übersicht über die Veranstalter findet man unter www.bikingbis.com/pacific-northwest-bike-tour-outfitters.

Reiten

Indianer, Cowboys, Rodeos, Prärie und die Natur rund um die Rocky Mountains – der Landstrich schreit förmlich danach, auf Reitausflügen erkundet zu werden. Und nicht nur passionierte Reiter, sondern auch Anfänger haben ihren Spaß an dieser Aktivität. In den USA, dem Geburtsland des Reitens, wird nach Western-Art, der sogenannten kalifornischen Reitweise geritten, so wie es die Cowboys bei der Arbeit seit jeher praktizieren. Die speziell gezüchteten Pferde, die meist etwas kleiner sind, als man sie aus Europa kennt, und daher »wendiger«, reagieren sehr sensibel auf jede Hilfe der Reiter, da sie selbständiges Arbeiten gewohnt sind. Nur so ist es den Cowboys möglich, den Zügel locker in nur einer Hand zu halten, das Pferd dabei trotzdem zu lenken und die andere Hand komplett frei zu haben, um zum Beispiel Rinder zu treiben. Die leichteste Hilfe durch Schenkeldruck bringt das Pferd in die gewünschte Gangart, die es dann auch zuverlässig beibehält. Klingt alles sehr bequem? Ist es auch!

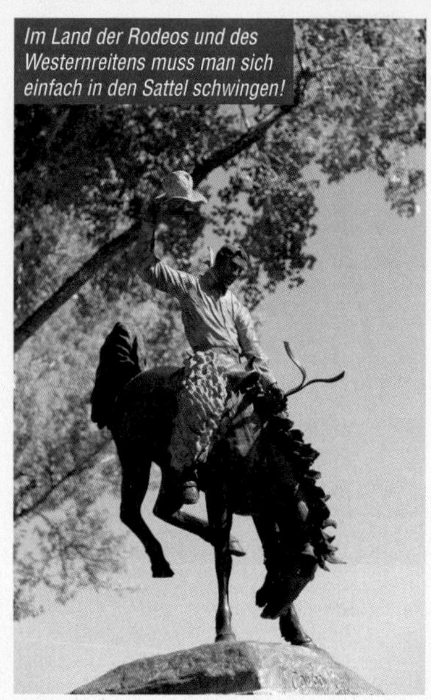
Im Land der Rodeos und des Westernreitens muss man sich einfach in den Sattel schwingen!

Der Sattel unterscheidet sich ebenfalls von dem, der für die klassische Reitweise benutzt wird. Er ist breit, hat einen stützenden hinteren Rand und breite Steigbügel mit einem guten Halt für die Füße. Die langen Zügel sind offen und hängen lose durch – das soll nicht nur cool aussehen, sondern zeigt, wie einfach das Pferd mit der leichtesten Hilfestellung zu »lenken« ist – auch und gerade für Anfänger.

Für uns europäische Touristen ist das Reiten also eine durch und durch komfortable und angenehme Sache. Man sollte es dennoch nicht unterschätzen. Natürlich spürt man trotz allem die Anstrengung nach einem Ritt in allen Knochen, aber eigentlich nur deshalb, weil es so ungewohnt ist, im Sattel zu sitzen. Vielleicht portionieren Sie deshalb Ihre Reitausflüge und starten lieber zu mehreren Touren, statt gleich einen Halbtagesausritt zu unternehmen.

Reiter mit Erfahrung können sich auch mehrtägige Reitausflüge vornehmen. Man muss hierfür kein Profi sein, sollte aber zumindest ein reiterisches Basiswissen mitbringen. Wenn Sie selbständig losreiten möchten, können Sie beispielsweise im Yellowstone National Park in Canyon Village (▶Seite 239) und in Tower-Roosevelt (▶Seite 232) ein Pferd leihen, ansonsten aber an geführten Touren teilnehmen, was innerhalb fast aller Nationalparks möglich ist. Zu privat angebotenen Reitausflügen geben die regionalen Touristenbüros und Visitor Center Auskunft.

Wer gezielt Reiterferien machen möchte, wird in Sachen Veranstalter auf folgenden Seiten fündig (Vorkenntnisse vorteilhaft):

Dude & Guest Ranches

www.guestranches.com

Reisebüro Pegasus

http://reiterreisen.com

Wassersport

Kaum ist man in der Nähe von Flüssen, häufen sich die Werbeplakate für Anbieter von Wildwasserfahrten, Kanu-und Kajakexkursionen sowie andere sportliche Aktivitäten zu Wasser. Die Anbieter verkaufen nicht nur Ausrüstung und vermieten Boote, sondern organisieren auch Touren in allen Schwierigkeitsgraden und für alle Ansprüche. Besonders beliebt sind in Wyoming die im südlich des Yellowstone National Park gelegenen Gewässer um Jackson Hole (▶Seite 270), hier ist entsprechend das Angebot besonders groß. Informationen erhält man im Visitor Center von Jackson. Ansonsten begleiten die beiden Flüsse Snake River und Columbia River die Reiseroute so ausdauernd, dass es genug Möglichkeiten gibt, sich im Wildwasser-Rafting zu erproben. Für eher ruhigere Flussabschnitte und die Seen auf dieser Reise sind Kanu- und Kajakfahrten ratsam, Seakayaking kann man im Bereich um die San Juan Islands (▶Seite 75) und rund um die Olympic Peninsula betreiben.

Ob gemächlich oder wild – eine Kajak- oder Kanufahrt auf einem amerikanischen Fluss ist ein besonderes Erlebnis.

Einen sehr guten Überblick über Ausrüster, Anbieter von Touren und Paddelschulen findet man im Internet unter www.paddling.net.

Wenn Sie im Meer baden gehen möchten, wird Ihnen die Wassertemperatur des Pazifischen Ozeans einen Strich durch die Rechnung machen. Man schwimmt besser in den Binnenseen und Flüssen – wenngleich auch diese nicht gerade Badewannentemperatur haben. Zum Surfen eignet sich dagegen die Pazifikküste optimal.

Wintersport

Die Rocky Mountains sind ein Eldorado für Wintersportfans. Besonders die Ausläufer der Rockies in Nord-Utah, Idaho, Colorado und Nordwest-Wyoming bieten paradiesische Bedingungen, ebenso die Kaskadenrange in Oregon und Washington. Neben Abfahrtsski stehen auch Skitouren, Skilanglauf und Schneeschuhwandern auf dem Programm.

Der Wintersport ist kein Schwerpunkt dieses Routenreiseführers und entspricht auch nicht der Saisonempfehlung dieser Reise. Wer dennoch den Nordwesten als Winter-Wonderland erleben und sich in der weißen Pracht austoben möchte, findet hier weiterführende Informationen:

www.wintermt.com (Montana)
www.skiwildwest.de/wyoming.php (Wyoming)
http://crystalmountainresort.com (Washington, bei Seattle)
www.snowking.com (Wyoming, Jackson Hole)
www.visitsaltlake.com/skicity (Utah, Salt Lake City)

SPRACHE

Im Nordwesten der USA wird amerikanisches Englisch gesprochen. Das unterscheidet sich zwar vom britisch-dominierten Schulenglisch (und zwar sowohl im Vokabular als auch in der Aussprache), wer aber befürchtet, sprachlich zu versagen, irrt sich. Die Einwohner bemühen sich ganz offensichtlich um eine langsame, wohl artikulierte Sprache, wenn sie an Touristen geraten. Das fällt extrem auf und ist eine höfliche Geste der Gastgeber, die dafür berühmt sind, Silben gerne mal zu »verschlucken«.

Weitere Sprachen sind nicht verbreitet. Während in südlicheren Bundesstaaten oft Spanisch eine verbreitete Sprache ist, kommt man im Nordwesten tatsächlich nur mit Englisch weiter. Haben die Einheimischen einen Urlauber als Deutschen identifiziert, erzählen auffallend viele Amerikaner, dass sie auch schon einmal für längere Zeit in Deutschland waren oder ihre Vorfahren aus Deutschland kommen. Das bedeutet aber nicht, dass sie auch nur ein Wort Deutsch können. Damit Sie sich in den wesentlichen Alltagssituationen zurechtfinden, finden Sie in diesem Routenreiseführer eine Sprachhilfe, die Sie bei der Kommunikation unterstützt (▶Seite 393).

STRASSENKLASSIFIKATIONEN

Landläufig geht man davon aus, dass der amerikanische **Highway** (Hwy) der europäischen Autobahn entspricht, das ist aber ein Trugschluss. Der Highway wird meist vom entsprechenden Bundesstaat unterhalten und trägt demnach auch das Kürzel des Staates mit in der Bezeichnung – der North Cascades Scenic Byway in Washington heißt beispielsweise WA-20. Übergreifend wird der Highway auch **State Route** (SR) genannt. Ein Highway entspricht am ehesten Bundesstraßen in unserer Vorstellung, ist aber viel idyllischer, wirkt wegen der Weitläufigkeit weniger befahren und passiert deutlich weniger Orte. Die Highways zeichnen sich durch die berühmte, endlose Weite aus, wenn man bis zum Horizont nur Landschaft und Natur sieht und sich dazwischen die schmale, zweispurige Straße windet. Zu erkennen sind Highways an den weißen Schildern mit schwarzer Schrift. Oft wird auf diesen Hinweisschildern die Himmelsrichtung als Abkürzung angegeben.

Unserer Autobahn entspricht die amerikanische **Interstate**, die durch ein blaues Wappenschild mit weißer Zahl und rotem Querstreifen darüber gekennzeichnet ist. Die Schilder mit den Entfernungsangaben sind grün mit weißer Schrift. Auf einer Interstate kommt schon mehr das bekannte

Eine Interstate mit so vielen Fahrspuren wirkt erschreckend – es fährt sich darauf aber erstaunlich entspannt.

Autobahn-Feeling auf, denn die Straßen sind meist mindestens vier-, oft sechsspurig (vor allem im großstädtischen Bereich). Im Gegensatz zu unseren Autobahnen ist allerdings das Überholen auf der rechten Spur erlaubt, das heißt, Sie müssen sowohl nach rechts als auch nach links dieselbe Vorsicht walten lassen. Besonders ist, dass die Ausfahrten auch nach links abgehen können, Sie also gegebenenfalls einmal quer über alle Spuren wechseln müssen. Für europäische Verhältnisse undenkbar, im eher ruhigen Fluss auf einer Interstate aber eigentlich ganz unproblematisch.

Sowohl die Interstates als auch die meisten Highways sind in den sechs Bundesstaaten des Nordwestens gebührenfrei.

Die »**Unpaved Roads**« sollten Sie mit Camper tunlichst meiden und auch für Autos ohne Vierradantrieb sind sie nicht empfehlenswert – denn hierbei handelt es sich um Staubstraßen beziehungsweise unbefestigte (Schotter-)Straßen. Diese sind normalerweise als solche gekennzeichnet, werden Ihnen aber auf der vorliegenden Reiseroute nicht oft begegnen. Für Mietwagen und Wohnmobile ist das Befahren solcher Straßen in der Regel verboten.

STRASSENVERKEHR

Nach dem ersten Schreck über das riesige Ungetüm von Wohnmobil, das ab sofort Ihr rollendes Zuhause sein soll, werden Sie das Fahren bald sehr genießen. Auf den US-Highways können sich europäische Autofahrer entspannen. Die Fahrweise ist viel rücksichtsvoller und gemächlicher als in Europa. Auf den Interstates gibt es ein ganz spezielles System: Die linke Fahrspur ist in gekennzeichneten Abschnitten sogenannten »Fahrgemeinschaften« vorbehalten. Das heißt, diese Spuren dürfen Fahrzeuge benutzen, in denen neben dem Fahrer noch mindestens ein Mitfahrer unterwegs ist. Sie heißen **Car Pools** oder **Ride Share** und sind auf der Fahrbahn beschriftet.

Auch in den Großstädten des Nordwestens kann man einigermaßen entspannt Autofahren. Fährt man desorientiert durch Seattle, Salt Lake City oder Portland, wird dies glücklicherweise nicht mit Hupkonzerten sanktioniert. In der **Rush Hour** kann das Fahren, vor allem mit einem Wohnmobil, aber trotzdem ein schwieriges Unterfangen werden. Dann kommt der Verkehr oft sehr lange zum Stillstand und es gibt kein Vor und Zurück mehr. Gewöhnungsbedürftig ist, dass sich Ampeln grundsätzlich hinter der Kreuzung befinden.

Falls Sie im Rückspiegel ein **Polizeifahrzeug** mit Blaulicht sehen, halten Sie sofort am Straßenrand an, bleiben Sie im Fahrzeug sitzen und verhalten Sie sich ruhig. Öffnen Sie das Fenster einen Spalt breit und legen Sie danach die Hände wieder aufs Lenkrad, sodass der nahende Officer diese sehen kann. Der Umgangston amerikanischer Polizisten ist mitunter ruppiger als gewohnt, ebenso sind Kontrollen ohne erkennbaren Grund häufiger. Den Anweisungen des Polizisten sollte Sie ohne Diskussion Folge leisten – dann ist die Kontrolle auch schnell wieder vorbei.

Was einen gut organisierten Europäer schon einmal auf die Palme bringen kann, sind »**Road Constructions**« in der Hochsaison! Das kann sowohl zu erheblichen Behinderungen mit Wartezeiten vor dem Baustellenbereich führen als auch unter Umständen zu gigantischen Umwegen, um den Bereich zu umfahren. Im Sommer 2014 war hiervon beispielsweise im Mount Rainier National Park die Zufahrtsstraße vom Nisqually Entrance nach Longmire betroffen. Der Verkehr wurde über eine Fahrbahn geschleust, weshalb der Verkehr mit Baustellenampeln geregelt wurde. Wenn man Pech hatte und die Ampel gerade rot wurde, konnte man schon einmal 20 bis 30 Minuten warten, bis der Gegenverkehr durch war.

Es ist prinzipiell sinnvoll, sich Informationen zum nächsten Nationalpark zu beschaffen und sich über Baumaßnahmen zu informieren (online sind solche Informationen auf den Seiten der Nationalparks immer an exponierter Stelle zu finden). Ebenso wichtig ist es, für unvorhersehbare Fahrten einen zeitlichen Puffer einzubauen.

STROM (▶ ELEKTRIZITÄT)

TANKEN

Das Tanken ist im Vergleich zu Europa günstiger, aber auch in Amerika schwanken die Preise. Im Nordwesten ist die Tankstellenkette **Conoco** die mit Abstand günstigste. Gemessen wird das Benzin in Gallonen (1 Gallone = ca. 3,79 Liter). Prinzipiell muss man vor dem Tankvorgang ins Kassenhaus, wo man sich mit der Kreditkarte anmeldet. Erst dann wird eine Zapfsäule freigegeben. Nach dem Tanken geht man dann erneut ins Kassenhaus und bezahlt die tatsächlich gezapfte Menge Benzin. An manchen Tankstellen kann man direkt an der Zapfsäule per Kreditkarte bezahlen – aber auch dann muss man die Karte vor dem Tankvorgang durch das Lesegerät ziehen.

Bei beiden Varianten ist die Abgabemenge des Benzins restringiert. Das heißt, mitten im Tanken wird der Vorgang abgebrochen, auch wenn der Tank noch nicht voll ist. Das passiert meist, wenn Benzin im Wert von etwa $ 100 in den Tank geflossen ist. Wenn man das nicht weiß, fährt man in der Annahme los, vollgetankt zu haben. Man sollte also auf die Tankanzeige schauen und gegebenenfalls den Tankvorgang neu starten (inklusive vorherigem Gang ins Kassenhaus). Eine weitere Option ist die Bezahlung mir Bargeld (dann ist das Benzin günstiger, siehe Hinweis), aber auch dann bezahlt man zunächst im Kassenhaus eine festgelegte Menge. Hat man anfangs einen zu hohen Betrag angegeben, muss man zurück zur Kasse, um sich die Differenz erstatten zu lassen. Ist es zu wenig gewesen, kann man auf demselben Weg wie zuvor nachtanken.

Die auf den großen Anzeigen der Tankstellen angegebenen Preise sind normalerweise die Preise für Barzahlung. Diese sind in der Regel 5–6 Cents pro Gallone günstiger als bei Bezahlung mit Kreditkarte.

Auch wenn man in ein großes Gefährt wie ein Wohnmobil intuitiv Diesel einfüllen würde, fahren die meisten Fahrzeuge dieser Kategorie in Amerika mit **Benzin**, was auch für SUVs gilt – Diesel bleibt praktisch nur den Trucks vorbehalten. Es gibt drei Typen von Benzin: Regular (87 Oktan), Midgrade (89 Oktan) und Premium (91 Oktan). Bei der Vermietstation erfahren Sie, welches davon für Ihr Fahrzeug das richtige Benzin ist.

Die Preise für Benzin schwanken innerhalb des bereisten Gebietes beträchtlich (siehe auch »Kosten einer Reise«, ▶Seite 367). Pauschal gilt: In stadtnahen Gebieten mit guter Infrastruktur kann man in der Hochsaison für $ 3,59 pro Gallone tanken, in den Nationalparks oder in extrem entlegenen Gebieten steigen die Gallonenpreise auch mal über $ 4. Aber auch hiervon gibt es erstaunliche Ausnahmen. Wenn es in einem Gebiet auf der Route extreme Abweichungen in Sachen Benzinpreis gibt, werden Sie an der entsprechenden Stelle des Routenreiseführers darauf hingewiesen.

Aktuelle Benzinpreise nach Stadt beziehungsweise Region kann man recherchieren unter: www.gasbuddy.com

TELEFON UND INTERNET

Es ist nicht wirklich einfach, aus Nordamerika in Deutschland beziehungsweise Europa anzurufen. Zunächst muss man den Zeitunterschied bedenken, um niemanden mitten in der Nacht aus dem Bett zu scheuchen. Dann ist es fast unmöglich, mit einem **Münztelefon** ein Übersee-Gespräch zu führen. Sie wählen zunächst die 1, dann die Vorwahl und Rufnummer, woraufhin Ihnen eine Computeransage die fälligen Gebühren nennt. Diese in Münzen einzuwerfen, führt nicht immer zum gewünschten Erfolg. Entweder verweigert der Apparat die Münzen oder es sind – trotz vorheriger Ansage – zu wenige.

Wesentlich unkomplizierter ist das Telefonieren mit einer **Phone Card**, die man in Geschäften, an Tankstellen und bei allen touristischen Einrichtungen kaufen kann. Diese gibt es mit bereits aufgeladenen Werten zu 10, 20 oder 50 Dollar. Das meiste Geld zahlt man bei dieser Variante für das Zustandekommen der Verbindung. Hat man den Teilnehmer erst einmal an der Strippe, kann man erstaunlich lange für wenig Geld telefonieren. Es kann aber auch passieren, dass eine nicht geringe Gebühr von der Karte abgezogen wird, obwohl am anderen Ende der Leitung besetzt ist oder niemand abgenommen hat.

Die amerikanischen **Telefonnummern** bestehen aus einer dreistelligen Vorwahl, dem Area Code, und einer siebenstelligen Rufnummer. Wählt man die 0, erhält man einen Operator, der weiterhelfen kann. Rufnummern mit der Vorwahl 800, 866, 877 und 888 sind innerhalb der USA kostenfrei (toll free).

Für Europäer ungewöhnlich wird es, wenn die letzten Ziffern der Telefonnummer in Buchstaben angegeben werden (Vanity Number), was die Amerikaner gerne zu tun pflegen. Es ist ein Blick auf die Telefontastatur nötig, um eine Nummer richtig »verstehen« zu können. Steht da zum Beispiel 1-800-RV4Rent, heißt dies »übersetzt«: 1-800-784-7368.

Als kleine Hilfestellung hier die entsprechende Tastatur:

1	**2** abc	**3** def
4 ghi	**5** jkl	**6** mno
7 prqs	**8** tuv	**9** wxyz

Internationale Vorwahlen
(von den USA aus, jeweils + Vorwahl (ohne 0) + Teilnehmernummer):

Deutschland: 01149 (oder +49)
Österreich: 01143 (oder +43)
Schweiz: 01141 (oder +41)
USA: 001 (von Europa aus)

Gespräche innerhalb der USA
Innerhalb eines Telefonbezirks:
1 + Teilnehmernummer
Landesweit:
1 + Vorwahl (Area Code) + Teilnehmernummer

Recht unkompliziert ist das Telefonieren mit dem **Handy**. Abgesehen von einem nicht flächendeckenden Mobilfunknetz (bedingt durch abgelegene Gebiete beispielsweise in den Rocky Mountains) muss das mitgebrachte Handy lediglich ein Triband Handy für GSM-1900-Mobilfunknetze sein, die meisten aktuellen Handys und Smartphones unterstützen diesen Standard. Zusätzlich müssen Sie vorab prüfen, ob man mit den aktuellen Roaming-Konditionen Ihres Handys in den USA telefonieren kann (kann man in anderen europäischen Ländern uneingeschränkt telefonieren, muss das nicht zwingend für die USA zutreffen!) und mit welchen Kosten dies verbunden ist.

Alternativ können Sie ein US-amerikanisches (Billig-)Handy mit SIM-Karte für ca. $ 30 inklusive etwa 200–300 Freiminuten kaufen, worin der Prepaid-Anteil bereits enthalten ist. Dieses kann man beispielsweise bei Wal Mart oder in einem Fachgeschäft finden. Man muss das Handy aber für Auslandsgespräche freischalten lassen, wodurch sich die Freiminuten reduzieren. Damit Sie sich jedoch auf Ihren Urlaub konzentrieren und keine wertvolle Zeit mit der Suche nach einem Mobiltelefon vertun müssen, können Sie sich auch von zu Hause aus vorab um das mobile Telefonieren in den USA kümmern. Ein guter Anbieter mit unkomplizierten Konditionen ist **Cellion**. Ausführliche Informationen findet man unter www.cellion.de.

! Eine lauernde Kostenfalle sind **Roaminggebühren** für Datenverbindungen. Aktuelle Mobiltelefone und Smartphones (ebenso auch manche Netbooks und Tablets) arbeiten standardmäßig mit einer dauerhaft aktivierten Datenverbindung, die durch die Roaminggebühren innerhalb kürzester Zeit hohe Kosten verursachen kann. Mittels dieser Verbindung werden zum Beispiel die Internet- und E-Mail-Funktionen der Geräte betrieben. Diese Datenverbindung lässt sich bei den meisten Telefonen problemlos abschalten – im Zweifelsfall sollten Sie zusätzlich Ihren Anbieter kontaktieren, um mögliche Kostenprobleme zu vermeiden.

Auf dieser Reise gibt es unterwegs immer wieder Möglichkeiten, sich in den Lodges der Nationalparks, den Motels, den Campgrounds oder natürlich in den Internet-Cafés der Städte mit dem mitgebrachten Laptop in ein **W-LAN**-Netz einzuwählen. Immer mehr Städte sind zudem mit einem kostenlosen, freien W-LAN flächendeckend ausgestattet (zum Beispiel die komplette Innenstadt von Seattle und manche Bereiche in Salt Lake City). Viele Visitor Center, auch in den Nationalparks, bieten ebenfalls einen freien Internetzugang. Auf manchen Campgrounds und in manchen Hotels ist es kostenpflichtig, oft jedoch kostenfrei – man braucht aber meist einen Zugangscode, den man normalerweise an der Rezeption erhält.

Wenn Sie unterwegs unabhängig von einem W-LAN-Hotspot online sein wollen, sollten Sie Ihren Laptop, den Datenstick oder das Tablet mit einer reinen **Datentarif-SIM-Karte** ausstatten. Eine solche erhalten Sie in den etwas größeren und großen Städten im Nordwesten in Elektronik- oder Mobilfunkläden für $ 30, hinzu kommt noch einmal ungefähr derselbe Betrag für ein Datenvolumen von 3 bis 5 GB. Bei dieser Variante gibt es keinerlei Vertragsbindung, man tauscht einfach nach dem Urlaub die SIM-Karte wieder gegen die ursprüngliche aus.

Man sollte bedenken, dass man sich über große Strecken der Reise in Gebieten ohne Netzempfang befindet. Das gilt vor allem für die Rocky Mountains. Im Yellowstone und Grand Teton National Park gibt es kein Netz – dann hilft auch die mobile Datenkarte nicht.

Übrigens: Wer in den USA nach W-LAN fragt, wird ratlose Blicke ernten. Das »Wireless LAN« heißt in Amerika »**Wi-Fi**«.

TEMPERATUREN

Die Temperaturen sind hier sowohl im Sommer als auch im Winter prinzipiell niedriger als in anderen Regionen der USA und zusätzlich abhängig von der Höhe, auf der man sich gerade befindet. In großen Höhen ist es kühler als in den Ebenen. In den Rockies und dem Kaskadengebirge muss von Oktober bis Anfang Mai mit Schnee gerechnet werden. Aber auch innerhalb der Rocky Mountains variieren die Niederschlagsmengen beträchtlich. Richtig warm wird es dort erst Ende Juni/Anfang Juli – aber auch nur tagsüber. Nachts sind Temperaturen um die 10 Grad Celsius und weniger keine Seltenheit.

Die Hochplateaus sind trocken und im Sommer heiß. In Helena, der Hauptstadt Montanas, herrscht im Juli und August eine Durchschnittstemperatur von etwa 28 Celsius Grad. Noch zwei Grad Celsius wärmer ist es im südlichen Idaho und an den Snake River Plains. Hier ist Regen sehr selten.

Die Temperaturen werden in den USA in Grad Fahrenheit gemessen.

Grad Fahrenheit (°F)	Grad Celsius (°C)
20	-7
32	0
40	4
50	10
60	16
70	21
80	27
90	32
100	38

Umrechnung Celsius zu Fahrenheit
F = (C × 9/5) + 32

Umrechnung Fahrenheit zu Celsius
C = (F - 32) × 5/9

TIERE

Bären

»Bear Country« steht auf großen, signalroten Schildern an nahezu allen Eingängen der Nationalparks, an vielen Campgrounds und an manchen Visitor Centern. Was zunächst übertrieben wirkt, ist gar nicht so weit hergeholt. Zwar muss man sich beim Begriff »Bärenland« keine Invasion mit Pelztieren vorstellen, im Schnitt aber sieht laut Statistik jeder zweite Tourist bei seiner Rundreise mindestens einen Bären. Im Nordwesten der USA trifft man vor allem auf den **Grizzlybären**, eine Unterart des Braunbären, auf den man ebenfalls mitunter treffen kann. Die größten Chancen ergeben sich auf Wanderungen, vor allem, wenn man auf nicht so stark frequentierten Wegen unterwegs ist. Die Begegnung mit einem so beeindruckenden Tier kann den Adrenalinspiegel schon einmal gewaltig in die Höhe treiben. Wichtig ist, dass man sich zuvor mit ein paar Verhaltensregeln vertraut gemacht hat.

Oberste und allerwichtigste Regel ist, auf den Campgrounds prinzipiell alles

Zuverlässig begleitet das signalfarbene Schild die Reise durch »Bear Country«.

Essbare und gut Riechende (das beinhaltet auch Kosmetik- oder Waschartikel) in Metallboxen einzuschließen, die normalerweise an jedem Stellplatz vorhanden sind. Das gilt vor allem für Reisende, die mit Auto und Zelt unterwegs sind. Wohnmobil-Reisende sollten das Essen nicht von außen sichtbar im Wohnmobil liegen lassen. Bären schauen auch durch Windschutzscheiben! Sie haben einen gut ausgeprägten Geruchssinn, der sie auch auf kilometerweite Entfernung Essen riechen lässt und anlockt. Bären sollen auf keinen Fall die Scheu vor Menschen verlieren, da sie ansonsten immer häufiger auf Campingplätzen oder in Siedlungen auftauchen und zu einer ernsthaften Gefahr werden. Gewöhnen sie sich erst einmal an die Zivilisation, sind Park Ranger gezwungen, sie zu verjagen oder gar zu töten. Um dies zu verhindern, sollte man sie gar nicht erst anlocken. Wenn man erwischt wird, weil man Essen nicht vorschriftsgemäß verschlossen hat, kann man mit einer Vorladung vor den Richter und einer Strafe von $ 5.000 rechnen.

In Hotels und Motels sollte man ebenso darauf achten, dass nichts Essbares im Zimmer von außen einsehbar ist. Nehmen Sie alles aus dem Auto mit ins Zimmer und schließen Sie die Fenster, vor allem, wenn Sie sich nicht im Zimmer aufhalten.

Bei Wanderungen in der Wildnis sollte man prinzipiell den Proviant in einem bärensicheren Blechtornister mitnehmen. Dort, wo es die Genehmigungen für solche Wanderungen ins Hinterland gibt, kann man normalerweise auch die Behälter gegen Gebühr mieten.

Auf einsamen, wenig frequentierten Wanderwegen sollte man möglichst nicht alleine unterwegs sein. Man sollte viel Lärm machen, singen und in die Hände klatschen. Viele Wanderer haben Bärenglöckchen an den Fußgelenken oder tragen eine mit Steinen gefüllte Dose bei sich. Auf diese Weise sind Bären gewarnt und es kommt nicht zu überraschenden Aufeinandertreffen.

Hat man trotz aller Vorsichtsmaßnahmen plötzlich einen Grizzly vor sich, sollte man sich tot stellen: Auf den Bauch legen und das Gesicht verstecken, mit den Händen außerdem Hinterkopf und Nacken schützen. So bleiben Sie still liegen, bis der Bär das Interesse verliert und die Gegend verlässt. Das ist nicht einfach; aber man darf auf keinen Fall dem natürlichen Impuls folgen und wegrennen – vor allem nicht schreiend! Damit provoziert man den Jagdinstinkt des Tieres. Prinzipiell wollen Bären nichts von Menschen wissen. Wenn man in einem gebührenden Abstand von ihnen entfernt bleibt, sind Maßnahmen zum Vertreiben gar nicht nötig. Auf keinen Fall sollte man einem Bären seinen möglichen Fluchtweg versperren oder ihn umzingeln. Ebenso sind Jungtiere absolut tabu, so harmlos und niedlich sie auch aussehen mögen – im Zweifel ist das Muttertier nicht weit entfernt und bereit, sein Junges gegen alle möglichen Gefahren zu verteidigen.

In den Visitor Center der Nationalparks und in deren Zugangsstädten gibt es Bärenspray zu kaufen. Dies ist unbedingt empfehlenswert, wenn man im Backcountry wandert! Dann sollte auch jeder Mitwanderer mit einer Spraydose ausgestattet sein, auch wenn es nicht ganz preisgünstig ist (✪ zwischen $ 40 und 60 pro Dose). Das Spray ist äußerst wirksam, auch aus größerer Entfernung mit einem breiten Sprühradius. Allerdings weisen die Ranger eindringlich darauf hin, dass man vorsichtig damit umgehen soll. Es passieren wohl mehr Unfälle beim unsachgemäßen Herumspielen mit den Sprühdosen als bei Konfrontationen mit Bären. Deshalb ist es wichtig, die Anleitung gewissenhaft zu lesen, damit man im Ernstfall weiß, wie man richtig damit umgeht.

Wenn am Straßenrand oder nahe der Zivilisation ein Bär gesichtet wird und sich sehr schnell Menschenansammlungen bilden, ist innerhalb kürzester Zeit auch ein Ranger vor Ort, der die Menge kontrolliert und zwischen den Leuten und den Bären mit dem Spray im Anschlag »patrouilliert«.

Moskitos

In den Sommermonaten können Moskitos das Urlaubsvergnügen schmälern. Treten sie allzu geballt auf, helfen nur Mückenspray, langärmlige Oberteile und lange Hosen gegen die Stechtiere. Man unterscheidet zwei Sorten der Stechmücken: Die etwas größeren Moskitos und die kleineren, die die Amerikaner bezeichnenderweise »no-see-ems« nennen – das heißt, man sieht sie nicht, spürt sie aber umso mehr. Sie werden auch »Biting Mitches« genannt, ihre Bisse verursachen große, rote, stark juckende Flecken auf der Haut. Lassen Sie sich vor Ort beraten, welche Sprays die Moskitos am effektivsten abwehren.

Wildtiere

Neben Bären sind unter anderem Dickhornschafe, Schneeziegen, Elche und

Bisons Tiere, auf die man mit großer Wahrscheinlichkeit in einem der nordwestlichen Nationalparks trifft. Die Tiere wirken sehr gemütlich und ungefährlich – dennoch sind auch diese massigen Exemplare Wildtiere, bei denen es die jeweiligen Regeln des Parks einzuhalten gilt. Bisons (amerikanisch »Buffalo«) beispielsweise reagieren und rennen schnell, was man ihnen nicht zutraut, da sie mit ihrem unglaublichen Gewicht von bis zu 1.000 Kilogramm die größten Landsäugetiere Nordamerikas sind. Was wir unter Elch verstehen, wird in Nordamerika als »**Moose**« bezeichnet. Dieses Tier wird ungefähr so groß wie ein Pferd und kann bis zu 800 Kilogramm wiegen. Ein Moose kann aggressiv werden, vor allem, wenn Nachwuchs dabei ist. Ansonsten sind die Tiere eher Einzelgänger. Ist von einem »**Elk**« die Rede, ist der **Wapitihirsch** gemeint.

Mountain Goats sind die Symboltiere des Glacier National Park.

Sehr häufig, vor allem im Glacier National Park, sind die **Mountain Goats**, Bergziegen, die Symboltiere des Parks. Sie sind ausgesprochen unscheu und spazieren den Wanderern munter zwischen den Füßen herum. Aber auch sie sind Wildtiere, was man stets bedenken und die Finger von ihnen lassen sollte. Dasselbe gilt für Hirsche und Rehe. Kojoten lassen sich äußerst selten blicken und kommen dem Menschen in der Regel nicht zu nah.

! Es gilt die allgemeine, sehr ernst genommene und zu nehmende Regel, dass man sich Bären und Wölfen auf maximal 100 Yards (das sind 91,5 Meter) und anderen Wildtieren (zum Beispiel Bisons, Elchen, Dickhornschafen, Rotwild und Kojoten) bis auf maximal 25 Yards (das sind knapp 23 Meter) nähern darf. Ranger kontrollieren dies und ahnden ein Vergehen umgehend. Im günstigsten Fall erhält man eine Verwarnung, muss aber die Personalien angeben und ist damit in allen nordamerikanischen Nationalparks »vermerkt«. Bei einem weiteren Vergehen dieser Art muss man mit einer Anzeige rechnen. Weitere Regelungen bezüglich eines Zusammentreffens mit Tieren entnehmen Sie der jeweiligen Parkzeitung.

TRINKGELD

In Europa bekommen Bedienungen im Restaurant das Trinkgeld als Dreingabe zum Verdienst – nicht so in Amerika. Dort macht das Trinkgeld (»Tip«) meist einen Großteil des Gehaltes der Bedienung aus. Bei der Versteuerung wird ein Trinkgeldanteil in Höhe von 10 bis 15 Prozent des Rechnungsbetrages angesetzt. Es ist also wichtig, dass Sie im Restaurant beim Bezahlen an das Trinkgeld denken. In Fast-Food-Restaurants ist es dagegen nicht üblich. Bei Zahlung mit Kreditkarte tragen Sie unter dem Rechnungsbetrag den Trinkgeldbetrag bei »Tip« ein. Von Ihrer Karte wird dann der Gesamtrechnungsbetrag inklusive Trinkgeld abgebucht. Ist das Trinkgeld bereits im Preis inbegriffen, finden Sie dazu den Hinweis »Service included« auf der Speisekarte.

Dem Gepäckträger am Hotel stehen etwa $ 2 pro Gepäckstück zu, das er für Sie schleppt, und dem Zimmermädchen sollten Sie $ 2–4 pro Übernachtung im Zimmer zurücklassen. Denken Sie auch bei der Taxifahrt an Trinkgeld in Höhe von 10 bis 15 Prozent des Fahrpreises. Man gibt das Geld allerdings nicht in kleinen Münzen – das gilt in Nordamerika als Beleidigung.

TRINKWASSER

Egal, ob es das Duschwasser im Hotel oder das zum Essen servierte Wasser im Krug ist – alles Wasser, das aus der Leitung kommt, ist in Nordamerika mehr oder weniger leicht mit Chlor versetzt. Das ist beim Duschen oder Waschen noch unproblematisch, im Trinkwasser ist der Geschmack aber gewöhnungsbedürftig, wenn auch nicht gesundheitsschädlich. Wenn Sie den chlorigen Beigeschmack nicht mögen, sollten Sie sich mit Trinkwasser aus dem Supermarkt eindecken. Die günstigste Variante ist einfaches Wasser ohne Kohlensäure (Spring Water), das meist in größeren Kanistern erhältlich ist und entsprechend lange vorhält. Dieses Wasser sollten Sie auch zum Kochen benutzen.

ÜBERNACHTUNGSMÖGLICHKEITEN/ -FORMEN

Gemäß der Empfehlung dieses Routenreiseführers, die Rundreise mit dem Wohnmobil oder dem Zelt zu unternehmen, sind **Campgrounds** die Übernachtungsmöglichkeiten der Wahl. Es gibt private und vom National Park Service betriebene, staatliche Plätze (▶Seite 355). Neben dieser naturnahen Art zu nächtigen, gibt es aber eine Reihe weiterer, nicht minder abenteuerlicher Übernachtungsmöglichkeiten.

Im Nordwesten, dem Land der Cowboys, bietet sich beispielsweise eine Nacht auf einer Ranch an. Diese gibt es als reine Übernachtungsstätte ebenso wie als Unterkunft für einen Aktivurlaub. Diese werden **Working Ranches** genannt, bei denen man an der Alltagsarbeit als Rancher mitwirkt. Ein Ranchurlaub kann wiederum diversifiziert werden in einen Aufenthalt auf einer **Dude & Guest Ranch** (▶Seite 376), bei der Pferde im Mittelpunkt stehen, einer **Working Cattle Ranch**, die noch den vollen Vieh- und Pferdezuchtbetrieb aufweist, oder einer **Resort/Lodge Ranch**, die im Prinzip eine Hotelanlage im Westernstil darstellt. Ausführliche Informationen über die verschiedenen Angebotsarten findet man unter www.farmarbeit.de/farmarbeit-usa.html.

Die gängigste Unterkunftsart, wenn man nicht auf Campgrounds übernachtet, sind **Hotels** und **Motels**. Motels und Inns sind in der Regel günstiger als Hotels und dementsprechend schlichter. Die Ausstattungen der Hotel- beziehungsweise Motelzimmer ist im Großen und Ganzen identisch und besteht aus einem schlicht und funktional eingerichteten Zimmer mit Teppichboden. Manchmal befinden sich eine Mikrowelle oder ein kleiner Kühlschrank sowie eine Kaffeemaschine und ein Wasserkocher im Zimmer. Fernseher, Telefon, Bad mit Dusche oder Badewanne sowie ein King- oder Queensize-Bett sind obligatorisch. Charakteristisch für ein Motel ist, dass man fast direkt vor dem Zimmer parkt und dieses durch einen Außenzugang erreicht. Das Frühstück (Continental Breakfast) ist manchmal im Übernachtungspreis inbegriffen (»Complementary Breakfast«) und besteht recht einheitlich aus Waffeln, Rührei und Würstchen und/ oder Speck, Bagles und ein paar Marmeladensorten. Alternativ kann das Frühstück dazugebucht werden, sofern das jeweilige Haus prinzipiell Frühstück anbietet.

Die Qualität der Unterkunft variiert je nach Kette. Während Mittelklasse-Unterkünfte wie Holiday Inn und Best Western einen ganz guten Standard haben, ist die preiswertere Kategorie wie Motel 6 oder Quality Inn eher ein Glücksspiel – aber auch innerhalb einer Kette gibt es große Unterschiede in der Qualität. Komfortabler wird es in den sogenannten Boutique-Hotels, die meist ein bestimmtes Motto haben und ansprechend möbliert sind, oft ersetzt hier ein Holzboden den Teppichbelag. Dafür sind diese Häuser prinzipiell einige Euro teurer.

Hat man ein Hotel/Motel in die engere Auswahl genommen, lohnt sich ein Blick auf www.tripadvisor.de. Dort bewerten andere Gäste eine Unterkunft – man kann sich dadurch ein besseres Bild von der Unterkunft machen, als allein mit den Informationen auf der Webseite.

Innerhalb der Nationalparks gibt es weder Hotels noch Motels, sondern **Lodges**. Diese haben in den meisten Fällen einen einzigartigen, rustikalen Charme, da sie oft in historischen Gebäuden untergebracht sind und sich malerisch in die umgebende Kulisse einfügen. Sie sind, der attraktiven Lage und ihrer Alleinstellung als Unterkunftsart in den Parks wegen, sehr teuer und müssen lange im Voraus reserviert werden. Man findet die Lodges in den touristischen Zentren der Nationalparks in der Nähe der Visitor Center, ist also bereits mitten im Geschehen. Die Lodges bestehen für gewöhnlich aus mehreren Gebäudeteilen, typischerweise kann man sich außer im Haupthaus oder in einem der Nebengebäude auch in einer Cabin einmieten. Dann hat man eine Holzhütte mit eigener kleiner Veranda ganz für sich.

Die charmante Old Faithful Lodge (▶ Seite 258) im Yellowstone National Park ist das beste Beispiel für eine historische Lodge mit Flair. Die imposante Lobby mit offenen Galerien, von denen die Zimmer abgehen, wird dominiert von einem überdimensional großen, massiven Kamin. Die Lodge zählt als eines der historischen Highlights der Old-Faithful-Region. Oft werden die Lodges in den Parks von Xanterra Parks & Resorts betrieben, nähere Informationen findet man unter www.xanterra.com.

Ein weiteres Angebot mit etwas mehr Interaktion mit den Einheimischen bieten **Bed & Breakfast-Unterkünfte**. Privatleute vermieten Zimmer in ihrem Haus, das Frühstück wird oft gemeinsam mit den Gastgebern eingenommen. Besonders reizvoll ist diese Übernachtungsmöglichkeit in viktorianischen Häusern, deren Zimmer mit antiken Möbeln ausgestattet und liebevoll dekoriert sind. Allerdings ist diese Art der Unterkunft nicht ganz günstig. Angebote findet man beispielsweise unter www.bbfinder.com.

Auch **Apartments** und **Ferienhäuser** gibt es in Hülle und Fülle in den nordwestlichen Bundesstaaten. Damit sind sowohl private Wohnungen und Häuser gemeint als auch Ferienanlagen, in denen man eine Cabin beziehungsweise eine Wohnung mieten kann. Da solche Unterkünfte in der Regel wochenweise vermietet werden, sind sie für die Rundreise durch den Nordwesten weniger tauglich. Kann man eine private Ferienunterkunft auch tageweise mieten, ist sie eine gute Alternative, um autarke Urlaubstage zu verbringen. Denn dann kann man sich selbst versorgen, ist nicht von Essenszeiten abhängig und hat einen festen Standort, an den man von den verschiedenen Unternehmungen zurückkehren kann. Um ein Objekt über einen privaten Vermieter zu finden, kann man beispielsweise die Seite www.vrbo.com (Vacation Rentals by Owner) durchstöbern.

UHRZEIT UND DATUM

In den USA gibt es bei der Zeitangabe grundsätzlich kein 24-Stunden-System. Der Tag wird vielmehr in zweimal 12 Stunden unterteilt, das heißt, die Uhrzeiten von Mitternacht bis 12 Uhr mittags werden mit a.m. (ante meridiem, lateinisch für »vor Mittag«) angegeben und die Stunden von mittags bis Mitternacht mit p.m. (post meridiem, lateinisch für »nach Mittag«).

Die Datumsangabe steht nicht in der für uns gewohnten Reihenfolge geschrieben. Die Amerikaner geben zuerst den Monat an, dann den Tag und zuletzt das Jahr, der 1. September 2015 wird also so geschrieben: 09/01/15.

UMGANGSFORMEN

In den USA geht man weit weniger förmlich miteinander um als in Europa. Wenn man sich jemandem vorstellt, tut man dies mit seinem Vornamen, was aber nicht gleichbedeutend mit Duzen ist. Bei der Begrüßung die Hand zu reichen, ist nicht üblich.

Grundsätzlich begegnen die Amerikaner den Europäern herzlich, hilfsbereit und sehr freundlich. Egal, ob selbst Tourist oder Einheimischer – sie sind daran interessiert, woher man kommt, was man schon alles in den USA gesehen hat und wie man das Land findet. Nie würde man grußlos aneinander vorbeigehen, ein paar Worte werden vor allem bei einem Zusammentreffen in der Abgeschiedenheit immer gewechselt. Auch in den Öffentlichen Verkehrsmitteln wird man schnell in ein Gespräch verwickelt. Da europäische Touristen im Nordwesten der USA weitaus seltener sind als im Südwesten oder in Florida, wird man fast ein wenig wie ein Exot behandelt. Die Einheimischen scheinen es den Europäern anzusehen, dass sie von weit her kommen und keine amerikanischen Touristen sind. In Seattle, Portland oder Salt Lake City hatten wir keine Straßenbahnfahrt, bei der wir nicht ununterbrochen angesprochen wurden. Man soll sich aber nichts vormachen – es steckt auch ein wenig Oberflächlichkeit in diesem Wesenszug. Eine schnell mal ausgesprochene Essenseinladung ist normalerweise nicht ernst gemeint.

In den Restaurants, Visitor Centern und auf den Campgrounds ist das freundliche und offene Auftreten der Amerikaner besonders offenkundig. Es verhält sich allerdings ganz so, wie wir es auch aus Europa kennen: Begegnet man sich auf einer Wanderung in Oberbayern oder im Schweizer Bergland, grüßt man sich auch immer. In einer Großstadt wie München oder Zürich hetzen die Menschen allerdings wieder achtlos aneinander vorbei. In den Großstädten fällt nicht gleich jegliche Herzlichkeit von den Amerikanern ab. Die Bereitwilligkeit zu helfen und zu unterstützen, nimmt jedoch deutlich ab.

UMWELTSCHUTZ

Wer mit dem Klischee in die Staaten reist, eine in Sachen Umweltschutz komplett ignorante Gesellschaft anzutreffen, sieht sich positiv überrascht. Es gibt sichtbare Bemühungen hinsichtlich eines Recyclingprogramms mit **Mülltrennung**. Vor allem auf den Campgrounds und in den Nationalparks wird man darum gebeten, Plastik-, Glas und Restmüll sorgsam zu trennen. Der Müll, der auf Wanderungen entsteht, sollte unbedingt wieder mit zurück zu den Müllcontainern genommen werden. Nur so haben alle nachfolgenden Besucher denselben Spaß an der unberührten Landschaft.

Schwierig wird es in den Nationalparks innerhalb der »Bear Countrys«. Die fest verschließbaren und bärensicheren Müllcontainer schlucken für gewöhnlich den ganzen Müll ungeachtet dessen Trennung.

Im Straßenverkehr kann man dazu beitragen, Umweltbelastungen zu vermeiden, indem man auf verbrauchsarmes Fahren achtet. Bei mehreren Übernachtungen im selben Hotel beziehungsweise Motel kann man klar signalisieren, dass die Handtücher nicht täglich gewechselt werden müssen, indem man sie nach Benutzung wieder an der Stange aufhängt.

Die Amerikaner sind trotz ihres erwachenden Umweltbewusstseins in Sachen Umweltschutz in einigen Punkten immer noch weit hinter den Europäern zurück. Sie verbrauchen einen unverhältnismäßig hohen Anteil der Weltenergie, konsumieren deutlich mehr Wasser, Kohle und Strom und fahren Fahrzeuge mit hohem Benzinverbrauch – und haben überhaupt einen überdurchschnittlichen Benzinverbrauch durch extrem häufiges Fahren, sowohl kleinster als auch riesiger Strecken. Als europäischer Gast im Land muss man nun nicht unbedingt dazu beitragen, diese Werte weiter in die Höhe zu treiben.

VERKEHRSREGELN UND AUTOFAHREN

Die **Geschwindigkeitsvorschriften** sind in den einzelnen Bundesstaaten unterschiedlich, als Grundlage aber gilt: Auf den Interstates darf man meist maximal 75 mph (120 km/h) fahren, auf den Highways 65 mph (105 km/h) und auf den State Roads 55 mph (88 km/h). Halten Sie sich an die Geschwindigkeitsvorschriften, die normalerweise regelmäßig ausgeschildert sind. Wenn kontrolliert wird, sind die Strafen bei Geschwindigkeitsüberschreitungen happig und sofort vor Ort zu bezahlen.

Innerorts sind höchstens 35 mph (56 km/h) erlaubt, in Wohnbezirken und in der Nähe von Schulen nur 25 mph (40 km/h).

Ungewohnt ist das System an ampellosen **Kreuzungen**. Grundsätzlich gilt: Wer zuerst an der Kreuzung zum Stehen kommt, fährt zuerst wieder, aber anhalten müssen trotzdem alle, die die Kreuzung erreichen (alle vier Fahrbahnen haben Stoppschilder mit dem Zusatz »4-Way-Stop«). Gibt es eine Ampel, darf man auch bei Rot rechts abbiegen, aber erst, wenn man angehalten und sich vergewissert hat, dass dabei niemand behindert oder gefährdet wird. Verboten ist das Rechtsabbiegen bei Rot nur in Zusammenhang mit dem Hinweisschild »No turn on red«. Grundsätzlich befinden sich die Ampelanlagen übrigens hinter der Kreuzung.

! Die gelben **Schulbusse** dürfen weder überholt noch vom Gegenverkehr passiert werden, wenn gerade Kinder ein- und aussteigen. Man erkennt die Stopp-Situation am Warnblinklicht und an den seitlichen Stoppschildern. Das Nichtbeachten dieser Regelung ist ein schweres Verkehrsdelikt!

! Erhält man für ein Verkehrsdelikt wie Falschparken, überhöhte Geschwindigkeit oder Ähnliches einen Strafzettel, sollte man diesen unbedingt bezahlen. Die einfachste Möglichkeit ist, bei der Fahrzeugrückgabe den Vermieter auf einen erhaltenen Strafzettel aufmerksam zu machen und ihm den entsprechenden Betrag auszuhändigen. Bezahlt man einen Strafzettel nicht, kann es bei einer Wiedereinreise in die USA zu Unannehmlichkeiten kommen.

VERTRETUNGEN UND ORGANISATIONEN D/A/CH

Bei rechtlichen Problemen, Überfall, Diebstahl oder Verlust der persönlichen Dokumente sind die Botschaften und Generalkonsulate in den USA eine wichtige Anlaufstelle:

Deutschland

Botschaft der Bundesrepublik Deutschland in den USA
4645 Reservoir Rd NW, Washington D.C. 20007-1998 *1-202-298-4000* *www.germany.info*

Botschaft der USA in Deutschland
Pariser Platz 2, 10117 Berlin *030-8305-0*
german.germany.usembassy.gov

Honorarkonsulat der Bundesrepublik Deutschland (in Seattle)
7853 SE 27th St, Suite 180, Mercer Island, WA 98040 *1-206-230-5138* *seattle@hk-diplo.de*

Visa-Informationen
http://german.germany.usembassy.gov

Konsularabteilung der Vereinigten Staaten
Clayallee 170, 14191 Berlin *030-8305-1200*

Generalkonsulat der Vereinigten Staaten
Alsterufer 27/28, 20354 Hamburg
040-41171-100
http://german.hamburg.usconsulate.gov

Amerikanisches Generalkonsulat Düsseldorf
Willi-Becker-Allee 10, 40227 Düsseldorf
0211-788-8927
http://german.duesseldorf.usconsulate.gov

Amerikanisches Generalskonsulat Frankfurt
Gießener Straße 30, 60435 Frankfurt/Main
069-7535-0
http://german.frankfurt.usconsulate.gov

Amerikanisches Generalkonsulat Leipzig
Wilhelm-Seyfferth-Straße 4, 04107 Leipzig
0341-213-840
http://german.leipzig.usconsulate.gov

Amerikanisches Generalkonsulat München
Königinstraße 5, 80539 München *089-2888-0*
http://german.munich.usconsulate.gov

Honorarkonsulat Portland
200 SW Market St, Suite 1775, Portland, OR 97201 *1-503-222-0490*

Honorarkonsulat Mercer Island
P. O. Box 827, Mercer Island W 220 Francis St, Spokane, WA 98040 *1-206-715-5677*

Honorakonsulat Salt Lake City
1800 World Trade Center, 60 ES Temple, Salt Lake City, UT 84111 *1-801-350-7608*

Österreich

Botschaft der Vereinigten Staaten in Österreich
Boltzmanngasse 16, A - 1090 Wien *01-31339-0* *http://german.austria.usembassy.gov*

Österreichische Botschaft in den USA
3524 International Court, NW, Washington D.C., 20008 *1-202-895-6700* *www.austria.org*

Generalkonsulat der Republik Österreich
11859 Wilshire Blvd, Suite 501, Los Angeles, CA 90025 *1-310-444-9310* *www.austria-la.org*

Honorarkonsulat Seattle
World Trade Center, 3300 Alaskan Way Suite 410 Seattle, WA 98121 *1-425-395-4382*
www.austrianconsulateseattle.org

Honorarkonsulat Portland
900 SW 5th Ave, Suite 2600, Portland, OR 97204
1-503-552-9733 *crhermann@stoel.com*

Honorarkonsulat Salt Lake City
240 Edison St, Salt Lake City, UT 84111
1-801-244-1772 *frakolb@gmail.com*

Visa-Informationen und Einreise
http://austria.usembassy.gov

Schweiz

Botschaft der Vereinigten Staaten in der Schweiz
✉ *Sulgeneckstraße 19, CH-3007 Bern* ☎ *031-357 7011* 🌐 *http://bern.usembassy.gov*

Botschaft der Schweizerischen Eidgenossenschaft in den USA
✉ *2900 Cathedral Ave, NW, Washington D.C., 20008* ☎ *1-202-745-7900* 🌐 *www.eda.admin.ch/countries/usa/en/home/representations/embassy-washington.html*

Generalkonsulat der Schweizerischen Eidgenossenschaft
✉ *11766 Wilshire Blvd, Suite 501, Los Angeles, CA 90025* ☎ *1-310-575-1145* 🌐 *www.eda.admin.ch/countries/usa/de/home/vertretungen/generalkonsulat-los-angeles.html*

Honorarkonsulat Seattle
✉ *6920 94th Ave, SE, Mercer Island, WA 98040* ☎ *1-206-228-8110* 🌐 *www.eda.admin.ch/countries/usa/de/home/vertretungen/konsulate/konsulat-seattle.html*

Honorarkonsulat Salt Lake City
✉ *2782 Durban Rd, Sandy, UT 84093* ☎ *1-801-804-6727* 🌐 *www.eda.admin.ch/countries/usa/de/home/vertretungen/konsulate/konsulat-salt-lake-city.html*

VISITOR INFORMATION

Im Reisegebiet befinden sich sechs Nationalparks, die in Nordamerika vom **National Park Service** verwaltet werden. Dieser Parkservice ist die erste Adresse, wenn man sich über die Parks informieren will. Auf der Internetseite 🌐 www.nps.gov gibt man den gesuchten Nationalpark ein und findet alle Informationen, die man braucht: Was man dort unternehmen kann, welche Übernachtungsmöglichkeiten es gibt, Interessantes über Flora und Fauna, die Geschichte des Parks, Öffnungszeiten der Visitor Center, Eintrittsgebühren, Wandervorschläge und vieles mehr. Die Seiten der einzelnen Nationalparks dienen mehr als nur einem groben Überblick.

Jeder Nationalpark verfügt zudem vor Ort über mindestens ein **Visitor Center**. Neben gut aufbereiteten Ausstellungen und jeder Menge Informationsmaterial stehen Ranger bereit, um alle erdenklichen Fragen zu beantworten. Auch die meisten größeren Orte verfügen über ein Visitor Information Center, ein Convention & Visitor Bureau oder eine Chamber of Commerce.

WANDERN

Vom einfachen Spazierweg über einen herrlichen Strandspaziergang entlang der felsigen Pazifikküste über einen Streifzug durch den Regenwald bis hin zu Touren durch alpine Berglandschaften bietet der Nordwesten alles, was das Wanderherz begehrt. Nicht nur innerhalb der Nationalparks sind viele hundert Kilometer an gut gepflegtem Wanderwegenetz vorhanden – auch an den Fahrstrecken bieten sich immer wieder Möglichkeiten, die Natur mit Wanderschuhen zu erkunden.

Auch die Länge der Wanderungen geben für wirklich jede Kondition etwas her. Sei es ein einstündiger Spaziergang durch flaches Land, sei es die Halbtagestour, auf der 500 Höhenmeter zu bewältigen sind, oder gar der Mehrtagesausflug ins Backcountry, mit Übernachtungen in freier Wildnis – es fehlt nichts, was man zu Fuß nicht schaffen kann!

Für Wanderungen ins Backcountry sind Permits nötig, die man in den Visitor Cen-

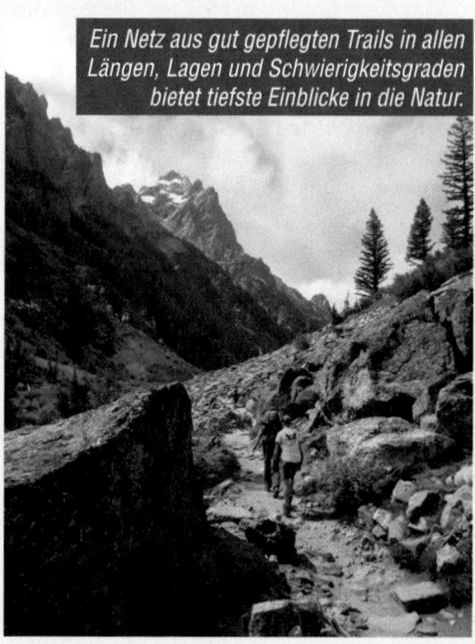
Ein Netz aus gut gepflegten Trails in allen Längen, Lagen und Schwierigkeitsgraden bietet tiefste Einblicke in die Natur.

tern oder bei den Ranger Stationen der Nationalparks gegen eine geringe Gebühr erhält. Auf den jeweiligen Nationalpark-Seiten unter www.nps.gov findet man die Konditionen für die Genehmigungen und wie lange man sie im Voraus beantragen kann/muss.

Bei Touren ins Backcountry unbedingt Bärenspray und ein Bärenglöckchen mitnehmen! (▶Seite 382).

In diesem Routenreiseführer finden Sie eine Auswahl an Wandervorschlägen, die für alle Ansprüche etwas bereithält. In den Parkzeitungen der Nationalparks sind darüber hinaus meist die gängigsten Wanderungen vorgestellt.

Das Wanderwegenetz ist allgemein gut gewartet und infolgedessen sind Wege manchmal wegen Restaurationsmaßnahmen (auch in der Hochsaison) gesperrt. Dann sind Alternativwege gut ausgeschildert – wie im Übrigen alle Wanderwege gut beschildert sind, sodass man sich nur schwerlich verlaufen kann. Man sollte sich keine eigenen Wege zusammenstellen, die von den vorgegebenen Wegen abweichen, da in diesem Fall ein Zusammentreffen mit Wildtieren und vor allem Bären wahrscheinlicher ist und im Notfall Ranger keine Hilfe leisten können, weil sie nicht wissen, wo sie die Wanderer finden.

Wenn man ausführliche Informationen zu einer Wanderung sucht, die man sich vorgenommen hat, wird man bei den meisten Touren in den nordwestlichen Bundesstaaten im Internet mit ausführlichen Beschreibungen fündig unter www.everytrail.com.

WASCHEN

Wenn auch nicht jedes Hotel oder jeder Campground auf der bereisten Strecke eine Waschmöglichkeit für die Kleidung bietet, ist es dennoch problemlos, in regelmäßigen Abständen Wäsche zu waschen. Die privat betriebenen Campingplätze haben in aller Regel einen Waschsalon, auf den Plätzen der Nationalparks sind sie dagegen weniger vertreten. Man sollte bei der Unterkunftsplanung darauf achten, in regelmäßigen Abständen einen Platz mit **Laundry** zu nehmen. Dasselbe gilt für Hotels – die Lodges in den Nationalparks verfügen meist nicht über Waschmöglichkeiten, die Stadthotels schon.

Ansonsten hat man in den Städten oder auf der Durchfahrt jederzeit Gelegenheit, an einer Laundry anzuhalten und zu waschen. Diese sind in den USA viel verbreiteter als bei uns, selbst in kleinen Ortschaften sind sie vertreten. Normalerweise dauert ein Waschmaschinendurchlauf nur knapp 30 Minuten, der anschließende Trockenvorgang im Trockner noch einmal etwa 20 Minuten. Die Taktzeiten der Waschmaschine sind sehr kurz, sodass man tatsächlich nur kurz zum Waschen anhalten und hierfür keinen halben Tag investieren muss. Hat man mehrere Waschmaschinenladungen zu versorgen, kann man parallel mehrere Maschinen befüllen und anschließend die Wäsche zusammen in den Trockner geben.

Die meisten Waschmaschinen und Trockner sind münzbetrieben, man wirft Quarter hinein. Ein Waschmaschinendurchgang kostet $ 1,50–3, 15 Minuten Trockner $ 1–2. Die meisten Laundrys haben Wechselautomaten, man sollte aber sicherheitshalber immer einen Vorrat an Quarter dabeihaben, falls es ein solches Gerät einmal nicht gibt.

WOHNMOBIL

Bei der Anmietung eines Wohnmobils ist es nicht möglich, am selben Tag der Ankunft in den USA bereits mit dem Fahrzeug loszuziehen. Ob das im Einzelfall tatsächlich Konsequenzen hätte, wenn man sich darüber hinwegsetzt, sei dahingestellt. Tatsache aber ist, dass Sie sich aufgrund des Jetlags sowieso nicht zu viel zumuten sollten und gut beraten sind, es etwas ruhiger anzugehen.

Das Wohnmobil ist das empfohlene Fahrzeug für diese Reise. Da in den USA »wildes Campen« nicht gestattet ist, braucht man für jede Übernachtung einen Campground. Es stellt sich die Frage, wie der Stellplatz ausgestattet sein soll, wenn man die Wahl hat (was auf den Plätzen der Nationalparks normalerweise nicht der Fall ist). Sie brauchen nicht in jeder Nacht einen Komplettanschluss für den Camper, den sogenannten »**full hook-up**«. Beim »full hook-up« verfügen Sie direkt am Stellplatz über einen Elektroanschluss, den Sie mittels eines Kabels mit dem Camper verbinden, einen Anschluss für das Frischwasser und einen, um die Schmutzwassertanks abzulassen. Es reicht, wenn Sie die allumfassenden Anschlussmöglichkeiten alle zwei bis drei Nächte in Anspruch nehmen. Ein Stellplatz ohne Anschlüsse oder nur mit Wasser beziehungsweise Strom ist deutlich preiswerter, als wenn Sie Ihre eigene Dump-Station noch mit am Platz haben. (Eine Dump-Station besteht aus zwei Anschlüssen: einem für die Aufnahme des Frischwassers und einem für das Ablassen des Abwassers). Da die meisten Campgrounds über Duschen verfügen, sind Sie auch nicht zwingend auf das Duschen »an Bord« angewiesen, was Sie von den Anschlussmöglichkeiten für den Camper wieder flexibler sein lässt.

Die Camper werden in Amerika »**RV**« genannt (Recreational Vehicle) und üblicherweise nach Länge in Feet klassifiziert: Die Fahrzeugtypen C23, C25, C29, C31 entsprechen Längen von 7,0 m, 7,6 m, 8,8 m und 9,4 m. Auch das kürzeste amerikanische Wohnmobil ist größer als die meisten, die wir von unserem Kontinent her kennen. Deshalb sollten Sie sich vorab gut überlegen, welche Platzansprüche Sie haben. Für eine vierköpfige Familie ist der Typ C25 mit einem Schlafplatz für zwei Personen über dem Fahrerhaus im Alkoven und einem Doppelbett im hinteren Fahrzeugbereich absolut ausreichend. Je größer die Camper sind, desto unbeweglicher werden sie damit auch. Zwar sind die breiten amerikanischen Straßen und die teilweise unbegrenzten Platzverhältnisse im Hinterland ebenso wenig ein Problem wie die Größe der Stellplätze auf den Campgrounds, aber das Fahrzeug muss dennoch für Sie manövrierbar bleiben – vor allem auf engen Küsten- und Bergstraßen und in den Großstädten.

Für alle Kategorien reicht ein normaler **Pkw-Führerschein** aus, das Mindestalter der Fahrer beträgt 21 Jahre. Bei Fahrern zwischen 21 und 24 Jahren wird oft ein Risikozuschlag erhoben. Sollten Sie also unter 25 Jahre alt sein und ein Wohnmobil mieten wollen, klären Sie diesen Punkt gleich bei der Buchung.

Vorab buchen können Sie auch bereits ein **Ausrüstungspaket** (Convenience Kit) mit Geschirr und Kochutensilien, wofür Sie mit ca. $ 70 rechnen müssen. Diese Gegenstände sind für gewöhnlich nicht im Mietpreis enthalten. Pro Person sollten Sie auch ein Ausrüstungspaket mit Bettwäsche (meist bestehend aus Laken und Schlafsack beziehungsweise Bettbezügen) und Handtüchern reservieren, um diese platzfressenden Utensilien nicht von zu Hause mitschleppen zu müssen. Elektrische Geräte wie Toaster oder Kaffeemaschine können Sie ebenfalls mieten, wenn sie nicht vom Vermieter mit dazu gegeben werden. Bei solchen Geräten muss allerdings beachtet werden, dass sie nur mit einem externen **Stromanschluss** in Betrieb zu nehmen sind. Die Fahrzeugbatterie, die Ihnen auch im Stand die Innenbeleuchtung gewährleistet, ist mit 24 Volt nicht auf die Stromspannung ausgelegt, die Geräte wie Toaster und Kaffeemaschine von der Steckdose brauchen (nämlich 110 Volt). Diesen Strom gewinnen Sie entweder durch Verbinden des Campers mit einem externen, elektronischen Anschluss (auf dem Stellplatz) oder durch den Generator des Fahrzeuges. Ladegeräte (z. B. für Mobiltelefone oder Kameraakkus) sind ebenfalls ohne Generator oder externen Anschluss nicht einsatzfähig, für die meisten Geräte gibt es aber **Kfz-Adapter**, die an den meist mehrfach vorhandenen 12V-Anschlüssen (Zigarettenanzünder) betrieben werden können. Diese Adapter sollten Sie allerdings bereits vor Reiseantritt besorgen, um sich unnötiges Suchen vor Ort zu ersparen.

Üblicherweise hinterlassen Sie je nach Vermieter eine **Kaution** zwischen $ 500 und $ 1.000 bei der Übernahme des Fahrzeugs. Dieser Betrag wird Ihrer Kreditkarte belastet und bei einwandfreier Rückgabe des Campers zurückgebucht.

Sie sollten bei Fahrzeugübernahme unbedingt kritisch auf den Zustand schauen und gegebenenfalls Mängel dokumentieren lassen. Manche Fahrzeuge haben bereits eine hohe Kilometerlaufleistung auf dem Buckel und müssten eigentlich gründlich generalüberholt werden, sind aber stattdessen nur notdürftig an mehreren Stellen geflickt (es geht dabei vor allem um den Innenbereich). Sollte man

Ihnen ein solches Fahrzeug zugedacht haben, sollten Sie sich nicht scheuen, bei gravierenden Mängeln und schlechtem Gesamteindruck des Fahrzeuginneren ein anderes Fahrzeug zu fordern. Das ist durchaus machbar und spart Ihnen auf der späteren Reise eine Menge Ärger.

Nicht alle Vermietstationen haben deutschsprachige Mitarbeiter, dennoch sollten Sie sich nach Kräften bemühen, bei der Fahrzeugübernahme wirklich alles zu verstehen. Manchmal gibt es **Einführungsvideos**, die teilweise auch auf Deutsch laufen – nehmen Sie sich unbedingt die Zeit, sich das anzuschauen! Denn hier werden am Fahrzeug die wichtigsten Handgriffe demonstriert und die Fachausdrücke erklärt. Nur so können Sie später wissen, dass Black Water das Schmutzabwasser der Toilette ist und Grey Water das Abwasser von Dusche und Waschbecken und wie und wo Sie es entsorgen müssen. Sie erfahren außerdem, dass Sie das Frischwasser im Tank des Wohnmobils nicht trinken oder zum Kochen verwenden dürfen und wie Sie die Anzeigen der einzelnen Tanks lesen und werten sollen. Vieles spielt sich auf der Fahrt sehr schnell von selbst ein, und Sie werden (auch als blutiger Anfänger) sehen, dass es keine Wissenschaft ist, einen Camper zu bedienen. Ein sicheres Grundwissen ist aber trotzdem nötig.

Im Falle einer **Panne** oder eines Unfalls müssen Sie umgehend die Vermietstation beziehungsweise die Roadside Assistance darüber in Kenntnis setzen. Wenn Reparaturen fällig werden, ist der Vermieter immer vorher davon zu unterrichten. Die entsprechende Telefonnummer erhalten Sie bei Anmietung des Fahrzeuges, zusätzlich befindet sie sich im Normalfall auch gut sichtbar im Fahrerhaus des Wohnmobils.

Am Ende Ihrer Reise müssen Sie das Fahrzeug besenrein und möglichst mit leeren Abwassertanks und gefüllter Gasflasche zurückgeben. Ansonsten werden Gebühren fällig, die man vermeiden kann. Der Benzintank muss normalerweise der Füllmenge Ihrer Übernahme des Campers entsprechen. Es gibt aber auch Vermieter, die prinzipiell auf einen vollen Tank bei Rückgabe des Campers bestehen.

! Sie sollten vermeiden, das Wohnmobil direkt beziehungsweise mit knapp kalkuliertem Zeitplan vor Ihrem Rückflug abzugeben. Auch wenn die Abgabe an sich (Inspektion des Fahrzeuges, Endabrechnung, Kautionsrückbuchung) schnell erledigt ist, kann es zu Wartezeiten kommen, die vor so einem wichtigen Termin wie dem Rückflug schon mal Panik auslösen können.

VERSICHERUNGEN (► AUTO- UND REISEVERSICHERUNGEN)

ZEITZONEN

Die vorliegende Reiseroute führt Sie durch zwei Zeitzonen. Die **Pacific Standard Time (PST)**, in der Sie sich acht Stunden hinter der Mitteleuropäischen Zeit (MEZ) befinden, und die **Mountain Standard Time**, die eine Differenz von neun Stunden zur Mitteleuropäischen Zeit hat. Auf den Wechsel der Zeitzonen weisen wir jeweils in der Routenbeschreibung hin.

Pacific Standard Time (PST)	Mountain Standard Time (MST)
Washington	Südliches Idaho
Nördliches Idaho	Montana
Oregon	Utah
	Wyoming

ZOLL (► EIN- UND AUSFUHRBESTIMMUNGEN)

Sprachhilfe

Englisch ist für jemanden, dessen Muttersprache Deutsch ist, eine recht einfache Sprache. Die Grammatik ist übersichtlich und mit ein paar Grundregeln zur Aussprache kann man verhindern, dass man allzu »Deutsch« klingt, wenn man Englisch spricht. Am meisten Schwierigkeiten bereitet normalerweise das »th«, das mit der Spitze der Zunge gegen die oberen Vorderzähne erzeugt wird (und möglichst nicht wie ein »s« klingen sollte).

Auch das »r« bedarf mancher Akrobatik im Mund. Es wird retroflex ausgesprochen, das heißt, die vordere Zunge wird zwischen der Mitte des Gaumens und den Zähnen gegen den Gaumen gehoben. Das ist vor allem bei einem »r« am Anfang eines Wortes der Fall, zum Beispiel bei »red«. Befindet sich das »r« am Ende des Wortes, wie zum Beispiel bei »hear«, wird es am ehesten wie ein »a« ausgesprochen.

Das »c« wird entweder wie ein »k« oder wie ein »s« ausgesprochen, aber nie »ts«. Das »j« klingt wie »dsch«.

Um sich fundiert mit der englischen Aussprache zu befassen, empfiehlt sich die Zuhilfenahme eines Wörterbuchs, in dem alle Regeln beschrieben und erklärt sind (▶Seite 403).

EINFACHE KONVERSATION/ SMALLTALK

Um bestimmte Floskeln kommt man auf der Reise nicht herum. »How are you?« ist beispielsweise selten eine Frage nach dem Befinden, sondern eine Begrüßung wie »Hallo«. Die Antwort »fine« oder »good« ist ausreichend, höflicher wäre die Gegenfrage. Entsprechend ist »Have a nice day« die Abschiedsformel.

Deutsch	Englisch
Ich spreche kein Englisch	I don't speak English
Ich spreche nur wenig Englisch	I only speak a little English
Ich verstehe nicht	I don't understand
Könnten Sie das bitte wiederholen?	Could you repeat that, please?
Ich heiße/wie heißen Sie?	My name is/what's your name?
Woher kommen Sie?	Where do you come from?
Freut mich, Sie kennenzulernen!	Nice to meet you!
Einen schönen Tag!	Have a nice day!
Wie viel Uhr ist es?	What's the time?
Guten Tag	Good afternon
Guten Abend	Good evening
Auf Wiedersehen	Good bye
Entschuldigung	Excuse me
Hallo	Hello
Danke	Thank you/Thanks
Bitte (Erwiderung auf »Danke«)	You're welcome
Ja/nein	Yes/no
Wie bitte?	Pardon?
Wann?	When?
Wie?	How?
Wo?	Where

ZAHLEN

Deutsch	Englisch
1	one
2	two
3	three
4	four
5	five
6	six
7	seven
8	eight
9	nine
10	ten
11	eleven
12	twelve
13	thirteen
14	fourteen
15	fifteen
16	sixteen
17	seventeen
18	eighteen
19	nineteen
20	twenty
21	twenty-one
22	twenty-two
...	...
30	thirty
40	forty
50	fifty
60	sixty
70	seventy
80	eighty
90	ninety
100	one hundred
150	one hundred and fifty
200	two hundred
1000	a thousand

WOCHENTAGE

Deutsch	Englisch
Montag	Monday
Dienstag	Tuesday
Mittwoch	Wednesday
Donnerstag	Thursday
Freitag	Friday
Samstag	Saturday
Sonntag	Sunday

MONATE

Deutsch	Englisch
Januar	January
Februar	February
März	March
April	April
Mai	May
Juni	June
Juli	July
August	August
September	September
Oktober	October
November	November
Dezember	December

TELEFONIEREN

Wenn man mit dem Operator spricht oder im Motel ein Telefongespräch anmelden möchte (was allerdings sehr teuer ist!), ist ein kleines Grundvokabular unbedingt nötig:

Deutsch	Englisch
Kann ich eine Nachricht hinterlassen?	Can I leave a message?
Ans Telefon gehen	Answer the phone
Zum Hörer greifen	Pick up the phone
Ich kann Sie nicht verstehen/hören.	I can't hear you.

Deutsch	Englisch
Bitte warten/bleiben Sie dran	Please hold (the line)
Könnten Sie etwas lauter sprechen?	Could you speak up, please?
Könnten Sie etwas langsamer sprechen?	Could you speak more slowly, please?
Danke für den Anruf	Thank you for calling
Wählen	Dial
Vorwahl	Area code
Ortsgespräch	Local call
Ferngespräch	Long distance call
R-Gespräch, Gebühr bezahlt Empfänger	Collect call

EINREISE/ZOLLABFERTIGUNG/TRANSFER

Deutsch	Englisch
Zollabfertigung der Ware zur Ausfuhr	Clearing the goods for export
Zollabfertigung der Ware zur Einfuhr	Clearing the goods for import
Waren verzollen	To declare goods
Zollabfertigung	Customs
Einreise	Entry
Ausreise	Departure

HOTEL/MOTEL/CAMPGROUND

Deutsch	Englisch
Ich habe bei Ihnen ein Zimmer reserviert.	I have booked a room.
Ich habe einen Stellplatz/Zeltplatz reserviert.	I have a reservation for an RV site/tent site.
Haben Sie ein Zimmer frei?	Do you have any vacancies?
Wieviel kostet das Zimmer pro Nacht?	How much is a room per night?
Haben Sie einen Stellplatz mit allen Anschlüssen?	Do you have a full hook-up site?

Deutsch	Englisch
Hotel	Hotel
Pension	Guesthouse
Vorname	First name
Nachname	Last name
Erdgeschoss	First floor
Erster Stock	Second floor
...	...
Einzelzimmer	Single room
Doppelzimmer	Double room
Mit WC	Ensuite
Toilette	Toilet
Dusche	Shower
Mit Frühstück	With breakfast
Halbpension	Half board
Gepäck	Luggage
Wohnmobil	RV (Recreation Vehicle)
Wohnwagen	Trailer
Campingplatz	Campground
Stellplatz für Wohnmobil	RV site
Abwasser ablassen	To sanidump
Zeltplatz	Tent site
Belegt, ausgebucht	Full, occupied

EINKAUFEN/TANKEN

Deutsch	Englisch
Wie viel kostet ...?	How much is ...?
Ich brauche ...	I need ...
Wann öffnet/schließt ...?	When does ... open/close?
Wo kann man hier tanken?	Where can I get gas round here?
Lebensmittelladen	Grocery store
Markt	Market
Supermarkt	Supermarket

Deutsch	Englisch
Großer Supermarkt	Superstore
Einkaufszentrum	Mall
Bäckerei	Bakery
Metzgerei	Butcher shop
Lebensmittel	Foods
Teuer	Expensive
Billig	Cheap
Bezahlen	To pay
Tankstelle	Service station, gas station
Benzin	Gas, fuel
Tanken	To fuel, to bump
Bleifrei tanken	To fill up unleaded
Volltanken	To top up, to fill it up

RESTAURANT/ESSEN & TRINKEN

Deutsch	Englisch
Können Sie ein Restaurant empfehlen?	Is there a restaurant you can recommend?
Was können Sie empfehlen?	What would you recommend?
Wir hätten bitte gerne einen Tisch für 4 Personen.	We'd like a table for four please.
Es hat mir geschmeckt.	I enjoyed my meal.
Die Rechnung/bezahlen, bitte	May we have the bill, please?
Das Essen	Meal
Essen	To eat
Trinken	To drink
Vorspeise	Starter
Hauptgericht	Main dish
Nachspeise	Dessert
Beilage	Side
Kellner/Kellnerin	Waiter/waitress
Koch	Chef

Frühstück

Deutsch	Englisch
Schinkenspeck	Bacon
Gekochtes Ei	Boiled egg
Brot	Bread
Cornflakes	Cereals
Käse	Cheese
Kaffeesahne	Cream
In Fett gebackener, weicher Toast	French toast
Gebratene Eier	Fried eggs
Schinken	Ham
Spiegeleier mit Schinken	Ham and eggs
Marmelade	Jam
Gelee	Jelly
Ahornsirup	Maple syrup
Milch	Milk
Spiegelei, von beiden Seiten gebraten	Over easy egg
Pfannkuchen	Pancakes
Erdnussbutter	Peanut butter
Pochierte Eier	Poaches eggs
Rosinenbrot	Raisin bread
Brötchen	Rolls
Würstchen	Sausage
Rührei	Scrambled eggs
Spiegelei	Sunny side up eggs
Waffeln	Waffles
Weißbrot	White bread
Vollkornbrot	Wholewheat bread

Fisch und Meeresfrüchte

Deutsch	Englisch
Barsch	Bass
Muscheln	Clams
Kabeljau	Cod
Krebse	Crabs

Deutsch	Englisch
Heilbutt	Halibut
Hummer	Lobster
Geräucherter Lachs	Lox
Auster	Oyster
Lachs	Salmon
Meeresfrüchte	Seafood
Hai	Shark
Garnelen	Shrimps
Scholle	Sole
Schwertfisch	Swordfish
Forelle	Trout
Thunfisch	Tuna

Fleisch

Deutsch	Englisch
Lamm	Lamb
Schinkenspeck	Bacon
Rindfleisch	Beef
Hühnchen	Chicken
Ente	Duck
Filetsteak	Filet mignon
Brathähnchen	Fried chicken
Gekochter Schinken	Ham
Hackbällchen	Meat balls
Schweinefleisch	Pork
Kotelett	Pork chops
Hochrippe	Prime rib
Hochrippe als Steak gebraten	Prime rib steak
Lendensteak	Sirloin steak
Schweinerippchen	Spareribs
Steak mit Knochen	T-bone steak
Filet	Tenderloin teak
Puter	Turkey
Kalb	Veal
Flügel	Wings

Zubereitungsarten bei Fleisch

Deutsch	Englisch
Gekocht	Boiled
Gebraten	Broiled
Frittiert	Fried
Gegrillt	Grilled
Gedünstet	Sauteed

Beilagen

Deutsch	Englisch
In der Schale gebackene Kartoffel	Baked potatoe
Salzkartoffeln	Boiled potatoes
Pommes frites	French fries
Reibekuchen	Hash browns
Kartoffelbrei	Mashed potatoes
Kartoffelpuffer	Potatoe pancakes
Kartoffelsalat	Potatoe salad
Salat	Salad
Gemüse	Vegetables

Gemüse

Deutsch	Englisch
Spargel	Asparagus
Bohnen	Beans
Rote Beete	Beetroot
Kohl, Kraut	Cabbage
Karotten	Carrots
Blumenkohl	Cauliflower
Krautsalat	Cole slaw
Mais	Corn
Gurke	Cucumber
Knoblauch	Garlic
Pilze	Mushrooms
Zwiebel	Onion
Frittierte Zwiebelringe	Onion rings
Erbsen	Peas
Kartoffeln	Potatoes

Deutsch	Englisch
Kürbis	Pumpkin
Rote und grüne Paprika	Red and green pepper
Reis	Rice
Spinat	Spinach
Tomaten	Tomatoes
Süße Kartoffel	Yam

Obst

Deutsch	Englisch
Äpfel	Apples
Aprikosen	Apricots
Kirschen	Cherries
Datteln	Dates
Trauben	Grapes
Zitronen	Lemons
Pfirsiche	Peaches
Birnen	Pears
Ananas	Pineapple
Erdbeeren	Strawberries

Getränke

Deutsch	Englisch
Bier	Beer
Sekt	Champagne
Kaffee	Coffee
Koffeinfreier Kaffee	Decaf
Kalorienarm	Diet
Fassbier	Draught
Heiße Schokolade	Hot chocolate
Eistee	Iced tea
Milch	Milk
Orangensaft	Orange juice
Wurzelbier (alkoholfrei, mit Kohlensäure)	Root beer
Zuckerfrei, evtl. mit Süßungsmitteln	Sugar free
Tee	Tea
Wasser	Water
Wein	Wine

KRANKHEIT/ARZTBESUCH

Deutsch	Englisch
Wo ist der nächste Arzt/Zahnarzt?	Where is the nearest doctor/dentist?
Ich brauche einen Arzt.	I need a doctor.
Das ist ein Notfall!	This is an emergency!
Hier tut es weh.	Here I feel pain.
Hilfe!	Help!
Apotheke	Pharmacy
Krankenhaus	Hospital
Rettungswagen	Ambulance
Heftige Schmerzen	Violent pain
Erkältung	Cold
Grippe	Flu
Fieber	Fever
Kopfschmerzen	Headache
Husten	Cough
Schnupfen	Cold
Halsweh	Sore throat
Ohrenschmerzen	Earache
Bauchschmerzen	Stomach ache
Magen-Darm-Grippe	Abdominal influenza, stomach flu
Erbrechen	Sickness
Durchfall	Diarrhea
viraler/bakterieller Infekt	Viral/bacterial infection
Blinddarmentzündung	Appendicitis
Blinddarmdurchbruch	Ruptured appendix

Deutsch	Englisch
Operation	Surgery
Narkose	Narcosis
Antibiotikum	Antibiotic
Nasenspray	Nasal spray
Hustensaft	Cough syrup
Allergie	Allergy
Eine Allergie gegen etwas haben	To be allergic to something
Warnsignal	Alert signal
Armaturenbrett	Dashboard
Bereich beim Wohnmobil, den man ausfahren kann (Erweiterung Innenraum)	Slide-out

UNFALL UNTERWEGS/SCHADENFALL

Deutsch	Englisch
Ich habe eine Panne.	My car is broken down.
Wo ist die nächste Werkstatt?	Where is the nearest garage?
Können Sie mir bitte helfen?	Could you please help me?
Das Auto/Wohnmobil springt nicht an.	The car/RV won't start.
Bitte sehen Sie das Öl nach.	Please check the oil.
Öl wechseln	To change the oil
Polizei	Police
Die Polizei rufen	To call the police
Unfall	Accident
Anzeige erstatten	To file a charge
Notfall	Emergency
Schwer verletzt	Badly injured
Motor	Engine
Motorschaden	Engine damage
Getriebe	Gear
Reifen	Tire
Platten	Flat tire
Fahrerhaus	Driver's cab
Tank	Tank
Flüssiggasspeicher	Liquid gas storage
Kontrollleuchte	Indicator light

Checklisten

Eine Reise dieser Dimension vorzubereiten und durchzuführen ist natürlich eine andere Kategorie als der Wochenendausflug in den Schwarzwald. Vieles muss bedacht, vorbereitet und beantragt werden. Manches kann man bereits lange vor der Reise erledigen, manches erst in letzter Minute. Im Nachfolgenden erhalten Sie sowohl eine kleine Hilfestellung bei den Dingen, die Sie beachten und planen müssen, als auch Listen für die wichtigsten Utensilien, die man auf die Reise mitnehmen sollte. Diese können Sie nach Ihren persönlichen Bedürfnissen ergänzen. Alle nachfolgenden Checklisten sollen zur Orientierung der zu berücksichtigenden Dinge beitragen; die Listen erheben keinen Anspruch auf Vollständigkeit, da nicht alle Eventualitäten für den individuellen Reisenden berücksichtigt werden können.

Die Checklisten können auch unter folgender Adresse heruntergeladen werden: **www.seitnotiz.de/NPRNW2**

KONKRETE UND FRÜHE REISEPLANUNG

- ○ Gültigkeit der Reisepässe kontrollieren (Neubeantragung dieses Dokumentes dauert ein paar Wochen!), ESTA-Anträge stellen
- ○ Flugrecherche und Buchung, Vergleiche von Angeboten der Reisebüros und des Internets
- ○ Hotelreservierung; beachten Sie, ob es einen Shuttleservice vom Flughafen zum Hotel gibt.
- ○ Reservierung Fahrzeug; auch hier ist ein Shuttle vom Hotel beziehungsweise dem Flughafen zum Vermieter wichtig, da es bei den Entfernungen zwischen dem Flughafen und der Innenstadt von Seattle zu hohen Taxi-Rechnungen kommen kann.
- ○ Reiserücktrittsversicherung und Auslandskrankenversicherung abschließen
- ○ Richtlinien für Gepäck und Handgepäck der befördernden Airline recherchieren
- ○ Bei Mitnahme eines Haustieres die Bestimmungen der Fluggesellschaft und der Einreise checken
- ○ Zweite Kreditkarte zur Sicherheit beantragen
- ○ Fahrten zum und vom Flughafen im Heimatland organisieren
- ○ Betreuungsunterkunft für Haustiere suchen

KURZ VOR DER REISE

- ○ Tageszeitung abbestellen
- ○ Rechtzeitig US-Dollar bei der Bank ordern, die Lieferung dauert in der Regel einige Werktage
- ○ Evtl. Travellerschecks besorgen
- ○ Regelmäßige Briefkastenleerung durch Nachbarn oder Freunde beziehungsweise Postlagerung organisieren
- ○ Wohnungsschlüssel bei Vertrauensperson deponieren
- ○ Blumengießen in der Wohnung und ggf. im Garten sicherstellen, Rasenpflege
- ○ Alle innerhalb der Reisezeit fälligen Rechnungen bezahlen
- ○ Wertsachen und wichtige Dokumente sicher verschließen oder an Vertrauensperson geben
- ○ Vertrauensperson/Familienangehörige über Erreichbarkeit im Urlaubsland (Handynummer, Hotels) informieren

KOFFERPACKEN

Kleidung & Ausrüstung

- ○ Passende und robuste Outdoor-Schuhe, möglichst eingelaufen, alternativ gute Sportschuhe mit profilierter Sohle

- ○ Sandalen
- ○ Bequeme Schuhe, die auch fürs Restaurant geeignet sind
- ○ Wind- und wasserdichte Funktions- und/oder Softshell-Jacke
- ○ Kopfbedeckung
- ○ Badebekleidung inklusive Badeschlappen für die Duschen auf den Campgrounds
- ○ Socken, Strümpfe
- ○ Unterwäsche
- ○ Schlafanzüge
- ○ Hosen, Jeans, Funktionskleidung fürs Wandern/Radfahren/Kanufahren
- ○ T-Shirts
- ○ Pullover oder Strickjacke/Fleece
- ○ Sportausrüstung je nach persönlichem Bedarf
- ○ Wanderstöcke

Mit Kindern unterwegs

- ○ Sonnenkappe
- ○ Bekleidung (siehe oben)
- ○ Robuste Halbschuhe; bei Kindern besonders auf gute Qualität achten
- ○ Ggf. Windeln für die ersten Tage
- ○ Kuscheltier
- ○ Kuschelkissen
- ○ Schnuller oder Schmusetuch fürs Flugzeug
- ○ Altersgerechtes Spielzeug/Musik/Hörspiele/Gerätschaften/Bücher fürs Fahren
- ○ Kleinere Rucksäcke für Wanderungen
- ○ Trinkflaschen
- ○ Eigenes Taschengeld für größere Kinder
- ○ Schwimmtiere oder Schwimmflügel

Mit Haustier unterwegs

- ○ Transportbox fürs Flugzeug
- ○ Evtl. Lieblingsspielzeug für die Transportbox
- ○ Maulkorb, Halsband, Geschirr, Leine
- ○ Impfbescheinigung oder sonstige Papiere für die Einreise
- ○ Ggf. Medikamente

Körperpflege

- ○ Duschgel, Haarshampoo
- ○ Seife
- ○ Deo
- ○ Zahnbürste, Zahnpasta
- ○ Hautcreme
- ○ Sonnencreme
- ○ Ggf. Kontaktlinsenpflegemittel
- ○ Kamm, Bürste
- ○ Haargummis, Haarspangen

Medikamente

- ○ Medikamente, die regelmäßig eingenommen werden müssen, inkl. ärztlichem Attest, bestmöglich in englischer Sprache
- ○ Ggf. Pille/Verhütungsmittel
- ○ Ggf. Mittel gegen Insektenstiche (kann auch vor Ort besorgt werden)
- ○ Ggf. Mückenabwehrmittel (kann auch vor Ort besorgt werden)
- ○ Kopfschmerztabletten
- ○ Kleines Erste-Hilfe-Set mit Pflastern, Wundsalbe und Verbänden; die meisten schmerzstillenden Medikamente oder solche gegen Erkältungen und grippale Infekte können Sie frei verkäuflich in allen großen Läden und Apotheken erhalten.

Technik

- ○ Fotoapparat, Digitalkamera
- ○ Fernglas
- ○ GPS-Gerät
- ○ Evtl. Notebook/Tablet inkl. Ladekabel und Stick für die Foto-Übertragung von der Kamera
- ○ Mobiltelefon (vorher checken, ob der Vertrag für die USA registriert ist)
- ○ Ladekabel für alle elektronischen Geräte
- ○ (Mehrere) Adapter für US-Steckdosen (vor Ort kaum zu bekommen)
- ○ 12-Volt-Anschlüsse für elektronische Geräte, die während der Fahrt beziehungsweise unabhängig von Stromanschlüssen auf den Campingplätzen geladen werden müssen

Sonstiges

- ○ Großer Rucksack
- ○ Reiseföhn (umschaltbar auf 110 V)
- ○ Leselektüre, Spiele, Bücher
- ○ Sonnenbrillen
- ○ Wäscheklammern und Schnur
- ○ Taschenlampe (in den Wohnmobilen meist bei der Ausrüstung dabei, beim Vermieter nachfragen)
- ○ Schreibzeug
- ○ Führerschein
- ○ Versichertenkarte der Krankenkasse/privaten Versicherung

- ○ Kartenmaterial, evtl. Navigationsgerät mit entsprechender Software
- ○ Reiseführer
- ○ Wörterbuch
- ○ Adresse Mietwagen-Vermieter, Voucher für Mietwagen, Hotels und sonstige bereits bezahlte Reiseleistungen

! Auf keinen Fall Lebensmittel in die Koffer packen! Die Koffer werden durchleuchtet, Lebensmittel fallen als Kohlenwasserstoffverbindungen auf und werden ggf. beschlagnahmt beziehungsweise sorgen zumindest für unnötiges Aufheben.

TAG DER ABREISE

- ○ Elektrogeräte ausschalten (Kaffeemaschine, Fernseher, PC), ggf. Sicherungen abschalten
- ○ Anrufbeantworter abschalten
- ○ Heizung abstellen, im Winter auf Frostschutz achten
- ○ Haustier zur Betreuungsunterkunft bringen
- ○ Verderbliches aus dem Kühlschrank entfernen
- ○ Müll entsorgen
- ○ Wichtige Dokumente wie Flugticket, Reiseunterlagen, Pässe, Telefonnummern aller Buchungen im Urlaubsland ins Handgepäck
- ○ Und zu guter Letzt: Fenster schließen (Keller nicht vergessen), Rollläden im Erdgeschoss herunterlassen, Haustür abschließen

ERSTEINKAUF WOHNMOBILFAHRER

Grundnahrungsmittel

- ○ Getränke
- ○ Wasser (auch zum Kochen)
- ○ Obst
- ○ Kartoffeln, Nudeln, Reis
- ○ Zwiebeln
- ○ Eier
- ○ Gewürze (Salz, Pfeffer, Paprika, Kräuter)
- ○ Zucker
- ○ Essig, Öl
- ○ Butter, Margarine
- ○ Wurst
- ○ Käse
- ○ Marmelade, Schokocreme, Honig
- ○ Kaffee, Tee
- ○ Milch, Milchprodukte
- ○ Müsli, Cornflakes
- ○ Brot, Toastbrot
- ○ Knabbereien

Körperpflege

- ○ Seife
- ○ Duschgel
- ○ Shampoo

Ausstattung Wohnmobil

- ○ Spülmittel
- ○ Spüllappen
- ○ Waschmittel
- ○ Küchentücher
- ○ Toilettenpapier (muss gut abbaubar sein!)
- ○ Chemie für Toilette im Camper
- ○ Alufolie, Gefrierbeutel
- ○ Plastikbehälter (3 verschiedene Größen)
- ○ Mülltüten

Camping/Lagerfeuer

- ○ Holzkohle, Grillanzünder
- ○ Streichhölzer oder Feuerzeug
- ○ Kerzen
- ○ Grillbürste
- ○ Tischdecke

Medienliste

Die nachfolgend empfohlenen Produkte bieten sich für alle Leser an, die in einzelne Themenbereiche tiefer einsteigen möchten, für die Großstädte Seattle, Salt Lake City und Portland über diesen Routenreiseführer hinausgehendes Material benötigen oder sich noch intensiver auf die Reise einstimmen möchten. Alle aufgeführten Produkte sind über Amazon.de erhältlich, manche sind in englischer Sprache. Die komplette Liste finden Sie auch online zum direkten Einkauf unter **www.seitnotiz.de/NPRNW3**.

Kartenmaterial

USA Road Guide 01. Pacific Northwest – Maßstab 1:1 000 000, Hallwag Kümmerly + Frey, ISBN: 978-3-8283-0752-0

USA 1, Nordwest: Oregon, Washington – Maßstab 1:750 000, Reise Know How, ISBN 978-3-8317-7088-5

USA 2, Nord: Idaho, Montana, Wyoming, North Dakota, South Dakota, Nebraska – Maßstab 1:1 250 000, Reise Know How, ISBN 978-3-8317-7181-3

Old Faithful, Yellowstone National Park SW Wyoming/Montana/Idaho, USA: National Geographic Trails Illustrated Map, National Geographic, ISBN 978-1-56695-433-4

Grand Teton National Park, Wyoming, USA: National Geographic Trails Illustrated Map, National Geographic, ISBN 978-1-5669-5296-5

Wörterbücher, Sprachhilfe

Das große Oxford Wörterbuch, Standardwörterbuch, Cornelsen Schulverlag, EAN 9783068013052

Das neue Wörterbuch Englisch-Deutsch. Jetzt mit über 310.000 Einträgen, Sprachhilfe für unterwegs, kindle edition ASIN B0076ZT2AG

Linguee, Sprachhilfe mit Kontext, www.linguee.de

Leo, Deutsch-Englisch/Englisch-Deutsch-Vokabular, http://dict.leo.org

Städte- und Reiseführer

Seattle City Guide, Reiseführer für Seattle, Lonely Planet Verlag, ISBN 978-1-7422-0136-8 (Kindle Edition – Englisch)

Besucherseite mit Informationen zu Stadt, Sehenswürdigkeiten, Kultur und Tipps, www.seattle.gov/visiting-seattle

Salt Lake City, Utah: Including Its History, the Utah Museum of Fine Arts, the Salt Lake Temple, the Bonneville Salt Flats, and More Theoklesia Verlag, ISBN 978-1-2492-1791-6 (Englisch)

Portland, Oregon, viele Insider-Tipps für Portland, Verlag Insiders Guide, ISBN: 978-0-7627-9189-7 (Englisch)

Yellowstone & Grand Teton National Parks, Lonely Planet Verlag, ISBN 978-1-7417-9407-6

Reiseberichte und –dokumentationen

Vom Mississippi zu den Rocky Mountains: Die abenteuerliche Erkundung des Nordwestens 1847, Dokumentation der Expedition in das unbesiedelte Gebiet, Marix Verlag, ISBN 978-3-8650-3154-9

Informationen zu den nordwestlichen Regionen, Empfehlungen, sportliche und kulturelle Aktivitäten, Links zu Hotels, Restaurants und Veranstaltern, http://gowest-reisen.de

Ich weißer Mann, du Indianer gut, der Autor schildert humorvoll sein Leben bei den Indianern in Montana, rororo 2008, ISBN 978-3-4996-2306-6

Musik des Nordwestens

Experience Hendrix: the Best of Jimi Hendrix, der bekannte, in Seattle geborene Musiker ist ein Vertreter der Modern Native American Music, Audio CD, ASIN B0034CNSFU

The King of the Cowboys – Roy Rogers, wichtiger Vertreter der Cowboy- und Westernmusik, Audio CD, ASIN B00P05C0IM

Natur- und Tierwelt

Die Fauna von Nord- bis Südamerika, Informationen über die Tierwelt allgemein, www.indianerwww.de/indian/fauna.htm

Naturparadies Rocky Mountains, die vielfältige Natur- und Tierwelt der Rockies und des Yellowstone National Parks, www.planet-wissen.de/laender_leute/kanada/rocky_mountains/naturparadies.jsp

Banff, Jasper & Glacier National Parks, Informationen über die National Parks in den Rocky Mountains, Lonely Planet Verlag, ISBN 978-1-7410-4484-3 (Englisch)

Menschen

Groening, Matt: The Simpsons, der Journalist und Schöpfer der Comic-Serie ist 1954 in Portland geboren, z. B. Die Simpsons – der Film, DVD, ASIN B000UYRI20

Guterson, David: Schnee, der auf Zedern fällt, der Autor ist 1956 in Seattle geboren und macht den Pazifischen Nordwesten zu einem charakteristischen Bestandteil seiner Geschichten, Berlin Verlag Taschenbuch, ISBN 978-3-8333-0434-7

Russell, Charles: Montana's Charlie Russell: Art in the Collection oft he Montana Historical Society, der Maler verbrachte den Großteil seines Lebens in Montana und malte sowohl Cowboys und Indianer als auch Darstellungen der kargen Wildwest-Landschaften, Montana Historical Society, ISBN 978-1-9405-2710-9 (Englisch)

Spielfilme & Bücher

Biss Gesamtausgabe, Band 1–4, Stephenie Meyer, Handlungsorte Forks und La Push, beides auf der Olympic Peninsula, Kindle Edition, ASIN B0077RMQJW

Twilight – Biss zum Morgengrauen, Drehorte Forks und La Push, beides auf der Olympic Peninsula, DVD, ASIN B0038CH1ZE

New Moon – Biss zur Mittagsstunde, Drehorte Forks und La Push, beides auf der Olympic Peninsula, DVD, ASIN B004I19GCU

Eclipse – Biss zum Abendrot, Drehorte Seattle, Forks und La Push, beides auf der Olympic Peninsula, ASIN B003UOVURO

Breaking Dawn – Biss zum Ende der Nacht, Teil 1, Drehorte Forks und La Push, beides auf der Olympic Peninsula, ASIN B00AQB2B64

Breaking Dawn – Biss zum Ende der Nacht, Teil 2, Drehorte Forks und La Push, beides auf der Olympic Peninsula, ASIN B009ZBP4VK

Schlaflos in Seattle, Drehort Seattle (Hausbootsiedlung auf dem Union Lake), mit Tom Hanks und Meg Ryan, DVD, ASIN B00F34VAVQ

My private Idaho, Drehort Portland, mit Keanu Reeves und River Phoenix, DVD, ASIN B001MWRYIQ

Shining, der Filmbeginn wurde auf der Going-to-the-Sun-Road des Glacier National Park gedreht, die Außenaufnahmen am Mount Hood, mit Jack Nicholson, DVD, ASIN B0019GZ9G0

Brokeback Mountain, grandiose Landschaftsaufnahmen in Wyoming, mit Heath Ledger und Jake Gyllenhaal, DVD, ASIN B000GKZJGY

Stichwortverzeichnis

E

F

G

H

I

J

K

L

M

N

O

P

Q

R

S

T

U

V

W

X

Y

KARTE

Ladysmith
100 km/63 mi
Saltair
Chemainus
Youbou
Galiano
Crofton
Ganges
Mayne
Bamfield
Lake Cowichan
North Cowichan
Duncan
Fulford Harbour
Cowichan Bay
Cobble Hill
Clo-oose
North Saanich
Sidney
Shawnigan Lake
Mill Bay
Vancouver Island
Central Saanich
Port Renfrew
San Juan Island
Highlands
Friday
Saanich
Langford
Colwood
Victoria
Cape Flattery
Sooke
Metchosin
Neah Bay
Seal Rock
Wa'atch
Strait of Juan de Fuca
Ediz Hook Landzunge
Olympic National Park
Olympic Peninsula
Port Angeles
Ozette Lake
Lake Pleasant
Fairholme Campground
Lake Crescent
Maple Grove
Port Angeles KOA
Carlsborg
Olympic National Park Visitor Center
Sequim
Sol Duc River
Lake Crescent
Lake Sutherland
Elwha
Hurricane Ridge Road
Storm King Ranger Station
Heart O' the Hills CG
Sol Duc Hot Springs Road
Elwha Valley
Heart O' the Hills
Altair Campground
Elwha Ranger Station
Mora
Lake Mills
Elwha CG
Sol Duc Hot Springs
Hurricane Ridge Visitor Center
Deer Park
La Push Rd
Forks
Mora Campground
Mora Ranger Station
Sol Duc Valley
Olympic Hot Springs
Hurricane Ridge
Rialto Beach
Elwha River
La Push
Three Rivers
Sol Duc Campground
Mount Angeles (1.967 m)
Hoh Rain Forest Visitor Center
Hoh Campground
Upper Hoh Road
Hoh Valley
Hoh River
Mount Olympus (2.428 m)
Olympic National Park
101
Pazifik
Ruby Beach
Dosewallips
Olympic National Park
Olympic Peninsula
Kalaloch
Kalaloch Campground
Kalaloch Ranger Station
Kalaloch
Queets
Quinault River
South Beach Campground
Queets
Staircase
Quinault
Staircase Ranger Station
Quinault Rain Forest Ranger Station
Lake Quinault
Lake Cushman
Gatton Creek Campground
Falls Creek Campground
Amanda Park
Willaby Creek Campground
Wynoochee Lake
Neilton
Hoodsport
Moclips
Humtulips
Seabrook
Copalis Beach
Ocean City
Aberdeen Gardens
McCleary
Elma
Aberdeen
Ocean Shores
Central Park
Hoquiam
Grayland
Oakville
Chehalis Village

423

Tsawwassen
Blaine
Point Roberts
Lynden
Birch Bay
Nooksack
Everson
Ferndale
North Cascades National Park
Bellingham
Mount Baker (3.286 m)
Sourdough Mountain (1.865 m)
Baker Lake
Gorge Lake Campground
Diablo Lake
Diablo
Newhalem
Gorge Lake
Goodell Creek Campground
North Cascades NP Visitor Center
Pyramid
Baker Lake Road
Orcas Island
Shaw Island
Blakely Island
San Juan Island
San Juan Islands National Monument
Friday Harbor
Decatur Island
Lopez Island
Lake Shannon
North Cascades Wilderness Information Center
Hamilton
Concrete
Anacortes
Padilla Bay
Sedro-Woolley
Rockport
Marblemount
Moraine
Fidalgo Island
Burlington
Deception Pass State Park
Mount Vernon
Oak Harbor
Lake Ketchum
Oso
North Stanwood
Darrington
Coupeville
Arlington Heights
Silvana
Fort Casey
Warm Beach
Arlington
Jordan
Lake Goodwin
Lakewood
Port Townsend
Canyon Creek
Weallup Lake
Stimson Crossing
Granite Falls
Verlot
The Middle Ground
Sequim
Tulalip Bay
Marysville
Langley
Lochsloy
Skunk Island
Shaker Church
Blyn
Port Hadlock
Whidbey Island
Lake Stevens
Clinton
Lake Roesiger
Everett
West Lake Stevens
Mukilteo
Three Lakes
Port Ludlow
Boeing und Future of Flight Aviation Center
Snohomish
Cruise America Everett
Woods Creek
Puget Sound
Silver Firs
Monroe
Gold Bar
Port Gamble
Mill Creek
Sultan
Quilcene
Lynnwood
Index
Kingston
Edmonds
Maltby
Woodway
Mountlake Terrace
Indianola
Bothell
Duvall
Shoreline
Bangor
Poulsbo
Suquamish
Skykomish
Scenic
Brinnon
Kirkland
Silverdale
Redmond
Lake Washington
Bainbridge Island
Yarrow Point
Carnation
Hunts Point
Seattle
Medina
Bellevue
Sammamish
Erlands Point-Kitsap Lake
Tracyton
Bremerton
Manchester
Mercer Island
Issaquah
Snoqualmie
Port Orchard
Blake Island State Marine Park
Newcastle
Preston
Hood Canal
Parkwood
Southfork
North Bend
Burien
Renton
Seattle-Tacoma International Airport
Tukwila
Holiday Beach
Hobart
Snoqualmie Pass
Vashon Island
Seattle/Tacoma KOA
Des Moines
Saltwater State Park
Kent
Maple Valley
Union
Covington
Grapeview
Gig Harbor
El Monte
Artondale
Dash Point State Park
Auburn
Black Diamond
Cruise America Tacoma
Moturis
Algona
University Place
Edgewood
Shelton
Fircrest
Tacoma
Fife
Easton
Enumclaw
Lakewood
Puyallup
Bonney Lake
Steilacoom
Buckley
White River
Greenwater
South Hill
South Prairie
Fort Lewis
Orting
DuPont
Wilkeson
Spanaway
Carbonado
Olympia
Graham
Lacey
Elk Plain
Tumwater
Roy
North Yelm
Mount Rainier National Park
Yelm
Sunrise
White River Entrance
Carbon River Entrance
White River Campground
Rainier
Shriner Peak (1.778 m)
Tenino
Rochester
Henry M. Jackson
417
424

100 km/63 mi
North Cascades National Park
Ross Lake
Sourdough Mountain (1.865 m)
Ross Lake Resort
Jack Mtn. (2.763 m)
Diablo Lake
Ruby Creek Trail
Diablo
Newhalem
Gorge Lake
Ross Lake Overlook
North Cascades NP Visitor Center
Pyramid Peak (2.189 m)
Mazama
Washington Pass (1.669 m)
Rainy Pass (1.480 m)
Rainy Lake
Liberty Bell Mountain (2.359 m)
Moraine Lake
North Cascades National Park
Trapper Lake
Winthrop
Winthrop/North Cascades BP KOA
Twisp
Stehekin
Lake Chelan
Oroville
Tonasket
Conconully
Riverside
Omak
Okanogan
Omak Lake
Brewster
Pateros
Bridgeport
Chelan
Mansfield
Skykomish
Scenic
Entiat
Waterville
Leavenworth
Cashmere
Wenatchee
East Wenatchee
Rock Island
Columbia River
Soap Lake
Ephrata
Quincy
Easton
Roslyn
South Cle Elum
Thorp
Ellensburg
Kittitas
George
Vantage
Crest Island
Goat
Gaileys Island
Potholes Reservoir
Royal City
Royal Camp
418
425

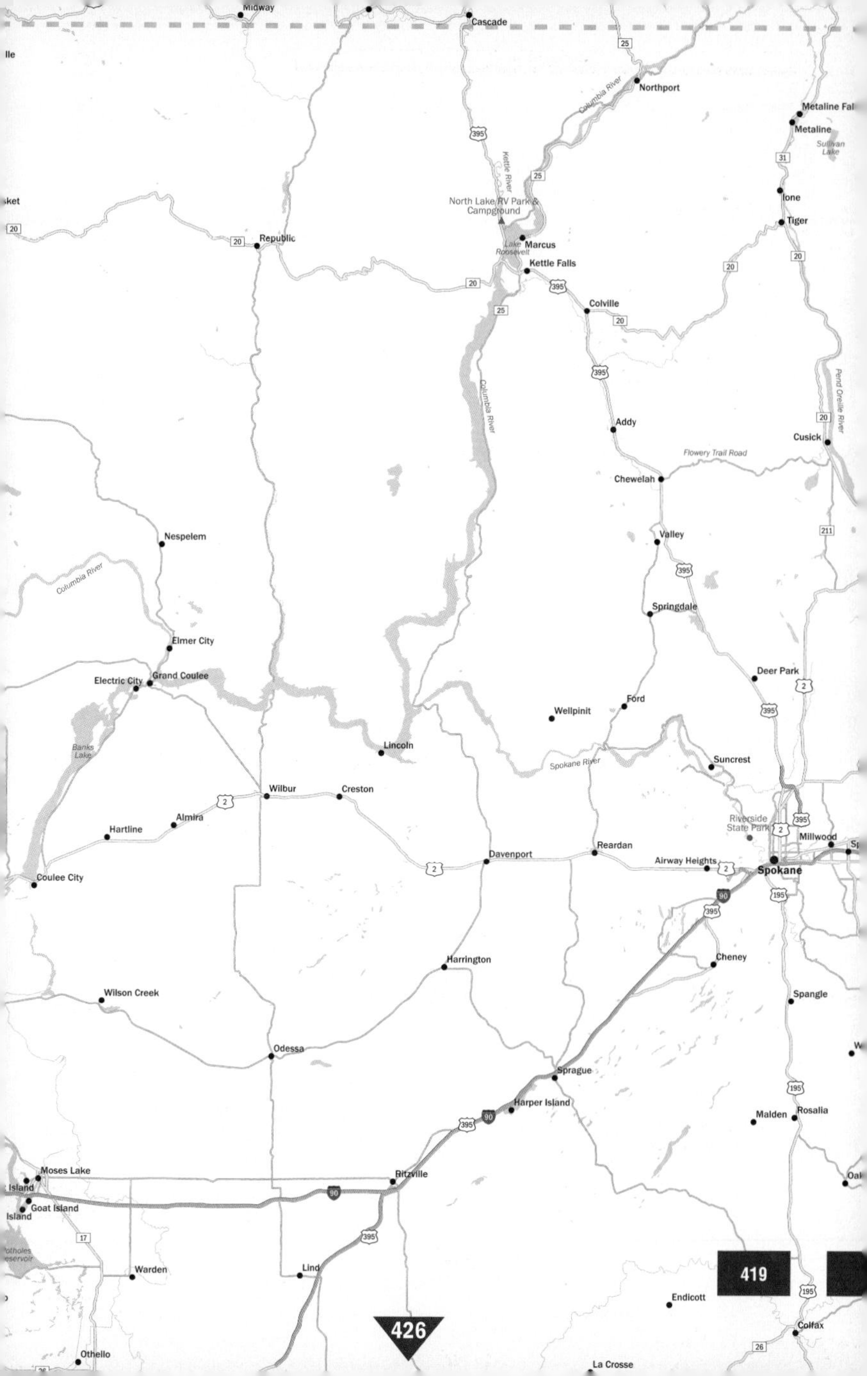
Midway
Cascade
Northport
Columbia River
Metaline Falls
Metaline
Sullivan Lake
Kettle River
North Lake RV Park & Campground
Ione
Tiger
Republic
Marcus
Lake Roosevelt
Kettle Falls
Colville
Columbia River
Pend Oreille River
Addy
Cusick
Flowery Trail Road
Chewelah
Nespelem
Valley
Columbia River
Springdale
Elmer City
Electric City
Grand Coulee
Deer Park
Wellpinit
Ford
Banks Lake
Lincoln
Spokane River
Suncrest
Wilbur
Creston
Almira
Hartline
Riverside State Park
Millwood
Davenport
Reardan
Airway Heights
Spokane
Coulee City
Cheney
Harrington
Spangle
Wilson Creek
Odessa
Sprague
Harper Island
Malden
Rosalia
Moses Lake
Ritzville
Goat Island
Warden
Lind
Endicott
Colfax
Othello
La Crosse
419
426

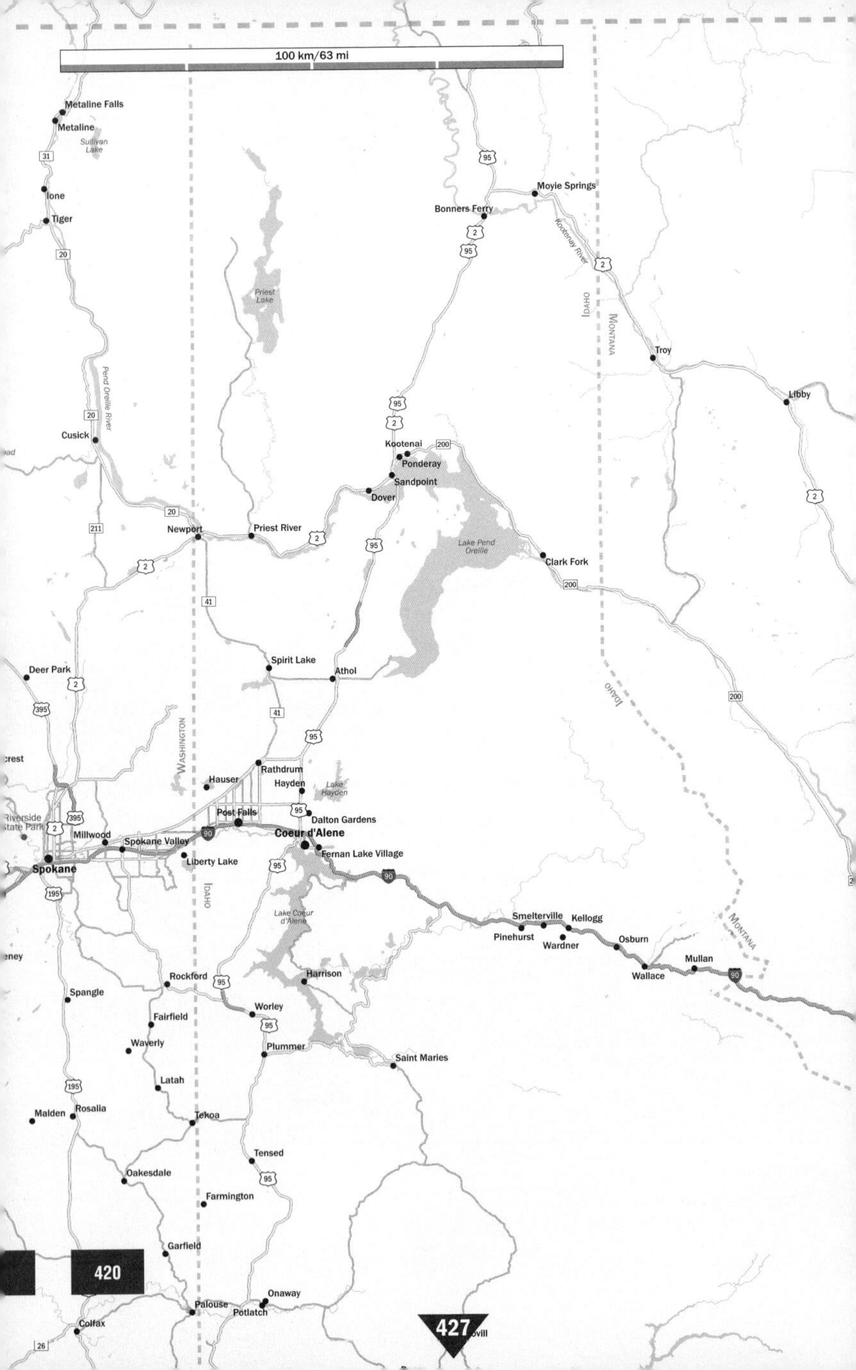
100 km/63 mi
Metaline Falls
Metaline
Sullivan Lake
Ione
Tiger
Priest Lake
Pend Oreille River
Cusick
Newport
Priest River
Moyie Springs
Bonners Ferry
Kootenay River
Idaho
Montana
Troy
Libby
Kootenai
Ponderay
Sandpoint
Dover
Lake Pend Oreille
Clark Fork
Spirit Lake
Athol
Deer Park
Washington
Hauser
Rathdrum
Hayden
Lake Hayden
Post Falls
Dalton Gardens
Coeur d'Alene
Fernan Lake Village
Riverside State Park
Millwood
Spokane Valley
Liberty Lake
Spokane
Idaho
Lake Coeur d'Alene
Smelterville
Kellogg
Pinehurst
Wardner
Osburn
Mullan
Wallace
Montana
Rockford
Harrison
Spangle
Worley
Fairfield
Waverly
Plummer
Saint Maries
Latah
Malden
Rosalia
Tekoa
Tensed
Oakesdale
Farmington
Garfield
Onaway
Palouse
Potlatch
Colfax
420
427

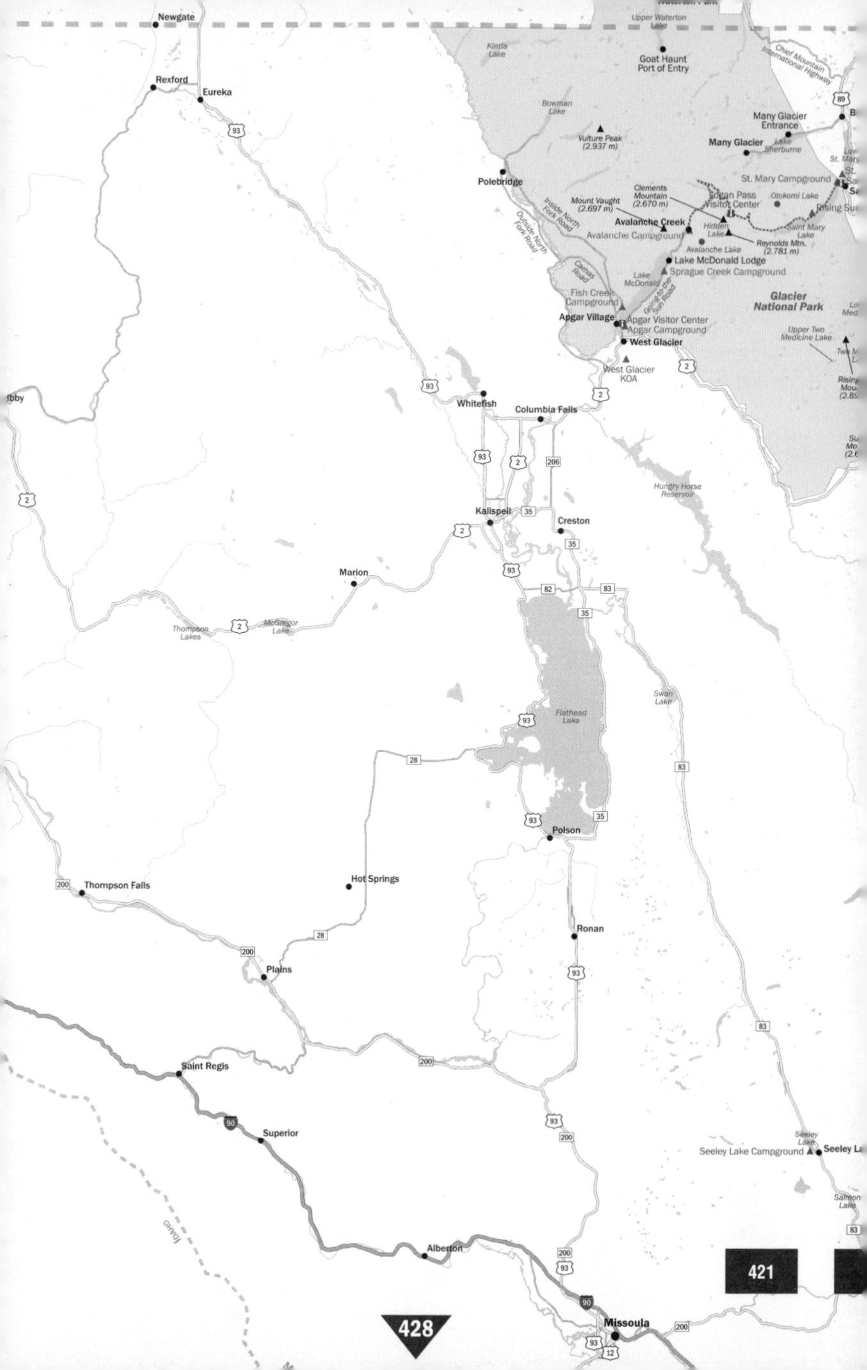

Newgate
Upper Waterton Lake
Kintla Lake
Goat Haunt Port of Entry
Chief Mountain International Highway
Rexford
Eureka
Bowman Lake
Vulture Peak (2.937 m)
Many Glacier Entrance
Many Glacier
Lake Sherburne
Polebridge
St. Mary Campground
Clements Mountain (2.670 m)
Logan Pass Visitor Center
Otokomi Lake
Mount Vaught (2.697 m)
Avalanche Creek
Avalanche Campground
Hidden Lake
Saint Mary Lake
Reynolds Mtn. (2.781 m)
Avalanche Lake
Inside North Fork Road
Outside North Fork Road
Lake McDonald Lodge
Camas Road
Lake McDonald
Sprague Creek Campground
Fish Creek Campground
Going-to-the-Sun Road
Glacier National Park
Apgar Village
Apgar Visitor Center
Apgar Campground
Upper Two Medicine Lake
West Glacier
West Glacier KOA
Whitefish
Columbia Falls
Hungry Horse Reservoir
Kalispell
Creston
Marion
Thompson Lakes
McGregor Lake
Swan Lake
Flathead Lake
Polson
Thompson Falls
Hot Springs
Ronan
Plains
Saint Regis
Superior
Seeley Lake
Seeley Lake Campground
Salmon Lake
IDAHO
Alberton
Missoula
421
428

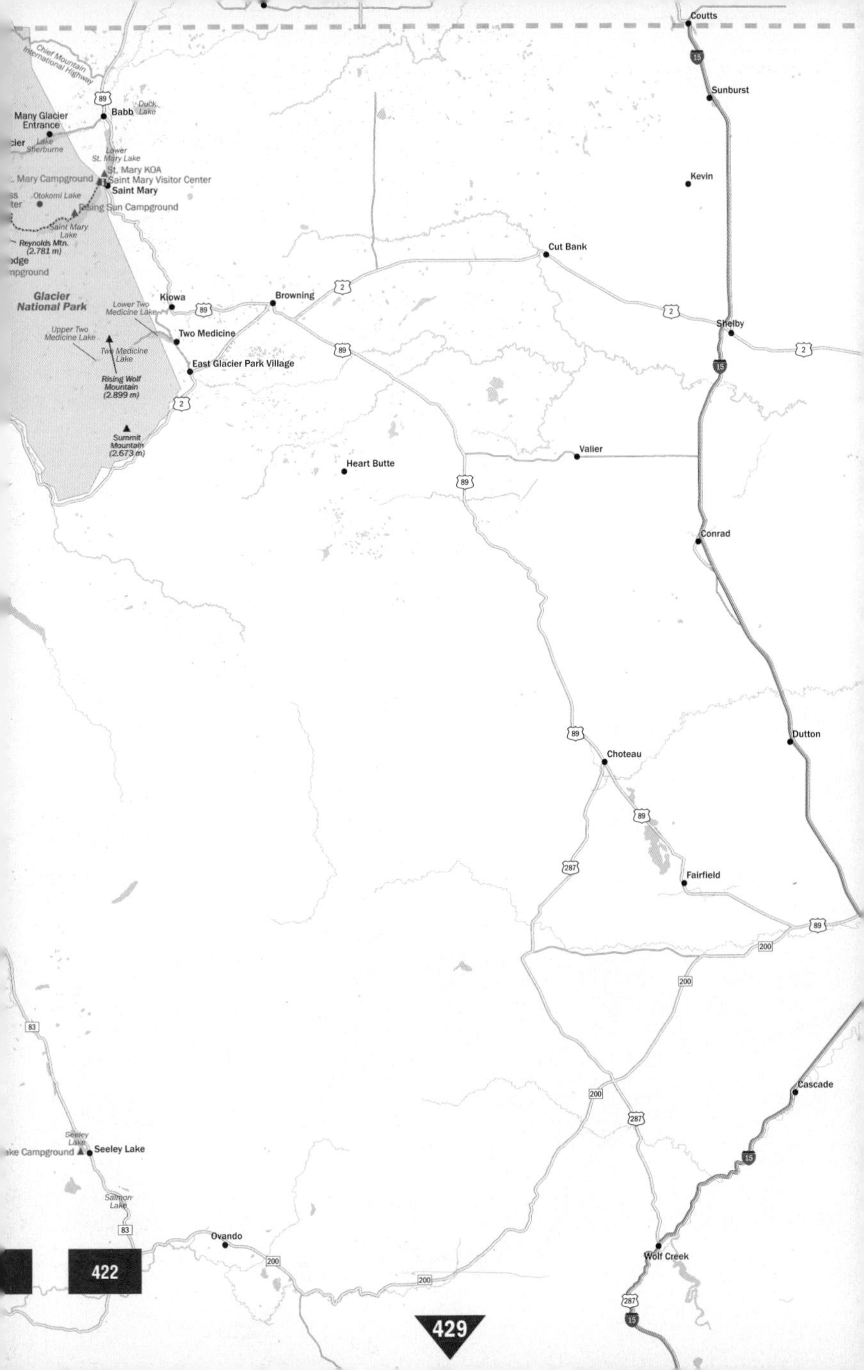

Coutts
Sunburst
Kevin
Cut Bank
Shelby
Chief Mountain International Highway
Babb
Duck Lake
Many Glacier Entrance
Lake Sherburne
Lower St. Mary Lake
St. Mary KOA
Saint Mary Visitor Center
Saint Mary
Otokomi Lake
Rising Sun Campground
Saint Mary Lake
Reynolds Mtn. (2.781 m)
Glacier National Park
Kiowa
Browning
Lower Two Medicine Lake
Upper Two Medicine Lake
Two Medicine
Two Medicine Lake
East Glacier Park Village
Rising Wolf Mountain (2.899 m)
Summit Mountain (2.673 m)
Heart Butte
Valier
Conrad
Dutton
Choteau
Fairfield
Cascade
Seeley Lake
Salmon Lake
Ovando
Wolf Creek
422
429

416
100 km/63 mi
Ocean Shores
Hoquiam
Aberdeen
Central Park
Grayland
Oakville
Chehalis Village
Tokeland
Raymond
South Bend
Pazifik
Pe Ell
Oysterville
Ocean Park
Nahcotta
Long Beach
Holman
Ilwaco
Chinook
Hammond
Alder Creek Village
Astoria
Warrenton
Cathlamet
WASHINGTON
Clatskanie
Gearhart
Seaside
Cannon Beach
Elderberry
Vernonia
Manzanita
Nehalem
Timber
Wheeler
Glenwood
Rockaway Beach
Banks
Gales Creek
Bay City
Forest Grove
Tillamook
Netarts
Gaston
Yamhill
Carlton
Beaver
Lafayette
McMinnville
Cloverdale
Amity
Neskowin
Sheridan
Lincoln City
Dallas
Falls City
423
Depoe Bay
Siletz
101
26

417
424
Mount Rainier National Park
Sunrise
White River Entrance
Carbon River Entrance
White River Campground
White River
Shriner Peak (1.778 m)
Henry M. Jackson Visitor Center
Cougar Rock Campground
Paradise
Longmire
Reflection Lakes
Nisqually Entrance
Shriner Peak Trail
Grove of the Patriarchs
Stevens Canyon Entrance
Ohanapecosh
Ohanapecosh Campground
North Yelm
Yelm
Rainier
Tenino
Eatonville
Oakville
Rochester
Bucoda
Grand Mound
Centralia
Chehalis
Elbe
Ashford
Recycled Spirits of Iron Sculpture Park
Packwood
Napavine
Mayfield Lake
Mossyrock
Morton
Randle
Riffe Lake
Winlock
Toledo
Vader
Castle Rock
Kelso
Longview
Clatskanie
Carrolls
Oregon
Apiary
Kalama
Lewis River
Amboy
Woodland
Vernonia
Cherry Grove
Ridgefield
Columbia River
Portland Fairview RV Park
Jantzen Beach RV Park
White Salmon
Stevenson
Hood River
Cascade Locks
Bridge of the Gods
Women's Forum Overlook
Vancouver
Banks
North Plains
Gales Creek
Camas
Washougal
Washington
Dodson
Horsetail Falls
Multnomah Falls
Wahkeena Falls
Historic Columbia River Highway
Bridal Falls
Shepperds Dell
Latourell Falls
Columbia River
Washington Park
Portland
Forest Grove
Hillsboro
Cornelius
Corbett
Crown Point Vista House
Gresham
Beaverton
Farmington
Gaston
Milwaukie
Boring
Tigard
Tualatin
Scholls
Damascus
Sandy
Sherwood
West Linn
Oregon City
Eagle Creek
Zig Zag
Mount Hood (3.426 m)
Wilsonville
Yamhill
Carlton
Newberg
Estacada
Government Camp
Dundee
Canby
Lafayette
Aurora
Molalla
Amity
Woodburn
Gervais
Mount Angel
Scotts Mills
Silverton
Keizer
Salem
Turner
Aumsville
Stayton
Lyons
Mill City
Fox Valley
Detroit
Jefferson
Jordan
The Dalles
Mt Hood

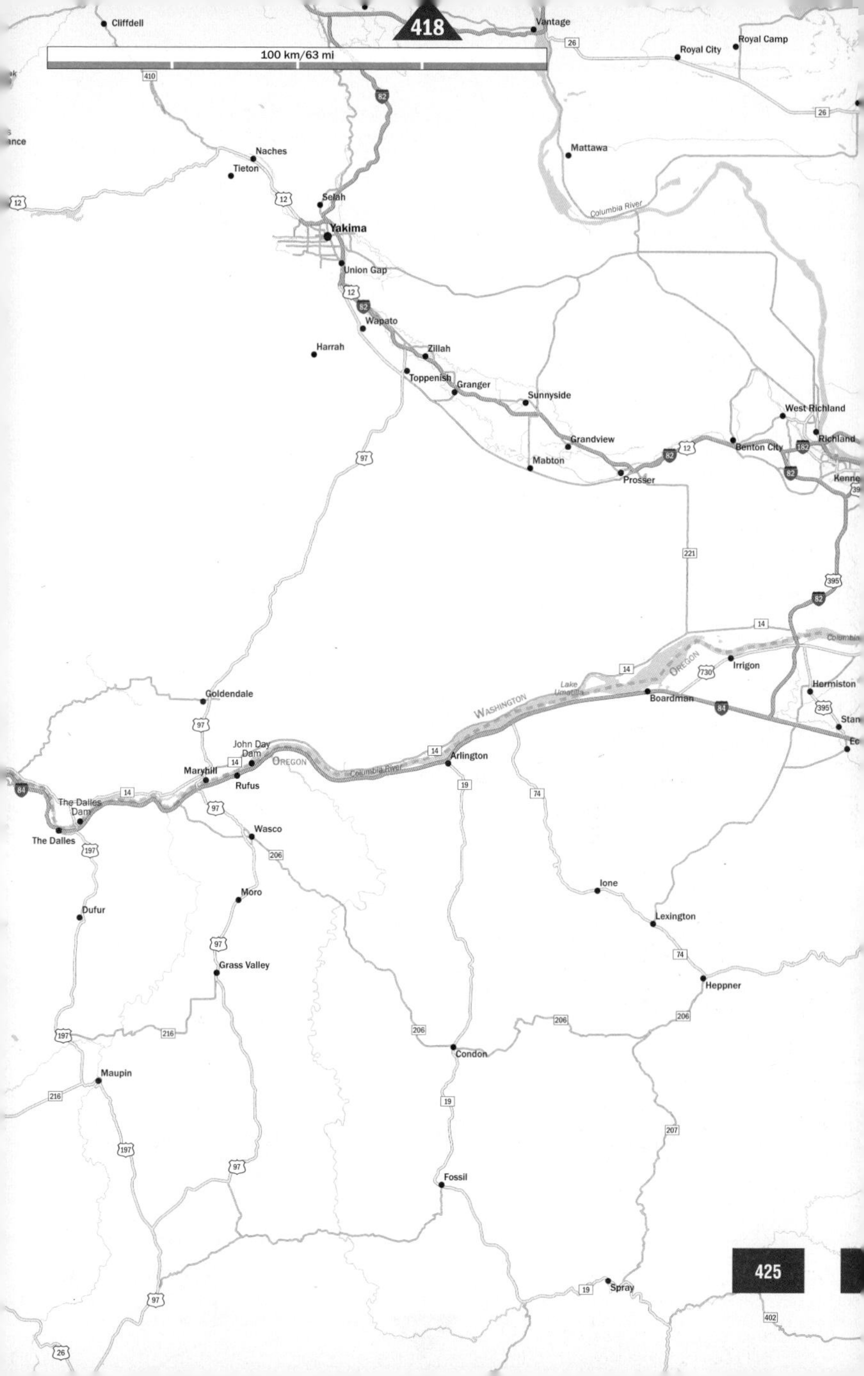
418
100 km/63 mi
Cliffdell
Vantage
Royal City
Royal Camp
Mattawa
Naches
Tieton
Selah
Yakima
Union Gap
Columbia River
Wapato
Harrah
Zillah
Toppenish
Granger
Sunnyside
West Richland
Richland
Benton City
Grandview
Mabton
Prosser
Irrigon
Hermiston
Lake Umatilla
Washington
Oregon
Boardman
Goldendale
John Day Dam
Maryhill
Rufus
Arlington
Columbia River
The Dalles Dam
The Dalles
Wasco
Moro
Dufur
Grass Valley
Ione
Lexington
Heppner
Condon
Maupin
Fossil
Spray

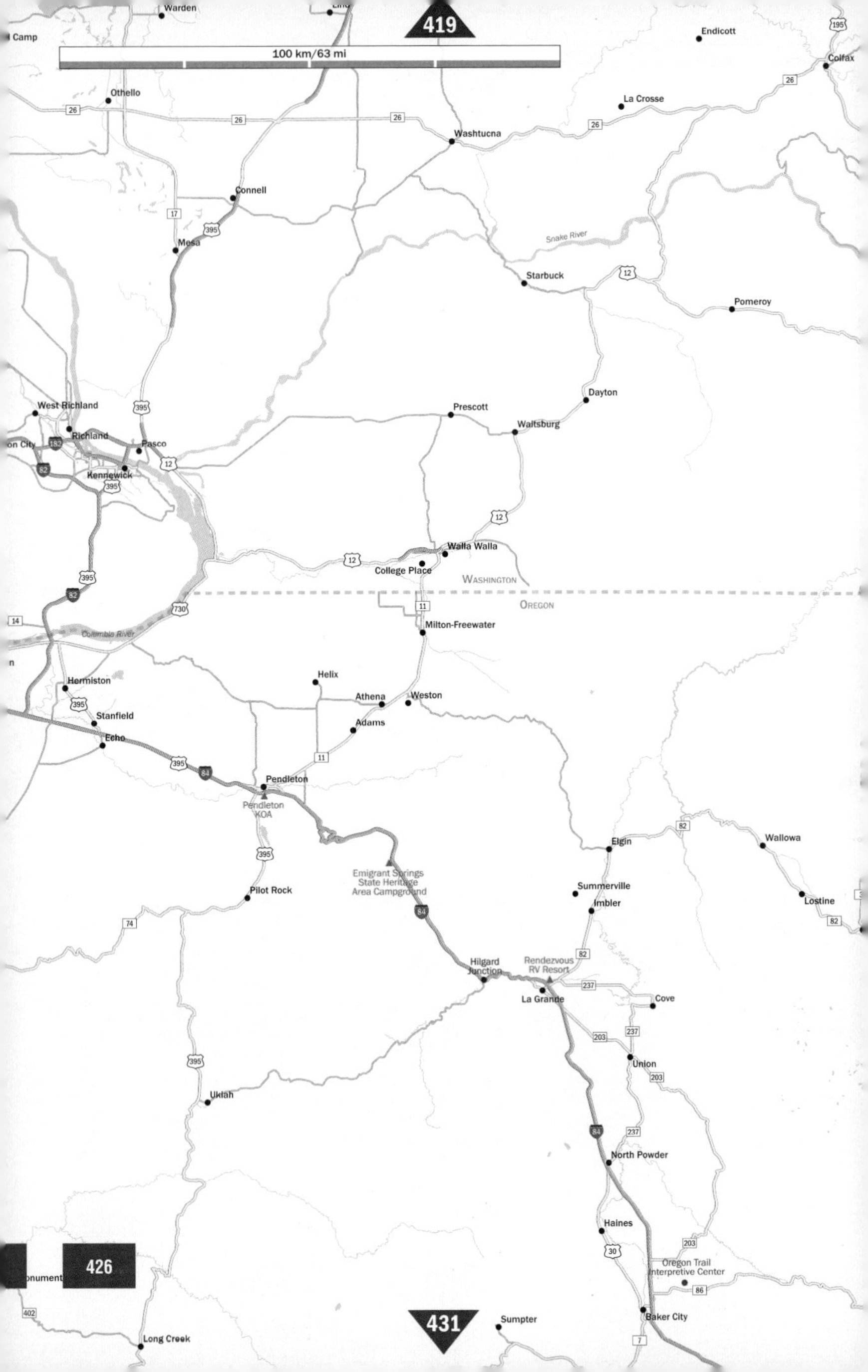

Warden
419
Camp
Endicott
195
100 km/63 mi
Colfax
26
Othello
La Crosse
26
26
26
26
Washtucna
Connell
17
395
Mesa
Snake River
Starbuck
12
Pomeroy
Dayton
West Richland
395
Prescott
Waitsburg
Richland
182
Pasco
12
82
Kennewick
395
12
Walla Walla
12
College Place
Washington
395
82
11
Oregon
730
14
Columbia River
Milton-Freewater
Helix
Hermiston
Athena
Weston
395
Stanfield
Adams
Echo
395
84
11
Pendleton
Pendleton KOA
82
Elgin
Wallowa
395
Emigrant Springs State Heritage Area Campground
Pilot Rock
Summerville
Imbler
Lostine
74
84
82
82
Hilgard Junction
Rendezvous RV Resort
237
La Grande
Cove
203
237
Union
395
203
Ukiah
84
237
North Powder
Haines
203
426
30
onument
Oregon Trail Interpretive Center
86
402
Baker City
431
Sumpter
7
Long Creek

420
Onaway
Palouse
Potlatch
Colfax
Bovill
Albion
Deary
Elk River
Moscow
Troy
Washington
Idaho
Kendrick
Dworshak Reservoir
Colton
Juliaetta
Genesee
Uniontown
Pierce
Orofino
Peck
Clarkston
Lewiston
Lapwai
Weippe
Culdesac
Asotin
Snake River
Winchester
Craigmont
Nezperce
Kamiah
Ferdinand
Kooskia
Stites
Cottonwood
Oregon
Grangeville
White Bird
Idaho
owa
Lostine
Enterprise
Joseph
Riggins
Oregon
New Meadows
McCall
Halfway
Richland
Donnelly
432

421
100 km/63 mi
Missoula
90
200
93
12
Montana
Clinton
Idaho
Stevensville
Bitterroot River
Pinesdale
Hamilton
38
Darby
Idaho
Montana
Salmon
Idaho
433

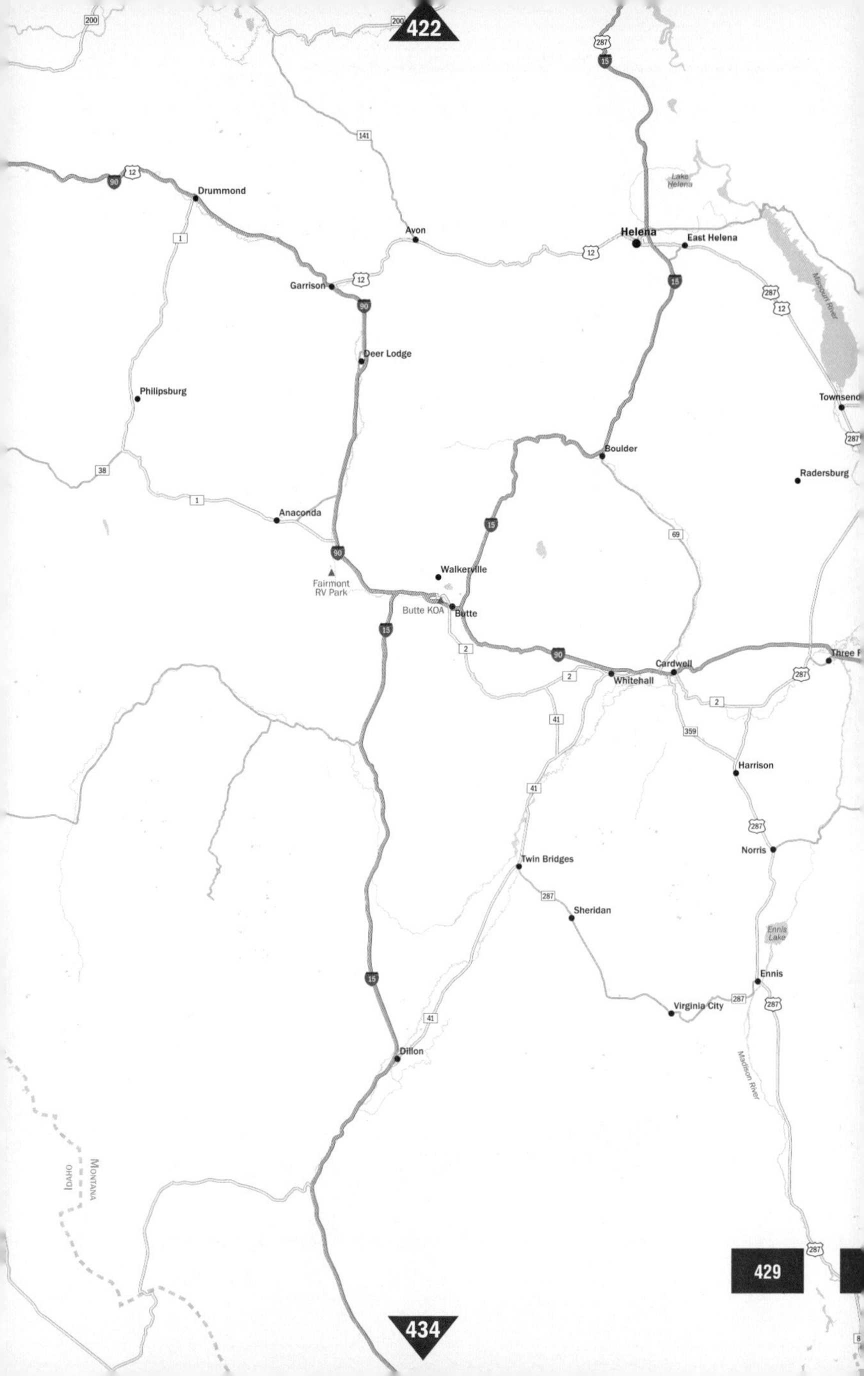
422
Drummond
Avon
Helena
East Helena
Lake Helena
Garrison
Deer Lodge
Philipsburg
Townsend
Missouri River
Boulder
Radersburg
Anaconda
Walkerville
Fairmont RV Park
Butte KOA
Butte
Three F
Cardwell
Whitehall
Harrison
Norris
Twin Bridges
Sheridan
Ennis Lake
Ennis
Virginia City
Dillon
Madison River
Idaho
Montana
429
434

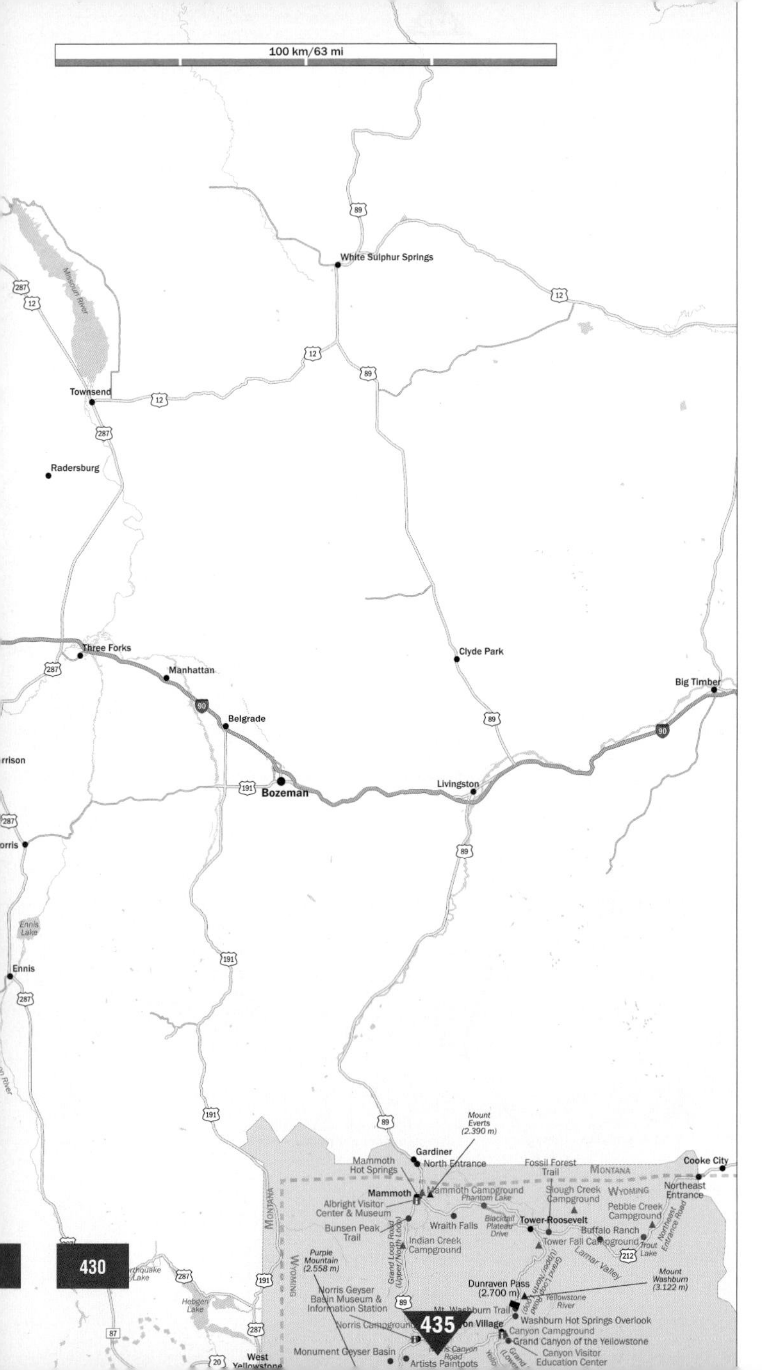

100 km/63 mi
White Sulphur Springs
Townsend
Radersburg
Three Forks
Manhattan
Belgrade
Bozeman
Clyde Park
Livingston
Big Timber
Ennis
Ennis Lake
Missouri River
Gardiner
North Entrance
Mammoth Hot Springs
Mammoth
Mammoth Campground
Albright Visitor Center & Museum
Bunsen Peak Trail
Wraith Falls
Indian Creek Campground
Fossil Forest Trail
Slough Creek Campground
Tower-Roosevelt
Tower Fall Campground
Buffalo Ranch
Pebble Creek Campground
Northeast Entrance
Cooke City
Lamar Valley
Montana
Wyoming
Mount Everts (2.390 m)
Purple Mountain (2.558 m)
Mount Washburn (3.122 m)
Dunraven Pass (2.700 m)
Mt. Washburn Trail
Washburn Hot Springs Overlook
Canyon Campground
Grand Canyon of the Yellowstone
Canyon Visitor Education Center
Norris Geyser Basin Museum & Information Station
Norris Campground
Monument Geyser Basin
Artists Paintpots
Hebgen Lake
West Yellowstone
435

426
onument
102
Long Creek
Oregon Trail
Interpretive Center
86
Baker City
Sumpter
7
7
7
245
26
245
395
Prairie City
84
26
Mount Vernon
John Day
26
Unity
Canyon City
395
26
Seneca
26
20
20
395
20
Burns
Hines
20
395
Snake River
95
431

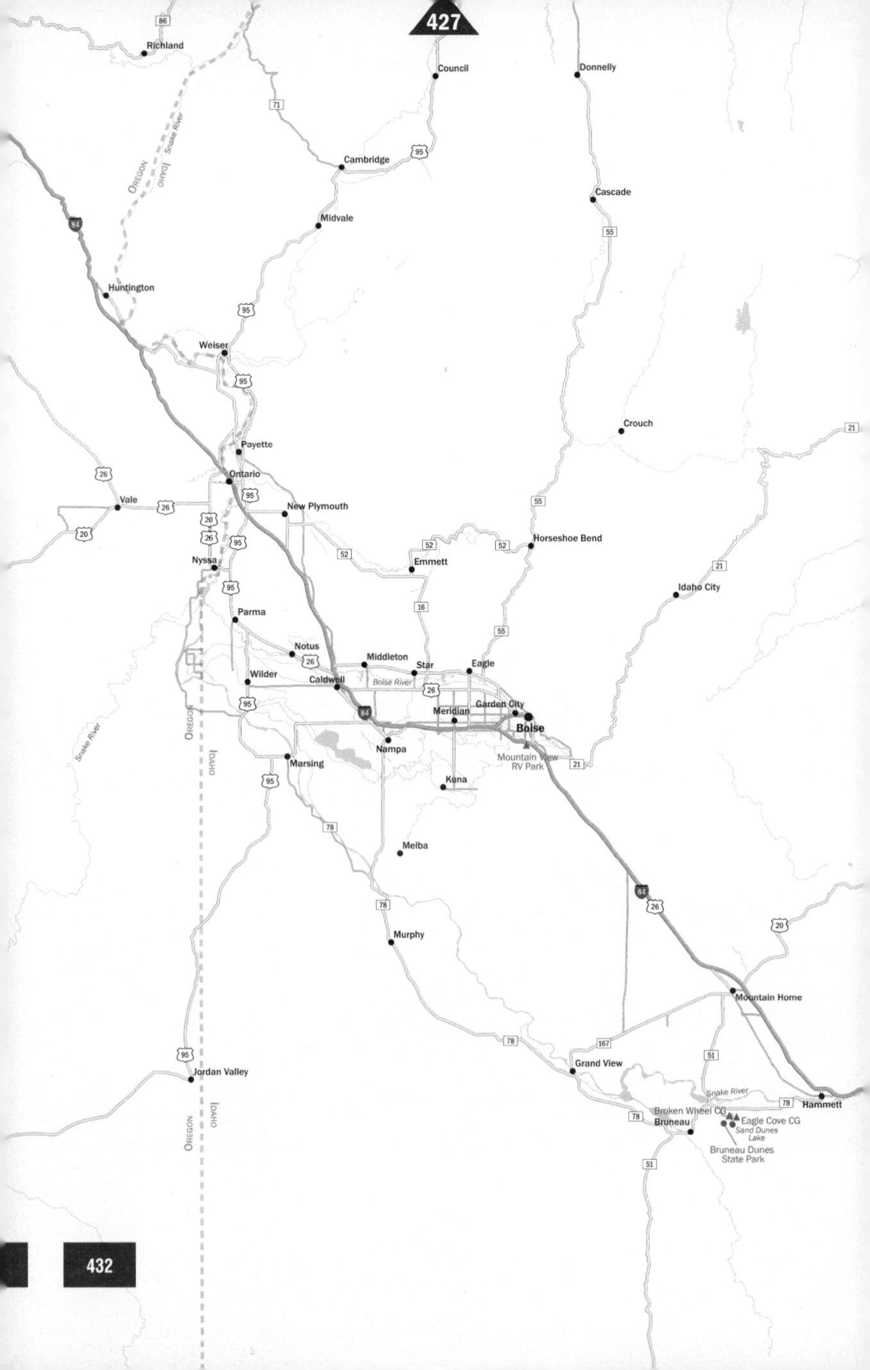
427
Richland
Council
Donnelly
Cambridge
Oregon
Idaho
Snake River
Cascade
Midvale
Huntington
Weiser
Crouch
Payette
Ontario
Vale
New Plymouth
Horseshoe Bend
Nyssa
Emmett
Idaho City
Parma
Notus
Middleton
Star
Eagle
Wilder
Caldwell
Boise River
Meridian
Garden City
Boise
Nampa
Mountain View RV Park
Marsing
Kuna
Melba
Murphy
Mountain Home
Grand View
Jordan Valley
Snake River
Hammett
Broken Wheel CG
Eagle Cove CG
Bruneau
Sand Dunes Lake
Bruneau Dunes State Park
432

428
100 km/63 mi
Challis
Stanley
Mackay
Sun Valley
Ketchum
Hailey
Bellevue
Fairfield
Carey
Richfield
Hammett
Glenns Ferry
Bliss
Gooding
Shoshone
Dietrich
Hagerman
Wendell
Minidoka
Jerome
Twin Falls/Jerome KOA
Shoshone Falls Park
Dierkes Lake Park
Eden
Hazelton
Paul
Buhl
Filer
Castleford
Kimberly
Hansen
Murtaugh
Heyburn
Burley
Declo
433
436

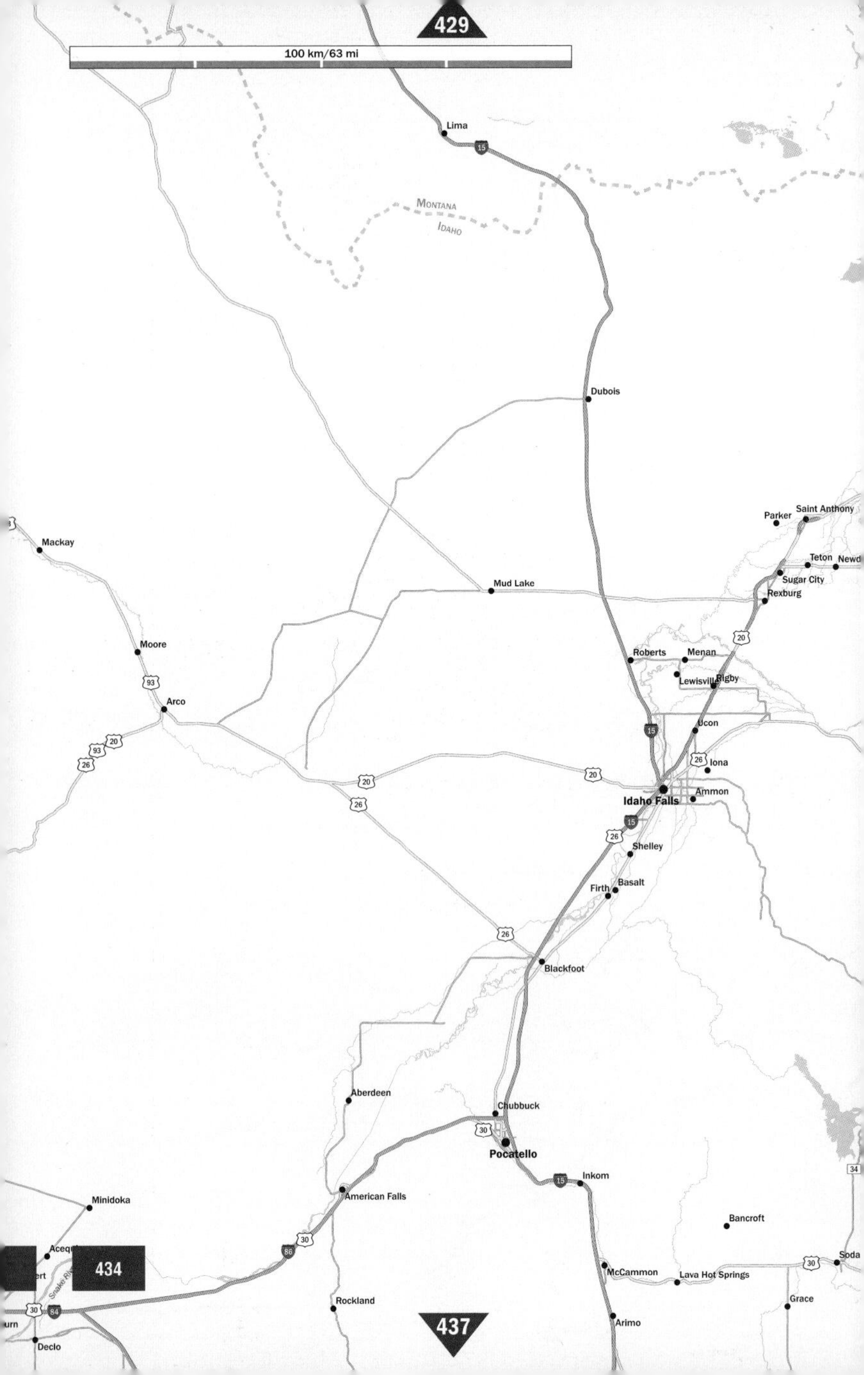
429
100 km/63 mi
Lima
15
MONTANA
IDAHO
Dubois
Parker
Saint Anthony
Teton
Mackay
Sugar City
Rexburg
Mud Lake
20
Moore
93
Roberts
Menan
Lewisville
Rigby
Arco
20
93
26
15
Ucon
26
Iona
20
20
26
Idaho Falls
Ammon
15
26
Shelley
Firth
Basalt
26
Blackfoot
Aberdeen
Chubbuck
30
Pocatello
Inkom
15
34
Minidoka
American Falls
Bancroft
434
30
86
Soda
30
McCammon
Lava Hot Springs
30
84
Rockland
Grace
Arimo
437
Declo

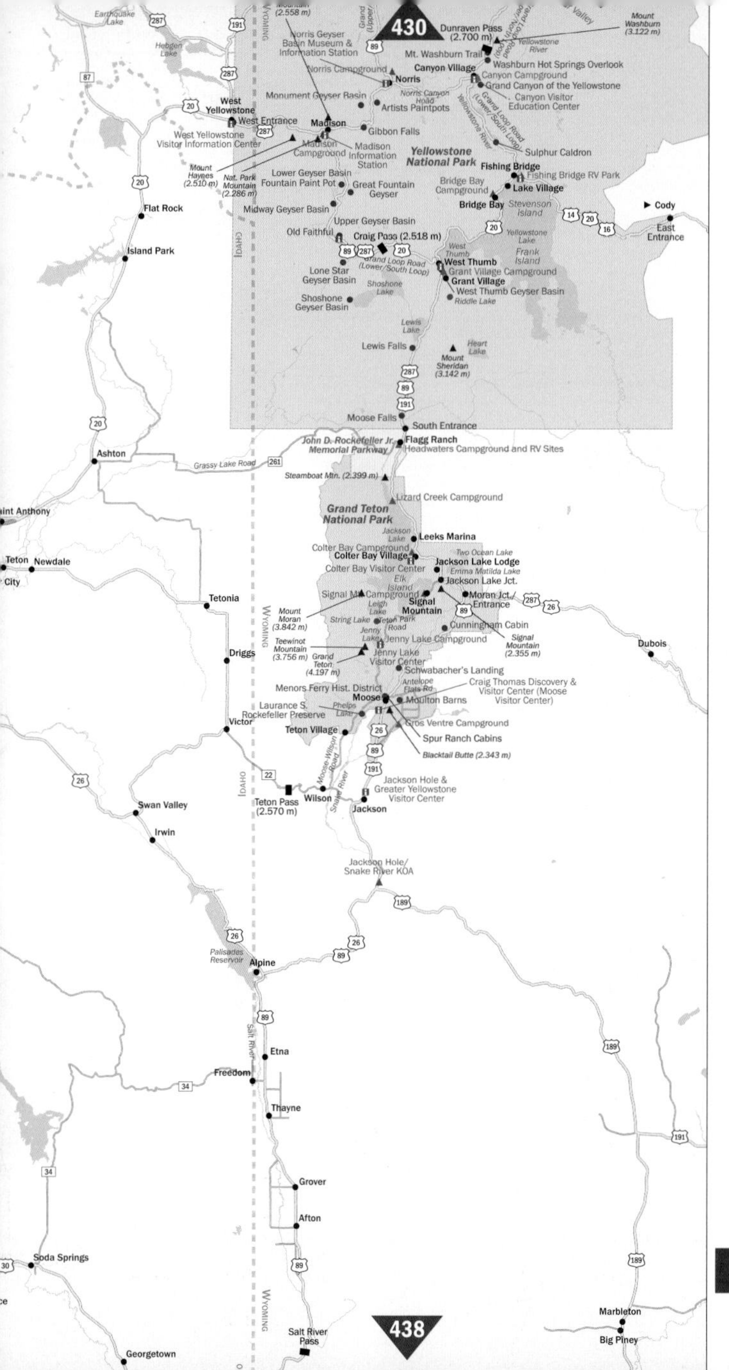

430
438
Earthquake Lake
Hebgen Lake
West Yellowstone
West Entrance
West Yellowstone Visitor Information Center
Mount Haynes (2.510 m)
Nat. Park Mountain (2.286 m)
Norris Geyser Basin Museum & Information Station
Norris Campground
Norris
Monument Geyser Basin
Norris Canyon Road
Artists Paintpots
Madison
Gibbon Falls
Madison Campground
Madison Information Station
Dunraven Pass (2.700 m)
Mount Washburn (3.122 m)
Mt. Washburn Trail
Yellowstone River
Washburn Hot Springs Overlook
Canyon Village
Canyon Campground
Grand Canyon of the Yellowstone
Canyon Visitor Education Center
Grand Loop Road (Lower/South Loop)
Yellowstone River
Yellowstone National Park
Sulphur Caldron
Fishing Bridge
Fishing Bridge RV Park
Lake Village
Bridge Bay Campground
Bridge Bay
Stevenson Island
Lower Geyser Basin
Fountain Paint Pot
Great Fountain Geyser
Midway Geyser Basin
Upper Geyser Basin
Old Faithful
Craig Pass (2.518 m)
Grand Loop Road (Lower/South Loop)
Yellowstone Lake
Frank Island
West Thumb
Grant Village Campground
Grant Village
West Thumb Geyser Basin
Riddle Lake
Lone Star Geyser Basin
Shoshone Lake
Shoshone Geyser Basin
Lewis Lake
Lewis Falls
Heart Lake
Mount Sheridan (3.142 m)
Moose Falls
South Entrance
Cody
East Entrance
Idaho
Wyoming
Flat Rock
Island Park
Ashton
Grassy Lake Road
John D. Rockefeller Jr. Memorial Parkway
Flagg Ranch
Headwaters Campground and RV Sites
Steamboat Mtn. (2.399 m)
Lizard Creek Campground
Grand Teton National Park
Jackson Lake
Leeks Marina
Colter Bay Campground
Colter Bay Village
Colter Bay Visitor Center
Two Ocean Lake
Jackson Lake Lodge
Emma Matilda Lake
Jackson Lake Jct.
Elk Island
Signal Mt. Campground
Signal Mountain
Moran Jct./Entrance
Mount Moran (3.842 m)
Leigh Lake
String Lake
Teton Park Road
Cunningham Cabin
Signal Mountain (2.355 m)
Jenny Lake
Jenny Lake Campground
Teewinot Mountain (3.756 m)
Grand Teton (4.197 m)
Jenny Lake Visitor Center
Schwabacher's Landing
Antelope Flats Rd
Menors Ferry Hist. District
Craig Thomas Discovery & Visitor Center (Moose Visitor Center)
Moose
Moulton Barns
Laurance S. Rockefeller Preserve
Phelps Lake
Gros Ventre Campground
Teton Village
Spur Ranch Cabins
Blacktail Butte (2.343 m)
Moose-Wilson Road
Snake River
Jackson Hole & Greater Yellowstone Visitor Center
Teton Pass (2.570 m)
Wilson
Jackson
Dubois
Saint Anthony
Teton
Newdale
City
Tetonia
Driggs
Victor
Swan Valley
Irwin
Jackson Hole/Snake River KOA
Palisades Reservoir
Alpine
Salt River
Etna
Freedom
Thayne
Grover
Afton
Soda Springs
Georgetown
Salt River Pass
Marbleton
Big Piney

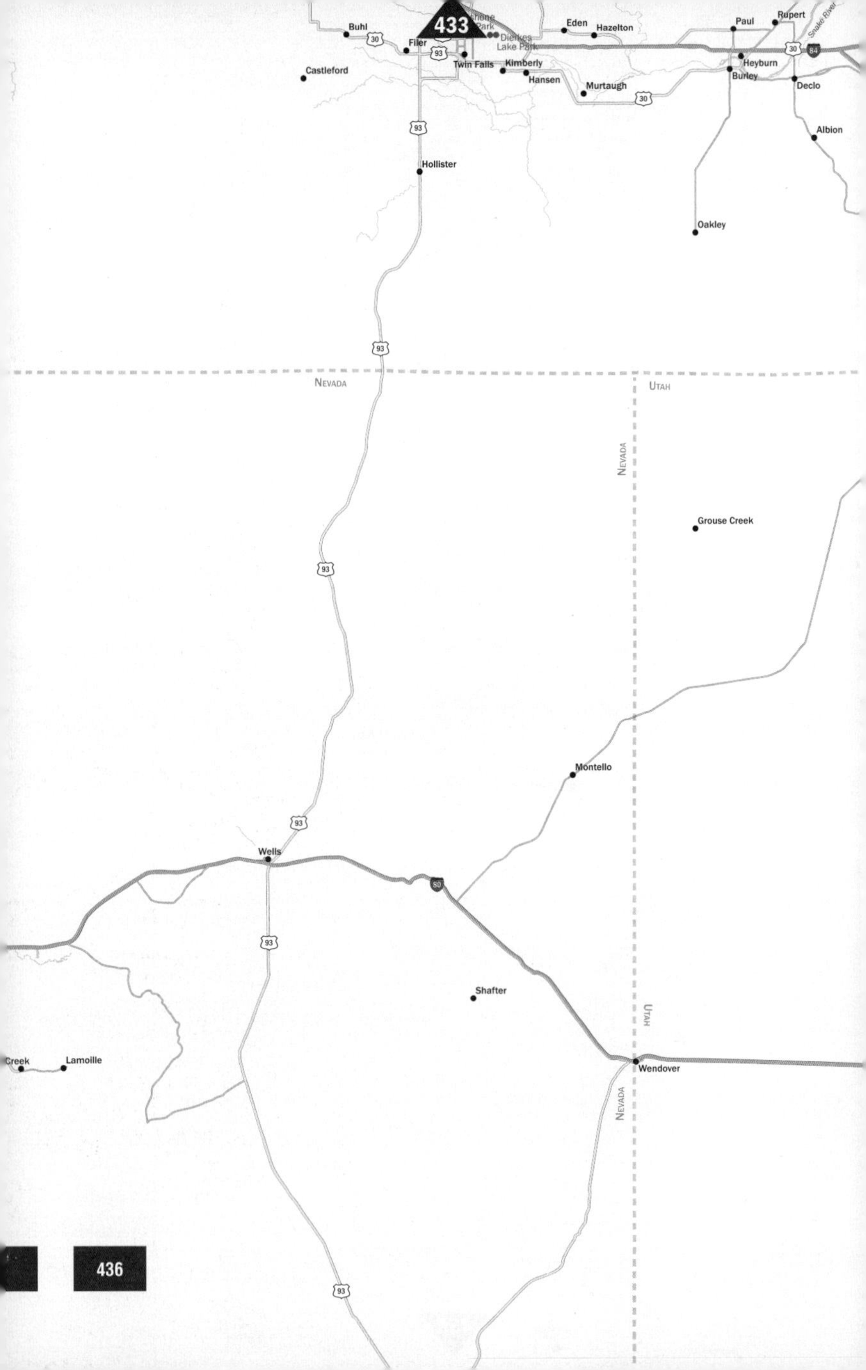
433
Buhl
Filer
Twin Falls
Castleford
Dierkes Lake Park
Eden
Hazelton
Kimberly
Hansen
Murtaugh
Paul
Rupert
Snake River
Heyburn
Burley
Declo
Albion
Hollister
Oakley
Nevada
Utah
Nevada
Grouse Creek
Montello
Wells
Shafter
Utah
Wendover
Nevada
Creek
Lamoille
30
93
84
80

434
100 km/63 mi
Snake River
Rockland
McCammon
Lava Hot Springs
Grace
Arimo
Albion
Downey
Malta
Malad City
Clifton
Dayton
Preston
Fish
Franklin
Idaho
Portage
Lewiston
Snowville
Utah
Trenton
Richmond
Newton
Amalga
Smithfield
Fielding
Howell
Hyde Park
Garland
Logan
Tremonton
Mendon
Elwood
Honeyville
Wellsville
Bear River City
Paradise
Corinne
Brigham City
Mantua
Perry
Willard
Bear River Bay
Plain City
Huntsville
Marriott-Slaterville
Ogden
West Haven
Fremont Island
Riverdale
Clinton
Great Salt Lake
Uintah
Antelope Island State Park Visitors Center
Syracuse
Layton
Bridger Bay Campground
Kaysville
Morgan
Fruit Heights
Carrington Island
Antelope Island State Park
Farmington
Antelope Island
Centerville
Bountiful
Salt Lake City KOA
North Salt Lake
El Monte
This Is The Place Heritage Park
Salt Lake City Int. Airport
Salt Lake City
West Valley City
South Salt Lake
Cruise America SLC
Holladay
Taylorsville
Solitude
Grantsville
Cottonwood Heights
West Jordan
Midvale
Brighton
Alta
Snowbird Ski & Summer Resort
South Jordan
Tooele
Herriman
Riverton
Midway
Bluffdale
Stockton
Alpine
Highland
Lehi
Rush Valley
437
Cedar Fort
Saratoga Springs
Vineyard
Eagle Mountain
Orem
Fairfield
Provo
Springville
84
91
15
89
80
215
36
68
189

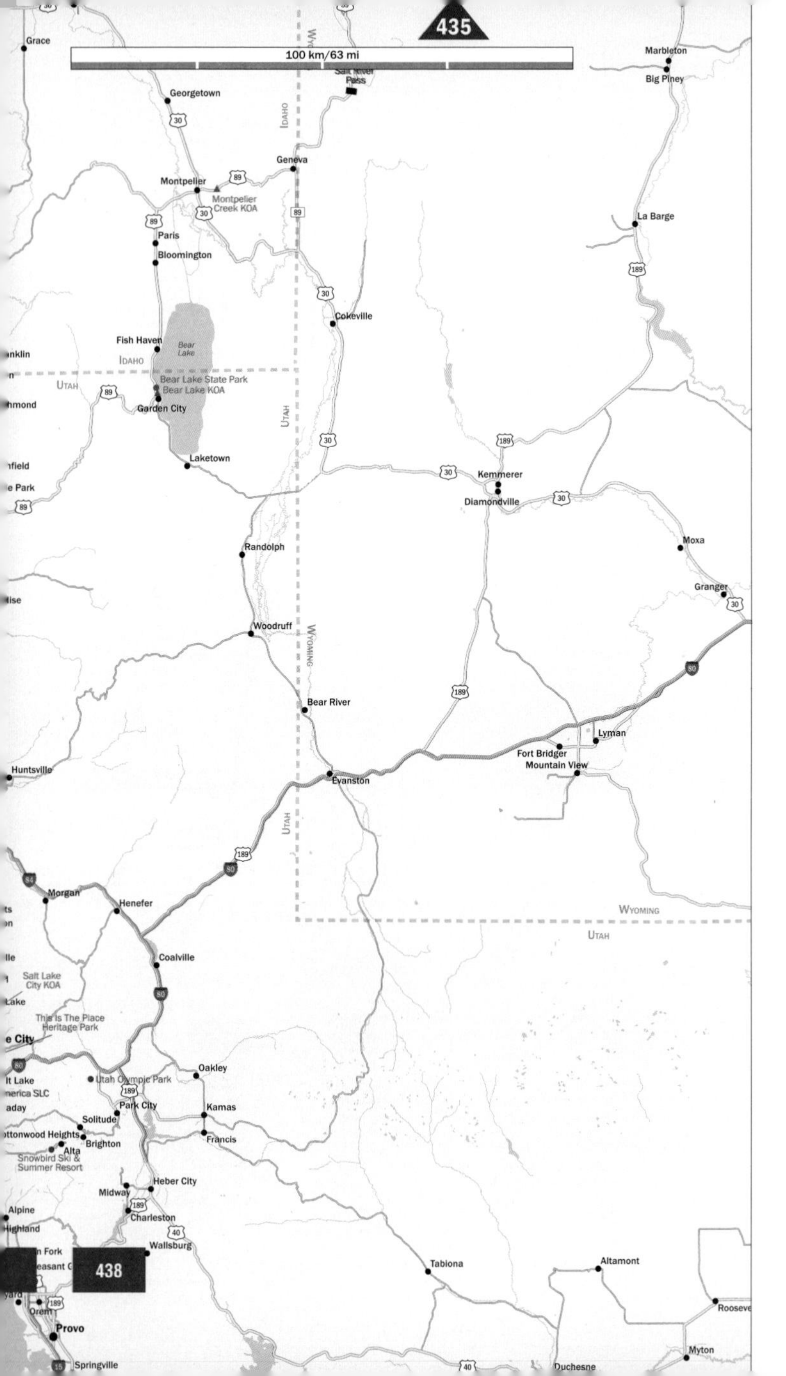
435
100 km/63 mi
Grace
Salt River Pass
Marbleton
Big Piney
Georgetown
30
Idaho
Geneva
Montpelier
89
Montpelier Creek KOA
30
89
89
La Barge
Paris
Bloomington
189
30
Cokeville
Bear Lake
Fish Haven
Idaho
Utah
89
Bear Lake State Park
Bear Lake KOA
Garden City
Utah
30
189
Laketown
30
Kemmerer
Diamondville
30
89
Randolph
Moxa
Granger
30
Woodruff
Wyoming
80
Bear River
189
Lyman
Fort Bridger
Mountain View
Huntsville
Evanston
Utah
189
80
84
Morgan
Henefer
Wyoming
Utah
Coalville
Salt Lake City KOA
80
This Is The Place Heritage Park
80
Oakley
Utah Olympic Park
189
Park City
Kamas
Solitude
Brighton
Francis
Alta
Snowbird Ski & Summer Resort
Heber City
Midway
189
Alpine
Charleston
40
Wallsburg
438
Tabiona
Altamont
189
Orem
Provo
Springville
15
40
Duchesne
Myton

Wenn Einheimische selbst die
Entwicklungshelfer sind,
dann ist es Stay.
Entwicklung, die bleibt.
»Vor 11 Jahren
habe ich mit den Menschen aus meinem
Dorf eine Schule aufgebaut, in der heute
über 300 Kinder lesen, schreiben und
rechnen lernen.
Als einheimischer Entwicklungshelfer
kenne ich die Bedürfnisse der Menschen
hier, denn ich bin einer von ihnen.«
Muddu Kayinga
Gründer und Geschäftsführer
der Organisation COTFONE
in Kiwangala, Uganda

Fettnäpfchen and the City – unsere Kurztrip-tauglichen Stadt-Editionen der beliebten Reiseknigges

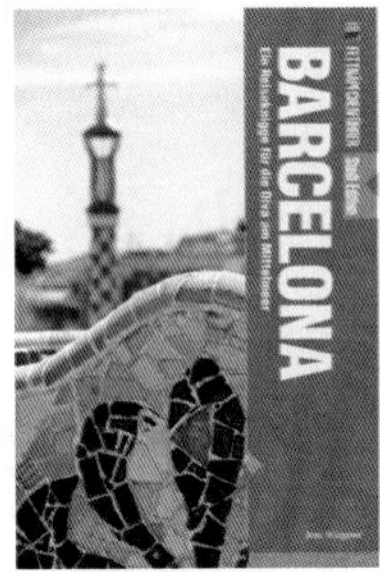

Jens Wiegand
Fettnäpfchenführer Barcelona
ISBN 978-3-943176-97-1

Die Diva am Mittelmeer

Barcelona ist eine Stadt, die alles bietet, was man sich von einer mediterranen Metropole erträumen kann: enge Gassen und sonnendurchflutete Plätze, moderne Architektur und gotische Fassaden, Traditionsbewusstsein und multikulturelle Vielfalt, große Kultur und temperamentvollen Underground.

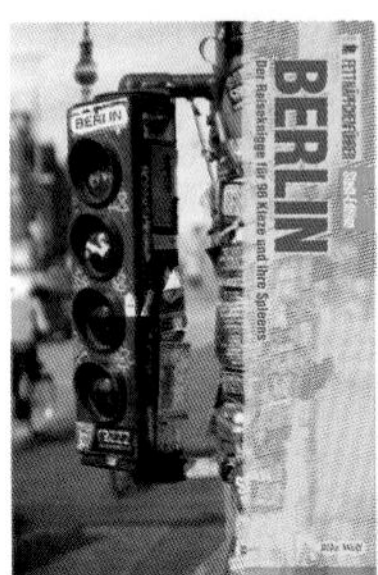

Rike Wolf
Fettnäpfchenführer Berlin
ISBN 978-3-943176-98-8

96 Kieze und ihre Spleens

In der deutschen Hauptstadt passt überhaupt nichts zusammen. Und gerade das passt perfekt. Berlin ist exzentrisch und ist bieder. Berlin macht sehnsüchtig und Berlin ist gefährlich. Berlin verführt, strapaziert, raubt einem den letzten Nerv und macht alles wieder gut. Berlin packt jeden und lässt keinen wieder los.

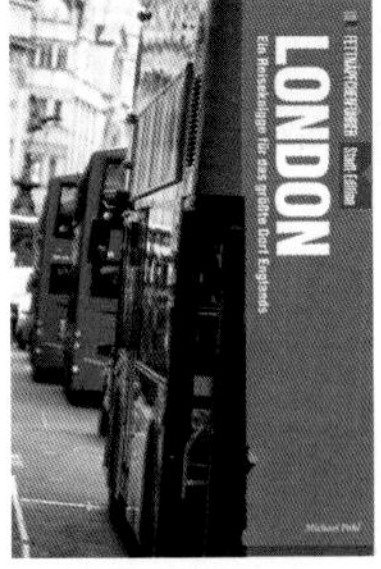

Michael Pohl
Fettnäpfchenführer London
ISBN 978-3-943176-73-5

Das größte Dorf Englands

Der Fettnäpfchenführer London ist ein Leitfaden für eine der spannendsten Städte der Welt. Erfahren Sie, wo Londoner ihre Stadt erleben, und wie Sie sich ihnen anschließen können. Und was Sie vermeiden sollten, wenn Sie es sich dabei mit den Menschen an der Themse nicht verscherzen wollen.

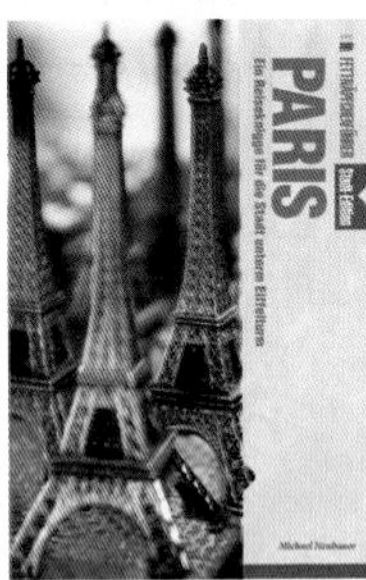

Michael Neubauer
Fettnäpfchenführer Paris
ISBN 978-3-943176-94-0

Die Stadt unterm Eiffelturm

Die Stadt zu Füßen des Eiffelturms gilt als Ort der ganz großen Gefühle. Jeder, der hierher kommt, merkt sofort: Paris ist in allem großartig. In Gastronomie, Kunst, Architektur und Mode – aber auch in ihren Eigenheiten. Selbst Kenner scheitern immer wieder an Restaurantregeln, am großen Selbstbewusstsein oder schlicht an der Auffahrt auf die Stadtautobahn.

Das sind die Stadt-Editionen: Die Stadt-Editionen der Fettnäpfchenführer bieten gewohnt unterhaltsame Episoden über die Eigenheiten der Städte und ihrer Bewohner – kombinieren dies aber mit vielen Do-it-yourself-Tipps, die Sie an die schönsten Ecken und in die hintersten Winkel führen. Und vor allem dahin, wo Sie die wahre Seele kennenlernen können.

Lesen Sie alles über den weltweiten Ausnahmeumstand

Wussten Sie, dass in Mali Männer ihren Frauen unmittelbar vor dem Zeugungsakt von den Vorfahren erzählen? Dass schwangere Filippinas sich über die werdenden Väter rollen, um die Morgenübelkeit auf diese zu übertragen? Und dass Säuglinge auf Bali ganze sechs Monate lang nicht den Boden berühren dürfen und folglich ständig getragen werden?

Aber auch in heimischen Gefilden geht's skurril zu – etwa, wenn Friesen Gummistiefel tragen, um einen Seemann zu zeugen, oder Niederbayern zu Büchsenmachern werden, weil sie ein Mädchen zur Welt bringen. Und wenn Deutschland Fußball-Weltmeister wird, wird auch im Bett gejubelt – was neun Monate später einen regelrechten Baby-Boom auslöst.

In diesem Buch sind die verrücktesten Babybräuche unserer Breiten und der ganzen Welt versammelt. Von Java bis Ghana, von Schottland bis Spanien, vom Allgäu bis Ostfriesland entdecken Sie, dass es zwischen Zeugung und erstem Geburtstag auch anders zugehen kann als in Ihrer Familie und bei Ihren Freunden.

Sammeln Sie Inspiration, ahmen Sie fleißig nach und beflügeln Sie Ihre Freunde mit lustigen Geschichten und tollen Ideen rund um Ihren persönlichen Nabel der Welt.

Nadine Luck

Die Nabel der Welt
Die verrücktesten Bräuche rund ums Babymachen, -kriegen und -haben

ISBN 978-3-943176-93-3

»Wer mir einen nachvollziehbaren Grund nennen kann, erwachsen zu werden, bekommt sämtliches Gold der Welt, einen Oscar in allen Kategorien und sei gleichzeitig in die Hölle verbannt.«

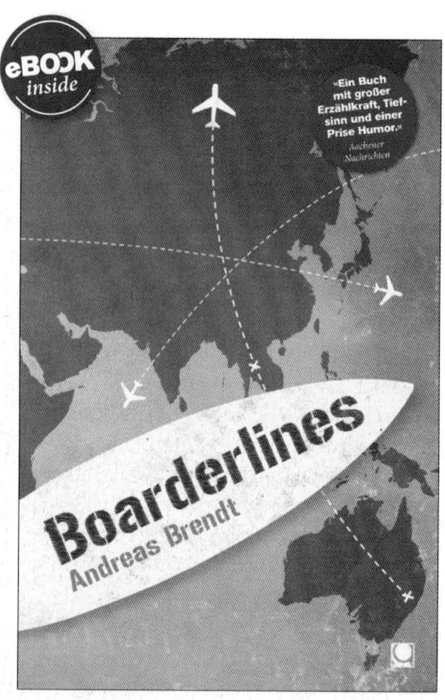

Andreas Brendt

Boarderlines
Ein autobiografischer Reiseroman über die aufregendsten Wellen der Welt

ISBN 978-3-943176-99-5

www.boarderlines-buch.de

»Ein Buch mit großer Erzählkraft, Tiefsinn und einer Prise Humor.« (Aachener Nachrichten)

»Ein Buch zum Runterlesen. Die Geschichten sind witzig und man erwischt sich sehr schnell dabei, seine Sachen packen und die Welt erleben zu wollen.« (Radio Köln)

»Unglaublich witzig und unterhaltsam und gleichzeitig mit Tiefgang. Vorsicht: Suchtgefahr.« (active woman)

Andi ist ein pflichtbewusster VWL-Student, dem eine lukrative Zukunft winkt. Doch dann entscheidet er spontan, sein Konto zu plündern und nach Asien aufzubrechen. Auf Bali wird er mit dem Surfvirus infiziert, und von nun an ist das Wellenreiten seine lebensbestimmende Leidenschaft, die ihn vor eine große Entscheidung stellt: Gibt er dem inneren Feuer Zündstoff oder ebnet er den Weg für die geplante Managerkarriere?

Boarderlines ist ein autobiografischer Reise-Roman über die schönsten Wellen dieses Planeten, die Sinnsuche und die Sehnsucht nach Abenteuer. Über ein Leben zwischen Pistolen, Edelsteinen, Malaria, einer entlegenen Insel, gemeinen Ganoven, allwissenden Professoren, und deutschen Bierdosen. Über Freundschaft und natürlich über die Liebe – zum Surfen, zu Menschen, zum Leben.

www.conbook-verlag.de

Entdecken Sie die USA mit drei weiteren Traumrouten von Marion Landwehr

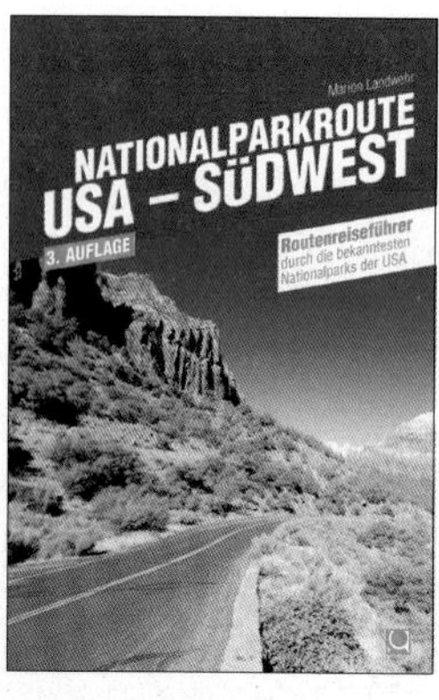

Entlang einer der landschaftlich eindrucksvollsten Reiserouten der USA drängen sich weltberühmte Nationalparks aneinander: Zion National Park, Bryce Canyon, Capitol Reef und Canyonlands National Park, Mesa Verde und natürlich der gigantische Grand Canyon.

»Souverän ausgearbeiteter Reiseführer mit exzellenter Tourenplanung.« (GEO Special)

Marion Landwehr
Nationalparkroute USA – Südwest
ISBN 978-3-943176-23-0

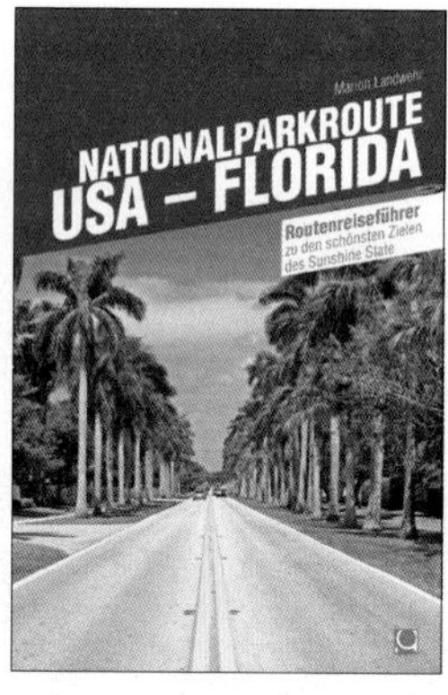

Der Süden Floridas ist das Lieblingsziel europäischer Touristen in den USA. Unser Routenreiseführer führt Sie zu allen Highlights: Orlando, Cape Canaveral, Miami, Everglades National Park, Florida Keys, Key West, Dry Tortugas National Park, Golf von Mexiko, Tampa Bay, Ocala National Forest uvm.

Erleben Sie auf 2.200 Kilometern in Begleitung allgegenwärtiger Alligatoren, einer exotischen Vogelwelt und der tropischen Sonne den Sunshine State.

Marion Landwehr
Nationalparkroute USA – Florida
ISBN 978-3-943176-39-1

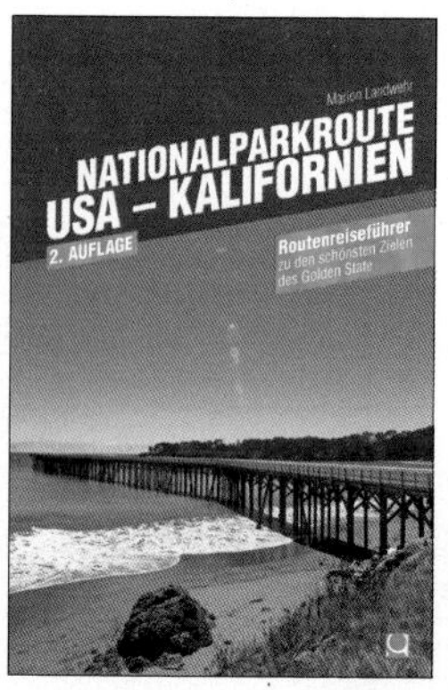

Der populärste Bundesstaat der Vereinigten Staaten begeistert Besucher durch seine sensationelle Vielfalt: die Metropolen Los Angeles und San Francisco, die zauberhaften Seen Lake Tahoe, Mono Lake und June Lake und die sich anschließenden, berühmten National Parks Yosemite und Sequoia & Kings Canyon bieten Atemberaubendes.

Kalifornien ist weit mehr als Hollywoods Glitzer und Glamour, Kalifornien ist Abwechslungsreichtum pur.

Marion Landwehr
Nationalparkroute USA – Kalifornien
ISBN 978-3-934918-83-2